Abstimmungsverfahren und Nutzenethiken

Europäische Hochschulschriften
Publications Universitaires Européennes
European University Studies

Reihe XX
Philosophie

Série XX Series XX
Philosophie
Philosophy

Bd./Vol. 561

PETER LANG
Frankfurt am Main · Berlin · Bern · New York · Paris · Wien

Gerhard Sichelstiel

Abstimmungsverfahren und Nutzenethiken

Eine Synthese sozialwahltheoretischer Ansätze

PETER LANG
Europäischer Verlag der Wissenschaften

Die Deutsche Bibliothek - CIP-Einheitsaufnahme

Sichelstiel, Gerhard:

Abstimmungsverfahren und Nutzenethiken : eine Synthese sozialwahltheoretischer Ansätze / Gerhard Sichelstiel. - Frankfurt am Main ; Berlin ; Bern ; New York ; Paris ; Wien : Lang, 1998

(Europäische Hochschulschriften : Reihe 20, Philosophie ; Bd. 561)

Zugl.: Bayreuth, Univ., Diss., 1997

ISBN 3-631-32789-7

D 703

ISSN 0721-3417

ISBN 3-631-32789-7

„Rationalität oder, um das emphatischere Wort zu verwenden, Vernunft ist ein altes und zentrales Thema der Philosophie. Mittlerweile haben auch andere Disziplinen viel über Rationalität zu sagen; aber nach wie vor ist es vor allem die Philosophie, wo Rationalität theoretisch behandelt wird.“ (Spohn, 1993, S.151)

„Wenn ich die Augen des Körpers öffne, erscheint mir die Gerechtigkeit als Hirngespinst; sie hat nichts Verlockendes für mich. Ich sehe Gerechte elend, verlassen, verfolgt, ohne Schutz und ohne Trost, denn derjenige, der sie tröstet und aufrecht erhält, erscheint in meinen Augen nicht. Kurzum, ich sehe nicht, von welchem Nutzen die Gerechtigkeit und die Tugend sein könnte. Aber wenn ich den Reichtum mit offenen Augen betrachte, sehe ich zunächst seinen Glanz und werde von ihm geblendet. Die Macht, die Größe, die Vergnügungen und alle sinnlichen Güter begleiten den Reichtum: ich kann nicht daran zweifeln, daß man reich sein muß, um glücklich zu sein. ...

Aber wenn ich erwäge, daß der Körper tief unter dem Geist steht, daß er nicht sein Herr sein kann, daß er ihn nicht über die Wahrheit unterrichten noch ihm Licht verschaffen kann, und wenn ich in dieser Sicht zu mir selber komme und mich frage ..., ob ich den Reichtum der Tugend oder die Tugend dem Reichtum vorziehen soll: so werde ich eine klare und deutliche Antwort in bezug auf das, was ich tun soll, hören – eine ewige Antwort, die immer gegeben worden ist, die heute gegeben wird, und die zu allen Zeiten gegeben werden wird: eine Antwort, die ich nicht zu erklären brauche, weil alle sie kennen, diejenigen, die dies lesen, und diejenigen, die es nicht lesen, die weder griechisch noch lateinisch, noch französisch noch deutsch ist, und die alle Nationen verstehen: eine Antwort schließlich, welche die Gerechten in ihrer Armut tröstet und Sünder mitten in ihrem Reichtum aufs tiefste betrübt.“

Nicolas Malebranche, *Von der Erforschung der Wahrheit*

Vorwort

In der vorliegenden Arbeit beschäftige ich mich mit der Frage, welche Möglichkeiten es gibt, die individuellen Interessen verschiedener Personen zu einem „kollektiven Interesse" zusammenzufügen. Es wird versucht, eine Strukturierung der Menge aller derartigen Nutzenaggregationen vorzunehmen. Als vorrangiges Kriterium dienen dabei die Annahmen, die hinsichtlich der Meßbarkeit und der interpersonellen Vergleichbarkeit der individuellen Präferenzen gemacht werden.

Herr Prof. Dr. Ulrich Gähde hat sich spontan bereiterklärt, die Betreuung der Dissertation zu übernehmen. Für seine Aufgeschlossenheit gegenüber der von mir gewählten axiomatischen Darstellungsweise und seine inhaltlichen Anregungen möchte ich mich an dieser Stelle herzlich bedanken.
Wertvolle Unterstützung habe ich auch von Herrn Prof. Dr. Fritz Söllner erfahren, der meiner Arbeit großes Interesse entgegengebracht hat und jederzeit zur Diskussion bereit war. Von seinen inhaltlichen und formalen Verbesserungsvorschlägen habe ich sehr profitiert. Ihm gilt deshalb mein ganz besonderer Dank.

Amberg, im Februar 1998 Gerhard Sichelstiel

Inhaltsverzeichnis

Verzeichnis der verwendeten Symbole und Abkürzungen

$a \doteq b$	a ist definiert durch b
$a \Longrightarrow b$	aus a folgt b
$a \Longleftrightarrow b$	a und b sind äquivalent (gleichwertig)
$a \vee b$	a oder b (a oder b oder a und b)
$a \wedge b$	a und b
$\neg a$	nicht a
$\forall a$	für alle a
$\exists a$	es existiert (mindestens) ein a

$\mathbb{R}$	Körper der reellen Zahlen
$\mathbb{R}^+$	Menge der positiven reellen Zahlen
$[a, b]$	abgeschlossenes Intervall reeller Zahlen
(a, b)	offenes Intervall reeller Zahlen
$[a, b)$ bzw. $(a, b]$	halboffenes Intervall reeller Zahlen

$A \subset B$	A ist Teilmenge von B (A ist echte Teilmenge von B oder identisch mit B)
$A \subsetneqq B$	A ist echte Teilmenge von B
$a \in A$	a ist Element von A
$\lvert A \rvert$	Anzahl der Elemente der Menge A
$A \times B$	kartesisches Produkt der Mengen A und B

$A \setminus B$	Differenz der Mengen A und B
$\emptyset$	leere Menge
Ω	Menge der zur Wahl stehenden Entscheidungsalternativen
$B(p, \epsilon)$	Kugel mit Mittelpunkt p und Radius ϵ
$\mathcal{U}(x)$	Bezeichnung für eine Umgebung des Punktes x
$a\mathrm{P}b$ bzw. $a \succ b$	a ist besser als b
$a\mathrm{R}b$ bzw. $a \succsim b$	a ist mindestens so gut wie b
$a\mathrm{I}b$	a ist genauso gut wie b (Es besteht eine Indifferenz zwischen a und b)
R_t	transitive Hülle der Relation R
$g \circ f$	Hintereinanderausführung der Funktionen f und g
$x_{(r)}$	r–te Ordnungsstatistik des Vektors x
e^i	i–ter Einheitsvektor des $\mathbb{R}^m$
$\mathcal{P}(\Omega)$	Potenzmenge von Ω (= Menge aller Teilmengen von Ω)
$\sigma(\mathcal{E})$	kleinste σ–Algebra, die die Menge $\mathcal{E}$ umfaßt
$d(\mathcal{E})$	kleinstes Dynkin-System, das die Menge $\mathcal{E}$ umfaßt
$\mathbb{B}$	Borel–σ–Algebra des $\mathbb{R}$ (Menge der Borelschen Mengen $B \subset \mathbb{R}$)
$\mathbb{B}^m$	Borel–σ–Algebra des $\mathbb{R}^m$ (Menge der Borelschen Mengen $B \subset \mathbb{R}^m$)
$\mathcal{M}_1(\mathbb{B}^m)$	Menge aller Wahrscheinlichkeitsmaße auf $\mathbb{B}^m$
F_P	Verteilungsfunktion des Wahrscheinlichkeitsmaßes P
$E(P)$	Erwartungswert des Wahrscheinlichkeitsmaßes P
$Q \geq_{MPS} P$	die Wahrscheinlichkeitsverteilung Q stellt eine erwartungswerterhaltende Dezentralisierung (= Mean Preserving Spread; MPS) der Wahrscheinlichkeitsverteilung P dar

Eigenschaften von Formen der Nutzenaggregation

a) Invarianzaxiome bei sozialen Wohlfahrtsfunktionalen:

Invarianz der kollektiven Präferenzrelation gegenüber allen Transformationen der individuellen Nutzenfunktionen, die im Falle des ...

(IV) ... Intervallskalenniveaus und keinerlei interpersoneller Vergleichbarkeit zulässig sind.

(IVE) ... Intervallskalenniveaus und interpersoneller Vergleichbarkeit der Nutzeneinheiten, nicht aber der Nutzenniveaus zulässig sind.

(IVEN) ... Intervallskalenniveaus und interpersoneller Vergleichbarkeit sowohl der Nutzeneinheiten als auch der Nutzenniveaus zulässig sind.

(O) ... Ordinalskalenniveaus und keinerlei interpersoneller Vergleichbarkeit zulässig sind.

(ON) ... Ordinalskalenniveaus und interpersonelle Vergleichbarkeit der Nutzenniveaus zulässig sind.

(V) ... Verhältnisskalenniveaus und keinerlei interpersoneller Vergleichbarkeit zulässig sind.

(VEN) ... Verhältnisskalenniveaus und interpersoneller Vergleichbarkeit der Nutzeneinheiten (und damit auch der Nutzenniveaus) zulässig sind.

b) sonstige Eigenschaften:

(A) Anonymität

(I) Unabhängigkeit von irrelevanten Alternativen

(ML) minimaler Liberalismus

(ML−) abgeschwächter minimaler Liberalismus

(N) Neutralität

(ND) Nichtexistenz eines Diktators

(NIM) Kombination aus Neutralität und nicht-negativer Reaktion

(P) schwaches Pareto-Prinzip

(P^0)	Pareto-Indifferenz-Regel
(P−)	Respektierung vollkommener Übereinstimmung
(R)	nicht-negative Reaktion
(SE)	Separabilität
(SE−)	schwache Separabilität
(SER)	Separabilität für geordnete Nutzenvektoren
(SN)	strenge Neutralität
(SP)	strenges Pareto-Prinzip
(ST)	Stetigkeit
(STE)	starke Gerechtigkeit
(U)	unbegrenzter Definitionsbereich

Eigenschaften individueller Präferenzen

(BS)	begrenzte Sensibilität
(ST)	Stetigkeit

Verallgemeinerungen der Erwartungsnutzentheorie

ENNAW-Theorie:	Theorie des Erwartungsnutzens mit nutzenabhängigen Wahrscheinlichkeiten (Diese Theorie wird im allgemeinen als „Theorie des gewichteten Nutzens" bezeichnet.)
ENTW-Theorie:	Theorie des Erwartungsnutzens mit transformierten Wahrscheinlichkeiten
ENRAW-Theorie:	Theorie des Erwartungsnutzens mit rangabhängigen Wahrscheinlichkeiten
MENRAW-Theorie:	modifizierte Theorie des Erwartungsnutzens mit rangabhängigen Wahrscheinlichkeiten

Verzeichnis der Abbildungen

Einleitung

Im Mittelpunkt dieser Arbeit steht die Strukturierung der Sozialwahltheorie und die kritische Auseinandersetzung mit verschiedenen sozialwahltheoretischen Ansätzen. Insbesondere will ich Verbindungen zwischen den einzelnen Teilbereichen der Sozialwahltheorie aufzeigen. Sowohl die Analyse von Abstimmungsverfahren als auch die Beschäftigung mit Nutzenethiken dient der Beantwortung der Frage, ob und inwieweit sich aus den individuellen Interessen und Wertvorstellungen verschiedener Personen ein kollektives Interesse ableiten läßt. Hierbei handelt es sich um ein Problem, das bereits in der klassischen utilitaristischen Ethik eine zentrale Rolle spielte und heute vor allem in der Nationalökonomie als sehr wichtig angesehen wird.
Große Aufmerksamkeit erregte insbesondere Arrows Unmöglichkeitstheorem, demzufolge es keine Möglichkeit gibt, individuelle Präferenzordnungen[1] in vernünftiger Weise zu einer kollektiven Präferenzordnung zu aggregieren, sofern man an eine solche Aggregation die folgenden (sehr elementaren) Anforderungen stellt:[2]

(U) Unbegrenzter Definitionsbereich,

(P) Schwaches Pareto-Prinzip,

(I) Unabhängigkeit von irrelevanten Alternativen,

(ND) Nichtexistenz eines Diktators.

Die scheinbare Unmöglichkeit der Aggregation individueller Präferenzen steht aber in starkem Kontrast zu unseren Erfahrungen im Alltag, wo sehr häufig eine Aggregation individueller Präferenzen stattfindet, so z.B. bei Konsumentscheidungen eines mehrköpfigen Haushalts, politischen Wahlen oder Personenwahlen jeglicher Art. Es stellt sich deshalb die Frage, wie sich

[1] Zum Begriff der Präferenzordnung siehe Abschnitt 1.1.1.

[2] Eine präzise Darstellung von Arrows Theorem findet sich in Abschnitt 2.1.1, Theorem 2.1.1.

Arrows Unmöglichkeitstheorem umgehen läßt, d.h. wie man trotz der von Arrow (1951, 1963) aufgezeigten Problematik aus individuellen Präferenzen kollektive Präferenzen ableiten kann.[3] Die Beantwortung dieser Frage erfordert eine Analyse des Begriffs der **Arrowschen sozialen Wohlfahrtsfunktion**. Wesentlich sind in diesem Zusammenhang die beiden folgenden von Arrow gemachten Annahmen:

A. Die kollektiven Präferenzen sollen die Eigenschaft der Transitivität besitzen.[4]

B. Interpersonelle Vergleiche der individuellen Nutzen bleiben bei der Ermittlung der kollektiven Präferenzen unberücksichtigt.

Die Problematik der Arrowschen sozialen Wohlfahrtsfunktionen, welche sich durch die Annahmen A und B auszeichnen, sehe ich darin, daß man einerseits sehr hohe Anforderungen an die kollektiven Präferenzen (z.B. Transitivität) stellt und andererseits zu deren Ermittlung nur sehr wenige Informationen über die individuellen Präferenzen (und insbesondere keine interpersonellen Nutzenvergleiche) heranziehen will. Eine Lösung dieses Dilemmas besteht darin, entweder geringere Anforderungen an die kollektiven Präferenzen zu stellen oder bei deren Ermittlung mehr Informationen über die individuellen Präferenzen (und insbesondere interpersonelle Nutzenvergleiche) zu berücksichtigen.

Wie ich in den Kapiteln 1 und 2 ausführlich erörtern werde, ist es in der Tat möglich, Arrows Unmöglichkeitstheorem dadurch zu umgehen, daß man auf eine der beiden oben genannten Annahmen A und B verzichtet. In erster Linie beschäftige ich mich mit den folgenden beiden Auswegen aus dem von Arrow aufgezeigten Dilemma:

1. **die Verwendung kollektiver Wahlregeln:** Man verzichtet bei den kollektiven Präferenzen auf die Forderung der Transitivität (Verzicht auf die Annahme A);

---

[3] Die Möglichkeit der Aggregation individueller Präferenzen zu kollektiven Präferenzen wird von manchen Autoren in Frage gestellt. Little (1952), Buchanan (1954) und Sugden (1993) beispielsweise bezweifeln die Existenz einer kollektiven Präferenzrelation. Sie vertreten die Ansicht, eine soziale Gruppe besitze keine eigenständige Existenz neben den Individuen und damit auch keine eigenen Präferenzen.
Sen (1995, S.5) hält dieser Argumentation entgegen, daß dem Begriff der kollektiven Präferenzrelation die Idee des sozialen Gutes zugrundeliegt: Es soll beurteilt werden, was gut und was schlecht für die Gesellschaft ist. Wenn eine Person ein derartiges Urteil fällen will, dann muß sie die individuellen Präferenzen in irgendeiner Weise zu einer kollektiven Präferenzrelation zusammenfügen.

[4] Zum Begriff der Transitivität siehe Abschnitt 1.1.1.

2. **die Verwendung sozialer Wohlfahrtsfunktionale:** Man formuliert die individuellen Präferenzen in Form von Nutzenfunktionen und zieht interpersonelle Nutzenvergleiche zur Ermittlung der kollektiven Präferenzen heran (Verzicht auf die Annahme B).

Ein Verzicht auf die Annahme A oder die Annahme B ermöglicht zahlreiche Formen der Aggregation individueller Präferenzen, die den Forderungen (U), (P), (I) und (ND) genügen. Die wichtigsten Beispiele sind die einfache Mehrheitsregel, die strikte und die schwache erweiterte Pareto-Regel, die Maximin-, die Leximin-, die Maximax- und die Leximax-Regel, sowie das utilitaristische Prinzip.
Jedoch existiert - wie das Arrow-Theorem verdeutlicht - keine universell gültige und unumstrittene Entscheidungsregel zur Lösung von Interessenkonflikten. Ziel der Sozialwahltheorie kann deshalb nicht das Auffinden einer universell anwendbaren Form der Entscheidungsfindung sein. Vielmehr sollte es darum gehen, die verschiedenen denkbaren (und kontrovers diskutierten) Formen der Aggregation individueller Präferenzen miteinander zu vergleichen, ihre Stärken und Schwächen herauszuarbeiten und im Falle konkreter Entscheidungssituationen zu untersuchen, welche Rationalitätsforderungen angemessen sind und welche nicht.
Wie Söllner (1993, S.32) betont, gibt es eine Vielzahl sozialer Entscheidungen, bei denen insbesondere die Informationsgrundlage (z.B. hinsichtlich interpersoneller Vergleiche der individuellen Nutzen) von Fall zu Fall höchst unterschiedlich sein kann. Ich teile deshalb die umfangreiche Menge aller kollektiven Entscheidungen in zwei Klassen ein:[5]

1. die Klasse der Komitee-Entscheidungen und Abstimmungsverfahren (z.B. Volksentscheid, Bürgerentscheid);

2. die Klasse der Nutzenabwägungen, bei denen konfligierende individuelle Interessen gegeneinander abgewogen werden (z.B. die Aufteilung materieller Güter).

Die Klasse der Komitee-Entscheidungen und Abstimmungsverfahren zeichnet sich dadurch aus, daß die individuellen Präferenzen oder Werturteile in Form von Präferenzordnungen gegeben sind, also nur sehr wenige Informationen über die individuellen Präferenzen und Wertvorstellungen und insbesondere keine interpersonellen Vergleiche der Präferenzintensitäten und Nutzenniveaus zur Verfügung stehen. Im Falle von Komitee-Entscheidungen empfiehlt sich deshalb die Verwendung **kollektiver Wahlregeln**.

[5] Siehe hierzu Abschnitt 1.1.

Eine Strukturierung der Klasse der kollektiven Wahlregeln nehme ich in Abschnitt 2.1 vor. Das Kriterium, das ich bei dieser Struktierung verwende, lautet: Wie stark wird die Annahme A (Transitivität der kollektiven Präferenzen) abgeschwächt? Die Forderung der Transitivität läßt sich ersetzen durch die Forderung der Quasitransitivität, der Azyklizität oder der Tripel-Azyklizität; man kann aber auch ersatzlos auf sie verzichten. Je stärker man die Transitivitätsforderung abschwächt, desto größer ist - wie ich in Abschnitt 2.1 zeigen werde - die Anzahl der in Frage kommenden kollektiven Wahlregeln mit den Eigenschaften (U), (P), (I) und (ND).

Aufgrund der Nichtberücksichtigung interpersoneller Nutzenvergleiche eignen sich kollektive Wahlregeln nicht zur Verwendung bei Nutzenabwägungen zwischen konfligierenden individuellen Interessen. Für kollektive Entscheidungen, bei denen ein Interessenausgleich gesucht wird, bieten sich vielmehr **soziale Wohlfahrtsfunktionale** als Entscheidungsregeln an.
Die Strukturierung der Klasse sozialer Wohlfahrtsfunktionale steht im Mittelpunkt von Abschnitt 2.2. Mit einer solchen Strukturierung verfolge ich das Ziel, die verschiedenen ethischen Prinzipien, die durch soziale Wohlfahrtsfunktionale zum Ausdruck gebracht werden können - wie z.B. das utilitaristische Prinzip oder Rawls' Differenzprinzip - miteinander zu vergleichen und deren Stärken und Schwächen aufzuzeigen. Ich orientiere mich dabei an der Informationsbasis, aus der man die kollektive Präferenzordnung ableitet. Diese Informationsbasis charakterisiere ich durch das bei der Messung der individuellen Nutzen verwendete Skalenniveau (Ordinalskala, Intervallskala, Verhältnisskala) und die interpersonelle Vergleichbarkeit bzw. Nichtvergleichbarkeit von Nutzeneinheiten und Nutzenniveaus.
Welche Informationsbasis man zugrunde legt, d.h. welchen Informationsgehalt man den individuellen Nutzenfunktionen unterstellt, hängt von dem bei einer Nutzenaggregation verwendeten sozialen Wohlfahrtsfunktional ab. So stellen beispielsweise das utilitaristische Prinzip und Rawls' Maximin-Regel unterschiedliche Anforderungen an die Meßbarkeit der individuellen Präferenzen: Während Rawls' Maximin-Regel die interpersonelle Vergleichbarkeit der Nutzenniveaus, jedoch kein Intervallskalenniveau voraussetzt, erfordert die Anwendung des utilitaristischen Prinzips die kardinale Messung der individuellen Präferenzen (auf Intervallskalenniveau) und die interpersonelle Vergleichbarkeit der Nutzeneinheiten, nicht aber der Nutzenniveaus.

Da sich mit Hilfe kollektiver Wahlregeln und sozialer Wohlfahrtsfunktionale alle wichtigen Formen der Nutzenaggregation beschreiben lassen, kann sich eine Strukturierung der Sozialwahltheorie auf die Betrachtung dieser beiden mathematischen Kalküle beschränken. Bei der Strukturierung der

Sozialwahltheorie, die ich in Abschnitt 2.3 vornehme, wird eines besonders deutlich: Die Klasse der Arrowschen sozialen Wohlfahrtsfunktionen, welche meiner Ansicht nach keine vernünftigen Formen der Nutzenaggregation enthält, läßt sich als eine Teilklasse der kollektiven Wahlregeln, aber auch als eine Teilklasse der sozialen Wohlfahrtsfunktionale interpretieren.
Die Arrowschen sozialen Wohlfahrtsfunktionen sind also ein Bindeglied zwischen Abstimmungsverfahren, die sich in Form von kollektiven Wahlregeln darstellen lassen, und Nutzenethiken, die durch soziale Wohlfahrtsfunktionale zum Ausdruck gebracht werden können. Sowohl Abstimmungsverfahren als auch Nutzenethiken zeigen einen Ausweg aus dem von Arrow (1951, 1963) beschriebenen Dilemma. Arrows Theorem ermöglicht deshalb eine Synthese von Abstimmungsverfahren und Nutzenethiken. Ebenso wie bei der Analyse von Abstimmungsverfahren (siehe die Abschnitte 1.1.2 und 2.1) stellt sich auch bei der Analyse von Nutzenethiken (siehe die Abschnitte 1.1.3 und 2.2) die Frage, wie stark man Arrows Anforderungen an Nutzenaggregationen (z.B. Verzicht auf interpersonelle Vergleiche) abschwächen muß, um zu akzeptablen Formen der Nutzenaggregation zu gelangen.

Ein besonderes Augenmerk lege ich auf die Klasse der sozialen Wohlfahrtsfunktionale. Die Analyse sozialer Wohlfahrtsfunktionale macht deutlich, daß die Möglichkeiten für eine Nutzenaggregation davon abhängen, welche Informationen über die individuellen Präferenzen zur Verfügung stehen. Hieraus ergibt sich die Bedeutung, die der bei der Messung der individuellen Präferenzen verwendeten Meßskalen und der Frage der interpersonellen Vergleichbarkeit individueller Nutzen zukommt.
In dieser Arbeit beschäftige ich mich deshalb nicht nur mit den formalen Möglichkeiten der Aggregation individueller Nutzenfunktionen zu einer kollektiven Präferenzrelation (siehe Kapitel 2), sondern auch mit der Frage der Meßbarkeit der individuellen Präferenzen (siehe Kapitel 3).
Insbesondere die beiden folgenden Probleme werde ich in Kapitel 3 näher untersuchen:

1. das Problem der Kardinalisierung der individuellen Präferenzen;

2. die Frage der interpersonellen Vergleichbarkeit individueller Präferenzen.

In Abschnitt 3.1 diskutiere ich das durch von Neumann/Morgenstern (1944) entwickelte Konzept zur Kardinalisierung der individuellen Präferenzen. Dieses Modell basiert darauf, daß man Lotterien zwischen Entscheidungsalternativen betrachtet und annimmt, daß sich rationales menschliches Entscheidungsverhalten durch von-Neumann-Morgenstern-Nutzenfunktionen

beschreiben läßt. Diese Annahme steht jedoch, wie die Abschnitte 3.1.2 und 3.1.3 verdeutlichen, in Konflikt zu zahlreichen empirischen Untersuchungen über die tatsächlichen menschlichen Rationalitätsvorstellungen.
Die Annahme, rationales menschliches Entscheidungsverhalten lasse sich durch von-Neumann-Morgenstern-Nutzenfunktionen beschreiben, muß deshalb in geeigneter Weise abgeschwächt werden. Die Frage, wie eine solche Abschwächung der in der Erwartungsnutzentheorie gemachten Rationalitätsannahmen aussehen könnte und ob auch bei einem weiter gefaßten Rationalitätsbegriff die Betrachtung von Lotterien eine Kardinalisierung individueller Präferenzen ermöglicht, steht im Mittelpunkt der Abschnitte 3.1.4 und 3.1.6.

Eine Kardinalisierung der individuellen Präferenzen ist nicht bei allen Nutzenethiken erforderlich[6]; jedoch kann - wie das von Sen (1970a) verallgemeinerte Arrow-Theorem[7] zeigt - keine Nutzenethik, die den Anforderungen (U), (P), (I) und (ND) genügt, auf interpersonelle Nutzenvergleiche verzichten. Die Frage der interpersonellen Vergleichbarkeit individueller Präferenzen, mit der ich mich in Abschnitt 3.3 auseinandersetze, stellt deshalb ein bedeutendes Problem in der ethischen Diskussion dar.

---

[6] Kardinale Nutzenfunktionen werden zwar bei der Anwendung des utilitaristischen Prinzips, nicht jedoch bei der Anwendung von Rawls' Maximin-Regel benötigt.

[7] Siehe Abschnitt 2.2.1, Theorem 2.2.1.

Kapitel 1

Grundlagen der Sozialwahltheorie

1.1 Zielsetzungen der Sozialwahltheorie

1.1.1 Individuelle und kollektive Präferenzen

Bei der Theorie der Sozialwahl handelt es sich um eine interdisziplinäre Theorie, die vor allem von Ökonomen, Politikwissenschaftlern, Philosophen und Mathematikern behandelt wird. Im Mittelpunkt steht dabei die Unterscheidung zwischen individuellen und kollektiven Interessen und die Frage, wie sich individuelle Präferenzen aggregieren lassen zu kollektiven Präferenzen.

Eng verknüpft mit der Theorie der Sozialwahl sind alle Ethik-Konzeptionen, die eine konsequentialistische Ausrichtung besitzen. Unter einer konsequentialistischen Ethik versteht man eine Ethik, die Handlungen nach ihren Konsequenzen beurteilt. Die Beurteilung dieser Konsequenzen erfolgt entweder nach objektiven Kriterien (z.B. Gewinnmaximierung bei betriebswirtschaftlichen Entscheidungen) oder nach subjektiven Kriterien. Sollen bei der Bewertung einer Handlung die Werturteile mehrerer Personen berücksichtigt werden, so muß eine Aggregation der individuellen Urteile zu einem kollektiven Urteil stattfinden. Die Frage, welche Möglichkeiten einer solchen Nutzenaggregation es gibt, ist ein zentraler Gegenstand der Sozialwahltheorie.

Die Theorie der Sozialwahl hat zwei Anwendungen: das Problem der Ent-

scheidungsfindung bei kollektiven Entscheidungen einerseits, und das Problem des Interessenausgleichs und der gerechten Nutzenaggregation andererseits. Diese Zweischneidigkeit macht sich schon bemerkbar in den beiden Wurzeln der Sozialwahltheorie, bei deren Darstellung ich mich an Sen (1986) und Bossert/Stehling (1990, S.6 f.) anlehne.
Eine Wurzel ist die mathematische Theorie der Entscheidungsgremien und Wahlverfahren. Borda (1781) führte die nach ihm benannte Borda-Regel als Alternative zur einfachen Mehrheitsentscheidungsregel ein. Die mit der Mehrheitsentscheidungsregel verbundenen Probleme wurden z.B. von Condorcet (1785) analysiert. Von Bedeutung ist in diesem Zusammenhang das sog. Condorcet-Paradoxon, auf welches ich in den Abschnitten 1.1.2 und 2.1.5 noch zu sprechen kommen werde.
Der zweite Ursprung ist die Betrachtungsweise der individuellen Nutzen als Determinanten der sozialen Wohlfahrt. Erste Ansätze in diese Richtung sind bereits im klassischen Utilitarismus (siehe z.B. Bentham, 1789) zu finden: Die soziale Wohlfahrt wird als die Summe der individuellen Nutzen aufgefaßt.
Eine Synthese dieser beiden Strömungen führte zur Sozialwahltheorie in der heutigen Form. Maßgeblichen Anteil an der Entwicklung der modernen Theorie der Sozialwahl hatten Arrow (1951, 1963), dessen Unmöglichkeitstheorem (siehe hierzu die Abschnitte 1.1.3, 2.1.1 und 2.2.1) das meistdiskutierte Ergebnis der Sozialwahltheorie darstellt, und Sen, der mit zahlreichen Arbeiten die Theorie der Sozialwahl entscheidend geprägt hat.

Den beiden Ursprüngen der Sozialwahltheorie entsprechen die beiden unterschiedlichen Zielsetzungen, die mit dieser Theorie verfolgt werden. In Anlehnung an Sen (1970a, S.190 f.) und Seabright (1989) unterscheide ich die beiden folgenden Zielsetzungen:

1. Auseinandersetzung mit institutionalisierten Entscheidungsprozessen und der Frage der Angemessenheit kollektiver Entscheidungsmechanismen.

2. Suche nach einer gerechten Aggregation konfligierender individueller Interessen.

Im Falle der ersten Zielsetzung wendet man die Theorie der Sozialwahl auf kollektive Entscheidungen an. Unter einer kollektiven Entscheidung will ich dabei eine Entscheidung verstehen, die von einer Gruppe von Personen zu treffen ist und von der mehrere Personen betroffen sind. Sehr geläufige Beispiele für kollektive Entscheidungen sind politische Wahlen (z.B. Bundestagswahlen, Kommunalwahlen etc.). Im Unterschied zu individuellen (d.h. von einer Person für sich selbst zu treffenden) Entscheidungen steht man bei kollektiven Entscheidungen vor dem Problem, aus den verschiedenen Wertvorstellungen der an einer Entscheidung beteiligten Personen eine gemeinsame Entscheidung abzuleiten.

Im Falle der zweiten Zielsetzung beschäftigt man sich zwar ebenfalls mit kollektiven Entscheidungen, hat jedoch ausschließlich die Interessen der von einer Entscheidung betroffenen Individuen und nicht das Entscheidungsverfahren im Blickwinkel. Es geht dabei im wesentlichen um die Suche nach einer gerechten Abwägung der individuellen Interessen. Solche Interessenabwägungen finden häufig statt in Alltagssituationen und (mit Einschränkungen) bei politischen Entscheidungen. Zur Veranschaulichung nenne ich ein Beispiel für eine Interessenabwägung, welches ich aus Bahrdt (1992, S.36) entnommen habe:
Ein Autofahrer biegt auf einer Landstraße in eine Kurve und sieht einen großen Stein auf der Fahrbahn liegen. Es gelingt ihm auszuweichen. Soll er nun weiterfahren oder anhalten und den Stein beiseite räumen?
Dem Interesse des Autofahrers, möglichst schnell an sein Ziel zu kommen und keine Zeit zu verlieren, steht hier das Interesse der nachfolgenden Autofahrer gegenüber, vor einer Gefahr bewahrt zu werden.

Die beiden genannten Zielsetzungen der Sozialwahltheorie verschmelzen ineinander bei kollektiven Entscheidungen, in denen jede Person ihre individuellen Interessen vertritt. Ich will dies an folgendem, aus Jöhr (1975) entnommenen Beispiel verdeutlichen:

> Eine dreiköpfige Schweizer Familie, bestehend aus einem Vater, einer Mutter und einer siebzehnjährigen Tochter, hat bisher nur im Winter Ferien gemacht. Nun stehen sie vor der Frage, ob sie diesmal auch im Sommer in die Ferien gehen wollen, umsomehr als ihnen in Ascona (Schweiz) und in Saint-Tropez von Verwandten je eine Ferienwohnung zur Verfügung gestellt würde. Zur Wahl stehen also die folgenden drei Alternativen: zu Hause bleiben, Ascona und Saint-Tropez.
> Es handelt sich hierbei um eine kollektive Entscheidung, bei der Mutter, Vater und Tochter jeweils ihre eigenen Interessen vertreten.

Allen Anwendungen der Sozialwahltheorie ist eines gemeinsam: die Untersuchung der Möglichkeiten einer Aggregation der individuellen Interessen oder Werturteile zu einer (vollständigen) kollektiven Präferenzrelation auf der Menge der zur Wahl stehenden Entscheidungsalternativen. Die kollektive Präferenzrelation bringt das Gruppeninteresse bzw. das Gruppenurteil

zum Ausdruck. Sie gibt, sofern sie die Eigenschaft der Vollständigkeit besitzt, für jedes Alternativenpaar an, ob eine der beiden Alternativen der anderen vorzuziehen ist und ggf. welche der beiden aus kollektiver Sicht höher zu bewerten ist.
Eine spezielle Klasse von kollektiven Präferenzrelationen stellen die kollektiven Präferenzordnungen dar. Rein formal kann man den Begriff der Präferenzordnung folgendermaßen definieren: Eine **Präferenzordnung** ist eine Relation R auf der Menge Ω der möglichen Entscheidungsalternativen, für die folgende Regeln gelten:

1. Reflexivität: $a\mathrm{R}a$ für alle $a \in \Omega$.

2. Vollständigkeit (= Konnexität):
   $a\mathrm{R}b \vee b\mathrm{R}a$ für alle $a, b \in \Omega$, $a \neq b$.

3. Transitivität: $(a\mathrm{R}b \wedge b\mathrm{R}c) \Longrightarrow a\mathrm{R}c$ für alle $a, b, c \in \Omega$.

$a\mathrm{R}b$ besagt dabei, daß a als „mindestens so gut" wie b beurteilt wird.
Ausgehend von der Relation R definiert man die Relation I (Indifferenz) und die Relation P (Präferenz):

$$a\mathrm{I}b :\Longleftrightarrow (a\mathrm{R}b \wedge b\mathrm{R}a) \; ; \qquad a\mathrm{P}b :\Longleftrightarrow (a\mathrm{R}b \wedge \neg(b\mathrm{R}a)) .$$

Die kollektive Präferenzrelation R leitet man ab aus den Präferenzen der einzelnen Individuen. In den Abschnitten 1.1.2 und 1.1.3, sowie in Kapitel 2 werde ich verschiedene Möglichkeiten der Aggregation individueller Präferenzen zu kollektiven Präferenzrelationen näher betrachten. Zunächst wende ich mich jedoch verschiedenen formalen Darstellungen der individuellen Präferenzen zu. Ich beschränke mich dabei zunächst auf zwei Möglichkeiten:

1. Darstellung der individuellen Präferenzen in Form von individuellen Präferenzordnungen: Für jede Person i gibt man eine Präferenzordnung R_i an, die deren individuelle Präferenzen zum Ausdruck bringt. Bei einer Gruppe von m Personen erhält somit man ein $m-$Tupel $(\mathrm{R}_1, ..., \mathrm{R}_m)$ von individuellen Präferenzordnungen R_i $(i = 1, ..., m)$. Ein solches $m-$Tupel bezeichnet man als **Präferenzordnungsprofil**.

2. Darstellung der individuellen Präferenzen in Form von Nutzenfunktionen: Eine Nutzenfunktion ordnet jeder Entscheidungsalternative einen bestimmten Nutzenwert (eine reelle Zahl) zu. Für jedes von einer kollektiven Entscheidung betroffene Individuum i drückt man deren Präferenzen mit Hilfe einer Nutzenfunktion $f_i : \Omega \longrightarrow \mathbb{R}$ aus. Bei einer

Gruppe von m Personen erhält man somit ein $m-$Tupel $(f_1, ..., f_m)$ von individuellen Nutzenfunktionen f_i $(i = 1, ..., m)$. Ein solches $m-$Tupel bezeichnet man als **Nutzenfunktionsprofil**.

Bevor ich näher auf Nutzenfunktionsprofile und deren Informationsgehalt eingehe, will ich kurz den Zusammenhang zwischen Präferenzordnungen und Nutzenfunktionen erläutern, um so beim Leser das Verstehen des Begriffs der Nutzenfunktion zu erleichtern.
Jede Präferenzordnung R auf einer Menge Ω läßt sich repräsentieren durch eine Nutzenfunktion $f : \Omega \longrightarrow \mathbb{R}$. Eine Nutzenfunktion $f : \Omega \longrightarrow \mathbb{R}$ repräsentiert eine gegebene Präferenzordnung R genau dann, wenn für alle Alternativen $a, b \in \Omega$ gilt:

$$f(a) \geq f(b) \iff a\text{R}b\,.$$

Von zwei Nutzenfunktionen, die dieselbe Präferenzordnung repräsentieren, sagt man, sie besitzen **dieselbe ordinale Information**.
Ich will dies an einem Beispiel veranschaulichen: Eine Präferenzordnung auf der Menge $\Omega \doteq \{a, b, c, d, e\}$ sei gegeben durch: $a\text{P}b \wedge b\text{P}c \wedge c\text{I}d \wedge d\text{P}e$.
Diese Präferenzordnung wird beispielsweise repräsentiert durch die Funktion

$$f : \Omega \longrightarrow \mathbb{R}; \quad f(a) = 4\,, \; f(b) = 3\,, \; f(c) = f(d) = 2\,, \; f(e) = 1\,.$$

Eine Nutzenfunktion $h : \Omega \longrightarrow \mathbb{R}$ besitzt dieselbe ordinale Information wie f (repräsentiert also dieselbe Präferenzordnung wie f) genau dann, wenn $h(a) > h(b) > h(c) = h(d) > h(e)$.

Unter einer ordinalen Nutzenfunktion versteht man eine Nutzenfunktion, von der nur ihre ordinale Information eine Aussagekraft besitzt, da mit ihr nichts anderes als eine Präferenzordnung zum Ausdruck gebracht werden soll. Anstelle von Präferenzordnungen kann man also stets auch ordinale Nutzenfunktionen verwenden, wenn man sich dessen bewußt ist, daß bei Nutzenaggregationen nur die ordinale Information dieser Nutzenfunktionen berücksichtigt werden darf, man verschiedenen Nutzenfunktionsprofilen mit derselben ordinalen Information also dieselbe kollektive Präferenzrelation zuordnen muß.
Die Darstellung der individuellen Präferenzen durch Angabe einer Präferenzordnung für jede Person läßt - im Unterschied zur Darstellung in Form von Nutzenfunktionen - nur eine ordinale Messung und keinerlei interpersonelle Vergleiche der individuellen Nutzen zu.

Was die mit Nutzenfunktionsprofilen verbundenen Aussagen über die individuellen Präferenzen betrifft, unterscheidet man gewöhnlich folgende fünf Fälle:[1]

1. ordinale Meßbarkeit der individuellen Nutzen und keinerlei interpersonelle Vergleichbarkeit;
2. ordinale Meßbarkeit der individuellen Nutzen und interpersonelle Vergleichbarkeit der Nutzenniveaus;
3. kardinale Meßbarkeit der individuellen Nutzen und keinerlei interpersonelle Vergleichbarkeit;
4. kardinale Meßbarkeit der individuellen Nutzen und interpersonelle Vergleichbarkeit sowohl der Nutzenniveaus als auch der Nutzeneinheiten;
5. kardinale Meßbarkeit der individuellen Nutzen und interpersonelle Vergleichbarkeit der Nutzeneinheiten, nicht aber der Nutzenniveaus.

Diese fünf Fälle werde ich in den Abschnitten 1.2.2, 2.2.1 und 3.2.3 noch ausführlich erörtern. Wesentlich ist dabei folgendes: Durch die Wahl einer dieser fünf Interpretationsmöglichkeiten legt man für jedes Paar von Nutzenfunktionsprofilen fest, ob diese beiden Nutzenfunktionsprofile dieselben Informationen über die individuellen Präferenzen zum Ausdruck bringen, oder ob dies nicht der Fall ist. Jeder Aggregation individueller Nutzenfunktionen zu einer kollektiven Präferenzrelation muß eine derartige Festlegung vorausgehen, da verschiedenen Nutzenfunktionsprofilen mit demselben Informationsgehalt dieselbe kollektive Präferenzrelation zuzuordnen ist.

Wieviel Information über die individuellen Präferenzen oder Werturteile man bei der Betrachtung von Aggregationen individueller Nutzenfunktionen zu einer kollektiven Präferenzrelation voraussetzt, hängt davon ab, welche Zielsetzung man verfolgt. Während man bei der Untersuchung von Komitee-Entscheidungen, d.h. von kollektiven Entscheidungen, bei denen ein Gremium mit der Entscheidungsfindung beauftragt ist, der Frage nachgeht, wie man selbst bei dürftigen Informationen über die Werturteile der einzelnen Komitee-Mitglieder (ordinale Meßbarkeit der individuellen Werturteile; keinerlei interpersonelle Vergleichbarkeit) zu akzeptablen Entscheidungen gelangen kann, erfordert die Lösung von Interessenkonflikten eine größere Informationsbasis: Damit man überhaupt eine Interessenabwägung durchführen kann, benötigt man interpersonelle Nutzenvergleiche.

[1] Siehe z.B. d'Aspremont/Gevers (1977), Deschamps/Gevers (1978), Gevers (1979) oder Bossert/Stehling (1990, 1992).

Je höher die Anforderungen sind, die man an einen Interessenausgleich stellt, desto größer muß die Informationsgrundlage sein. Deshalb sollte man bei der Lösung von Interessenkonflikten eine Kardinalisierung der individuellen Nutzen und interpersonelle Vergleiche zwischen den individuellen Präferenzen anstreben.

1.1.2 Entscheidungsmechanismen und Wahlverfahren

Ein Sozialwahltheoretiker, der sich mit der Analyse von institutionalisierten Entscheidungsmechanismen beschäftigt, sucht nach Formen der Entscheidungsfindung, die von allen Beteiligten gebilligt werden und die - wie auch immer die individuellen Interessen oder Urteile aussehen - stets zu einer kollektiven Entscheidung führen.
Eine zentrale Rolle spielt dabei das Condorcet-Paradoxon (Condorcet, 1785), welches besagt, daß die **einfache Mehrheitsentscheidungsregel** eine zirkuläre kollektive Präferenzrelation liefern kann. Gemäß der einfachen Mehrheitsentscheidungsregel ist eine Alternative a einer Alternative b vorzuziehen, wenn die Alternative a von einer größeren Anzahl von Personen bevorzugt wird als die Alternative b. (Falls für beide Alternativen gleich viele Personen stimmen, so ist keine der beiden Alternativen der anderen vorzuziehen.) Man erhält auf diese Weise eine Relation P auf der Menge der zur Wahl stehenden Alternativen; $a\mathrm{P}b$ bedeute: „a wird von einer relativen Mehrheit gegenüber b bevorzugt.“ Die Problematik der Mehrheitsentscheidungsregel besteht - und dies ist die Aussage des Condorcet-Paradoxons - in der Möglichkeit eines Zirkels der folgenden Art: $a\mathrm{P}b \wedge b\mathrm{P}c \wedge c\mathrm{P}a$.

Ich will die Mehrheitsentscheidungsregel und das damit verbundene Condorcet-Paradoxon nun an dem oben erwähnten Urlaubsbeispiel veranschaulichen.
Es sei zunächst angenommen, die Familienmitglieder vertreten im Hinblick auf die Urlaubsfrage folgende Auffassungen:

- Die Mutter würde am liebsten zu Hause bleiben, an zweiter Stelle käme für sie Ascona und an dritter Stelle Saint-Tropez in Frage. (kurz: H≻A≻ST)

- Der Vater bevorzugt Ascona, an zweiter Stelle figuriert für ihn Saint-Tropez und an dritter die Möglichkeit, zu Hause zu bleiben. (kurz: A≻ST≻H)

- Die Tochter zieht Saint-Tropez gegenüber Ascona und Ascona gegenüber der Möglichkeit, zu Hause zu bleiben, vor. (kurz: ST≻A≻H)

Es liegen also drei verschiedene individuelle Präferenzordnungen vor. Der Einfachheit halber bezeichne ich die Alternative „Ascona“ mit A, die Alternative „Saint-Tropez“ mit ST und die Alternative „zu Hause bleiben“ mit H.
Eine Möglichkeit, zu einer kollektiven Entscheidung zu gelangen, besteht in einer zweistufigen Abstimmung. Hierbei gibt es drei Varianten:

1. In einer ersten Abstimmung wird zwischen der Alternative A und der Alternative ST entschieden und anschließend die Alternative H dem Sieger der ersten Abstimmung gegenübergestellt.
   Ergebnis: A schlägt zunächst ST mit 2:1 (Vater und Mutter stimmen für A) und anschließend H mit 2:1 (Vater und Tochter stimmen für A).

2. In einer ersten Abstimmung wird zwischen der Alternative A und der Alternative H entschieden und anschließend die Alternative ST dem Sieger der ersten Abstimmung gegenübergestellt.
   Ergebnis: A schlägt zunächst H mit 2:1 und anschließend ST mit 2:1.

3. In einer ersten Abstimmung wird zwischen der Alternative ST und der Alternative H entschieden und anschließend die Alternative A dem Sieger der ersten Abstimmung gegenübergestellt.
   Ergebnis: ST schlägt zunächst H mit 2:1 (Vater und Tochter stimmen für ST) und verliert anschließend gegen A mit 2:1 (Vater und Mutter stimmen für A).

Bei allen drei Varianten entscheidet man sich im Falle der oben dargestellten individuellen Präferenzordnungen für die Alternative A.

Man stelle sich nun vor, die Tochter erhält einen Telefonanruf und erfährt dabei, daß sich ihr Ex-Freund, dem sie in den Ferien auf keinen Fall begegnen möchte, in Ascona befindet. Setzt nun die Tochter die Alternative, zu Hause zu bleiben, an die zweite Stelle, hinter Saint-Tropez und vor Ascona, und Vater und Mutter setzen ihre Präferenzen so, wie oben dargestellt, dann führen die genannten drei Varianten einer zweistufigen Abstimmung zu drei verschiedenen Entscheidungen: Im ersten Fall lautet das Ergebnis Zu-Hause-Bleiben, im zweiten Fall Saint-Tropez und im dritten Fall Ascona. Dies liegt daran, daß bei den Paarvergleichen A über ST (mit den Stimmen von Vater und Mutter), ST über H (mit den Stimmen von Vater und Tochter) und H über A (mit den Stimmen von Mutter und Tochter) siegt, man also einen Zirkel erhält.
Es gibt somit keine Alternative, die gegen jede andere Alternative gewinnt,

d.h. es gibt keinen **Condorcet-Gewinner**. Derartige Fälle sind ausgesprochen selten (Bei drei Alternativen und drei Individuen gibt es, wenn man von der Möglichkeit des Auftretens von Indifferenzen absieht, unter 216 möglichen Konfigurationen für die individuellen Präferenzen 12 paradoxe Fälle!) und laufen zudem gewissen Vorstellungen über eine Ähnlichkeit zwischen den individuellen Präferenzordnungen zuwider. So kann man beispielsweise in der Regel davon ausgehen, daß die individuellen Präferenzen eingipflig sind, was bei der Wahl des Urlaubsortes etwa folgendes heißen kann:
Stehen drei Urlaubsorte zur Wahl, von denen einer der Heimatort ist (bezeichnet mit H), einer sich in näherer Umgebung befindet (im Beispiel: A) und einer weiter entfernt liegt (im Beispiel: ST), so hat die Präferenzordnung jeder der betroffenen Personen vermutlich eine der folgenden Gestalten, je nachdem, wie heimatverbunden die jeweilige Person ist:

$$\mathrm{H} \succ \mathrm{A} \succ \mathrm{ST}, \quad \mathrm{A} \succ \mathrm{H} \succ \mathrm{ST}, \quad \mathrm{A} \succ \mathrm{ST} \succ \mathrm{H} \text{ oder } \mathrm{ST} \succ \mathrm{A} \succ \mathrm{H}.$$

Nur deshalb, weil die Präferenzen der Tochter (ST≻H≻A) wegen eines besonderen Umstandes (Ihr Ex-Freund befindet sich in Ascona!) aus dem Rahmen fallen, kann das Condorcet-Paradoxon auftreten: Lautet die Präferenzordnung des Vaters A≻ST≻H, die der Mutter H≻A≻ST und bleibt die Tochter bei ihrer ursprünglichen Präferenzordnung (ST≻A≻H), so ist der Urlaubsort Ascona Condorcet-Gewinner.

Einige Sozialwahltheoretiker machen den Vorschlag, das Condorcet-Paradoxon dadurch zu umgehen, daß man nicht alle Konfigurationen von individuellen Präferenzordnungen zuläßt und gewisse Konsistenzforderungen, wie z.B. die Forderung der Eingipfligkeit (siehe oben!), an die individuellen Präferenzen stellt.[2] Eine derartige Beschränkung der zugelassenen Konfigurationen halte ich für nicht angemessen, weil tatsächlich (wenn auch sehr selten) der Fall eintreten kann, daß es keinen Condorcet-Gewinner gibt; auch in einem solchen Fall muß eine kollektive Entscheidung gefunden werden.
Eine Lösung des Dilemmas kann darin bestehen, alle Alternativen als gleichwertig einzustufen, die Bestandteil eines bei der Anwendung der Mehrheitsregel entstehenden Zirkels sind. Tritt also beispielsweise der Zirkel $aPb \wedge bPc \wedge cPa$ auf, so wären bei einer solchen Lösung die Alternativen a, b und c als gleichwertig einzustufen. Im obigen Beispiel bedeutet dies, daß bei Vorliegen eines Zirkels alle drei zur Wahl stehenden Urlaubsorte (H, A und ST) als optimal anzusehen sind und es deshalb keine Rolle spielt, auf welchen Urlaubsort die Entscheidung fällt. Der Urlaubsort kann

[2]Siehe z.B. Sen (1966, 1969), Sen/Pattanaik (1969), Inada (1964, 1969, 1970), Pattanaik (1968, 1970a, 1970b) oder Abschnitt 2.1.5.

in diesem Fall durch ein Los bestimmt werden, oder durch eine zweistufige Abstimmung über deren Stufen man sich vorher geeinigt hat: Wie ich oben aufgezeigt habe, sind drei zweistufige Abstimmungsverfahren möglich, die zu drei verschiedenen Ergebnissen führen.

Zur Analyse institutionalisierter Entscheidungsmechanismen verwendet man in der Theorie der Sozialwahl gewöhnlich sog. **Wahlfunktionen**, d.h. Funktionen, die jeder nichtleeren Teilmenge S einer gegebenen Alternativenmenge Ω eine Menge $C(S)$ von optimalen Alternativen zuordnen.[3] Der Begriff der Optimalität kann definiert werden über eine kollektive Präferenzrelation, die man aus den individuellen Präferenzen ableitet:
Eine Alternative $a \in S$ heißt genau dann **optimales Element** von S bzgl. einer Präferenzrelation R, wenn für alle $b \in S$ gilt: $a\mathrm{R}b$.
Die zu einer Präferenzrelation R gehörige Wahlfunktion C ist also folgendermaßen definiert:

$$C(S) \doteq \{\, a \in S \mid a\mathrm{R}b \text{ für alle } b \in S \,\}, \quad S \subset \Omega, \quad S \neq \emptyset .$$

Falls $S = \{a, b, c\}$ und für die kollektive Präferenzrelation $a\mathrm{P}b \wedge b\mathrm{P}c \wedge c\mathrm{P}a$ gilt, also ein Zirkel auftritt, so ist die zugehörige Menge $C(S)$ der optimalen Elemente von S leer. Um stets nichtleere Mengen $C(S)$ zu erhalten, fordert man von kollektiven Präferenzrelationen R die Eigenschaft der Azyklizität: Eine Präferenzrelation heißt **azyklisch**, falls kein Zirkel der folgenden Art auftritt:

$$a_1\mathrm{P}a_2 \wedge a_2\mathrm{P}a_3 \wedge \ldots \wedge a_{k-1}\mathrm{P}a_k \wedge a_k\mathrm{P}a_1 \qquad (k \geq 2).$$

Mit dem Begriff der Azyklizität verbunden ist die Unterscheidung zwischen der Relation R ($a\mathrm{R}b$ besagt: „a ist mindestens so gut wie b") und der Relation P ($a\mathrm{P}b$ besagt: „a ist besser als b"). Für die Relation P soll ein Zirkel, wie z.B. $a\mathrm{P}b \wedge b\mathrm{P}c \wedge c\mathrm{P}a$, ausgeschlossen werden. Dies schließt nicht aus, daß beispielsweise folgende Fälle auftreten können:
$a\mathrm{P}b \wedge b\mathrm{R}c \wedge c\mathrm{R}a$ oder sogar $a\mathrm{P}b \wedge b\mathrm{P}c \wedge c\mathrm{R}a$.
Im Unterschied zu Präferenzordnungen müssen azyklische kollektive Präferenzrelationen nicht transitiv sein. Bei kollektiven Entscheidungen, in denen es nicht so sehr um einen gerechten Interessenausgleich, sondern vielmehr um das Finden einer für alle Beteiligten tragbaren Entscheidung geht, verzichtet man darauf, von der kollektiven Präferenzrelation die Eigenschaft der Transitivität zu fordern.
Welche zentrale Bedeutung die Eigenschaft der Azyklizität hat, zeigt der

[3] Siehe z.B. Arrow (1959), Sen (1969, 1971, 1973).

folgende Satz:

Satz 1.1.1 *Ist R eine reflexive und vollständige Relation auf einer endlichen Menge* Ω, *so ist die Azyklizität von R eine notwendige und hinreichende Bedingung dafür, daß zu jeder Teilmenge S von* Ω *ein bzgl. R optimales Element von S existiert, man also stets eine nicht-leere Menge* $C(S)$ *erhält.*

BEWEIS siehe Sen (1970a, Lemma 1*1).

Dieser Satz legitimiert die Verwendung von nicht-transitiven, jedoch azyklischen, kollektiven Präferenzrelationen.
Die Theorie der Sozialwahl beschäftigt sich deshalb unter anderem mit der Frage, welche Möglichkeiten es gibt, die individuellen Präferenzordnungen zu einer reflexiven, vollständigen und azyklischen kollektiven Präferenzrelation zu aggregieren. Diese Aggregationsmöglichkeiten lassen sich formulieren in Form von sog. **sozialen Entscheidungsfunktionen**, welche m-Tupel $(\mathrm{R}_1, ..., \mathrm{R}_m)$ von individuellen Präferenzordnungen abbilden auf reflexive, vollständige und azyklische Relationen R.

An soziale Entscheidungsfunktionen stellt man gewöhnlich die folgenden vier (meiner Ansicht nach unproblematischen) Mindestanforderungen:

(U) **Unbegrenzter Definitionsbereich:** Die Menge der zugelassenen Konfigurationen individueller Präferenzordnungen ist unbeschränkt.
Im Beispiel bedeutet dies: Gleichgültig, wie die Urlaubspräferenzen von Mutter, Vater und Tochter aussehen - eine soziale Entscheidungsfunktion mit der Eigenschaft (U) liefert stets eine azyklische kollektive Präferenzrelation und damit auch eine Menge von optimalen Urlaubsorten.

(P) **Schwaches Pareto-Prinzip:** Zieht jede der an einer kollektiven Entscheidung beteiligten Personen die Alternative a gegenüber der Alternative b vor, so ist a aus kollektiver Sicht höher als b einzustufen. Für alle $a, b \in \Omega$ gilt also:

$$(\forall i\colon\ a\mathrm{P}_i b) \implies a\mathrm{P}b.$$

(I) **Unabhängigkeit von irrelevanten Alternativen** („Independence of irrelevant alternatives“):
Bei dem kollektiven Vergleich zweier Alternativen dürfen die individuellen Beurteilungen der übrigen (irrelevanten) Alternativen keine Rolle spielen.

Im Beispiel bedeutet dies unter anderem: Bei einer Gegenüberstellung der Alternativen H und A dürfen die Beurteilungen der (irrelevanten) Alternative ST durch Mutter, Vater und Tochter keine Rolle spielen.

(ND) **Nichtexistenz eines Diktators:** Es gibt keinen Diktator, der seine individuellen Präferenzen stets durchsetzen kann - unabhängig von den Präferenzen der übrigen Personen, d.h. es gibt kein $i \in \{1, ..., m\}$, so daß für alle $a, b \in \Omega$ gilt:

$$a \mathrm{P}_i b \implies a \mathrm{P} b.$$

Im Beispiel bedeutet dies: Kein Familienmitglied hat die alleinige Entscheidungsbefugnis bei der Wahl des Urlaubsortes.

Diese Forderungen sind nicht unumstritten:

Setzt man beispielsweise von den individuellen Präferenzordnungen die Eigenschaft der Eingipfligkeit voraus, so verletzt man damit die Forderung (U). Jede Beschränkung des Definitionsbereichs sozialer Entscheidungsfunktionen bedeutet aber, daß die individuellen Präferenzen neben der Darstellbarkeit als Präferenzordnungen zusätzlichen Anforderungen genügen sollen. Letzteres halte ich nicht für sinnvoll.

Das schwache Pareto-Prinzip steht, wie Sen (1970a) mit dem sog. Liberalitätsparadoxon[4] zeigt, in Konflikt zu dem Axiom des minimalen Liberalismus. Dieses besagt, daß mindestens zwei Personen das Recht eingeräumt werden soll, zwischen jeweils zwei Alternativen autonom zu entscheiden. Ein Konflikt zwischen dem minimalen Liberalismus und dem schwachen Pareto-Prinzip tritt deshalb auf, weil bei den autonomen Entscheidungen der Individuen nicht das kollektive Interesse, sondern der eigene Nutzen ausschlaggebend ist. Wenn es um die Bestimmung des „kollektiven Nutzens" geht, greift Sens Kritik am schwachen Pareto-Prinzip nicht (vgl. hierzu meine Ausführungen in Abschnitt 1.1.4). Vielmehr handelt es sich bei dem schwachen Pareto-Prinzip um eine sehr plausible Forderung: Das schwache Pareto-Prinzip besagt nämlich lediglich, daß sich der kollektive Nutzen erhöht, wenn sich der individuelle Nutzen jeder Person erhöht.

Als umstritten gilt auch die Forderung (I). Die Kritik an dieser Forderung ist aber meiner Ansicht nach unberechtigt. Berücksichtigt man nämlich bei der Aggregation individueller Präferenzordnungen zu einer kollektiven

[4] Zum Liberalitätsparadoxon siehe Abschnitt 2.1.3.1, Satz 2.1.4.

Präferenzordnung nur die (tatsächlich) in den individuellen Präferenzordnungen enthaltenen Informationen, so ist die Forderung (I) automatisch erfüllt. Jede Verletzung der Eigenschaft (I) geht einher mit einer Annahme darüber, wie stark eine Person eine Alternative a gegenüber einer Alternative b präferiert: Indem man beispielsweise die Anzahl der Alternativen, die eine Person höher als b und niedriger als a bewertet, als ein Maß für die Stärke der Präferenz verwendet, unterstellt man den individuellen Präferenzordnungen einen Informationsgehalt, der über deren eigentlichen (ordinalen) Informationsgehalt hinausgeht. Der umstrittene Punkt ist also nicht die Forderung (I), sondern die Beschränkung auf ordinale Informationen über die individuellen Präferenzen und das Nichtzulassen interpersoneller Nutzenvergleiche.

Die Tatsache, daß die Forderung (I) in ihrer Bedeutung häufig überschätzt wird (z.B. von Binmore, 1994, S.131 ff., oder Kern/Nida-Rümelin, 1994, S.34 f.), liegt begründet in einer falschen Interpretation dieser Forderung. Ich will dies nun kurz am Beispiel der Argumentation von Binmore (1994) verdeutlichen.

Binmore (1994, S.132 f.) behauptet fälschlicherweise, durch die Forderung (I) schließe man die Verwendung kardinaler Nutzenfunktionen und damit insbesondere Vergleiche von Präferenzintensitäten aus. Gleichzeitig hält Binmore interpersonelle Vergleiche von Präferenzintensitäten für ein unverzichtbares Element einer konsequentialistischen Ethik. Aus diesem Grund bezeichnet Binmore die Forderung (I) als eine „zu strenge" Forderung:

> „...it [die Forderung (I)] rules out the use of intrapersonal comparisons of utility since it forbids the use of Von Neumann and Morgenstern or other cardinal utility functions. It therefore certainly has no place for the more problematic *inter*personal comparisons of utility Section 1.2.5 claimed to be necessary for the consequentialist theory to have ethical content.
> The appropriate response to Arrow's Paradox [siehe Abschnitt 2.1.1, Theorem 2.1.1] is therefore that his Independence of Irrelevant Alternatives is too stringent a condition. If it is thrown away, we can use cardinal utility information in constructing a common good." (Binmore, 1994, S.132 f.)

Ebenso wie Binmore bin ich der Meinung, daß eine gerechte Abwägung konfligierender individueller Interessen interpersonelle Nutzenvergleiche (und möglicherweise auch kardinale Nutzenmessungen) voraussetzt.[5] Jedoch

[5] Eine Begründung der Notwendigkeit interpersoneller Nutzenvergleiche nehme ich in den Abschnitten 1.1.3 und 2.2 vor.

entspricht Binmores Behauptung, durch die Forderung (I) würden kardinale Nutzenmessungen ausgeschlossen, nicht der Wahrheit. Die bei einer Nutzenaggregation verwendete Informationsbasis wird in Arrows Ansatz nicht - wie Binmore (1994, S.132) glaubt - durch die Forderung (I) beschränkt, sondern dadurch, daß die individuellen Präferenzen in Form von Präferenzordnungen gegeben sind. Verwendet man kardinale Nutzenfunktionen, so läßt sich - wie meine Ausführungen in Abschnitt 2.2.1 zeigen werden - die Forderung (I) in ähnlicher Weise definieren wie bei einer ordinalen Nutzenmessung. Im Unterschied zu den sog. Invarianzforderungen, auf die ich in Abschnitt 2.2.1 zu sprechen komme, beinhaltet die Forderung (I) **keinerlei** Beschränkung der einer Nutzenaggregation zugrundeliegenden Informationsbasis. Bei der Argumentation von Binmore (1994) handelt es sich deshalb um keine ernstzunehmende Kritik an der Forderung (I).

Die Existenz eines Diktators schließlich stellt eine sozial nicht wünschenswerte Perspektive dar. Da man bei einer Diktatur kaum von einer Nutzenaggregation sprechen kann, soll dieser Fall ausgeschlossen werden. Alle vier genannten Forderungen sind also durchaus plausibel.

Die Forderungen (P) und (ND) lassen sich noch verschärfen, z.B. durch die folgenden beiden Forderungen:

(SP) **Strenges Pareto-Prinzip:**

(i) Zieht mindestens eine Person die Alternative a gegenüber der Alternative b vor und niemand zieht b gegenüber a vor, so ist a höher als b einzustufen.

(ii) Sind alle Personen indifferent zwischen den Alternativen a und b, so besteht auch aus kollektiver Sicht eine Indifferenz zwischen a und b.

Aus dem strengen Pareto-Prinzip (genauer: aus dem Teil (i)) folgt das schwache Pareto-Prinzip. (kurz: (SP) $\Longrightarrow$ (P))

(A) **Anonymität:** Soziale Entscheidungsfunktionen sollen invariant gegenüber Permutationen der individuellen Präferenzordnungen sein.
Im Beispiel bedeutet dies: Ein Vertauschen der Präferenzordnungen von Mutter, Vater und Tochter ändert nichts an der kollektiven Entscheidung; Mutter, Vater und Tochter sind also gleichberechtigt bei der Entscheidung über den Urlaubsort.

Aus der Anonymität folgt die Nichtexistenz eines Diktators. (kurz: (A) $\Longrightarrow$ (ND))

Das strenge Pareto-Prinzip und die Anonymität stellen erhebliche Verschärfungen des schwachen Pareto-Prinzips bzw. der Nichtexistenz eines Diktators dar. Dennoch existiert eine soziale Entscheidungsfunktion, welche die Forderungen (U), (SP), (I) und (A) erfüllt, nämlich die sog. **strikte erweiterte Pareto-Regel**.
Gemäß der strikten erweiterten Pareto-Regel ist eine Alternative a genau dann höher einzustufen als eine Alternative b, wenn mindestens eine Person die Alternative a gegenüber der Alternative b vorzieht und niemand b gegenüber a vorzieht, und zwei Alternativen sind als gleich gut zu bewerten, wenn gemäß dieser Regel keine der beiden Alternativen höher als die andere eingestuft werden kann. Den individuellen Präferenzordnungen $\mathrm{R}_1, ..., \mathrm{R}_m$ ordnet die strikte erweiterte Pareto-Regel somit die folgende kollektive Präferenzrelation R zu (vgl. hierzu Sen, 1969, Beweis von Theorem 5, oder Sen, 1970a, Abschnitt 5*2):

$$a\mathrm{R}b :\Longleftrightarrow \neg((\forall i : b\mathrm{R}_i a) \wedge (\exists i : b\mathrm{P}_i a)) .$$

Die strikte erweiterte Pareto-Regel erfüllt offensichtlich das strenge Pareto-Prinzip und betrachtet außerdem je zwei Alternativen immer dann als indifferent zueinander, wenn das strenge Pareto-Prinzip keine Präferenz zugunsten der einen oder der anderen Alternative fordert.

Die strikte erweiterte Pareto-Regel ist zu unterscheiden von der **schwachen erweiterten Pareto-Regel**. Gemäß der schwachen erweiterten Pareto-Regel ist eine Alternative a genau dann höher einzustufen als eine Alternative b, wenn alle Personen a gegenüber b vorziehen. Die schwache erweiterte Pareto-Regel ordnet den individuellen Präferenzordnungen $\mathrm{R}_1, ..., \mathrm{R}_m$ somit die folgende kollektive Präferenzrelation zu (vgl. hierzu Sen, 1970a, Abschnitt 5*2):

$$a\mathrm{R}b :\Longleftrightarrow \neg(\forall i : b\mathrm{P}a) .$$

Ebenso wie die strikte erweiterte Pareto-Regel besitzt die schwache erweiterte Pareto-Regel die Eigenschaften (U), (P), (I), (ND) und (A), nicht jedoch die Eigenschaft (SP).
Der strikten erweiterten Pareto-Regel ist meiner Ansicht nach eindeutig der Vorzug gegenüber der schwachen erweiterten Pareto-Regel zu geben, da bei der ersteren die Zahl der auftretenden kollektiven Indifferenzen geringer ist als bei der letzteren und deshalb die Menge der (aus kollektiver Sicht) optimalen Alternativen in der Regel kleiner (und in keinem Fall größer) ist.

Eine Alternative $a \in \Omega$ heiße dabei optimal, wenn für alle $b \in \Omega$ gilt: $a\mathrm{R}b$.

Der praktische Nutzen der strikten erweiterten Pareto-Regel besteht darin, daß sie eine Menge von sog. Pareto-optimalen Alternativen liefert: Eine Alternative a heißt Pareto-optimal, wenn es keine Alternative gibt, die von mindestens einer Person besser und von niemandem schlechter als a eingestuft wird.
Sens Axiomatisierung der strikten erweiterten Pareto-Regel zeigt folgendes Dilemma auf: Eine auf individuellen Präferenzordnungen basierende Differenzierung innerhalb der Menge der Pareto-optimalen Alternativen bei gleichzeitiger Erfüllung der Eigenschaften (U), (SP), (I) und (A) ist nicht möglich. Die Frage lautet nun: Ist es akzeptabel, zwischen Pareto-optimalen Alternativen das Los entscheiden zu lassen?
Ich will diese Frage am Urlaubsbeispiel kurz erläutern: Bei drei zur Wahl stehenden Urlaubsorten (H, A, ST) und drei Familienmitgliedern gibt es, sofern man von möglichen Indifferenzen absieht, 216 Konfigurationen von individuellen Präferenzordnungen. Einige davon sind:

(1) Mutter: H$\succ$A$\succ$ST, Vater: A$\succ$ST$\succ$H, Tochter: ST$\succ$H$\succ$A;
(2) Mutter: H$\succ$A$\succ$ST, Vater: A$\succ$ST$\succ$H, Tochter: ST$\succ$A$\succ$H;
(3) Mutter: H$\succ$A$\succ$ST, Vater: A$\succ$H$\succ$ST, Tochter: ST$\succ$A$\succ$H;
(4) Mutter: H$\succ$A$\succ$ST, Vater: H$\succ$A$\succ$ST, Tochter: ST$\succ$A$\succ$H.

In allen vier Fällen liefert die strikte erweiterte Pareto-Regel eine Indifferenz zwischen allen zur Wahl stehenden Alternativen, d.h. in keinem der vier Fälle gibt es zwei Urlaubsorte, von denen einer Pareto-besser als der andere ist. Die einfache Mehrheitsregel hingegen führt in den Fällen (2), (3) und (4) zu einer eindeutigen Entscheidung (zweiter und dritter Fall: Ascona, vierter Fall: zu Hause bleiben) und im ersten Fall zu einem Zirkel.
Bei genauerer Betrachtung von einfacher Mehrheitsregel und strikter erweiterter Pareto-Regel kann man feststellen, daß die einfache Mehrheitsregel in vielen Fällen (siehe die Fälle (2), (3) und (4)) eine Differenzierung der Menge der Pareto-optimalen Alternativen zu leisten vermag. In den Fällen, in denen dies nicht der Fall ist (wie z.B. im ersten Fall), bleibt immer noch die Möglichkeit, das Los entscheiden zu lassen.
Aus der einfachen Mehrheitsregel läßt sich eine soziale Entscheidungsfunktion ableiten, indem man - wie ich es oben schon angedeutet habe - auftretende Zirkel dadurch umgeht, daß man alle an einem Zirkel beteiligten Alternativen als gleichwertig einstuft. Dies kann z.B. geschehen durch den Übergang von der Relation R, die man bei Anwendung der einfachen Mehrheitsregel erhält, zu deren **transitiver Hülle** R_t, welche folgendermaßen

definiert ist:[6]

$$aR_tb \;:\Longleftrightarrow\; \text{Es gibt Entscheidungsalternativen } a_1, ..., a_k\,, \text{ so daß } aRa_1 \wedge a_1Ra_2 \wedge \ldots \wedge a_kRb\,;$$

$$aI_tb \;:\Longleftrightarrow\; aR_tb \wedge bR_ta\,;$$

$$aP_tb \;:\Longleftrightarrow\; \neg(bR_ta)\,.$$

Die Relation R_t besitzt offensichtlich die Eigenschaft der Transitivität:

> Es seien $a, b, c \in \Omega$ und R eine Relation auf der Menge Ω. Für die transitive Hülle R_t von R gelte: $aR_tb \wedge bR_tc$.
> Dann gibt es Alternativen $a_1, ..., a_k, b_1, ..., b_l \in \Omega$, so daß
>
> $$aRa_1 \wedge a_1Ra_2 \wedge \ldots \wedge a_kRb \wedge bRb_1 \wedge b_1Rb_2 \wedge \ldots \wedge b_lRc\,.$$
>
> Hieraus folgt gemäß der Definition der transitiven Hülle: aR_tc.

Bei dem Übergang von einer intransitiven Relation R zu deren transitiver Hülle R_t geschieht folgendes: In jedem der bei der Relation R auftretenden Zirkel, bestehend aus echten Präferenzen und/oder Indifferenzen, wie z.B. $aPb \wedge bPc \wedge cPa$ oder $aPb \wedge bPc \wedge cIa$ oder $aPb \wedge bIc \wedge cIa$, werden alle echten Präferenzen durch Indifferenzen ersetzt.
Auf diese Weise genügt man der Forderung nach einer azyklischen kollektiven Präferenzrelation und erreicht eine größere Differenzierung als bei der strikten erweiterten Pareto-Regel, verletzt jedoch die Eigenschaft der Unabhängigkeit von irrelevanten Alternativen, wie eine Betrachtung der ersten beiden Fälle zeigt: In beiden Fällen ziehen Mutter und Vater A gegenüber ST vor, während die Tochter ST gegenüber A präferiert. Angenommen, die transitive Hülle R_t der einfachen Mehrheitsregel erfüllt die Eigenschaft (I). Dann müßte der kollektive Vergleich von A und ST in beiden Fällen zum gleichen Ergebnis führen, was jedoch nicht zutrifft:

> Bezeichnet man die Alternative A mit a, die Alternative ST mit b und die Alternative H mit c, so liefert die einfache Mehrheitsregel im ersten Fall die folgende (zirkuläre) kollektive Präferenzrelation:
>
> $$aPb \wedge bPc \wedge cPa\,.$$
>
> Im zweiten Fall erhält man hingegen:
>
> $$aPb \wedge bPc \wedge aPc\,.$$

[6] Siehe z.B. Sen (1977a, S.56).

Für die transitive Hülle R_t gilt somit im ersten Fall

$$aI_tb \wedge bI_tc \wedge cI_ta\,,$$

und im zweiten Fall

$$aP_tb \wedge bP_tc \wedge aP_tc\,.$$

Verwendet man die transitive Hülle R_t der kollektiven Präferenzrelation, die man mit Hilfe der einfachen Mehrheitsregel erhält, so liegt also im ersten Fall eine kollektive Indifferenz zwischen A und ST vor (aI_tb), im zweiten Fall jedoch eine Präferenz zugunsten von A (aP_tb).

Das Hauptproblem bei der Verwendung der einfachen Mehrheitsregel besteht darin, daß man in die individuellen Präferenzordnungen mehr Informationen hineininterpretiert als tatsächlich darin enthalten sind: Die einfache Mehrheitsregel rechnet bei Paarvergleichen die Präferenz einer Person für die eine Alternative mit der Präferenz einer anderen Person für die andere Alternative auf, macht also implizit Annahmen über die Stärke der individuellen Präferenzen. Informationen über die Stärke von Präferenzen sind in den individuellen Präferenzordnungen jedoch nicht enthalten.
Bei Komitee-Entscheidungen und politischen Wahlen liegen die individuellen Präferenzen lediglich in Form von Ordnungsrelationen vor. Dennoch kann auf einen kollektiven Vergleich von Pareto-optimalen Alternativen, wie er z.B. bei Anwendung der Mehrheitsentscheidungsregel erfolgt, nicht verzichtet werden. Hierbei kommt es stets darauf an, sich auf ein Verfahren zu einigen, das von allen Beteiligten akzeptiert wird.
Ein mögliches Verfahren für die Wahl des Urlaubsortes sieht so aus: Jedes der drei Familienmitglieder schreibt auf einem Blatt Papier seine Präferenzordnung hinsichtlich der zur Wahl stehenden Urlaubsorte nieder. Falls ein Condorcet-Gewinner existiert, so entscheidet man sich für diesen; andernfalls entscheidet das Los.

Ein weiteres Entscheidungsverfahren, das man auf das Urlaubsbeispiel anwenden kann, stellt die von Borda (1781) beschriebene Borda-Regel dar: Jedes Familienmitglied vergibt an den von ihm bevorzugten Urlaubsort zwei Punkte, an den an zweiter Stelle liegenden Urlaubsort einen Punkt und an den am wenigsten gewünschten Urlaubsort keinen Punkt. Für jeden der zur Wahl stehenden Urlaubsorte werden die zugeteilten Punkte aufaddiert. Erhält ein Urlaubsort mehr Punkte als jeder der übrigen Urlaubsorte, so entscheidet man sich für diesen Urlaubsort.

1.1.3 Möglichkeiten der Aggregation konfligierender individueller Interessen

Das Manko bei der in Abschnitt 1.1.2 skizzierten Vorgehensweise besteht darin, daß man die betrachteten Entscheidungsmechanismen nicht im Hinblick darauf untersucht, ob die aus den Entscheidungsmechanismen resultierenden Entscheidungen den Interessen der betroffenen Personen gerecht werden. Man beraubt sich der Möglichkeit einer Interessenabwägung durch die Eingrenzung der gegebenen Information auf ordinale Nutzenfunktionen ohne jegliche interpersonelle Vergleichbarkeit. Stellt man sich die Frage, ob eine Entscheidung gerecht ist in dem Sinne, daß niemand benachteiligt wird, so kann man sich mit individuellen Präferenzordnungen nicht zufrieden geben: Der Vergleich zweier Alternativen im Hinblick auf den kollektiven Nutzen erfordert vielmehr interpersonelle Nutzenvergleiche.

Strebt man als Sozialwahltheoretiker einen Interessenausgleich bei konfligierenden individuellen Präferenzen an, so ordnet man den individuellen Präferenzen (in der Regel ausgedrückt in Form von Nutzenfunktionen bzw. Nutzenfunktionsprofilen) eine kollektive Präferenzordnung auf der Menge der möglichen Entscheidungsalternativen zu.
Dies geschieht auf ähnliche Weise wie die Ermittlung der Rangfolge (erster Platz, zweiter Platz etc.) beim Zehnkampf der Männer oder dem Siebenkampf der Frauen. Während in der Sozialwahltheorie eine Aggregation der individuellen Interessen zu einer kollektiven Präferenzordnung erfolgt, werden beim Zehnkampf und beim Siebenkampf die Leistungen in den Teildisziplinen zu einer Ordnung auf der Menge der am Wettkampf beteiligten Athleten bzw. Athletinnen aggregiert. Die Vorgehensweise bei Zehn- und Siebenkämpfen kann also für einen Sozialwahltheoretiker sehr lehrreich sein.

Diese Vorgehensweise will ich nun am Beispiel des Siebenkampfes bei der Leichtathletikeuropameisterschaft im August 1994 in Helsinki näher untersuchen. Die Deutsche Sabine Braun gewann diesen Siebenkampf vor Rita Inancsi (Ungarn) und Urszula Wlodarczyk (Polen). Die Leistungen der Deutschen (der Ungarin/der Polin) waren:

110 m Hürden:	13,33 Sek.	(13,80 Sek./	13,26 Sek.)
Hochsprung:	1,84 m	(1,87 m /	1,81 m)
Kugelstoßen:	14,02 m	(14,14 m /	13,35 m)
200 m:	24,60 Sek.	(25,05 Sek./	24,25 Sek.)
Weitsprung:	6,32 m	(6,48 m /	6,41 m)
Speerwerfen:	48,54 m	(46,48 m /	42,12 m)
800 m:	2:20,66 Min.	(2:17,92 Min./	2:18,00 Min.)

Während es bei kollektiven Entscheidungen um die kollektive Bewertung der zur Wahl stehenden Alternativen geht, müssen hier die Gesamtleistungen der am Wettkampf beteiligten Athletinnen über die sieben Disziplinen beurteilt werden. Das Grundproblem der Aggregation ist aber in beiden Fällen dasselbe (abgesehen von möglichen Unterschieden in der Meßbarkeit von individuellen Präferenzen einerseits und Wettkampfleistungen andererseits).
Wendet man die einfache Mehrheitsregel auf den Siebenkampf an, so verliert die Deutsche sowohl gegen die Ungarin als auch gegen die Polin mit 3:4. (Im direkten Vergleich war die Deutsche jeweils in drei Disziplinen besser und in vier Disziplinen schlechter als die Konkurrentin.) Außerdem gewinnt die Ungarin mit 5:2 gegen die Polin. Aus der Anwendung der einfachen Mehrheitsregel ergibt sich also folgende Rangordnung:
1. Rita Inancsi (Ungarn), 2. Ursula Wlodarczyk (Polen),
3. Sabine Braun (Deutschland).

Entsprechend den Wettkampfregeln für den Siebenkampf wurde die folgende Bewertung vorgenommen:
1. Sabine Braun: 6419 Punkte, 2. Rita Inancsi: 6404 Punkte,
3. Ursula Wlodarczyk: 6322 Punkte.

Die Problematik der einfachen Mehrheitsregel besteht, wie man an diesem Beispiel sieht, weniger in der Möglichkeit eines Zirkels, sondern vielmehr darin, daß die Stärke der individuellen Präferenzen (bzw. die Größe der Leistungsunterschiede in den einzelnen Disziplinen) nicht betrachtet wird und deshalb ein Vergleich zweier Alternativen im Hinblick auf den kollektiven Nutzen (bzw. ein Vergleich von zwei Siebenkämpferinnen im Hinblick auf ihre gesamte Wettkampfleistung) nicht möglich ist.
Beim Siebenkampf stellt man eine Vergleichbarkeit der sieben Disziplinen auf folgende Weise her: Man bewertet die Leistung einer Wettkämpferin in einer bestimmten Disziplin durch den Vergleich mit den bei anderen Sportlerinnen üblichen Leistungen, so daß bei allen Disziplinen die zu vergebenden Punkte sich jeweils etwa in demselben Zahlenbereich bewegen. Übertragen auf Nutzenaggregationen heißt dies: Um eine interpersonelle Vergleichbarkeit der individuellen Nutzen herzustellen, muß man individuelle Meßskalen entwickeln, die aufeinander abgestimmt sind. Die Qualität von Nutzenaggregationen hängt ganz wesentlich von der Vergleichbarkeit dieser Meßskalen ab: Je besser die Meßskalen aufeinander abgestimmt sind, umso höher ist der Informationsgehalt der Nutzenfunktionsprofile, die die individuellen Nutzen der einzelnen Individuen bei den verschiedenen Entscheidungsalternativen angeben (siehe hierzu auch Abschnitt 1.1.1).

Damit eine Vergleichbarkeit der individuellen Präferenzen gegeben ist, variiere ich nun das oben erörterte Urlaubsbeispiel in folgender Weise:

> Drei Freunde, die ungefähr über dasselbe Einkommen verfügen, wollen zusammen eine Reise unternehmen. Zur Wahl stehen drei verschiedene Urlaubsorte, welche ich im folgenden mit a, b und c bezeichne. Ferner existiert eine Urlaubskasse, die zur Begleichung der im Urlaub anfallenden Kosten (z.B. für Essen, Getränke, Eintrittskarten, Busfahrten etc.) dient.

Eine Offenlegung der Präferenzen der drei Freunde hinsichtlich der zur Wahl stehenden Urlaubsorte soll dadurch erreicht werden, daß jeder der drei Freunde zu jedem der drei Urlaubsorte angibt, welchen Betrag er bei einer Entscheidung für diesen Ort in die gemeinsame Kasse zahlen würde. Die Höhe des genannten Geldbetrages stellt ein Maß für den individuellen Nutzen dar, der mit einer Entscheidung für den jeweiligen Urlaubsort verbunden ist. Die Präferenzen der drei Freunde bzgl. der Urlaubsorte a, b und c lassen sich deshalb zum Ausdruck bringen durch Nutzenfunktionen

$$f_1,\, f_2,\, f_3 :\ \{a,\, b,\, c\} \longrightarrow \mathbb{R},$$

welche jedem Urlaubsort den DM-Betrag zuordnen, den die jeweilige Person in die Urlaubskasse zahlt.
Man gehe nun von folgender Situation aus: Die Person 1 zahlt im Falle einer Entscheidung für a 100 DM, im Falle einer Entscheidung für b 50 DM und bei einer Entscheidung für c nichts in die Urlaubskasse; die Person 2 zahlt je nach Urlaubsort 0 DM (bei a), 100 DM (bei b) oder 20 DM (bei c) in die gemeinsame Kasse; die Person 3 schließlich bezahlt 100 DM (bei a), 0 DM (bei b) bzw. 200 DM (bei c). Als individuelle Nutzenfunktionen erhält man somit:

$$\begin{array}{lll} f_1(a) = 100, & f_1(b) = 50, & f_1(c) = 0, \\ f_2(a) = 0, & f_2(b) = 100, & f_2(c) = 20, \\ f_3(a) = 100, & f_3(b) = 0, & f_3(c) = 200\,. \end{array}$$

Aus diesen individuellen Nutzenfunktionen soll nun eine kollektive Präferenzordnung auf der Menge der zur Wahl stehenden Urlaubsorte abgeleitet werden. Dies geschieht mittels eines **sozialen Wohlfahrtsfunktionals**, das jedem Nutzenfunktionsprofil $f = (f_1, ..., f_m)$ eine kollektive Präferenzordnung R zuordnet (zum Begriff des sozialen Wohlfahrtsfunktionals siehe Sen, 1970a, S.128 ff.).
Ein solches soziales Wohlfahrtsfunktional muß dem Informationsgehalt der

individuellen Nutzenfunktionen Rechnung tragen: Verschiedene Nutzenfunktionsprofile mit demselben Informationsgehalt sind auf dieselbe Präferenzordnung abzubilden. Das Ausmaß der Meßbarkeit (ordinale/kardinale Meßbarkeit) und der interpersonellen Vergleichbarkeit der individuellen Nutzen (Vergleichbarkeit der Nutzenniveaus/der Nutzeneinheiten) hat also Konsequenzen für die Wahl eines geeigneten sozialen Wohlfahrtsfunktionals.
In dem genannten Beispiel liegt eine kardinale Messung der individuellen Präferenzen und (aufgrund der Vergleichbarkeit der Einkommensverhältnisse) eine interpersonelle Vergleichbarkeit der bei der Nutzenmessung verwendeten Skaleneinheiten, d.h. eine interpersonelle Vergleichbarkeit der Präferenzintensitäten vor. Jedoch kann man **nicht** von einer Vergleichbarkeit der Nutzenniveaus ausgehen, da jeder der drei Freunde, sofern er einen möglichst großen Einfluß auf die Entscheidung über den Urlaubsort nehmen will, im Falle des von ihm am wenigsten gewünschten Urlaubsortes keinen Pfennig in die Urlaubskasse zahlen wird. Die Minima der individuellen Nutzenfunktionen f_1, f_2 und f_3 sind deshalb jeweils gleich Null und eine Vergleichbarkeit dieser Minima ist nicht gegeben.

Es stellt sich nun die Frage: Wie läßt sich in dem vorliegenden Beispiel eine Vergleichbarkeit der Nutzenniveaus erreichen?
Ich schlage vor, zu diesem Zweck als zusätzliche Alternative d die Möglichkeit, vorerst auf die Reise zu verzichten, einzuführen. Im Falle einer Entscheidung für diese Alternative soll jeder einen Betrag von 100 DM in die Urlaubskasse zahlen, welche man sich für einen späteren Zweck in Reserve hält. Geht man davon aus, daß die individuellen Nutzen bei einem Verzicht auf die Reise gleich groß sind, so gelangt man auf folgende Weise zu individuellen Nutzenfunktionen, bei denen eine Vergleichbarkeit der Nutzenniveaus vorliegt:
Jeder der drei Freunde gibt für jede der vier Alternativen a, b, c und d an, welchen Betrag er bei einer Entscheidung für diese Alternative in die Urlaubskasse zahlen würde. Im Falle der Alternative d (vorläufiger Verzicht auf die Urlaubsreise) setzt man den zu zahlenden Geldbetrag für alle drei Personen verbindlich auf 100 DM fest. Falls eine Person einen der drei zur Wahl stehenden Urlaubsorte der Alternative, zu Hause zu bleiben, vorzieht, so bringt er dies dadurch zum Ausdruck, daß er verspricht, bei einer Entscheidung für diesen Ort mehr als 100 DM in die Urlaubskasse zu zahlen. Die DM-Beträge, welche die drei Personen zur Verfügung stellen wollen, sind - ebenso wie in dem obigen Verfahren - ein Maß für die individuellen Nutzen. Man erhält somit individuelle Nutzenfunktionen

$$f_1, f_2, f_3 \colon \{a, b, c, d\} \longrightarrow \mathbb{R},$$

welche z.B. wie folgt aussehen können:

$$\begin{array}{llll} f_1(a) = 200, & f_1(b) = 150, & f_1(c) = 100, & f_1(d) = 100, \\ f_2(a) = 200, & f_2(b) = 300, & f_2(c) = 220, & f_2(d) = 100, \\ f_3(a) = 200, & f_3(b) = 100, & f_3(c) = 300, & f_3(d) = 100\,. \end{array}$$

Die Funktionen f_1, f_2 und f_3 lassen sich - sofern man von der Problematik des abnehmenden Grenznutzens absieht - als kardinale Nutzenfunktionen interpretieren. Außerdem kann man von einer Vergleichbarkeit sowohl der Nutzeneinheiten als auch der Nutzenniveaus, d.h. von einer vollständigen interpersonellen Vergleichbarkeit der individuellen Nutzen auf der Basis kardinaler Nutzenmessung, ausgehen.

Für ein soziales Wohlfahrtsfunktional fordert man im allgemeinen die folgenden vier Eigenschaften, welche ich in Abschnitt 1.1.2 bereits definiert habe:[7]

(U) unbegrenzter Definitionsbereich,
(P) schwaches Pareto-Prinzip,
(I) Unabhängigkeit von irrelevanten Alternativen,
(ND) Nichtexistenz eines Diktators.

Die Definition dieser Eigenschaften erfolgt für soziale Entscheidungsfunktionen (siehe Abschnitt 1.1.2) und soziale Wohlfahrtsfunktionale analog. Für die Erfüllbarkeit dieser vier Eigenschaften spielen die folgenden beiden Faktoren eine zentrale Rolle:

1. das Zulassen intransitiver kollektiver Präferenzrelationen im Falle sozialer Entscheidungsfunktionen;

2. die Verwendung interpersoneller Nutzenvergleiche im Falle sozialer Wohlfahrtsfunktionale.

Während man im Falle sozialer Entscheidungsfunktionen auch intransitive kollektive Präferenzrelationen zuläßt (siehe Abschnitt 1.1.2), fordert man im Falle sozialer Wohlfahrtsfunktionale von den kollektiven Präferenzrelationen die Eigenschaft der Transitivität. Damit die Eigenschaften (U), (P), (I) und (ND) von sozialen Wohlfahrtsfunktionalen erfüllt werden können, muß man eine interpersonelle Vergleichbarkeit der individuellen Nutzenfunktionen verlangen.

[7]Die Definition der Eigenschaften (U), (P), (I) und (ND) habe ich in Abschnitt 1.1.2 so vorgenommen, daß sie sowohl für soziale Entscheidungsfunktionen als auch für soziale Wohlfahrtsfunktionale gilt.

Arrows Unmöglichkeitstheorem (siehe Abschnitt 2.1.1, Theorem 2.1.1, und Abschnitt 2.2.1, Korollar 2.2.1, sowie Arrow, 1963, S.97) besagt, daß die Forderungen (U), (P), (I) und (ND) nicht gleichzeitig erfüllbar sind von sozialen Wohlfahrtsfunktionalen, die keinerlei interpersonelle Vergleichbarkeit und lediglich eine ordinale Meßbarkeit der individuellen Nutzen voraussetzen, d.h. von sozialen Wohlfahrtsfunktionalen, die die kollektive Präferenzordnung einzig und allein aus den individuellen Präferenzordnungen ableiten.
Sen (1970a, S.129 f.) beweist eine verallgemeinerte Fassung von Arrows Theorem, welche besagt, daß die Forderungen (U), (P), (I) und (ND) auch nicht erfüllbar sind von sozialen Wohlfahrtsfunktionalen, die zwar kardinale Nutzenfunktionen, aber keine interpersonellen Nutzenvergleiche verwenden. Der Hintergrund dieser verallgemeinerten Fassung von Arrows Theorem ist folgender: Die Kardinalität von Nutzenfunktionen allein reicht nicht aus, um einen Interessenausgleich durchführen zu können; es muß stets eine interpersonelle Vergleichbarkeit der individuellen Nutzen gegeben sein.

Ein vor allem für die formale Darstellung von sozialen Wohlfahrtsfunktionalen interessanter Aspekt besteht darin, daß diese unter bestimmten Voraussetzungen als Bergson-Samuelsonsche soziale Wohlfahrtsfunktionen[8] interpretiert werden können. Eine Bergson-Samuelsonsche soziale Wohlfahrtsfunktion bildet Nutzenvektoren $u = (u_1, ..., u_m) \in \mathbb{R}^m$ auf kollektive Präferenzordnungen ab. Jeder Nutzenvektor u entspricht dabei einer Entscheidungsalternative; die Nutzenwerte $u_1, ..., u_m$ bringen die individuellen Nutzen der einzelnen Individuen zum Ausdruck. Damit ein soziales Wohlfahrtsfunktional als Bergson-Samuelsonsche soziale Wohlfahrtsfunktion aufgefaßt werden kann, muß es die folgende Eigenschaft besitzen (siehe z.B. Sen, 1986, S.1121 f., oder Abschnitt 2.2.3, Definition 2.2.2):

(SN) **strenge Neutralität:** Sind $\{a, b\}$, $\{x, y\}$ zwei Alternativenpaare und $f = (f_1, ..., f_m)$, $g = (g_1, ..., g_m)$ zwei Nutzenfunktionsprofile, so daß $f_i(a) = g_i(x)$ und $f_i(b) = g_i(y)$ für alle $i \in \{1, ..., m\}$, dann gilt für die zu f und g gehörigen kollektiven Präferenzrelationen R_f und R_g: $a \, \mathrm{R}_f \, b \iff x \, \mathrm{R}_g \, y$.
Der kollektive Vergleich zweier Entscheidungsalternativen

[8] Bergson (1938, 1948) und Samuelson (1947) führten als erste das Konzept der sozialen Wohlfahrtsfunktionen ein, welche zur Ermittlung kollektiver Präferenzordnungen dienen. Eine Definition des Begriffs der Bergson-Samuelsonschen sozialen Wohlfahrtsfunktion findet man bei Samuelson (1947, S.228 f., S.246), Bergson (1948, S.418) oder Graaff (1957, S.48 ff.).

basiert also auf einem Vergleich der zugehörigen Nutzenvektoren.

Das Theorem der strengen Neutralität (siehe z.B. Sen, 1977c, d'Aspremont, 1985, oder Abschnitt 2.2.3, Theorem 2.2.5) besagt, daß ein soziales Wohlfahrtsfunktional mit den Eigenschaften (U) und (I) die Eigenschaft (SN) genau dann besitzt, wenn es die sog. Pareto-Indifferenz-Regel erfüllt. Letztere besagt folgendes:

(P^0) **Pareto-Indifferenz-Regel:** Sind alle Individuen indifferent zwischen zwei Alternativen, so sind diese beiden Alternativen auch aus kollektiver Sicht als gleich gut zu beurteilen.

Soziale Wohlfahrtsfunktionale mit den Eigenschaften (U), (I) und (P^0) besitzen also gemäß dem Theorem der strengen Neutralität auch die Eigenschaft (SN) und lassen sich deshalb als Bergson-Samuelsonsche soziale Wohlfahrtsfunktionen auffassen. Dies bedeutet, daß die Kenntnis der individuellen Nutzenwerte zweier Alternativen a und b ausreicht, um zu entscheiden, wie die mit Hilfe dieses sozialen Wohlfahrtsfunktionals ermittelte kollektive Präferenzordnung die beiden Alternativen a und b gegeneinander anordnet. Jedem sozialen Wohlfahrtsfunktional mit den Eigenschaften (U), (I) und (P^0) kann man deshalb eine Ordnungsrelation R' auf der Menge $\mathbb{R}^m$ zuordnen:[9]

$uR'v$:$\Longleftrightarrow$ Eine Alternative mit dem Nutzenvektor $u \in \mathbb{R}^m$ wird mindestens so hoch bewertet wie eine Alternative mit dem Nutzenvektor $v \in \mathbb{R}^m$.

Die Bedeutung dieses Resultats, das im allgemeinen als Wohlfahrtstheorem bezeichnet wird, will ich im folgenden kurz erläutern.
Eine kollektive Präferenzordnung, die auf einem sozialen Wohlfahrtsfunktional mit den Eigenschaften (U), (I) und (P^0) basiert, läßt sich im Urlaubsbeispiel auf folgende Weise bestimmen: Jedem der zur Wahl stehenden Urlaubsorte ordnet man die entsprechenden individuellen Nutzenwerte der drei Freunde zu. Dem Urlaubsort a entspricht der Vektor

$$f(a) \doteq (f_1(a), f_2(a), f_3(a)) = (200, 200, 200),$$

dem Urlaubsort b der Vektor

$$f(b) \doteq (f_1(b), f_2(b), f_3(b)) = (150, 300, 100),$$

[9] Eine präzise Definition der Ordnungsrelation R' nehme ich in Abschnitt 2.2.3, Definition 2.2.2, vor.

dem Urlaubsort c der Vektor

$$f(c) \doteq (f_1(c), f_2(c), f_3(c)) = (100, 220, 300)$$

und der Alternative, zu Hause zu bleiben, der Nutzenvektor

$$f(d) \doteq (f_1(d), f_2(d), f_3(d)) = (100, 100, 100).$$

Jede Entscheidungsalternative läßt sich also durch einen Vektor aus dem Nutzenraum $\mathbb{R}^3$ repräsentieren.
Anstatt Nutzenfunktionsprofile mittels sozialer Wohlfahrtsfunktionale auf kollektive Präferenzordnungen abzubilden, kann man ebensogut direkt auf der Menge $\mathbb{R}^3$ der möglichen Nutzenvektoren eine Ordnung definieren. Bei einer solchen Sichtweise hat man es nur mit einer einzigen Ordnung auf dem Nutzenraum $\mathbb{R}^3$ zu tun. Soziale Wohlfahrtsfunktionale dagegen bilden jedes Nutzenfunktionsprofil auf eine Ordnung auf der Alternativenmenge ab. Jede solche Ordnung läßt sich - sofern die Eigenschaft (SN) erfüllt ist - interpretieren als eine Ordnung auf der Menge der Nutzenvektoren $f(a_i) = (f_1(a_i), f_2(a_i), f_3(a_i))$ der Alternativen a_i, $i = 1, ..., 4$, und stellt eine Teilordnung der dem sozialen Wohlfahrtsfunktional entsprechenden vollständigen Ordnung auf $\mathbb{R}^3$ dar.

Das Problem bei der Aggregation der individuellen Interessen besteht nun darin, eine geeignete Ordnung R' auf der Menge $\mathbb{R}^3$ der möglichen Nutzenvektoren zu finden. Eine solche Ordnung impliziert dann z.B. eine Ordnung auf der Menge

$$\{(200, 200, 200), (150, 300, 100), (100, 220, 300), (100, 100, 100)\}$$

und somit eine Ordnung auf der Alternativenmenge $\{a, b, c, d\}$, wenn die individuellen Präferenzen in Form der obigen Nutzenfunktionen gegeben sind.
Eine spezielle Klasse von Ordnungen auf der Menge $\mathbb{R}^3$ stellen diejenigen Ordnungen dar, die sich repräsentieren lassen durch eine Funktion $h : \mathbb{R}^3 \longrightarrow \mathbb{R}$, für die folgendes gilt: Ein Nutzenvektor x wird einem Nutzenvektor y genau dann vorgezogen, wenn der Funktionswert $h(x)$ größer als der Funktionswert $h(y)$ ist.
Eine derartige Funktion $h : \mathbb{R}^3 \longrightarrow \mathbb{R}$ bezeichne ich als eine soziale Zielfunktion, die es zu maximieren gilt: Einen Nutzenvektor $x \in \mathbb{R}^3$ stuft man umso höher ein, je größer der Funktionswert $h(x)$ ist.
Alle Anforderungen, die man zusätzlich zu den Forderungen (U), (I) und (P^0) an soziale Wohlfahrtsfunktionale stellen kann, lassen sich unmittelbar auf soziale Zielfunktionen $h : \mathbb{R}^3 \longrightarrow \mathbb{R}$ übertragen, da jede soziale

Zielfunktion ein soziales Wohlfahrtsfunktional repräsentiert. Beispiele für soziale Zielfunktionen sind:

1. $h_1\colon \mathbb{R}^3 \longrightarrow \mathbb{R}, \quad h_1(x_1, x_2, x_3) \doteq \min\{x_1, x_2, x_3\}$.
2. $h_2\colon \mathbb{R}^3 \longrightarrow \mathbb{R}, \quad h_2(x_1, x_2, x_3) \doteq x_1 + x_2 + x_3$.
3. $h_3\colon \mathbb{R}^3 \longrightarrow \mathbb{R}, \quad h_3(x_1, x_2, x_3) \doteq \alpha_1 x_{(1)} + \alpha_2 x_{(2)} + \alpha_3 x_{(3)}$,
   wobei $\alpha_1, \alpha_2, \alpha_3 \geq 0$, $\alpha_1 + \alpha_2 + \alpha_3 = 1$, $x_{(1)} \doteq \min\{x_1, x_2, x_3\}$, $x_{(3)} \doteq \max\{x_1, x_2, x_3\}$ und $x_{(2)}$ der zweitgrößte der Nutzenwerte x_1, x_2 und x_3 ist.
   ($\alpha_1 = 1$, $\alpha_2 = \alpha_3 = 0 \Longrightarrow$ 1. Beispiel,
   $\alpha_1 = \alpha_2 = \alpha_3 = \frac{1}{3} \Longrightarrow$ 2. Beispiel)

Diese drei Beispiele will ich nun etwas näher erläutern.

zu 1.: Der sozialen Zielfunktion h_1 liegt die **Maximin-Regel** zugrunde: Der minimale Nutzenwert soll maximiert werden. Bei den oben genannten Nutzenfunktionen der drei Freunde, die zusammen eine Urlaubsreise unternehmen wollen, erhält man:

$$\begin{aligned} 200 &= h_1(200, 200, 200) \\ &> h_1(150, 300, 100) = h_1(100, 220, 300) \\ &= h_1(100, 100, 100) = 100\,. \end{aligned}$$

Nach der Maximin-Regel ist also die Alternative a den anderen Alternativen vorzuziehen. Nur bei einer Entscheidung für den Urlaubsort a zieht jeder der drei Freunde einen Nutzen aus der gemeinsamen Reise. Bei den Urlaubsorten b und c gibt es hingegen jeweils eine Person, für die die Reise keinen Nutzenzuwachs gegenüber der Alternative, zu Hause zu bleiben, bedeutet.

Die Maximin-Regel gilt ursprünglich als Entscheidungsregel für Entscheidungen unter Unsicherheit, d.h. Entscheidungen mit ungewissen Konsequenzen, bei denen zwar mögliche Folgen einer Entscheidung, nicht aber deren Wahrscheinlichkeiten bekannt sind. Ein Übergang von kollektiven Entscheidungen zwischen sicheren Alternativen zu Entscheidungen unter Unsicherheit kann hergestellt werden mittels eines Gedankenexperiments, das im Urlaubsbeispiel folgendermaßen aussieht: Man stellt sich vor, man könnte in der Situation eines jeden der drei Freunde sein. Alle diese Situationen sollen als möglich angesehen werden, mit unbekannten Wahrscheinlichkeiten. Da man nicht weiß, wessen Rolle man einnimmt, betrachtet man für jede Entscheidungsalternative den ungünstigsten Fall.

Rawls (1971), der sich weniger mit sozialwahltheoretischen Fragestellungen, sondern vielmehr mit politischer Philosophie beschäftigte, verwendet dieses Gedankenexperiment und die hieraus resultierende Maximin-Regel (von Rawls auch „Differenzprinzip" genannt) im Rahmen seiner Theorie der Gerechtigkeit dazu, festzulegen, was er unter einer gerechten Verteilung materieller Güter versteht: Eine Ungleichverteilung ist nach Rawls' Ansicht nur dann gerechtfertigt, wenn diese auch dem am schlechtesten gestellten Mitglied der Gesellschaft nützt.

zu 2.: Der sozialen Zielfunktion h_2 liegt das **Summationsprinzip** zugrunde: Die Nutzensumme soll maximiert werden. Im Beispiel erhält man:

$$\begin{aligned} &\text{Alternative } a: && h_2(200, 200, 200) = 600\,, \\ &\text{Alternative } b: && h_2(150, 300, 100) = 550\,, \\ &\text{Alternative } c: && h_2(100, 220, 300) = 620\,, \\ &\text{Alternative } d: && h_2(100, 100, 100) = 300\,. \end{aligned}$$

Die Alternative c ist also gegenüber der Alternative a, a gegenüber b und b gegenüber d vorzuziehen. Zwar stimmt die kollektive Präferenzordnung hier zufälligerweise weitgehend mit der Präferenzordnung der Person 2 überein; dies liegt jedoch lediglich an der Konstellation der individuellen Präferenzen. Bei anderen individuellen Präferenzen sind die kollektiven Präferenzen möglicherweise identisch mit den Präferenzen einer anderen Person. Den Ausschlag für die Entscheidung, nach Saint-Tropez zu fahren, gibt die starke Präferenz der Tochter für diesen Urlaubsort. Während die einfache Mehrheitsregel einen Zirkel liefert, gelangt man mit dem Summationsprinzip zu einer Entscheidung im Sinne der Tochter.

Harsanyi (1955, 1979) leitet das Summationsprinzip ab aus einer Überführung von Interessenabwägungen in Entscheidungen unter Risiko und unter Anwendung der Erwartungsnutzentheorie - mittels eines Gedankenexperiments, das im Urlaubsbeispiel etwa folgendermaßen aussieht: Wenn ich (z.B. als neutraler Schiedsrichter) eine kollektive Präferenzordnung auf der Alternativenmenge bestimmen will, so muß ich mir vorstellen, ich könnte in der Situation eines jeden der drei Freunde sein, und zwar jeweils mit Wahrscheinlichkeit 1/3. Damit stehe ich vor dem Problem einer Entscheidung unter Risiko. Die klassische Theorie zur Behandlung von Entscheidungen unter Risiko ist die Erwartungsnutzentheorie, die vor allem durch von Neumann/Morgenstern (1944) ausgearbeitet wurde. Gemäß dieser Theorie soll der Erwartungswert des Nutzens maximiert werden; man erhält als soziale

Zielfunktion

$$\tilde{h}_2(x_1, x_2, x_3) \doteq \frac{1}{3}x_1 + \frac{1}{3}x_2 + \frac{1}{3}x_3$$

oder, was zu denselben kollektiven Präferenzordnungen führt:

$$h_2(x_1, x_2, x_3) \doteq x_1 + x_2 + x_3\,.$$

zu 3.: Ob Harsanyis Gedankenexperiment zur Wahl der Zielfunktion h_2 führen muß, ist allerdings fraglich. Die Erwartungsnutzentheorie, die den Überlegungen Harsanyis zugrunde liegt, ist nämlich seit den 50er Jahren starker Kritik ausgesetzt (siehe z.B. Allais, 1953, Tversky, 1975, Kahneman/Tversky, 1979, sowie meine Ausführungen in Abschnitt 3.1); es wurden verschiedene alternative Theorien zur Behandlung von Entscheidungen unter Risiko entwickelt. Auf einige dieser Theorien werde ich in Abschnitt 3.1.4 zu sprechen kommen. Die Theorie des Erwartungsnutzens mit rangabhängigen Wahrscheinlichkeiten (kurz: ENRAW-Theorie), welche eine Verallgemeinerung der Erwartungsnutzentheorie darstellt, halte ich dabei für den vielversprechendsten Ansatz.

Eine Konsequenz, die ich hieraus für das Urlaubsbeispiel ziehe, ist die Relativierung der Bedeutung der Nutzensumme und das Zulassen einer rangabhängigen Gewichtung der individuellen Nutzenwerte. Ich will dies kurz erläutern:

Bei Harsanyis Gedankenexperiment entspricht jeder mögliche Urlaubsort einer Lotterie zwischen den individuellen Nutzen der drei Freunde. Die soziale Zielfunktion

$$h_2(x_1, x_2, x_3) \doteq \frac{1}{3}x_1 + \frac{1}{3}x_2 + \frac{1}{3}x_3$$

dient der Bewertung der drei zur Wahl stehenden Lotterien. Die möglichen Ergebnisse dieser Lotterien sind gleichwahrscheinlich und werden deshalb gemäß der Erwartungsnutzentheorie gleich stark gewichtet. Der ENRAW-Theorie zufolge darf jedoch die Gewichtung eines möglichen Ergebnisses einer Lotterie davon abhängen, ob es sich dabei um das bestmögliche, das schlechtestmögliche oder ein mittleres Ergebnis handelt. Den niedrigsten Nutzenwert gewichte ich deshalb jeweils mit dem Faktor α_1, den zweitniedrigsten mit dem Faktor α_2 und den höchsten mit dem Faktor α_3.

Empirische Untersuchungen (siehe z.B. Kahneman/Tversky, 1979; Camerer, 1989) zeigen, daß ungünstige Ergebnisse von Lotterien in der Regel eine Gewichtung erfahren, die über ihrer Wahrscheinlichkeit liegt, und günstige Ergebnisse eine Gewichtung, die unter ihrer Wahrscheinlichkeit liegt. Bei der Anwendung von Harsanyis Gedankenexperiment auf das Urlaubsbeispiel

kann es deshalb durchaus sinnvoll sein, folgende Gewichtungen vorzunehmen: $\alpha_1 = 0.4$, $\alpha_2 = \alpha_3 = 0.3$.
Durch Einsetzen in die soziale Zielfunktion

$$h_3(x_1, x_2, x_3) \doteq 0.4\, x_{(1)} + 0.3\, x_{(2)} + 0.3\, x_{(3)}$$

erhält man

- im Falle der Alternative a:

$$h_3(200, 200, 200) = (0.4 + 0.3 + 0.3) \cdot 200 = \mathbf{200},$$

- im Falle der Alternative b:

$$h_3(150, 300, 100) = 0.4 \cdot 100 + 0.3 \cdot 150 + 0.3 \cdot 300 = \mathbf{175},$$

- im Falle der Alternative c:

$$h_3(100, 220, 300) = 0.4 \cdot 100 + 0.3 \cdot 220 + 0.3 \cdot 300 = \mathbf{196},$$

- im Falle der Alternative d:

$$h_3(100, 100, 100) = (0.4 + 0.3 + 0.3) \cdot 100 = \mathbf{100}.$$

Die Entscheidung fällt also nicht, wie beim Summationsprinzip, auf den Urlaubsort c, sondern auf den Urlaubsort a.

1.1.4 Freiheiten und Rechte

Eine Theorie der Nutzenaggregation, wie ich sie im vorhergehenden Abschnitt dargestellt habe, reduziert Menschen auf Nutzenfunktionen. Hieraus resultieren die beiden folgenden Einwände gegen diese Form der Nutzenaggregation:

1. Die individuellen Nutzenfunktionen werden als starre Größen angesehen und nicht hinterfragt. Angesichts des Einflusses der Gesellschaft (z.B. der Medien) auf die Bedürfnisse und Präferenzen der einzelnen Individuen und des ständigen Wandels der Bedürfnisstrukturen erscheint es problematisch, die individuellen Präferenzen als vorgegebene Konstanten zu betrachten.

2. Die in Abschnitt 1.1.3 dargestellte Form der Nutzenaggregation ignoriert die Persönlichkeitsrechte der Individuen.

Auf den zweiten Einwand will ich nun näher eingehen und deutlich machen, daß Freiheiten und Rechte in einer auf Nutzenaggregation ausgerichteten Theorie der Sozialwahl durchaus Berücksichtigung finden können.
Grundsätzlich unterscheide ich zwei Arten von Rechten:

1. das liberale Recht zu eigenverantwortlichem Handeln, bei dem die Interessen anderer nicht in Betracht gezogen werden müssen (z.B.: Recht auf freie Wahl der Kleidung, der Wohnungseinrichtung, des Verkehrsmittels etc.; Recht auf freie Berufswahl);

2. das Recht, keine massiven Benachteiligungen zu erleiden (z.B.: Recht auf körperliche Unversehrtheit; Recht auf menschenwürdige Lebensverhältnisse).

Ich will nun zeigen, daß die Existenz beider Arten von Rechten im Einklang steht mit der im vorhergehenden Abschnitt dargestellten Theorie der Nutzenaggregation bei kollektiven Entscheidungen.

Liberale Rechte

Mit der ersten Art von Rechten schafft man für das Individuum einen Freiraum für individuelle Entscheidungen, bei denen nicht auf die Interessen anderer Rücksicht genommen werden muß. Bei dem von Sen (1970b) diskutierten Beispiel einer 2-Personen-Gesellschaft, bestehend aus dem prüden Herrn A und dem frivolen Herrn B, geht es um das Recht jeder dieser beiden Personen, jeweils selbst zu entscheiden, ob sie den (in seiner Entstehungszeit als skandalös zu bezeichnenden) Roman „Lady Chatterley's Lover" liest oder nicht: Keine der beiden Personen darf die andere vom Lesen abhalten oder zum Lesen zwingen.
Sen bezieht derartige Rechte in sozialwahltheoretische Überlegungen ein, indem er für Interessenaggregationen eine teilweise Übernahme von individuellen Präferenzrelationen in die zu bestimmende kollektive Präferenzrelation fordert.
Sens Beispiel sieht so aus: Zwei Personen (A und B) liegt ein Exemplar des Romans „Lady Chatterley's Lover" vor, welcher von den beiden Personen unterschiedlich beurteilt wird. Es stehen die folgenden drei Alternativen zur Wahl:

x: Nur Person A liest den Roman.
y: Nur Person B liest den Roman.
z: Keiner der beiden liest den Roman.

Person A zieht z gegenüber x und x gegenüber y vor; Person B zieht x gegenüber y und y gegenüber z vor. Keine der beiden Personen sollte dazu gezwungen werden, den Roman zu lesen. Außerdem sollte es Herrn B erlaubt sein, den Roman zu lesen, falls Herr A kein Interesse daran hat. Sen fordert deshalb folgende Rechte für die beiden Personen: Person A hat das Recht, zwischen x und z zu entscheiden; Person B hat das Recht, zwischen y und z zu entscheiden. Die individuellen Präferenzen hinsichtlich dieser Paarvergleiche sollen in die kollektive Präferenzrelation übernommen werden. y soll also sozial höher eingestuft werden als z und z höher als x. Weiterhin besagt das schwache Pareto-Prinzip, daß x sozial höher einzustufen ist als y. Man erhält also einen Zirkel. Sen folgert hieraus, daß die Forderung von liberalen Rechten zu einem Konflikt mit dem schwachen Pareto-Prinzip führen kann.
Sen (1970b) verallgemeinert diese Überlegungen, indem er mit der Bedingung des sog. minimalen Liberalismus eine relativ schwache Liberalitätsanforderung für soziale Entscheidungsfunktionen formuliert, und zeigt, daß diese Bedingung zu einem Konflikt mit dem schwachen Pareto-Prinzip führt.[10]

Als Lösung dieses Dilemmas schlägt Sen (1976b) eine Einschränkung des schwachen Pareto-Prinzips vor:
Mindestens eine Person soll die Rechte der anderen respektieren, indem sie nur einen Teil ihrer individuellen Präferenzordnung in den kollektiven Entscheidungsprozeß einbringt.
In dem vorliegenden Beispiel bedeutet dies: Entweder Person A respektiert das Recht von Person B, zwischen y und z entscheiden zu dürfen, und verzichtet deshalb auf eine Bewertung der Alternative y oder Person B respektiert das Recht von Person A, zwischen x und z entscheiden zu dürfen, und verzichtet deshalb auf eine Bewertung der Alternative x.
Das von Sen (1976b, Anhang A5) vorgeschlagene eingeschränkte Pareto-Prinzip besagt, daß eine Alternative a sozial höher als eine Alternative b einzustufen ist, wenn 1. niemand auf eine Bewertung einer dieser beiden Alternativen verzichtet oder b gegenüber a vorzieht und 2. mindestens eine Person a gegenüber b vorzieht. Sen beweist ein Theorem, das - stark vereinfacht - folgendes besagt: Respektiert mindestens eine Person in einer Gesellschaft die Rechte anderer, so tritt kein Konflikt zwischen der Forderung von liberalen Rechten und dem eingeschränkten Pareto-Prinzip auf.
Die Forderung, mindestens eine Person in einer Gesellschaft solle die Rechte anderer respektieren, ist natürlich unbefriedigend: Welche Person soll dies

[10] Siehe hierzu auch Abschnitt 2.1.3, Satz 2.1.4.

sein? Es bietet sich deshalb folgende Verschärfung dieser Forderung an: Jede Person soll die Rechte anderer respektieren. In dem Beispiel des skandalösen Romans „Lady Chatterley's Lover" bedeutet dies: Person A verzichtet auf eine Bewertung der Alternative y und Person B auf eine Bewertung der Alternative x. Einen Vergleich von y und x mit einer Relevanz für die kollektive Präferenzordnung nimmt keine der beiden Personen vor. Aufgrund der liberalen Rechte der beiden Personen ist jedoch y sozial höher einzustufen als z und z höher als x. Am besten wäre es also, wenn Person B den Roman liest, am zweitbesten, wenn keiner den Roman liest, und am schlechtesten, wenn Person A ihn liest.

Auch wenn Sen auf diese Weise das Dilemma löst, so bleibt doch ein gewisses Unbehagen, da Sen das schwache Pareto-Kriterium relativiert, welches vor der Diskussion um dieses Dilemma als die einzige unumstrittene Anforderung für Nutzenaggregationen galt. Um festzustellen, ob eine solche Relativierung des schwachen Pareto-Kriteriums wirklich erforderlich ist, setze ich mich im folgenden kritisch mit dem von Sen aufgezeigten Konflikt zwischen liberalen Rechten einerseits und dem schwachen Pareto-Prinzip andererseits auseinander. Insbesondere stellt sich die Frage, ob und inwiefern liberale Rechte bei der Bestimmung einer sozialen Rangordnung auf der Alternativenmenge Berücksichtigung finden sollen.

Zur Klärung dieser Frage muß man zwischen einer Prozeß- und einer Ergebnisorientierung bei der Erstellung der kollektiven Präferenzordnung unterscheiden. Im Falle einer Ergebnisorientierung ist einzig und allein das Ergebnis einer kollektiven Entscheidung von Bedeutung: Die zur Wahl stehenden Entscheidungsalternativen werden danach beurteilt, welchen Nutzen sie für die einzelnen Individuen bedeuten. Die Bewertung der verschiedenen Entscheidungsalternativen gehorcht dabei dem schwachen Pareto-Prinzip: Bringt eine Entscheidung für die Alternative a allen Personen einen höheren individuellen Nutzen als eine Entscheidung für die Alternative b, so erhält a den Vorzug gegenüber b.

Bei einer Prozeßorientierung hingegen fragt man nach den Möglichkeiten der Realisierung bestimmter gesellschaftlicher Zustände und akzeptiert möglicherweise auch Zustände, die Pareto-suboptimal sind, d.h. bei denen ein Nutzenzuwachs für eine bestimmte Person nicht notwendigerweise eine Nutzenminderung für eine andere Person bedeutet.

Ich will den Begriff der Prozeßorientierung kurz an dem obigen Beispiel erörtern: Person A entscheidet zwischen den Alternativen x („Nur Person A liest den Roman ‚Lady Chatterley's Lover'") und z („Keiner liest den Roman"), Person B zwischen den Alternativen y („Nur Person B liest den Roman") und z. Aufgrund der Entscheidung der Person B für die Alternative y und der Entscheidung der Person A für die Alternative z gelangt man bei einer Prozeßorientierung zu der folgenden kollektiven Präferenzordnung:

$$yPz \wedge zPx\,.$$

Die kollektive Entscheidung fällt also zugunsten der Alternative y aus. Eine solche Entscheidung verstößt eindeutig gegen das schwache Pareto-Prinzip, demzufolge die Alternative x sozial höher als die Alternative y einzustufen ist, da sie sowohl von Person A als auch von Person B präferiert wird.
Die Sichtweise, die sich Sen bei der Formulierung liberaler Rechte und der Relativierung des schwachen Pareto-Prinzips zu eigen macht, zeichnet sich dadurch aus, daß kollektive Entscheidungen als das Ergebnis eines Prozesses interpretiert werden, in dem die individuellen Entscheidungen der betroffenen Personen (z.B. die Entscheidung einer Person, ob sie ein Buch lesen will oder nicht) eine zentrale Rolle spielen.

Eine Lösung des von Sen aufgezeigten Konflikts zwischen der Forderung liberaler Rechte und dem schwachen Pareto-Prinzip erfordert die Kombination von Ergebnis- und Prozeßorientierung. Wie eine solche Kombination aussehen kann, erörtert Nozick (1973, 1974) am Beispiel der Verteilungsgerechtigkeit.
Nozick (1973, S.60 f., bzw. 1974, S.165 f.) geht von einer anderen Interpretation liberaler Rechte aus als Sen. Liberale Rechte bestimmen nach Nozick keine sozialen Rangordnungen, sondern setzen Einschränkungen für diese. Man kann sich diese Auffassung von liberalen Rechten vielleicht an dem folgenden Beispiel klarmachen:

Beispiel 1.1.1 *Die Personen 1 und 2 mieten zusammen eine Wohnung, bestehend aus drei Zimmern. Ein Zimmer (Zimmer A) soll von der Person 1, ein Zimmer (Zimmer B) von der Person 2 und ein Zimmer (Zimmer C) gemeinschaftlich genutzt werden. Die beiden Personen wollen nun die drei Zimmer streichen. Ihnen stehen dabei die Farben Blau und Rot jeweils in unbegrenztem Umfang zur Verfügung. Insgesamt ergeben sich dann acht verschiedene Farbkombinationen. Diese Farbkombinationen bezeichne ich im folgenden als die Alternativen* $a_1, \ldots, a_8$. *Jede der acht Alternativen läßt sich als ein Tripel von Farben beschreiben, wobei das Zimmer A (das Zimmer B, das Zimmer C) mit der an erster (zweiter, dritter) Stelle genannten Farbe gestrichen wird:*

a_1: *(blau, blau, blau),* a_2: *(blau, blau, rot),* a_3: *(blau, rot, blau),*
a_4: *(blau, rot, rot),* a_5: *(rot, blau, blau),* a_6: *(rot, blau, rot),*
a_7: *(rot, rot, blau),* a_8: *(rot, rot, rot).*

Für die Präferenzordnungen R_1, R_2 *der beiden Personen auf der Menge* $\Omega \doteq \{a_1, ..., a_8\}$ *gelte folgendes:*

Person 1: $a_1 P_1 a_8 \wedge a_8 P_1 a_2 \wedge a_2 I_1 a_3 \wedge a_3 I_1 a_4 \wedge a_4 P_1 a_5 \wedge a_5 I_1 a_6 \wedge a_6 I_1 a_7$;

Person 2: $a_8 I_2 a_4 \wedge a_4 P_2 a_7 \wedge a_7 I_2 a_3 \wedge a_3 P_2 a_6 \wedge a_6 I_2 a_2 \wedge a_2 P_2 a_5 \wedge a_5 I_2 a_1$.

Diese Präferenzen lassen sich so verstehen:

- *Person 1 möchte, daß alle Räume in der gleichen Farbe gestrichen werden, zieht aber die Farbe Blau gegenüber der Farbe Rot vor.*
- *Der Person 2 gefällt die Farbe Rot besser als die Farbe Blau. Sie möchte deshalb, daß das Zimmer B (und nach Möglichkeit auch die Zimmer C und A) in der Farbe Rot gestrichen werden.*

Gesteht man jeder der Personen 1 und 2 jeweils das Recht zu, die Farbe für ihr Zimmer selbst auszusuchen, und wählt außerdem Person 1 die Farbe Blau und Person 2 die Farbe Rot, dann verbleiben von den insgesamt acht Möglichkeiten nur zwei, nämlich die Alternativen a_3 *und* a_4. *Wendet man nun die strikte erweiterte Pareto-Regel auf die eingeschränkte Alternativenmenge* $\Omega' \doteq \{a_3, a_4\}$ *an, so gelangt man zu einer Entscheidung für die Alternative* a_4, *da Person 1 indifferent zwischen* a_3 *und* a_4 *ist und Person 2* a_4 *gegenüber* a_3 *präferiert.*

Dieses Beispiel zeigt, daß man durch die Gewährung liberaler Rechte zu Pareto-suboptimalen Ergebnissen gelangen kann:
Die Alternative a_8 *wird sowohl von Person 1 als auch von Person 2 gegenüber der Alternative* a_4 *(und auch gegenüber der Alternative* a_3*) präferiert. Eine Entscheidung für die Alternative* a_4 *bedeutet also (ebenso wie eine Entscheidung für die Alternative* a_3*) einen Verstoß gegen das schwache Pareto-Prinzip.*

Durch die Ausübung liberaler Rechte werden, wie Nozick zu Recht bemerkt, gewisse Eigenschaften der Welt festgelegt. In dem Beispiel 1.1.1 sind dies die Farben der Wände in den Zimmern A und B. Die Anzahl der zur Wahl stehenden Alternativen reduziert sich hierdurch (im Beispiel: von acht auf zwei). Bei der zu fällenden kollektiven Entscheidung geht es darum, eine soziale Rangordnung auf der Menge der verbleibenden Alternativen festzulegen. Dabei kann die Entscheidung unter Umständen auf eine Alternative

fallen, die bei Betrachtung **aller** (also auch der durch die Wahrnehmung liberaler Rechte ausgeschlossenen) Alternativen Pareto-suboptimal ist. Es stellt sich deshalb die Frage, ob man die liberalen Rechte einschränken soll, um zu einer für alle Betroffenen günstigeren kollektiven Entscheidung zu gelangen.
Man kann sogar noch weiter gehen und die folgende Vorgehensweise in Betracht ziehen: Zunächst ordnet man alle Möglichkeiten abgesehen von irgendwelchen Rechten und schränkt dann die Entscheidungsrechte der Individuen so ein, daß die auf dem ersten Platz stehende Alternative (oder eine aus kollektiver Sicht relativ günstige Alternative) realisiert wird.

Die Problematik der Beschränkung liberaler Rechte spielt eine zentrale Rolle im Zusammenhang mit Frage der distributiven Gerechtigkeit: Darf das Steuersystem um der Bedürftigen willen jemandem einen Teil seiner Güter wegnehmen und auf diese Weise dessen Eigentumsrechte beschränken?
Am Beispiel der distributiven Gerechtigkeit wird besonders deutlich, daß sich die Menge der sozialen Möglichkeiten dadurch verkleinert, daß die Individuen ihre liberalen Rechte wahrnehmen. Von der individuellen Entscheidung einer Person, wieviele Stunden sie arbeiten möchte, hängt es nämlich ab, welchen Beitrag sie zur Finanzierung sozialer Sicherungssysteme leisten kann.

Die individuelle Entscheidung einer Person, in welcher Weise sie von ihren liberalen Rechten Gebrauch machen will, kann natürlich nicht Gegenstand der Sozialwahltheorie sein. Sehr wohl Gegenstand der Sozialwahltheorie kann aber die Frage sein, welche liberalen Rechte den Individuen zugebilligt werden sollen, welche nicht und welche Gegenleistungen ggf. für das Zugeständnis dieser Rechte verlangt werden. Man denke etwa an die Diskussion um das Rauchverbot in öffentlichen Gebäuden oder das Tempolimit auf Autobahnen. (Auf derartige Probleme werde ich am Ende von Abschnitt 1.1.4 noch zu sprechen kommen.)

Für das Beispiel der 2-Personen-Gesellschaft, in der nur ein Exemplar eines Romans vorhanden ist, bedeutet dies:
Nur einer der beiden Personen kann das Recht eingeräumt werden, sich für oder gegen die Lektüre des Romans zu entscheiden; die andere Person ist zu einem Verzicht auf die Lektüre gezwungen. Die Frage, welcher Person ein solches Recht eingeräumt wird, kann entschieden werden auf dem Weg einer kollektiven Entscheidung oder einer Nutzenabwägung. Bei einer solchen kollektiven Entscheidung bzw. Nutzenabwägung stehen zwei Alternativen zur Wahl:

a : Person A erhält das vorhandene Exemplar des Romans. (Konsequenz: Der Roman bleibt ungelesen.)

b : Person B erhält das Exemplar (und liest den Roman).

Die individuellen Präferenzen haben in diesem Fall die folgende Gestalt: Person A zieht *a* gegenüber *b* vor; Person B hingegen zieht *b* gegenüber *a* vor.

Das Recht, nicht benachteiligt zu werden

Im Unterschied zu den liberalen Rechten, die als Rahmenbedingungen einer Gesellschaft zu verstehen sind, ist das Recht, keine massiven Benachteiligungen zu erleiden, bei jeder konkreten Nutzenabwägung zu berücksichtigen. Da bei der Theorie der Nutzenaggregation, wie ich oben schon angedeutet habe, eine Reduktion der Individuen auf individuelle Nutzenfunktionen erfolgt, müssen alle relevanten Persönlichkeitsrechte in den Nutzenfunktionen ihren Audruck finden, und zwar durch eine sehr niedrige Bewertung derjenigen Alternativen, bei denen Persönlichkeitsrechte verletzt werden.

Leider besteht bei manchen Wissenschaftlern die Tendenz, Problemstellungen, die sich einzig und allein auf die Wahl der individuellen Nutzenfunktionen beziehen, als Probleme anzusehen, die die Wahl einer gerechten Nutzenaggregation betreffen.
Yaari/Bar-Hillel (1984) beispielsweise nehmen eine Unterscheidung zwischen Grundbedürfnissen („needs") und Geschmacksrichtungen („tastes") vor und vertreten die Ansicht, Nutzenfunktionen, die auf Grundbedürfnissen basieren, seien bei einer Nutzenaggregation anders zu behandeln als Nutzenfunktionen, die auf Geschmacksrichtungen basieren. In dem von Yaari/Bar-Hillel skizzierten Fall halte ich die Verwendung von unterschiedlichen sozialen Wohlfahrtsfunktionalen (siehe Abschnitt 1.1.3) für nicht angebracht.
Yaari/Bar-Hillel betrachten das Problem einer Verteilung von 12 Grapefruits und 12 Avocados auf zwei Personen (Jones und Smith). Es liegen die beiden folgenden Problemstellungen vor:

1. Von Ärzten wurde festgestellt, daß die Verdauungsorgane von Jones 100 mg Vitamin F aus einer Grapefruit und kein Vitamin F aus einer Avocado verwerten können, die Verdauungsorgane von Smith jedoch 50 mg Vitamin F aus einer Grapefruit und ebenfalls 50 mg Vitamin F aus einer Avocado verwerten können.
   Beide Personen, Jones und Smith, sind bei der Aufteilung der Früchte

ausschließlich an der Menge Vitamin F interessiert, die ihr Organismus hieraus verwerten kann.

2. Jones mag Grapefruits lieber als Avocados und wäre bereit, einen Preis von 1 DM je Grapefruit zu bezahlen, aber nicht bereit, auch nur einen Pfennig für eine Avocado zu zahlen. Smith hingegen mag Grapefruits und Avocados gleich gern und wäre bereit, einen Preis von 0,50 DM je Grapefruit und denselben Preis je Avocado zu zahlen. Um die Vergleichbarkeit der individuellen Nutzen zu garantieren, sei angenommen, daß Jones und Smith derselben Einkommensklasse angehören.

Die verschiedenen Alternativen lassen sich darstellen durch Zahlenpaare (x, y), $0 \leq x, y \leq 12$, wobei x die Anzahl der Grapefruits und y die Anzahl der Avocados sei, die Jones erhält. (Smith erhält $12-x$ Grapefruits und $12-y$ Avocados.)
Gemäß Yaari/Bar-Hillel kann man beide Problemstellungen durch dieselben Nutzenfunktionen beschreiben, nämlich: $f_1(x, y) \doteq 100\,x$ für Jones und $f_2(x, y) \doteq 50\,(12-x) + 50\,(12-y)$ für Smith.
Als optimale Alternative liefert die **Maximin-Regel** das Zahlenpaar $(8, 0)$, d.h.: Jones erhält 8 Grapefruits, Smith hingegen 4 Grapefruits und 12 Avocados. Jones und Smith haben bei einer solchen Aufteilung jeweils einen Nutzen von 800.
Das **Summationsprinzip** liefert als optimale Alternative den Fall, in dem Jones die 12 Grapefruits und Smith die 12 Avocados erhält. Bei einer solchen Aufteilung beträgt der Nutzen für Jones 1200 und für Smith 600; die Nutzensumme ist 1800.

Wie ich in Abschnitt 1.1.3 bereits angedeutet habe, sollte man bei Nutzenaggregationen eine gerechte Lösung zwischen den beiden Extremen Maximin-Regel und Summationsprinzip suchen.
Yaari/Bar-Hillel führen aus, daß bei der ersten Problemstellung die Mehrheit (82%) einer größeren Gruppe von befragten Personen für diejenige Lösung plädierte, die sich bei Anwendung der Maximin-Regel ergibt, während bei der zweiten Problemstellung bei vielen Befragten eine Tendenz zu der Lösung vorlag, die sich bei Anwendung des Summationsprinzips ergibt. Hieraus folgern Yaari/Bar-Hillel, daß bei moralischen Urteilen nicht nur Nutzeninformationen, sondern auch „Nicht-Nutzen"-Informationen eine bedeutende Rolle spielen. Bei dem Hinweis auf die Ursache der individuellen Präferenzen (Bedürftigkeit, Geschmacksrichtungen) handelt es sich in den Augen von Yaari/Bar-Hillel um eine solche Nicht-Nutzen-Information. Soweit Yaari/Bar-Hillel.

Die Ausführungen von Yaari/Bar-Hillel sind für mich nicht nachvollziehbar, da sie auf einem seltsamen Umgang mit dem Begriff des individuellen Nutzens basieren: Die individuellen Nutzen von Jones und Smith werden bei der ersten Problemstellung mit den verwertbaren Mengen an Vitamin F gleichgesetzt und bei der zweiten Problemstellung mit den Geldbeträgen, die Jones und Smith zu zahlen bereit sind. Wie will man eine solche Vorgehensweise rechtfertigen?
Um das Summationsprinzip anwenden zu können, benötigen Yaari/Bar-Hillel kardinale Nutzenfunktionen und eine interpersonelle Vergleichbarkeit der Nutzeneinheiten.[11] Dies beinhaltet insbesondere die Vergleichbarkeit der auftretenden Nutzendifferenzen. Yaari/Bar-Hillel unterstellen, daß im Falle der ersten Problemstellung der individuelle Nutzen sowohl bei Jones als auch bei Smith linear mit der verwertbaren Menge an Vitamin F zunimmt, d.h. daß jedes zusätzliche Milligramm Vitamin F denselben Nutzenzuwachs bedeutet. Hierbei handelt es sich um eine Annahme, die in Konflikt zu der (oben dargestellten) Problembeschreibung steht, welche Yaari/Bar-Hillel den Testpersonen ihres Experiments vorgelegt haben. Den Testpersonen wurde signalisiert, daß Jones und Smith Vitamin F benötigen. Zwar haben Yaari/Bar-Hillel nicht angegeben, welche Menge an Vitamin F lebensnotwendig ist und ab welcher Menge Jones und Smith keine gesundheitlichen Schäden durch Vitamin-F-Mangel zu befürchten haben. Man kann aber gewöhnlich davon ausgehen, daß nach dem Konsum einer größeren Menge an Vitamin F, d.h. nach Deckung des Grundbedarfs, der mit dem Konsum von zusätzlichem Vitamin F verbundene Nutzenzuwachs relativ gering ist. Der individuelle Nutzen nimmt also nicht linear, sondern degressiv mit der verwertbaren Menge an Vitamin F zu. (Die ersten 100 mg Vitamin F sind von größerem Nutzen als die zweiten 100 mg, etc.)
Bei der zweiten Problemstellung hingegen nimmt der individuelle Nutzen von Jones (bzw. von Smith) linear mit dem Geldbetrag zu, den Jones (Smith) zu zahlen bereit ist.

Die Behauptung von Yaari/Bar-Hillel, die beiden Problemstellungen könnten durch dieselben Nutzenfunktionen beschrieben werden, entspricht also nicht der Wahrheit. Dies bedeutet, daß nicht nur in der Nicht-Nutzen-Information, sondern auch in der Nutzeninformation Unterschiede zwischen den beiden Problemstellungen bestehen.
Die Ursache für die unterschiedliche Beurteilung der beiden Entscheidungsprobleme liegt meiner Ansicht nach nicht, wie Yaari/Bar-Hillel glauben, in

[11] Darüber hinaus erfordert die Anwendung der Maximin-Regel die interpersonelle Vergleichbarkeit der Nutzenniveaus.

der Verwendung verschiedener Formen der Nutzenaggregation, sondern in einer unterschiedlichen Bewertung der individuellen Nutzen.

Die massive Benachteiligung einer Person (die in dem obigen Beispiel dann eintritt, wenn einer der beiden betrachteten Personen das dringend benötigte Vitamin F gänzlich vorenthalten wird) sollte sich in der individuellen Nutzenfunktion dieser Person entsprechend niederschlagen. Die Tatsache, daß bei einer konkreten Entscheidungssituation die Möglichkeit der massiven Benachteiligung einer Person besteht, darf jedoch meiner Ansicht nach keinen Einfluß auf die Wahl des sozialen Wohlfahrtsfunktionals haben. Das soziale Wohlfahrtsfunktional muß so gewählt werden, daß es **unabhängig** von den individuellen Nutzenwerten Anwendung finden kann. Bei der Verwendung eines sozialen Wohlfahrtsfunktionals, das niedrige Nutzenwerte hinreichend stark gewichtet, wie z.B. bei der Verwendung der Maximin-Regel, wird jede Alternative, die mit der massiven Benachteiligung einer Person verbunden ist, als sozial unerwünscht eingestuft.

Insbesondere im Falle konfligierender individueller Rechte läßt sich die Sozialwahltheorie anwenden. Als ein Beispiel für einen solchen Konflikt nenne ich die Diskussion um das Rauchverbot in öffentlichen Gebäuden: Dem liberalen Recht der Raucher auf Tabakgenuß steht das Grundrecht der Nichtraucher auf körperliche Unversehrtheit gegenüber. An diesem Beispiel erkennt man die Grenzen für liberale Rechte: Liberale Rechte können nicht gewährt werden, wenn andere Menschen durch das Zugeständnis dieser Rechte einen unverhältnismäßig großen Schaden erleiden könnten. Das Recht der Nichtraucher auf körperliche Unversehrtheit ist meiner Ansicht nach höher einzustufen als das liberale Recht der Raucher. Das liberale Recht auf Tabakgenuß kann deshalb nur in solchen Situationen gewährt werden, in denen kein Nichtraucher hierdurch zu passivem Rauchen gezwungen wird.
Als ein weiteres, ähnlich gelagertes Beispiel nenne ich die Diskussion um ein Tempolimit auf Autobahnen: Dem liberalen Recht eines Autofahrers auf hohe Geschwindigkeit stehen das Recht anderer Autofahrer auf Sicherheit und das Recht aller Bürger auf saubere Luft entgegen.

1.1.5 Resümee

Wie ich in Abschnitt 1.1.1 deutlich gemacht habe, muß man in der Sozialwahltheorie zwei Zielsetzungen deutlich voneinander trennen: die Analyse von Entscheidungsprozessen einerseits und die Suche nach einer gerechten Aggregation konfligierender individueller Interessen andererseits.
In den Abschnitten 1.1.2 und 1.1.3 habe ich skizziert, wie man diese beiden

Problemstellungen mit den in der Sozialwahltheorie verwendeten Kalkülen bearbeiten kann. Dabei wurde deutlich, daß den Unterschieden in der intendierten Anwendung ein Unterschied in den verwendeten mathematischen Kalkülen entspricht: Während das Ziel einer Aggregation konfligierender individueller Interessen stets eine kollektive Präferenzordnung ist, begnügt man sich, wenn man den Prozeß der Entscheidungsfindung betrachtet, damit, eine bestimmte Entscheidungsalternative als „optimal" auszuzeichnen. Anders als bei der Analyse von Entscheidungsprozessen kann man sich, wenn man eine Nutzenaggregation anstrebt, nicht mit ordinalen Informationen über die individuellen Präferenzen zufrieden geben; man muß, um Nutzenabwägungen durchführen zu können, kardinale individuelle Nutzenfunktionen verwenden und eine interpersonelle Vergleichbarkeit der Nutzenfunktionen anstreben.

Die Theorie der Sozialwahl ist dem Vorwurf ausgesetzt, sie lasse individuelle Rechte außer acht. Diesen Vorwurf habe ich in Abschnitt 1.1.4 zu entkräften versucht, indem ich die Frage, ob man den Individuen bestimmte Rechte zubilligt, als ein sozialwahltheoretisches Problem dargestellt habe, das zu trennen ist von dem Entscheidungsproblem des Individuums, das vor der Wahl steht, seine Rechte wahrzunehmen oder nicht.

Alle ethischen Fragen, die unmittelbar individuelle Interessen betreffen, (wie z.B. Fragen der Steuergerechtigkeit oder der Strafgesetzgebung) können meiner Ansicht nach untersucht werden anhand des in Abschnitt 1.1.3 skizzierten Kalküls der Aggregation individueller Nutzenfunktionen zu einer kollektiven Präferenzordnung. Die Stärke dieses Ansatzes besteht in seiner universellen Anwendbarkeit auf alle Probleme, bei denen gegensätzliche individuelle Interessen einander gegenüberstehen.
Bei der praktischen Durchführung einer Nutzenaggregation geht es vor allem darum, Kriterien zu entwickeln, nach denen die Messung der individuellen Präferenzen erfolgt. Als Vorbild kann dabei die Vorgehensweise bei Zehn- und Siebenkämpfen dienen, wo eine Aggregation der in den Einzeldisziplinen erbrachten Leistungen erfolgt (siehe Abschnitt 1.1.3). Maßgebend für die individuellen Interessen können z.B. folgende Faktoren sein: materieller Wohlstand, körperliches Wohlbefinden, Wertschätzung durch andere Personen.

1.2 Ordinale und kardinale Messung der individuellen Präferenzen

1.2.1 Mögliche Skalenniveaus für Nutzenfunktionen

Die in Abschnitt 1.1 geforderte Kardinalisierung der individuellen Präferenzen muß erfolgen im Hinblick auf ein präzise definiertes Skalenniveau. Hinsichtlich der Messung des individuellen Nutzens einer bestimmten Person unterscheidet man gewöhnlich drei Skalenniveaus: das Ordinalskalenniveau, das Intervallskalenniveau und das Verhältnisskalenniveau. Bei der Verwendung einer Ordinalskala spricht man von einer **ordinalen** Nutzenmessung, bei der Verwendung einer Intervall- oder einer Verhältnisskala hingegen von einer **kardinalen** Nutzenmessung.
Im Falle des **Ordinalskalenniveaus**, des niedrigsten der drei genannten Skalenniveaus, nimmt man ausschließlich Nutzenvergleiche vor, die sich in Form von Präferenzordnungen darstellen lassen. Dabei handelt es sich um Nutzenvergleiche folgender Art:

> „Der Nutzen der Alternative a ist für die Person i größer als der Nutzen der Alternative b; anders ausgedrückt: die Person i präferiert die Alternative gegenüber der Alternative b.“

Zwei Nutzenfunktionen $f, g : \Omega \longrightarrow \mathbb{R}$ besitzen denselben ordinalen Informationsgehalt, wenn sie dieselbe Präferenzordnung repräsentieren, d.h. wenn gilt:

$$f(a) \geq f(b) \iff g(a) \geq g(b)\,.$$

Intervallskalen lassen - im Unterschied zu Ordinalskalen - nicht nur den Vergleich absoluter Nutzenwerte, sondern auch den Vergleich von Nutzendifferenzen zu. Damit sind Urteile folgender Art möglich:

> „Bei der Person i ist der Nutzenunterschied zwischen den Alternativen a und b größer als derjenige zwischen den Alternativen b und c; anders ausgedrückt: die Präferenzintensität der Person i beim Vergleich von a und b ist größer als deren Präferenzintensität beim Vergleich zwischen b und c.“

Sowohl der Nullpunkt als auch die Skaleneinheit können bei Intervallskalen beliebig gewählt werden.

Im Falle des **Verhältnisskalenniveaus**, des höchsten der drei genannten Skalenniveaus, geht man von einem absoluten oder natürlichen Nullpunkt aus und legt die Verhältnisse der Nutzenwerte zueinander eindeutig fest. Auf dem Verhältnisskalenniveau sind also Aussagen folgender Art möglich:

„Der Nutzen der Alternative *a* für die Person *i* ist doppelt so hoch wie der Nutzen der Alternative *b*."

Die Möglichkeit der Verwendung von Verhältnisskalen für Nutzenmessungen hängt - wie z.B. Möller (1983, S.149 f.) betont - davon ab, ob es gelingt, einen interpersonell anwendbaren Nutzennullpunkt überzeugend als „natürlich" zu begründen. Für eine solche Begründung eines Nutzennullpunkts gibt es zwei Möglichkeiten:

1. Ein in geeigneter Weise definiertes Existenzminimum dient als Nutzennullpunkt.

2. Der Status quo des jeweiligen Individuums dient als Nutzennullpunkt.

Die erste Möglichkeit wird unter anderem von Meade (1976, S.25) und Ng (1978) diskutiert. Meade (1976) unterscheidet zwischen dem physischen und dem psychischen Existenzminimum: Das physische Existenzminimum siedelt Meade dort an, wo die Körperfunktion gerade noch aufrecht erhalten werden kann, wo also das physische Überleben gerade noch möglich ist. Als Nutzennullpunkt kann das physische Existenzminimum nicht dienen, da ein Leben am physischen Existenzminimum mit viel Leid und daher mit negativem Nutzen verbunden ist. Der Nutzennullpunkt liegt deshalb höher als das physische Existenzminimum. Meade verwendet als Nutzennullpunkt das psychische Existenzminimum. Er versteht darunter dasjenige Nutzenniveau, auf dem sich das Leben für das Individuum gerade nicht mehr lohnt. Der Nutzen einer Person ist genau dann als negativ einzustufen, wenn diese Person ehrlich sagen kann: „Ich wünschte, ich wäre nie geboren worden."
Ng (1978) versucht - ähnlich wie Meade (1976) - einen interpersonell anwendbaren Nutzennullpunkt aus psychologischer Sicht zu begründen. Ng definiert den Nutzennullpunkt als Gleichgewichtszustand zwischen positiven und negativen Gefühlen. Ngs Überlegungen entsprechen im wesentlichen dem hedonistischen Ansatz des klassischen Utilitarismus (vgl. Bentham, 1789, und Sidgwick, 1874): Gefühle des Glücks und des Leids sind in einer Art Gefühlsbilanz einander gegenüber zu stellen. Überwiegt das Glück, so liegt ein positiver Nutzen vor; überwiegt das Leid, so ist der Nutzen negativ.

Bei der zweiten Möglichkeit der Begründung eines Nutzennullpunkts (Status quo als Nutzennullpunkt) vergleicht man die bei einer Entscheidung zur Wahl stehenden Alternativen mit dem Ist-Zustand vor der Entscheidung. Man betrachtet also den Nutzenzuwachs bzw. die Nutzenminderung gegenüber dem Status quo. Eine solche Sichtweise liegt z.B. dem Ansatz von Waldner (1974) zugrunde, dessen Ziel die Begründung interpersonell vergleichbarer individueller Nutzenfunktionen mit einem Verhältnisskalenniveau ist.

Ein bekanntes Beispiel für die Verwendung einer Verhältnisskala zur Nutzenmessung stellt die von Nash vorgeschlagene Verhandlungslösung für kooperative Spiele dar, auf die ich in Abschnitt 1.2.3 noch näher eingehen werde. Ich will die Nash-Lösung zunächst an einem von Luce/Raiffa (1957, S.90 ff.) verwendeten und als „Kampf der Geschlechter“ bezeichneten Beispiel erläutern.
Bei diesem Beispiel handelt es sich um ein Zwei-Personen-Spiel, bei dem ein Paar zwei Möglichkeiten der gemeinsamen Abendunterhaltung hat: a) den Besuch eines Wettkampfs und b) den Besuch eines Balletts. Während der Mann den Besuch des Wettkampfs vorzieht, würde die Frau lieber zu dem Ballett gehen. Können sich die beiden nicht einigen, so droht eine dritte Alternative (Alternative c) Realität zu werden, nämlich der Fall, daß die beiden weder den Wettkampf noch das Ballett gemeinsam besuchen. Diese dritte Alternative ist für beide Personen suboptimal; deshalb sollte nach Möglichkeit eine Einigung erfolgen.
Zum Zwecke einer solchen Einigung kann ein Schiedsrichter herangezogen werden, der zwischen den beiden Personen vermittelt und eine für beide akzeptable Lösung vorschlägt. Nach Nash (1950) sollen für eine solche Lösung insbesondere die folgenden beiden Eigenschaften gelten:

1. Die Lösung soll Pareto-optimal sein, d.h. es soll keine Alternative geben, bei der mindestens eine der beiden Personen besser und keine Person schlechter gestellt wird. Im Beispiel („Kampf der Geschlechter“) scheidet also die Möglichkeit, weder den Wettkampf noch das Ballett zu besuchen, aus.

2. Die Verhandlungspositionen der betroffenen Personen sind zu berücksichtigen: Wenn z.B. der Mann den Besuch des Wettkampfs (Alternative a) sehr stark gegenüber dem Besuch des Balletts (Alternative b) präferiert, aber bei der Wahl zwischen einem gemeinsamen Besuch des Balletts (Alternative b) und dem Verzicht auf einen gemeinsamen Abend (Alternative c) den Ballettbesuch nur geringfügig präferiert, so besitzt die Frau ein geringes Drohpotential; d.h. die Drohung mit der suboptimalen Alternative c für den Fall, daß keine Einigung zustande kommt, ist für den Mann nicht von großer Bedeutung.
   Hat nun außerdem die Frau beim Vergleich der Alternativen a und b nur eine schwache Präferenz für die Alternative b und beim Vergleich der Alternativen b und c eine starke Präferenz für b, so besitzt

der Mann ein Drohpotential, das größer ist als das Drohpotential der Frau. Die Nash-Lösung wäre in diesem Fall die Alternative a (Besuch des Wettkampfs).

Entscheidend für die Nash-Lösung ist die Rolle, die dem Status quo zukommt: Für die beiden Verhandlungspartner stellt der Status quo den natürlichen Nutzennullpunkt dar. In der Verhandlungsmenge befinden sich bei der von Nash betrachteten Verhandlungssituation ausschließlich Alternativen, die von beiden Personen höher als der Status quo eingestuft werden und deshalb einen positiven Nutzenwert besitzen.
Die Verhandlungsmenge bezeichne ich im folgenden mit V, den Status quo mit x. Zu jeder der Personen gehört eine Nutzenfunktion $f_i\colon \{x\} \cup V \longrightarrow \mathbb{R}$ mit der Eigenschaft

$$f_i(x) = 0\,, \quad f_i(y) > 0 \;\text{ für alle } y \in V \quad (i = 1, 2)\,.$$

Besteht die Verhandlungsmenge aus n Elementen, d.h. $V = \{a_1, \ldots, a_n\}$, so erhält man die Nutzenwerte $f_1(x)$, $f_1(a_1), \ldots, f_1(a_n)$, $f_2(x)$, $f_2(a_1), \ldots, f_2(a_n)$, wobei

$$f_1(x) = f_2(x) = 0 \qquad \text{und}$$
$$f_1(a_1), \ldots, f_1(a_n), f_2(a_1), \ldots, f_2(a_n) > 0\,.$$

Als Verhandlungslösung schlägt Nash jede Alternative $a_i \in V$ vor, für die gilt:

$$f_1(a_i) \cdot f_2(a_i) \geq f_1(a_j) \cdot f_2(a_j) \quad \text{für alle } j \in \{1, \ldots, n\}\,.$$

Die hier verwendete Multiplikation von Nutzenwerten setzt zwar keine interpersonellen Vergleiche von Nutzeneinheiten, jedoch einen absoluten Nullpunkt (den Status quo!) bei den individuellen Meßskalen und somit ein Verhältnisskalenniveau voraus.
Die Problematik der Nash-Lösung liegt, wie ich in Abschnitt 1.2.3 noch näher aufzeigen werde, in der Verwendung von Verhältnisskalen. Die individuellen Nutzenfunktionen sind dadurch eindeutig bestimmt bis auf die Multiplikation mit einer positiven reellen Zahl. Für die bei der Ermittlung der Nash-Lösung verwendeten individuellen Nutzenfunktion fordert man also eine relativ hohe Aussagekraft hinsichtlich der individuellen Präferenzen.

Der Informationsgehalt einer individuellen Nutzenfunktion $f_i : \Omega \longrightarrow \mathbb{R}$ hängt nämlich von dem zugrundegelegten Skalenniveau ab: Eine Ordinalskala liefert weniger Informationen als eine Intervallskala und eine Intervallskala weniger Informationen als eine Verhältnisskala.

Die einfachste Methode einer exakten Definition der verschiedenen Skalenniveaus besteht in der Angabe der Klasse zulässiger Transformationen. Unter den zulässigen Transformationen einer Nutzenfunktion $f : \Omega \longrightarrow \mathbb{R}$ versteht man diejenigen Transformationen einer Nutzenfunktion, die eine andere Nutzenfunktion liefern, welche dieselben Informationen enthält. Bei Operationen mit Nutzenfunktionen darf es also keinen Unterschied machen, ob man mit der Nutzenfunktion f oder der transformierten Nutzenfunktion

$$\phi \circ f : \Omega \longrightarrow \mathbb{R}, \qquad (\phi \circ f)(a) \doteq \phi(f(a)),$$

operiert, wenn ϕ eine zulässige Transformation ist.
Welche Transformationen zulässig sind, hängt von dem Skalenniveau der jeweiligen Nutzenfunktion ab. Nach Orth (1974, S.25 ff.) lautet die Menge zulässiger Transformationen

1. im Falle einer **Ordinalskala:**

$$\mathcal{M}_1 \doteq \{\phi : \mathbb{R} \longrightarrow \mathbb{R} \mid \phi \text{ ist streng monoton wachsend}\},$$

2. im Falle einer **Intervallskala:**

$$\mathcal{M}_2 \doteq \{\phi : \mathbb{R} \longrightarrow \mathbb{R} \mid \phi(x) = a\,x + b \quad \text{mit } a \in \mathbb{R}^+,\ b \in \mathbb{R}\},$$

3. im Falle einer **Verhältnisskala:**

$$\mathcal{M}_3 \doteq \{\phi : \mathbb{R} \longrightarrow \mathbb{R} \mid \phi(x) = a\,x \quad \text{mit } a \in \mathbb{R}^+\}.$$

Zur Veranschaulichung der verschiedenen Skalenniveaus kann folgendes Beispiel dienen:
Die individuellen Präferenzen einer bestimmten Person hinsichtlich der Menge $\Omega = \{a_1, a_2, a_3\}$ seien gegeben durch die Nutzenfunktion

$$f : \Omega \longrightarrow \mathbb{R}, \qquad f(a_1) = 0, \quad f(a_2) = 2, \quad f(a_3) = 3.$$

Diese Nutzenfunktion läßt sich auf dreierlei Weise interpretieren:

1. **als ordinale Nutzenfunktion:** Bei einer Interpretation als ordinale Nutzenfunktion besagt die Funktion f lediglich, daß die betrachtete Person die Alternative a_3 gegenüber der Alternative a_2 und die Alternative a_2 gegenüber der Alternative a_1 vorzieht. Darüber hinausgehende Aussagen sind in den Nutzenwerten $f(a_1)$, $f(a_2)$ und $f(a_3)$ nicht enthalten. Die Nutzenfunktion f repräsentiert die durch

$$a_3 \mathrm{P} a_2 \wedge a_2 \mathrm{P} a_1$$

definierte Präferenzordnung R. Die Relation P bezeichne dabei die zu R gehörige Relation der strikten Präferenz. Jede ordinale Nutzenfunktion $g: \Omega \longrightarrow \mathbb{R}$, die die Präferenzordnung R repräsentiert, für die also

$$g(a_1) < g(a_2) < g(a_3)$$

gilt, besitzt denselben ordinalen Informationsgehalt wie f.

2. **als kardinale Nutzenfunktion auf Intervallskalenniveau:** Liegt der Nutzenfunktion f eine Intervallskala zugrunde, so repräsentiert die Funktion f nicht nur die Präferenzordnung R (definiert durch $a_3 \mathrm{P} a_2 \wedge a_2 \mathrm{P} a_1$), sondern liefert außerdem Informationen über Präferenzintensitäten: Die Nutzenfunktion f bringt in diesem Fall zum Ausdruck, daß der Nutzenzuwachs beim Übergang von der Alternative a_1 zu der Alternative a_2 doppelt so groß ist wie der Nutzenzuwachs beim Übergang von der Alternative a_2 zu der Alternative a_3. Jede auf einer Intervallskala basierende Nutzenfunktion $g: \Omega \longrightarrow \mathbb{R}$ mit den Eigenschaften

$$g(a_1) < g(a_2) < g(a_3) \quad \text{und} \quad g(a_2) - g(a_1) = 2\,(g(a_3) - g(a_2))$$

besitzt denselben Informationsgehalt wie f.

3. **als kardinale Nutzenfunktion auf Verhältnisskalenniveau:** Im Unterschied zu Intervallskalen existiert bei Verhältnisskalen ein absoluter Nullpunkt. Verhältnisskalen ermöglichen deshalb eine Aussage darüber, ob eine Entscheidungsalternative mit einem positiven oder mit einem negativen Nutzen verbunden ist. Jede auf einer Verhältnisskala basierende Nutzenfunktion $g: \Omega \longrightarrow \mathbb{R}$ mit den Eigenschaften

$$g(a_1) < g(a_2) < g(a_3), \quad g(a_2) - g(a_1) = 2\,(g(a_3) - g(a_2))$$
$$\text{und} \quad g(a_1) = 0,$$

anders ausgedrückt:

$$g(a_1) = 0, \quad g(a_2) = 2\,x, \quad g(a_3) = 3\,x, \quad \text{mit } x \in \mathbb{R}^+,$$

besitzt denselben Informationsgehalt wie f.

1.2.2 Interpersonelle Vergleichbarkeit der individuellen Nutzenfunktionen

Die Aussagekraft individueller Nutzenfunktionen hängt von zwei Faktoren ab:

1. dem Skalenniveau der Nutzenfunktionen (siehe hierzu Abschnitt 1.2.1).

2. der Möglichkeit bzw. Unmöglichkeit interpersoneller Vergleiche von Nutzenwerten.

Vor allem der zweite Faktor spielt bei sozialwahltheoretischen Fragestellungen eine wesentliche Rolle. Zur Veranschaulichung der Problematik der interpersonellen Vergleichbarkeit von Nutzenfunktionen kann folgendes Beispiel dienen, welches ich aus Luce/Raiffa (1957) entnommen habe:
Ein Gastgeber hat zwei Gäste, denen er entweder Tee oder Kaffee, nicht aber beides servieren möchte. Ärgerlicherweise bevorzugt einer der beiden Gäste Tee und der andere Kaffee.
Die Entscheidung des Gastgebers zwischen den Alternativen Tee und Kaffee sollte sich natürlich an den Präferenzen der Gäste orientieren. Liegen aber lediglich ordinale Messungen der individuellen Präferenzen und keine interpersonellen Vergleiche der Präferenzintensitäten vor, so ist es dem Gastgeber nicht möglich, die Präferenzen des Teetrinkers und die Präferenzen des Kaffeetrinkers gegeneinander abzuwägen. Für eine derartige Abwägung wäre es erforderlich, die Intensität der Präferenz der ersten Person für Tee zu vergleichen mit der Präferenzintensität der zweiten Person für Kaffee. Ein solcher interpersoneller Vergleich von Nutzendifferenzen setzt voraus, daß die Messung der Präferenzen der beiden Personen mindestens auf dem Intervallskalenniveau erfolgt und außerdem eine Vergleichbarkeit der verwendeten Meßskalen gegeben ist.

In dem vorliegenden Beispiel besteht die Menge Ω aus drei Elementen, nämlich aus der Möglichkeit, Tee zu servieren (im folgenden mit a_1 bezeichnet), der Möglichkeit, Kaffee zu servieren (im folgenden mit a_2 bezeichnet) und der Möglichkeit, nichts zu servieren (im folgenden mit a_3 bezeichnet); es ist also $\Omega = \{a_1, a_2, a_3\}$.
Jeder der beiden Gäste soll den Alternativen a_1, a_2 und a_3 nun Nutzenwerte zuordnen. Man erhält dadurch die Nutzenfunktionen

$$f_1, f_2 \colon \{a_1, a_2, a_3\} \longrightarrow \mathbb{R},$$

Präferenzen der beiden Gäste zum Ausdruck bringen. Die Nutzenwerte des einen Gastes lauten $f_1(a_1)$, $f_1(a_2)$ und $f_1(a_3)$; die Nutzenwerte des anderen

Gastes $f_2(a_1)$, $f_2(a_2)$ und $f_2(a_3)$.
Es stellen sich nun zwei Fragen:

1. Wie gelangt man zu den (individuellen) Nutzenwerten $f_1(a_1)$, $f_1(a_2)$, $f_1(a_3)$, $f_2(a_1)$, $f_2(a_2)$ und $f_2(a_3)$?
2. Welche Aussagekraft besitzen diese Nutzenwerte?

Bei dem genannten Beispiel sind unter anderem die folgenden vier Verfahren der Bestimmung der individuellen Nutzenwerte denkbar:

- **Verfahren 1:** Jeder der beiden Gäste ordnet die drei zur Wahl stehenden Alternativen in einer Reihe und gibt der am höchsten eingestuften Alternative den Nutzenwert 2, der am zweithöchsten eingestuften Alternative den Nutzenwert 1 und der am niedrigsten eingestuften Alternative den Nutzenwert 0.
- **Verfahren 2:** Der Gastgeber läßt jeden der beiden Gäste eine Liste anfertigen, auf der für eine größere Klasse von Getränken eine Reihung vorgenommen werden soll. Zur Wahl stehen dabei Kaffee, Milch, Limonade, Coca-Cola, Tee, sowie die Möglichkeit, kein Getränk zu erhalten. Die Anzahl der Alternativen wird also um drei zusätzliche Getränke erweitert. Man erhält damit insgesamt sechs Alternativen. Jeder der beiden Gäste ordnet die sechs Alternativen in einer Reihe und gibt damit der am höchsten eingestuften Alternative den Nutzenwert 5, der am zweithöchsten eingestuften Alternative den Nutzenwert 4, etc.
- **Verfahren 3:** Der Gastgeber gibt eine Skala von -10 bis $+10$ vor, auf der die beiden Gäste die drei Alternativen a_1, a_2 und a_3 anordnen.
- **Verfahren 4:** Die Alternative a_3 bekommt von beiden Gästen den Nutzenwert 0. Die Alternativen a_1 und a_2 werden auf einer Skala von -10 bis $+10$ angeordnet und erhalten genau dann positive Nutzenwerte, wenn sie gegenüber der Alternative a_3 vorgezogen werden.

Die Aussagekraft der individuellen Nutzenwerte hängt natürlich davon ab, wie diese Nutzenwerte gewonnen werden: In dem ersten Fall findet offensichtlich lediglich eine **ordinale** Messung der individuellen Präferenzen statt; in den übrigen drei Fällen versucht man hingegen, Informationen über die individuellen Präferenzen zu gewinnen, die über den Informationsgehalt individueller Präferenzordnungen auf der Menge $\Omega = \{a_1, a_2, a_3\}$ hinausgehen - ob dies im zweiten Fall gelingt, muß bezweifelt werden. Es

stellt sich die Frage, inwieweit bei den letzten drei Verfahren einerseits eine Kardinalisierung und andererseits eine interpersonelle Vergleichbarkeit der individuellen Präferenzen gegeben ist.
Wie ich in Abschnitt 1.2.1 erörtert habe, unterscheidet man bei kardinalen Nutzenfunktionen zwischen dem Vorliegen eines Intervallskalenniveaus und dem Vorliegen eines Verhältnisskalenniveaus. Hinsichtlich der oben dargestellten Verfahren der Bestimmung individueller Nutzenwerte schlage ich vor, die individuellen Nutzenfunktionen bei den Verfahren 1 und 2 auf dem Ordinalskalenniveau, bei Verfahren 3 auf dem Intervallskalenniveau und bei Verfahren 4 auf dem Verhältnisskalenniveau zu interpretieren.
Bei den Verfahren 1 und 2 ist keine interpersonelle Vergleichbarkeit gegeben, da kein Zusammenhang zwischen der Präferenzordnung des ersten Gastes und der Präferenzordnung des zweiten Gastes besteht; bei den Verfahren 3 und 4 liegt eine interpersonelle Vergleichbarkeit der Nutzenwerte nur dann vor, wenn die verwendeten Meßskalen vergleichbar sind, d.h. wenn die Meßskala des einen Gastes mit der Meßskala des anderen Gastes abgestimmt wurde.

Was die Vergleichbarkeit von Meßskalen betrifft, unterscheide ich zwischen der Vergleichbarkeit von Nutzeneinheiten und der Vergleichbarkeit von Nutzenniveaus. Die interpersonelle Vergleichbarkeit der Nutzen**einheiten** beinhaltet insbesondere, daß die bei einer Person auftretenden Nutzendifferenzen vergleichbar sind mit den Nutzendifferenzen bei einer anderen Person.[12] Eine solche Vergleichbarkeit von Nutzendifferenzen ermöglicht es, individuelle Präferenzen gegeneinander abzuwägen, da die auftretenden Nutzendifferenzen als Maß für Präferenzintensitäten verwendet werden können. Im Beispiel bedeutet dies, daß die Präferenz des einen Gasts für Tee mit der Präferenz des anderen Gasts für Kaffee verrechnet wird: Die höhere Präferenzintensität gibt den Ausschlag. Eine solche Verrechnung der individuellen Präferenzen (formalisiert in dem sog. Summationsprinzip, siehe hierzu die Abschnitte 1.1.3 und 2.2.3) setzt die interpersonelle Vergleichbarkeit von Nutzendifferenzen voraus.

Die Vergleichbarkeit der Nutzen**niveaus** bedeutet, daß die Nutzenwerte einer Person mit den Nutzenwert einer anderen Person verglichen werden können. In der Aussage

[12] Wie ich in Abschnitt 3.2.1 zeigen werde, ist die Vergleichbarkeit von Nutzeneinheiten nicht gleichzusetzen mit der Möglichkeit, auftretende Nutzendifferenzen miteinander zu vergleichen; die Vergleichbarkeit der Nutzeneinheiten garantiert jedoch die Vergleichbarkeit der auftretenden Nutzendifferenzen.

„Der Nutzenwert der Person 1 bei der Alternative a_i ist größer ist als der Nutzenwert der Person 2 bei der Alternative a_j."

ist im Falle der Vergleichbarkeit der Nutzenniveaus eine Information über die Präferenzen der Personen 1 und 2 enthalten; es handelt sich also um eine bedeutsame Aussage.
Niveauvergleiche ermöglichen es unter anderem, davon zu sprechen, daß eine Person bei einer bestimmten Alternative schlechter (bzw. besser) gestellt wird als eine andere Person. Insbesondere die sog. Maximin-Regel, derzufolge die am schlechtesten gestellte Person maßgebend für die Beurteilung einer Entscheidungsalternative ist (vgl. hierzu die Abschnitte 1.1.3 und 2.2.2), setzt eine Vergleichbarkeit der Nutzenniveaus voraus.

Untersucht man die Vergleichbarkeit von Meßskalen, so muß man unterscheiden, ob es sich um Ordinal-, Intervall- oder Verhältnisskalen handelt. Bei Ordinalskalen stellt sich lediglich die Frage der Vergleichbarkeit von Nutzenniveaus, nicht aber die Frage der Vergleichbarkeit von Nutzeneinheiten. Dies liegt daran, daß bei Ordinalskalen keine Festlegung von Nutzeneinheiten erfolgt und die auftretenden Nutzendifferenzen deshalb keinerlei Aussagekraft besitzen. Bei Intervall- und Verhältnisskalen ist die Vergleichbarkeit der Nutzeneinheiten eine Konsequenz aus der Vergleichbarkeit der Nutzenniveaus. Im Unterschied zur Intervallskala hat bei der Verhältnisskala außerdem die Vergleichbarkeit der Nutzeneinheiten die Vergleichbarkeit der Nutzenniveaus zur Folge.
Hinsichtlich des Informationsgehalts von m–Tupeln $(f_1, ..., f_m)$ individueller Nutzenfunktionen kann man also die folgenden sieben Fälle unterscheiden:[13]

1. Messung der individuellen Präferenzen auf Ordinalskalenniveau und keine interpersonelle Vergleichbarkeit der Nutzenniveaus;

2. Messung der individuellen Präferenzen auf Ordinalskalenniveau und interpersonelle Vergleichbarkeit der Nutzenniveaus;

3. Messung der individuellen Präferenzen auf Intervallskalenniveau und keinerlei interpersonelle Vergleichbarkeit;

4. Messung der individuellen Präferenzen auf Intervallskalenniveau und interpersonelle Vergleichbarkeit sowohl der Skaleneinheiten als auch der Nutzenniveaus;

---

[13] Vgl. hierzu d'Aspremont/Gevers (1977), Gevers (1979), Roberts (1980b) und Sen (1986, S.1111 ff.).

5. Messung der individuellen Präferenzen auf Intervallskalenniveau und interpersonelle Vergleichbarkeit der Skaleneinheiten, nicht aber der Nutzenniveaus;
6. Messung der individuellen Präferenzen auf Verhältnisskalenniveau und keine interpersonelle Vergleichbarkeit der Skaleneinheiten;
7. Messung der individuellen Präferenzen auf Verhältnisskalenniveau und interpersonelle Vergleichbarkeit der Skaleneinheiten.

Jeder dieser sieben Fälle läßt sich charakterisieren durch die Menge derjenigen m–Tupel $(\phi_1, \dots, \phi_m)$ von Transformationen, für die $(f_1, \dots, f_m)$ und $(\phi_1 \circ f_1, \dots, \phi_m \circ f_m)$ dieselben Informationen enthalten. Für alle $i \in \{1, \dots, m\}$ sei dabei ϕ_i die Transformation der Nutzenfunktion f_i.

Als Menge zulässiger Transformationen erhält man

- im ersten Fall:

$$\begin{aligned}\mathcal{M}_1 \doteq \{\, \phi\colon \mathbb{R}^m \longrightarrow \mathbb{R}^m, \quad & \phi(x_1, \dots, x_m) \doteq (\phi_1(x_1), \dots, \phi_m(x_m)) \mid \\ & \phi_i \text{ ist streng monoton wachsend für alle } i \in \{1, \dots, m\} \,\},\end{aligned}$$

- im zweiten Fall:

$$\begin{aligned}\mathcal{M}_2 \doteq \{\, \phi\colon \mathbb{R}^m \longrightarrow \mathbb{R}^m, \quad & \phi(x_1, \dots, x_m) \doteq (\phi_1(x_1), \dots, \phi_m(x_m)) \mid \\ & \phi_1 = \ldots = \phi_m \doteq \varphi, \quad \varphi \text{ ist streng monoton wachsend}\},\end{aligned}$$

- im dritten Fall:

$$\begin{aligned}\mathcal{M}_3 \doteq \{\, \phi\colon \mathbb{R}^m \longrightarrow \mathbb{R}^m, \quad & \phi(x_1, \dots, x_m) \doteq (\phi_1(x_1), \dots, \phi_m(x_m)) \mid \\ & \text{Für alle } i \in \{1, \dots, m\} \text{ und alle } x \in \mathbb{R} \text{ ist } \quad \phi_i(x) = a_i\, x + b_i \\ & \text{mit } a_i \in \mathbb{R}^+,\ b_i \in \mathbb{R}\,\},\end{aligned}$$

- im vierten Fall:

$$\begin{aligned}\mathcal{M}_4 \doteq \{\, \phi\colon \mathbb{R}^m \longrightarrow \mathbb{R}^m, \quad & \phi(x_1, \dots, x_m) \doteq (\phi_1(x_1), \dots, \phi_m(x_m)) \mid \\ & \phi_1 = \ldots = \phi_m \doteq \varphi, \ \varphi(x) = a\, x + b, \ x \in \mathbb{R}, \\ & \text{mit } a \in \mathbb{R}^+,\ b \in \mathbb{R}\,\},\end{aligned}$$

- im fünften Fall:

$$\begin{aligned}\mathcal{M}_5 \doteq \{\, \phi\colon \mathbb{R}^m \longrightarrow \mathbb{R}^m, \quad & \phi(x_1, \dots, x_m) \doteq (\phi_1(x_1), \dots, \phi_m(x_m)) \mid \\ & \text{Für alle } i \in \{1, \dots, m\} \text{ und alle } x \in \mathbb{R} \text{ ist } \quad \phi_i(x) = a\, x + b_i \\ & \text{mit } a \in \mathbb{R}^+,\ b_i \in \mathbb{R}\,\},\end{aligned}$$

- im sechsten Fall:

$$\mathcal{M}_6 \doteq \{\,\phi\colon \mathbb{R}^m \longrightarrow \mathbb{R}^m, \quad \phi(x_1,...,x_m) \doteq (\phi_1(x_1),...,\phi_m(x_m)) \mid \text{Für alle } i\in\{1,...,m\} \text{ und alle } x\in\mathbb{R} \text{ ist } \phi_i(x) = a_i\,x \text{ mit } a_i\in\mathbb{R}^+\,\},$$

- im siebten Fall:

$$\mathcal{M}_7 \doteq \{\,\phi\colon \mathbb{R}^m \longrightarrow \mathbb{R}^m, \quad \phi(x_1,...,x_m) \doteq (\phi_1(x_1),...,\phi_m(x_m)) \mid \phi_1 = \ldots = \phi_m \doteq \varphi,\ \varphi(x) = a\,x,\ x\in\mathbb{R}, \quad \text{mit } a\in\mathbb{R}^+\,\}.$$

1.2.3 Die Problematik der Verwendung von Verhältnisskalen bei Nutzenmessungen

Wie ich bereits in Abschnitt 1.2.1 erörtert habe, unterscheiden sich Verhältnisskalen von Intervallskalen dadurch, daß ein absoluter Nullpunkt vorliegt. Die Wahl des Nullpunktes erfolgt also nicht in beliebiger Weise, sondern orientiert sich an einem bestimmten Kriterium. Als ein solches Kriterium kann - wie in Abschnitt 1.2.1 erwähnt - ein (wie auch immmer definiertes) Existenzminimum oder der Status quo dienen.

Die Problematik der Festlegung eines Nutzennullpunktes will ich nun anhand der von Nash (1950) vorgeschlagenen Verhandlungslösung verdeutlichen. Nash (1950) geht von der folgenden Verhandlungssituation aus:
Zwei Personen haben eine Entscheidung zwischen einer Menge von Alternativen zu fällen. Jede der zur Wahl stehenden Alternativen bedeutet dabei für jede der beiden Personen eine Verbesserung gegenüber dem **Status quo**. Als Status quo wird dabei der Zustand zu Beginn der Verhandlungen bezeichnet. Die Menge der Entscheidungsalternativen bezeichnet man als **Verhandlungsmenge**.
Ziel von Verhandlungen ist es, sich auf eine Alternative aus der Verhandlungsmenge zu einigen. Verhandlungen lassen sich also dadurch charakterisieren, daß eine einvernehmliche Lösung zwischen den Verhandlungspartnern angestrebt wird. Die Bereitschaft der Verhandlungspartner, einem Kompromiß zuzustimmen, hängt davon ab, inwieweit der Kompromiß sich an deren Präferenzen orientiert: Ein Verhandlungspartner stimmt einem Kompromiß nur dann zu, wenn er einen hinreichend großen Vorteil davon

hat.
Ein Beispiel für die von Nash beschriebene Verhandlungssituation stellt der Fall dar, daß ein Millionär und ein Bettler 1 Million DM untereinander aufteilen: Der Millionär und der Bettler erhalten zusammen 1 Million DM unter der Voraussetzung, daß sie sich auf eine bestimmte Aufteilung dieses Geldbetrages einigen; andernfalls erhalten sie nichts. Bei den Verhandlungen darüber, wie der Geldbetrag aufgeteilt werden soll, versuchen der Millionär und der Bettler, zu einer einvernehmlichen Lösung zu gelangen. Ein Schiedsrichter, der zwischen den beiden Verhandlungsparteien vermittelt, sollte deshalb eine Lösung vorschlagen, die für beide Seiten akzeptabel ist.

Nash (1950) beschäftigt sich mit der Frage, wie sich aus individuellen Nutzenfunktionen eine derartige Verhandlungslösung ableiten läßt. Die individuellen Nutzenfunktionen werden dabei interpretiert auf einem Verhältnisskalenniveau, wobei der Status quo den (absoluten) Nutzennullpunkt darstellt. Weiterhin geht Nash davon aus, daß keine interpersonelle Vergleichbarkeit der Nutzeneinheiten gegeben ist. Es liegt also der sechste der oben beschriebenen sieben Fälle vor. Dies bedeutet, daß die Menge der zulässigen Transformationen durch die Menge $\mathcal{M}_6$ beschrieben wird: Die Nutzenfunktion jedes der beiden Individuen ist eindeutig bestimmt bis auf die Multiplikation mit einer positiven reellen Zahl; die beiden individuellen Nutzenfunktionen dürfen dabei mit verschiedenen Konstanten multipliziert werden.
Die Elemente der Verhandlungsmenge interpretiert Nash als Punkte des $\mathbb{R}^2$, wobei in der ersten Koordinate der Nutzenwert des einen Verhandlungspartners und in der zweiten Koordinate der Nutzenwert des anderen Verhandlungspartners steht. Die Verwendung von Nutzenfunktionen dient dazu, die zur Wahl stehenden Alternativen durch Punkte des $\mathbb{R}^2$ zu repräsentieren. Die Verhandlungsmenge läßt sich somit darstellen als Menge $\mathcal{M}$ von Vektoren $(u_1, u_2) \in \mathbb{R}^2$, wobei $u_1, u_2 > 0$. Der Vektor $(0, 0) \in \mathbb{R}^2$ repräsentiert den Status quo.
Nash (1950) verfolgt das Ziel, aus der Menge $\mathcal{M}$ einen Vektor auszuwählen, der eine für beide Verhandlungspartner akzeptable Alternative repräsentiert. Ähnlich wie bei der von Bergson (1938, 1948) und Samuelson (1947) vorgeschlagenen Konzeption sozialer Wohlfahrtsfunktionen[14] zeichnet sich

[14] Zur Definition der Bergson-Samuelsonschen sozialen Wohlfahrtsfunktion siehe Abschnitt 1.1.3. Von der Bergson-Samuelsonschen sozialen Wohlfahrtsfunktion zu unterscheiden ist die Arrowsche soziale Wohlfahrtsfunktion. Wenn ich den Begriff „soziale Wohlfahrtsfunktion“ ohne nähere Erläuterung verwende, dann meine ich damit stets die Arrowsche soziale Wohlfahrtsfunktion. Eine Definition der Arrowschen sozialen Wohl-

die Konzeption von Nash aus durch eine Reduktion von Entscheidungsalternativen auf Nutzenvektoren: Der Vergleich zweier Alternativen basiert einzig und allein auf dem Vergleich der zugehörigen Nutzenvektoren.
Als Lösung des Verhandlungsproblems schlägt Nash (1950) die Maximierung des Produkts der individuellen Nutzen vor: Ein Element (u_1, u_2) aus der Menge $\mathcal{M}$ gilt als **optimal**, wenn

$$u_1\, u_2 \geq v_1\, v_2 \qquad \text{für alle Vektoren } (v_1, v_2) \in \mathcal{M} .$$

Nash setzt die Menge $\mathcal{M}$ als konvex[15] voraus und gelangt deshalb zu einer eindeutig bestimmten Lösung: In einer (im mathematischen Sinne) konvexen Menge $\mathcal{M} \subset \mathbb{R}^2$ existiert genau ein Element (u_1, u_2), für welches das Nutzenprodukt $u_1\, u_2$ maximal ist. Verzichtet man auf die Voraussetzung der Konvexität von $\mathcal{M}$, so erhält man möglicherweise mehrere (im obigen Sinne) **optimale** Nutzenvektoren (u_1, u_2). Jeden derartigen Nutzenvektor bezeichne ich als eine **Nash-Lösung** des zu dem durch die Menge $\mathcal{M}$ gegebenen Verhandlungsproblems.
Nash rechtfertigt die von ihm vorgeschlagene Verhandlungslösung mittels einer Axiomatisierung, die basiert auf der Annahme der Konvexität von $\mathcal{M}$. Auf die Problematik dieser Annahme und der von Nash (1950) verwendeten Axiome werde ich in dieser Arbeit nicht eingehen, da dies zu sehr ins Detail führen würde. Ich will lediglich darauf hinweisen, daß ein Schwachpunkt der Nash-Lösung darin besteht, daß der Status quo als absoluter Nutzennullpunkt angesehen wird.

Ich will dies im folgenden an dem (bereits erwähnten) Beispiel von dem Millionär und dem Bettler kurz erörtern:
Zwischen einem Millionär und einem Bettler soll ein Geldbetrag von 1 Million DM aufgeteilt werden. Mit x bezeichne ich den Bruchteil des Gesamtbetrages, den der Millionär erhält $(0 \leq x \leq 1)$. Falls $x = 0$, so bedeutet dies, daß der Millionär nichts und der Bettler alles erhält; falls $x = 1$, so erhält der Millionär alles; falls $x = 0.5$, so erhält der Millionär die Hälfte. Bei der Verhändlungslösung von Nash geht es darum, den Wert x so zu wählen, daß der Millionär **und** der Bettler mit der durch die Zahl x beschriebenen Aufteilung einverstanden sind.
Hinsichtlich des mit dem Erhalt eines Geldbetrages verbundenen Nutzenzuwachses bestehen zwischen dem Millionär und dem Bettler zwei wesentliche Unterschiede:

---

fahrtsfunktion nehme ich in Abschnitt 2.1.1 vor.

[15] Zum Begriff der Konvexität siehe Anhang A.2, Definition A.2.4.

- Erhalten der Millionär und der Bettler jeweils denselben Geldbetrag, so ist der Nutzenzuwachs für den Bettler größer als für den Millionär.
- Während beim Millionär der Nutzen linear mit dem erhaltenen Geldbetrag zunimmt, verringert sich beim Bettler der (zu Beginn sehr hohe) Nutzenzuwachs mit jeder zusätzlichen Mark. Dies bedeutet, daß man es es im Falle des Millionärs mit einem konstanten und im Falle des Bettlers mit einem abnehmenden Grenznutzen zu tun hat.

Als Nutzenfunktion für den Millionär bietet sich deshalb die lineare Funktion

$$f_1 : [0,1] \longrightarrow \mathbb{R}, \qquad f_1(x) = x\,,$$

an, während bei dem Bettler eine nicht-lineare Nutzenfunktion zu verwenden ist. Mit einer Zunahme des Anteils $x \in [0,1]$, den der Millionär erhält, nimmt die Nutzenfunktion $f_2 : [0,1] \longrightarrow \mathbb{R}$ des Bettlers nicht linear, sondern progressiv ab. Anders ausgedrückt: Mit Zunahme des Anteils $1-x$, den der Bettler erhält, nimmt dessen Nutzen nicht linear, sondern degressiv zu. Ich schlage (der Einfachheit halber) für den Bettler folgende Nutzenfunktion vor:

$$f_1 : [0,1] \longrightarrow \mathbb{R}, \qquad f_1(x) = \sqrt{1-x}\,.$$

Nach Nash ist der Wert $x \in [0,1]$ so zu wählen, daß das Produkt

$$F(x) \doteq f_1(x)\, f_2(x) = x\sqrt{1-x}$$

maximal wird. Die Ableitung von $F(x)$ lautet:

$$F'(x) = \sqrt{1-x} - \frac{1}{2}\,\frac{x}{\sqrt{1-x}} = \frac{2\,(1-x) - x}{2\sqrt{1-x}} = \frac{2-3\,x}{2\sqrt{1-x}}\,.$$

Es gilt:

$$F'(x)\begin{cases} >0, & \text{falls } x \in [0,\, 2/3)\,, \\ =0, & \text{falls } x = 2/3\,, \\ <0, & \text{falls } x \in (2/3,\, 1)\,. \end{cases}$$

Hieraus folgt, daß der Wert $x = 2/3$ das einzige Maximum der Funktion

$$F : [0,\,1] \longrightarrow \mathbb{R}, \qquad F(x) \doteq x\sqrt{1-x}\,,$$

darstellt. Der Millionär soll also zwei Drittel und der Bettler ein Drittel des aufzuteilenden Geldbetrages erhalten.

Bei einer derartigen Aufteilung sind Zweifel angebracht, ob es sich dabei wirklich um einen fairen Kompromiß handelt, wie ihn Nash (1950) anstrebt. Die Argumentation, der Millionär müsse einen größeren Geldbetrag als der Bettler erhalten, damit er einen hinreichend großen Nutzenzuwachs gegenüber dem Status quo hat, erscheint wenig überzeugend. Wenn man davon spricht, daß 1 Million DM zwischen einem Millionär und einem Bettler aufgeteilt werden soll, so geht man davon aus, daß die Bedürftigkeit bei der Aufteilung eine Rolle spielt. Die Berücksichtigung dieses Faktors wird bei der Nash-Lösung dadurch ausgeschlossen, daß lediglich Nutzenzuwächse gegenüber dem Status quo, nicht aber der Status quo selbst betrachtet wird. Die Nash-Lösung, derzufolge der Millionär einen höheren Geldbetrag erhalten soll als der Bettler, ist aus zwei Gründen ungerecht:

1. Der Status quo des Millionärs unterscheidet sich deutlich von dem Status quo des Bettlers; der Bettler hat deshalb eine höhere Bedürftigkeit als der Millionär. Es erscheint ungerecht, die vorliegende Ungleichverteilung materieller Güter noch zu vergrößern. Insbesondere Rawls (1971) nimmt hinsichtlich der Verteilung materieller Güter eine klare Position ein: Soziale und wirtschaftliche Ungleichheiten sind nach Rawls nur dann gerechtfertigt, wenn sie Vorteile für alle bringen und mit Positionen verbunden sind, die allen offenstehen.
   Folgt man den Überlegungen von Rawls, so sollte der Bettler die 1 Million DM und der Millionär nichts bekommen. Bei einer derartigen Aufteilung des Geldbetrages handelt es sich aber um keine Verhandlungslösung, da der Millionär einer solchen Aufteilung niemals zustimmen würde.

2. Der Nutzenzuwachs bei dem Bettler ist größer als der Nutzenzuwachs bei dem Millionär; eine gerechte Aufteilung der 1 Million DM erfordert die Berücksichtigung dieses Sachverhalts. In der Konzeption von Nash finden jedoch keine interpersonellen Vergleiche von Nutzenzuwächsen statt.
   Ein Beispiel für eine Nutzenabwägung, die den unterschiedlichen Präferenzintensitäten von Bettler und Millionär Rechnung trägt, stellt das Summationsprinzip dar, demzufolge die Nutzensumme zu maximieren ist. In dem vorliegenden Beispiel besagt das Summationsprinzip, daß der Bettler den gesamten Geldbetrag erhalten soll, sofern der Grenznutzen, d.h. der Nutzen einer zusätzlichen D-Mark, bei ihm auch dann noch höher ist als bei dem Millionär, wenn er bereits 999.999 DM erhalten hat.

Zur Verteidigung der Nash-Lösung kann man anführen, daß es bei dem Ansatz von Nash nicht um eine gerechte Lösung geht, sondern vielmehr ein

Kompromiß gefunden werden soll, der den Verhandlungspositionen der beiden Kontrahenten Rechnung trägt: Beide Verhandlungspartner sollen der Lösung zustimmen können. Daß man im Beispiel von dem Millionär und dem Bettler zu einer ungerechten Lösung gelangt, liegt daran, daß bereits die Ausgangssituation ungerecht ist.
Der Ansatz von Nash mag für spieltheoretische Probleme durchaus fruchtbar sein; für sozialwahltheoretische Fragestellungen, d.h. für Fragen der gerechten Aggregation individueller Präferenzen, erweist sich die Nash-Lösung aus den oben genannten Gründen als unbrauchbar. Dies liegt in erster Linie daran, daß bei dem Ansatz von Nash ein ungerechter Ausgangszustand nicht als solcher wahrgenommen wird: Der Ausgangszustand des Millionärs erhält denselben Nutzenwert wie der Ausgangszustand des Bettlers, nämlich den Wert 0.
Die Nash-Lösung zeigt, daß man sich bei der Annahme eines Verhältnisskalenniveaus ohne interpersonelle Vergleichbarkeit der Skaleneinheiten (dem sechsten Fall der in Abschnitt 1.2.2 beschriebenen sieben Fälle) von der interpersonellen Vergleichbarkeit der Nutzennullpunkte überzeugen muß. Wie ich am Beispiel von dem Millionär und dem Bettler erörtert habe, erweist sich der Status quo als ungeeignetes Kriterium für die Festlegung eines absoluten Nutzennullpunktes. Die Verwendung eines (wie auch immer definierten) Existenzminimums als Nutzennullpunkt (siehe hierzu Abschnitt 1.2.1) wirft ebenfalls Probleme auf, wie z.B. die Frage der interpersonellen Vergleichbarkeit der auf diese Weise definierten Nutzennullpunkte.
Aufgrund der Problematik der Festlegung eines absoluten Nutzennullpunktes erscheint es verständlich, daß man in der Sozialwahltheorie gewöhnlich keine Verhältnisskalen, sondern vielmehr Ordinal- und Intervallskalen verwendet.

1.2.4 Anforderungen an die individuellen Präferenzen

Gleichgültig, ob man die individuellen Präferenzen in Form von Präferenzordnungen oder in Form von Nutzenfunktionen darstellt - man setzt immer voraus, daß sich die Präferenzen jedes Individuums durch eine Präferenzordnung beschreiben lassen. In formaler Hinsicht erwartet man also, daß die individuellen Präferenzrelationen den Forderungen der Reflexivität, der Vollständigkeit und der Transitivität genügen.[16]
Weil einerseits die Forderung der Reflexivität manchmal falsch interpretiert und deshalb in ihrer Bedeutung überschätzt wird (z.B. von Bossert/Stehling,

[16] Zur Definition der Begriffe „Reflexivität“, „Vollständigkeit“ und „Transitivität“ siehe Abschnitt 1.1.1.

1990, S.27 f.) und andererseits die tatsächlichen individuellen Präferenzen oft nicht vollständig und transitiv sind, will ich mich nun kurz mit den drei genannten Forderungen (Reflexivität, Vollständigkeit, Transitivität) auseinandersetzen.

Die Forderung der **Reflexivität** betrifft - im Unterschied zu der Forderung der Vollständigkeit und der Forderung der Transitivität - lediglich die formale Darstellung der individuellen Präferenzen. Bei der Frage, in welcher Relation eine Alternative $a \in \Omega$ zu sich selbst steht, handelt es sich nämlich, wie ich im folgenden zu zeigen versuche, einzig und allein um eine Frage der Notation.

Eine Präferenzrelation R auf der Alternativenmenge Ω besitzt offensichtlich genau dann die Eigenschaft der Reflexivität, wenn die zu R gehörige Indifferenzrelation I reflexiv ist, d.h. wenn für alle $a \in \Omega$ gilt: aIa (in Worten: „Jede Alternative wird genauso hoch eingestuft wie sie selbst").

Ich halte es an dieser Stelle für erforderlich, auf den Unterschied zwischen der Indifferenzrelation I und der Gleichheitsrelation „=" hinzuweisen: Die Gleichheitsrelation ist ein Spezialfall der Indifferenzrelation, d.h. Gleichheit impliziert Indifferenz, jedoch impliziert Indifferenz nicht Gleichheit. Die Eigenschaft der Reflexivität von Präferenzrelationen, derzufolge Gleichheit Indifferenz impliziert, wird z.B. von Bossert/Stehling (1990) falsch interpretiert. Bossert/Stehling schreiben folgendes über die Reflexivitätseigenschaft:

> „Üblicherweise wird diese Eigenschaft [die Reflexivitätseigenschaft] so interpretiert: Jede Alternative $x \in \Omega$ wird mindestens so hoch geschätzt wie sie selbst, siehe z.B. Sen (1970, S.2). Diese Interpretation erscheint aber nicht sehr erhellend. Soll nämlich ein realer Wertschätzungsvergleich zwischen zwei Alternativen angestellt werden, so setzt das eine gewisse **Unterscheidbarkeit** der beiden Alternativen voraus: Praktisch kann man nicht ein Objekt mit sich selbst vergleichen, zumindest gedanklich muß eine Unterscheidung gemacht werden. Eine solche, bei der die größtmögliche Identität der beiden Alternativen gewährt wird, erreicht man, indem man z.B. dieselbe Alternative zu zwei verscheidenen, aber benachbarten Zeitpunkten miteinander vergleicht oder zwei Alternativen vergleicht, die sich zwar in unwesentlichen Eigenschaften unterscheiden, in den wesentlichen Eigenschaften aber übereinstimmen. So gesehen erscheint folgende Interpretation der Reflexivität dann wesentlich einleuchtender: Werden zwei Alternativen x und y gegeneinander abgeschätzt

> und stellt sich (schließlich) heraus, daß y (in den wesentlichen Eigenschaften) mit x identisch ist, so wird x mindestens so hoch wie y geschätzt; und da dann - wegen ihrer Identität - auch y mindestens so hoch wie x geschätzt wird, werden in diesem Fall x und y gleich hoch eingeschätzt: für $x = y$ gilt nicht nur $x\mathrm{R}y$, sondern auch $y\mathrm{R}x$." (Bossert/Stehling, 1990, S.27)

Eine solche Interpretation der Reflexivitätseigenschaft, wie sie Bossert/Stehling (1990) vorschlagen, geht natürlich gänzlich an der Sache vorbei: Bei der Aussage, die Alternative a werde genauso hoch wie sie selbst eingestuft, handelt es sich zwar um eine Konsequenz der Aussage, die Alternative a werde mindestens so hoch wie sie selbst eingestuft; mit diesen beiden Aussagen wird jedoch nicht das Ergebnis eines Vergleichs zwischen zwei Alternativen, sondern eine bloße Tautologie zum Ausdruck gebracht.
Keinesfalls setzt die (tautologische) Aussage „$a\mathrm{I}a$" ($\Longleftrightarrow a\mathrm{R}a \wedge a\mathrm{R}a \Longleftrightarrow a\mathrm{R}a$) eine Unterscheidbarkeit zwischen dem ersten und dem zweiten a voraus. Eine solche Unterscheidbarkeit, wie sie Bossert/Stehling (1990, obiges Zitat) auf abenteuerliche Weise zu konstruieren versuchen, widerspricht der Idee des Reflexivitätsbegriffs, bei dem es um die Relation zwischen identischen und somit ununterscheidbaren Objekten geht.
Natürlich scheint die Aussage

> „Die Alternative a wird genauso hoch eingestuft wie sie selbst."

ebenso wie die Aussage

> „Es besteht eine Gleichheit zwischen der Zahl Zwei und ihr selbst." (kurz: $2 = 2$)

nicht sinnvoll zu sein; es steht aber jedem frei, diese Aussage als eine bloße Konvention ohne jeglichen Inhalt anzusehen. Ein Grund dafür, daß man von den individuellen Präferenzrelationen gewöhnlich die Eigenschaft der Reflexivität fordert, liegt möglicherweise darin, daß sich Präferenzordnungen durch Nutzenfunktionen repräsentieren lassen und die Aussage „$f(a) = f(a)$" (in Worten: „Der Nutzen von a ist genauso hoch wie der Nutzen von a.") ihre Entsprechung in der Aussage „$a\mathrm{I}a$" findet.

Die Forderung der **Vollständigkeit** betrifft - im Gegensatz zu der Reflexivitätsforderung - nicht nur die formale Darstellung der individuellen Präferenzen, sondern die Präferenzen selbst. Für je zwei Alternativen $a, b \in \Omega$, $a \neq b$, soll folgendes gelten:

$$a\mathrm{P}b \vee a\mathrm{I}b \vee b\mathrm{P}a\,.$$

(in Worten: „Die Alternative a wird im Vergleich zu der Alternative b höher, genauso hoch oder niedriger eingestuft.")
Dies bedeutet, daß von jeder Person angenommen wird, sie könne sich im Falle jedes Alternativenpaares $\{a, b\}$ für eine der drei genannten Möglichkeiten entscheiden. Man unterstellt also für jede Person und jedes Alternativenpaar $\{a, b\}$ eine Vergleichbarkeit zwischen den Alternativen a und b.
Sen (1970a, S.3) sieht einen deutlichen Unterschied zwischen der **Indifferenz** und der **Nichtvergleichbarkeit** zweier Alternativen: Während man im Falle der Indifferenz zwei Alternativen als gleich gut einstuft, ist man sich im Falle der Nichtvergleichbarkeit nicht über seine Präferenzen im klaren.
Diese strikte Trennung von Indifferenz und Nichtvergleichbarkeit halte ich für problematisch: Zwar unterscheidet man bei der formalen Darstellung der individuellen Präferenzen deutlich zwischen Indifferenz und Nichtvergleichbarkeit, die Zuordnung der Aussage

> „Ich weiß nicht, welche von den beiden Alternativen a und b besser ist."

zu einer der beiden von Sen (1970a) genannten Interpretationsmöglichkeiten (Indifferenz/Nichtvergleichbarkeit) bereitet jedoch Probleme.
Diesen Sachverhalt will ich nun etwas genauer darstellen. Hierzu betrachte ich die folgenden beiden Aussagen:

(1) „a ist mindestens so gut wie b." (kurz: $a\mathrm{R}b$)

(2) „b ist mindestens so gut wie a." (kurz: $b\mathrm{R}a$)

Eine Indifferenz zwischen a und b liegt vor, wenn **beide** Aussagen zutreffen. Trifft hingegen für ein Alternativenpaar $\{a, b\}$ **keine** der beiden Aussagen zu, so hat man es mit einer Nichtvergleichbarkeit der Alternativen a und b, also mit einer unvollständigen Präferenzrelation zu tun. Dies zeigt, daß in der formalen Darstellung individueller Präferenzen eine strenge Unterscheidung zwischen der Indifferenz ($a\mathrm{R}b \wedge b\mathrm{R}a$) und der Nichtvergleichbarkeit ($\neg(a\mathrm{R}b) \wedge \neg(b\mathrm{R}a)$) zweier Alternativen vorgenommen wird.
Wenn nun eine Person nicht weiß, welcher von zwei Alternativen $a, b \in \Omega$ sie den Vorzug geben soll, so hat man zwei Möglichkeiten zur Beschreibung dieser Situation:

$$a\mathrm{R}b \wedge b\mathrm{R}a \qquad \text{oder} \qquad \neg(a\mathrm{R}b) \wedge \neg(b\mathrm{R}a)\,.$$

Die Frage, welche dieser beiden Darstellungen im konkreten Einzelfall die geeignetere ist, läßt sich nicht so eindeutig beantworten, wie Sen (1970a) glaubt.

Die Theorie der begrenzten Sensibilität, auf die ich in Abschnitt 3.4 noch ausführlich zu sprechen komme, verdeutlicht dies besonders gut. Diese Theorie, welche auch als Präferenzschwellentheorie bezeichnet wird, besagt, daß eine Person nicht beliebig feine Unterschiede zwischen verschiedenen Alternativen feststellen kann, die Unterschiede also ein bestimmtes Maß überschreiten müssen, um wahrgenommen zu werden. Überschreitet der Unterschied zwischen zwei Alternativen a und b dieses Maß nicht, so liegt gemäß der Präferenzschwellentheorie eine Indifferenz zwischen a und b vor. Wenn nun eine Person zwei Alternativen $a, b \in \Omega$ als gleich gut empfindet, so kann es sein, daß diese Person bei einer höheren Sensibilität für Nutzenunterschiede nicht indifferent zwischen a und b wäre.
Es stellt sich somit die Frage: Sollen zwei Alternativen $a, b \in \Omega$, zwischen denen sich eine bestimmte Person aufgrund ihrer begrenzten Sensibilität nicht entscheiden kann, als zueinander indifferent oder als nicht miteinander vergleichbar bezeichnet werden? Gemäß der Theorie der begrenzten Sensibilität (siehe Abschnitt 3.4.1) bezeichnet man die Alternativen a und b als zueinander indifferent (aIb). Diese Bezeichnung ist zweifellos berechtigt: Die betreffende Person beurteilt nämlich die Alternativen a und b als gleich gut.
Schwierigkeiten treten auf, wenn man sich von Ngs (1975) Konzeption der begrenzten Sensibilität, derzufolge bei allen Paarvergleichen eine gleichgroße Sensibilität für Nutzenunterschiede vorliegt, distanziert und stattdessen (völlig zu Recht) eine unterschiedlich starke Sensibilität bei verschiedenen Paarvergleichen unterstellt.[17] Eine strikte Trennung zwischen der Vergleichbarkeit und der Nichtvergleichbarkeit zweier Alternativen ist dann nicht mehr möglich. Die Begriffe „Vergleichbarkeit“ und „Nichtvergleichbarkeit“ stellen vielmehr zwei Extreme eines Spektrums dar, zu dem auch die „gute Vergleichbarkeit“ (= starke Sensibilität) und die „schlechte Vergleichbarkeit“ (= geringe Sensibilität) gehören. Der fließende Übergang zwischen Vergleichbarkeit und Nichtvergleichbarkeit hat zur Folge, daß auch der Übergang von der Indifferenz zu der Nichtvergleichbarkeit fließend ist. Insofern scheint mir Sens Argumentation, man müsse deutlich zwischen Indifferenz und Nichtvergleichbarkeit (in Sens Worten: zwischen Indifferenz und fehlender Vollständigkeit) unterscheiden, fragwürdig zu sein, sofern man sich dabei nicht nur auf die formale Darstellung individueller Präferenzen bezieht.

[17] Zu Ngs Konzeption der begrenzten Sensibilität siehe Abschnitt 3.4.1 (insbesondere: Konvention 1).

Wenn eine Person sich zwischen zwei Alternativen a und b nicht entscheiden kann, so läßt sich dieser Sachverhalt in sehr vielen Fällen als Indifferenz (aIb) interpretieren. Aus diesem Grund stellt die Forderung der Vollständigkeit für sich allein genommen keine sehr starke inhaltliche Beschränkung der zugelassenen individuellen Präferenzen dar - auch wenn dies von manchen Autoren anders gesehen wird. Bossert/Stehling (1990) beispielsweise versuchen mit folgendem Argument die Forderung der Vollständigkeit zu problematisieren:

> „So ist es beispielsweise denkbar, daß eine Person bzgl. vieler Alternativenpaare $(x, y) \in \Omega \times \Omega$ nicht entscheiden kann, ob x dem y oder umgekehrt y dem x vorzuziehen ist. Dies hat zur Folge, daß - etwas salopp ausgedrückt - R hochgradig unvollständig sein und damit R als Teilmenge von $\Omega \times \Omega$ nur sehr wenige Elemente besitzen kann.“ (Bossert/Stehling, 1990, S.27)

Diese Argumentation von Bossert/Stehling ist falsch: Aus dem Umstand, daß eine Person bzgl. vieler Alternativenpaare $\{a, b\}$ nicht entscheiden kann, ob a gegenüber b oder b gegenüber a zu präferieren ist, folgt nicht die Unvollständigkeit der Präferenzrelation R. Man könnte nämlich die Definition der Relation R so vornehmen, daß für alle Alternativenpaare $\{a, b\}$, bei denen eine Person weder eine Präferenz für a (aPb) noch eine Präferenz für b (bPa) hat, eine Indifferenz zwischen a und b vorliegt.
Dies kann aber zu einer Verletzung der **Transitivitätsforderung** führen. Ich verweise in diesem Zusammenhang wiederum auf die sog. Präferenzschwellentheorie, derzufolge eine Person möglicherweise indifferent zwischen den Alternativen a und b, sowie zwischen den Alternativen b und c ist, jedoch a gegenüber c präferiert. Eine solche Verletzung der Transitivitätsforderung läßt sich dadurch umgehen, daß man eine Unvollständigkeit der individuellen Präferenzrelationen in Kauf nimmt und zwei Alternativen $a, b \in \Omega$ immer dann als unvergleichbar einstuft, wenn man sich nicht zwischen a und b entscheiden kann.
Diese Überlegung zeigt, daß die Transitivitätsforderung vor allem in der Kombination mit der Forderung der Vollständigkeit als problematisch anzusehen ist. Im Unterschied zu der Vollständigkeits- und der Reflexivitätsforderung beinhaltet die Transitivitätsforderung aber auch für sich alleine genommen (d.h. ohne weitere Anforderungen) eine deutliche Einschränkung der zugelassenen individuellen Präferenzen: Wenn eine Person beispielsweise a gegenüber b, b gegenüber c und c gegenüber a präferiert, so liegt ein eindeutiger Verstoß gegen die Forderung der Transitivität vor.
Der Transitivitätsforderung kommt deshalb eine größere Bedeutung zu als

der Reflexivitäts- und der Vollständigkeitsforderung. Die Transitivität der individuellen Präferenzen stellt sogar ein Rationalitätskriterium dar: Die individuellen Präferenzen werden als konsistent bezeichnet, wenn sie der Anforderung der Transitivität genügen.

Im folgenden versuche ich mit Hilfe von **Wahlfunktionen**[18] die Plausibilität der Transitivitätsforderung deutlich zu machen. Dabei gehe ich folgendermaßen vor: Zunächst setze ich mich mit dem von Samuelson (1938, 1948) und Arrow (1959) verwendeten Begriff der „offenbarten Präferenzen" („revealed preferences") auseinander, bei dem es unter anderem darum geht, einer Wahlfunktion eine Präferenzrelation zuzuordnen. Anschließend formuliere ich eine Rationalitätsforderung für Wahlfunktionen, welche die Transitivität der offenbarten Präferenzen garantiert.

Die von Samuelson (1938, 1948) entwickelte Theorie der offenbarten Präferenzen besagt, daß sich die Präferenzen einer Person in ihrem Verhalten offenbaren. Wenn eine Person, vor die Wahl zwischen mehreren Alternativen gestellt, sich für eine bestimmte Alternative entscheidet, dann präferiert sie offenbar diese Alternative gegenüber den übrigen zur Wahl stehenden Alternativen.
Das Entscheidungsverhalten der Individuen läßt sich beschreiben durch Wahlfunktionen C, wie sie z.B. Arrow (1959) verwendet: Jeder nichtleeren Teilmenge S von Ω wird eine Menge $C(S) \subset S$ von „optimalen" Elementen zugeordnet. Arrow (1959) stellt sich die Frage, wie man aus einer Wahlfunktion C eine Präferenzrelation R auf der Menge Ω gewinnen kann. Eine der Möglichkeiten für eine Ableitung von Präferenzrelationen aus Wahlfunktionen, die Arrow vorgeschlagen hat, stelle ich in der folgenden Definition dar:

Definition 1.2.1 *(Offenbarte Präferenzen)*
Gegeben sei eine Wahlfunktion C. Die zu C gehörige Präferenzrelation R auf der Menge Ω ist dann folgendermaßen definiert:

$$a\mathrm{P}b \;:\Longleftrightarrow\; \textit{Es gibt eine Menge } S \subset \Omega, \textit{ so daß } a \in C(S) \textit{ und } b \in S \setminus C(S);$$

$$a\mathrm{R}b \;:\Longleftrightarrow\; \neg(b\mathrm{P}a); \qquad a\mathrm{I}b \;:\Longleftrightarrow\; a\mathrm{R}b \wedge b\mathrm{R}a.$$

Diese Definition ist jedoch nicht ganz unproblematisch, wie das folgende von Sen (1971) übernommene Beispiel zeigt:

[18] Zum Begriff der Wahlfunktion siehe Abschnitt 1.1.2.

Beispiel 1.2.1 *Es sei* $\Omega \doteq \{a, b, c\}$;

$$C(\{a,b\}) \doteq \{a\}, \qquad C(\{b,c\}) \doteq \{b\},$$
$$C(\{a,c\}) \doteq \{a\}, \qquad C(\{a,b,c\}) \doteq \{b\}.$$

Dann gilt für die zu der Wahlfunktion C *gehörige Präferenzrelation* R *folgendes:*

$$a\mathrm{P}b \wedge b\mathrm{P}c \wedge a\mathrm{P}c \wedge b\mathrm{P}a.$$

Dies bedeutet, daß die Alternative a *gegenüber der Alternative* b *und die Alternative* b *gegenüber der Alternative* a *präferiert wird.*

Wie dieses Beispiel verdeutlicht, steht die Definition 1.2.1 in Konflikt zu der Vorstellung, die Relation P müsse **asymmetrisch** sein, d.h. es dürfe kein Alternativenpaar $\{a, b\}$ geben, bei dem a gegenüber b und b gegenüber a präferiert wird, für das also

$$a\mathrm{P}b \wedge b\mathrm{P}a$$

gilt. Um die Asymmetrie der Relation P und damit die Vollständigkeit der Relation R zu garantieren, fordere ich von einer Wahlfunktion C die folgende Eigenschaft:

> **Schwache Rationalität:** Eine Wahlfunktion C besitzt die Eigenschaft der schwachen Rationalität, wenn es für kein Alternativenpaar $\{a, b\}$ zwei Mengen $S_1, S_2 \subset \Omega$ gibt, so daß
>
> $$a \in C(S_1), \qquad b \in S_1 \backslash C(S_1),$$
> $$b \in C(S_2), \qquad a \in S_2 \backslash C(S_2).$$

Durch die Forderung der schwachen Rationalität schließe ich den Fall aus, daß eine Person in zwei Entscheidungssituationen, in denen jeweils sowohl die Alternative a als auch die Alternative b zur Wahl stehen, im einen Fall a und im anderen Fall b wählt.
Die in Beispiel 1.2.1 definierte Wahlfunktion verletzt die Forderung der schwachen Rationalität, da bei der Entscheidung zwischen a und b die Alternative a und bei der Entscheidung zwischen a, b und c die Alternative b gewählt wird.

Es stellt sich natürlich die Frage, wie plausibel die Forderung der schwachen Rationalität ist. Kritiker dieser Forderung wenden vielleicht ein, daß Entscheidungssituationen denkbar sind, in denen sich rationale individuelle Präferenzen durch die in Beispiel 1.2.1 definierte Wahlfunktion beschreiben lassen. Man denke beispielsweise an die folgende Situation:

> Auf einer Party wird den Gästen Kuchen angeboten. Ein bestimmter Gast, der sich vor die Wahl zwischen einem kleinen, einem mittelgroßen und einem großen Stück Kuchen gestellt sieht, wählt das mittelgroße Stück. Er befolgt nämlich einerseits die Norm, niemals das größte Kuchenstück zu nehmen, wenn mehrere Stücke zur Wahl stehen, ißt aber andererseits gerne Kuchen und wählt deshalb stets das zweitgrößte Kuchenstück - gleichgültig wieviele Kuchenstücke zur Wahl stehen.

Gegen die Forderung der schwachen Rationalität könnte man nun folgendes einwenden:

> Bezeichnet man mit a die Wahl des kleinen, mit b die Wahl des mittelgroßen und mit c die Wahl des großen Kuchenstücks, so läßt sich die Entscheidungsregel, immer das zweitgrößte Kuchenstück zu wählen, mit der in Beispiel 1.2.1 definierten Wahlfunktion beschreiben. Es liegt also ein Verstoß gegen die Forderung der schwachen Rationalität vor: Bei der Entscheidung zwischen dem kleinen und dem mittleren Kuchenstück wird das kleine, bei der Entscheidung zwischen dem kleinen, dem mittleren und dem großen Kuchenstück dagegen nicht das kleine, sondern das mittlere gewählt.
> Da die durchaus vernünftige Entscheidungsregel, immer das zweitgrößte Kuchenstück zu wählen, gegen die Forderung der schwachen Rationalität verstößt, stellt die schwache Rationalität kein unumstrittenes Rationalitätskriterium dar.

Diese Argumentation scheint durchaus überzeugend zu sein. Sie zeigt, daß die Forderung der schwachen Rationalität nicht ganz unproblematisch ist. Die Tatsache, daß die Eigenschaft der schwachen Rationalität in dem Kuchenbeispiel nicht erfüllt ist, läßt sich folgendermaßen erklären:

> Die mit dem Verzehr des größten der zur Wahl stehenden Kuchenstücke verbundene Gefahr, als unhöflich zu gelten und möglicherweise gesellschaftliche Sanktionen zu erfahren, muß bei der Bewertung der Alternativen Berücksichtigung finden. Aus diesem Grund bedeutet der Verzehr des mittelgroßen Kuchenstücks im Falle der Entscheidung zwischen allen drei Kuchenstücken einen höheren Nutzen als im Falle der Entscheidung zwischen dem kleinen und dem mittleren Stück. Die Reduzierung der Anzahl der zur Wahl stehenden Alternativen von drei auf zwei führt also in dem vorliegenden Beispiel zu einer anderen Bewertung der verbleibenden Alternativen.

Besitzt eine Wahlfunktion C die Eigenschaft der schwachen Rationalität, so kann es - wie das nachfolgende Beispiel zeigt - dennoch sein, daß die zugehörige Präferenzrelation intransitiv ist.

Beispiel 1.2.2 *Es sei* $\Omega \doteq \{a, b, c\}$;

$$C(\{a,b\}) \doteq \{a\}, \quad C(\{b,c\}) \doteq \{b\},$$
$$C(\{a,c\}) \doteq \{a,c\}, \quad C(\{a,b,c\}) \doteq \{a,b,c\}.$$

Dann gilt für die zu der Wahlfunktion C *gehörige Präferenzrelation* R *folgendes:*

$$a\mathrm{P}b \wedge b\mathrm{P}c \wedge a\mathrm{I}c.$$

Die Relation R *ist also nicht transitiv.*

Die Forderung der schwachen Rationalität reicht somit nicht aus, um die Transitivität der Präferenzrelation R zu garantieren. Aus diesem Grund fordert man von einer Wahlfunktion anstelle der Eigenschaft der schwachen Rationalität meist die folgende Eigenschaft:[19]

> **Starke Rationalität** („Weak Axiom of Revealed Preferences“): Eine Wahlfunktion C besitzt die Eigenschaft der starken Rationalität, wenn es für kein Alternativenpaar $\{a, b\}$ zwei Mengen S_1, $S_2 \subset \Omega$ gibt, so daß
>
> $$a \in C(S_1), \quad b \in S_1 \backslash C(S_1),$$
> $$b \in C(S_2), \quad a \in S_2.$$
>
> Wegen
>
> $$a \in S_2 \backslash C(S_2) \implies a \in S_2$$
>
> impliziert die starke Rationalität die schwache Rationalität.
> Da außerdem die in Beispiel 1.2.2 definierte Wahlfunktion die Eigenschaft der schwachen, nicht aber die Eigenschaft der starken Rationalität besitzt, stellt die starke Rationalität eine echte Verschärfung der schwachen Rationalität dar.

Diese Forderung entspricht der von Samuelson (1938, S.65, Postulat 3) vorgeschlagenen Konsistenzforderung, derzufolge eine Person, die in einer bestimmten Entscheidungssituation die Alternative a auswählt und die Alternative b zurückweist, in keiner Entscheidungssituation, in der a und b

[19] Siehe z.B. Samuelson (1938, S.65), Arrow (1959, S.123, Bedingung (C5)) und Sen (1971, 1973).

verfügbar sind, die Alternative b wählen darf.
Im Unterschied zu der schwachen Rationalität garantiert die starke Rationalität, welche auch als „schwaches Axiom der offenbarten Präferenzen“ (siehe z.B. Arrow, 1959, oder Sen, 1971, 1973) bezeichnet wird, die Transitivität der Präferenzrelation R.

Satz 1.2.1 a) *Es sei C eine Wahlfunktion, die der Forderung der* **schwachen** *Rationalität genügt. Dann ist die zu C gehörige Präferenzrelation* R *reflexiv und vollständig.*
b) *Es sei C eine Wahlfunktion, die der Forderung der* **starken** *Rationalität genügt. Dann ist die zu C gehörige Präferenzrelation* R *reflexiv, vollständig und transitiv.*

BEWEIS
a) Reflexivität: Für alle $a \in \Omega$ gilt $\neg(a\mathrm{P}a)$ und damit: $a\mathrm{R}a$.
Vollständigkeit: Wegen der schwachen Rationalität gilt für alle $a, b \in \Omega$:

$$\begin{aligned} a\mathrm{P}b \implies & \text{ Es gibt eine Menge } S \subset \Omega, \text{ so daß } \\ & a \in C(S) \text{ und } b \in S \setminus C(S) \\ \implies & \text{ Es gibt keine Menge } S \subset \Omega, \text{ so daß } \\ & b \in C(S) \text{ und } a \in S \setminus C(S) \\ \implies & \neg(b\mathrm{P}a), \end{aligned}$$

und somit: $\neg(a\mathrm{P}b) \vee \neg(b\mathrm{P}a)$.
b) siehe Arrow (1959, S.125, Theorem 3). ///

Satz 1.2.1 zeigt folgendes: Genügen die individuellen Entscheidungen der Anforderung der starken Rationalität, so lassen sie sich durch Präferenzordnungen darstellen.
Dieses von Arrow bewiesene Resultat kann als Argument zur Rechtfertigung der Transitivitätsforderung dienen. Jedoch handelt es sich bei der Forderung der starken Rationalität - ebenso wie bei der Transitivitätsforderung - um eine nicht unproblematische Anforderung an das individuelle Entscheidungsverhalten: Das obige Beispiel der Kuchenstücke, bei dem sogar die Forderung der schwachen Rationalität problematisiert wird, macht dies deutlich. Satz 1.2.1 liefert also kein unumstrittenes Argument für die Annahme der Transitivität individueller Präferenzen.

Auch das sog. Money-pump-Argument von Davidson, McKinsey und Suppes (1955) stellt kein schlagendes Argument für die Transitivitätsannahme dar. Ich will dieses - meiner Ansicht nach wenig überzeugende - Argument dennoch kurz skizzieren:

> Man nimmt an, eine Person habe intransitive Präferenzen, d.h. es gibt drei Alternativen a, b und c, so daß für die Präferenzrelation dieser Person folgendes gilt:
>
> $$b\mathrm{R}a \wedge c\mathrm{R}b \wedge a\mathrm{P}c\,.$$
>
> Es liege nun die Alternative a vor. Wegen $b\mathrm{R}a$ und $c\mathrm{R}b$ ist die betreffende Person bereit, a gegen b und b gegen c einzutauschen. Wegen $a\mathrm{P}c$ wäre sie außerdem bereit, etwas dafür zu bezahlen, daß die Alternative a anstelle der Alternative c realisiert wird. Wenn eine Person die genannten Wahlakte in dieser Reihenfolge ausführt, dann befindet sie sich am Ende in einer ähnlichen Situation wie zu Beginn - mit dem einzigen Unterschied, daß sie weniger Geld besitzt. Einer Person mit intransitiven Präferenzen kann man also - so das Money-pump-Argument - „Geld aus der Tasche ziehen".

Im Unterschied zu Binmore (1990, S.95) halte ich dieses Gedankenexperiment für sehr problematisch, und zwar aus den beiden folgenden Gründen:

1. Das Argument von Davidson, McKinsey und Suppes (1955) zielt auf die Betrachtung von Güterbündeln und nicht auf die Betrachtung von Entscheidungsalternativen ab. In der oben dargestellten Abfolge von Wahlakten findet strenggenommen kein Übergang von der Alternative c zu der Alternative a, sondern ein Übergang von der Alternative c zu einer vierten Alternative d statt, die sich von a dadurch unterscheidet, daß die betrachtete Person weniger Geld als im Falle der Alternative a besitzt. Aus der Relation $a\mathrm{P}c$ folgt nicht notwendigerweise, daß es eine Alternative d der oben beschriebenen Art gibt, die von der fraglichen Person anstelle der Alternative c akzeptiert wird, d.h. für die $d\mathrm{R}c$ gilt.
Anders ausgedrückt: Die Relation $a\mathrm{P}c$ läßt sich **nicht** durch die folgende Aussage beschreiben:

> „Man ist bereit, etwas dafür zu bezahlen, daß anstelle Alternative c die Alternative a realisiert wird."

Schick (1986) liefert sogar ein Argument dafür, daß diese Charakterisierung der Relation $a\mathrm{P}c$ auch im Falle von Güterbündeln falsch ist: Eine Person hat möglicherweise in der Vergangenheit aufgrund fehlender spezieller Informationen Transaktionen getätigt, die von Nachteil für sie waren, und ist aus diesem Grund nicht bereit, etwas dafür zu bezahlen, daß sie *a* anstelle von *c* erhält, obgleich sie *a* gegenüber *c* präferiert.

2. Bei dem Money-pump-Argument unterstellt man, daß die individuellen Präferenzen bei allen drei Entscheidungssituationen dieselben sind. Diese Stabilitätsannahme, die dem Money-pump-Argument zugrunde liegt, stimmt aber nicht mit dem tatsächlichen individuellen Entscheidungsverhalten überein. Die Kenntnis vorangegangener Entscheidungen und ihrer Konsequenzen hat nämlich einen Einfluß darauf, wie man sich in einer konkreten Entscheidungssituation verhält. So führt beispielsweise das Bewußtsein des Ausgebeutetwerdens zu einer Veränderung des Entscheidungsverhaltens.[20]

1.2.5 Resümee

Das zentrale Problem bei allen sozialwahltheoretischen Fragestellungen besteht, wie ich bereits in Abschnitt 1.1 erörtert habe, in der Messung der individuellen Präferenzen. Hinsichtlich der Messung des individuellen Nutzens einer Person unterscheide ich in Abschnitt 1.2.1 drei verschiedene Skalenniveaus: Ordinalskala, Intervallskala und Verhältnisskala.

Arrow (1951, 1963, 1977) stellt die individuellen Präferenzen in Form von Präferenzordnungen dar, begnügt sich also mit einer ordinalen Messung der individuellen Nutzen. Insbesondere Arrows Unmöglichkeitstheorem (siehe hierzu Abschnitt 1.1.3 oder Abschnitt 2.1.1, Theorem 2.1.1) beruht auf der Verwendung von Ordinalskalen.

Der Nachteil von Ordinalskalen besteht darin, daß der Vergleich von Präferenzintensitäten ausgeschlossen wird. Insbesondere das der utilitaristischen Ethik zugrundeliegende Summationsprinzip (siehe hierzu die Abschnitte 1.1.3 und 2.2.3) erfordert jedoch den Vergleich von Präferenzintensitäten. Will man das Summationsprinzip anwenden, so muß die Messung der individuellen Präferenzen (mindestens) auf dem Intervallskalenniveau erfolgen. Mit Hilfe von Intervallskalen erfaßt man neben ordinalen Informationen über die individuellen Präferenzen auch Präferenzintensitäten.

Nash (1950) setzt in der von ihm vorgeschlagenen Verhandlungslösung, derzufolge das Produkt der individuellen Nutzen zu maximieren ist, sogar die Verwendung von Verhältnisskalen voraus. Verhältnisskalen unterscheiden sich von Intervallskalen dadurch, daß ein natürlicher oder absoluter Nullpunkt existiert. Um ein bekanntes Beispiel für eine Verhältnisskala handelt es sich bei der Messung der Temperatur in Kelvin. In Nashs Kon-

[20] Schick (1986) spricht in diesem Zusammenhang davon, daß die individuellen Entscheidungen - entgegen der Annahme von Davidson, McKinsey und Suppes (1955) - nicht unabhängig voneinander sind.

zeption dient der Status quo als absoluter Nutzennullpunkt. Wie ich in den Abschnitten 1.2.1 und 1.2.3 erörtert habe, erweist sich bei Nutzenmessungen die Verwendung von Verhältnisskalen als problematisch, da sich die Annahme eines interpersonell anwendbaren Nutzennullpunktes nur schwer begründen läßt.

Bei sozialen Wohlfahrtsfunktionalen (siehe hierzu die Abschnitte 1.1.3 und 2.2) sind die individuellen Präferenzen in Form von Nutzenfunktionsprofilen $(f_1, ..., f_m)$ gegeben. Die Präferenzen einer Person $i \in \{1, ..., m\}$ werden hierbei durch eine Nutzenfunktion $f_i : \Omega \longrightarrow \mathbb{R}$ zum Ausdruck gebracht. Maßgebend für den Informationsgehalt eines Nutzenfunktionsprofils $(f_1, ..., f_m)$ sind zwei Faktoren:

1. das bei den individuellen Nutzenfunktionen verwendete Skalenniveau;
2. die Vergleichbarkeit der Meßskalen verschiedener Personen (interpersonelle Vergleichbarkeit der Nutzeneinheiten/interpersonelle Vergleichbarkeit der Nutzenniveaus).

Insgesamt unterscheide ich hinsichtlich des Informationsgehalts eines Nutzenfunktionsprofils sieben Fälle (siehe hierzu Abschnitt 1.2.2). Jeder dieser sieben Fälle läßt sich charakterisieren durch die Menge zulässiger Transformationen: Man gibt jeweils die Klasse derjenigen Transformationen an, die an dem Informationsgehalt eines Nutzenfunktionsprofils nichts ändern.

Sowohl bei der Verwendung von Ordinalskalen als auch bei der Verwendung von Intervall- oder Verhältnisskalen setzt man voraus, daß sich die individuellen Präferenzen in Form von Präferenzordnungen beschreiben lassen. Von den individuellen Präferenzrelationen fordert man also Reflexivität, Vollständigkeit und Transitivität.[21] In Abschnitt 1.2.4 habe ich mich ausführlich mit diesen Forderungen auseinandergesetzt und versucht, einige Mißverständnisse zu klären. Insbesondere habe ich gezeigt, daß es sich bei der Reflexivitätsforderung - entgegen der Ansicht von Bossert/Stehling (1990, S.27) - lediglich um eine formale Anforderung ohne praktische Konsequenzen handelt und die Vollständigkeitsforderung nur im Verbund mit der Transitivitätsforderung eine nennenswerte Beschränkung der zugelassenen individuellen Präferenzen bedeutet.
Die Transitivitätsforderung hingegen erweist sich in der Tat als nicht ganz unproblematisch, da die tatsächlichen individuellen Präferenzen oft intransitiv sind. Eine Möglichkeit, die Transitivitätsforderung zu begründen, besteht - wie ich in Abschnitt 1.2.4 erörtert habe - in der Verwendung des sog.

[21] Zur Definition der Begriffe „Reflexivität", „Vollständigkeit" und „Transitivität" siehe Abschnitt 1.1.1.

„schwachen Axioms der offenbarten Präferenzen". Bei diesem von Arrow (1959) definierten Axiom handelt es sich um eine Eigenschaft von Wahlfunktionen, die garantiert, daß einer Wahlfunktion eine reflexive, vollständige und transitive Präferenzrelation zugeordnet werden kann.

Kapitel 2

Möglichkeiten der Aggregation individueller Präferenzen zu kollektiven Präferenzen

Die in der Sozialwahltheorie verwendeten mathematischen Kalküle hängen, wie ich in Abschnitt 1.1 gezeigt habe, von der jeweiligen Zielsetzung ab. Den beiden in Abschnitt 1.1 genannten Problemstellungen (die Analyse von Entscheidungsprozessen einerseits, und die Suche nach einer gerechten Aggregation konfligierender Interessen andererseits) entsprechen zwei verschiedene mathematische Kalküle, die sich jeweils mit den Möglichkeiten der Aggregation individueller Präferenzen zu kollektiven Präferenzen auseinandersetzen: kollektive Wahlregeln einerseits, und soziale Wohlfahrtsfunktionale andererseits.

2.1 Kollektive Wahlregeln

Unter einer kollektiven Wahlregel (vgl. z.B. Sen, 1970a, 1970b, 1977a, 1986) versteht man eine Abbildung, die jedem m–Tupel $(R_1, ..., R_m)$ von individuellen Präferenzordnungen auf der Alternativenmenge Ω eine kollektive Präferenzrelation auf Ω zuordnet (welche nicht notwendigerweise die Eigenschaft der Transitivität besitzt). Die Menge der kollektiven Wahlregeln umfaßt insbesondere die Menge der sozialen Entscheidungsfunktionen (siehe Abschnitt 1.1.2).

2.1.1 Unterschiedliche Anforderungen an die kollektive Präferenzrelation

Im Unterschied zu sozialen Wohlfahrtsfunktionalen, welche Nutzenfunktionsprofile auf kollektive Präferenzordnungen abbilden, verzichten kollektive Wahlregeln von vornherein auf interpersonelle Nutzenvergleiche und stützen sich lediglich auf individuelle Präferenzordnungen. Wegen dieser dürftigen Informationsbasis erweist es sich als nicht sinnvoll, von der kollektiven Präferenzrelation die Eigenschaft der Transitivität zu fordern (vgl. Abschnitt 1.1.3, Arrows Unmöglichkeitstheorem). Die Frage, wie sich die Forderung der Transitivität abschwächen läßt, steht deshalb im Mittelpunkt meiner Betrachtung kollektiver Wahlregeln.

Gegenstand jeder kollektiven Wahlregel ist die Aggregation individueller Präferenzordnungen zu einer kollektiven Präferenzrelation R auf der Menge der zur Wahl stehenden Entscheidungsalternativen. Aus dieser Relation R (R bedeutet Präferenz oder Indifferenz) lassen sich, wie in Abschnitt 1.1.1 dargestellt, die zugehörigen Relationen P (Präferenz) und I (Indifferenz) ableiten. Man kann, wie bereits in Abschnitt 1.1 erwähnt, unterschiedlich starke Anforderungen an die zu bestimmende kollektive Präferenzrelation stellen - je nachdem, welches Ziel man bei der Interessenaggregation verfolgt: So fordert man z.B. bei der Behandlung von Fragen der sozialen Gerechtigkeit von der Relation R die Eigenschaft der Transitivität, während dies nicht der Fall ist bei der kollektiven Entscheidung eines Gremiums, deren Mitglieder von der zu fällenden Entscheidung nicht persönlich betroffen sind. In dem letzten Fall wendet man gewöhnlich die Mehrheitsentscheidungsregel an, welche - wie das in Abschnitt 1.1.2 erörterte Condorcet-Paradoxon zeigt - nicht immer eine kollektive Präferenzrelation liefert, die die Eigenschaft der Transitivität (oder zumindest die Eigenschaft der Azyklizität) besitzt. Bestimmte Forderungen an die kollektive Präferenzrelation, wie z.B. die Forderung der Transitivität, sind nur dann erfüllbar, wenn genügend Informationen über die individuellen Präferenzen zur Verfügung stehen. So ist beispielsweise eine sinnvolle Nutzenaggregation, die für alle Konfigurationen individueller Präferenzen eine kollektive Präferenzordnung liefert (wobei der Begriff der Präferenzordnung Transitivität mit einschließt!), nicht möglich, wenn man interpersonelle Nutzenvergleiche ausschließt (vgl. Abschnitt 1.1.3, Arrows Unmöglichkeitstheorem).

Die Form der Darstellung, die man für die individuellen Präferenzen verwendet, und die Möglichkeiten, die sich für eine Nutzenaggregation ergeben, hängen ganz entscheidend von den Anforderungen ab, welche man an die kollektive Präferenzrelation stellt.
Im Hinblick auf die Anforderungen an die zu ermittelnde kollektive Präferenzrelation R unterscheide ich die folgenden vier Fälle:

1. **Forderung der Transitivität**
   Von der kollektiven Präferenzrelation R fordert man Reflexivität, Vollständigkeit und Transitivität. Es soll also eine kollektive Präferenzordnung bestimmt werden. Aus der Transitivität von R folgt insbesondere die Transitivität der zugehörigen Relationen P und I.
   Der entscheidende Vorteil einer kollektiven Präferenzordnung gegenüber einer intransitiven kollektiven Präferenzrelation besteht darin, daß sich kollektive Präferenzordnungen repräsentieren lassen durch kollektive Nutzenfunktionen. Eine intransitive Präferenzrelation hingegen kann nicht repräsentiert werden durch eine Nutzenfunktion.
   Spricht man von dem kollektiven „Nutzen“ oder der kollektiven „Wohlfahrt“, so unterstellt man damit stets die Existenz einer kollektiven Nutzenfunktion, die den einzelnen Alternativen Nutzenwerte zuordnet. Die Existenz einer solchen Nutzenfunktion steht aber im Widerspruch zu dem Auftreten von Intransitivitäten bei der kollektiven Präferenzrelation.
   Kollektive Wahlregeln, die für alle Präferenzordnungsprofile eine kollektive Präferenzordnung (d.h. eine kollektive Präferenzrelation, die reflexiv, vollständig und **transitiv** ist) liefern, bezeichnet man - Arrow (1951, 1963) folgend - als **soziale Wohlfahrtsfunktionen**.

2. **Forderung der Quasitransitivität**
   Von der kollektiven Präferenzrelation R fordert man Reflexivität, Vollständigkeit und Quasitransitivität. Eine Relation R auf einer Menge Ω heiße **quasitransitiv**, wenn die zugehörige Relation P
   ($a\mathrm{P}b :\Longleftrightarrow a\mathrm{R}b \wedge \neg(b\mathrm{R}a)$) transitiv ist, d.h. wenn für alle $a, b, c \in \Omega$ gilt: $a\mathrm{P}b \wedge b\mathrm{P}c \Longrightarrow a\mathrm{P}c$.
   Die Forderung der Quasitransitivität ist deutlich schwächer als die Forderung der Transitivität. Aus der Transitivität von R lassen sich für die zugehörigen Relationen P und I die folgenden Eigenschaften ableiten (vgl. hierzu Sen, 1969):

   - $a\mathrm{P}b \wedge b\mathrm{P}c \Longrightarrow a\mathrm{P}c$ für alle $a, b, c \in \Omega$.

- $a\mathrm{P}b \wedge b\mathrm{I}c \Longrightarrow a\mathrm{P}c$ für alle $a, b, c \in \Omega$.
- $a\mathrm{I}b \wedge b\mathrm{I}c \Longrightarrow a\mathrm{I}c$ für alle $a, b, c \in \Omega$.

Im Unterschied zur Transitivität beinhaltet Quasitransitivität von diesen drei Eigenschaften lediglich die erste.
Da aus der Transitivität von R die Transitivität von P folgt, stellt die Eigenschaft der Quasitransitivität eine Abschwächung der Transitivitätseigenschaft dar.

3. **Forderung der Azyklizität**
Von der kollektiven Präferenzrelation R fordert man Reflexivität, Vollständigkeit und Azyklizität (zum Begriff der Azyklizität siehe Abschnitt 1.1.2).
Jede quasitransitive Relation ist auch azyklisch; jedoch ist - wie das nachfolgende Beispiel 2.1.1 zeigt - nicht jede azyklische Relation quasitransitiv. Die Forderung der Azyklizität bedeutet somit eine Abschwächung der Forderung der Quasitransitivität.

4. **Forderung der Tripel-Azyklizität**
Von der kollektiven Präferenzrelation R fordert man Reflexivität, Vollständigkeit und Tripel-Azyklizität. Eine Relation R auf einer Menge Ω heiße **tripel-azyklisch**, wenn für die zugehörige Relation P und alle $a, b, c \in \Omega$ gilt:

$$a\mathrm{P}b \wedge b\mathrm{P}c \Longrightarrow \neg(c\mathrm{P}a),$$

d.h. wenn bei keinem Tripel von Alternativen ein Zirkel auftritt.
Offensichtlich handelt es sich bei der Forderung der Tripel-Azyklizität um eine Abschwächung der Azyklizitätsforderung. Während die Eigenschaft der Azyklizität von R garantiert, daß zu jeder nicht-leeren Teilmenge S von Ω mindestens ein bzgl. R optimales Element existiert (siehe Abschnitt 1.1.2, Satz 1.1.1), gewährleistet die Eigenschaft der Tripel-Azyklizität die Existenz von bzgl. R optimalen Elementen nur für solche Mengen S, die nicht mehr als drei Elemente enthalten.

5. **Verzicht auf (Tripel-)Azyklizität**
Von der kollektiven Präferenzordnung R fordert man lediglich Reflexivität und Vollständigkeit. Man verzichtet also auf die Forderung von Transitivität, Quasitransitivität, Azyklizität oder Tripel-Azyklizität.

Den Unterschied zwischen den verschiedenen Anforderungen an die kollektive Präferenzrelation will ich nun anhand einiger spezieller Präferenzrelationen veranschaulichen.

Beispiel 2.1.1
a) *Es sei* $\Omega = \{a, b, c\}$; *die Relationen* R_1, R_2, R_3 *und* R_5 *seien folgendermaßen definiert:*

$$
\begin{aligned}
R_1 &: \; aP_1b \wedge bI_1c \wedge aP_1c\,. \\
R_2 &: \; aP_2b \wedge bI_2c \wedge aI_2c\,. \\
R_3 &: \; aP_3b \wedge bP_3c \wedge aI_3c\,. \\
R_5 &: \; aP_5b \wedge bP_5c \wedge cP_5a\,.
\end{aligned}
$$

Dann sind R_1, R_2, R_3 *und* R_5 *jeweils reflexiv und vollständig. Weiterhin ist* R_1 *transitiv,* R_2 *quasitransitiv, jedoch nicht transitiv,* R_3 *azyklisch, jedoch nicht quasitransitiv, und* R_5 *nicht azyklisch.*

b) *Es sei* $\Omega = \{a, b, c, d\}$; *die Relationen* R_1, R_2, R_3, R_4 *und* R_5 *seien folgendermaßen definiert:*

$$
\begin{aligned}
R_1 &: \; aP_1b \wedge bI_1c \wedge aP_1c \wedge aP_1d \wedge bP_1d \wedge cP_1d\,. \\
R_2 &: \; aP_2b \wedge bI_2c \wedge aI_2c \wedge aI_2d \wedge bI_2d \wedge cI_2d\,. \\
R_3 &: \; aP_3b \wedge bP_3c \wedge aI_3c \wedge aI_3d \wedge bI_3d \wedge cI_3d\,. \\
R_4 &: \; aP_4b \wedge bP_4c \wedge cP_4d \wedge dP_4a \wedge aI_4c \wedge bI_4d\,. \\
R_5 &: \; aP_5b \wedge bP_5c \wedge cP_5a \wedge aI_5d \wedge bI_5d \wedge cI_5d\,.
\end{aligned}
$$

Dann ist R_1 *transitiv,* R_2 *quasitransitiv, jedoch nicht transitiv,* R_3 *azyklisch, jedoch nicht quasitransitiv,* R_4 *tripel-azyklisch, jedoch nicht azyklisch, und* R_5 *nicht tripel-azyklisch.*
Die Tripel-Azyklizität von R_4 *sieht man dabei folgendermaßen:*

> *Zu prüfen sind die vier Tripel* $(a, b, c), (a, b, d), (a, c, d)$ *und* (b, c, d). *Bei den Tripeln* (a, b, c) *und* (a, c, d) *kann wegen* aI_4c *kein Zirkel auftreten; ebenso kann bei den Tripeln* (a, b, d) *und* (b, c, d) *wegen* bI_4d *kein Zirkel auftreten.*

Die in Abschnitt 1.1.2 für soziale Entscheidungsfunktionen definierten Eigenschaften (U), (P), (I), (ND), (SP) und (A) lassen sich übertragen auf kollektive Wahlregeln, welche eine Verallgemeinerung der sozialen Entscheidungsfunktionen darstellen. In bezug auf kollektive Wahlregeln besagt **Arrows Unmöglichkeitstheorem** (vgl. Abschnitt 1.1.3), daß die Eigenschaften (U), (P), (I) und (ND) nicht gleichzeitig erfüllbar sind von kollektiven Wahlregeln, die die individuellen Präferenzordnungen stets aggregieren zu einer kollektiven Präferenzordnung, d.h. von sozialen Wohlfahrtsfunktionen.

Theorem 2.1.1 *(Arrows Unmöglichkeitstheorem)*
Falls $|\Omega| \geq 3$, *so existiert keine soziale Wohlfahrtsfunktion mit den Eigenschaften* (U), (P), (I) *und* (ND).
BEWEIS siehe Arrow (1963, S.97 ff.) oder Anhang B.

Alle sozialen Wohlfahrtsfunktionen verstoßen also gegen mindestens eine der Forderungen (U), (P), (I) und (ND). Ein Beispiel für soziale Wohlfahrtsfunktionen stellen die **Diktaturen** f_k,

$$f_k(\mathrm{R}_1, ..., \mathrm{R}_m) \doteq \mathrm{R}_k \qquad (k \in \{1, ..., m\}),$$

dar. Hierbei kann eine der m beteiligten Personen ihre Präferenzen in jedem Fall durchsetzen - unabhängig von den Präferenzen der übrigen Personen. Um eine weitere soziale Wohlfahrtsfunktion handelt es sich bei der in Abschnitt 1.1.2 erwähnten Borda-Regel. Wie ich in Abschnitt 2.3.1.1 zeigen werde, besitzt die Borda-Regel zwar die Eigenschaften (U), (P) und (ND), verletzt jedoch die Forderung (I).

Arrows Theorem verdeutlicht insbesondere die Konsequenzen der Transitivitätsforderung: Fordert man von der kollektiven Präferenzrelation R die Eigenschaft der Transitivität, so erhält man keine kollektive Wahlregel, die im Einklang mit den (sehr plausiblen) Forderungen (U), (P), (I) und (ND) steht.

Wilson (1972) zeigt, daß sogar bei einem Verzicht auf das schwache Pareto-Prinzip (und gleichzeitigem Festhalten an den Forderungen (U) und (I)) keine echte Alternative zu der Diktatur einer Person existiert, wenn man von der kollektiven Präferenzrelation die Eigenschaft der Transitivität fordert: Verzichtet man auf die Forderung (P) und hält an den übrigen Forderungen von Arrow (1951, 1963) fest, so stehen lediglich zwei Arten von sozialen Wohlfahrtsfunktionalen zur Verfügung, nämlich die inversen Diktaturen und die konstanten sozialen Wohlfahrtsfunktionen. Auf diese beiden Klassen sozialer Wohlfahrtsfunktionen will ich nun näher eingehen und zeigen, daß sie keine Lösung des Arrow-Paradoxons darstellen.

Definition 2.1.1 *Eine inverse* **Diktatur** *liegt vor, wenn eine Person* $i \in \{1, ..., m\}$ *existiert, so daß für jedes Präferenzordnungsprofil* $(\mathrm{R}_1, ..., \mathrm{R}_m)$ *und alle* $a, b \in \Omega$ *gilt:*

$$a\mathrm{P}_i b \implies b\mathrm{P}a\,.$$

Definition 2.1.2 *Eine soziale Wohlfahrtsfunktion heiße* **konstant**, *wenn sie für alle Präferenzordnungsprofile* $(\mathrm{R}_1, ..., \mathrm{R}_m)$ *dieselbe kollektive Präferenzordnung* R *liefert, d.h. wenn die kollektive Präferenzordnung nicht von den individuellen Präferenzen abhängt.*

Theorem 2.1.2 *Bei einer Arrowschen sozialen Wohlfahrtsfunktion mit den Eigenschaften* (U) *und* (I) *handelt es sich entweder um eine Diktatur oder eine inverse Diktatur oder eine konstante soziale Wohlfahrtsfunktion.*
BEWEIS siehe Wilson (1972).

Weder inverse Diktaturen noch konstante soziale Wohlfahrtsfunktionen ordnen einem Präferenzordnungsprofil ($R_1, ..., R_m$) eine adäquate kollektive Präferenzordnung zu.
Inverse Diktaturen besitzen vielmehr eine noch geringere Plausibilität als gewöhnliche Diktaturen: Das bei einer inversen Diktatur verfolgte Ziel ist nicht die Maximierung des individuellen Nutzens einer oder mehrerer Personen, sondern die *Minimierung* des Nutzens einer bestimmten Person; dieser Person soll der größtmögliche Schaden zugefügt werden - koste es, was es wolle.
Konstante soziale Wohlfahrtsfunktionen dagegen ignorieren die individuellen Präferenzen völlig. Da gemäß der Sozialwahltheorie die individuellen Präferenzen für die Bewertung der zur Wahl stehenden Alternativen maßgebend sein sollen, weisen auch die konstanten sozialen Wohlfahrtsfunktionen keinen Ausweg aus dem von Arrow (1951, 1963) aufgezeigten Dilemma.

Aus dem von Wilson bewiesenen Resultat folgt unmittelbar das in Theorem 2.1.1 dargestellte Arrow-Theorem: Fordert man von einer Arrowschen sozialen Wohlfahrtsfunktion zusätzlich zu den Eigenschaften (U) und (I) auch die Eigenschaft (P), so schließt man damit sowohl inverse Diktaturen als auch konstante soziale Wohlfahrtsfunktionen aus und erhält als mögliche soziale Wohlfahrtsfunktionen nur (gewöhnliche) Diktaturen.
Darüber hinaus verdeutlicht Theorem 2.1.2 die Robustheit des Arrow-Theorems hinsichtlich einer Abschwächung des schwachen Pareto-Prinzips (bzw. eines Verzichts auf das schwache Pareto-Prinzip). Dies zeigt, welche Bedeutung die übrigen Voraussetzungen des Arrow-Theorems - und insbesondere die Transitivitätsforderung - besitzen.

2.1.2 Forderung der Quasitransitivität

Verzichtet man auf die Transitivitätsforderung und fordert von der kollektiven Präferenzrelation lediglich **Quasitransitivität** (zweiter Fall), so lassen sich die Forderungen (U), (P), (I) und (ND) durchaus erfüllen. So handelt es sich beispielsweise bei der **strikten erweiterten Pareto-Regel** und der

schwachen erweiterten Pareto-Regel[1] um zwei kollektive Wahlregeln, die stets eine reflexive, vollständige und quasitransitive kollektive Präferenzrelation liefern und außerdem die Eigenschaften (U), (P), (I) und (A) besitzen (vgl. hierzu Sen, 1969, Theorem 5, und Sen, 1970a, Abschnitt 5*2). Jedoch verletzen die strikte und die schwache erweiterte Pareto-Regel die Forderung der Transitivität, wie man leicht sieht:

> Es sei $m=2$. Weiterhin seien $a, b, c \in \Omega$, und für die individuellen Präferenzordnungen gelte:
>
> $$c\mathrm{P}_1 a \wedge a\mathrm{P}_1 b \quad \text{und} \quad a\mathrm{P}_2 b \wedge b\mathrm{P}_2 c\,.$$
>
> Dann liefert die strikte erweiterte Pareto-Regel ebenso wie die schwache erweiterte Pareto-Regel die folgende intransitive kollektive Präferenzrelation:
>
> $$a\mathrm{P}b \wedge b\mathrm{I}c \wedge a\mathrm{I}c\,.$$

Sen (1970a) charakterisiert die strikte erweiterte Pareto-Regel durch die im folgenden Satz genannten Merkmale:

Satz 2.1.1 *(Axiomatisierung der strikten erweiterten Pareto-Regel)*
Die **strikte erweiterte Pareto-Regel** *ist die* **einzige** *kollektive Wahlregel, die stets eine reflexive, vollständige und* **quasitransitive** *Präferenzrelation liefert und die Eigenschaften* (U), (SP), (I) *und* (A) *besitzt. (Zur Definition der Eigenschaften* (U), (SP), (I) *und* (A) *siehe Abschnitt* 1.1.2.*)*
BEWEIS siehe Sen (1970a, Beweis von Theorem 5*3).

Sowohl die strikte erweiterte Pareto-Regel als auch die schwache erweiterte Pareto-Regel räumen **jeder** Person ein **„Vetorecht“** ein, d.h. jede Person kann für jedes beliebige Alternativenpaar (a, b) erzwingen, daß a aus kollektiver Sicht mindestens so hoch wie b eingestuft wird, indem sie a gegenüber b vorzieht.
Von Bedeutung sind in diesem Zusammenhang die Begriffe „entscheidend“ und „halb-entscheidend“, welche wie folgt definiert sind:

Definition 2.1.3 a) *Eine Personengruppe G heißt* **entscheidend über das geordnete Paar** (a, b), $a, b \in \Omega$, *wenn gilt:*

$$a\mathrm{P}_i b \quad \textit{für alle } i \in G \quad \Longrightarrow \quad a\mathrm{P}b\,.$$

[1] Zur Definition der strikten und der schwachen erweiterten Pareto-Regel siehe Abschnitt 1.1.2.

b) *Eine Personengruppe G heißt* **entscheidend**, *wenn G entscheidend über alle geordneten Paare* (a, b), $a, b \in \Omega$, *ist.*
c) *Eine Person* $i \in \{1, ..., m\}$ *heißt* **halb-entscheidend über das geordnete Paar** (a, b), $a, b \in \Omega$, *wenn*

$$a\mathrm{P}_i b \implies a\mathrm{R}b\,.$$

d) *Eine Person* $i \in \{1, ..., m\}$ *heißt* **halb-entscheidend**, *wenn i halb-entscheidend über alle geordnete Paare* (a, b), $a, b \in \Omega$, *ist. In diesem Fall spricht man davon, daß die Person i ein* **Vetorecht** *hat.*

Den Begriff des **Vetorechts** kann man dazu benutzen, eine bestimmte Klasse kollektiver Wahlregeln zu definieren, nämlich die sog. oligarchischen kollektiven Wahlregeln, zu welchen insbesondere die strikte und die schwache erweiterte Pareto-Regel gehören.

Definition 2.1.4 *Eine kollektive Wahlregel heißt* **oligarchisch**, *wenn es eine eindeutig bestimmte Gruppe G von Personen gibt, so daß G entscheidend ist und jedes Mitglied von G ein* **Vetorecht** *hat.*

Der Begriff der Oligarchie kann dazu verwendet werden, die Menge derjenigen kollektiven Wahlregeln zu charakterisieren, die einerseits eine reflexive, vollständige und quasitransitive kollektive Präferenzrelation liefern und andererseits Arrows Forderungen (U), (I), (P) und (ND) genügen. Eine solche Charakterisierung ist Gegenstand des folgenden Satzes, welcher die Grenzen aufzeigt, die sich durch die Forderungen (U), (I), (P) und (ND), sowie die Forderung der Quasitransitivität von R, für kollektive Wahlregeln ergeben:

Satz 2.1.2 *(Oligarchie-Theorem)*
Falls $|\Omega| \geq 3$, *so muß jede kollektive Wahlregel, die stets eine reflexive, vollständige und quasitransitive kollektive Präferenzrelation liefert und außerdem die Eigenschaften* (U), (P) *und* (I) *besitzt, oligarchisch sein.*

BEWEIS siehe Sen (1970a, S.76 f., erster Schritt im Beweis von Theorem 5*3, bzw. 1986, S.1085) oder Mas-Colell/Sonnenschein (1972, Theorem 1).

Neben diesem Oligarchie-Theorem wurde von Mas-Colell/Sonnenschein (1972) noch ein weiteres Unmöglichkeitstheorem bewiesen, das sich ebenfalls bezieht auf kollektive Wahlregeln, die stets eine reflexive, vollständige und quasitransitive Präferenzrelation liefern. Mas-Colell/Sonnenschein bringen dabei die folgende Forderung der positiven Reaktion ins Spiel, welche zu einem Konflikt mit den Forderungen (U), (P), (I) und (ND), sowie der Forderung der Quasitransitivität von R führt.

(PR) **Positive Reaktion:** Eine kollektive Wahlregel f besitzt die Eigenschaft der positiven Reaktion, wenn für alle Präferenzordnungsprofile $(\mathrm{R}_1, ..., \mathrm{R}_m)$ und $(\mathrm{R}'_1, ..., \mathrm{R}'_m)$ und alle $a, b \in \Omega$ folgendes gilt, wobei $\mathrm{R} \doteq f(\mathrm{R}_1, ..., \mathrm{R}_m)$ und $\mathrm{R}' \doteq f(\mathrm{R}'_1, ..., \mathrm{R}'_m)$ die entsprechenden kollektiven Präferenzrelationen seien:

Falls

- niemand seine Präferenzen zwischen a und b zugunsten von b ändert, d.h.

$$(a\mathrm{P}_i b \Longrightarrow a\mathrm{P}'_i b) \wedge (a\mathrm{I}_i b \Longrightarrow a\mathrm{R}'_i b)$$
$$\text{für alle } i \in \{1, ..., m\},$$

- und mindestens eine Person ihre Präferenzen zwischen a und b zugunsten von a ändert, d.h. ein $i \in \{1, ..., m\}$ existiert, so daß

$$(a\mathrm{I}_i b \wedge a\mathrm{P}'_i b) \vee (b\mathrm{P}_i a \wedge a\mathrm{R}'_i b),$$

so verändert sich die kollektive Präferenzrelation zwischen a und b allenfalls zugunsten von a, und falls die Gesellschaft (oder Gruppe) vorher indifferent zwischen a und b war, so präferiert sie nun a gegenüber b, d.h.: $(a\mathrm{R}b \Longrightarrow a\mathrm{P}'b)$.
Kurz:

$$(\forall i((a\mathrm{P}_i b \Longrightarrow a\mathrm{P}'_i b) \wedge (a\mathrm{I}_i b \Longrightarrow a\mathrm{R}'_i b))) \wedge$$
$$(\exists i((a\mathrm{I}_i b \wedge a\mathrm{P}'_i b) \vee (b\mathrm{P}_i a \wedge a\mathrm{R}'_i b)))$$
$$\Longrightarrow (a\mathrm{R}b \Longrightarrow a\mathrm{P}'b).$$

Das von Mas-Colell/Sonnenschein (1972) gezeigte Resultat besagt nun folgendes:

Satz 2.1.3 *Es sei* $|\Omega| \geq 3$. *Dann sind die Eigenschaften* (U), (P), (I), (ND) *und* (PR) *nicht gleichzeitig erfüllbar von kollektiven Wahlregeln, die stets eine reflexive, vollständige und quasitransitive Präferenzrelation liefern.*

BEWEIS siehe Mas-Colell/Sonnenschein (1972).

Im Unterschied zu Arrows Theorem (siehe Theorem 2.1.1) läßt man in Satz 2.1.3 einerseits intransitive kollektive Präferenzrelationen zu (sofern diese quasitransitiv sind) und stellt andererseits zusätzlich die (sehr starke) Forderung (PR) auf, welche Indifferenzen bei der kollektiven Präferenzrelation

nur in begrenztem Umfang zuläßt.
Man macht sich sehr leicht klar, daß die strikte und die schwache erweiterte Pareto-Regel die Eigenschaft (PR) nicht erfüllen:

> Es sei $\Omega = \{a, b\}$; $m=3$. $(\mathrm{R}_1, \mathrm{R}_2, \mathrm{R}_3)$ und $(\mathrm{R}'_1, \mathrm{R}'_2, \mathrm{R}'_3)$ seien gegeben durch:
>
> $$a\mathrm{P}_1 b \wedge b\mathrm{P}_2 a \wedge b\mathrm{P}_3 a; \qquad a\mathrm{P}'_1 b \wedge a\mathrm{P}'_2 b \wedge b\mathrm{P}'_3 a.$$
>
> Dann gilt sowohl gemäß der strikten als auch gemäß der schwachen erweiterten Pareto-Regel für die kollektiven Präferenzrelationen R und R′:
>
> $$a\mathrm{I}b \quad \text{und} \quad a\mathrm{I}'b.$$
>
> Die Eigenschaft (PR) verlangt hingegen beim Übergang von $(\mathrm{R}_1, \mathrm{R}_2, \mathrm{R}_3)$ zu $(\mathrm{R}'_1, \mathrm{R}'_2, \mathrm{R}'_3)$ eine Umwandlung der kollektiven Indifferenz zwischen a und b in eine kollektive Präferenz zugunsten von a.

2.1.3 Forderung der Azyklizität

2.1.3.1 Minimaler Liberalismus

Schwächt man die Forderung der Quasitransitivität von R zu der Forderung der Azyklizität ab, dann lassen sich die Eigenschaften (U), (P), (I) und (ND) auch von nicht-oligarchischen kollektiven Wahlregeln erfüllen. Eine solche nicht-oligarchische kollektive Wahlregel will ich in diesem Abschnitt konstruieren, indem ich von der strikten erweiterten Pareto-Regel ausgehe und diese so abändere, daß eine bestimmte Person das Recht erhält, autonom zwischen zwei bestimmten Alternativen zu entscheiden, d.h. daß diese Person entscheidend über die geordneten Paare (a, b) und (b, a) ist (siehe Definition 2.1.3).

Diejenigen kollektiven Wahlregeln, die eine reflexive, vollständige und azyklische kollektive Präferenzrelation liefern, bezeichnet man als **soziale Entscheidungsfunktionen** (siehe Abschnitt 1.1.2).
Sen (1970b) formuliert ein Liberalitätspostulat, das nicht erfüllbar ist von sozialen Entscheidungsfunktionen mit den Eigenschaften (U) und (P). Es handelt sich dabei um die Bedingung des sog. „minimalen Liberalismus“.

(ML) **Minimaler Liberalismus:** Es existieren mindestens zwei Personen mit jeweils mindestens einem Alternativenpaar, für das sie autonom sind, d.h. es gibt $i, j \in \{1, ..., m\}$ und zwei Alternativenpaare $\{a, b\}$ und $\{c, d\}$, so daß folgendes gilt:

$$(a\mathrm{P}_i b \Longrightarrow a\mathrm{P}b) \wedge (b\mathrm{P}_i a \Longrightarrow b\mathrm{P}a) \quad \text{und}$$
$$(c\mathrm{P}_j d \Longrightarrow c\mathrm{P}d) \wedge (d\mathrm{P}_j c \Longrightarrow d\mathrm{P}c).$$

Da gemäß der Forderung (ML) die Präferenzen von mindestens zwei Personen Einfluß auf die kollektiven Präferenzen haben müssen, folgt aus dem minimalen Liberalismus (ML) die Nichtexistenz eines Diktators.

Mit der Bedingung (ML) fordert Sen für mindestens zwei Personen das Recht auf eine individuelle Entscheidung. Der nachfolgende Satz zeigt, daß diese auf den ersten Blick recht schwache Anforderung an eine soziale Entscheidungsfunktion zu einem Konflikt mit dem schwachen Pareto-Prinzip führt.

Satz 2.1.4 *Es gibt keine soziale Entscheidungsfunktion, die gleichzeitig die Bedingungen* (U), (P) *und* (ML) *erfüllt.*

BEWEIS siehe Sen (1970b, Beweis von Theorem 2).

Anders als bei dem Arrow-Theorem fordert man bei Sens Liberalitätsparadoxon von den kollektiven Präferenzen lediglich die Eigenschaft der Azyklizität und nicht die Eigenschaft der Transitivität. Im Unterschied zu dem Arrow-Theorem gilt das Liberalitätsparadoxon also - wie Kliemt (1996, S.4 ff.) zu Recht betont - nicht nur für soziale Wohlfahrtsfunktionen, sondern auch für soziale Entscheidungsfunktionen. Dieser sehr wesentliche Punkt wird manchmal übersehen (z.B. von Binmore, 1994, S.125 ff.). Vergleicht man Arrows Theorem und Sens Theorem miteinander, so stellt man die folgenden Unterschiede fest: Einerseits schwächt Sen die Transitivitätsforderung zu der Azyklizitätsforderung ab und verzichtet zudem auf die Forderung (I), andererseits verschärft er die Forderung (ND) zu der Forderung des minimalen Liberalismus.
Zwischen Arrows Theorem und Sens Theorem bestehen somit erhebliche Unterschiede. Keinesfalls läßt sich Arrows Theorem aus Sens Theorem ableiten, wie Binmore (1994, S.131) fälschlicherweise behauptet. Binmores Argument lautet folgendermaßen:

> „Deriving Arrow's Paradox from Sen's is very easy. When the Independence of Irrelevant Alternatives holds, there are no pairs of social states over which somebody does not have a right. Sen's Paradox tells us that it must be the same somebody for

every pair of alternatives. This somebody must be a dictator.“ (Binmore, 1994, S.131)

Offensichtlich ist diese Argumentation falsch. Ich will dies kurz am Beispiel der strikten erweiterten Pareto-Regel[2] verdeutlichen:
Wie ich oben gezeigt habe, handelt es sich bei der strikten erweiterten Pareto-Regel um eine soziale Entscheidungsfunktion, welche Arrows Forderungen (U), (I), (P) und (ND) genügt. Jedoch gibt es im Falle der strikten erweiterten Pareto-Regel **keine** Person, die autonom hinsichtlich eines bestimmten Alternativenpaares ist. Die strikte erweiterte Pareto-Regel verstößt also gegen die Forderung (ML). Das Argument von Binmore, unter der Voraussetzung der Unabhängigkeit von irrelevanten Alternativen würde eine Verletzung der Forderung (ML) die Verletzung der Forderung (ND) implizieren, ist also falsch. Der Fehler liegt in dem ersten Satz von Binmores „Beweis“: Aus der Unabhängigkeit von irrelevanten Alternativen folgt - entgegen der Ansicht Binmores - nicht, daß zu jedem Alternativenpaar eine Person existiert, die autonom für dieses Alternativenpaar ist. Am Beispiel der strikten erweiterten Pareto-Regel wird dies besonders deutlich: Obwohl die strikte erweiterte Pareto-Regel die Eigenschaft (I) besitzt, gibt es kein Alternativenpaar, über das eine bestimmte Person autonom entscheiden kann.

Die umstrittenste der von Sen (1970b) geforderten Eigenschaften sozialer Entscheidungsfunktionen stellt zweifellos die Bedingung des minimalen Liberalismus dar. Sen hat die Bedingung (ML) gerade so formuliert, daß Satz 2.1.4 Gültigkeit besitzt. Im Vergleich zu anderen Liberalitätsforderungen (z.B. Sens Liberalitätsforderungen (L) und (L+), siehe Sen, 1970b und 1976b) handelt es sich bei dem minimalen Liberalismus um eine relativ schwache Forderung, wenngleich man Sens Ansatz, derartige individuelle Rechte einzuführen, nicht befürworten muß (siehe hierzu meine Ausführungen in Abschnitt 1.1.4 oder Nozick, 1973, S.60 f., bzw. 1974, S.165 f.).
Ich schwäche nun die Forderung (ML) noch weiter ab, so daß ich die folgende Liberalitätsforderung für soziale Entscheidungsfunktionen erhalte, welche - wie Beispiel 2.1.2 zeigen wird - vereinbar ist mit den Forderungen (U), (SP), (I) und (ND).

(ML−) **Abgeschwächter minimaler Liberalismus:** Es existiert eine Person i und zwei Alternativen $a, b \in \Omega$, zwischen denen die Person i autonom entscheiden kann, d.h.

$$(a\mathrm{P}_i b \Longrightarrow a\mathrm{P} b) \wedge (b\mathrm{P}_i a \Longrightarrow b\mathrm{P} a)\,.$$

[2] Zur Definition der strikten erweiterten Pareto-Regel siehe Abschnitt 1.1.2.

Im Unterschied zu Sen, der mit der Forderung (ML) ein liberales Recht für mindestens **zwei** Personen postuliert, schreibe ich mit der Forderung (ML–) lediglich **einer** Person das Recht zu, ihre Präferenzen im Hinblick auf ein bestimmtes Alternativenpaar in jedem Fall durchzusetzen - unabhängig von den Präferenzen der übrigen Personen. Die Forderungen (U), (SP), (I), (ND) und (ML–) sind im Gegensatz zu den Forderungen (U), (P) und (ML) gleichzeitig erfüllbar von sozialen Entscheidungsfunktionen, wie das folgende Beispiel zeigt:

Beispiel 2.1.2 *Es sei $k \in \{1, ..., m\}$ und M eine nichtleere, echte Teilmenge der Menge*

$$\{\, \{a, b\} \mid a, b \in \Omega,\ a \neq b\}$$

aller Alternativenpaare. Mit R^* *bezeichne ich die kollektive Präferenzrelation, die man mit Hilfe der strikten erweiterten Pareto-Regel (siehe die Abschnitte 1.1.2 und 2.1.2) erhält. Ich definiere nun eine soziale Entscheidungsfunktion* f_k^M *, die geringfügig von der strikten erweiterten Pareto-Regel abweicht und die Eigenschaft* (ML–) *besitzt. Diese soziale Entscheidungsfunktion stellt eine Mischung zwischen der strikten erweiterten Pareto-Regel und einer Diktatur der Person k dar. Der Person k wird dabei das Recht eingeräumt, zwischen allen in der Menge M enthaltenen Alternativenpaaren autonom zu entscheiden, d.h. für alle in M enthaltenen Alternativenpaare gilt:*

$$(a\mathrm{P}_k b \Longrightarrow a\mathrm{P}b) \quad \text{und} \quad (b\mathrm{P}_k a \Longrightarrow b\mathrm{P}a)\,.$$

Für alle nicht in M enthaltenen Alternativenpaare findet die strikte erweiterte Pareto-Regel Anwendung, welche jeder Person ein Vetorecht, aber keiner Person das Recht auf eine autonome Entscheidung zwischen zwei der zur Wahl stehenden Alternativen einräumt.
Die formale Definition von f_k^M *lautet:*

$$f_k^M(\mathrm{R}_1, ..., \mathrm{R}_m) = \mathrm{R}\,;$$
$$a\mathrm{R}b :\Longleftrightarrow a\mathrm{R}_k b \wedge a\mathrm{R}^* b \quad \text{für alle } a, b \in \Omega \text{ mit } \{a, b\} \in M,$$
$$a\mathrm{R}b :\Longleftrightarrow a\mathrm{R}^* b \quad \text{für alle } a, b \in \Omega \text{ mit } \{a, b\} \notin M.$$

Für die zu R *gehörige Relation* P *bedeutet dies:*

$$\begin{aligned} a\mathrm{P}b &\Longleftrightarrow \neg(b\mathrm{R}a) \Longleftrightarrow \neg(b\mathrm{R}_k a) \vee \neg(b\mathrm{R}^* a) \\ &\Longleftrightarrow a\mathrm{P}_k b \vee a\mathrm{P}^* b, \quad \text{falls } \{a, b\} \in M. \end{aligned}$$

$$\begin{aligned} a\mathrm{P}b &\Longleftrightarrow \neg(b\mathrm{R}a) \Longleftrightarrow \neg(b\mathrm{R}^* a) \\ &\Longleftrightarrow a\mathrm{P}^* b, \quad \text{falls } \{a, b\} \notin M; \end{aligned}$$

(P^* bezeichne dabei die zu R^* gehörige Relation der strikten Präferenz.) *Wenn man nicht auf die in Abschnitt 1.1.2 verwendete Definition der strikten erweiterten Pareto-Regel zurückgreifen will, so lautet die Definition von* f_k^M *also wie folgt:*

$$f_k^M(R_1, \ldots, R_m) = R;$$

$$aRb :\Longleftrightarrow aR_kb \wedge \neg((\forall i: bR_ia) \wedge (\exists i: bP_ia))$$
$$\text{für alle } a, b \in \Omega \text{ mit } \{a,b\} \in M,$$

$$aRb :\Longleftrightarrow \neg((\forall i: bR_ia) \wedge (\exists i: bP_ia))$$
$$\text{für alle } a, b \in \Omega \text{ mit } \{a,b\} \notin M.$$

Die auf diese Weise definierte Funktion f_k^M *ordnet jedem* m*–Tupel* $(R_1, \ldots, R_m)$ *von individuellen Präferenzordnungen eine reflexive, vollständige und azyklische kollektive Präferenzrelation* R *zu. Dies sieht man so:*

Reflexivität: *Für alle* $a \in \Omega$ *gilt:* aR_ka *und* aR^*a, *also auch:* aRa.

Vollständigkeit: *Für alle* $a, b \in \Omega$ *mit* $\{a,b\} \notin M$ *gilt offensichtlich:*

$$\neg(aRb) \Longrightarrow \neg(aR^*b) \Longrightarrow bR^*a \Longrightarrow bRa.$$

Es seien nun $a, b \in \Omega$ *mit* $\{a,b\} \in M$. *Dann gilt:*

$$\neg(aRb) \Longrightarrow \neg(aR_kb) \vee \neg(aR^*b) \Longrightarrow bP_ka \vee bP^*a.$$

Aufgrund der Definition der strikten erweiterten Pareto-Regel gilt außerdem:

$$bP_ka \Longrightarrow \neg(\forall i: aR_ib) \Longrightarrow bR^*a;$$
$$bP^*a \Longrightarrow (\forall i: bR_ia) \wedge (\exists i: bP_ia) \Longrightarrow bR_ka;$$

und somit:

$$bP_ka \Longrightarrow bR_ka \wedge bR^*a;$$
$$bP^*a \Longrightarrow bR_ka \wedge bR^*a;$$

Man erhält also:

$$\neg(aRb) \Longrightarrow bR_ka \wedge bR^*a \Longrightarrow bRa.$$

Azyklizität: *Es seien* $a_1, ..., a_j \in \Omega$ *und es gelte:*

$$a_1 \mathrm{P} a_2 \wedge a_2 \mathrm{P} a_3 \wedge \ldots \wedge a_{j-1} \mathrm{P} a_j .$$

Hieraus folgt für alle $i \in \{1, ..., j-1\}$:

$$a_i \mathrm{P}_k a_{i+1} \vee a_i \mathrm{P}^* a_{i+1} ,$$

und somit insbesondere:

$$a_i \mathrm{R}_k a_{i+1} \wedge a_i \mathrm{R}^* a_{i+1} .$$

(Dies folgt - wie im Beweis der Vollständigkeit gezeigt - sowohl aus $a_i \mathrm{P}_k a_{i+1}$ *als auch aus* $a_i \mathrm{P}^* a_{i+1}$ *!)*
Wegen der Transitivität von R_k *und* R^* *erhält man somit:*
$a_1 \mathrm{R}_k a_j \wedge a_1 \mathrm{R}^* a_j$, *also:* $a_1 \mathrm{R} a_j$.

Damit habe ich gezeigt, daß die von mir definierte Relation R *reflexiv, vollständig und azyklisch ist.*
Für die zu R *gehörige Relation* I *erhält man:*

$$a\mathrm{I}b \iff a\mathrm{I}^*b, \quad \text{falls } \{a,b\} \notin M;$$

$$a\mathrm{I}b \iff a\mathrm{R}b \wedge b\mathrm{R}a \iff a\mathrm{R}_k b \wedge a\mathrm{R}^*b \wedge b\mathrm{R}_k a \wedge b\mathrm{R}^*a$$
$$\iff a\mathrm{I}_k b \wedge a\mathrm{I}^*b, \quad \text{falls } \{a,b\} \in M.$$

Offensichtlich besitzt f_k^M *die Eigenschaften* (U), (I), (SP), (ND) *und* (ML−): (U) *und* (I) *sind trivialerweise erfüllt, ebenso das strenge Pareto-Prinzip* (SP):

$$(\forall i\colon a\mathrm{R}_i b) \wedge (\exists i\colon a\mathrm{P}_i b) \implies a\mathrm{P}^* b \implies a\mathrm{P} b .$$

(ND) *gilt, weil* M *nicht alle Alternativenpaare* $\{a,b\}$, $a \neq b$, *enthält, und* (ML−) *deshalb, weil* M *mindestens ein Alternativenpaar* $\{a,b\}$, $a \neq b$, *enthält.*

Die in Beispiel 2.1.2 definierte Klasse sozialer Entscheidungsfunktionen zeigt eine Verbindung auf zwischen der in Abschnitt 1.1.2 definierten strikten erweiterten Pareto-Regel und der nachfolgend definierten sozialen Entscheidungsfunktion f_k^D, bei der es sich um eine Diktatur der Person k handelt. Es sei

$$f_k^D(\mathrm{R}_1, ..., \mathrm{R}_m) = \mathrm{R};$$
$$a\mathrm{R}b :\iff a\mathrm{R}_k b \wedge \neg\left(\left(\forall i\colon b\mathrm{R}_i a\right) \wedge \left(\exists i\colon b\mathrm{P}_i a\right)\right), \quad a,b \in \Omega .$$

Die soziale Entscheidungsfunktion f_k^D erhält man dadurch, daß man in Beispiel 2.1.2 als Menge M die Menge **aller** Alternativenpaare wählt, also der Person k das Recht einräumt, zwischen **allen** Alternativenpaaren autonom zu entscheiden. Die soziale Entscheidungsfunktion f_k^D beschreibt also eine Diktatur der Person k. An der formalen Definition der kollektive Präferenzrelation R sieht man dies so:

$$a\mathrm{P}_k b \implies \neg(b\mathrm{R}_k a) \implies \neg(b\mathrm{R}a) \implies a\mathrm{P}b \quad \text{für alle } a,b\in\Omega\,.$$

Wie aus meinen Ausführungen in Beispiel 2.1.2 hervorgeht, gilt für die mit Hilfe der Funktion f_k^D ermittelte strikte kollektive Präferenzrelation P folgendes:

$$a\mathrm{P}b :\Longleftrightarrow a\mathrm{P}_k b \vee ((\forall i: a\mathrm{R}_i b) \wedge (\exists\, i: a\mathrm{P}_i b))\,.$$

Einen weiteren Extremfall der in Beispiel 2.1.2 betrachteten sozialen Entscheidungsfunktionen stellt neben der Funktion f_k^D die strikte erweiterte Pareto-Regel dar, welche man erhält, indem man für M die leere Menge einsetzt. Im Falle der strikten erweiterten Pareto-Regel ist zwar die Forderung (ML−) nicht erfüllt, jedoch besitzt die strikte erweiterte Pareto-Regel im Unterschied zu den oben betrachteten sozialen Entscheidungsfunktionen f_k^M die Eigenschaft der Anonymität und liefert zudem eine quasitransitive kollektive Präferenzrelation.

Das Beispiel 2.1.2 steht in engem Zusammenhang mit Sens Liberalitätsparadoxon (Satz 2.1.4). Während es sich bei Sens Liberalitätsparadoxon um ein Unmöglichkeitsresultat handelt, das aufzeigt, welche Grenzen sich durch die (gegenüber der Transitivitätsforderung erheblich abgeschwächte) Forderung der Azyklizität für kollektive Wahlregeln ergeben, soll das Beispiel 2.1.2 deutlich machen, daß die Abschwächung der Forderung der Quasitransitivität zu der Forderung der Azyklizität zusätzliche Möglichkeiten der Nutzenaggregation schafft:
Im Unterschied zur strikten erweiterten Pareto-Regel liefert nämlich keine der in Beispiel 2.1.2 definierten sozialen Entscheidungsfunktionen für alle Konfigurationen von individuellen Präferenzen eine quasitransitive kollektive Präferenzrelation. Diese **Verletzung der Forderung der Quasitransitivität** sieht man folgendermaßen:

> Es sei f_k^M eine der in Beispiel 2.1.2 definierten sozialen Entscheidungsfunktionen. Man wähle nun a, b, $c \in \Omega$ (a, b, c paarweise verschieden) so, daß $\{a,b\} \in M$ und $\{a,c\} \notin M$. Dies ist möglich,

denn: M ist nichtleer und eine **echte** Teilmenge von

$$\{\,\{a,b\} \mid a,b\in\Omega,\ a\neq b\}\,.$$

Falls Ω aus nur drei Elementen besteht, dann existieren offensichtlich a, b, $c \in \Omega$ (a, b, c paarweise verschieden), so daß

$$\{a,b\}\in M \quad \text{und} \quad \{a,c\}\notin M.$$

Es sei nun $|\Omega|\geq 4$. Dann existieren d, e, f, $g\in\Omega$ (d, e, f, g paarweise verschieden), so daß

$$\{d,e\}\in M \quad \text{und} \quad \{f,g\}\notin M.$$

Man kann dabei zwei Fälle unterscheiden:

1. Fall: $\{d,f\}\in M$.
   Man setze $a\doteq f$, $b\doteq d$, $c\doteq g$.
   Dann gilt: $\{a,b\} = \{d,f\} \in M$
   und
   $\{a,c\} = \{f,g\} \notin M$.
2. Fall: $\{d,f\}\notin M$.
   Man setze $a\doteq d$, $b\doteq e$, $c\doteq f$.
   Dann gilt: $\{a,b\} = \{d,e\} \in M$
   und
   $\{a,c\} = \{d,f\} \notin M$.

Für die individuellen Präferenzen gelte:

$$a\mathrm{P}_k b \wedge b\mathrm{P}_k c \wedge c\mathrm{P}_k a \quad \text{und}$$
$$b\mathrm{P}_i a \wedge b\mathrm{P}_i c \wedge a\mathrm{P}_i c \quad \text{für alle } i\in\{1,\dots,m\}\setminus\{k\}.$$

Gemäß der sozialen Entscheidungsfunktion f_k^M folgt hieraus für die kollektive Präferenzrelation:

$$a\mathrm{P}b \wedge b\mathrm{P}c \wedge a\mathrm{I}c\,.$$

Die Forderung der Quasitransitivität ist also verletzt. Die Intransitivität der Relation P erklärt sich dadurch, daß die Person k über manche Alternativenpaare (z.B. $\{a,b\}$) autonom entscheiden kann und über manche (z.B. $\{a,c\}$) nicht.

Derartige Mischungen aus der strikten erweiterten Pareto-Regel und der Funktion f_k^D, wie ich sie in Beispiel 2.1.2 konstruiert habe, zeigen insbesondere, daß Satz 2.1.2 aus Abschnitt 2.1.2 lediglich im Falle der Forderung der Quasitransitivität und nicht in dem allgemeineren Fall der Azyklizitätsforderung gilt. Die in Beispiel 2.1.2 konstruierten sozialen Entscheidungsfunktionen besitzen nämlich die Eigenschaften (U), (P) und (I), sind aber dennoch nicht oligarchisch:

> Da die Person k autonom über einige Alternativenpaare entscheiden kann, hat keine andere Person ein Vetorecht. Die Person k besitzt somit als einzige ein Vetorecht, kann aber nicht über alle Alternativenpaare autonom entscheiden und ist deshalb nicht entscheidend im Sinne von Definition 2.1.1 (b). Es gibt also keine Gruppe G von Personen, die entscheidend ist und in der jede Person ein Vetorecht besitzt.

Damit habe ich gezeigt, daß Satz 2.1.2 seine Gültigkeit **nicht** behält, wenn man auf die Forderung der Quasitransitivität verzichtet.

2.1.3.2 Nicht-negative Reaktion und Neutralität

Neben Sens Liberalitätsparadoxon (Satz 2.1.4) will ich im folgenden noch ein weiteres Unmöglichkeitsresultat skizzieren, das für alle sozialen Entscheidungsfunktionen gilt und nicht verallgemeinerbar ist auf kollektive Wahlregeln, die lediglich die Forderung der Tripel-Azyklizität, nicht aber die Forderung der Azyklizität erfüllen. Es handelt sich dabei um das von Blau/Deb (1977, Abschnitt 3) gezeigte Veto-Theorem.
Eine zentrale Rolle werden dabei die Eigenschaften der nicht-negativen Reaktion und der Neutralität spielen. Diese werde ich nun kurz erörtern, bevor ich auf das Veto-Theorem zu sprechen komme.

Bei der Eigenschaft der **nicht-negativen Reaktion** (auch **Monotonie-Eigenschaft** genannt) handelt es sich - sofern man die Geltung der Eigenschaft (I) unterstellt - um eine Abschwächung der in Abschnitt 2.1.2 definierten Eigenschaft (PR). In Anlehnung an Sen (1970a, S.74) verwende ich die folgende Definition:

(R) **Nicht-negative Reaktion:** Eine kollektive Wahlregel f besitzt die Eigenschaft der nicht-negativen Reaktion, wenn für alle Ordnungsprofile $(R_1, ..., R_m)$ und $(R'_1, ..., R'_m)$, sowie alle $a, b \in \Omega$ folgendes gilt, wobei $R \doteq f(R_1, ..., R_m)$ und $R' \doteq f(R'_1, ..., R'_m)$ die entsprechenden kollektiven Präferenzrelationen seien:

Falls niemand seine Präferenzen zwischen a und b zugunsten von b ändert, d.h. falls

$$(a\mathrm{P}_i b \Longrightarrow a\mathrm{P}'_i b) \wedge (a\mathrm{I}_i b \Longrightarrow a\mathrm{R}'_i b) \quad \text{für alle } i \in \{1, ..., m\},$$

so verändert sich auch die kollektive Präferenzrelation zwischen a und b nicht zugunsten von b, d.h.

$$(a\mathrm{P}b \Longrightarrow a\mathrm{P}'b) \wedge (a\mathrm{I}b \Longrightarrow a\mathrm{R}'b).$$

Kurz:

$$\begin{aligned} &\forall i\, ((a\mathrm{P}_i b \Longrightarrow a\mathrm{P}'_i b) \wedge (a\mathrm{I}_i b \Longrightarrow a\mathrm{R}'_i b)) \\ &\Longrightarrow \quad (a\mathrm{P}b \Longrightarrow a\mathrm{P}'b) \wedge (a\mathrm{I}b \Longrightarrow a\mathrm{R}'b). \end{aligned}$$

Das folgende Lemma zeigt, daß es sich bei der Eigenschaft (R) um eine Konsequenz aus den Eigenschaften (PR) und (I) handelt:

Lemma 2.1.1 *Jede kollektive Wahlregel mit den Eigenschaften* (I) *und* (PR) *besitzt auch die Eigenschaft* (R).

BEWEIS[3] Es sei f eine kollektive Wahlregel mit den Eigenschaften (I) und (PR). Außerdem seien $a, b \in \Omega$ zwei beliebige Alternativen und für alle $i \in \{1, ..., m\}$ gelte:

$$(a\mathrm{P}_i b \Longrightarrow a\mathrm{P}'_i b) \wedge (a\mathrm{I}_i b \Longrightarrow a\mathrm{R}'_i b).$$

Dies bedeutet, daß beim Übergang von $(\mathrm{R}_1, ..., \mathrm{R}_m)$ zu $(\mathrm{R}'_1, ..., \mathrm{R}'_m)$

- entweder alle individuellen Präferenzrelationen zwischen a und b unverändert bleiben, d.h.

  $$(a\mathrm{R}_i b \Longleftrightarrow a\mathrm{R}'_i b) \wedge (b\mathrm{R}_i a \Longleftrightarrow b\mathrm{R}'_i a) \quad \text{für alle } i \in \{1, ..., m\},$$

- oder mindestens eine Person ihre Präferenzen zwischen a und b zugunsten von a ändert, d.h. ein $i \in \{1, ..., m\}$ existiert, so daß

  $$(a\mathrm{I}_i b \wedge a\mathrm{P}'_i b) \vee (b\mathrm{P}_i a \wedge a\mathrm{R}'_i b),$$

  und niemand seine Präferenzen zugunsten von b ändert, für alle $i \in \{1, ..., m\}$ also gilt:

  $$(a\mathrm{P}_i b \Longrightarrow a\mathrm{P}'_i b) \wedge (a\mathrm{I}_i b \Longrightarrow a\mathrm{R}'_i b).$$

[3] Dieser Beweis stammt - ebenso wie alle nachfolgenden Beweise, bei denen keine Literatur angegeben ist - von mir.

Für die kollektiven Präferenzrelationen $R \doteq f(R_1, ..., R_m)$ und $R' \doteq f(R'_1, ..., R'_m)$ erhält man im ersten Fall aufgrund der Eigenschaft (I)

$$(aRb \Longleftrightarrow aR'b) \wedge (bRa \Longleftrightarrow bR'a)$$

und im zweiten Fall aufgrund der Eigenschaft (PR)

$$aRb \Longrightarrow aP'b.$$

In beiden Fällen gilt deshalb:

$$(aPb \Longrightarrow aP'b) \wedge (aIb \Longrightarrow aR'b).$$

Die kollektive Wahlregel f besitzt also die Eigenschaft (R). ///

Sen (1970a, S.74) behauptet, daß es sich bei der Forderung (R) um eine Abschwächung der Forderung (PR) handelt. Er versäumt es aber, darauf hinzuweisen, daß dies nur dann der Fall ist, wenn man die Geltung der Eigenschaft (I) voraussetzt. Mit dem folgenden Beispiel will ich deutlich machen, daß es kollektive Wahlregeln gibt, die die Eigenschaft (PR), nicht aber die Eigenschaft (R) besitzen.

Beispiel 2.1.3 *Es sei f diejenige kollektive Wahlregel, die die folgende kollektive Präferenzrelation liefert:*

$$aPb :\Longleftrightarrow \quad |\{i \in \{1, ..., m\} \mid aP_ib\}| > |\{i \in \{1, ..., m\} \mid bP_ia\}|$$

oder

$$|\{i \in \{1, ..., m\} \mid aP_ib\}| = |\{i \in \{1, ..., m\} \mid bP_ia\}| \wedge$$

$$|\{i \in \{1, ..., m\} \mid aR_ic \;\; \forall c \in \Omega\}|$$
$$> |\{i \in \{1, ..., m\} \mid bR_ic \;\; \forall c \in \Omega\}|;$$

$$aIb :\Longleftrightarrow \quad \neg(aPb \vee bPa).$$

(Mit $|M|$ bezeichne ich die Mächtigkeit einer Menge M.)
Bei dieser kollektiven Wahlregel handelt es sich um eine Hierarchie von zwei Entscheidungskriterien: Vorrangiges Kriterium ist die einfache Mehrheitsregel, welche sowohl die Eigenschaft (R) *als auch die Eigenschaft* (PR) *besitzt. Liefert jedoch die einfache Mehrheitsregel eine Indifferenz zwischen zwei Alternativen $a, b \in \Omega$ und ist die Anzahl der Personen, die a als optimal einstufen, größer als die Anzahl der Personen, die b als optimal einstufen, so fällt die kollektive Entscheidung zugunsten von a aus.*
Die auf diese Weise definierte kollektive Wahlregel f besitzt die Eigenschaft der positiven Reaktion:

Für alle $i \in \{1, ..., m\}$ *gelte:*

$$(a\mathrm{P}_i b \Longrightarrow a\mathrm{P}'_i b) \wedge (a\mathrm{I}_i b \Longrightarrow a\mathrm{R}'_i b).$$

Ferner existiere ein $i \in \{1, ..., m\}$, *so daß*

$$(a\mathrm{I}_i b \wedge a\mathrm{P}'_i b) \vee (b\mathrm{P}_i a \wedge a\mathrm{R}'_i b).$$

Dann ist

$$\begin{aligned} & |\{i \in \{1, ..., m\} \mid a\mathrm{P}_i b\}| - |\{i \in \{1, ..., m\} \mid b\mathrm{P}_i a\}| \\ < \ & |\{i \in \{1, ..., m\} \mid a\mathrm{P}'_i b\}| - |\{i \in \{1, ..., m\} \mid b\mathrm{P}'_i a\}|. \end{aligned}$$

Hieraus folgt für die kollektiven Präferenzrelationen $\mathrm{R} \doteq f(\mathrm{R}_1, ..., \mathrm{R}_m)$ *und* $\mathrm{R}' \doteq f(\mathrm{R}'_1, ..., \mathrm{R}'_m)$:

$$(a\mathrm{R}b \Longrightarrow a\mathrm{P}'b).$$

Die kollektive Wahlregel f genügt also der Forderung (PR).

Jedoch verletzt die kollektive Wahlregel f die Forderung der nicht-negativen Reaktion sowie die Forderung (I):

Es sei $m \doteq 2$, $\Omega \doteq \{a, b, c\}$. *Für die individuellen Präferenzordnungen* R_1, R_2, R'_1 *und* R'_2 *gelte:*

$$\begin{aligned} & c\mathrm{P}_1 a \wedge a\mathrm{P}_1 b \wedge c\mathrm{P}_2 b \wedge b\mathrm{P}_2 a; \\ & a\mathrm{P}'_1 b \wedge b\mathrm{P}'_1 c \wedge c\mathrm{P}'_2 b \wedge b\mathrm{P}'_2 a. \end{aligned}$$

Für die kollektiven Präferenzrelationen $\mathrm{R} \doteq f(\mathrm{R}_1, \mathrm{R}_2)$ *und* $\mathrm{R}' \doteq f(\mathrm{R}'_1, \mathrm{R}'_2)$ *folgt hieraus:*

$$a\mathrm{I}b \quad \textit{und} \quad a\mathrm{P}'b$$

Beim Übergang von $(\mathrm{R}_1, \mathrm{R}_2)$ *zu* $(\mathrm{R}'_1, \mathrm{R}'_2)$ *ändert sich also die kollektive Präferenzrelation zwischen a und b zugunsten von a, obwohl keine der beiden betrachteten Personen ihre Präferenzen zwischen a und b ändert. Dies zeigt, daß die kollektive Wahlregel f die Forderungen* (I) *und* (R) *verletzt.*

Die Eigenschaft (R) stellt offensichtlich eine Verschärfung der Forderung (I) dar. Zwischen den Eigenschaften (I), (R) und (PR) bestehen also folgende Zusammenhänge:

$$\text{(I), (PR)} \Longrightarrow \text{(R)} \quad \text{(siehe Lemma 2.1.1);} \qquad \text{(R)} \Longrightarrow \text{(I)}.$$

Daß es sich (unter der Voraussetzung der Unabhängigkeit von irrelevanten Alternativen) bei der Forderung der nicht-negativen Reaktion um eine Abschwächung der Forderung der positiven Reaktion handelt, zeigt sich z.B. darin, daß die strikte und die schwache erweiterte Pareto-Regel zwar die Eigenschaft der nicht-negativen Reaktion, nicht jedoch die Eigenschaft der positiven Reaktion besitzen. (Die Geltung der Eigenschaft (R) läßt sich sehr leicht nachprüfen; zum Beweis der Verletzung der Eigenschaft (PR) durch die strikte und die schwache erweiterte Pareto-Regel siehe Abschnitt 2.1.2).

Eine weitere (durchaus plausible) Anforderung an eine kollektive Wahlregel stellt die Neutralitätseigenschaft dar. Diese ist folgendermaßen definiert:

(N) **Neutralität:** Eine kollektive Wahlregel f besitzt die Eigenschaft der Neutralität, wenn für alle Ordnungsprofile $(R_1, ..., R_m)$ und $(R'_1, ..., R'_m)$, sowie alle $a, b, x, y \in \Omega$, folgendes gilt, wobei $R \doteq f(R_1, ..., R_m)$ und $R' \doteq f(R'_1, ..., R'_m)$ die entsprechenden kollektiven Präferenzrelationen seien:

Falls die Alternativen x und y im Falle des Ordnungsprofils $(R'_1, ..., R'_m)$ bei allen individuellen Präferenzordnungen in derselben Relation zueinander stehen wie die Alternativen a und b im Falle des Ordnungsprofils $(R_1, ..., R_m)$, d.h. falls

$$(aR_ib \Longleftrightarrow xR'_iy) \wedge (bR_ia \Longleftrightarrow yR'_ix)$$
$$\text{für alle } i \in \{1, ..., m\},$$

so sind auch die kollektiven Präferenzen zwischen x und y im Falle $(R'_1, ..., R'_m)$ identisch mit den kollektiven Präferenzen zwischen a und b im Falle $(R_1, ..., R_m)$, d.h.

$$(aRb \Longleftrightarrow xR'y) \wedge (bRa \Longleftrightarrow yR'x).$$

Kurz:

$$\forall i\, ((aR_ib \Longleftrightarrow xR'_iy) \wedge (bR_ia \Longleftrightarrow yR'_ix))$$
$$\Longrightarrow (aRb \Longleftrightarrow xR'y) \wedge (bRa \Longleftrightarrow yR'x).$$

Bei der Forderung (N) handelt es sich - ebenso wie bei der Forderung (R) - um eine Verschärfung der Forderung (I). Es gilt nämlich: (N)$\Longrightarrow$(I). Dies erkennt man, indem man in der Definition von (N) $x \doteq a$ und $y \doteq b$ setzt.

Während die Forderung (A) besagt, daß alle Individuen gleich zu behandeln sind, soll gemäß der Forderung (N) eine Gleichbehandlung der zur Wahl stehenden Alternativen stattfinden. Die in Beispiel 2.1.2 definierten kollektiven Wahlregeln genügen also weder der Forderung (A) noch der Forderung (N).

Die gleichzeitige Erfüllung der Eigenschaften (R) und (N) impliziert, wie ich in Lemma 2.1.2 zeigen werde, die Geltung der folgenden von Blau/Deb (1977) und Sen (1977a, 1986) verwendeten und mit (NIM) bezeichneten Eigenschaft:[4]

(NIM) Eine kollektive Wahlregel besitzt die Eigenschaft **(NIM)**, wenn für alle $a, b, x, y \in \Omega$ und für alle Ordnungsprofile $(\mathrm{R}_1, \ldots, \mathrm{R}_m)$ und $(\mathrm{R}'_1, \ldots, \mathrm{R}'_m)$ mit den zugehörigen kollektiven Präferenzrelationen R und R′ folgendes gilt:

$$\begin{aligned} &\forall i \left((a\mathrm{P}_i b \Longrightarrow x\mathrm{P}'_i y) \wedge (y\mathrm{P}'_i x \Longrightarrow b\mathrm{P}_i a) \right) \\ \Longrightarrow\quad &(a\mathrm{P}b \Longrightarrow x\mathrm{P}'y) \wedge (y\mathrm{P}'x \Longrightarrow b\mathrm{P}a)\,. \end{aligned}$$

Auf den letzten Teil der Formel („$y\mathrm{P}'x \Longrightarrow b\mathrm{P}a$“) kann man verzichten. An dem Inhalt der Definition von (NIM) ändert sich dadurch nichts, da man die Konklusion „$y\mathrm{P}'x \Longrightarrow b\mathrm{P}a$“ automatisch erhält, indem man y für a, P′ für P, x für b, b für x, P für P′ und a für y einsetzt. Bei Blau/Deb (1977) und Sen (1977a, 1986) taucht deshalb der letzte Teil der Formel nicht auf. Die von mir verwendete (zu der üblichen Definition äquivalente) Definition erscheint mir jedoch leichter verständlich - obgleich sie etwas länger ist.

Lemma 2.1.2 *Jede kollektive Wahlregel mit den Eigenschaften* (R) *und* (N) *besitzt auch die Eigenschaft* (NIM).

BEWEIS Es sei f eine kollektive Wahlregel mit den Eigenschaften (R) und (N). Weiterhin seien $a, b, x, y \in \Omega$ und $(\mathrm{R}_1, \ldots, \mathrm{R}_m)$, $(\mathrm{R}'_1, \ldots, \mathrm{R}'_m)$ zwei Präferenzordnungsprofile, so daß für alle $i \in \{1, \ldots, m\}$ gilt:

$$(a\mathrm{P}_i b \Longrightarrow x\mathrm{P}'_i y) \wedge (y\mathrm{P}'_i x \Longrightarrow b\mathrm{P}_i a).$$

Hieraus folgt:

$$(a\mathrm{P}_i b \Longrightarrow x\mathrm{P}'_i y) \wedge (a\mathrm{I}_i b \Longrightarrow x\mathrm{R}'_i y).$$

[4] Die Bezeichnung (NIM) ist abgeleitet aus den Begriffen „neutrality“ (Eigenschaft (N)), „independence“ (Eigenschaft (I)) und „monotonicity“ (Monotonie-Eigenschaft (R), auch „nicht-negative Reaktion“ genannt). Sen (1977a, S.61; 1986, S.1086) schreibt zwar, daß die Eigenschaft (NIM) eine Kombination der Neutralitätseigenschaft (N) mit den Eigenschaften (I) und (R) darstellt, zeigt jedoch nicht auf, welche Zusammenhänge zwischen den vier Eigenschaften (N), (I), (R) und (NIM) bestehen.

Ferner gelte für alle $i \in \{1, ..., m\}$:

$$(a\mathrm{R}'_i b \Longleftrightarrow x\mathrm{R}'_i y) \wedge (b\mathrm{R}'_i a \Longleftrightarrow y\mathrm{R}'_i x),$$

insbesondere also:

$$(x\mathrm{P}'_i y \Longrightarrow a\mathrm{P}'_i b) \quad \text{und} \quad (x\mathrm{R}'_i y \Longrightarrow a\mathrm{R}'_i b).$$

Man erhält somit für alle $i \in \{1, ..., m\}$:

$$(a\mathrm{P}_i b \Longrightarrow a\mathrm{P}'_i b) \wedge (a\mathrm{I}_i b \Longrightarrow a\mathrm{R}'_i b).$$

Gemäß der Eigenschaft (R) folgt hieraus für die kollektiven Präferenzrelationen $\mathrm{R} \doteq f(\mathrm{R}_1, ..., \mathrm{R}_m)$ und $\mathrm{R}' \doteq f(\mathrm{R}'_1, ..., \mathrm{R}'_m)$:

$$(a\mathrm{P}b \Longrightarrow a\mathrm{P}'b) \wedge (a\mathrm{I}b \Longrightarrow a\mathrm{R}'b).$$

Außerdem impliziert die Eigenschaft der Neutralität:

$$(a\mathrm{P}'b \Longrightarrow x\mathrm{P}'y) \wedge (a\mathrm{R}'b \Longrightarrow x\mathrm{R}'y).$$

Wegen der Eigenschaften (R) und (N) gilt also:

$$(a\mathrm{P}b \Longrightarrow x\mathrm{P}'y) \wedge (a\mathrm{I}b \Longrightarrow x\mathrm{R}'y),$$

und somit:

$$(a\mathrm{P}b \Longrightarrow x\mathrm{P}'y) \wedge (y\mathrm{P}'x \Longrightarrow b\mathrm{P}'a).$$

Damit ist gezeigt, daß die kollektive Wahlregel f die Eigenschaft (NIM) besitzt. ///

Neben dem in Lemma 2.1.2 aufgezeigten Sachverhalt besteht zwischen den Eigenschaften (R) und (NIM) ein weiterer wesentlicher Zusammenhang: Die Eigenschaft (R) folgt aus der Eigenschaft (NIM). Der formale Beweis hierfür sieht so aus:

Es sei (NIM) erfüllt. Außerdem gelte für alle $i \in \{1, ..., m\}$:

$$(a\mathrm{P}_i b \Longrightarrow a\mathrm{P}'_i b) \wedge (a\mathrm{I}_i b \Longrightarrow a\mathrm{R}'_i b).$$

Wegen

$$(a\mathrm{R}_i b \Longrightarrow a\mathrm{R}'_i b) \quad \Longleftrightarrow \quad (b\mathrm{P}'_i a \Longrightarrow b\mathrm{P}_i a)$$

folgt hieraus:

$$(a\mathrm{P}_i b \Longrightarrow a\mathrm{P}'_i b) \wedge (b\mathrm{P}'_i a \Longrightarrow b\mathrm{P}_i a) \quad \text{für alle } i \in \{1, ..., m\}.$$

Mit Hilfe von (NIM) erhält man, indem man $x \doteq a$ und $y \doteq b$ setzt, somit:

$$(a\mathrm{P}b \Longrightarrow a\mathrm{P}'b) \wedge (b\mathrm{P}'a \Longrightarrow b\mathrm{P}a).$$

Wegen

$$(b\mathrm{P}'a \Longrightarrow b\mathrm{P}a) \iff (a\mathrm{R}b \Longrightarrow a\mathrm{R}'b)$$

gilt deshalb:

$$(a\mathrm{P}b \Longrightarrow a\mathrm{P}'b) \wedge (b\mathrm{I}a \Longrightarrow b\mathrm{R}'a).$$

(R) ist also erfüllt.

Ich will die Eigenschaft (NIM) nun kurz an einem Beispiel erläutern:

Beispiel 2.1.4 *Man stelle sich vor, es soll ein neuer Bundespräsident gewählt werden und es stehe jeweils ein Kandidat aus den folgenden Parteien zur Wahl: SPD, CDU, CSU und PDS. Die Präferenzen der Wahlfrauen und Wahlmänner, die den Bundespräsidenten wählen, mögen sehr unterschiedlich sein. Es erscheint aber durchaus plausibel, daß die folgende Konstellation gegeben ist:*

1. *Jeder, der den CSU-Kandidaten gegenüber dem SPD-Kandidaten vorzieht, zieht außerdem den CDU-Kandidaten gegenüber dem PDS-Kandidaten vor.*

2. *Jeder, der den PDS-Kandidaten gegenüber dem CDU-Kandidaten vorzieht, zieht außerdem den SPD-Kandidaten gegenüber dem CSU-Kandidaten vor.*

Bezeichnet man den CSU-Kandidaten mit a, den SPD-Kandidaten mit b, den CDU-Kandidaten mit x, den PDS-Kandidaten mit y und die Präferenzordnung der Person i mit R_i, so läßt sich dieser Sachverhalt folgendermaßen formulieren:

$$\forall i\, ((a\mathrm{P}_i b \Longrightarrow x\mathrm{P}_i y) \wedge (y\mathrm{P}_i x \Longrightarrow b\mathrm{P}_i a)).$$

Diese Darstellung entspricht der bei der Definition der Forderung (NIM) *verwendeten Darstellung. Gemäß der Forderung* (NIM) *soll für die zu ermittelnde kollektive Präferenzrelation R folgendes gelten:*

$$(a\mathrm{P}b \Longrightarrow x\mathrm{P}y) \wedge (y\mathrm{P}x \Longrightarrow b\mathrm{P}a).$$

Die unter 1. und 2. genannten Eigenschaften der individuellen Präferenzordnungen R_i sollen sich also übertragen auf die kollektive Präferenzrelation R. Dies bedeutet folgendes:

1. *Zieht die Bundesversammlung, die den Bundespräsidenten zu wählen hat, den CSU-Kandidaten gegenüber dem SPD-Kandidaten vor, so zieht sie außerdem den CDU-Kandidaten gegenüber dem PDS-Kandidaten vor.*

2. *Zieht die Bundesversammlung den PDS-Kandidaten gegenüber dem CDU-Kandidaten vor, so zieht sie außerdem den SPD-Kandidaten gegenüber dem CSU-Kandidaten vor.*

Erfüllt eine kollektive Wahlregel die Eigenschaft (NIM), so bedeutet dies offenbar, daß (ähnlich wie bei den Eigenschaften (P) und (R)) bestimmte Eigenschaften der individuellen Präferenzordnungen R_i $(i = 1, ..., m)$ sich auf die kollektive Präferenzrelation R übertragen.
Die Eigenschaft $(aP_ib \implies xP_iy)$ der individuellen Präferenzordnung R_i besagt, daß die Person i bei einem Vergleich zwischen a und b (im Beispiel: zwischen CSU und SPD) allenfalls dann eine Präferenz zugunsten von a (CSU) hat, wenn sie beim Vergleich zwischen x und y (im Beispiel: zwischen CDU und PDS) eine Präferenz zugunsten von x (CDU) hat.
Die Eigenschaft $(yP_ix \implies bP_ia)$ hingegen besagt, daß die Person i allenfalls dann y (PDS) gegenüber x (CDU) vorzieht, wenn sie b (SPD) gegenüber a (CSU) vorzieht.

Dem Parteien-Beispiel (Beispiel 2.1.4) liegt ein **Rechts-links-Schema** zugrunde, demzufolge die CSU rechts von der CDU, die CDU rechts von der SPD und die SPD rechts von der PDS einzustufen ist.
Es geht mir aber im folgenden nicht darum, die Richtigkeit dieses Rechts-links-Schemas zu diskutieren; vielmehr betrachte ich lediglich eine spezielle Konstellation der individuellen Präferenzen, und zwar eine solche, bei der die Forderung (NIM) greift. Diese spezielle Konstellation kommt dann zustande, wenn sich die Wahlfrauen und -männer im wesentlichen an dem genannten Rechts-links-Schema (a, x, b, y) orientieren, die individuellen Präferenzen eingipflig sind und keine Indifferenzen aufweisen.

Der Begriff der **Eingipfligkeit** wurde von Black (1948) eingeführt und ist meist verbunden mit der Überlegung, die Forderung (U) fallen zu lassen und nur solche Konfigurationen von individuellen Präferenzordnungen zuzulassen, die die Eigenschaft der Eingipfligkeit besitzen; ich habe in Abschnitt 1.1.2 kurz darauf hingewiesen und Kritik an derartigen Überlegungen geäußert. Es scheint mir sinnvoll, an dieser Stelle den Begriff der Eingipfligkeit präzise zu definieren, da ich mit dem obigen Parteien-Beispiel eine eingipflige Konfiguration individueller Präferenzordnungen betrachtet habe. Ich orientiere mich bei meiner Definition an Black (1948) und Arrow

(1951, Kap. 7).
Grob gesprochen, bedeutet Eingipfligkeit, daß alle Individuen die Alternativen in gleicher Weise gemäß einer Dimension anordnen und jede Person sich bei der Wahl zwischen zwei Alternativen für diejenige entscheidet, die näher an der für sie optimalen Alternative liegt. Die Anordnung der Alternativen läßt sich z.B. darstellen durch eine Funktion $g\colon \Omega \longrightarrow \mathbb{R}$, die jeder Alternative einen bestimmten Zahlenwert zuordnet.
Die nachfolgende Definition der Eingipfligkeit basiert darauf, daß man die von allen Individuen in gleicher Weise vorgenommene Anordnung der Alternativen mittels einer solchen Funktion g beschreibt. Eingipfligkeit wird dabei definiert als eine Eigenschaft von Nutzenfunktionsprofilen $(f_1, \ldots, f_m)$, welche die individuellen Präferenzordnungen repräsentieren. In einem zweidimensionalen Koordinatensystem trägt man für jede Person i und für jede Alternative a auf der horizontalen Achse den Wert $g(a)$ und auf der vertikalen Achse den Nutzenwert $f_i(a)$ an.[5] Die Eingipfligkeit des Nutzenfunktionsprofils $(f_1, \ldots, f_m)$ (bzw. des zugehörigen Präferenzordnungsprofils $(\mathrm{R}_1, \ldots, \mathrm{R}_m)$) entspricht dann der Eingipfligkeit der Funktionsgraphen für die verschiedenen Individuen.

Definition 2.1.5 *Es sei* $(\mathrm{R}_1, \ldots, \mathrm{R}_m)$ *ein Präferenzordnungsprofil; weiterhin seien* $f_1, \ldots, f_m$ *beliebige individuelle Nutzenfunktionen, die* $\mathrm{R}_1, \ldots, \mathrm{R}_m$ *repräsentieren.*
Das Präferenzordnungsprofil $(\mathrm{R}_1, \ldots, \mathrm{R}_m)$ *heißt* **eingipflig**, *wenn eine injektive*[6] *Funktion* $g\colon \Omega \longrightarrow \mathbb{R}$ *existiert, so daß keine der Funktionen*

$$F_i\colon \mathbb{R} \longrightarrow \mathbb{R}, \qquad F_i(u) \doteq f_i(g^{-1}(u)) \qquad (i=1, \ldots, m)$$

mehr als einen Gipfel, d.h. mehr als ein relatives Maximum, hat.

Die Funktion g dient in dieser Definition dazu, die verschiedenen Alternativen in geeigneter Weise anzuordnen. In Beispiel 2.1.4 ist g so zu wählen, daß $g(a) < g(x) < g(b) < g(y)$. Damit werden die Parteien in der Reihung (a, x, b, y) angeordnet.
Für die individuellen Nutzenfunktionen $f_i\colon \{a, x, b, y\} \longrightarrow \mathbb{R}$, $i=1, \ldots, m$, welche die individuellen Präferenzordnungen auf der Menge $\Omega \doteq \{a, x, b, y\}$ repräsentieren, folgt aus dem Rechts-links-Schema (a, x, b, y), ausgedrückt durch die Funktion g, und der Eingipfligkeit des Präferenzordnungsprofils

[5] Eine graphische Veranschaulichung dieser Vorgehensweise findet sich z.B. bei Kern/Nida-Rümelin (1994, S.93 f., Abbildungen 9 und 10) und Gaertner (1996, S.6, Abbildung 1).
[6] Zum Begriff der Injektivität siehe Anhang A.1, Definition A.1.3.

$(R_1, ..., R_m)$:

$$f_i(a) \leq f_i(x) \leq f_i(b) \qquad \text{oder} \qquad f_i(x) \geq f_i(b) \geq f_i(y).$$

Geht man außerdem davon aus, daß bei den individuellen Präferenzen keine Indifferenzen auftreten, so erhält man für alle $i \in \{1, ..., m\}$:

$$f_i(a) < f_i(x) < f_i(b) \qquad \text{oder} \qquad f_i(x) > f_i(b) > f_i(y).$$

Dies ist gleichbedeutend mit

$$(b\mathrm{P}_i x \wedge x\mathrm{P}_i a) \vee (x\mathrm{P}_i b \wedge b\mathrm{P}_i y).$$

Aus $a\mathrm{P}_i b$ (d.h. $f_i(a) > f_i(b)$) folgt deshalb $(x\mathrm{P}_i b \wedge b\mathrm{P}_i y)$ und somit $x\mathrm{P}_i y$, und aus $y\mathrm{P}_i x$ (d.h. $f_i(y) > f_i(x)$) folgt $b\mathrm{P}_i a$.
Die individuellen Präferenzen haben also die oben dargestellte Struktur, bei welcher die Forderung (NIM) greift. Die Forderung (NIM) besagt, daß sich diese Struktur auf die kollektive Präferenzrelation übertragen soll, d.h.

$$\forall i\, ((a\mathrm{P}_i b \Longrightarrow x\mathrm{P}_i y) \wedge (y\mathrm{P}_i x \Longrightarrow b\mathrm{P}_i a))$$
$$\Longrightarrow \quad (a\mathrm{P}b \Longrightarrow x\mathrm{P}y) \wedge (y\mathrm{P}x \Longrightarrow b\mathrm{P}a).$$

Der Kern der Forderung (NIM) liegt darin, daß der Entscheidung zwischen a und b die Entscheidung zwischen x und y gegenübergestellt wird. Die betrachtete Situation besteht - grob gesprochen - in einer Ähnlichkeit der beiden Entscheidungen (zwischen je zwei Alternativen), einer Tendenz zu b im einen Fall und einer Tendenz zu x im anderen Fall.
Betrachtet wird der Übergang von dem Vergleich zwischen a und b hin zu dem Vergleich zwischen x und y. Die Alternative x nimmt die Rolle der Alternative a und y die Rolle von b ein. Falls die individuellen Präferenzrelationen zwischen x und y denen zwischen a und b entsprechen oder lediglich eine Veränderung zugunsten von x stattfindet, so soll sich dieser Sachverhalt auf die zu ermittelnde kollektive Präferenzrelation übertragen. Ich habe dies ausführlich am Parteienbeispiel erläutert, wo ein Übergang vom Vergleich zwischen CSU und SPD hin zum Vergleich zwischen CDU und PDS vorliegt.
Bei der Eigenschaft (NIM) betrachtet man aber nicht nur Übergänge von einem Alternativenpaar (a, b) zu einem Alternativenpaar (x, y); vielmehr werden auch Veränderungen der individuellen Präferenzen (d.h. Veränderungen eines Präferenzordnungsprofils $(R_1, ..., R_m)$ zu $(R'_1, ..., R'_m)$) im Hinblick darauf untersucht, welche Konsequenzen sich aus diesen Veränderungen für die kollektive Präferenzrelation ergeben. Meine obigen Ausführungen zu der

Eigenschaft (R) der nicht-negativen Reaktion, einem Spezialfall der Eigenschaft (NIM), mögen als Veranschaulichung dienen.

Das von Blau/Deb (1977) gezeigte Veto-Theorem basiert im wesentlichen darauf, daß man von sozialen Entscheidungsfunktionen die Erfüllung der Eigenschaft (NIM), einer Konsequenz aus den Eigenschaften (R) und (N), fordert. Es lautet folgendermaßen:

Satz 2.1.5 *Es sei m die Anzahl der Individuen, n die Anzahl der zur Wahl stehenden Alternativen, $n \geq m$, und f eine soziale Entscheidungsfunktion mit den Eigenschaften* (U) *und* (NIM). *Dann gibt es eine Person $i \in \{1, ..., m\}$, die ein Vetorecht hat.*[7]

BEWEIS siehe Blau/Deb (1977); Sen (1977a, S.62, bzw. 1986, S.1086 f.).

Als eine Konsequenz aus Lemma 2.1.2 und Satz 2.1.5 erhält man das folgende Korollar:

Korollar 2.1.1 *Es sei m die Anzahl der Individuen, n die Anzahl der zur Wahl stehenden Alternativen, $n \geq m$, und f eine soziale Entscheidungsfunktion mit den Eigenschaften* (U), (R) *und* (N). *Dann gibt es eine Person $i \in \{1, ..., m\}$, die ein Vetorecht hat.*

BEWEIS Die Aussage dieses Korollars folgt unmittelbar aus Lemma 2.1.2 und Satz 2.1.5. ///

Die strikte und die schwache erweiterte Pareto-Regel genügen offensichtlich den Forderungen (R) und (N) und damit gemäß Lemma 2.1.2 auch der Forderung (NIM). Dagegen verletzen alle in Beispiel 2.1.2 definierten sozialen Entscheidungsfunktionen f_k^M die Forderung der Neutralität. In beiden Fällen existiert aber (mindestens) eine Person, die ein Vetorecht besitzt. Es erscheint mir an dieser Stelle wichtig, darauf hinzuweisen, daß bei den in Beispiel 2.1.2 konstruierten sozialen Entscheidungsfunktionen lediglich eine einzige Person, bei der strikten und der schwachen erweiterten Pareto-Regel aber **jede** Person ein Vetorecht hat.

Das Vetorecht aller Personen, welches im Falle der strikten und der schwachen erweiterten Pareto-Regel gegeben ist, hat gewöhnlich zur Folge, daß die kollektive Präferenzrelation eine hohe Zahl von Indifferenzen aufweist und eine kollektive Entscheidung für eine bestimmte Alternative deshalb unmöglich wird. Das Vetorecht von nur einer einzigen Person hingegen deutet darauf hin, daß dieser Person zu viele Rechte eingeräumt und die anderen Personen benachteiligt werden.

Die Tatsache, daß bereits die (meiner Ansicht nach sehr plausible) Forde-

[7] Zum Begriff des Vetorechts siehe Abschnitt 2.1.2, Definition 2.1.1.

rung (NIM) bei sozialen Entscheidungsfunktionen zwangsläufig das Vetorecht von mindestens einer Person zur Folge hat, rechtfertigt es, die Forderung der Azyklizität von R (und damit auch die Forderung nach einer nicht-leeren Menge von bzgl. R optimalen Alternativen!) zu überdenken.
Zudem basiert das von Sen (1970b) gezeigte Liberalitätsparadoxon (siehe Satz 2.1.4) auf der Forderung der Azykliziät von R und hat - wie ich im folgenden Abschnitt zeigen werde - nicht Bestand, wenn man die Forderung der Azyklizität ersetzt durch die Forderung der Tripel-Azyklizität.

2.1.4 Forderung der Tripel-Azyklizität

Schwächt man die Forderung der Azyklizität von R zu der Forderung der Tripel-Azykliziät ab, so nimmt man damit zwar in Kauf, daß die kollektive Präferenzrelation R möglicherweise nur einen geringen Informationsgehalt besitzt, umgeht jedoch Sens Liberalitätsparadoxon für soziale Entscheidungsfunktionen (siehe Abschnitt 2.1.3.1, Satz 2.1.4). Es existieren nämlich - wie ich im folgenden zeigen werde - zu jeder endlichen Alternativenmenge Ω mit mindestens vier Alternativen und jeder Zahl $m > 2$ von Personen kollektive Wahlregeln (jedoch keine sozialen Entscheidungsfunktionen, siehe Satz 2.1.4), die die Eigenschaften (U), (P) und (ML) besitzen und eine tripel-azyklische kollektive Präferenzrelation liefern. Die Konstruktion einer Klasse von derartigen kollektiven Wahlregeln steht im Mittelpunkt dieses Abschnitts.
Die kollektiven Wahlregeln, die ich im folgenden definieren will, erfüllen insbesondere die Eigenschaften (U), (SP), (I) und (ML). Ebenso wie in Beispiel 2.1.2 handelt es sich dabei um Modifikation der strikten erweiterten Pareto-Regel. Im Unterschied zu dem Beispiel 2.1.2, in dem ich lediglich **einer** Person ein liberales Recht zugestehe, räume ich in dem folgenden Beispiel **mehreren** Personen liberale Rechte der von Sen (1970a, Kapitel 6*; 1970b; 1976b; 1992) vorgeschlagenen Art ein.

Beispiel 2.1.5 *Es seien $M_1, ..., M_m$ Teilmengen von Ω, so daß*

$$M_1 \cap \ldots \cap M_m = \emptyset$$

und wenigstens zwei dieser Mengen M_i $(i = 1, ..., m)$ mehr als ein Element enthalten. (Dies setzt natürlich voraus, daß $m \geq 2$ und $|\Omega| \geq 4$.) Wie in Beispiel 2.1.2 bezeichne ich mit R^* diejenige kollektive Präferenzrelation, die man mit Hilfe der strikten erweiterten Pareto-Regel erhält.
Ich definiere nun eine kollektive Wahlregel $f^{\{M_i\}}$, die sich von der strikten erweiterten Pareto-Regel dadurch unterscheidet, daß jeder Person $j \in$

$\{1, ..., m\}$, *für die* $|M_j| \geq 2$ *gilt, das liberale Recht eingeräumt wird, zwischen den in* M_j *enthaltenen Alternativen autonom zu entscheiden. Da es sich bei einer kollektiven Wahlregel um eine Funktion handelt, die jedem Präferenzordnungsprofil* $(\mathrm{R}_1, ..., \mathrm{R}_m)$ *eine kollektive Präferenzrelation* R *zuordnet, erfolgt diese Definition durch die Angabe einer kollektiven Präferenzrelation* R *für alle Konfigurationen individueller Präferenzen.*
Es seien nun die individuellen Präferenzrelationen $\mathrm{R}_1, ..., \mathrm{R}_m$ *gegeben. Die kollektive Präferenzrelation* $\mathrm{R} = f^{\{M_i\}}(\mathrm{R}_1, ..., \mathrm{R}_m)$ *läßt sich dann dadurch definieren, daß man für alle* $a, b \in \Omega$ *angibt, ob* $a\mathrm{R}b$ *oder* $\neg(a\mathrm{R}b)$ *der Fall ist.*
Falls ein $k \in \{1, ..., m\}$ *existiert, so daß* $a, b \in M_k$ *, so gelte*

$$a\mathrm{R}b :\Longleftrightarrow a\mathrm{R}_k b \wedge a\mathrm{R}^* b\,,$$

und ansonsten

$$a\mathrm{R}b :\Longleftrightarrow a\mathrm{R}_k b\,.$$

Wie die Ausführungen in Beispiel 2.1.2 *zeigen, erhält man für die zu* R *gehörigen Relationen* P *und* I*:*

- $(a\mathrm{P}b \iff a\mathrm{P}^*b)$ *und* $(a\mathrm{I}b \iff a\mathrm{I}^*b)$, *falls kein* $k \in \{1, ..., m\}$ *existiert, so daß* $a, b \in M_k$.
- $(a\mathrm{P}b \iff a\mathrm{P}_k b \vee a\mathrm{P}^*b)$ *und* $(a\mathrm{I}b \iff a\mathrm{I}_k b \wedge a\mathrm{I}^*b)$, *falls* $a, b \in M_k$.

Die auf diese Weise definierte kollektive Präferenzrelation R *ist in jedem Fall reflexiv, vollständig und tripel-azyklisch. Der Beweis der Reflexivität (trivial!) und der Vollständigkeit erfolgt analog zu Beispiel* 2.1.2. *Ich beschränke mich deshalb auf den Beweis der Tripel-Azyklizität:*

> *Es seien* $a_1, a_2, a_3 \in \Omega$ *derart, daß* $a_1\mathrm{P}a_2 \wedge a_2\mathrm{P}a_3$.
> *Die Behauptung ist dann:* $a_1\mathrm{P}a_3$. *Bei dem Beweis dieser Behauptung unterscheide ich die beiden folgenden Fälle:*
>
> **1. Fall:** *Es gibt genau ein* $k \in \{1, ..., m\}$, *so daß* $a_1, a_2 \in M_k$ *oder* $a_2, a_3 \in M_k$ *(eventuell auch:* $a_1, a_2, a_3 \in M_k$*)* .
> *Wie die Überlegungen in Beispiel* 2.1.2 *zeigen, gilt in diesem Fall für* $i = 1, 2$:
>
> $$a_i\mathrm{P}a_{i+1} \implies a_i\mathrm{P}_k a_{i+1} \vee a_i\mathrm{P}^* a_{i+1} \implies a_i\mathrm{R}_k a_{i+1} \wedge a_i\mathrm{R}^* a_{i+1}\,.$$
>
> *Wegen der Transitivität der Relationen* R_k *und* R^* *erhält man somit:*
>
> $$a_1\mathrm{R}_k a_3 \wedge a_1\mathrm{R}^* a_3\,.$$

Da $M_1 \cap ... \cap M_m = \emptyset$, *können* a_1 *und* a_3 *zusammen nur in* M_k *enthalten sein. Deshalb gilt:* $a_1 \mathrm{R} a_3$.

2. Fall: *Es gibt kein* $k \in \{1, ..., m\}$, *so daß* $a_1, a_2 \in M_k$ *oder* $a_2, a_3 \in M_k$.
In diesem Fall gilt: $a_i \mathrm{P} a_{i+1} \iff a_i \mathrm{P}^* a_{i+1}$, $i = 1, 2$.
Wegen der Transitivität von P^* *erhält man somit:* $a_1 \mathrm{P}^* a_3$.
Hieraus folgt für alle $k \in \{1, ..., m\}$:

$$a_1 \mathrm{R}_k a_3 \wedge a_1 \mathrm{R}^* a_3, \quad \textit{also: } a_1 \mathrm{R} a_3.$$

Der Fall, daß $k, l \in \{1, ..., m\}$, $k \neq l$, *existieren, so daß sowohl* M_k *als auch* M_l *mindestens zwei Elemente aus* $\{a_1, a_2, a_3\}$ *enthalten, kann wegen der Voraussetzung* $M_1 \cap ... \cap M_m = \emptyset$ *ausgeschlossen werden.*
Damit ist die Tripel-Azyklizität von R *gezeigt. Wesentlich war in diesem Beweis die Voraussetzung* $M_1 \cap ... \cap M_m = \emptyset$.

Offensichtlich erfüllen die hier definierten kollektiven Wahlregeln $f^{\{M_i\}}$ *die Forderungen* (U), (SP), (I) *und* (ML). *Die Eigenschaft* (ML) *beispielsweise ergibt sich aus der Voraussetzung, daß für mindestens zwei* $i \in \{1, ..., m\}$ *die Menge* M_i *mehr als ein Element enthalten soll. Mindestens zwei Personen wird damit das Recht eingeräumt, jeweils zwischen mindestens zwei Alternativen autonom zu entscheiden.*

Auch wenn sich Sens Liberalitätsparadoxon durch die Abschwächung der Azyklizitätsforderung zu der Forderung der Tripel-Azyklizität umgehen läßt, so bleiben die Möglichkeiten für eine Nutzenaggregation auch im Falle der Forderung der Tripel-Azyklizität von R begrenzt. Mas-Colell/Sonnenschein (1972) zeigen das folgende Unmöglichkeitsresultat, welches besagt, daß aus bestimmten Forderungen an kollektive Wahlregeln, die abgesehen von der Forderung (PR) sehr schwach sind, das Vetorecht einer Person folgt.

Satz 2.1.6 *(vgl. hierzu Abschnitt* 2.1.2, *Satz* 2.1.3*)*
Es sei $|\Omega| \geq 4$ *und* f *eine kollektive Wahlregel, welche die Eigenschaften* (U), (P), (I) *und* (PR) *besitzt und stets eine reflexive, vollständige und tripel-azyklische kollektive Präferenzrelation liefert. Dann gibt es eine Person* $i \in \{1, ..., m\}$, *die ein Vetorecht hat.*[8]
BEWEIS siehe Mas-Colell/Sonnenschein (1972).

Dieses Unmöglichkeitsresultat von Mas-Colell/Sonnenschein (1972) zeigt,

[8] Zum Begriff des Vetorechts siehe Abschnitt 2.1.2, Definition 2.1.1.

daß auch bei einem Verzicht auf Quasitransitivität und sogar auf Azyklizität, aber gleichzeitigem Festhalten an der Forderung der Tripel-Azyklizität, aus den Eigenschaften (U), (P), (I) und (PR) das Vetorecht von mindestens einer Person folgt. Der Nachteil eines solchen Vetorechts besteht vor allem darin, daß einer Person (oder mehreren Personen) das Recht eingeräumt wird, eine „vernünftige" Entscheidung zu blockieren (vgl. hierzu meine Ausführungen am Ende von Abschnitt 2.1.3).
Wie ich im folgenden Abschnitt anhand der einfachen Mehrheitsentscheidungsregel erörtern werde, besitzt das in Satz 2.1.6 formulierte Unmöglichkeitsresultat keine Gültigkeit, wenn man die Forderung der Tripel-Azyklizität von R fallen läßt.

2.1.5 Die einfache Mehrheitsentscheidungsregel

Fordert man von einer kollektiven Wahlregel, daß sie für alle Konfigurationen individueller Präferenzen definiert ist und stets eine azyklische (oder zumindest tripel-azyklische) kollektive Präferenzrelation liefert, so scheidet die einfache Mehrheitsentscheidungsregel[9] als mögliche kollektive Wahlregel aus.
Am Beispiel der einfachen Mehrheitsregel sieht man besonders deutlich, daß Satz 2.1.6 aus Abschnitt 2.1.4 seine Gültigkeit verliert, wenn man auf die Forderung der Tripel-Azyklizität verzichtet: Bei der in Abschnitt 1.1.2 definierten einfachen Mehrheitsregel handelt es sich offensichtlich um eine kollektive Wahlregel, die die Forderungen (U), (P), (I) und (PR) erfüllt und eine reflexive und vollständige kollektive Präferenzrelation liefert. Die einfache Mehrheitsregel besitzt außerdem die Eigenschaften (A) und (SP), sowie die in Abschnitt 2.1.3.2 definierten Eigenschaften der Neutralität und der nicht-negativen Reaktion.

May (1952) hat eine Axiomatisierung der einfachen Mehrheitsregel vorgenommen, die mit den hier genannten Eigenschaften (U), (A), (N) und (PR) zusammenhängt. Eine modifizierte Fassung von Mays Theorem (May, 1952, S.682) lautet:

Satz 2.1.7 *(Axiomatisierung der einfachen Mehrheitsregel)*
Die einfache Mehrheitsregel ist die **einzige** *kollektive Wahlregel, die stets eine reflexive und vollständige kollektive Präferenzrelation liefert und die Bedingungen* (U), (A), (N) *und* (PR) *erfüllt.*
BEWEIS siehe Sen (1970a, Beweis von Theorem 5*1).

---

[9] Zur Definition der einfachen Mehrheitsentscheidungsregel siehe Abschnitt 1.1.2.

Die Forderungen (U), (A), (N) und (PR) sind erheblich stärker als beispielsweise die Forderungen in Theorem 2.1.1 (Arrows Theorem) und den Sätzen 2.1.1 (Axiomatisierung der strikten erweiterten Pareto-Regel), 2.1.2 (Oligarchie-Theorem) und 2.1.4 (Sens Liberalitätsparadoxon). So folgt z.B., wie in Abschnitt 2.1.3.2 erwähnt, (I) aus (N) und, wie schon in Abschnitt 1.1.2 bemerkt, (ND) aus (A). Weiterhin ist (SP) und damit auch (P) eine Konsequenz aus (N) und (PR), wie Sen (1970a, Lemma 5*d) zeigt. Abgesehen von der Bedingung (PR), die man nicht unbedingt als ein Kriterium für eine rationale kollektive Wahl ansehen muß, handelt es sich bei allen in Satz 2.1.7 genannten Bedingungen für eine kollektive Wahlregel um durchaus plausible Forderungen. Bei einer näheren Betrachtung der einfachen Mehrheitsregel verdient deshalb die Eigenschaft (PR) besondere Beachtung: Unter allen kollektiven Wahlregeln zeichnet sich die einfache Mehrheitsregel vor allem dadurch aus, daß sie die Eigenschaft der positiven Reaktion besitzt. Diese Eigenschaft beinhaltet insbesondere folgendes: Eine kollektive Indifferenz zwischen zwei Alternativen (z.B. eine Patt-Situation bei einer Abstimmung) schlägt in eine Präferenz zugunsten der einen oder der anderen Alternative um, wenn eine Person ihre Präferenzen zugunsten der einen oder der anderen Alternative ändert.
Neben der Bedingung (PR) will ich aus Satz 2.1.7 noch einen weiteren Punkt hervorheben: die Beschränkung auf kollektive Wahlregeln. Kollektive Wahlregeln, wie z.B. die strikte und die schwache erweiterte Pareto-Regel oder die einfache Mehrheitsregel, stützen sich lediglich auf ordinale Informationen über die individuellen Präferenzen und verzichten auf interpersonelle Nutzenvergleiche. Charakteristisch für die einfache Mehrheitsregel sind also insbesondere zwei Dinge:

1. Die einfache Mehrheitsregel ist eine kollektive Wahlregel.

2. Die einfache Mehrheitsregel besitzt die Eigenschaft (PR).

Diese beiden Merkmale der einfachen Mehrheitsregel können nicht nur als Vorzüge, sondern auch als Nachteile gegenüber anderen Formen der Nutzenaggregation angesehen werden.
Bei der Eigenschaft der positiven Reaktion handelt es sich um eine unangemessen strenge Anforderung an eine kollektive Wahlregel. Das Auftreten kollektiver Indifferenzen zwischen verschiedenen Alternativen wird durch die Forderung (PR) weitestgehend ausgeschlossen. Gerade bei kollektiven Wahlregeln treten wegen des Verzichts auf interpersonelle Nutzenvergleiche häufig kollektive Indifferenzen auf. Wie ich am Ende von Abschnitt 2.1.2 gezeigt habe, verletzen insbesondere die strikte und die schwache erweiterte

Pareto-Regel die Forderung (PR).
Die einfache Mehrheitsregel läßt - wie jede kollektive Wahlregel - sowohl Präferenzintensitäten (aufgrund der fehlenden Kardinalisierung der individuellen Präferenzen) als auch interpersonelle Nutzenvergleiche außer acht. Will man aber die individuellen Präferenzen gegeneinander aufrechnen, so benötigt man sowohl kardinale Nutzenmessungen als auch interpersonelle Nutzenvergleiche. Bei der einfachen Mehrheitsregel findet im Prinzip dennoch eine solche Aufrechnung statt, obwohl weder kardinale Nutzenmessungen noch interpersonelle Nutzenvergleiche zur Verfügung stehen: Bei jeder Gegenüberstellung zweier Alternativen a und b verrechnet man die Stimmen für die Alternative a mit den Stimmen für die Alternative b. Die einfache Mehrheitsregel unterstellt somit, daß alle Präferenzen - gleichgültig ob zugunsten von a oder b - gleich stark sind.
Keine der übrigen oben erwähnten kollektiven Wahlregeln (strikte und schwache erweiterte Pareto-Regel, Diktatur, Beispiel 2.1.2 und Beispiel 2.1.5) macht eine derartige Unterstellung hinsichtlich der Präferenzintensitäten, wenngleich alle genannten kollektiven Wahlregeln Nachteile aufweisen. Beispielsweise gelangt man im Falle der strikten und der schwachen erweiterten Pareto-Regel nur dann zu einer Entscheidung, wenn sich alle Personen einig sind. Der Entscheidungsdruck bei kollektiven Entscheidungen führt meist dazu, daß man das vorhandene Informationsdefizit ignoriert und der einfachen Mehrheitsregel den Vorzug gegenüber der strikten erweiterten Pareto-Regel gibt.
Es spricht aber natürlich gegen die einfache Mehrheitsregel, daß diese eine Verrechnung individueller Präferenzen vornimmt, ohne kardinale Nutzenmessungen durchzuführen. Ich sehe darin einen mindestens ebenso schwerwiegenden Nachteil der einfachen Mehrheitsregel wie in dem Auftreten von Zirkeln, auf das ich im folgenden näher eingehen will (Condorcet-Paradoxon, siehe Abschnitt 1.1.2).

Das Condorcet-Paradoxon zeigt, daß die einfache Mehrheitsregel kollektive Präferenzrelationen liefern kann, die nicht transitiv und auch nicht quasitransitiv, azyklisch oder tripel-azyklisch sind: Auch bei nur drei Alternativen kann, wie das Condorcet-Paradoxon deutlich macht, bereits ein Zirkel auftreten.
Tritt bei der kollektiven Präferenzrelation R ein Zirkel auf, so bedeutet dies, daß zu mindestens einer Teilmenge von Ω kein bzgl. R optimales Element existiert.[10] Dies sieht man so:

[10] Zur Definition des Begriffs des optimalen Elements siehe Abschnitt 1.1.2.

> Das Auftreten eines Zirkels besagt, daß $a_1, \ldots, a_k \in \Omega$ existieren, so daß
> $a_1 \mathrm{P} a_2 \wedge \ldots \wedge a_{k-1} \mathrm{P} a_k \wedge a_k \mathrm{P} a_1$.
> Es gibt also kein $a \in M \doteq \{a_1, \ldots, a_k\}$, so daß $a\mathrm{R}b$ $(\Longleftrightarrow \neg(b\mathrm{P}a))$ für alle $b \in M$. Zu der Menge M existiert somit kein bzgl. R optimales Element.

Existiert ein optimales Element von Ω bzgl. der bei Anwendung der einfachen Mehrheitsregel gewonnenen kollektiven Präferenzrelation R, so nennt man dieses Element **Condorcet-Gewinner**. Das Auftreten von Zirkeln stellt vor allem dann ein Problem dar, wenn kein Condorcet-Gewinner existiert. Die Wahrscheinlichkeit hierfür hängt sehr stark von der Anzahl der Individuen und vor allem von der Anzahl der Alternativen ab.
Geht man davon aus, daß bei den individuellen Präferenzen keine Indifferenzen auftreten und jede der verbleibenden Konfigurationen individueller Präferenzen gleich wahrscheinlich ist, so erhält man unter anderem die folgenden Resultate:
Bei drei Individuen und drei Alternativen beträgt die Wahrscheinlichkeit für die Nichtexistenz eines Condorcet-Gewinners 5.56% (12 paradoxe Fälle von insgesamt 216 Fällen), bei 40 Alternativen und einer hinreichend großen Zahl von Individuen liegt diese Wahrscheinlichkeit jedoch über 80% (siehe hierzu Niemi/Weisberg, 1968).
Die Aussagekraft derartiger Wahrscheinlichkeitsüberlegungen ist jedoch sehr fragwürdig, da sich die Annahme einer Gleichverteilung auf der Menge aller möglichen Präferenzordnungsprofile (bei Ausschluß von Indifferenzen) ebenso wenig rechtfertigen läßt wie jede andere Wahrscheinlichkeitsverteilung.

Möglicherweise existiert kein Condorcet-Gewinner. Wie soll man in einem solchen Fall bei Verwendung der einfachen Mehrheitsregel zu einer kollektiven Entscheidung gelangen?
Die einzige vernünftige Antwort auf diese Frage lautet: Es muß eine mehrstufige Abstimmung durchgeführt werden (vgl. hierzu Abschnitt 1.1.2, in dem ich ein Beispiel für eine zweistufige Abstimmung erläutert habe). Bei einer solchen mehrstufigen Abstimmung sind die Alternativen zunächst in einer Reihe $(a_1, \ldots, a_m)$ anzuordnen. Indem man sich in einer ersten Abstimmung zwischen a_1 und a_2 entscheidet, in einer zweiten Abstimmung zwischen dem Sieger der ersten Abstimmung und $a_3, \ldots$, und schließlich in der $(m-1)-$ten Abstimmung zwischen dem Sieger der $(m-2)-$ten Abstimmung und a_m, erhält man eine Sequenz von $m-1$ Wahlentscheidungen.
Falls ein Condorcet-Gewinner existiert, so geht dieser als Sieger aus jeder

denkbaren mehrstufigen Abstimmung hervor, da die Reihung der Alternativen in diesem Fall keinen Einfluß auf die zu treffende kollektive Entscheidung hat. Falls kein Condorcet-Gewinner existiert, so liefert eine mehrstufige Abstimmung dennoch einen „Sieger". Aber mit welchem Recht kann man hier überhaupt von einem Sieger sprechen - angesichts der Tatsache, daß eine andere Anordnung der Alternativen zu einer anderen Entscheidung führt?
Tullock (1972, Kapitel 3) interpretiert mehrstufige Abstimmungen in folgender Weise: Bei jeder Abstimmung stellt man dem Status quo eine Alternative gegenüber, die daraufhin zu prüfen ist, ob ihre Realisierung eine Verbesserung des Status quo bedeutet oder nicht: Stimmt eine einfache Mehrheit der Individuen für diese Alternative, so interpretiert Tullock (1972) die Realisierung dieser Alternative als eine (kollektive) „Verbesserung" des Status quo. Die Problematik des Auftretens von Zirkeln besteht nun darin, daß eine mehrmalige „Verbesserung" des Status quo mittels einer mehrstufigen Abstimmung zu einem Endergebnis führen kann, das von einer Mehrheit als eine Verschlechterung gegenüber dem Ausgangszustand angesehen wird. Angesichts des Auftretens von Zirkeln erweist sich die Rede von einer Verbesserung des Status quo als unangemessen, da mit dem Begriff der Verbesserung stets die Annahme der Transitivität verbunden ist: Ist a besser als b und b besser als c, so ist a besser als c.
Tullock (1972) versucht, mehrstufige Abstimmungen dadurch zu rechtfertigen, daß er jeden Sieger einer mehrstufigen Abstimmung als eine (im Vergleich zu den übrigen Alternativen) gute Lösung interpretiert. Er unterstellt, daß eine Metrik[11] auf der Alternativenmenge existiert und behauptet, daß der Gewinner einer mehrstufigen Abstimmung gewöhnlich (oder wie es Tullock ausdrückt: „im Durchschnitt") keinem Zirkel angehört, der sich über eine große Fläche (innerhalb der Alternativenmenge) erstreckt. Ich halte Tullocks Ausführungen zur Problematik des Auftretens von Zirkeln bei Mehrheitsentscheidungen für wenig hilfreich und will deshalb auf Einzelheiten seiner Argumentation nicht eingehen. Die Nichtexistenz eines Condorcet-Gewinners stellt nämlich meiner Ansicht nach in jedem Fall eine problematische Situation dar - unabhängig davon, wie stark sich die einzelnen Gewinner der verschiedenen denkbaren mehrstufigen Abstimmungen voneinander unterscheiden. Hinzu kommt, daß die Annahme eines Abstandsbegriffs auf der Alternativenmenge bei den meisten kollektiven Entscheidungen nicht so unproblematisch ist, wie dies Tullock (1972) annimmt - insbesondere dann nicht, wenn eine endliche Anzahl von Alternativen vorliegt.

[11] Zum Begriff der Metrik siehe Anhang A.2, Definition A.2.1.

Das Condorcet-Paradoxon läßt sich weder durch den Hinweis auf die (angeblich) geringe Wahrscheinlichkeit für die Nichtexistenz eines Condorcet-Gewinners noch durch die These, daß mehrstufige Abstimmungen auch im Falle des Condorcet-Paradoxons eine vernünftige Entscheidung liefern, wegdiskutieren.
Bei Anwendung der einfachen Mehrheitsregel besteht immer die Möglichkeit, daß ein Zirkel auftritt - selbst dann, wenn dies nicht sehr wahrscheinlich sein sollte. Auch im Falle des Auftretens von Zirkeln muß man sich für eine Alternative entscheiden. Das Wahrscheinlichkeitsargument halte ich deshalb für nicht überzeugend.
Durch eine mehrstufige Abstimmung gelangt man zwar zu einer Entscheidung; ob es sich aber bei der Entscheidung für den Sieger einer mehrstufigen Abstimmung um eine optimale Lösung handelt, darf bezweifelt werden. Allerdings sollte man nicht zu strenge Kriterien bei der Beurteilung mehrstufiger Abstimmungen anlegen. Das Ziel jeder Anwendung der einfachen Mehrheitsregel, welche sich (wie jede kollektive Wahlregel) mit minimalen Informationen über die individuellen Präferenzen begnügt, kann es nämlich nicht sein, eine optimale Lösung zu finden. Vielmehr geht es darum, überhaupt zu einer Lösung zu kommen, die von einer Mehrheit der Individuen akzeptiert wird.

Inada (1964, 1970), Sen (1966, 1969) und Pattanaik (1968, 1970a, 1970b) gehen bei der Rechtfertigung der einfachen Mehrheitsregel einen anderen Weg als Niemi/Weisberg (1968, Betonung der geringen Wahrscheinlichkeit für die Nichtexistenz eines Condorcet-Gewinners) oder Tullock (1972, Betrachtung von mehrstufigen Abstimmungen). Sie schränken den Definitionsbereich der einfachen Mehrheitsregel ein und lassen nur solche Konfigurationen individueller Präferenzen zu, für die ein Condorcet-Gewinner existiert. Dies bedeutet natürlich eine Verletzung der Forderung (U).
Bei meinen Ausführungen zu dieser Thematik will ich mich vor allem auf zwei Fragen konzentrieren:

1. Wie stark muß man den Definitionsbereich der einfachen Mehrheitsregel einschränken, um in jedem Fall eine azyklische kollektive Präferenzrelation zu erhalten?

2. Wie stark muß man den Definitionsbereich der einfachen Mehrheitsregel einschränken, um in jedem Fall eine transitive kollektive Präferenzrelation zu erhalten?

Eine Möglichkeit, die Azyklizität der mit Hilfe der einfachen Mehrheitsregel gewonnenen kollektiven Präferenzrelation zu garantieren, besteht in der

Beschränkung der zugelassenen Konfigurationen individueller Präferenzen auf diejenigen Präferenzordnungsprofile $(R_1, ..., R_m)$, die die Eigenschaft der Eingipfligkeit[12] besitzen.
Arrow (1951, Kapitel 7, Theorem 4) zeigt, daß im Falle einer ungeraden Anzahl von Alternativen die Beschränkung auf eingipflige Präferenzordnungsprofile nicht nur die Azyklizität, sondern sogar die Transitivität der kollektiven Präferenzrelation gewährleistet. Es ist dabei, wie der Beweis dieses Resultats (siehe z.B. Arrow, 1951, Kapitel 7) zeigt, nicht erforderlich, daß sich alle Alternativen gleichzeitig in geeigneter Weise anordnen lassen: Da Transitivität eine Eigenschaft von Tripeln ist, genügt es, wenn sich jede dreielementige Menge von Alternativen auf die in der folgenden Definition dargestellte Weise anordnen läßt.

Definition 2.1.6 *(Tripel-Eingipfligkeit)*
a) *Ein Präferenzordnungsprofil auf einer dreielementigen Alternativenmenge heißt eingipflig, wenn es eine Anordnung (a, b, c) dieser drei Alternativen gibt, so daß jede Person, die a mindestens so hoch wie b einstuft, b gegenüber c vorzieht, d.h. wenn für alle $i \in \{1, ..., m\}$ gilt: $aR_ib \implies bP_ic$.*
Dies ist offensichtlich äquivalent dazu, daß die Alternative b von keiner Person als schlechteste Alternative der gegebenen dreielementigen Menge angesehen wird.
b) *Ein Präferenzordnungsprofil $(R_1, ..., R_m)$ auf der Alternativenmenge Ω heißt* **tripel-eingipflig**, *wenn für jede dreielementige Teilmenge M von Ω das zu $(R_1, ..., R_m)$ gehörige Präferenzordnungsprofil auf der Menge M eingipflig ist.*
Ein Präferenzordnungsprofil besitzt also genau dann die Eigenschaft der Tripel-Eingipfligkeit, wenn für jedes Tripel von Alternativen eine Alternative existiert, die von keiner Person am schlechtesten eingestuft wird.

Verwendet man den Begriff der Tripel-Eingipfligkeit, so lassen sich die Ausführungen von Arrow (1951, Kapitel 7) in folgendem Satz zusammenfassen:

Satz 2.1.8 *Für alle tripel-eingipfligen Präferenzordnungsprofile liefert die einfache Mehrheitsregel eine kollektive Präferenzordnung, sofern die Anzahl der Alternativen ungerade ist.*
BEWEIS siehe Arrow (1951, Kapitel 7).

Satz 2.1.8 besagt, daß die kollektive Präferenzrelation, die man mit Hilfe der einfachen Mehrheitsregel erhält, im Falle einer ungeraden Anzahl von Alternativen und eines tripel-eingipfligen Präferenzordnungsprofils stets die

[12] Zum Begriff der Eingipfligkeit, wie er von Black (1948) und Arrow (1951, Kapitel 7) definiert wurde, siehe Abschnitt 2.1.3.2, Definition 2.1.5.

Eigenschaft der Transitivität besitzt. Sowohl bei der Einschränkung des Definitionsbereichs der einfachen Mehrheitsregel auf tripel-eingipflige Präferenzordnungsprofile als auch bei der Voraussetzung der Ungeradzahligkeit handelt es sich jedoch um sehr problematische Annahmen.
Auf die Voraussetzung einer ungeraden Anzahl von Alternativen kann man verzichten, wenn man nicht die Transitivität, sondern lediglich die Quasitransitivität der kollektiven Präferenzrelation garantieren will: Wie der (weiter unten erwähnte) Satz 2.1.10 besagt, folgt aus der Tripel-Eingipfligkeit eines Präferenzordnungsprofils in jedem Fall (also auch bei einer geraden Anzahl von Alternativen!) die Quasitransitivität der kollektiven Präferenzrelation, die man mit Hilfe der einfachen Mehrheitsregel erhält.

Zur Veranschaulichung des Begriffs der Eingipfligkeit kann das in Abschnitt 1.1.2 erörterte Urlaubsbeispiel dienen. Dabei stehen einer dreiköpfigen Familie drei Urlaubsorte zur Wahl: a, b und c. Mit a bezeichne ich den Heimatort, an dem die Familie wohnt; b sei ein Ort in der näheren Umgebung und c ein weiter entfernter Ort in einem anderen Land. Die Präferenzen der einzelnen Familienmitglieder hängen nun davon ab, wie heimatverbunden oder wie reiselustig diese sind. Eine Eingipfligkeit der Präferenzordnungsprofile liegt in diesem Beispiel unter anderem dann vor, wenn folgendes gilt: Jedes Familienmitglied, das a mindestens so gut findet wie b, zieht b gegenüber c vor, d.h.

$$a\mathrm{R}_i b \implies b\mathrm{P}_i c \qquad \text{für alle } i \in \{1,2,3\}\,.$$

Dies ist offensichtlich gleichbedeutend damit, daß die Alternative b von keinem Familienmitglied für die schlechteste Alternative gehalten wird, daß also

$$b\mathrm{P}_i a \vee b\mathrm{P}_i c \qquad \text{für alle } i \in \{1,2,3\}\,.$$

Es gilt nämlich:

$$(a\mathrm{R}_i b \implies b\mathrm{P}_i c) \iff \neg(a\mathrm{R}_i b) \vee b\mathrm{P}_i c \iff b\mathrm{P}_i a \vee b\mathrm{P}_i c\,.$$

Eine eher heimatverbundene Person wird b gegenüber c und eine eher reiselustige Person b gegenüber a vorziehen. Zirkuläre kollektive Präferenzen können in dem vorliegenden Beispiel gemäß Satz 2.1.8 nur dann auftreten, wenn ein Familienmitglied die Alternative b schlechter als die Alternativen a und c einstuft. Bei dem in Abschnitt 1.1.2 dargestellten Präferenzordnungsprofil, das zu einem Zirkel führt, stuft die Tochter die Alternative b (b steht für den Urlaubsort Ascona!) deshalb am schlechtesten ein, weil sie ihren Ex-Freund nicht treffen will.
Das Condorcet-Paradoxon zeichnet sich dadurch aus, daß jede der drei zur

Wahl stehenden Alternativen von je einem Individuum an die erste, an die zweite bzw. an die dritte (und letzte) Stelle gesetzt wird. Ich zeige nun, daß dies bei drei Alternativen und drei Individuen die einzige Konfiguration der individuellen Präferenzen ist, für welche die einfache Mehrheitsregel eine zirkuläre kollektive Präferenzrelation liefert:

Es sei $m=3$, $\Omega \doteq \{a,b,c\}$. Für die individuellen Präferenzordnungen R_1, R_2 und R_3 gelte:

$$N(a\mathrm{P}b) > N(b\mathrm{P}a)\,, \quad N(b\mathrm{P}c) > N(c\mathrm{P}b)\,, \quad N(c\mathrm{P}a) > N(a\mathrm{P}c)\,,$$

wobei $N(a\mathrm{P}b)$ die Anzahl der Individuen sei, die a gegenüber b vorziehen.
Dies ist äquivalent zu

$$N(b\mathrm{R}a) < N(a\mathrm{R}b)\,, \quad N(c\mathrm{R}b) < N(b\mathrm{R}c)\,, \quad N(a\mathrm{R}c) < N(c\mathrm{R}a)\,.$$

Wegen der Transitivität der individuellen Präferenzen, d.h. wegen

$$N\left(a\mathrm{R}b \wedge b\mathrm{R}c \wedge c\mathrm{R}a\right) = 0,$$

folgt hieraus:

$$\begin{aligned} N(b\mathrm{R}a) &= N(c\mathrm{R}b) = N(a\mathrm{R}c) = 1, \\ N(a\mathrm{R}b) &= N(b\mathrm{R}c) = N(c\mathrm{R}a) = 2\,. \end{aligned}$$

Es gilt also:

$$\begin{aligned} N(a\mathrm{P}b) &= N(b\mathrm{P}c) = N(c\mathrm{P}a) = 2, \\ N(b\mathrm{P}a) &= N(c\mathrm{P}b) = N(a\mathrm{P}c) = 1\,, \end{aligned}$$

und daher insbesondere:

$$\begin{aligned} N\left(a\mathrm{P}b \wedge b\mathrm{P}c\right) &\geq 1, \\ N\left(b\mathrm{P}c \wedge c\mathrm{P}a\right) &\geq 1, \\ N\left(c\mathrm{P}a \wedge a\mathrm{P}b\right) &\geq 1. \end{aligned}$$

Außerdem gilt wegen der Transitivität der individuellen Präferenzen:

$$\begin{aligned} N\left(a\mathrm{P}b \wedge b\mathrm{P}c\right) &\leq N(a\mathrm{P}c), \\ N\left(b\mathrm{P}c \wedge c\mathrm{P}a\right) &\leq N(b\mathrm{P}a), \\ N\left(c\mathrm{P}a \wedge a\mathrm{P}b\right) &\leq N(c\mathrm{P}a). \end{aligned}$$

Man erhält somit:

$$N\,(aPb \wedge bPc) \;=\; N\,(bPc \wedge cPa) \;=\; N\,(cPa \wedge aPb) \;= 1.$$

Zur Vermeidung eines Zirkels benötigt man in dem vorliegenden Beispiel mit drei Alternativen und drei Individuen (ebenso wie im allgemeinen Fall, siehe unten!) also nicht notwendigerweise die Eigenschaft der Eingipfligkeit, welche besagt, daß einer der möglichen Urlaubsorte (z.B. b bzw. Ascona) von keinem Familienmitglied am schlechtesten eingestuft wird, sondern lediglich eine solche Einschränkung der zugelassenen Präferenzordnungsprofile, die besagt, daß mindestens ein Urlaubsort von keinem Familienmitglied am schlechtesten oder von keinem am besten oder von keinem am zweitbesten (genauer: weder am schlechtesten noch am besten) eingestuft wird. Diese Einschränkung, die deutlich schwächer als die Eingipfligkeit ist, bezeichne ich in Anlehnung an Sen (1966, 1970a), der den Begriff „Value Restriction" verwendet, als **Werturteilsbeschränkung**.

Definition 2.1.7 *Ein Präferenzordnungsprofil* $(R_1, ..., R_m)$ *besitzt die Eigenschaft der* **Werturteilsbeschränkung**, *wenn für jedes Tripel* (a, b, c) *von Alternativen eine Alternative (ohne Beschränkung der Allgemeinheit sei dies a) existiert, so daß eine der drei folgenden Aussagen gilt:*

- *Kein Individuum stuft die Alternative a am schlechtesten ein, d.h.* $aP_ib \vee aP_ic$ *für alle* $i \in \{1, ..., m\}$ *(Dies bedeutet Tripel-Eingipfligkeit mit der Anordnung* (b, a, c) *bzw.* (c, a, b)*!), oder*
- *kein Individuum stuft a am besten ein, d.h.* $bP_ia \vee cP_ia$ *für alle* $i \in \{1, ..., m\}$, *oder*
- *kein Individuum stuft a weder am besten noch am schlechtesten ein, d.h.*
  $(aP_ib \wedge aP_ic) \vee (bP_ia \wedge cP_ia)$ *für alle* $i \in \{1, ..., m\}$.

Obwohl die Eigenschaft der Werturteilsbeschränkung schwächer ist als Eigenschaft der Tripel-Eingipfligkeit, behält Satz 2.1.8 seine Gültigkeit, wenn man von den Präferenzordnungsprofilen anstelle der Tripel-Eingipfligkeit lediglich die Werturteilsbeschränkung verlangt. Dies ist die Kernaussage des folgenden Satzes, der eine Verallgemeinerung von Satz 2.1.8 darstellt:

Satz 2.1.9 *Die einfache Mehrheitsregel liefert eine kollektive Präferenzordnung (Dies schließt die Eigenschaft der Transitivität ein!), wenn die Anzahl der Alternativen ungerade ist und das zugrundeliegende Präferenzordnungsprofil der Forderung der Werturteilsbeschränkung genügt.*

BEWEIS siehe Sen (1966, Beweis von Theorem 1, S.111 ff.).

Die Bedingung der Ungeradzahligkeit der Alternativen ist, wie Sen (1970a, S.169) zu Recht bemerkt, „störend und unattraktiv". Auf diese Bedingung kann jedoch in den Sätzen 2.1.8 und 2.1.9 nicht verzichtet werden.
Sen/Pattanaik (1969) zeigen, daß man auf die Voraussetzung der Ungeradzahligkeit verzichten kann, wenn man von der kollektiven Präferenzrelation lediglich die Eigenschaft der Quasitransitivität und nicht die Eigenschaft der Transitivität fordert. Der nachfolgende Satz besagt unter anderem, daß die einfache Mehrheitsregel (auch im Falle einer geraden Anzahl von Alternativen!) für alle Präferenzordnungsprofile, die der Anforderung der Werturteilsbeschränkung genügen, eine kollektive Präferenzrelation liefert, die quasitransitiv und damit insbesondere auch azyklisch ist.

Satz 2.1.10 *Für jede kollektive Wahlregel f, die jedem Präferenzordnungsprofil eine reflexive und vollständige kollektive Präferenzrelation zuordnet und die Eigenschaften* (I), (N) *und* (R) *besitzt, also insbesondere auch für die einfache Mehrheitsregel, gilt folgendes:*
Genügt ein Präferenzordnungsprofil der Forderung der **Werturteilsbeschränkung**, *so ist die zugehörige, mit Hilfe der kollektiven Wahlregel f bestimmte, kollektive Präferenzrelation* **quasitransitiv**.

BEWEIS siehe Sen/Pattanaik (1969, Beweis von Theorem 1) bzw. Sen (1970a, Beweis von Theorem 10*1).

Die Werturteilsbeschränkung, die z.B. durch die (Tripel-)Eingipfligkeit impliziert wird, stellt eine von mehreren Möglichkeiten dar, die Azyklizität der kollektiven Präferenzrelation zu garantieren. Diejenigen Einschränkungen hinsichtlich der Präferenzordnungsprofile, die Azyklizität garantieren, teilt Sen (1970a, S.174) in drei Kategorien ein:

1. Werturteilsbeschränkung („Value Restriction"),
2. Beschränkung der Extreme („Extremal Restriction"),
3. begrenzte Übereinstimmung („Limited Agreement").

Ebenso wie die Werturteilsbeschränkung beziehen sich die Beschränkung der Extreme und die begrenzte Übereinstimmung auf die Betrachtung der möglichen Tripel von Alternativen.
Bei der Beschränkung der Extreme nimmt man an, daß die Präferenzordnung einer bestimmten Person gewisse Schlußfolgerungen hinsichtlich der Präferenzen der übrigen Personen zuläßt.

Definition 2.1.8 *Ein Präferenzordnungsprofil* $(R_1, ..., R_m)$ *erfüllt die Forderung der* **Beschränkung der Extreme**, *wenn für jedes geordnete Tripel* (a, b, c) *von Alternativen folgendes gilt:*
Falls irgend jemand a gegenüber b und b gegenüber c vorzieht, dann sieht jedes der betroffenen Individuen c genau dann als die einzige beste Alternative aus der Menge $\{a, b, c\}$ *an, wenn es a als die einzige schlechteste Alternative ansieht, d.h.*

$$\exists\, i\,(aP_ib \wedge bP_ic) \implies \forall\, j\,(cP_ja \implies cP_jb \wedge bP_ja)\,.$$

Die Beschränkung der Extreme umfaßt insbesondere die folgenden drei Fälle (vgl. hierzu Inada, 1969, 1970; Sen, 1970a, S.169 f.):

1. **Zwiespältige Präferenzen** („Dichotomous preferences"):
   Jede Person hat mindestens eine Indifferenz bei der Beurteilung der Alternativen a, b und c; für alle $i \in \{1, ..., m\}$ gilt also: $aI_ib \vee aI_ic \vee bI_ic$.

2. **Wiederkehrende Präferenzen** („Echoic preferences"):
   Wenn eine Person a gegenüber b und b gegenüber c vorzieht, so zieht keine Person c gegenüber a vor.

3. **Antagonistische Präferenzen** („Antagonistic preferences"):
   Wenn eine Person a gegenüber b und b gegenüber c vorzieht, so gilt für jede andere Person, daß sie entweder dieselben Präferenzen bzgl. der Alternativen a, b und c hat oder die entgegengesetzten Präferenzen (d.h. c gegenüber b und b gegenüber a vorzieht) oder indifferent zwischen a und c ist.

Liegt einer der drei genannten Fälle vor, so ist trivialerweise die Forderung der Beschränkung der Extreme erfüllt.

Die (neben der Werturteilsbeschränkung und der Beschränkung der Extreme) dritte Möglichkeit, die Menge der zugelassenen Präferenzordnungsprofile einzuschränken, besteht in der Forderung der **begrenzten Übereinstimmung**, welche besagt, daß alle betroffenen Individuen bestimmte Präferenzen gemeinsam haben sollen.

Definition 2.1.9 *Ein Präferenzordnungsprofil* $(R_1, ..., R_m)$ *erfüllt die Forderung der* **begrenzten Übereinstimmung**, *wenn in jedem Tripel von Alternativen ein geordnetes Paar* (a, b) *existiert, so daß jede Person a als mindestens so gut wie b einstuft, d.h.* aR_ib *für alle* $i \in \{1, ..., m\}$.

Den Zusammenhang zwischen Werturteilsbeschränkung, Beschränkung der

Extreme und begrenzter Übereinstimmung will ich nun an einigen Beispielen verdeutlichen, bevor ich darauf zu sprechen komme, ob die Bedingung der Beschränkung der Extreme bzw. der begrenzten Übereinstimmung die Transitivität bzw. die Quasitransitivität der mit Hilfe der einfachen Mehrheitsregel gewonnenen kollektiven Präferenzrelation garantiert.

Beispiel 2.1.6 *(vgl. hierzu Sen, 1970a, Lemma 10*a)*
a) *Das Präferenzordnungsprofil* (R_1, R_2, R_3) *einer dreiköpfigen Familie hinsichtlich der drei Urlaubsorte a, b und c*

- *genügt weder der Werturteilsbeschränkung noch der Beschränkung der Extreme noch der begrenzten Übereinstimmung, falls*
  $aP_1bP_1c \wedge bP_2cP_2a \wedge cP_3bP_3a$,

- *genügt der Werturteilsbeschränkung (und sogar der Forderung der Eingipfligkeit!), nicht aber der Beschränkung der Extreme oder der begrenzten Übereinstimmung, falls*
  $aP_1bP_1c \wedge cP_2bP_2a \wedge bP_3cP_3a$,

- *genügt sowohl der Beschränkung der Extreme als auch der begrenzten Übereinstimmung, nicht aber der Werturteilsbeschränkung, falls*
  $aP_1bP_1c \wedge bP_2cI_2a \wedge cI_3aP_3b$,

- *genügt sowohl der Werturteilsbeschränkung als auch der Beschränkung der Extreme, nicht aber der begrenzten Übereinstimmung, falls*
  $aP_1bP_1c \wedge cP_2bP_2a \wedge cP_3bP_3a$,

- *genügt sowohl der Werturteilsbeschränkung (und sogar der Forderung der Eingipfligkeit!) als auch der begrenzten Übereinstimmung, nicht aber der Beschränkung der Extreme, falls*
  $aP_1bP_1c \wedge cP_2aP_2b \wedge cP_3aP_3b$,

- *genügt der Werturteilsbeschränkung (sogar der Forderung der Eingipfligkeit!), der Beschränkung der Extreme, sowie der begrenzten Übereinstimmung, falls*
  $aP_1bP_1c \wedge bP_2aP_2c \wedge aP_3cI_3b$.

b) *Das Präferenzordnungsprofil* $(R_1, ..., R_4)$ *auf der Menge* $\{a, b, c\}$ *genügt der Beschränkung der Extreme, nicht aber der Werturteilsbeschränkung oder der begrenzten Übereinstimmung, falls*

$$aP_1bP_1c \wedge cP_2bP_2a \wedge bP_3aP_3c \wedge aP_4cP_4b.$$

c) *Das Präferenzordnungsprofil* $(\mathrm{R}_1, ..., \mathrm{R}_5)$ *auf der Menge* $\{a, b, c\}$ *genügt der begrenzten Übereinstimmung, nicht aber der Werturteilsbeschränkung oder der Beschränkung der Extreme, falls*

$$a\mathrm{P}_1 b\mathrm{P}_1 c \wedge b\mathrm{P}_2 c\mathrm{P}_2 a \wedge a\mathrm{P}_3 b\mathrm{I}_3 c \wedge a\mathrm{I}_4 b\mathrm{P}_4 c \wedge b\mathrm{I}_5 c\mathrm{P}_5 a .$$

Unter der Annahme, daß die individuellen Präferenzordnungen antisymmetrisch sind, läßt sich eine interessante Aussage über den Zusammenhang zwischen Werturteilsbeschränkung, Beschränkung der Extreme und begrenzter Übereinstimmung machen (siehe Satz 2.1.11). Aus diesem Grund will ich an dieser Stelle kurz auf den Begriff der **Antisymmetrie** eingehen:

Definition 2.1.10 *Eine Relation* R *auf einer Menge* Ω *nennt man* **antisymmetrisch**, *wenn für alle* $a, b \in \Omega$ *gilt:*

$$a\mathrm{R}b \wedge b\mathrm{R}a \implies a = b .$$

Eine Präferenzordnung R auf einer Menge Ω besitzt also genau dann die Eigenschaft der Antisymmetrie, wenn für die zugehörige Indifferenzrelation I und alle $a, b \in \Omega$ gilt:

$$a\mathrm{I}b \implies a = b .$$

Dies bedeutet (aufgrund der Vollständigkeit der Relation R), daß für jedes Alternativenpaar $\{a, b\}$, $a \neq b$, gilt:

$$a\mathrm{P}b \vee b\mathrm{P}a ,$$

wobei P die zu R gehörige Relation der strikten Präferenz bezeichnet.

Setzt man voraus, daß alle individuellen Präferenzordnungen antisymmetrisch sind, so handelt es sich, wie der folgende Satz zeigt, bei der Werturteilsbeschränkung um die schwächste der drei oben genannten Einschränkungen der Menge der zugelassenen Präferenzordnungsprofile.

Satz 2.1.11 *Falls alle individuellen Präferenzordnungen antisymmetrisch sind (zum Begriff der Antisymmetrie siehe Definition 2.1.10), d.h. falls keine Indifferenzen bei den individuellen Präferenzen auftreten, so gilt folgendes:*

- *Wenn die Beschränkung der Extreme erfüllt ist, dann ist auch die Werturteilsbeschränkung erfüllt.*

- *Wenn die begrenzte Übereinstimmung erfüllt ist, dann ist auch die Werturteilsbeschränkung erfüllt.*

BEWEIS siehe Sen (1970a, Beweis von Lemma 10*e).

Die Bedeutung der Werturteilsbeschränkung wird durch diesen Satz aufgewertet - insbesondere im Hinblick auf (den noch folgenden) Satz 2.1.14.

Die beiden folgenden Sätze besagen, daß sowohl die Beschränkung der Extreme als auch die begrenzte Übereinstimmung - ebenso wie die Werturteilsbeschränkung - die Azyklizität (im Falle der Beschränkung der Extreme sogar die Transitivität!) der mit Hilfe der einfachen Mehrheitsregel gewonnenen kollektiven Präferenzrelation garantieren.

Satz 2.1.12 *(vgl. Satz* 2.1.10*)*
Für jede kollektive Wahlregel f, die jedem Präferenzordnungsprofil eine reflexive und vollständige kollektive Präferenzrelation zuordnet und die Eigenschaften (I), (N), (R) *und* (SP) *besitzt, also insbesondere auch für die einfache Mehrheitsregel, gilt folgendes: Genügt ein Präferenzordnungsprofil der Forderung der* **begrenzten Übereinstimmung**, *so ist die zugehörige, mit Hilfe der kollektiven Wahlregel f bestimmte, kollektive Präferenzrelation* **quasitransitiv**.

BEWEIS siehe Sen/Pattanaik (1969, Beweis von Theorem 2) bzw. Sen (1970a, Beweis von Theorem 10*2).

Satz 2.1.13 *Genügt ein Präferenzordnungsprofil der Forderung der* **Beschränkung der Extreme**, *so ist die zugehörige, mit Hilfe der einfachen Mehrheitsregel bestimmte, kollektive Präferenzrelation* **transitiv**.

BEWEIS siehe Sen/Pattanaik (1969, Beweis von Theorem 4) bzw. Sen (1970a, Beweis von Theorem 10*4).

Wie die Sätze 2.1.10, 2.1.12 und 2.1.13 zeigen, garantiert jede der drei genannten Einschränkungen der Menge der zugelassenen Präferenzordnungsprofile (Werturteilsbeschränkung, Beschränkung der Extreme, begrenzte Übereinstimmung) die Quasitransitivität (und damit auch die Azyklizität) der kollektiven Präferenzrelation.

Die oben aufgeworfene Frage, wie starke Einschränkungen des Definitionsbereichs der einfachen Mehrheitsregel erforderlich sind, um in jedem Fall eine azyklische kollektive Präferenzrelation zu erhalten, ist damit noch nicht zufriedenstellend beantwortet: Die Sätze 2.1.10, 2.1.12 und 2.1.13 geben zwar hinreichende Bedingungen für die Azyklizität der kollektiven Präferenzrelation an, sagen aber nichts darüber aus, ob auch mit schwächeren Einschränkungen der Menge der zugelassenen Präferenzordnungsprofile die Azyklizität der kollektiven Präferenzrelation garantiert werden kann.
Die von Inada (1969) und Sen/Pattanaik (1969) verwendeten Einschränkun-

gen (Werturteilsbeschränkung, Beschränkung der Extreme, begrenzte Übereinstimmung, „dichotomous preferences“, „echoic preferences“, „antagonistic preferences“) zeichnen sich dadurch aus, daß sie sich auf die Menge der verschiedenen auftretenden individuellen Präferenzordnungen und nicht auf die jeweilige Häufigkeit ihres Auftretens beziehen. Bedingungen an das Präferenzordnungsprofil, die die Anzahl der Personen betreffen, welche die eine oder andere Präferenzordnung besitzen, werden von Inada (1969) zu Recht außer acht gelassen, da derartige Bedingungen starke Einschränkungen bzgl. der Zusammensetzung der Gruppe betroffener Individuen bedeuten würden. Inada (1969) betrachtet also bei seiner Behandlung der Frage, wie stark der Definitionsbereich der einfachen Mehrheitsregel einzuschränken sei, um Azyklizität zu garantieren, lediglich solche Einschränkungen, die die Menge der verschiedenen auftretenden Präferenzordnungen betreffen.

Diese Sichtweise machen sich auch Sen/Pattanaik (1969) zu eigen und gelangen unter anderem zu einem Resultat, das sich folgendermaßen formulieren läßt:

Satz 2.1.14 *Erfüllt ein Präferenzordnungsprofil* $(R_1, ..., R_m)$ *weder die Bedingung der Werturteilsbeschränkung noch die Bedingung der Beschränkung der Extreme noch die Bedingung der begrenzten Übereinstimmung, dann existiert eine Zahl* $l \in \mathbb{N}$, *so daß im Falle von* l *Personen ein Präferenzordnungsprofil* $(R_1, ..., R_l)$ *mit den folgenden Eigenschaften denkbar ist:*

1. *Das* l*−Tupel* $(R_1, ..., R_l)$ *enthält dieselben Präferenzordnungen wie das* m*−Tupel* $(R_1, ..., R_m)$.

2. *Die einfache Mehrheitsregel bildet das Präferenzordnungsprofil* $(R_1, ..., R_l)$ *auf eine kollektive Präferenzrelation ab, welche die Forderung der* **Azyklizität** *(und damit auch die Forderung der* **Quasitransitivität***) verletzt.*

BEWEIS siehe Sen/Pattanaik (1969, Beweis von Theorem 5) bzw. Sen (1970a, Beweis von Theorem 10*6).[13]

Um die Azyklizität der mit Hilfe der einfachen Mehrheitsregel ermittelten kollektiven Präferenzrelation zu garantieren, benötigt man also mindestens

[13] Es sei darauf hingewiesen, daß der von Sen/Pattanaik (1969) und Sen (1970a) verwendete Begriff der „Notwendigkeit“ einer Einschränkung nicht ganz einfach ist und deshalb von mir bei der Formulierung von Satz 2.1.14 nicht verwendet wurde. Eine Definition dieses Begriffs findet sich z.B. bei Sen (1970a, Definition 10*9).

eine der drei genannten Einschränkungen des Definitionsbereichs der einfachen Mehrheitsregel.
In dem speziellen Fall antisymmetrischer individueller Präferenzen ergibt sich als eine Konsequenz der Sätze 2.1.11 und 2.1.14 die Notwendigkeit der Werturteilsbeschränkung (welche in diesem Fall die schwächste der drei in Satz 2.1.14 genannten Beschränkungen ist!), wenn man durch Einschränkungen bei den zugelassenen individuellen Präferenzen das Auftreten von Zirkeln verhindern will.

Soll der Definitionsbereich der einfachen Mehrheitsregel jedoch so stark eingeschränkt werden, daß man stets eine transitive kollektive Präferenzrelation erhält, so erweist sich die Bedingung der Werturteilsbeschränkung ebenso wie die Bedingung der begrenzten Übereinstimmung als zu schwach: Man benötigt in diesem Fall die Beschränkung der Extreme, wie der nachfolgende Satz zeigt (siehe auch Satz 2.1.13).

Satz 2.1.15 *Verletzt ein Präferenzordnungsprofil* $(R_1, ..., R_m)$ *die Bedingung der* **Beschränkung der Extreme**, *dann existiert eine Zahl* $l \in \mathbb{N}$, *so daß bei einer Anzahl von* l *Personen ein Präferenzordnungsprofil* $(R_1, ..., R_l)$ *mit den folgenden Eigenschaften denkbar ist:*

1. *Das Tupel* $(R_1, ..., R_l)$ *enthält dieselben Präferenzordnungen wie das Tupel* $(R_1, ..., R_m)$.

2. *Die einfache Mehrheitsregel bildet das Präferenzordnungsprofil* $(R_1, ..., R_l)$ *auf eine kollektive Präferenzrelation ab, welche die Forderung der* **Transitivität** *verletzt.*

BEWEIS siehe Sen (1970a, Beweis von Theorem 10*7).

2.1.6 Resümee

Kollektive Wahlregeln zeichnen sich durch die Beschränkung auf ordinale Nutzenmessungen und den Verzicht auf interpersonelle Nutzenvergleiche aus. Arrows Theorem (siehe Abschnitt 2.1.1, Theorem 2.1.1) zeigt, daß keine kollektive Wahlregel mit den Eigenschaften (U), (P), (I) und (ND) existiert, die für alle Präferenzordnungsprofile eine kollektive Präferenzordnung, d.h. eine reflexive, vollständige und **transitive** kollektive Präferenzrelation, liefert. Bei einem Verzicht auf die Transitivitätsforderung oder deren Abschwächung zu der Forderung der Quasitransitivität (bzw. der Azyklizität oder der Tripel-Azyklizität) eröffnen sich jedoch Möglichkeiten der Nutzenaggregation, bei denen die Forderungen (U), (P), (I) und (ND) erfüllt sind.

Die Menge der in Frage kommenden kollektiven Wahlregeln mit den Eigenschaften (U), (P), (I) und (ND) wird umso größer, je stärker man die Transitivitätsforderung abschwächt:

- Die strikte erweiterte Pareto-Regel (siehe die Abschnitte 1.1.2 und 2.1.2) genügt zwar der Forderung der Quasitransitivität, nicht aber der Forderung der Transitivität.
- Die von mir in Beispiel 2.1.2 (Abschnitt 2.1.3.2) eingeführten kollektiven Wahlregeln f_k^M genügen zwar der Forderung der Azyklizität, nicht aber der Forderung der Quasitransitivität.
- Die von mir in Beispiel 2.1.5 (Abschnitt 2.1.4) eingeführten kollektiven Wahlregeln $f^{\{M_i\}}$ genügen zwar der Forderung der Tripel-Azyklizität, nicht aber der Forderung der Azyklizität.
- Die einfache Mehrheitsregel verletzt die Forderung der Tripel-Azyklizität (siehe hierzu Abschnitt 1.1.2, Condorcet-Paradoxon) und damit auch die Forderung der Azyklizität, die Forderung der Quasitransitivität und die Forderung der Transitivität.

Was die einfache Mehrheitsentscheidungsregel betrifft, so gibt es, wie ich in Abschnitt 2.1.5 erörtert habe, bei einigen Sozialwahltheoretikern (z.B. bei Arrow, Inada, Sen und Pattanaik) Überlegungen, den Definitionsbereich, d.h. die Menge der zugelassenen Präferenzordnungsprofile, so weit einzuschränken, daß die einfache Mehrheitsregel für alle Elemente des Definitionsbereichs eine transitive (bzw. eine quasitransitive) kollektive Präferenzrelation liefert. Dies kann z.B. dadurch geschehen, daß man nur tripeleingipflige Präferenzordnungsprofile zuläßt (siehe hierzu Definition 2.1.6 sowie die Sätze 2.1.8 und 2.1.10).

2.2 Soziale Wohlfahrtsfunktionale

Unter einem **sozialen Wohlfahrtsfunktional** versteht man, wie ich in Abschnitt 1.1.3 bereits erwähnt habe, eine Funktion, die jedes m–Tupel $(f_1, ..., f_m)$ von individuellen Nutzenfunktionen auf eine kollektive Präferenzordnung abbildet. Von den sozialen Wohlfahrtsfunktionalen zu unterscheiden sind die von Arrow (1951, 1963) verwendeten **sozialen Wohlfahrtsfunktionen**, welche m–Tupel von individuellen Präferenzordnungen auf kollektive Präferenzordnungen abbilden.
Die Arrowschen sozialen Wohlfahrtsfunktionen habe ich in Abschnitt 2.1 als Spezialfälle der Klasse der sog. kollektiven Wahlregeln interpretiert. Es scheint mir jedoch ein sehr wesentlicher Aspekt bei der Beurteilung sozialer Wohlfahrtsfunktionen zu sein, daß diese nicht nur als Spezialfälle der Klasse kollektiver Wahlregeln, sondern auch als Spezialfälle der Klasse sozialer Wohlfahrtsfunktionale interpretiert werden können. Durch die Einbettung der (relativ kleinen) Klasse sozialer Wohlfahrtsfunktionen in die größere Klasse der kollektiven Wahlregeln (bzw. der sozialen Wohlfahrtsfunktionale) läßt sich zeigen, wie man das in den Abschnitten 1.1.3 und 2.1.1 (Theorem 2.1.1) zitierte Arrow-Theorem umgehen kann: Im Falle der kollektiven Wahlregeln verzichtet man auf die Forderung der Transitivität (siehe hierzu Abschnitt 2.1); im Falle der sozialen Wohlfahrtsfunktionale verwendet man interpersonelle Nutzenvergleiche zur Ermittlung der kollektiven Präferenzen (siehe hierzu die Abschnitte 1.1.3 und 1.2.2, sowie die nachfolgenden Ausführungen).
Welcher dieser beiden Auswege aus dem von Arrow (1951, 1963) beschriebenen Dilemma im konkreten Einzelfall der sinnvollere ist, hängt davon ab, ob man sich mit der Vorgehensweise bei Komitee-Entscheidungen (bzw. bei politischen Abstimmungen) oder mit der Frage nach einer **gerechten** Aggregation individueller Präferenzen auseinandersetzt.[14]

Im Falle von Komitee-Entscheidungen und Abstimmungsvorgängen stehen nur wenige Informationen über die Wertvorstellungen oder Präferenzen der Komitee-Mitglieder bzw. Wähler zur Verfügung. Der Grund hierfür liegt darin, daß es für die Komitee-Mitglieder bzw. Wähler nur beschränkte Möglichkeiten gibt, ihre Präferenzen zum Ausdruck zu bringen. Die Artikulation der individuellen Präferenzen kann bei Komitee-Entscheidungen nämlich in der Regel nur dadurch erfolgen, daß die einzelnen Personen zu

[14] Siehe hierzu auch meine Ausführungen in Abschnitt 1.1, wo ich bereits darauf hingewiesen habe, daß das in der Sozialwahltheorie verwendete mathematische Kalkül der Funktion angepaßt sein muß, welche die zu untersuchenden Formen von Nutzenaggregationen erfüllen sollen.

je zwei Alternativen angeben, welche Alternative sie präferieren. Dies bedeutet, daß die individuellen Wertvorstellungen und Präferenzen allenfalls in Form von individuellen Präferenzordnungen zur Verfügung stehen und keine interpersonelle Vergleichbarkeit der individuellen Präferenzen vorliegt. Aufgrund dieser dürftigen Informationsbasis ist es - wie das Arrow-Theorem (siehe Abschnitt 2.1.1, Theorem 2.1.1) zeigt - nicht sinnvoll, von der zu ermittelnden kollektiven Präferenzrelation die Eigenschaft der Transitivität zu fordern. Als mögliche Formen der Aggregation individueller Wertvorstellungen und Präferenzen zu einem kollektiven Urteil über die zur Wahl stehenden Alternativen bieten sich hier die sog. kollektiven Wahlregeln an, mit welchen ich mich in Abschnitt 2.1 ausführlich beschäftigt habe. Vor allem die Mehrheitsentscheidungsregel findet bei kollektiven Entscheidungsprozessen vielfach Anwendung.

Kollektive Wahlregeln sind jedoch **nicht** geeignet zur Aggregation konfligierender Interessen, wenn ein Interessenausgleich gesucht wird, der den Präferenzen der von einer Entscheidung betroffenen Personen in angemessener Weise Rechnung trägt. So eignen sich kollektive Wahlregeln z.B. nicht zur Behandlung von Fragen der Verteilungsgerechtigkeit, d.h. von Fragen der gerechten Verteilung materieller Güter. Bereits die Frage, ob und unter welchen Bedingungen eine Ungleichverteilung materieller Güter gerechtfertigt ist, setzt eine Unterscheidung zwischen reichen und armen Menschen, also interpersonelle Vergleiche voraus. Kollektive Wahlregeln lassen aber nur ordinale Informationen über die individuellen Präferenzen zu und schließen interpersonelle Vergleiche von Nutzenniveaus explizit aus.
Die Notwendigkeit kardinaler Nutzenmessungen und interpersoneller Nutzenvergleiche bei der Behandlung von Fragen der distributiven Gerechtigkeit (d.h. der Verteilungsgerechtigkeit) spielt eine zentrale Rolle in Sens (1979) Kritik an dem Ansatz von Arrow (1951, 1963), dessen bekanntes Theorem (Arrows Unmöglichkeitstheorem, siehe Abschnitt 1.1.3 oder Abschnitt 2.1.1, Theorem 2.1.1) auf der Annahme fehlender interpersoneller Vergleichbarkeit der individuellen Nutzen basiert. Sen bemerkt zu dieser Problematik folgendes:

> „Can we identify the rich through the observation that they have more utility than the poor? Not in the Arrow framework, since interpersonal comparisons are not admitted.“ (Sen, 1979, S.544)

Wenn man jedoch interpersonelle Vergleiche von Nutzenniveaus zuläßt, wie dies z.B. Rawls in seiner Theorie der Gerechtigkeit (Rawls, 1971) tut, dann lassen sich insbesondere auch Fragen der distributiven Gerechtigkeit auf

fruchtbare Weise bearbeiten. Verwendet man nicht ordinale, sondern kardinale individuelle Nutzenfunktionen, so sind neben interpersonellen Vergleichen von Nutzenniveaus auch interpersonelle Vergleiche von Nutzeneinheiten möglich. Wie ich in Abschnitt 1.2.2 bereits erwähnt habe, kann man also unterscheiden zwischen der Vergleichbarkeit von Nutzenniveaus und der Vergleichbarkeit von Nutzeneinheiten. Während die Vergleichbarkeit der Nutzenniveaus auf die Unterscheidung zwischen besser gestellten und schlechter gestellten Personen abzielt, welche insbesondere bei Fragen der distributiven Gerechtigkeit von Bedeutung ist, ermöglicht es die interpersonelle Vergleichbarkeit der Nutzeneinheiten, Präferenzintensitäten verschiedener Personen miteinander zu vergleichen und die individuellen Präferenzen gegeneinander aufzurechnen.
In Abschnitt 1.2.2 habe ich - was den Informationsgehalt von Nutzenfunktionsprofilen $(f_1, ..., f_m)$ betrifft - sieben Fälle unterschieden. Welche Möglichkeiten der Nutzenaggregation im konkreten Einzelfall zur Verfügung stehen, hängt davon ab, welcher dieser sieben Fälle vorliegt. Soziale Wohlfahrtsfunktionale beschreiben solche Möglichkeiten der Nutzenaggregation; sie lassen sich einteilen nach dem Informationsgehalt, den man den individuellen Nutzenfunktionen unterstellt.

In Abschnitt 2.2.1 diskutiere ich das von Sen (1970a) für den Fall kardinaler Nutzenfunktionen verallgemeinerte Arrow-Theorem (siehe Abschnitt 2.2.1, Theorem 2.2.1). Dieses besagt, daß im Falle fehlender interpersoneller Vergleichbarkeit der individuellen Nutzen sowohl bei dem Ordinalskalenniveau als auch bei dem Intervallskalenniveau bereits elementare Anforderungen an soziale Wohlfahrtsfunktionale nicht erfüllbar sind und man deshalb bei Interessenkonflikten nicht auf interpersonelle Nutzenvergleiche verzichten kann, wenn man eine gerechte Lösung anstrebt.
In den Abschnitten 2.2.2, 2.2.3 und 2.2.4 beschäftige ich mich dann mit der Frage, welche Möglichkeiten der Nutzenaggregation sich im Falle einer interpersonellen Vergleichbarkeit der individuellen Präferenzen ergeben. Von zentraler Bedeutung wird dabei die Unterscheidung zwischen Vergleichen von Nutzenniveaus einerseits und Vergleichen von Nutzeneinheiten andererseits sein:
Rawls' Maximin-Regel (siehe Abschnitt 2.2.2) erfordert interpersonelle Vergleiche der Nutzenniveaus, das Summationsprinzip (siehe Abschnitt 2.2.3) hingegen interpersonelle Vergleiche der Nutzeneinheiten. Stehen sowohl interpersonelle Vergleiche der Nutzenniveaus als auch interpersonelle Vergleiche der Nutzeneinheiten zur Verfügung, so ergibt sich die Möglichkeit einer rangabhängigen Gewichtung der individuellen Präferenzen (siehe Abschnitt 2.2.4).

2.2.1 Verallgemeinertes Arrow-Theorem

Bei dem von Arrow (1951, 1963) gewählten Ansatz erfolgt die Messung der individuellen Nutzen auf dem Ordinalskalenniveau und es wird jegliche interpersonelle Vergleichbarkeit der individuellen Nutzen ausgeschlossen: Die individuellen Nutzen sind gegeben in Form von individuellen Präferenzordnungen (siehe hierzu insbesondere die Abschnitte 1.1.2, 1.1.3 und 2.1.1). Wie ich bereits in Abschnitt 1.1.1 ausgeführt habe, läßt sich jede individuelle Präferenzordnung durch eine individuelle Nutzenfunktion repräsentieren. Jeder Präferenzordnung entspricht dabei eine Klasse von Nutzenfunktionen, welche diese Präferenzordnung repräsentieren.
Die Arrowschen sozialen Wohlfahrtsfunktionen sind, wie bereits in Abschnitt 2.1.1 erwähnt, definiert als Abbildungen von der Menge der $m-$Tupel $(\mathrm{R}_1, ..., \mathrm{R}_m)$ individueller Präferenzordnungen auf Ω auf die Menge der kollektiven Präferenzordnungen auf Ω. Es handelt sich dabei - und dies war der Grund für deren Behandlung in Abschnitt 2.1.1 - um eine Teilklasse der kollektiven Wahlregeln. Man kann die Arrowschen sozialen Wohlfahrtsfunktionen jedoch auch als soziale Wohlfahrtsfunktionale interpretieren, nämlich als die Klasse derjenigen sozialen Wohlfahrtsfunktionale, die die kollektive Präferenzordnung einzig und allein aus den individuellen Präferenzordnungen ableiten, welche durch die vorliegenden individuellen Nutzenfunktionen repräsentiert werden.
Anders ausgedrückt: Die Klasse der Arrowschen sozialen Wohlfahrtsfunktionen (eine Teilklasse der in Abschnitt 2.1 betrachteten kollektiven Wahlregeln!) ist äquivalent zu der folgenden Teilmenge $\mathcal{M}'$ der Menge $\mathcal{M}$ aller sozialen Wohlfahrtsfunktionale:

$$\begin{aligned}\mathcal{M}' \doteq \{W \in \mathcal{M} \mid\ & W(f_1, ..., f_m) = W(g_1, ..., g_m) \Longleftrightarrow \\ & \text{Für alle } i \in \{1, ..., m\} \text{ repräsentieren} \\ & f_i \text{ und } g_i \text{ dieselbe Präferenzordnung}\}.\end{aligned}$$

Die in der Menge $\mathcal{M}'$ enthaltenen sozialen Wohlfahrtsfunktionale zeichnen sich dadurch aus, daß lediglich die ordinalen Informationen über die individuellen Präferenzen einen Einfluß auf die kollektive Präferenzordnung haben und interpersonelle Nutzenvergleiche unberücksichtigt bleiben.

Soziale Wohlfahrtsfunktionale, die keinerlei interpersonelle Nutzenvergleiche verwenden, sind natürlich nicht zur Behandlung von Fragen der distributiven Gerechtigkeit geeignet. Die Untersuchung von Fragen der Verteilungsgerechtigkeit beinhaltet nämlich die Auseinandersetzung mit der Ungleichverteilung materieller Güter: Hinsichtlich des materiellen Wohlstands der

Bürger einer Gesellschaft werden interpersonelle Vergleiche angestellt. Solche interpersonellen Vergleiche sind notwendig, wenn man eine **gerechte** Verteilung materieller Güter erreichen will.
Arrow (1951, 1963) schließt derartige interpersonelle Nutzenvergleiche, wie sie in der Praxis vielfach angewendet werden, grundsätzlich aus. Deshalb sind die von Arrow betrachteten sozialen Wohlfahrtsfunktionen insbesondere ungeeignet zur Behandlung von Fragen der distributiven Gerechtigkeit. Ich behaupte sogar, daß die Arrowschen sozialen Wohlfahrtsfunktionen sich generell nicht eignen zur Behandlung von Fragen der gerechten Aggregation konfligierender individueller Interessen (siehe hierzu meine Ausführungen in Abschnitt 1.1.3). Von einer gerechten Aggregation konfligierender individueller Interessen erwartet man nämlich unter anderem die Geltung der in Abschnitt 1.1.2 genannten Forderungen (U), (P), (I) und (ND). Das Arrow-Theorem (siehe z.B. Abschnitt 2.1.1, Theorem 2.1.1) besagt, daß diese vier Forderungen nicht gleichzeitig erfüllbar sind von einer Arrowschen sozialen Wohlfahrtsfunktion.

Als einen Ausweg aus dem von Arrow (1951, 1963) aufgezeigten Dilemma habe ich in Abschnitt 2.1 den Verzicht auf die Transitivität der zu bestimmenden kollektiven Präferenzrelation diskutiert. Formen der Nutzenaggregation, die auf die Forderung der Transitivität verzichten, eignen sich jedoch nicht zur Behandlung von Fragen der Verteilungsgerechtigkeit. Ich will dies im folgenden kurz begründen:
Jede Theorie der gerechten Verteilung materieller Güter zielt ab auf die Maximierung einer (wie auch immer definierten) kollektiven Wohlfahrt. Die kollektive Wohlfahrt kann z.B. an die Wohlfahrt des am schlechtesten gestellten Mitgliedes der Gesellschaft (Rawls, 1971) oder an die Summe der individuellen Nutzen (z.B. Harsanyi, 1953, 1955) gekoppelt sein. Ein Verzicht auf die Transitivität der kollektiven Präferenzrelation, wie ich ihn in Abschnitt 2.1 (z.B. für Komitee-Entscheidungen) vorgeschlagen habe, hätte zur Folge, daß die kollektive Präferenzrelation nicht durch eine kollektive Nutzenfunktion repräsentiert werden kann (vgl. hierzu meine Ausführungen in Abschnitt 2.1.1).

Von einem mathematischen Kalkül, das eine „gerechte" Aggregation konfligierender Interessen beschreibt, fordere ich - in Anlehnung an Arrow - die folgenden Eigenschaften:

1. Die individuellen Präferenzen sind auf eine kollektive Präferenz*ordnung* abzubilden. (Der Begriff der Präferenzordnung beinhaltet bereits die Eigenschaft der **Transitivität** !)

2. Die beschriebene Nutzenaggregation soll die in Abschnitt 1.1.2 definierten Eigenschaften (U), (P), (I) und (ND) besitzen.

Die erste Forderung (die Forderung der Transitivität der kollektiven Präferenzrelation) läßt sich bei Fragen der distributiven Gerechtigkeit mit der Zielsetzung begründen, für jede Entscheidungsalternative die „kollektive Wohlfahrt" quantitativ zu bestimmen. Wenn $a\mathrm{R}b$ für alle Alternativen $a, b \in \Omega$ besagt, daß die „kollektive Wohlfahrt" bei der Alternative a mindestens so groß ist wie bei der Alternative b, so muß die Relation R transitiv sein. Aber auch dann, wenn nicht von kollektiver Wohlfahrt die Rede ist, sondern $a\mathrm{R}b$ lediglich besagt, daß a aus kollektiver Sicht „mindestens so hoch wie b einzustufen ist", so impliziert dies natürlich die Transitivität der Relation R, da Relationen wie „ist mindestens so hoch einzustufen wie" oder „ist mindestens so gut wie" transitiv sind.

Von allen Präferenzen - gleichgültig ob individuelle oder kollektive - erwartet man gewöhnlich die Eigenschaft der Transitivität, obgleich die tatsächlichen Präferenzen oft nicht transitiv sind. Im Falle der individuellen Präferenzen läßt sich die Forderung der Transitivität begründen mit Hilfe des in Abschnitt 1.2.4 definierten Axioms der starken Rationalität (siehe Abschnitt 1.2.4, Satz 1.2.1).
Kollektive Präferenzen leiten sich gemäß der Sozialwahltheorie nach bestimmten Regeln (Regeln, die von der Gesellschaft bestimmt werden!) aus den individuellen Präferenzen ab. Im Unterschied zu individuellen Entscheidungen kann bei kollektiven Entscheidungen eine Offenlegung der individuellen Präferenzen nicht erzwungen werden. Aus diesem Grund sind die zur Verfügung stehenden Informationen über die individuellen Präferenzen meist sehr dürftig und man gibt sich oft mit einer intransitiven kollektiven Präferenzrelation zufrieden - insbesondere dann, wenn es sich **nicht** um Fragen der sozialen Gerechtigkeit oder der kollektiven Wohlfahrt handelt (vgl. hierzu Abschnitt 2.1).
Wenn man sich jedoch mit Fragen der sozialen Gerechtigkeit beschäftigt und einen **gerechten** Interessenausgleich sucht, dann kann man nicht auf die Forderung der Transitivität verzichten. Dem Arrow-Theorem entgeht man dadurch, daß man möglichst viele Informationen über die individuellen Präferenzen (z.B. interpersonelle Vergleiche von Nutzenniveaus oder Informationen über Präferenzintensitäten) zur Ermittlung der kollektiven Präferenzordnung heranzieht.

Die in Abschnitt 1.1.2 beschriebenen Forderungen (U), (P), (I) und (ND) lassen sich im Falle eines sozialen Wohlfahrtsfunktionals F folgendermaßen konkretisieren:[15]

(U) **Unbegrenzter Definitionsbereich:** Der Definitionsbereich des sozialen Wohlfahrtsfunktionals F ist die Menge aller m–Tupel $(f_1, ..., f_m)$ von individuellen Nutzenfunktionen $f_i : \Omega \longrightarrow \mathbb{R}$, $i = 1, ..., m$, wobei Ω die Menge der zur Wahl stehenden Alternativen bezeichnet. Die m–Tupel $(f_1, ..., f_m)$ nennt man **Nutzenfunktionsprofile**.[16]
Das Funktional F bildet jedes Nutzenfunktionsprofil $(f_1, ..., f_m)$ auf eine kollektive Präferenzordnung R auf der Menge Ω ab.

(P) **Schwaches Pareto-Prinzip:** Für alle $a, b \in \Omega$ und alle Nutzenfunktionsprofile $(f_1, ..., f_m)$ gilt:
Falls $f_i(a) > f_i(b)$ für alle $i \in \{1, ..., m\}$, dann folgt hieraus für die kollektive Präferenzordnung $\mathrm{R} \doteq F(f_1, ..., f_m)$, daß a gegenüber b präferiert wird.
Kurz:

$$(\forall i: (f_i(a) > f_i(b))) \implies a\mathrm{P}b.$$

(I) **Unabhängigkeit von irrelevanten Alternativen:** Für alle $a, b \in \Omega$ und alle Nutzenfunktionsprofile $(f_1, ..., f_m)$ und $(f_1^*, ..., f_m^*)$ gilt:
Falls $f_i(a) = f_i^*(a)$ und $f_i(b) = f_i^*(b)$ für alle $i \in \{1, ..., m\}$, dann folgt hieraus für die kollektiven Präferenzordnungen $\mathrm{R} \doteq F(f_1, ..., f_m)$ und $\mathrm{R}^* \doteq F(f_1^*, ..., f_m^*)$:

$$a\mathrm{R}b \iff a\mathrm{R}^*b.$$

Kurz:

$$(\forall i: (f_i(a) = f_i^*(a) \;\wedge\; f_i(b) = f_i^*(b))) \implies (a\mathrm{R}b \iff a\mathrm{R}^*b).$$

(ND) **Nichtexistenz eines Diktators:** Es gibt kein Individuum $i \in \{1, ..., m\}$, so daß für alle $a, b \in \Omega$ und alle Nutzenfunktionsprofile $(f_1, ..., f_m)$ gilt:

$$f_i(a) > f_i(b) \implies a\mathrm{P}b.$$

[15] Siehe auch Sen (1970a, Kapitel 8*2, bzw. 1986, S.1114).
[16] Siehe z.B. Bossert/Stehling (1990, S.66).

Zusätzlich zu den Eigenschaften (U), (P), (I) und (ND) fordert Arrow (1951, 1963) von einer Aggregation individueller Präferenzen zu einer kollektiven Präferenzordnung die Beschränkung auf ordinale Informationen über die individuellen Präferenzen und den Verzicht auf interpersonelle Nutzenvergleiche. Von sozialen Wohlfahrtsfunktionalen, die dieser Anforderung genügen, sage ich, sie besitzen die Eigenschaft (O).

(O) **Ordinalskalenniveau und keine interpersonelle Vergleichbarkeit der individuellen Nutzen:**
Ein soziales Wohlfahrtsfunktional F besitzt die Eigenschaft (O), wenn für jedes Nutzenfunktionsprofil $(f_1, ..., f_m)$ und jedes m–Tupel $(\phi_1, ..., \phi_m)$ von streng monoton wachsenden Funktionen $\phi_i : \mathbb{R} \longrightarrow \mathbb{R}$ folgendes gilt:

$$F(f_1, ..., f_m) = F(\phi_1 \circ f_1, ..., \phi_m \circ f_m),$$

wobei $F(f_1, ..., f_m)$ und $F(\phi_1 \circ f_1, ..., \phi_m \circ f_m)$ diejenigen kollektiven Präferenzordnungen seien, die das Funktional F den Nutzenfunktionsprofilen $(f_1, ..., f_m)$ und $(\phi_1 \circ f_1, ..., \phi_m \circ f_m)$ zuordnet.

Verwendet man die oben definierte Menge $\mathcal{M}'$, so kann man die Eigenschaft (O) auch folgendermaßen definieren:
Ein soziales Wohlfahrtsfunktional besitzt die Eigenschaft (O) genau dann, wenn es in der Menge $\mathcal{M}'$ enthalten ist.

Bezogen auf soziale Wohlfahrtsfunktionale besagt Arrows Theorem (siehe Abschnitt 2.1.1, Theorem 2.1.1) folgendes:

Korollar 2.2.1 *(Arrow-Theorem für soziale Wohlfahrtsfunktionale)*
Falls $|\Omega| \geq 3$, *so gibt es kein soziales Wohlfahrtsfunktional mit den Eigenschaften* (U), (P), (I), (ND) *und* (O).

Dieses Korollar stellt eine unmittelbare Konsequenz aus dem in Abschnitt 2.1.1 formulierten ursprünglichen Arrow-Theorem dar. Jedem sozialen Wohlfahrtsfunktional mit den Eigenschaften (U), (I), (P), (ND) und (O) entspricht nämlich genau eine Arrowsche soziale Wohlfahrtsfunktion mit den Eigenschaften (U), (I), (P) und (ND).

Ein Weg aus dem von Arrow aufgezeigten Dilemma besteht in dem Verzicht auf die umstrittene Forderung (O). Von einem sozialen Wohlfahrtsfunktional muß man zwar fordern, daß es zwei Nutzenfunktionsprofile, die dieselben Informationen über die individuellen Präferenzen enthalten, auf dieselbe

kollektive Präferenzordnung abbildet. Jedoch gesteht man den Nutzenfunktionsprofilen möglicherweise einen zu geringen Informationsgehalt zu, wenn man von sozialen Wohlfahrtsfunktionalen die Eigenschaft (O) fordert.
Sollen interpersonelle Nutzenvergleiche oder kardinale Informationen über die individuellen Präferenzen einen Einfluß auf die kollektive Präferenzordnung haben, so muß man die Forderung (O) in geeigneter Weise abschwächen. Dies geschieht dadurch, daß man **Äquivalenzklassen**[17] **von Nutzenfunktionsprofilen** bildet. **Jede Äquivalenzklasse stellt dabei eine Menge von Nutzenfunktionsprofilen dar, die dieselben Informationen über die individuellen Präferenzen zum Ausdruck bringen.**
Von sozialen Wohlfahrtsfunktionalen fordert man, daß sie zwei Nutzenfunktionsprofile, die derselben Äquivalenzklasse angehören, die also „äquivalent" zueinander sind, auf dieselbe kollektive Präferenzordnung abbilden. Je größer man die Äquivalenzklassen wählt, desto stärker schränkt man die Menge der möglichen sozialen Wohlfahrtsfunktionale ein.
Bezeichnet man zwei Nutzenfunktionsprofile bereits dann als äquivalent zueinander, wenn die Nutzenfunktionen f_i und g_i für alle $i \in \{1, ..., m\}$ dieselbe Präferenzordnung repräsentieren, dann erhält man relativ große Äquivalenzklassen von Nutzenfunktionsprofilen. Als eine Konsequenz hieraus ergibt sich Arrows Unmöglichkeitstheorem. Der Ausweg aus diesem Dilemma, den ich im folgenden aufzeigen werde, besteht in einer Verkleinerung dieser Äquivalenzklassen.

In Abschnitt 1.2.2 habe ich hinsichtlich des Informationsgehalts von Nutzenfunktionsprofilen sieben Fälle unterschieden. Die Definition des Informationsgehalts eines Nutzenfunktionsprofils erfolgte dabei durch die Angabe der Klasse zulässiger Transformationen: Eine Transformation eines Nutzenfunktionsprofils $(f_1, ..., f_m)$ heißt genau dann **zulässig**, wenn das transformierte Nutzenfunktionsprofil dieselben Informationen über die individuellen Präferenzen enthält, d.h. wenn das transformierte Nutzenfunktionsprofil **äquivalent** zu dem ursprünglichen Nutzenfunktionsprofil ist.
In jedem der genannten sieben Fälle, welche durch die in Abschnitt 1.2.2 definierten Mengen $\mathcal{M}_1, \mathcal{M}_2, \ldots, \mathcal{M}_7$ zulässiger Transformationen $\phi = (\phi_1, ..., \phi_m)$ beschrieben werden können, ergibt sich für ein soziales Wohlfahrtsfunktional F, das dem Informationsgehalt der individuellen Nutzenfunktionen Rechnung trägt, folgende Konsequenz:

[17] Zum Begriff der Äquivalenzklasse siehe Anhang A.1, Definition A.1.2 und Beispiel A.1.1.

Für jedes Nutzenfunktionsprofil $f = (f_1, ..., f_m)$ und jede zulässige Transformation $\phi = (\phi_1, ..., \phi_m)$ von f gilt:

$$F(f_1, ..., f_m) = F(\phi_1 \circ f_1, ..., \phi_m \circ f_m).$$

Das soziale Wohlfahrtsfunktional F bildet also die Nutzenfunktionsprofile $(f_1, ..., f_m)$ und $(\phi_1 \circ f_1, ..., \phi_m \circ f_m)$ auf dieselbe kollektive Präferenzordnung ab.

Je größer man die Klasse der zulässigen Transformationen wählt, desto kleiner ist die Klasse der sozialen Wohlfahrtsfunktionale, die dieser Anforderung genügen. Jede der Mengen $\mathcal{M}_1, \mathcal{M}_2, \ldots, \mathcal{M}_7$ liefert eine andere Invarianzforderung für soziale Wohlfahrtsfunktionale. Man erhält somit die folgenden sieben Invarianzforderungen:

(O) **Ordinalskalenniveau und keine interpersonelle Vergleichbarkeit der Nutzenniveaus:** $\phi \in \mathcal{M}_1$,

(ON) **Ordinalskalenniveau und interpersonelle Vergleichbarkeit der Nutzenniveaus:** $\phi \in \mathcal{M}_2$,

(IV) **Intervallskalenniveau und keine interpersonelle Vergleichbarkeit der individuellen Nutzen:** $\phi \in \mathcal{M}_3$,

(IVEN) **Intervallskalenniveau und interpersonelle Vergleichbarkeit sowohl der Nutzeneinheiten als auch der Nutzenniveaus:** $\phi \in \mathcal{M}_4$,

(IVE) **Intervallskalenniveau und interpersonelle Vergleichbarkeit der Nutzeneinheiten, nicht aber der Nutzenniveaus:** $\phi \in \mathcal{M}_5$,

(V) **Verhältnisskalenniveau und keine interpersonelle Vergleichbarkeit der Nutzeneinheiten:** $\phi \in \mathcal{M}_6$,

(VEN) **Verhältnisskalenniveau und interpersonelle Vergleichbarkeit der Nutzeneinheiten (und damit auch der Nutzenniveaus):** $\phi \in \mathcal{M}_7$.

Eine Formulierung derartiger Forderungen findet sich auch bei d'Aspremont/Gevers (1977), Gevers (1979), Roberts (1980b) und Sen (1986). D'Aspremont und Gevers befassen sich ausschließlich mit Ordinal- und Intervallskalen und nennen deshalb von den genannten sieben Fällen lediglich die ersten fünf. Roberts (1980b) erwähnt zusätzlich zu diesen fünf Fällen lediglich die Möglichkeit des Verhältnisskalenniveaus mit vollständiger interpersoneller Vergleichbarkeit der individuellen Nutzen (siebter Fall!). Dieser Fall

Abbildung 1: Invarianzforderungen

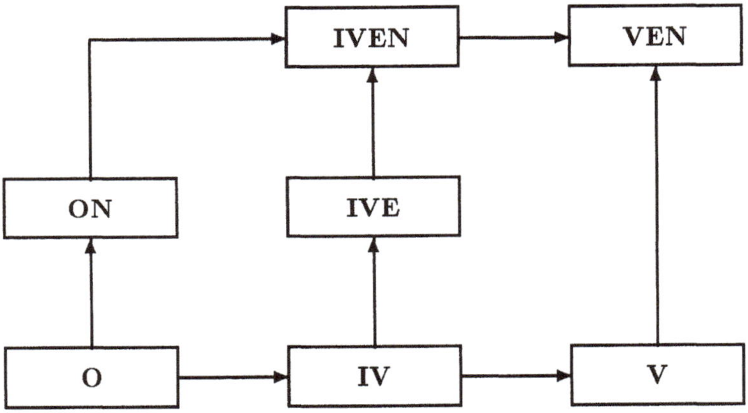

zeichnet sich dadurch aus, daß den Nutzenfunktionsprofilen ein höchstmöglicher Informationsgehalt zugebilligt wird und sich deshalb für soziale Wohlfahrtsfunktionale die geringstmögliche Einschränkung ergibt.

Zwischen den Forderungen (O), (ON), (IV), (IVEN), (IVE), (V) und (VEN) bestehen folgende Beziehungen:

$$\begin{array}{l} (O) \Longrightarrow (ON) \Longrightarrow (IVEN) \Longrightarrow (VEN); \\ (O) \Longrightarrow (IV) \Longrightarrow (IVE) \Longrightarrow (IVEN) \Longrightarrow (VEN); \\ (O) \Longrightarrow (IV) \Longrightarrow (V) \Longrightarrow (VEN). \end{array}$$

Graphisch kann man diesen Sachverhalt durch die Abbildung 1 veranschaulichen (vgl. hierzu auch d'Aspremont/Gevers, 1977, S.201, und Roberts, 1980b, S.424).

Ein Problem, mit dem sich Sen (1970a) beschäftigt hat, ist die Frage, ob Arrows Theorem auch dann noch Bestand hat, wenn man die Forderung (O) ersetzt durch die (schwächere) Forderung (IV), wenn man also nicht Ordinalskalen, sondern Intervallskalen bei der Messung der individuellen Nutzen verwendet.
Sen (1970a) gelangt zu folgendem Resultat:

Theorem 2.2.1 *(Verallgemeinertes Arrow-Theorem)*
Falls $|\Omega| \geq 3$, *so gibt es kein soziales Wohlfahrtsfunktional mit den Eigenschaften* (U), (P), (I), (ND) *und* (IV).

BEWEIS siehe Sen (1970a, Beweis von Theorem 8*2, bzw. 1986, S.1115) oder Anhang B.

Alle sozialen Wohlfahrtsfunktionale verstoßen also gegen mindestens eine der Forderungen (U), (P), (I), (ND) und (IV). Einen möglichen Ausweg aus dem in Theorem 2.2.1 dargestellten Dilemma könnte man in dem Verzicht auf die Forderung (I) sehen. Diesen Weg halte ich jedoch für keine optimale Lösung des von Arrow und Sen aufgezeigten Problems. Ich will die Problematik dieses Ansatzes kurz an einem Beispiel verdeutlichen.

Beispiel 2.2.1 *Ich definiere nun ein soziales Wohlfahrtsfunktional, bei dem man zunächst die individuellen Nutzenfunktionen normiert und anschließend das Summationsprinzip*[18] *anwendet. Die Normierung der individuellen Nutzenfunktionen erfolgt dabei derart, daß man für jede Person, die nicht indifferent zwischen allen zur Wahl stehenden Alternativen ist, als größten Nutzenwert 1 und als niedrigsten Nutzenwert 0 erhält.*
Es sei $\Omega \doteq \{a_1, \ldots, a_n\}$ *und* $(f_1, \ldots, f_m)$ *ein beliebiges Nutzenfunktionsprofil. Die normierten Nutzenfunktionen* $n(f_i) : \Omega \longrightarrow \mathbb{R}$ *lauten dann:*

$$n(f_i)(a) \doteq \begin{cases} 0, & \text{falls } f_i(a_1) = \ldots = f_i(a_n), \\ \dfrac{f_i(a) - \min\limits_{b\in\Omega} f_i(b)}{\max\limits_{b\in\Omega} f_i(b) - \min\limits_{b\in\Omega} f_i(b)}, & \text{sonst.} \end{cases}$$

Betrachtet werden soll das soziale Wohlfahrtsfunktional F*, das ein Nutzenfunktionsprofil* $(f_1, \ldots, f_m)$ *auf die folgende kollektive Präferenzordnung* $\mathrm{R} = F(f_1, \ldots, f_m)$ *abbildet:*

$$a\mathrm{R}b \;:\Longleftrightarrow\; \sum_{i=1}^{m} n(f_i)(a) \geq \sum_{i=1}^{m} n(f_i)(b).$$

Das auf diese Weise definierte soziale Wohlfahrtsfunktional F *besitzt offensichtlich die Eigenschaften* (U), (P) *und* (ND)*. Darüber hinaus genügt das Funktional* F *der Invarianzforderung* (IV)*, wie man leicht sieht:*

> *Es seien* $\varphi_1, \ldots, \varphi_m : \mathbb{R} \longrightarrow \mathbb{R}$ *beliebige positiv-affine Transformationen, d.h.*
>
> $$\varphi_i(x) = a_i\, x + b_i \quad \text{mit } a_i \in \mathbb{R}^+,\ b_i \in \mathbb{R} \quad (i=1, \ldots, m).$$

[18] Zum Summationsprinzip siehe die Abschnitte 1.1.3 und 2.2.3.

Für die Nutzenfunktionsprofile $(f_1, ..., f_m)$ *und* $(\varphi_1 \circ f_1, ..., \varphi_m \circ f_m)$ *erhält man dann dieselben normierten Nutzenfunktionen, d.h.*

$$n(f_i) = n(\varphi_i \circ f_i) \qquad \text{für alle } i \in \{1, ..., m\}.$$

Die Verwendung des sozialen Wohlfahrtsfunktionals F *setzt also lediglich eine kardinale Messung der individuellen Präferenzen, jedoch keinerlei interpersonelle Vergleichbarkeit voraus.*
Dies läßt sich folgendermaßen erklären: Interpretiert man die Nutzenfunktionen $f_1, ..., f_m$ *als kardinale Nutzenfunktionen ohne jegliche interpersonelle Vergleichbarkeit, dann besitzen die Nutzenfunktionsprofile* $(f_1, ..., f_m)$ *und* $(n(f_1), ..., n(f_m))$ *denselben Informationsgehalt. Die Normierung der individuellen Nutzenfunktionen verändert deren Informationsgehalt also nicht.*

Der Erfüllung der Forderungen (U), (P) *und* (ND), *sowie der Invarianzforderung* (IV), *steht die Verletzung der Forderung* (I) *gegenüber:*

Es sei $m=2$ *und* $\Omega = \{a_1, a_2, a_3\}$. *Für die Nutzenfunktionsprofile* (f_1, f_2) *und* (f_1^*, f_2^*) *gelte:*

$$\begin{array}{lll} f_1(a_1) = 0, & f_1(a_2) = 1, & f_1(a_3) = 2, \\ f_2(a_1) = 1, & f_2(a_2) = 0, & f_2(a_3) = 1, \\ f_1^*(a_1) = 0, & f_1^*(a_2) = 1, & f_1^*(a_3) = 1, \\ f_2^*(a_1) = 1, & f_2^*(a_2) = 0, & f_2^*(a_3) = 2. \end{array}$$

Dann ist

$$\begin{array}{lll} n(f_1)(a_1) = 0, & n(f_1)(a_2) = 0.5, & n(f_1)(a_3) = 1, \\ n(f_2)(a_1) = 1, & n(f_2)(a_2) = 0, & n(f_2)(a_3) = 1, \\ n(f_1^*)(a_1) = 0, & n(f_1^*)(a_2) = 1, & n(f_1^*)(a_3) = 1, \\ n(f_2^*)(a_1) = 0.5, & n(f_2^*)(a_2) = 0, & n(f_2^*)(a_3) = 1; \end{array}$$

und somit:

$$1 = \sum_{i=1}^{2} n(f_i)(a_1) > \sum_{i=1}^{2} n(f_i)(a_2) = 0.5 \qquad \text{und}$$

$$0.5 = \sum_{i=1}^{2} n(f_i^*)(a_1) < \sum_{i=1}^{2} n(f_i^*)(a_2) = 1.$$

Für die kollektiven Präferenzordnungen $R \doteq F(f_1, f_2)$ *und* $R^* \doteq F(f_1^*, f_2^*)$ *gilt also:*

$$a_1 \mathrm{P} a_2 \;\; \wedge \;\; a_2 \mathrm{P}^* a_1 \,.$$

Dies steht im Widerspruch zu der Forderung (I), *derzufolge die Beurteilung der Alternative* a_3 *keinen Einfluß auf die kollektive Entscheidung zwischen den Alternativen* a_1 *und* a_2 *haben darf.*

Die Problematik des oben definierten sozialen Wohlfahrtsfunktionals besteht darin, daß man den normierten individuellen Nutzenfunktionen eine interpersonelle Vergleichbarkeit unterstellt: Man rechnet die individuellen Nutzen gegeneinander auf, obwohl keine interpersonelle Vergleichbarkeit der Präferenzintensitäten vorliegt.
Die Annahme, von der man dabei ausgeht, lautet: Der Nutzenunterschied zwischen der ungünstigsten und der günstigsten Entscheidungsalternative ist bei allen Personen gleich. Diese Annahme entspricht natürlich nicht der Wahrheit. Der obige Beweis für die Verletzung der Forderung (I) *macht deutlich, welchen Einfluß die Beurteilung irrelevanter Alternativen auf die Nutzendifferenz zwischen der günstigsten und der ungünstigsten Alternative und damit auf die normierte individuelle Nutzenfunktion hat.*

Eine zweite, und meiner Ansicht nach bessere, Lösung des oben dargestellten Dilemmas besteht in einer (weiteren) Abschwächung der Invarianzforderung (IV). Der völlige Verzicht auf interpersonelle Nutzenvergleiche ist insbesondere bei Fragen der distributiven Gerechtigkeit unangemessen: Bei Fragen der Verteilungsgerechtigkeit sollte man zumindest interpersonelle Vergleiche von Nutzenniveaus berücksichtigen.
Welche Möglichkeiten der Nutzenaggregation sich im Falle lediglich ordinaler Nutzenmessung, jedoch interpersoneller Vergleichbarkeit der Nutzenniveaus ergeben, werde ich im folgenden Abschnitt untersuchen.

2.2.2 Positionelle Diktaturen: Das Beispiel der Maximin-Regel von Rawls

Eine Theorie der Gerechtigkeit, bei der interpersonelle Vergleiche von Nutzenniveaus eine tragende Rolle spielen, hat Rawls (1957, 1971) entwickelt. Im Mittelpunkt von Rawls' Theorie der Gerechtigkeit stehen die beiden folgenden Prinzipien:

1. **Die gerechte Zuweisung von Rechten und Pflichten:** Jede Person soll das gleiche Recht auf das umfangreichste System von

Grundfreiheiten haben, das mit dem gleichen Recht für alle anderen verträglich ist.

2. **Die gerechte Verteilung gesellschaftlicher und wirtschaftlicher Güter:** Soziale und wirtschaftliche Ungleichheiten sind so zu gestalten, daß sie sowohl

   (a) den am wenigsten Begünstigten die bestmöglichen Aussichten bringen als auch

   (b) mit Ämtern und Positionen verbunden sind, die allen gemäß der Chancengleichheit offenstehen.

Nach Rawls (1971) hat hierbei das erste Prinzip Vorrang vor dem zweiten Prinzip. Den ersten Halbsatz des zweiten Prinzips bezeichnet Rawls als Differenzprinzip. Dieses stellt auf die Maximierung der Wohlfahrt der am schlechtesten gestellten Mitglieder der Gesellschaft ab und wird häufig als Maximin-Regel bezeichnet.
Die in dem nachfolgenden Beispiel 2.2.2 definierte Maximin-Regel, derzufolge sich die kollektive Wohlfahrt einer Gesellschaft an dem „Nutzen" der am schlechtesten gestellten Person bemißt, gibt allerdings - wie Gaertner (1985) zu Recht bemerkt - die Position von Rawls nicht adäquat wieder: Anstelle des Nutzenbegriffs, wie er bei der Maximin-Regel verwendet wird, tritt bei Rawls das Konzept der sog. „primären Güter", welches z.B. Rechte und Freiheiten, Chancen und Machtpositionen, Einkommen und Vermögen, sowie die Selbstachtung umfaßt.

Das im folgenden dargestellte Nutzenkalkül (Maximin-Regel) und die Konzeption von Rawls unterscheiden sich zwar in manchen Punkten, stimmen jedoch überein in der Feststellung, daß bei dem Vergleich sozialer Alternativen einerseits interpersonelle Vergleiche von Wohlfahrtsniveaus erforderlich sind und andererseits die Wohlfahrt verschiedener Individuen nicht gegeneinander aufgerechnet werden darf. Bei der Maximin-Regel handelt es sich deshalb um dasjenige soziale Wohlfahrtsfunktional, welches die Position von Rawls am besten beschreibt, wenngleich Rawls' Konzeption dadurch stark verkürzt dargestellt wird.

Die Verwendung der Maximin-Regel, welche die Eigenschaften (U), (P), (I), (ND) und (ON) besitzt, stellt einen möglichen Ausweg aus dem von Arrow (1963) bewiesenen Unmöglichkeitstheorem (siehe Korollar 2.2.1) dar. Anders als bei den von Arrow (1951, 1963) betrachteten sozialen Wohlfahrtsfunktionen geht man im Falle der Maximin-Regel von einer interpersonellen Vergleichbarkeit der Nutzenniveaus aus.

Beispiel 2.2.2 *(Maximin-Regel)*
Nach Rawls (1971) bemißt sich die kollektive Wohlfahrt einer Gesellschaft danach, wie gut es der **am schlechtesten gestellten Person** *dieser Gesellschaft geht. In der Sozialwahltheorie charakterisiert man eine solche Position durch die sog. Maximin-Regel, welche beschrieben wird durch das soziale Wohlfahrtsfunktional* $F_{maximin}$*, das ein Nutzenfunktionsprofil* $(f_1, \ldots, f_m)$ *auf die folgende kollektive Präferenzordnung* R *abbildet:*

$$a\mathrm{R}b :\Longleftrightarrow \min_{i=1,\ldots,m} f_i(a) \geq \min_{i=1,\ldots,m} f_i(b) .$$

Das soziale Wohlfahrtsfunktional $F_{maximin}$ *genügt offensichtlich den Forderungen* (U), (P), (I) *und* (ND). *Außerdem besitzt* $F_{maximin}$ *die Eigenschaft* (ON), *nicht jedoch die Eigenschaft* (IV) *und damit auch nicht die Eigenschaft* (O). *Dies sieht man folgendermaßen:*

(ON) ist erfüllt: *Es sei* $(f_1, \ldots, f_m)$ *ein Nutzenfunktionsprofil und* $\varphi : \mathbb{R} \longrightarrow \mathbb{R}$ *eine streng monoton wachsende Funktion. Dann sind die kollektiven Präferenzordnungen* $F_{maximin}(f_1, \ldots, f_m)$ *und* $F_{maximin}(\varphi \circ f_1, \ldots, \varphi \circ f_m)$ *identisch, d.h.*

$$F_{maximin}(f_1, \ldots, f_m) = F_{maximin}(\varphi \circ f_1, \ldots, \varphi \circ f_m) ,$$

da für alle $a, b \in \Omega$ *gilt:*

$$\min_{i=1,\ldots,m} f_i(a) \geq \min_{i=1,\ldots,m} f_i(b) \Longleftrightarrow$$
$$\min_{i=1,\ldots,m} (\varphi \circ f_i)(a) \geq \min_{i=1,\ldots,m} (\varphi \circ f_i)(b) .$$

(IV) ist nicht erfüllt: *Es seien* $a, b \in \Omega$. *Weiterhin sei*

$$f_1(b) \geq f_1(a) \quad \text{und} \quad f_i(a) > f_i(b) > f_1(b) \quad \text{für alle } i \in \{2, \ldots, m\} .$$

Für die Relation $\mathrm{R} \doteq F_{maximin}(f_1, \ldots, f_m)$ *gilt dann offensichtlich:* $b\mathrm{R}a$.
Nun sei

$$\phi_1 : \mathbb{R} \longrightarrow \mathbb{R} , \quad \phi_1(x) \doteq x + (f_2(a) - f_1(a)) ,$$

eine Transformation der Nutzenfunktion f_1. *Für das Nutzenfunktionsprofil*

$$(f_1', \ldots, f_m') \doteq (\phi_1 \circ f_1, f_2, \ldots, f_m)$$

gilt dann:

$$\min_{i=1,\dots,m} f'_i(a) > \min_{i=1,\dots,m} f'_i(b)\,.$$

Für die Relation $\mathrm{R}' \doteq F_{maximin}(f'_1, \dots, f'_m)$ *erhält man somit:* $a\mathrm{P}'b$.
Da aus der Eigenschaft (IV)

$$b\mathrm{R}a \iff b\mathrm{R}'a \iff \neg(a\mathrm{P}'b)$$

folgen würde, ist damit gezeigt, daß das Funktional $F_{maximin}$ *die Eigenschaft* (IV) *nicht erfüllt.*

(O) ist nicht erfüllt: *Dies folgt unmittelbar aus dem Beweis dafür, daß* (IV) *nicht erfüllt ist.*

Die Tatsache, daß das soziale Wohlfahrtsfunktional $F_{maximin}$ die Forderungen (O) und (IV) verletzt, liegt darin begründet, daß interpersonelle Nutzenvergleiche einen Einfluß auf die kollektive Präferenzordnung $\mathrm{R} = F_{maximin}(f_1, \dots, f_m)$ haben. Die Beschränkung auf ordinale Informationen über die individuellen Präferenzen hingegen äußert sich in der Eigenschaft (ON). Die Maximin-Regel zeigt, daß Arrows Forderungen (U), (P), (I) und (ND) erfüllbar sind, wenn man interpersonelle Vergleiche von Nutzenniveaus zuläßt, die Forderung (O) also abschwächt zu der Forderung (ON).
Neben den Forderungen (U), (P), (I), (ND) und (ON) genügt die Maximin-Regel außerdem der Forderung der Anonymität, welche eine erhebliche Verschärfung der Forderung (ND) darstellt (zur Definition der Anonymitätsforderung siehe Abschnitt 1.1.2). Im Falle sozialer Wohlfahrtsfunktionale läßt sich die Anonymitätsforderung folgendermaßen konkretisieren:

(A) **Anonymität:** Ein soziales Wohlfahrtsfunktional F besitzt die Eigenschaft der Anonymität, wenn für jedes Nutzenfunktionsprofil $(f_1, \dots, f_m)$ und jede Permutation[19] σ von $(1, \dots, m)$ folgendes gilt:

$$F(f_1, \dots, f_m) = F(f_{\sigma(1)}, \dots, f_{\sigma(m)})\,.$$

Die Anonymität garantiert die Gleichbehandlung aller Individuen einer Gesellschaft: Kein Individuum genießt eine Sonderstellung.
Erhebt man den Anspruch, mit einem sozialen Wohlfahrtsfunktional zu beschreiben, wie eine **gerechte** Aggregation individueller Präferenzen aussieht, so kann man auf die Forderung der Anonymität nicht verzichten. Bei

[19] Zum Begriff der Permutation siehe Anhang A.1, Definition A.1.4.

einer solchen Zielsetzung bringt man mit einem sozialen Wohlfahrtsfunktional eine ethische Position zum Ausdruck. Ein soziales Wohlfahrtsfunktional repräsentiert dann eine ethische Norm zur Beurteilung kollektiver Entscheidungen. So steht beispielsweise das Summationsprinzip (siehe Abschnitt 1.1.3 oder den nachfolgenden Abschnitt 2.2.3) für die Konzeption des Präferenzutilitarismus, und die Maximin-Regel entspricht (zumindest ungefähr) der Position von Rawls (1957, 1971). Jede ethische Norm - insbesondere auch eine ethische Norm, die sich in Form eines sozialen Wohlfahrtsfunktionals ausdrücken läßt - zeichnet sich durch ihre **universelle Geltung** aus. Dies bedeutet insbesondere, daß in einer ethischen Norm keine Eigennamen vorkommen dürfen.
Wenn also die Individuen auf Nutzenfunktionen reduziert werden (und dies ist in der Sozialwahltheorie der Fall!), dann darf eine Permutation der individuellen Nutzenfunktionen nichts an der kollektiven Präferenzordnung ändern. Die Eigenschaft der Anonymität kann somit verstanden werden als eine Konsequenz aus der universellen Geltung ethischer Normen.

Ich weise in diesem Zusammenhang auf Richard Hares Analyse des Begriffs „Sollen" hin. Nach Hare (1952) zeichnet sich der Sollensbegriff durch seinen Aufforderungscharakter und seine Universalisierbarkeit aus. Für die Frage „Wonach **soll** sich eine kollektive Entscheidung ausrichten?" bedeutet dies, daß die Antwort hierauf universalisierbar sein muß. Eine ethische Norm, die sich mit dieser Frage auseinandersetzt, darf sich also nicht auf bestimmte Personen und bestimmte Entscheidungssituationen beziehen, sondern muß vielmehr universelle Geltung besitzen.

Von Arrows Forderungen (U), (P), (I) und (ND) will ich neben der Forderung (ND), an deren Stelle ich im folgenden die strengere Forderung (A) verwende, auch die Forderung (P) verschärfen. Ich halte nämlich das strenge Pareto-Prinzip (SP), bei dem es sich um eine Verschärfung des schwachen Pareto-Prinzips (P) handelt, für eine intuitiv sehr plausible Anforderung an ein soziales Wohlfahrtsfunktional. Bezogen auf soziale Wohlfahrtsfunktionale läßt sich die (bereits in Abschnitt 1.1.2 definierte) Forderung (SP) folgendermaßen konkretisieren:

(SP) **Strenges Pareto-Prinzip:** Ein soziales Wohlfahrtsfunktional F genügt dem strengen Pareto-Prinzip, wenn für alle $a, b \in \Omega$ folgendes gilt:

(i) Falls $f_i(a) \geq f_i(b)$ für alle $i \in \{1, ..., m\}$ und ein $i \in \{1, ..., m\}$ existiert mit $f_i(a) > f_i(b)$, dann folgt hieraus für die kollektive Präferenzordnung $R = F(f_1, ..., f_m)$, daß a gegenüber b präferiert wird.

Kurz:

$$(\exists i\colon f_i(a) > f_i(b)) \wedge (\forall i\colon f_i(a) \geq f_i(b)) \implies a\mathrm{P}b\,.$$

(ii) $$(\forall i\colon f_i(a) = f_i(b)) \implies a\mathrm{I}b\,.$$

Die Forderung (ii) des strengen Pareto-Prinzips nennt man **Pareto-Indifferenz-Regel.** Sen (1977c, 1986) kürzt diese Regel mit (P^0) ab (vgl. hierzu Abschnitt 1.1.3).

Die Forderung (SP) ist vor allem dann plausibel, wenn man unterstellt, daß auch sehr geringe Nutzenunterschiede wahrgenommen werden, d.h. wenn $f_i(a) = f_i(b)$ besagt, daß der Nutzen der Alternative a für die Person i exakt genauso groß wie der Nutzen der Alternative b ist.
Geht man hingegen davon aus, daß die Sensibilität der Individuen für Nutzenunterschiede begrenzt ist, sich deshalb Indifferenzbereiche ergeben und die Gleichung $f_i(a) = f_i(b)$ nicht notwendigerweise besagt, daß die Alternativen a und b für die Person i exakt denselben Nutzen bringen, dann verläßt man das in diesem Kapitel zugrundegelegte Modell ordinaler bzw. kardinaler Nutzenmessung. In diesem Fall hätte man es zunächst nicht mit Präferenzordnungen oder kardinalen Nutzenfunktionen, sondern mit Semiordnungen zu tun. Ich verweise in diesem Zusammenhang auf Abschnitt 3.4, in dem ich mich ausführlich mit dem Begriff der Semiordnung auseinandersetzen werde. Stellt man die individuellen Präferenzen in Form von Semiordnungen dar, so tritt an die Stelle des strengen Pareto-Prinzips das sog. schwache Mehrheitskriterium (siehe hierzu meine Ausführungen in Abschnitt 3.4.1 oder Ng, 1975).
Zusammenfassend halte ich fest, daß die Forderung (SP) im Falle sozialer Wohlfahrtsfunktionale eine sinnvolle Verschärfung der Forderung (P) bedeutet.

Die Maximin-Regel genügt zwar der Forderung (P), nicht aber der Forderung (SP), wie man leicht sieht:

Es seien $a, b \in \Omega$. Für die individuellen Nutzenfunktionen gelte:

$$f_1(a) < f_i(b) \wedge f_1(b) < f_i(b) \quad \text{für alle } i \in \{2, ..., m\}\,;$$
$$f_1(a) = f_1(b)\,; \quad f_i(a) > f_i(b) \quad \text{für alle } i \in \{2, ..., m\}\,.$$

Für die kollektive Präferenzordnung $\mathrm{R} \doteq F_{maximin}(f_1, ..., f_m)$ gilt dann: $a\mathrm{I}b$.
Obwohl die Alternative a von $m-1$ Personen gegenüber der

Alternative b vorgezogen wird und die verbleibende Person indifferent zwischen a und b ist, gelangt man bei Anwendung des sozialen Wohlfahrtsfunktionals $F_{maximin}$ zu keiner kollektiven Präferenz zugunsten der Alternative a. Dies steht im Widerspruch zu dem strengen Pareto-Prinzip, demzufolge aus kollekiver Sicht die Alternative a gegenüber der Alternative b vorzuziehen ist.

Durch eine geringfügige Modifikation kann man die Maximin-Regel jedoch in Einklang mit dem strengen Pareto-Prinzip bringen: Man verwendet anstelle der Maximin-Regel die sog. **Leximin-Regel**, die lexikographische Version der Maximin-Regel.
Zur Definition der Leximin-Regel benötige ich den Begriff der Ordnungsstatistik, welchen ich im Anhang A.3, Definition A.3.6, näher erörtere. Die r–te Ordnungsstatistik $(f(a))_{(r)}$ eines Nutzenvektors $f(a) = (f_1(a), ..., f_m(a))$ bezeichnet im folgenden den r–niedrigsten Nutzenwert.

Beispiel 2.2.3 *(Leximin-Regel)*
Bei der lexikographischen Version der Maximin-Regel, der sog. Leximin-Regel, behält man die der Maximin-Regel zugrundeliegende Idee bei, daß sich die kollektive Wohlfahrt einer Gesellschaft danach bemißt, wie gut es der **am schlechtesten gestellten Person** *dieser Gesellschaft geht. Lediglich den Spezialfall, daß für zwei Alternativen $a, b \in \Omega$ und ein Nutzenfunktionsprofil $(f_1, ..., f_m)$*

$$\min_{i=1,...,m} f_1(a) = \min_{i=1,...,m} f_1(b)$$

ist, behandelt die Leximin-Regel auf andere Weise als die Maximin-Regel. Während gemäß der Maximin-Regel in diesem Fall eine kollektive Indifferenz zwischen a und b vorliegt (d.h. aIb), sieht die Leximin-Regel einen Vergleich der zweitniedrigsten Nutzenwerte vor. Falls sowohl die niedrigsten als auch die zweitniedrigsten Nutzenwerte identisch sind, so werden der Leximin-Regel zufolge die drittniedrigsten Nutzenwerte miteinander verglichen.
Verwendet man den Begriff der r–ten Ordnungsstatistik[20] *und bezeichnet mit $(f(a))_{(r)}$ die r–te Ordnungsstatistik des Vektors $f(a) = (f_1(a), ..., f_m(a))$ und mit $(f(b))_{(r)}$ die r–te Ordnungsstatistik des Vektors $f(b) = (f_1(b), ..., f_m(b))$, dann läßt sich die mit Hilfe der Leximin-Regel $F_{leximin}$ ermittelte kollektive Präferenzordnung $\mathrm{R} \doteq F_{leximin}(f_1, ..., f_m)$ folgendermaßen definieren:*

[20] Zum Begriff der r–ten Ordnungsstatistik siehe Anhang A.3, Definition A.3.6.

- *Für alle* $a, b \in \Omega$ *gelte* aPb *genau dann, wenn ein* $r \in \{1, ..., m\}$ *existiert, so daß*

$$(f(a))_{(r)} > (f(b))_{(r)} \quad \textit{und}$$
$$(f(a))_{(s)} = (f(b))_{(s)} \quad \textit{für alle } s < r\,.$$

- *Für alle* $a, b \in \Omega$ *gelte* aIb *genau dann, wenn* $\neg(aPb) \wedge \neg(bPa)$, *d.h. wenn*

$$(f(a))_{(r)} = (f(b))_{(r)} \quad \textit{für alle } r \in \{1, ..., m\}\,.$$

Bei Anwendung der Leximin-Regel tritt also häufiger eine echte kollektive Präferenz (Relation P*) auf als bei der Maximin-Regel. Im Unterschied zu der Maximin-Regel genügt die Leximin-Regel dem strengen Pareto-Prinzip* (SP).

Bei der Maximin-Regel und der Leximin-Regel handelt es sich um zwei soziale Wohlfahrtsfunktionale, die den Forderungen (U), (P), (I) und (A) genügen, auf welche man - wie ich oben erörtert habe - nicht verzichten kann, wenn man eine gerechte Aggregation konfligierender Interessen anstrebt. Darüber hinaus beschränken sich die Maximin- und die Leximin-Regel auf die Verwendung **ordinaler** Informationen über die individuellen Präferenzen, genügen also der Forderung (ON).
Maximin- und Leximin-Regel können angesehen werden als zwei soziale Wohlfahrtsfunktionale, bei denen **der Nutzen der am schlechtesten gestellten Person** maßgebend ist für die Bestimmung des kollektiven Nutzens. Man bezeichnet diese beiden Formen der Nutzenaggregation deshalb als **positionelle Diktaturen**, da eine Person aufgrund ihrer Position (d.h. aufgrund des Ranges ihres Nutzens) diktiert, wie groß der kollektive Nutzen einer bestimmten Entscheidungsalternative ist.
Roberts (1980a) zeigt, daß es sich bei jedem sozialen Wohlfahrtsfunktional mit den Eigenschaften (U), (P), (I), (A) und (ON) um eine positionelle Diktatur handelt (siehe Theorem 2.2.2). Als positionelle Diktaturen bezeichnet Roberts (1980a) alle diejenigen sozialen Wohlfahrtsfunktionale, bei denen sich die kollektive Bewertung einer Entscheidungsalternative a einzig und allein auf die $r-$te Ordnungsstatistik $(f(a))_{(r)}$ ($r \in \{1, ..., m\}$) des Nutzenvektors $f(a) = (f_1(a), ..., f_m(a))$ stützt und die übrigen Nutzenwerte $(f(a))_{(i)}$, $i \neq r$, keine Berücksichtigung finden. Der kollektive Nutzen einer bestimmten Alternative wird also diktiert von derjenigen Person, die bei dieser Alternative den $r-$niedrigsten Nutzen hat, deren Nutzenwert also den Rang r besitzt.

Definition 2.2.1 *(Positionelle Diktaturen)*[21]
Ein soziales Wohlfahrtsfunktional beschreibt eine **positionelle Diktatur**, *wenn es ein* $r \in \{1, ..., m\}$ *gibt, so daß für die zu einem Nutzenfunktionsprofil* $f = (f_1, ..., f_m)$ *gehörige kollektive Präferenzordnung* $\mathrm{R} = F(f_1, ..., f_m)$ *gilt:*

$$(f(a))_{(r)} > (f(b))_{(r)} \implies a\mathrm{P}b \quad (a, b \in \Omega).$$

$(f(a))_{(r)}$ *bezeichnet dabei die r-te Ordnungsstatistik des Nutzenvektors* $f(a) = (f_1(a), ..., f_n(a))$.

Die Leximin-Regel beinhaltet - wie Sen (1986, S.1117) richtig bemerkt - nicht nur die Diktatur der am schlechtesten gestellten Person, sondern eine ganze Hierarchie von Diktaturen: Mit jedem Rang $r \in \{1, ..., m\}$ ist eine diktatorische Macht verbunden, sofern für alle niedrigeren Ränge $i < r$ eine Indifferenz zwischen den i-ten Ordnungsstatistiken der relevanten Nutzenvektoren vorliegt.
Zwar liegt sowohl bei der Maximin- als auch bei der Leximin-Regel eine **Diktatur der am schlechtesten gestellten Person** vor (was bedeutet, daß in Definition 2.2.1 der Rang $r \doteq 1$ dominant ist!); es sind aber (zumindest aus theoretischer Sicht) auch positionelle Diktaturen denkbar, bei denen die zu einem Rang $r \geq 2$ gehörigen Ordnungsstatistiken $(f(a))_{(r)}$, $a \in \Omega$, die kollektive Entscheidung diktieren.
Beispiele für positionelle Diktaturen, bei denen $r = m$ in Definition 2.2.1, d.h. bei denen eine **Diktatur der am besten gestellten Person** vorliegt, sind die **Maximax-** und die **Leximax-Regel:**

Beispiel 2.2.4 *(Maximax- und Leximax-Regel)*
Sowohl bei der Maximax- als auch bei der Leximax-Regel bemißt sich kollektive Wohlfahrt danach, wie gut es der **am besten gestellten Person** *dieser Gesellschaft geht. Maximax- und Leximax-Regel, ausgedrückt durch die sozialen Wohlfahrtsfunktionale* $F_{maximax}$ *und* $F_{leximax}$, *sind folgendermaßen definiert:*

(i) Das soziale Wohlfahrtsfunktional $F_{maximax}$ *bildet ein Nutzenfunktionsprofil* $(f_1, ..., f_m)$ *auf die folgende kollektive Präferenzordnung* R *ab:*

$$a\mathrm{R}b :\Longleftrightarrow \max_{i=1,\dots,m} f_i(a) \geq \max_{i=1,\dots,m} f_i(b).$$

(ii) Die mit Hilfe der Leximax-Regel $F_{leximax}$ *aus einem Nutzenfunktionsprofil* $(f_1, ..., f_m)$ *abgeleitete kollektive Präferenzordnung läßt sich*

[21] Die hier vorgenommene Definition entspricht der von Roberts (1980a, S.413), Sen (1986, S.1117) und Bossert/Stehling (1990, S.174) gewählten Definition.

folgendermaßen definieren:

- *Für alle* $a, b \in \Omega$ *gelte* $a\mathrm{P}b$ *genau dann, wenn ein* $r \in \{1, ..., m\}$ *existiert, so daß*

$$\begin{aligned}(f(a))_{(r)} &> (f(b))_{(r)} && \text{und}\\ (f(a))_{(s)} &= (f(b))_{(s)} && \text{für alle } s > r\,.\end{aligned}$$

- *Für alle* $a, b \in \Omega$ *gelte* $a\mathrm{I}b$ *genau dann, wenn* $\neg(a\mathrm{P}b) \wedge \neg(b\mathrm{P}a)$, *d.h. wenn*

$$(f(a))_{(r)} = (f(b))_{(r)} \quad \text{für alle } r \in \{1, ..., m\}\,.$$

(Hier besteht kein Unterschied zu der Leximin-Regel!)

Ebenso wie die Maximin-Regel besitzt die Maximax-Regel die Eigenschaften (U), (P), (I), (A) *und* (ON), *und ebenso wie die Leximin-Regel besitzt die Leximax-Regel die Eigenschaften* (U), (SP), (I), (A) *und* (ON).
Im Unterschied zu der Maximin- und der Leximin-Regel handelt es sich aber bei der Maximax- und der Leximax-Regel um keine geeigneten sozialen Wohlfahrtsfunktionale zur Behandlung von Fragen der distributiven Gerechtigkeit. Es erscheint z.B. als ungerecht, wenn einige wenige Personen einer Gesellschaft sich eines großen Wohlstands erfreuen, während die übrigen Personen in großer Armut leben und es durch ihre Arbeit erst ermöglichen, daß es der am besten gestellten Person so gut geht. Diese Situation wird jedoch von der Maximax-Regel (und auch von der Leximax-Regel) als sehr wünschenswert eingestuft.

Neben Maximin-, Leximin-, Maximax- und Leximax-Regel halte ich noch eine weitere positionelle Diktatur für erwähnenswert, nämlich diejenige positionelle Diktatur, welche den Median der individuellen Nutzenwerte als die zu maximierende Zielgröße verwendet.

Beispiel 2.2.5 *(Maximierung des Nutzenmedians)*
Der **Median** *eines Nutzenvektors* $f(a) = (f_1(a), ..., f_m(a))$ *ist definiert als die*

- $\frac{m+1}{2}$ *-te Ordnungsstatistik, falls* m *ungerade ist,*
- $\frac{m}{2}$ *-te Ordnungsstatistik, falls* m *gerade ist.*

Strebt man die Maximierung des Nutzenmedians an, so verwendet man das soziale Wohlfahrtsfunktional F_{median}, *welches ein Nutzenfunktionsprofil* $f = (f_1, ..., f_m)$ *auf die folgende kollektive Präferenzordnung abbildet:*

$$a\mathrm{R}b :\Longleftrightarrow (f(a))_{(r)} \geq (f(b))_{(r)}\,,$$

wobei

$$r \doteq \begin{cases} \frac{m+1}{2}, & \textit{falls } m \textit{ ungerade ist.} \\ \frac{m}{2}, & \textit{falls } m \textit{ gerade ist.} \end{cases}$$

Den Nutzenmedian kann man interpretieren als den Nutzen des sog. Durchschnittsmenschen einer Gesellschaft. Das soziale Wohlfahrtsfunktional F_{median} läßt sich deshalb auffassen als eine Formalisierung des sog. **Durchschnittswähler-Modells** („median voter model"), welches z.B. von Downs (1957) und Black (1958) vertreten wird. Die Präferenzen des Durchschnittswählers bei politischen Wahlen entsprechen, wie Downs (1957) und Black (1958) zeigen, in etwa den kollektiven Präferenzen, die man mit Hilfe der Mehrheitsentscheidungsregel erhält. Bei der Mehrheitsentscheidungsregel handelt es sich also um ein Verfahren, mit dem sich die Maximierung des Nutzenmedians realisieren läßt.
Ob das soziale Wohlfahrtsfunktional F_{median} eine **gerechte** Form der Nutzenaggregation beschreibt, darf bezweifelt werden. Gemäß der Entscheidungsregel F_{median} ist die Armut von 49% der Bevölkerung hinzunehmen, wenn die übrigen 51% davon profitieren; eine als besonders vorteilhaft einzustufende Gesellschaftsform wäre demnach eine Sklavenhaltergesellschaft, bei der der Anteil der Sklaven unter 50% liegt. Dies entspricht - wie ich meine - nicht den üblichen Vorstellungen von Gerechtigkeit.
Für ein wesentliches Merkmal des sozialen Wohlfahrtsfunktionals F_{median} halte ich seine **Robustheit** gegenüber Veränderungen bei den individuellen Präferenzen. Selbst dann, wenn eine Person ihre Präferenzen grundlegend ändert, so hat dies - anders als bei der Maximin- oder der Maximax-Regel - keinen oder nur einen sehr geringen Einfluß auf die kollektive Präferenzordnung. Diese Robustheitseigenschaft - eine nicht unbedingt wünschenswerte Eigenschaft eines sozialen Wohlfahrtsfunktionals - bewirkt einerseits eine Stabilisierung der kollektiven Präferenzen, andererseits wird diese Stabilität dadurch erkauft, daß sowohl der Nutzen der sehr gut gestellten als auch der Nutzen der sehr schlecht gestellten Personen außer acht gelassen wird.

Die Berücksichtigung von einem einzigen Nutzenwert bei der kollektiven Bewertung einer Entscheidungsalternative - sei es nun das Nutzenminimum, der Nutzenmedian oder das Nutzenmaximum - ist das entscheidende Merkmal **jeder** positionellen Diktatur.
Dies bringt sowohl Vorteile als auch Nachteile mit sich: Der entscheidende Vorteil positioneller Diktaturen (im Vergleich zu sozialen Wohlfahrtsfunktionalen, die nicht der Forderung (ON) genügen) besteht darin, daß für die Bestimmung der kollektiven Präferenzordnung lediglich eine ordinale Messung der individuellen Nutzen erforderlich ist.

Für den entscheidenden Nachteil positioneller Diktaturen halte ich den Umstand, daß der Großteil der ordinalen Informationen über die individuellen Präferenzen keinen Einfluß auf die kollektive Präferenzordnung hat, da lediglich die r-ten Ordnungsstatistiken $(f(a))_{(r)}$ der Nutzenvektoren $f(a) = (f_1(a), ..., f_m(a))$, $a \in \Omega$, wobei $r \in \{1, ..., m\}$ ist, Berücksichtigung finden. Je nach Wahl des Ranges $r \in \{1, ..., m\}$ wiegt dieser Nachteil unterschiedlich schwer: Maximax- und Leximax-Regel ($r = m$) erscheinen als inakzeptable Formen der Nutzenaggregation, Maximin- und Leximin-Regel ($r = 1$) hingegen als durchaus akzeptable und faire Formen der Nutzenaggregation, sofern keine interpersonellen Vergleiche von Nutzeneinheiten zur Verfügung stehen.
Grundsätzlich kann man sagen, daß eine positionelle Diktatur den üblichen Vorstellungen von Gerechtigkeit umso eher entspricht, je niedriger der Rang r der betrachteten Ordnungsstatistiken ist. Dennoch bleibt festzuhalten, daß bei jeder positionellen Diktatur (also auch bei der Maximin- und der Leximin-Regel!) die Ordnungsstatistiken $(f(a))_{(s)}$, $a \in \Omega$, $s \neq r$, völlig außer acht gelassen werden.

Aufgrund dieses Nachteils positioneller Diktaturen stellt sich die Frage, ob neben den in Definition 2.2.1 beschriebenen positionellen Diktaturen noch weitere soziale Wohlfahrtsfunktionale existieren, die einerseits von einer lediglich ordinalen Meßbarkeit der individuellen Präferenzen ausgehen, also die Eigenschaft (ON) besitzen, und andererseits den Forderungen (U), (P), (I) und (A) genügen. Die Antwort hierauf ist negativ, wie das folgende von Roberts (1980a) bewiesene Theorem zeigt:[22]

Theorem 2.2.2 *(„Rank-dictatorship-Theorem")*
Falls $|\Omega| \geq 3$, *dann beschreibt jedes soziale Wohlfahrtsfunktional mit den Eigenschaften* (U), (P), (I), (A) *und* (ON) *eine positionelle Diktatur im Sinne von Definition 2.2.1.*

BEWEIS siehe Roberts (1980a, Beweis von Theorem 4).

Der Beweis des Rank-diktatorship-Theorems, auf dessen Darstellung ich in dieser Arbeit verzichte, verläuft ähnlich wie der Beweis von Arrows Theorem: Während man im Falle des Arrow-Theorems Personen und deren Präferenzordnungen betrachtet, stehen bei dem Rank-diktatorship-Theorem nicht die Personen an sich, sondern deren Positionen bzw. Ränge im Vordergrund.

Das Rank-dictatorship-Theorem halte ich neben Arrows Theorem für das bedeutendste Resultat in der gesamten Theorie der Sozialwahl. Es macht

[22] Ein ähnliches Resultat findet sich bei Gevers (1979, Theorem 4).

deutlich, welche Möglichkeiten der Aggregation individueller Nutzen zu einer kollektiven Präferenzordnung es gibt, wenn man sich einerseits auf eine ordinale Messung der individuellen Präferenzen (einschließlich interpersoneller Vergleiche von Nutzenniveaus) beschränkt und andererseits **elementaren** Anforderungen an eine Nutzenaggregation (unbegrenzter Definitionsbereich, schwaches Pareto-Prinzip, Unabhängigkeit von irrelevanten Alternativen und Anonymität) genügen will.

Das Rank-dictatorship-Theorem und das Arrow-Theorem hängen eng miteinander zusammen, da sie von nahezu denselben Anforderungen an eine Aggregation der individuellen Präferenzen ausgehen. Der wesentliche Unterschied besteht in den Informationen über die individuellen Präferenzen, die zur Ermittlung der kollektiven Präferenzordnung herangezogen werden dürfen: Die beim Arrow-Theorem gemachte Voraussetzung, daß interpersonelle Nutzenvergleiche auszuschließen seien, läßt man beim Rank-dictatorship-Theorem fallen.
Dies führt zu bedeutsamen Konsequenzen, was die Existenz einer Nutzenaggregation mit den geforderten Eigenschaften betrifft. Arrows Unmöglichkeitstheorem besagt, daß der Versuch einer Aggregation individueller Präferenzordnungen zu einer kollektiven Präferenzordnung bereits an elementaren Forderungen (unbegrenzter Definitionsbereich, schwaches Pareto-Prinzip, Unabhängigkeit von irrelevanten Alternativen und Nichtexistenz eines Diktators) scheitern muß. Erlaubt man jedoch interpersonelle Vergleiche von Nutzenniveaus, so ergeben sich verschiedene Möglichkeiten der Nutzenaggregation, die den Forderungen (U), (P), (I) und (ND), und sogar der Forderung (A), genügen, wie z.B. die Maximin-, die Leximin-, die Maximax- und die Leximax-Regel. Die Menge aller solcher sozialer Wohlfahrtsfunktionale mit den Eigenschaften (U), (P), (I) und (A), die sich auf eine ordinale Messung der individuellen Nutzen (einschließlich interpersoneller Nutzenvergleiche) beschränken, also die Eigenschaft (ON) besitzen, zeichnen sich, wie das Rank-dictatorship-Theorem zeigt, dadurch aus, daß es sich dabei um positionelle Diktaturen im Sinne von Definition 2.2.1 handelt. (Dies besagt aber nicht, daß jede positionelle Diktatur die Eigenschaften (U), (P), (I) und (A) besitzt!)

Die zentrale Frage im Zusammenhang mit positionellen Diktaturen lautet: Welcher positionellen Diktatur mit den Eigenschaften (U), (P), (I) und (A) soll man den Vorzug geben, wenn man eine **gerechte** Nutzenaggregation anstrebt?
Wie ich oben erörtert habe, sollte man den Rang r der betrachteten Ordnungsstatistiken möglichst niedrig wählen (am besten: $r = 1$), wenn man

gravierende Nutzenunterschiede zwischen den Personen einer Gesellschaft vermeiden will. Es liegt deshalb nahe, die Maximin- oder die Leximin-Regel zu verwenden. Die Leximin-Regel ist dabei eindeutig der Maximin-Regel vorzuziehen, weil die Leximin-Regel - im Gegensatz zur Maximin-Regel - dem strengen Pareto-Prinzip genügt. So verwundert es nicht, daß gerade der Versuch einer Axiomatisierung der Leximin-Regel zu einem Betätigungsfeld für Sozialwahltheoretiker wurde. Ich verweise dabei vor allem auf d'Aspremont/Gevers (1977), Deschamps/Gevers (1978), Gevers (1979), Roberts (1980a, 1980b) und Sen (1977c und 1986, Abschnitt 6.3).
Das Ziel einer solchen Axiomatisierung ist es, die Leximin-Regel aus einigen elementaren und intuitiv plausiblen Anforderungen an ein soziales Wohlfahrtsfunktional abzuleiten. Für wesentlich halte ich die beiden von d'Aspremont/Gevers (1977, Theoreme 5 und 7) vorgenommenen Axiomatisierungen. Die eine verwendet neben den recht plausiblen Forderungen (U), (SP), (I) und (A) die Forderung der sog. **starken Gerechtigkeit**, die andere die (schwächere) Forderung (SE) der **Separabilität**. Mit dem Axiom der starken Gerechtigkeit und der Separabilitätsforderung will ich mich nun näher auseinandersetzen, bevor ich auf die entsprechenden Axiomatisierungen der Leximin-Regel zu sprechen komme.

Das Axiom der starken Gerechtigkeit (siehe z.B. d'Aspremont/Gevers, 1977, S.203, Eigenschaft der „extremist equity", kurz: (XE), oder Gaertner, 1985) befaßt sich mit der Situation, daß die Interessen von nur zwei Individuen $j, k \in \{1, ..., m\}$ hinsichtlich zweier Alternativen $a, b \in \Omega$ zueinander in Konflikt stehen, d.h.

$$f_j(a) > f_j(b) \quad \text{und} \quad f_k(b) > f_k(a)\,,$$

und alle anderen Individuen indifferent zwischen a und b sind, d.h.

$$f_i(a) = f_i(b) \quad \text{für alle} \quad i \in \{1, ..., m\} \setminus \{j, k\}\,.$$

Weiterhin sei die Person j sowohl bei der Alternative a als auch bei der Alternative b schlechter gestellt als die Person k. Für die individuellen Nutzenfunktionen f_j und f_k gelte also:

$$f_k(b) > f_k(a) > f_j(a) > f_j(b)\,.$$

In dieser Situation stellt sich die Frage, ob man zugunsten der Person j oder zugunsten der Person k entscheiden soll. Das Axiom der starken Gerechtigkeit besagt, daß stets der Nutzen der schlechter gestellten Person j den Ausschlag gibt. Für die kollektive Präferenzordnung bedeutet dies: $a\mathrm{P}b$.

(STE) **Starke Gerechtigkeit** („strong equity"):
Ein soziales Wohlfahrtsfunktional F besitzt die Eigenschaft der starken Gerechtigkeit, wenn für alle $a, b \in \Omega$ und alle Nutzenfunktionsprofile $(f_1, ..., f_m)$ folgendes gilt:

Falls $j, k \in \{1, ..., m\}$ existieren, so daß

$$f_k(b) > f_k(a) > f_j(a) > f_j(b) \quad \text{und}$$
$$f_i(a) = f_i(b) \quad \text{für alle } i \in \{1, ..., m\} \setminus \{j, k\},$$

dann folgt für die kollektive Präferenzordnung $\mathrm{R} = F(f_1, ..., f_m)$ hieraus: $a\mathrm{P}b$.

Bei dem von d'Aspremont/Gevers (1977) verwendeten Axiom der starken Gerechtigkeit handelt es sich um eine Verschärfung des von Hammond (1976) eingeführten Axioms der „equity" - von Hammond mit (E) und von Sen (1986, S.1116) mit (HE) abgekürzt. Im Unterschied zu d'Aspremont/Gevers (1977) fordert Hammond (1976) lediglich $a\mathrm{R}b$ anstelle von $a\mathrm{P}b$. Die von d'Aspremont/Gevers (1977) vorgenommene Verschärfung wird benötigt für den Beweis des Satzes 2.2.1 (siehe unten!), in dem man auf jegliche Invarianzforderung (z.B. (ON) oder (IVEN)) verzichtet - im Unterschied etwa zu Hammond (1976), der von einer lediglich ordinalen Messung der individuellen Nutzen ausgeht, von sozialen Wohlfahrtsfunktionalen also die Eigenschaft (ON) fordert.

Der Forderung der starken Gerechtigkeit liegt die folgende Idee zugrunde: Bei einer lediglich ordinalen Nutzenmessung ist ein Vergleich von Präferenzintensitäten nicht möglich. Tritt ein Interessenkonflikt zwischen zwei Personen auf, so geben die Präferenzen der schlechter gestellten Person stets den Ausschlag. Auf diese Weise verhindert man, daß einzelne Personen gravierende Benachteiligungen erfahren.
Die Eigenschaft der starken Gerechtigkeit impliziert insbesondere, daß die individuellen Nutzenfunktionen von denjenigen Personen, die zwischen zwei Alternativen a und b indifferent sind, keinen Einfluß auf die kollektiven Präferenzen hinsichtlich der Alternativen a und b haben.
Von sozialen Wohlfahrtsfunktionalen, bei denen indifferente Personen die kollektive Präferenzordnung nicht beeinflussen, sagt man, sie besitzen die Eigenschaft der **Separabilität**. Die nachfolgend definierte Anforderung der Separabilität stellt also eine Konsequenz aus der starken Gerechtigkeit dar.

(SE) **Separabilität** (Elimination des Einflusses indifferenter Individuen):
Ein soziales Wohlfahrtsfunktional F besitzt die Eigenschaft

der Separabilität, wenn für alle Nutzenfunktionsprofile $(f_1, ..., f_m)$ und $(f_1^*, ..., f_m^*)$ folgendes gilt:

Falls $M_1, M_2 \subset \{1, ..., m\}$ mit $M_1 \cup M_2 = \{1, ..., m\}$ existieren, so daß

- $f_i(a) = f_i^*(a)$ für alle $i \in M_1$ und alle $a \in \Omega$, und
- $f_i(a) = f_i(b) \;\wedge\; f_i^*(a) = f_i^*(b)$ für alle $i \in M_2$ und alle $a, b \in \Omega$,

dann folgt für die kollektiven Präferenzordnungen $\mathrm{R} = F(f_1, ..., f_m)$ und $\mathrm{R}^* = F(f_1^*, ..., f_m^*)$ hieraus: $\mathrm{R} = \mathrm{R}^*$.

Die Individuen der Menge M_2, die indifferent zwischen allen Entscheidungsalternativen sind, sollen also die kollektive Präferenzordnung nicht beeinflussen.

Um die Definition der Separabilität etwas verständlicher zu machen, will ich nun erörtern, was die Eigenschaft (SE) für den Fall bedeutet, daß nur zwei Alternativen zur Wahl stehen, d.h.: $\Omega \doteq \{a, b\}$. Man betrachtet in diesem Fall zwei Nutzenfunktionsprofile $(f_1, ..., f_m)$ und $(f_1, ..., f_m^*)$, für die folgendes gilt:
Die Menge $\{1, ..., m\}$ läßt sich aufteilen in eine Menge M_1 von Personen, für welche die Nutzenfunktionen f_i und f_i^* identisch sind, d.h.

$$f_i(a) = f_i^*(a) \;\wedge\; f_i(b) = f_i^*(b) \qquad \text{für alle } i \in M_1\,,$$

und eine Menge M_2 von Personen, für die sowohl bei Verwendung der Nutzenfunktionen f_i als auch bei Verwendung der Nutzenfunktionen f_i^* eine Indifferenz zwischen den Alternativen a und b vorliegt, d.h.

$$f_i(a) = f_i(b) \;\wedge\; f_i^*(a) = f_i^*(b) \qquad \text{für alle } i \in M_2\,.$$

Die Forderung (SE) besagt in diesem Fall, daß ein soziales Wohlfahrtsfunktional die Nutzenfunktionsprofile $(f_1, ..., f_m)$ und $(f_1^*, ..., f_m^*)$ auf dieselbe kollektive Präferenzordnung abbilden soll. Dies bedeutet, daß die kollektive Präferenzordnung unabhängig ist von den individuellen Nutzenfunktionen der Personen, die indifferent zwischen den Alternativen a und b sind.

Die beiden von d'Aspremont/Gevers (1977) vorgenommenen Axiomatisierungen der Leximin-Regel, welche sich auf das Axiom der starken Gerechtigkeit bzw. die Separabilitätsforderung stützen, lauten folgendermaßen:

Satz 2.2.1 *Falls* $|\Omega| \geq 3$ *und ein soziales Wohlfahrtsfunktional* F *die Eigenschaften* (U), (SP), (I), (A) *und* (STE) *besitzt, dann handelt es sich bei* *dem Funktional F um die Leximin-Regel.*

BEWEIS siehe d'Aspremont/Gevers (1977, Beweis von Theorem 5).

Satz 2.2.2 *(Leximin-Leximax-Theorem)*
Falls $|\Omega| \geq 3$ und ein soziales Wohlfahrtsfunktional F die Eigenschaften (U), (SP), (I), (A), (SE) *und* (ON) *besitzt, dann ist F entweder die Leximin- oder die Leximax-Regel.*

BEWEIS siehe d'Aspremont/Gevers (1977, Beweis von Theorem 7).

Man kann sich sehr leicht davon überzeugen, daß keines der sozialen Wohlfahrtsfunktionale $F_{maximin}$, F_{median} und $F_{maximax}$ der Forderung der Separabilität genügt.
Ich zeige dies exemplarisch am Beispiel der Maximin-Regel:

Es sei z.B. $\Omega \doteq \{a, b\}$, $m = 2$,

$$f_1(a) = f_1^*(a) \doteq 0\,, \quad f_1(b) = f_1^*(b) \doteq 1\,,$$
$$f_2(a) = f_2(b) \doteq 0\,, \quad f_2^*(a) = f_2^*(b) \doteq 1\,.$$

Dann ist

$$\min_{i=1,\dots,m} f_i(a) = \min_{i=1,\dots,m} f_i(b) = 0 \qquad \text{und}$$
$$0 = \min_{i=1,\dots,m} f_i^*(a) < \min_{i=1,\dots,m} f_i^*(b) = 1\,,$$

und somit:

$$F_{maximin}(f_1, f_2) \neq F_{maximin}(f_1^*, f_2^*)\,.$$

Die Maximin-Regel verletzt also die Forderung (SE).

Ebenso offensichtlich ist es, daß die Leximin- und die Leximax-Regel der Forderung der Separabilität genügen. Im Falle der Leximin-Regel sieht der Beweis der Separabilitätseigenschaft folgendermaßen aus:

Es seien $(f_1, \dots, f_m)$ und $(f_1^*, \dots, f_m^*)$ zwei Nutzenfunktionsprofile, so daß

$$M_1, M_2 \subset \{1, \dots, m\} \quad \text{mit} \quad M_1 \cup M_2 = \{1, \dots, m\}$$

existieren mit der Eigenschaft

$f_i(a) = f_i^*(a)$ für alle $i \in M_1$ und alle $a \in \Omega$, und
$f_i(a) = f_i(b) \ \wedge \ f_i^*(a) = f_i^*(b)$
für alle $i \in M_2$ und alle $a, b \in \Omega$,

Ohne Beschränkung der Allgemeinheit sei $M_1 = \{1, ..., m_1\}$ und $M_2 = \{m_1 + 1, ..., m\}$, wobei $m_1 \in \{1, ..., m-1\}$.
Es sei nun $\mathrm{R} \doteq F_{leximin}(f_1, ..., f_m)$ und $\mathrm{R}^* \doteq F_{leximin}(f_1^*, ..., f_m^*)$.
Für die zugehörigen strikten Ordnungen P und P* gilt dann:

$$
\begin{aligned}
a\mathrm{P}b \iff & \text{Es existiert ein } r \in \{1, ..., m\}, \text{ so daß} \\
& (f(a))_{(r)} > (f(b))_{(r)} \text{ und} \\
& (f(a))_{(s)} = (f(b))_{(s)} \text{ für alle } s < r. \\
\iff & \text{Zu den Vektoren} \\
& f^1(a) \doteq (f_1(a), ..., f_{m_1}(a)) = (f_1^*(a), ..., f_{m_1}^*(a)) \text{ und} \\
& f^1(b) \doteq (f_1(b), ..., f_{m_1}(b)) = (f_1^*(b), ..., f_{m_1}^*(b)) \\
& \text{existiert ein } r_1 \in \{1, ..., m_1\}, \text{ so daß} \\
& (f^1(a))_{(r_1)} > (f^1(b))_{(r_1)} \text{ und} \\
& (f^1(a))_{(s)} = (f^1(b))_{(s)} \text{ für alle } s < r_1. \\
\iff & \text{Es existiert ein } r' \in \{1, ..., m\}, \text{ so daß} \\
& (f^*(a))_{(r')} > (f^*(b))_{(r')} \text{ und} \\
& (f^*(a))_{(s)} = (f^*(b))_{(s)} \text{ für alle } s < r'. \\
\iff & a\mathrm{P}^*b.
\end{aligned}
$$

Hieraus folgt:

$$a\mathrm{R}b \iff \neg(b\mathrm{P}a) \iff \neg(b\mathrm{P}^*a) \iff b\mathrm{R}a.$$

Um die Bedeutung der Sätze 2.2.1 und 2.2.2 etwas zu veranschaulichen, will ich, bevor ich meine Ausführungen über positionelle Diktaturen abschließe, den Unterschied zwischen der Maximin- und der Leximin-Regel an einem Beispiel erörtern:

Beispiel 2.2.6 *Eine Familie, bestehend aus Vater, Mutter und einer 12-jährigen Tochter, fährt zusammen in den Urlaub. Die Reise zu dem Urlaubsort erfolgt mit dem Zug. Alle drei Familienmitglieder legen den Weg vom Bahnhof des Zielortes zu dem Hotel, in dem sie ihr Quartier beziehen, zu Fuß zurück und tragen das Gepäck - insgesamt sieben gleich schwere Gepäckstücke - selbst in das Hotel. Es stellt sich die Frage, wieviele Gepäckstücke jedes der drei Familienmitglieder tragen soll. Der Vater kann maximal vier, die Mutter maximal drei und die Tochter maximal zwei*

Gepäckstücke tragen.
Für die Aufteilung der sieben Gepäckstücke auf die drei Familienmitglieder gibt es somit sechs Möglichkeiten. Diese lassen sich darstellen als Vektoren (x_1, x_2, x_3), *wobei* x_1 *die Anzahl der Gepäckstücke bezeichnet, die der Vater trägt,* x_2 *die Anzahl der Gepäckstücke, die die Mutter trägt, und* x_3 *die Anzahl der Gepäckstücke, die die Tochter trägt. Als Menge möglicher Entscheidungsalternativen*

$$(x_1, x_2, x_3) \in \{0,1,2,3,4\} \times \{0,1,2,3\} \times \{0,1,2\}$$

erhält man:

$$\Omega \doteq \{ (4,3,0), (4,2,1), (4,1,2), (3,3,1), (3,2,2), (2,3,2) \}.$$

Jedes Familienmitglied will natürlich möglichst wenige Gepäckstücke tragen. So würde beispielsweise die Tochter am liebsten gar kein Gepäckstück tragen (wie dies bei der Alternative $(4,3,0)$ *der Fall wäre!) und die Alternativen* $(4,2,1)$ *und* $(3,3,1)$, *bei denen sie nur ein Gepäckstück tragen muß, gegenüber denjenigen Alternativen vorziehen, bei denen sie zwei Gepäckstücke zu tragen hat. Für die Nutzenfunktion* f_3 *der Tochter, sowie alle* $x, y \in \Omega$, *gilt somit:*

$$f_3(x_1, x_2, x_3) \geq f_3(y_1, y_2, y_3) \iff x_3 \leq y_3 .$$

Es sei

$$f_3(x_1, x_2, x_3) \doteq \begin{cases} 12, & \text{falls } x_3 = 0, \\ 6, & \text{falls } x_3 = 1, \\ 0, & \text{falls } x_3 = 2; \end{cases}$$

$$\textit{kurz:} \quad f_3(x_1, x_2, x_3) \doteq 12 - 6\, x_3 .$$

Was die individuellen Nutzen betrifft, so gehe ich von folgenden Annahmen aus:

1. *Der Vater wäre mit vier zu tragenden Gepäckstücken genauso gut gestellt wie die Mutter mit drei zu tragenden Gepäckstücken oder die Tochter mit zwei zu tragenden Gepäckstücken.*

2. *Die individuellen Nutzen von Vater, Mutter und Tochter wären gleich groß, wenn keines der drei Familienmitglieder ein Gepäckstück tragen müßte.*

3. *Der individuelle Nutzen jedes Familienmitglieds hängt einzig und allein von der* **Anzahl** *der Gepäckstücke ab, die es zu tragen hat und nimmt linear mit dieser Anzahl ab. (Es erfolgt also eine kardinale Nutzenmessung!)*

4. *Eine interpersonelle Vergleichbarkeit der Nutzenniveaus ist auch in denjenigen Fällen gegeben, die von den Annahmen 1 und 2 nicht erfaßt werden. (Hieraus folgt sogar die interpersonelle Vergleichbarkeit der Nutzeneinheiten!)*

Durch diese Annahmen und die oben definierte Nutzenfunktion f_3 der Tochter sind die Nutzenfunktionen von Vater und Mutter eindeutig bestimmt. Die Nutzenfunktion des Vaters lautet:

$$f_1(x_1, x_2, x_3) \doteq \begin{cases} 12, & \textit{falls } x_1 = 0, \\ 9, & \textit{falls } x_1 = 1, \\ 6, & \textit{falls } x_1 = 2, \\ 3, & \textit{falls } x_1 = 3, \\ 0, & \textit{falls } x_1 = 4; \end{cases}$$

$$\textit{kurz:} \quad f_1(x_1, x_2, x_3) \doteq 12 - 3\,x_1 \,.$$

Die Nutzenfunktion f_2 der Mutter lautet:

$$f_2(x_1, x_2, x_3) \doteq \begin{cases} 12, & \textit{falls } x_2 = 0, \\ 8, & \textit{falls } x_2 = 1, \\ 4, & \textit{falls } x_2 = 2, \\ 0, & \textit{falls } x_2 = 3; \end{cases}$$

$$\textit{kurz:} \quad f_2(x_1, x_2, x_3) \doteq 12 - 4\,x_2 \,.$$

Wendet man die **Maximin-Regel** *an, dann erhält man eine* **kollektive Indifferenz zwischen allen zur Wahl stehenden Alternativen**. *Dies ist deshalb der Fall, weil bei jeder der sechs zur Wahl stehenden Alternativen die Nutzenfunktion von mindestens einem Familienmitglied den Wert 0 annimmt und deshalb für alle Alternativen $a \in \Omega$ gilt:*

$$\min_{i=1,2,3} f_i(a) = 0 \,.$$

Das soziale Wohlfahrtsfunktional F_{median}, das auf die **Maximierung des Nutzenmedians** *abzielt, liefert hingegen die kollektive Präferenzordnung*

$F_{median}(f_1, f_2, f_3)$, *welche sich durch die folgende kollektive Nutzenfunktion* $f : \Omega \longrightarrow \mathbb{R}$ *repräsentieren läßt:*

$$\begin{aligned} f\,(4,3,0) &\doteq f_1\,(4,3,0) = f_2\,(4,3,0) = 0, \\ f\,(4,2,1) &\doteq f_2\,(4,2,1) = 4, \\ f\,(4,1,2) &\doteq f_1\,(4,1,2) = f_3\,(4,1,2) = 0, \\ f\,(3,3,1) &\doteq f_1\,(3,3,1) = 3, \\ f\,(3,2,2) &\doteq f_1\,(3,2,2) = 3, \\ f\,(2,3,2) &\doteq f_2\,(2,3,2) = f_3\,(2,3,2) = 0\,. \end{aligned}$$

Die kollektive Präferenzordnung $F_{maximax}(f_1, f_2, f_3)$, *die man durch die* **Maximax-Regel** *gewinnt, läßt sich durch die folgende Nutzenfunktion* $\hat{f}$: $\Omega \longrightarrow \mathbb{R}$ *repräsentieren:*

$$\begin{aligned} \hat{f}\,(4,3,0) &\doteq f_3\,(4,3,0) = 12, \\ \hat{f}\,(4,2,1) &\doteq f_3\,(4,2,1) = 6, \\ \hat{f}\,(4,1,2) &\doteq f_2\,(4,1,2) = 8, \\ \hat{f}\,(3,3,1) &\doteq f_3\,(3,3,1) = 6, \\ \hat{f}\,(3,2,2) &\doteq f_2\,(3,2,2) = 4, \\ \hat{f}\,(2,3,2) &\doteq f_1\,(2,3,2) = 6\,. \end{aligned}$$

Die **Leximin-Regel** *stellt in dem vorliegenden Fall einer 3-Personen-Gesellschaft eine lexikographische Regel dar, derzufolge zunächst das Nutzenminimum, dann (im Falle einer Gleichheit der Minima) der Nutzenmedian und schließlich (im Falle einer Gleichheit sowohl der Nutzenminima als auch der mittleren Nutzenwerte) das Nutzenmaximum zu maximieren ist.*
Bei Anwendung der Leximin-Regel erhält man somit die folgende Rangfolge:

1. (4, 2, 1) **2.** (3, 3, 1) **3.** (3, 2, 2)

4. (4, 3, 0) **5.** (4, 1, 2) **6.** (2, 3, 2).

Dieses Beispiel zeigt, daß die Maximin- und die Leximin-Regel möglicherweise zwei sehr verschiedene kollektive Präferenzordnungen liefern. Es kann außerdem keinen Zweifel daran geben, daß die Leximin-Regel gegenüber der Maximin-Regel vorzuziehen ist. Die Vorziehenswürdigkeit der Leximin-Regel läßt sich z.B. damit begründen, daß die Leximin-Regel eine Hierarchie von positionellen Diktaturen darstellt und man auf jeder Stufe dieser

Hierarchie dem Grundgedanken der Rawlsschen Konzeption folgt, daß bei konfligierenden individuellen Interessen die Präferenzen der am schlechtesten gestellten Person den Ausschlag geben.
Das Axiom der starken Gerechtigkeit, dem die Leximin-Regel (nicht aber die Maximin-Regel) gehorcht, stellt eine Formalisierung dieses Grundgedanken dar. Will man der Forderung der starken Gerechtigkeit genügen, so muß man die Leximin-Regel der Maximin-Regel (und auch allen anderen positionellen Diktaturen!) vorziehen. Die in dem Satz 2.2.1 erwähnte Axiomatisierung der Leximin-Regel stützt sich in erster Linie auf das Axiom der starken Gerechtigkeit.
Im Unterschied zu Satz 2.2.1 verzichtet das Leximin-Leximax-Theorem (Satz 2.2.2) auf die Forderung (STE); stattdessen wird eine Rückführung des Axioms der starken Gerechtigkeit auf das (schwächere) Separabilitätsaxiom angestrebt. Durch die Forderung der Separabilität kann man, wie das Leximin-Leximax-Theorem zeigt, die Menge der sozialen Wohlfahrtsfunktionale mit den Eigenschaften (U), (SP), (I), (A) und (ON), einschränken auf die beiden folgenden positionellen Diktaturen:

- die Leximin-Regel, die bei Interessenkonflikten immer zugunsten der am schlechtesten gestellten Person entscheidet;

- die Leximax-Regel, die bei Interessenkonflikten immer zugunsten der am besten gestellten Person entscheidet.

Mit der Frage, ob ein Ausschluß aller anderen positionellen Diktaturen mit Hilfe der Forderung (SE) gerechtfertigt ist, ob es sich also bei der Forderung (SE) um eine plausible Forderung handelt, werde ich mich in dem Abschnitt 2.2.4 noch näher auseinandersetzen.
Auch das Axiom der starken Gerechtigkeit kann man kritisch hinterfragen. Zwar mag die Leximin-Regel aus Gründen der Gerechtigkeit allen anderen positionellen Diktaturen vorzuziehen sein, ob aber die Forderung (STE) auch dann plausibel ist, wenn man kardinale individuelle Nutzenfunktionen zuläßt, wenn man also auf die Forderung (ON) verzichtet, muß bezweifelt werden.

Zusammenfassend halte ich fest, daß - wie das Rank-dictatorship-Theorem zeigt - die Verwendung ordinaler Nutzenfunktionen (auch bei interpersoneller Vergleichbarkeit der Nutzenniveaus) die Möglichkeiten für Nutzenaggregationen stark einschränkt und es nicht gestattet, die individuellen Präferenzen gegeneinander aufzurechnen, wie dies z.B. beim Summationsprinzip geschieht.

2.2.3 Das Summationsprinzip

Das (bereits in Abschnitt 1.1.3 erwähnte) Summationsprinzip setzt kardinale Nutzenfunktionen und eine interpersonelle Vergleichbarkeit der Nutzeneinheiten, jedoch - im Unterschied zu positionellen Diktaturen - keine interpersonelle Vergleichbarkeit der Nutzenniveaus voraus.

Beispiel 2.2.7 *(Summationsprinzip)*
Gemäß dem **Utilitarismus** *ist bei kollektiven Entscheidungen das Gemeinwohl und nicht der Nutzen einer bestimmten Person zu maximieren. Das Gemeinwohl leitet sich ab aus den Präferenzen der einzelnen Individuen. Eine zentrale Frage der utilitaristischen Ethik lautet deshalb: Wie kann man die Präferenzen der Individuen aggregieren zu kollektiven Präferenzen? Die klassischen Utilitaristen beantworten diese Frage dadurch, daß sie bei der Aggregation individueller Nutzenfunktionen zu einer kollektiven Präferenzordnung das* **Summationsprinzip** *verwenden, demzufolge die Präferenzen aller Individuen gleiches Gewicht erhalten sollen.*
Das der utilitaristischen Ethik zugrundeliegende Summationsprinzip läßt sich beschreiben durch das soziale Wohlfahrtsfunktional $F_{summation}$*, das ein Nutzenfunktionsprofil* $(f_1, ..., f_m)$ *auf die folgende kollektive Präferenzordnung abbildet:*

$$a\mathrm{R}b :\Longleftrightarrow \sum_{i=1}^{m} f_i(a) \geq \sum_{i=1}^{m} f_i(b).$$

Das Summationsprinzip genügt offensichtlich den Forderungen (U), (SP), (I) *und* (A). *Darüber hinaus setzt es keine interpersonelle Vergleichbarkeit von Nutzenniveaus voraus, besitzt also die Eigenschaft* (IVE), *wie man leicht sieht:*

> *Es sei* $(f_1, ..., f_m)$ *ein beliebiges Nutzenfunktionsprofil und* $\alpha \in \mathbb{R}^+$, $\beta_i \in \mathbb{R}$ *beliebig.*
> *Dann gilt für alle* $a, b \in \Omega$:
>
> $$\sum_{i=1}^{m} (\alpha\, f_i(a) + \beta_i) \geq \sum_{i=1}^{m} (\alpha\, f_i(b) + \beta_i)$$
> $$\Longleftrightarrow \sum_{i=1}^{m} f_i(a) \geq \sum_{i=1}^{m} f_i(b).$$
>
> *Das soziale Wohlfahrtsfunktional* $F_{summation}$ *bildet also die Nutzenfunktionsprofile* $(f_1, ..., f_m)$ *und* $(\phi_1 \circ f_1, ..., \phi_m \circ f_m)$ *auf dieselbe kollektive Präferenzordnung ab, sofern* $\phi_i(x) \doteq \alpha\, x + \beta_i \;\; (i = 1, ..., m)$.

Wie das folgende Theorem zeigt, zeichnet sich das Summationsprinzip gegenüber allen anderen sozialen Wohlfahrtsfunktionalen dadurch aus, daß es die Forderungen (U), (SP), (I), (A) und (IVE) erfüllt:

Theorem 2.2.3 *(Axiomatisierung des Summationsprinzips durch d'Aspremont/Gevers)*
Falls $|\Omega| \geq 3$ *und ein soziales Wohlfahrtsfunktional* F *die Eigenschaften* (U), (SP), (I), (A) *und* (IVE) *besitzt, dann handelt es sich bei dem Funktional* F *um das Summationsprinzip.*

BEWEIS siehe d'Aspremont/Gevers (1977, Beweis von Theorem 3).

Im Falle einer kardinalen Meßbarkeit der individuellen Präferenzen mit interpersoneller Vergleichbarkeit der Nutzeneinheiten, nicht aber der Nutzenniveaus, erweist sich das Summationsprinzip somit als die einzige sinnvolle Nutzenaggregation, bei der die verschiedenen Individuen gleich behandelt werden, bei der also die Forderung der Anonymität erfüllt ist.

Ich will dies kurz an einem Beispiel verdeutlichen. Man stelle sich die folgende Situation vor:
Der Stadtrat einer Stadt mit ca. 100.000 Einwohnern hat darüber zu entscheiden, ob die Innenstadt für den Autoverkehr gesperrt werden soll oder nicht. Im Falle einer Sperrung würde lediglich Anwohnern und Lieferanten das Recht eingeräumt, mit dem Auto in die Innenstadt zu fahren.
Die Alternative „Sperrung der Innenstadt für den Autoverkehr“ bringt einige Vorteile mit sich:

- geringere Schadstoff- und Lärmbelästigung für die Anwohner,
- Möglichkeit eines gemütlichen Stadtbummels ohne Belästigung durch Autofahrer (interessant auch für Landkreisbewohner und Bewohner von Nachbarstädten),
- bessere Zufahrtsmöglichkeiten für Anwohner und Lieferanten, da mehr Parkmöglichkeiten entstehen und Staus in den Straßen der Innenstadt vermieden werden.

Jedoch ergeben sich auch Nachteile aus der Schaffung einer (fast) autofreien Zone:

- Kaufhäuser, Apotheken, Arztpraxen, Gaststätten und andere Dienstleistungsbetriebe der Innenstadt können nicht mehr direkt angefahren werden. (Dies betrifft vor allem ortskundige Personen, die nicht in der Innenstadt wohnen und ein Auto besitzen.)

- Die Attraktivität der Dienstleistungsbetriebe in der Innenstadt sinkt, falls nicht für ausreichenden Parkraum außerhalb der Innenstadt gesorgt wird.

Für manche Personen (z.B. für Bewohner der Innenstadt) bringt eine Sperrung der Innenstadt für den Autoverkehr also eine Steigerung der Lebensqualität. Es gibt jedoch auch Personen, für die eine Sperrung der Innenstadt mit mehr Nachteilen als Vorteilen verbunden wäre, wie z.B.

- regelmäßige Besucher von Kneipen, die es (bedauerlicherweise) gewohnt sind, mit dem Auto in der Innenstadt zu parken,
- ältere Menschen, die sich von Bekannten zu einem Arzt fahren lassen,
- Inhaber und Beschäftigte von Kaufhäusern und Dienstleistungsunternehmen in der Innenstadt, die Umsatzeinbußen befürchten.

Gemäß dem Summationsprinzip sind die Vorteile für eine Personengruppe gegen die Nachteile für eine andere Personengruppe aufzuwiegen; ein Vergleich von Nutzenniveaus findet nicht statt.
In dem skizzierten Beispiel scheint diese Vorgehensweise durchaus plausibel zu sein: Die Vor- und Nachteile, die die einzelnen Individuen bei einer Sperrung der Innenstadt erfahren, sind nicht (oder nur in sehr geringem Ausmaß) daran gekoppelt, wie gut es den jeweiligen Individuen geht; ein interpersoneller Vergleich von Nutzenniveaus ist deshalb nicht unbedingt erforderlich. Es kann also in dem genannten Beispiel durchaus sinnvoll sein, auf interpersonelle Vergleiche von Nutzenniveaus zu verzichten. Ein solcher Verzicht hat, wie Theorem 2.2.3 zeigt, zur Konsequenz, daß bei einer Aggregation der individuellen Präferenzen zu einer kollektiven Präferenzordnung keine echte Alternative zum Summationsprinzip existiert.

Im Unterschied zu der Frage der Verkehrsberuhigung in Innenstädten kann man z.B. bei Fragen der Verteilungsgerechtigkeit keinesfalls auf interpersonelle Vergleiche von Nutzenniveaus verzichten. Die vom Staat vorgenommene Umverteilung materieller Güter dient dazu, soziale Ungerechtigkeiten zu vermeiden. Insbesondere soll verhindert werden, daß zu große Unterschiede hinsichtlich des materiellen Wohlstands auftreten: Jedem Indviduum wird das Recht auf einen gewissen Lebensstandard eingeräumt. Bei Fragen der distributiven Gerechtigkeit spielen also Nutzenunterschiede zwischen den einzelnen Individuen eine zentrale Rolle. Deshalb muß man in diesem Fall von den individuellen Nutzenfunktionen eine Vergleichbarkeit der Nutzenniveaus fordern.
Läßt man interpersonelle Vergleiche von Nutzenniveaus zu, verzichtet man

also auf die Forderung (IVE), so verliert das Summationsprinzip seine Rolle als einzige sinnvolle Nutzenaggregation: Neben das Summationsprinzip treten andere Formen der Nutzenaggregation, wie z.B. die Leximin-Regel oder Nutzenaggregationen, bei denen eine rangabhängige Gewichtung der individuellen Nutzen erfolgt (siehe hierzu die Abschnitte 1.1.3 und 2.2.4).
Das Summationsprinzip eignet sich nicht zur Behandlung von Fragen der distributiven Gerechtigkeit, da es unter Umständen massive Benachteiligungen einzelner Personen toleriert, wenn die Nutzensumme nur hinreichend groß ist. Als Anwendungsbereich des Summationsprinzips erhält man deshalb die Menge derjenigen kollektiven Entscheidungen, bei denen eine kardinale Messung der individuellen Präferenzen mit interpersoneller Vergleichbarkeit der Nutzen**einheiten** erwünscht ist, jedoch auf interpersonelle Vergleiche von Nutzen**niveaus** verzichtet werden kann. Dies ist z.B. der Fall bei der oben erörterten Frage, ob eine Innenstadt für den Autoverkehr gesperrt werden soll, oder bei der Problematik des Rauchverbots in öffentlichen Gebäuden (siehe hierzu Abschnitt 1.1.4).

Schließt man interpersonelle Vergleiche von Nutzenniveaus aus und fordert von einem sozialen Wohlfahrtsfunktional außerdem die Eigenschaft der Anonymität, so existiert, wie Theorem 2.2.3 zeigt, keine echte Alternative zum Summationsprinzip. Bei einem Verzicht auf die Forderung der Anonymität besteht jedoch die Möglichkeit, die individuellen Präferenzen verschiedener Personen unterschiedlich stark zu gewichten.

Beispiel 2.2.8 *(Gewichtete Summationen)*
Die Idee, die hinter dem von den Utilitaristen verwendeten Summationsprinzip steckt, ist die Gleichgewichtung der Präferenzen der einzelnen Individuen. Eine Nutzenaggregation, bei der die Präferenzen verschiedener Personen ohne erkennbaren Grund und insbesondere ohne die Rechtfertigung durch verschiedene Wohlfahrtsniveaus unterschiedliches Gewicht erhalten, kann nicht als gerecht bezeichnet werden. Als formale Darstellung einer solchen Nutzenaggregation, die aus ethischer Sicht abzulehnen ist, bietet sich dasjenige soziale Wohlfahrtsfunktional an, das ein Nutzenfunktionsprofil auf die folgende kollektive Präferenzordnung abbildet:

$$aRb :\Longleftrightarrow \sum_{i=1}^{m} \alpha_i \, f_i(a) \geq \sum_{i=1}^{m} \alpha_i \, f_i(b) \,,$$

$$\textit{wobei} \;\; \alpha_1, \ldots, \alpha_m > 0, \;\; \sum_{i=1}^{m} \alpha_i = 1 \,.$$

Die Gewichte $\alpha_1, ..., \alpha_m$ geben dabei an, wie stark die Präferenzen der einzelnen Individuen gewichtet werden. Im Falle

$$\alpha_1 = \alpha_2 = \; ... \; = \alpha_m = \frac{1}{m}$$

erhält man das Summationsprinzip.
Alle sozialen Wohlfahrtsfunktionale, die sich auf die hier angegebene Weise darstellen lassen, bezeichne ich im folgenden als **gewichtete Summationen**.

Für die Klasse der gewichteten Summationen gilt folgendes Theorem:

Theorem 2.2.4 *(Axiomatisierung der gewichteten Summationen)*
Falls $|\Omega| \geq 3$ und ein soziales Wohlfahrtsfunktional die Eigenschaften (U), (SP), (I) *und* (IVE) *besitzt, dann liegt eine gewichtete Summation der individuellen Nutzen im Sinne von Beispiel 2.2.8 vor.*
BEWEIS siehe Gevers (1979, Beweis von Theorem 2).

Bei diesem Theorem handelt es sich um eine Verallgemeinerung von Theorem 2.2.3: Fordert man nämlich von einer gewichteten Summation die Eigenschaft der Anonymität, so hat dies offensichtlich die Gleichgewichtung der individuellen Nutzen zur Folge; Theorem 2.2.3 ist also eine unmittelbare Konsequenz aus Theorem 2.2.4.

Neben der in Theorem 2.2.3 genannten Axiomatisierung des Summationsprinzips, bei der die Invarianzforderung (IVE) eine zentrale Rolle spielt, wird von manchen Sozialwahltheoretikern auch die in Abschnitt 2.2.2 definierte Eigenschaft der Separabilität zur Charakterisierung des Summationsprinzips herangezogen (siehe z.B. Deschamps/Gevers, 1978, Theorem 2, oder Maskin, 1978).
Maskin (1978) fordert von einem sozialen Wohlfahrtsfunktional zusätzlich zu den (relativ unumstrittenen) Eigenschaften (U), (SP), (I) und (A) die Eigenschaften der Separabilität und der Stetigkeit, verzichtet jedoch auf die Invarianzforderung (IVE), welche besagt, daß interpersonelle Vergleiche von Nutzenniveaus auszuschließen sind.
Die Forderung (SE) der **Separabilität** habe ich in Abschnitt 2.2.2 bereits ausführlich erörtert. Wie man leicht sieht, besitzt das Summationsprinzip die Eigenschaft (SE):

> Es seien $(f_1, ..., f_m)$ und $(f_1^*, ..., f_m^*)$ zwei Nutzenfunktionsprofile, so daß
>
> $$M_1,\, M_2 \subset \{1, ..., m\}, \quad M_1 \cup M_2 = \{1, ..., m\},$$

existieren mit

$$f_i(a) = f_i^*(a) \quad \text{für alle } i \in M_1 \text{ und alle } a \in \Omega\,, \quad \text{und}$$
$$f_i(a) = f_i(b) \;\wedge\; f_i^*(a) = f_i^*(b)$$
$$\text{für alle } i \in M_2 \text{ und alle } a, b \in \Omega\,.$$

Für die kollektiven Präferenzordnungen $\mathrm{R} = F(f_1, ..., f_m)$ und $\mathrm{R}^* = F(f_1^*, ..., f_m^*)$ gilt dann:

$$a\mathrm{R}b \iff \sum_{i=1}^{m} f_i(a) \geq \sum_{i=1}^{m} f_i(b)$$
$$\iff \sum_{i=1}^{m} f_i^*(a) \geq \sum_{i=1}^{m} f_i^*(b) \iff a\mathrm{R}^*b\,.$$

Ich wende mich nun dem Begriff der **Stetigkeit** zu. Die Anwendung des Stetigkeitsbegriffs auf soziale Wohlfahrtsfunktionale setzt voraus, daß die in Abschnitt 1.1.3 definierte Eigenschaft (SN) der **strengen Neutralität** erfüllt ist. Das von Maskin (1978) verwendete Axiom der Stetigkeit ist nämlich nur anwendbar auf soziale Wohlfahrtsfunktionale, welche sich als Bergson-Samuelsonsche soziale Wohlfahrtsfunktionen auffassen lassen, d.h. auf soziale Wohlfahrtsfunktionale, für welche die in Abschnitt 1.1.3 definierte Eigenschaft (SN) der strengen Neutralität gilt. Soziale Wohlfahrtsfunktionale mit den Eigenschaften (U) und (SN) lassen sich, wie ich in Abschnitt 1.1.3 erwähnt habe, als Ordnungsrelationen auf der Menge $\mathbb{R}^m$ interpretieren: Anstelle von Alternativen $a_i \in \Omega$ betrachtet man Nutzenvektoren $(f_1(a_i), ..., f_m(a_i))$; zwei Alternativen a_i und a_j, für welche die zugehörigen Nutzenvektoren $(f_1(a_i), ..., f_m(a_i))$ und $(f_1(a_j), ..., f_m(a_j))$ identisch sind, werden als gleichwertig eingestuft, für die kollektive Präferenzordnung gilt in diesem Fall also: $a_i \mathrm{I} a_j$.

Definition 2.2.2 *Es sei F ein soziales Wohlfahrtsfunktional mit den Eigenschaften* (U) *und* (SN). *Die zu F gehörige Ordnungsrelation* R' *auf dem Nutzenraum* $\mathbb{R}^m$ *ist dann folgendermaßen definiert:*

> *Zu je zwei Vektoren $x, y \in \mathbb{R}^m$ wählt man $a, b \in \Omega$ und ein Nutzenfunktionsprofil $(f_1, ..., f_m)$ derart, daß*
>
> $$(f_1(a), ..., f_m(a)) = (x_1, ..., x_m) \quad \textit{und}$$
> $$(f_1(b), ..., f_m(b)) = (y_1, ..., y_m)\,.$$

Nun definiert man

$$x\mathrm{R}'y \;:\Longleftrightarrow\; a\,F(f_1, ..., f_m)\,b\,.$$

(Hierzu benötigt man die Eigenschaft (U)*.)*

Da das soziale Wohlfahrtsfunktional F die Eigenschaft (SN) *besitzt, ist diese Definition unabhängig von der Wahl der Alternativen $a, b \in \Omega$ und des Nutzenfunktionsprofils $(f_1, ..., f_m)$. Dies sieht man so:*

Man wählt $a, b, c, d \in \Omega$ und zwei Nutzenfunktionsprofile $(f_1, ..., f_m)$ und $(g_1, ..., g_m)$ derart, daß

$$(f_1(a), ..., f_m(a)) = (g_1(c), ..., g_m(c)) = (x_1, ..., x_m) \quad \textit{und}$$
$$(f_1(b), ..., f_m(b)) = (g_1(d), ..., g_m(d)) = (y_1, ..., y_m)\,.$$

Gemäß der Eigenschaft der strengen Neutralität gilt dann für die kollektive Präferenzordnung $\mathrm{R} \doteq F(f_1, ..., f_m)$ folgendes:

$$a\mathrm{R}b \Longleftrightarrow c\mathrm{R}d\,.$$

Wie schwach die Forderung (SN) ist, zeigt die Tatsache, daß jedes soziale Wohlfahrtsfunktional mit den Eigenschaften (U), (SP) und (I) dieser Forderung genügt. Für soziale Wohlfahrtsfunktionale gilt nämlich - wie ich bereits in Abschnitt 1.1.2 erwähnt habe - das Theorem der strengen Neutralität (von Bossert/Stehling, 1990, S.161 ff., als „Welfarism-Theorem“ bezeichnet):

Theorem 2.2.5 *(Theorem der strengen Neutralität)*
Ein soziales Wohlfahrtsfunktional mit den Eigenschaften (U) *und* (I) *besitzt genau dann die Eigenschaft* (SN)*, wenn es der Pareto-Indifferenz-Regel* (P^0) *genügt. (Zur Definition der Pareto-Indifferenz-Regel siehe die Abschnitte 1.1.3 und 2.2.2!)*

BEWEIS siehe Sen (1977c, Theorem 6), d'Aspremont (1985, S.34 f.) oder Anhang B.

Da das strenge Pareto-Prinzip (SP) die Pareto-Indifferenz-Regel umfaßt, besagt Theorem 2.2.5 insbesondere, daß die Eigenschaften (U), (I) und (SP) die Eigenschaft (SN) implizieren.

Für Ordnungsrelationen R′ auf der Menge $\mathbb{R}^m$ verwendet Maskin (1978) den folgenden Stetigkeitsbegriff:

Definition 2.2.3 *Eine Ordnungsrelation* R′ *auf der Menge* $\mathbb{R}^m$ *nennt* *man* **stetig**, *wenn die Mengen* $\{x \in \mathbb{R}^m \mid x\mathrm{R}'y\}$ *und* $\{x \in \mathbb{R}^m \mid y\mathrm{R}'x\}$ *für alle* $y \in \mathbb{R}^m$ **abgeschlossen**[23] *sind.*

Hieran anknüpfend definiert Maskin (1978) die Stetigkeit sozialer Wohlfahrtsfunktionale in folgender Weise:

> (ST) **Stetigkeit:** Ein soziales Wohlfahrtsfunktional F mit den Eigenschaften (U) und (SN) besitzt die Eigenschaft der Stetigkeit, wenn die durch F induzierte Ordnungsrelation R' auf dem Nutzenraum $\mathbb{R}^m$ stetig ist im Sinne von Definition 2.2.3.

Das Stetigkeitsaxiom besagt also, daß für die zu einem sozialen Wohlfahrtsfunktional F gehörige Ordnungsrelation R' auf der Menge $\mathbb{R}^m$ und jeden Nutzenvektor $y \in \mathbb{R}^m$ folgendes gelten soll:

> Für jeden Nutzenvektor $x \in \mathbb{R}^m$, der niedriger (bzw. höher) als ein beliebig gewählter Nutzenvektor $y \in \mathbb{R}^m$ eingestuft wird (d.h. $y\mathrm{P}'x$), soll eine hinreichend kleine Umgebung[24] $\mathcal{U}(x)$ existieren, so daß alle Vektoren dieser Umgebung von x ebenfalls niedriger (bzw. höher) als y eingestuft werden.

Beispiele für soziale Wohlfahrtsfunktionale, die der Stetigkeitsforderung (ST) **nicht** genügen, sind die Leximin- und die Leximax-Regel. Die Maximin- und die Maximax-Regel, das Summationsprinzip und alle gewichteten Summationen erfüllen hingegen die Forderung (ST).

Lemma 2.2.1 a) *Die Leximin- und die Leximax-Regel verletzen die Stetigkeitsforderung* (ST).
b) *Die Maximin- und die Maximax-Regel besitzen die Eigenschaft* (ST).
c) *Alle gewichteten Summationen aus Beispiel 2.2.8 besitzen die Eigenschaft* (ST).

BEWEIS siehe Anhang B.

Die Forderung (ST) erweckt zunächst den Eindruck, sie habe nur technischen Charakter und besitze keine praktische Relevanz. Dieser Eindruck wird bei der Lektüre sozialwahltheoretischer Literatur dadurch verstärkt, daß diejenigen Autoren, welche an soziale Wohlfahrtsfunktionale die Forderung der Stetigkeit stellen - wie z.B. Maskin (1980), Roberts (1980b) oder Ebert (1988) - keine zufriedenstellende Begründung für diese Forderung angeben.

---

[23] Zum Begriff der Abgeschlossenheit siehe Anhang A.2, Definition A.2.3.
[24] Zum Begriff der Umgebung siehe Anhang A.2, Definition A.2.2.

Um dem Eindruck des rein technischen Charakters entgegenzuwirken, will ich die Verletzung der Stetigkeitsforderung (ST) durch die Leximin-Regel an einem Zahlenbeispiel erörtern (vgl. hierzu auch den Beweis von Lemma 2.2.1 und die Abbildung 21 im Anhang B):

> Es sei $m=2$; $a, b \in \Omega$. Für die individuellen Nutzenfunktionen $f_1, f_2 : \Omega \longrightarrow \mathbb{R}$ gelte:
>
> $$f_1(a) \doteq 5, \quad f_2(a) \doteq 100; \quad f_1(b) \doteq 5, \quad f_2(b) \doteq 6.$$
>
> Gemäß der Leximin-Regel ist dann die Alternative a gegenüber der Alternative b vorzuziehen. (Die Maximin-Regel hingegen liefert eine kollektive Indifferenz zwischen a und b!)
> Es sei nun $\epsilon > 0$ beliebig klein und die Nutzenfunktionen f_1^*, f_2^* : $\Omega \longrightarrow \mathbb{R}$ folgendermaßen definiert:
>
> $$f_1^*(a) \doteq 5, \quad f_2^*(a) \doteq 100; \quad f_1^*(b) \doteq 5+\epsilon, \quad f_2^*(b) \doteq 6.$$
>
> Im Falle der Nutzenfunktionen f_1^* und f_2^* liefert die Leximin-Regel eine kollektive Präferenz zugunsten der Alternative b und somit eine andere kollektive Präferenzordnung als im Falle der Nutzenfunktionen f_1 und f_2.
> Dies bedeutet, daß die Leximin-Regel die Stetigkeitsforderung (ST) verletzt. Gemäß der Forderung (ST) darf nämlich eine kollektive Präferenz zugunsten der Alternative a nicht in eine Präferenz zugunsten der Alternative b umschlagen, wenn die Veränderung bei den individuellen Nutzenfunktionen hinreichend klein ist.

Grob gesprochen besagt das Stetigkeitsaxiom, daß eine geringfügige Veränderung der individuellen Präferenzen nichts an der kollektiven Präferenz für eine Alternative a (im Vergleich zu einer Alternative b) ändern darf. Man kann sich dies veranschaulichen, indem man sich den Wechsel von der kollektiven Präferenz für a zu der kollektiven Präferenz für b als einen Sprung über die Indifferenz zwischen a und b vorstellt. Damit ein solcher Wechsel zustande kommt, muß dem Stetigkeitsaxiom zufolge eine hinreichend große Veränderung bei den individuellen Präferenzen vorliegen.

Wie Maskin (1978) zeigt, läßt sich das Summationsprinzip axiomatisch herleiten mit Hilfe des Separabilitäts- und des Stetigkeitsaxioms.

Theorem 2.2.6 *(Maskins Axiomatisierung des Summationsprinzips)*
Falls $|\Omega| \geq 3$ *und ein soziales Wohlfahrtsfunktional* F *die Eigenschaften* (U),

(SP), (I), (A), (SE), (ST) *und* (IVEN) *besitzt, dann handelt es sich bei dem Funktional F um das Summationsprinzip.*

BEWEIS siehe Maskin (1978).

Auch ohne die Stetigkeitsforderung (ST) hat das Separabilitätsaxiom (SE) - zusammen mit den (sehr elementaren) Forderungen (U), (SP), (I), (A) und (IVEN) - weitreichende Konsequenzen, wie Deschamps/Gevers (1978) zeigen. Anstelle einer Axiomatisierung des Summationsprinzips streben Deschamps/Gevers eine gemeinsame Charakterisierung von Leximin-Regel, Leximax-Regel und den sog. „Regeln des utilitaristischen Typs" an.

Definition 2.2.4 *(Regeln des utilitaristischen Typs)*
Ein soziales Wohlfahrtsfunktional F bezeichnet man als eine **Regel des utilitaristischen Typs**, *wenn für jedes Nutzenfunktionsprofil* $(f_1, ..., f_m)$ *und alle* $a, b \in \Omega$ *folgendes gilt:*

$$\sum_{i=1}^{m} f_i(a) > \sum_{i=1}^{m} f_i(b) \implies a\mathrm{P}b \;(\iff \neg(b\mathrm{R}a)),$$

$$\textit{wobei } \mathrm{R} \doteq F(f_1, ..., f_m).$$

Die Klasse der Regeln des utilitaristischen Typs umfaßt neben dem Summationsprinzip, das sich durch die Äquivalenz

$$a\mathrm{P}b :\iff \sum_{i=1}^{m} f_i(a) > \sum_{i=1}^{m} f_i(b)$$

definieren läßt, noch verschiedene andere soziale Wohlfahrtsfunktionale. Diese unterscheiden sich allerdings lediglich hinsichtlich der Behandlung der Frage, in welcher Relation zwei Alternativen $a, b \in \Omega$ zueinander stehen, wenn

$$\sum_{i=1}^{m} f_i(a) = \sum_{i=1}^{m} f_i(b).$$

Gemäß dem Summationsprinzip liegt in diesem Fall eine Indifferenz zwischen a und b vor (d.h.: $a\mathrm{I}b$). Es lassen sich jedoch, wie das folgende Beispiel zeigt, soziale Wohlfahrtsfunktionale konstruieren, die in einem derartigen Fall ein von der Nutzensumme verschiedenes Kriterium (wie z.B. das Nutzenminimum) verwenden, um zu einer Entscheidung zwischen a und b zu gelangen.

Beispiel 2.2.9 *Ein Beispiel für eine Regel des utilitaristischen Typs stellt neben dem Summationsprinzip (siehe Beispiel 2.2.7) auch dasjenige soziale Wohlfahrtsfunktional F dar, das ein Nutzenfunktionsprofil* $(f_1, \ldots, f_m)$ *auf die folgende kollektive Präferenzordnung* $\mathrm{R} \doteq F(f_1, \ldots, f_m)$ *abbildet:*

$$
\begin{aligned}
a\mathrm{R}b \;:\Longleftrightarrow\; & \sum_{i=1}^{m} f_i(a) > \sum_{i=1}^{m} f_i(b) \quad \textit{oder} \\
& \sum_{i=1}^{m} f_i(a) = \sum_{i=1}^{m} f_i(b) \;\wedge\; \min_{i=1,\ldots,m} f_i(a) \geq \min_{i=1,\ldots,m} f_i(b)\,.
\end{aligned}
$$

Im Falle einer Identität der Nutzensummen

$$\sum_{i=1}^{m} f_i(a) \quad \textit{und} \quad \sum_{i=1}^{m} f_i(b)$$

dienen bei diesem sozialen Wohlfahrtsfunktional die Nutzenminima

$$\min_{i=1,\ldots,m} f_i(a) \quad \textit{und} \quad \min_{i=1,\ldots,m} f_i(b)\,.$$

als Entscheidungskriterium.

Deschamps/Gevers (1978) zeigen folgendes Theorem, welches der gemeinsamen Charakterisierung der Leximin-Regel, der Leximax-Regel und der Regeln des utilitaristischen Typs dienen soll:

Theorem 2.2.7 *(„Gemeinsame Charakterisierung" der Leximin-Regel, der Leximax-Regel und der Regeln des utilitaristischen Typs)*
Falls $|\Omega| \geq 3$ *und ein soziales Wohlfahrtsfunktional die Eigenschaften* (U), (SP), (I), (A), (SE) *und* (IVEN) *besitzt, dann handelt es sich dabei entweder um die Leximin-Regel oder die Leximax-Regel oder um eine Regel des utilitaristischen Typs im Sinne von Definition 2.2.4.*
BEWEIS siehe Deschamps/Gevers (1978, Beweis von Theorem 2).

Unmittelbar aus Theorem 2.2.7 folgt das sog. Leximin-Leximax-Theorem (siehe Abschnitt 2.2.2, Satz 2.2.2), welches eine gemeinsame Axiomatisierung von Leximin- und Leximax-Regel darstellt. Bei dem Leximin-Leximax-Theorem fordert man zusätzlich zu den in Theorem 2.2.7 verwendeten Axiomen die Invarianzeigenschaft (ON); man verzichtet also auf kardinale Messungen der individuellen Präferenzen und beschränkt sich auf ordinale Nutzenmessungen und interpersonelle Vergleiche von Nutzenniveaus. Durch die Forderung (ON) schließt man insbesondere die Regeln des utilitaristischen

Typs aus.
Die einzigen sozialen Wohlfahrtsfunktionale, welche den Forderungen (U), (SP), (I), (A), (SE) und (ON) genügen, sind also die Leximin- und die Leximax-Regel. Genau dieses besagt das in Abschnitt 2.2.2 (Satz 2.2.2) erwähnte Leximin-Leximax-Theorem.

Verzichtet man in Satz 2.2.2 auf die Forderung (ON) und ersetzt diese durch die (schwächere) Forderung (IVEN), läßt man also kardinale Nutzenfunktionen und interpersonelle Vergleiche sowohl von Nutzeneinheiten als auch von Nutzenniveaus zu, so erhält man als mögliche soziale Wohlfahrtsfunktionale mit den Eigenschaften (U), (SP), (I), (A) und (SE) zusätzlich zu der Leximin- und der Leximax-Regel lediglich Regeln des utilitaristischen Typs.
Es erscheint mir hierbei wesentlich, darauf hinzuweisen, daß nicht alle Regeln des utilitaristischen Typs der Forderung der Separabilität genügen. So verletzt beispielsweise die in Beispiel 2.2.9 definierte Regel die Forderung (SE), wie man leicht sieht:

Es sei z.B. $\Omega = \{a, b\}$, $m=3$,

$$\begin{aligned} f_1(a) = f_1^*(a) \doteq 0, \quad & f_1(b) = f_1^*(b) \doteq 1, \\ f_2(a) = f_2^*(a) \doteq 2, \quad & f_2(b) = f_2^*(b) \doteq 1, \\ f_3(a) = f_3(b) \doteq 0, \quad & f_3^*(a) = f_3^*(b) \doteq 1\,. \end{aligned}$$

Dann ist

$$\sum_{i=1}^{3} f_i(a) = \sum_{i=1}^{3} f_i(b) = 2\,, \qquad \sum_{i=1}^{3} f_i^*(a) = \sum_{i=1}^{3} f_i^*(b) = 3\,,$$

und außerdem

$$\min_{i=1,2,3} f_i(a) = \min_{i=1,2,3} f_i(b) = 0, \quad \text{jedoch:}$$

$$0 = \min_{i=1,2,3} f_i^*(a) < \min_{i=1,2,3} f_i^*(b) = 1\,.$$

Für das in Beispiel 2.2.9 definierte soziale Wohlfahrtsfunktional F gilt also:

$$F(f_1, f_2, f_3) \neq F(f_1^*, f_2^*, f_3^*)\,.$$

Der Umstand, daß es sich bei einem sozialen Wohlfahrtsfunktional F um die Leximin-Regel, die Leximax-Regel oder eine Regel des utilitaristischen Typs

handelt, stellt also lediglich eine notwendige, jedoch keine hinreichende Bedingung dafür dar, daß das Funktional F die von Deschamps/Gevers (1978) genannten Forderungen (U), (SP), (I), (A), (SE) und (IVEN) erfüllt. Bei dem von Deschamps/Gevers (1978, Theorem 2) gezeigten Theorem von einer „gemeinsamen Charakterisierung“ der Leximin-Regel, der Leximax-Regel und den Regeln des utilitaristischen Typs zu sprechen, wie dies Deschamps/Gevers (1978) und Sen (1986, S.1126) tun, halte ich deshalb für einen Fehler.
Deschamps/Gevers stellen sich die Frage, welche sozialen Wohlfahrtsfunktionale die Eigenschaften (U), (SP), (I), (A), (SE) und (IVEN) besitzen. Sie grenzen die Menge der möglichen Kandidaten sehr eng ein, differenzieren aber innerhalb der Regeln des utilitaristischen Typs nicht zwischen solchen Regeln, die die Forderungen (U), (SP), (I), (A), (SE) und (IVEN) erfüllen, und solchen Regeln, die diese Forderungen nicht erfüllen. Während die in Beispiel 2.2.9 definierte Entscheidungsregel die Forderung der Separabilität verletzt, genügen z.B. die folgenden drei Regeln des utilitaristischen Typs den Forderungen (U), (SP), (I), (A), (SE) und (IVEN):

1. das in Beispiel 2.2.7 definierte Summationsprinzip;

2. dasjenige soziale Wohlfahrtsfunktional, das die folgende kollektive Präferenzordnung liefert:

$$
\begin{aligned}
a\mathrm{P}b \;:\Longleftrightarrow\;& \sum_{i=1}^{m} f_i(a) > \sum_{i=1}^{m} f_i(b) \quad \text{oder} \\
& \left(\sum_{i=1}^{m} f_i(a) = \sum_{i=1}^{m} f_i(b)\right) \;\wedge \\
& (\exists\, r \in \{1,...,m\}:\ (f(a))_{(r)} > (f(b))_{(r)} \ \text{und} \\
& (f(a)_{(s)} = (f(b))_{(s)} \ \text{für alle } s<r); \\
a\mathrm{R}b \;:\Longleftrightarrow\;& \neg\,(b\mathrm{P}a).
\end{aligned}
$$

Es handelt sich dabei um eine Hierarchie von Entscheidungskriterien. Vorrangiges Kriterium ist das **Summationsprinzip**. Liefert das Summationsprinzip eine Indifferenz zwischen zwei Entscheidungsalternativen, so wird die **Leximin-Regel** (siehe Abschnitt 2.2.2, Beispiel 2.2.3) nachgeschaltet, welche wiederum eine Hierarchie von Entscheidungskriterien darstellt.
Bezeichnet man mit $\mathrm{R}_{summation}$ diejenige kollektive Präferenzordnung, die man mit Hilfe des Summationsprinzips erhält, und mit

$R_{leximin}$ diejenige kollektive Präferenzordnung, die man mit Hilfe der Leximin-Regel erhält, so gilt für die oben definierte Präferenzordnung:

$$\begin{aligned} aPb &\iff a\,P_{summation}b \;\vee\; (a\,I_{summation}b \;\wedge\; a\,P_{leximin}b), \\ aIb &\iff a\,I_{summation}b \;\wedge\; a\,I_{leximin}b\,, \\ aRb &\iff a\,P_{summation}b \;\vee\; (a\,I_{summation}b \;\wedge\; a\,R_{leximin}b), \end{aligned}$$

wobei die Relationen $P_{summation}$, $P_{leximin}$, $I_{summation}$ und $I_{leximin}$ die zu $R_{summation}$ und $R_{leximin}$ gehörigen strikten Präferenzen bzw. Indifferenzen zum Ausdruck bringen.
Das auf diese Weise definierte soziale Wohlfahrtsfunktional bezeichne ich als **diejenige Regel des utilitaristischen Typs, die als zweites Entscheidungskriterium neben dem Summationsprinzip die Leximin-Regel verwendet.**

3. dasjenige soziale Wohlfahrtsfunktional, das für alle $a, b \in \Omega$ die folgende kollektive Präferenzordnung liefert:

$$\begin{aligned} aPb &:\iff a\,P_{summation}b \;\vee\; (a\,I_{summation}b \;\wedge\; a\,P_{leximax}b), \\ aIb &:\iff a\,I_{summation}b \;\wedge\; a\,I_{leximax}b\,, \\ aRb &:\iff a\,P_{summation}b \;\vee\; (a\,I_{summation}b \;\wedge\; a\,R_{leximax}b), \end{aligned}$$

wobei die Relationen $P_{summation}$, $P_{leximax}$, $I_{summation}$ und $I_{leximax}$ diejenigen strikten Präferenzen bzw. Indifferenzen bezeichnen, die man mit Hilfe des Summationsprinzips bzw. der Leximax-Regel (siehe Abschnitt 2.2.2, Beispiel 2.2.4) erhält.
Das auf diese Weise definierte soziale Wohlfahrtsfunktional bezeichne ich als **diejenige Regel des utilitaristischen Typs, die als zweites Entscheidungskriterium neben dem Summationsprinzip die Leximax-Regel verwendet.**

Daß das Summationsprinzip den Forderungen (SE) und (IVEN) genügt, habe ich bereits bewiesen. Der Beweis dafür, daß diejenige Regel des utilitaristischen Typs, die als zweites Entscheidungskriterium neben dem Summationsprinzip die Leximin-Regel verwendet, die Eigenschaften (SE) und (IVEN) besitzt, sieht so aus:

Eigenschaft (SE): Es seien $(f_1, ..., f_m)$ und $(f_1^*, ..., f_m^*)$ zwei Nutzenfunktionsprofile, so daß

$$M_1, M_2 \subset \{1, ..., m\}, \quad M_1 \cup M_2 = \{1, ..., m\},$$

existieren mit

$$f_i(a) = f_i^*(a) \quad \text{für alle } i \in M_1 \text{ und alle } a \in \Omega\,, \quad \text{und}$$
$$f_i(a) = f_i(b) \;\wedge\; f_i^*(a) = f_i^*(b)$$
für alle $i \in M_2$ und alle $a, b \in \Omega$.

Dann gilt:

$$F_{summation}(f_1, \ldots, f_m) = F_{summation}(f_1^*, \ldots, f_m^*)\,,$$
$$F_{leximin}(f_1, \ldots, f_m) = F_{leximin}(f_1^*, \ldots, f_m^*)\,.$$

Dies bedeutet, daß man im Falle des Nutzenfunktionsprofils $(f_1^*, \ldots, f_m^*)$ dieselben Präferenzordnungen $R_{summation}$ und $R_{leximin}$ wie im Falle des Nutzenfunktionsprofils $(f_1, \ldots, f_m)$ erhält. Diejenige Regel des utilitaristischen Typs, die als zweites Entscheidungskriterium neben dem Summationsprinzip die Leximin-Regel verwendet, liefert also in beiden Fällen dieselbe kollektive Präferenzordnung R.

Eigenschaft (IVEN):
Es sei $(f_1, \ldots, f_m)$ ein beliebiges Nutzenfunktionsprofil und

$$\varphi : \mathbb{R} \longrightarrow \mathbb{R}\,, \qquad \varphi(x) \doteq \alpha\, x + \beta \quad \text{mit } \alpha \in \mathbb{R}^+,\ \beta \in \mathbb{R}\,,$$

eine positiv-affine Transformation.
Dann gilt:

$$F_{summation}(f_1, \ldots, f_m) = F_{summation}(\varphi \circ f_1, \ldots, \varphi \circ f_m)\,,$$
$$F_{leximin}(f_1, \ldots, f_m) = F_{leximin}(\varphi \circ f_1, \ldots, \varphi \circ f_m)\,.$$

Dies bedeutet, daß man im Falle des transformierten Nutzenfunktionsprofils $(\varphi \circ f_1, \ldots, \varphi \circ f_m)$ dieselben Präferenzordnungen $R_{summation}$ und $R_{leximin}$ wie im Falle des Nutzenfunktionsprofils $(f_1, \ldots, f_m)$ erhält. Diejenige Regel des utilitaristischen Typs, die als zweites Entscheidungskriterium neben dem Summationsprinzip die Leximin-Regel verwendet, liefert also in beiden Fällen dieselbe kollektive Präferenzrelation R.

Im Falle derjenigen Regel des utilitaristischen Typs, die als zweites Entscheidungskriterium neben dem Summationsprinzip die Leximax-Regel verwendet, verläuft der Beweis der Eigenschaften (SE) und (IVEN) analog. Aus den in Abschnitt 2.2.2 erörterten Gründen (Vermeidung von großen Nutzendifferenzen zwischen den Individuen!) ist die Kombination aus Summationsprinzip und Leximin-Regel gegenüber der Kombination aus Summationsprinzip und Leximax-Regel ebenso vorzuziehen wie die Leximin-Regel gegenüber der Leximax-Regel.

Theorem 2.2.7 liefert zwar keine Axiomatisierung der Regeln des utilitaristischen Typs, es zeigt aber, daß die Forderung der **Separabilität** schwerwiegende Konsequenzen nicht nur für die Möglichkeiten der Aggregation ordinaler individueller Nutzenfunktionen, sondern auch für die Aggregation kardinaler individueller Nutzenfunktionen hat.
Noch stärker als die Forderung der Separabilität schränkt - wie Theorem 2.2.3 deutlich macht - der Verzicht auf interpersonelle Vergleiche von Nutzenniveaus (Forderung (IVE)) die Menge der zur Wahl stehenden sozialen Wohlfahrtsfunktionale ein: Es existiert nämlich nur ein einziges soziales Wohlfahrtsfunktional (das Summationsprinzip!), das den sehr elementaren Anforderungen (U), (SP), (I) und (A) genügt und außerdem die Invarianzeigenschaft (IVE) besitzt.

2.2.4 Rangabhängige Gewichtungen der individuellen Präferenzen

Wie ich in Abschnitt 2.2.3 ausgeführt habe, kann man bei Fragen der distributiven Gerechtigkeit nicht auf interpersonelle Vergleiche von Nutzenniveaus verzichten. Aus diesem Grund eignet sich insbesondere das Summationsprinzip **nicht** zur Behandlung derartiger Fragen: Das Summationsprinzip toleriert unter Umständen auch extreme Nutzendifferenzen zwischen den einzelnen Individuen.
Aber auch dann, wenn man interpersonelle Vergleiche von Nutzenniveaus erlaubt, sich jedoch auf die Betrachtung ordinaler Nutzenfunktionen beschränkt (siehe Abschnitt 2.2.2), läßt sich das Problem der distributiven Gerechtigkeit nicht in zufriedenstellender Weise bearbeiten. Ich will dies kurz begründen:
Im Falle einer ordinalen Nutzenmessung kann man nicht feststellen, wie stark die Nutzenunterschiede zwischen den Individuen ausgeprägt sind. Da es deshalb nicht möglich ist, die individuellen Nutzen gegeneinander aufzurechnen, ergibt sich hieraus die in Abschnitt 2.2.2 aufgezeigte Bedeutung positioneller Diktaturen (siehe Theorem 2.2.2), welche den kollektiven Nutzen einer Alternative $a \in \Omega$ gleichsetzen mit demjenigen individuellen Nutzenwert $f_i(a)$, der einen bestimmten Rang einnimmt. Die Leximin-Regel erweist sich dabei als diejenige positionelle Diktatur, die sich am ehesten

zur Behandlung von Fragen der distributiven Gerechtigkeit eignet (siehe hierzu meine Ausführungen in Abschnitt 2.2.2).
Im Falle einer kardinalen Nutzenmessung und einer interpersonellen Vergleichbarkeit sowohl der Nutzeneinheiten als auch der Nutzenniveaus stellt die Leximin-Regel jedoch keine optimale Form der Nutzenaggregation dar. Das folgende Beispiel verdeutlicht dies eindrucksvoll:

Beispiel 2.2.10 *Es sei* $m = 3$; $a, b \in \Omega$. *Für die individuellen Nutzenfunktionen* f_1, f_2, $f_3 \colon \Omega \longrightarrow \mathbb{R}$ *gelte:*

$$f_1(a) \doteq 10, \quad f_2(a) \doteq 10, \quad f_3(a) \doteq 100;$$
$$f_1(b) \doteq 9, \quad f_2(b) \doteq 100, \quad f_3(b) \doteq 100\,.$$

Gemäß der Leximin-Regel ist dann die Alternative a gegenüber der Alternative b vorzuziehen. Ob es sich bei dieser Form der Nutzenaggregation im Falle einer interpersonellen Vergleichbarkeit sowohl der Nutzeneinheiten als auch der Nutzenniveaus um einen angemessenen Interessenausgleich zwischen den Personen 1 und 2 handelt, darf bezweifelt werden: Während für die Person 1 zwischen den Alternativen a und b nur eine geringfügige Nutzendifferenz besteht, besitzt die Person 2 eine sehr deutliche Präferenz für die Alternative b. Dennoch erhält die Alternative a den Vorzug aufgrund der schwachen Präferenz der Person 1, die im Falle einer Entscheidung für b schlechter gestellt wäre als die Person 2 im Falle einer Entscheidung für a.

Voraussetzung für die Berücksichtigung von Präferenzintensitäten bei der Aggregation individueller Präferenzen zu einer kollektiven Präferenzordnung ist natürlich eine kardinale Nutzenmessung und die interpersonelle Vergleichbarkeit der Nutzeneinheiten. Falls eine derartige Vergleichbarkeit der individuellen Präferenzen nicht vorliegt, so gibt es zur Leximin-Regel keine echte Alternative. Wenn die Präferenzintensitäten der einzelnen Individuen jedoch vergleichbar sind, dann erweist sich die Leximin-Regel als unbrauchbar, da sie Präferenzintensitäten völlig außer acht läßt.
Während sich das Summationsprinzip im Falle kardinaler individueller Nutzenfunktionen und interpersoneller Vergleichbarkeit der Nutzen**einheiten**, nicht aber der Nutzen**niveaus**, als die einzige vernünftige Form der Nutzenaggregation erweist, empfiehlt es sich bei einer lediglich ordinalen Messung der individuellen Präferenzen und interpersoneller Vergleichbarkeit der Nutzenniveaus, die Leximin-Regel zu verwenden.

Findet die Messung der individuellen Präferenzen auf dem Intervallskalenniveau statt und sind sowohl die Nutzeneinheiten als auch die Nutzenni-

veaus interpersonell vergleichbar, liegt also der vierte der in Abschnitt 1.2 genannten sieben Fälle vor, so besteht die Möglichkeit einer **rangabhängigen Gewichtung** der individuellen Nutzen:
Es muß nicht - wie bei einer lediglich ordinalen Messung - eine Entscheidung für einen bestimmten Rang, und damit für eine Diktatur dieses Ranges, fallen. Vielmehr können mehrere Ränge in die Entscheidung über die kollektive Präferenzordnung einbezogen werden. Dabei scheint es durchaus plausibel zu sein, eine unterschiedliche Gewichtung der verschiedenen Ränge durchzuführen. So können beispielsweise niedrige Ordnungsstatistiken ein höheres Gewicht erhalten als höhere Ordnungsstatistiken.
Gevers (1979, Theorem 4) und Ebert (1987, 1988) betrachten eine spezielle Klasse sozialer Wohlfahrtsfunktionale, die sich dadurch auszeichnen, daß sie auf die Maximierung einer gewichteten Summe der in Abschnitt 2.2.2 definierten Ordnungsstatistiken $(f(a))_{(i)}$ abzielen:

Definition 2.2.5 *(Rangabhängige Gewichtungen der individuellen Präferenzen)*
Für alle $a \in \Omega$ sei $(f(a))_{(r)}$ die $r-$te Ordnungsstatistik des Nutzenvektors $f(a) = (f_1(a), ..., f_m(a))$. Eine **rangabhängige Gewichtung der individuellen Präferenzen** *liegt dann vor, wenn*

$$\alpha_1, \alpha_2, ..., \alpha_m > 0, \qquad \sum_{r=1}^{m} \alpha_r = 1,$$

existieren, so daß die zu einem Nutzenfunktionsprofil $(f_1, ..., f_m)$ gehörige kollektive Präferenzordnung R$= F(f_1, ..., m)$ folgendermaßen definiert ist:

$$a\text{R}b \;:\Longleftrightarrow\; \sum_{r=1}^{m} \alpha_r\,(f(a))_{(r)} \;\geq\; \sum_{r=1}^{m} \alpha_r\,(f(b))_{(r)}.$$

Die Werte α_r $(r = 1, ..., m)$ bezeichnet man als **Gewichte**. *Im Falle*

$$\alpha_1 = \; ... \; = \alpha_m = \frac{1}{m}$$

erhält man das in Abschnitt 2.2.3 erörterte Summationsprinzip.

Die Klasse rangabhängiger Gewichtungen der individuellen Nutzen stellt eine Verbindung her zwischen den in Abschnitt 2.2.2 diskutierten positionellen Diktaturen und dem in Abschnitt 2.2.3 charakterisierten Summationsprinzip. So enthält die Klasse der rangabhängigen Gewichtungen einerseits das Summationsprinzip und andererseits soziale Wohlfahrtsfunktionale, die sich nur geringfügig von positionellen Diktaturen unterscheiden: Jede positionelle Diktatur läßt sich (in gewisser Hinsicht) durch Elemente aus der Klasse rangabhängiger Gewichtungen approximieren. Wählt man nämlich

$$\alpha_r \doteq 1-\epsilon \quad \text{und} \quad \alpha_s \doteq \frac{\epsilon}{m} \quad \text{für } s \neq r\,,$$

dann kommt man einer Diktatur des r-ten Ranges sehr nahe, wenn man $\epsilon > 0$ sehr klein wählt. Eine Annäherung an die Maximin-Regel erhält man also, indem man $\alpha_1 \approx 1$ und $\alpha_r \approx 0$, $r = 2, ..., m$, wählt.
Insbesondere umfaßt die Klasse der rangabhängigen Gewichtungen die von Roberts (1980b, S.430 f.) betrachteten Mischungen aus dem Summationsprinzip und der Maximin-Regel.

Beispiel 2.2.11 *(Verbindung von Summationsprinzip und Maximin-Regel) Es sei $\gamma \in (0,1]$ und F_γ dasjenige soziale Wohlfahrtsfunktional, das ein Nutzenfunktionsprofil $(f_1, ..., f_m)$ auf die folgende kollektive Präferenzordnung*
R $= F_\gamma(f_1, ..., f_m)$ *abbildet:*

$$a\text{R}b \;:\Longleftrightarrow\; \gamma\,\frac{1}{m}\sum_{i=1}^{m} f_i(a) + (1-\gamma)\min_{i=1,\ldots,m} f_i(a) \geq \gamma\,\frac{1}{m}\sum_{i=1}^{m} f_i(b) + (1-\gamma)\min_{i=1,\ldots,m} f_i(b)$$

Jedes auf diese Weise definierte soziale Wohlfahrtsfunktional F_γ, $0 < \gamma \leq 1$, ist in der in Definition 2.2.5 eingeführten Klasse rangabhängiger Gewichtungen enthalten: Wählt man nämlich in Definition 2.2.5

$$\alpha_1 \doteq \frac{1}{m}\gamma + (1-\gamma) = 1 - \frac{m-1}{m}\gamma \quad \textit{und}$$
$$\alpha_r \doteq \frac{1}{m}\gamma \quad \textit{für } r = 2, ..., m\,,$$

so erhält man das Funktional F_γ, welches einen gewichteten Durchschnitt zwischen dem Summationsprinzip und der Maximin-Regel darstellt.
Setzt man $\gamma \doteq 1$, so erhält man das Summationsprinzip. Im Fall $\gamma \doteq 0$ liegt die Maximin-Regel vor. Diese ist zwar nicht in der oben definierten Klasse rangabhängiger Gewichtungen enthalten; eine Approximation der Maximin-Regel bzw. der Leximin-Regel durch rangabhängige Gewichtungen im Sinne von Definition 2.2.5 kann aber dadurch erfolgen, daß man γ sehr klein wählt

($\gamma \approx 0$). *Auf diese Weise erhält man eine Mischung zwischen dem Summationsprinzip und der Maximin-Regel, die der Maximin-Regel (und vor allem der Leximin-Regel) sehr nahe kommt.*

Die in Beispiel 2.2.11 definierten sozialen Wohlfahrtsfunktionale F_γ beschreiben einen Mittelweg zwischen der Leximin-Regel und dem Summationsprinzip. Die Leximin-Regel und das Summationsprinzip weisen, wie die obigen Ausführungen zeigen (siehe die Abschnitt 2.2.2 und 2.2.3, sowie das obige Beispiel 2.2.10), Schwächen auf, die darin begründet sind, daß man im einen Fall auf interpersonelle Vergleiche von Nutzeneinheiten und im anderen Fall auf interpersonelle Vergleiche von Nutzenniveaus verzichtet. Es handelt sich also bei diesen beiden Formen der Nutzenaggregation um zwei Extreme.
Das von Rawls (1971) vorgeschlagene sog. Differenzprinzip, welches in der Sozialwahltheorie durch die Maximin- bzw. die Leximin-Regel zum Ausdruck gebracht wird, zielt vor allem darauf ab, Ungleichverteilungen materieller Güter so weit wie möglich zu vermeiden: Nach Rawls (1971) sind soziale und wirtschaftliche Ungleichheiten nur dann gerechtfertigt, wenn sie Vorteile für alle bringen und mit Positionen verbunden sind, die allen offenstehen. Dieses Prinzip, welches Rawls als Differenzprinzip bezeichnet, stellt nach dem gleichen Recht auf Freiheit das zweite Prinzip in seiner Theorie der Gerechtigkeit dar.[25]
Im Gegensatz zu der Position von Rawls steht der utilitaristische Standpunkt von Bentham (1789), demzufolge die Summe der individuellen Nutzen das Maß dafür ist, was als richtig und was als falsch eingestuft wird. Die individuellen Nutzen sollen nach Bentham jeweils das individuelle Glück zum Ausdruck bringen: Überwiegt das Glück gegenüber dem Schmerz, so ist gemäß Benthams hedonistischem Kalkül der individuelle Nutzen positiv; andernfalls liegt ein negativer Nutzen vor.
Die Problematik des Utilitätsprinzips, das auf die Maximierung der Summe der individuellen Nutzen abzielt und in der Sozialwahltheorie mit dem in Beispiel 2.2.7 (Abschnitt 2.2.3) definierten Summationsprinzip zum Ausdruck gebracht wird, besteht darin, daß dieses Prinzip unter Umständen auch extreme Ungleichverteilungen materieller Güter zuläßt.
Rawls (1971) und Bentham (1789) vertreten also zwei konträre Positionen. Keine dieser beiden Positionen bietet für das Problem der Verteilungsgerechtigkeit eine akzeptable Lösung: Rawls (1971) betrachtet nur das Wohlergehen der am schlechtesten gestellten Person und läßt die individuellen Nutzen der übrigen Personen völlig außer acht (siehe hierzu Beispiel 2.2.10);

[25] Siehe hierzu meine Ausführungen in Abschnitt 2.2.2.

Bentham (1789) interessiert nur die Nutzensumme und nicht die Nutzendifferenzen zwischen den einzelnen Individuen.

Die von Gevers (1979) und Ebert (1987, 1988) betrachtete Klasse rangabhängiger Gewichtungen (siehe Definition 2.2.5) schlägt, wie Ebert (1988) zu Recht betont, eine Brücke zwischen Rawls' Differenzprinzip und Benthams utilitaristischer Regel, oder allgemeiner ausgedrückt: zwischen der Klasse positioneller Diktaturen (siehe Abschnitt 2.2.2) und dem Summationsprinzip (siehe Abschnitt 2.2.3).
Ebert (1988) charakterisiert die rangabhängigen Gewichtungen der individuellen Präferenzen in folgender Weise:

> „Since these welfare orderings encompass the utilitarian rule and since there are members of this family which almost coincide with the rules of rank dictatorship this family bridges the gap between pure utilitarianism and rank dictatorship.“ (Ebert, 1988, S.215)

Trivialerweise besitzen alle rangabhängigen Gewichtungen individueller Präferenzen die Eigenschaften (U), (I) und (A). Auch die Geltung des strengen Pareto-Prinzips (SP) ist offensichtlich:

Es sei F ein soziales Wohlfahrtsfunktional aus der in Definition 2.2.5 eingeführten Klasse, d.h.

$$a\mathrm{R}b :\Longleftrightarrow \sum_{r=1}^{m} \alpha_r \, (f(a))_{(r)} \geq \sum_{r=1}^{m} \alpha_r \, (f(b))_{(r)},$$

$$\text{wobei} \quad \alpha_1, \alpha_2, ..., \alpha_m > 0, \quad \sum_{r=1}^{m} \alpha_r = 1\,.$$

Für zwei Alternativen $a, b \in \Omega$ existiere ein $j \in \{1, ..., m\}$, so daß

$$f_j(a) > f_j(b) \quad \text{und}$$
$$f_i(a) \geq f_i(b) \quad \text{für alle } i \in \{1, ..., m\},\ i \neq j.$$

Dann existiert ein Rang $r \in \{1, ..., m\}$, so daß

$$(f(a))_{(r)} > (f(b))_{(r)} \quad \text{und}$$
$$(f(a))_{(s)} \geq (f(b))_{(s)} \quad \text{für alle } s \in \{1, ..., m\},\ s \neq r$$

und somit

$$\sum_{r=1}^{m} \alpha_r \, (f(a))_{(r)} > \sum_{r=1}^{m} \alpha_r \, (f(b))_{(r)} \, .$$

Für die kollektive Präferenzordnung $R \doteq F(f_1, ..., f_m)$ gilt also: $a\mathrm{P}b$.

Setzt man jedoch eines der Gewichte $\alpha_1, ..., \alpha_m$ gleich Null, so genügt das zugehörige soziale Wohlfahrtsfunktional nicht dem strengen Pareto-Prinzip:

Es seien $\alpha_1, ..., \alpha_m \geq 0$ und für ein $j \in \{1, ..., m\}$ sei $\alpha_j = 0$. Ferner sei

$$f_1(a) < f_2(a) < \; \ldots \; < f_m(a), \qquad f_j(a) > f_j(b) > f_{j-1}(a)$$
$$\text{und} \quad f_i(a) = f_i(b) \quad \text{für alle} \;\; i \in \{1, ..., m\}, \; i \neq j \, .$$

Dann ist

$$\begin{aligned} \sum_{r=1}^{m} \alpha_r \, (f(a))_{(r)} &= \sum_{i \neq j} \alpha_i \, f_i(a) = \sum_{i \neq j} \alpha_i \, f_i(b) \\ &= \sum_{r=1}^{m} \alpha_r \, (f(b))_{(r)} \, . \end{aligned}$$

Man erhält also eine kollektive Indifferenz zwischen den Alternativen a und b, obwohl die Alternative a von der Person j gegenüber der Alternative b präferiert und von allen anderen Personen mindestens so hoch wie b eingestuft wird.

Damit die Forderung (SP) erfüllt ist, muß also jedes Gewicht α_r $(r = 1, ..., m)$ größer als Null gewählt werden. Zwischen den Gewichten $\alpha_1, ..., \alpha_m$ und dem schwachen bzw. dem strengen Pareto-Prinzip besteht folgender Zusammenhang: Das schwache Pareto-Prinzip (P) besagt, daß jeder Rang r ein **nicht-negatives** Gewicht $\alpha_r \geq 0$ erhalten soll; das strenge Pareto-Prinzip (SP) hingegen besagt, daß jeder Rang ein **positives** Gewicht erhalten soll.

Neben den Forderungen (U), (SP), (I) und (A) erfüllt jede rangabhängige Gewichtung der individuellen Präferenzen im Sinne von Definition 2.2.5 auch die in Abschnitt 2.2.3 definierte Stetigkeitsforderung (ST), wie ich im Anhang B (Beweis von Satz 2.2.3) zeigen werde.
Der Invarianzforderung (IVE) und der Separabilitätsforderung (SE) genügt

aus der Klasse rangabhängiger Gewichtungen lediglich das Summationsprinzip, welches man erhält, indem man

$$\alpha_1 = \ \ldots \ = \alpha_m = \frac{1}{m}$$

wählt. Wenn jedoch die Gewichte α_i, $(i = 1, ..., m)$ nicht identisch sind, d.h. wenn $r, s \in \{1, ..., m\}$ existieren, so daß $\alpha_r \neq \alpha_s$, wenn also zwei verschiedene Ränge unterschiedliches Gewicht erhalten, dann wird sowohl die Forderung (IVE) als auch die Forderung (SE) verletzt, wie der folgende Satz zeigt.

Satz 2.2.3
a) *Alle rangabhängigen Gewichtungen der individuellen Präferenzen genügen den Forderungen* (U), (SP), (I), (A), (ST) *und* (IVEN).
b) *Alle rangabhängigen Gewichtungen der individuellen Präferenzen, für die* $r, s \in \{1, ..., m\}$ *existieren mit* $\alpha_r \neq \alpha_s$, *verletzen sowohl die Invarianzforderung* (IVE) *als auch die Forderung* (SE).
c) *Alle rangabhängigen Gewichtungen der individuellen Präferenzen verletzen die Forderung* (ON).

BEWEIS siehe Anhang B.

Die Aussagen b) und c) des Satzes 2.2.3 sind natürlich eine Konsequenz aus den Theoremen 2.2.3, 2.2.6 (Abschnitt 2.2.3) und 2.2.2 (Abschnitt 2.2.2): Theorem 2.2.3 (Axiomatisierung des Summationsprinzips durch d'Aspremont/Gevers, 1977) besagt unter anderem, daß alle sozialen Wohlfahrtsfunktionale außer dem Summationsprinzip, die die Eigenschaften (U), (SP), (I) und (A) besitzen, die Invarianzforderung (IVE) verletzen. Aus Theorem 2.2.6 (Axiomatisierung des Summationsprinzips durch Maskin, 1978) folgt, daß alle vom Summationsprinzip verschiedenen sozialen Wohlfahrtsfunktionale mit den Eigenschaften (U), (SP), (I), (A), (ST) und (IVEN) das Separabilitätsaxiom (SE) verletzen.
Das Rank-dictatorship-Theorem (Theorem 2.2.2) impliziert die Verletzung der Invarianzforderung (ON) durch alle sozialen Wohlfahrtsfunktionale, die die Eigenschaften (U), (P), (I) und (A) besitzen und keine positionelle Diktatur im Sinne von Definition 2.2.1 beschreiben.
Die Gründe für die Verletzung der Forderungen (ON), (IVE) und (SE) durch alle bzw. fast alle rangabhängigen Gewichtungen der individuellen Präferenzen werde ich im folgenden näher erörtern (vgl. hierzu auch den Beweis von Satz 2.2.3 im Anhang B).

Zuerst will ich mich mit der Verletzung der Forderung (ON) auseinandersetzen. Diese liegt darin begründet, daß rangabhängige Gewichtungen - im

Gegensatz zu positionellen Diktaturen (siehe hierzu Abschnitt 2.2.2) - kardinale Nutzenmessungen und eine interpersonelle Vergleichbarkeit der verwendeten Skaleneinheiten voraussetzen. Um die individuellen Nutzen gegeneinander aufrechnen zu können, wie dies bei rangabhängigen Gewichtungen geschieht, muß man den Nutzenzuwachs einer Person mit der Nutzenminderung einer anderen Person vergleichen. Die Summation der individuellen Nutzen macht nur dann Sinn, wenn eine interpersonelle Vergleichbarkeit der Nutzeneinheiten gegeben ist. Ich will dies kurz an einem Beispiel verdeutlichen:

> Es sei $m=2$; $a, b \in \Omega$. Für die individuellen Nutzenfunktionen $f_1, f_2 : \Omega \longrightarrow \mathbb{R}$ gelte:
>
> $$f_1(a) = 1, \quad f_2(a) = 2, \quad f_1(b) = 2, \quad f_2(b) = 1\,.$$
>
> Alle sozialen Wohlfahrtsfunktionale mit den Eigenschaften (U), (P^0), (I) und (A) liefern in diesem Fall eine kollektive Indifferenz zwischen a und b.
> Bei fehlender interpersoneller Vergleichbarkeit der Nutzeneinheiten fordert man von einem sozialen Wohlfahrtsfunktional, daß die Multiplikation einer Nutzenfunktion f_i mit einer Zahl $a_i > 0$ zu keiner Veränderung der kollektiven Präferenzordnung führen darf (siehe z.B. die Forderungen (O), (IV) oder (ON)). Bei einer Multiplikation der Nutzenfunktion f_1 mit dem Faktor 3 erhält man
>
> $$f_1^*(a) = 3, \quad f_2^*(a) = 2, \quad f_1^*(b) = 6, \quad f_2^*(b) = 1\,.$$
>
> Wendet man das Summationsprinzip auf die Nutzenfunktionen f_1^* und f_2^* an, so erhält man eine kollektive Präferenz zugunsten der Alternative b.

Nun wende ich mich der Verletzung der Forderung (IVE) zu: Im Unterschied zu dem Summationsprinzip erfordert eine rangabhängige Gewichtung der individuellen Präferenzen mit unterschiedlichen Gewichten nicht nur eine interpersonelle Vergleichbarkeit der Nutzeneinheiten, sondern zusätzlich eine interpersonelle Vergleichbarkeit der Nutzenniveaus. Bei fehlender interpersoneller Vergleichbarkeit der Nutzenniveaus fordert man von einem sozialen Wohlfahrtsfunktional, daß die Addition einer Konstanten $b_i \in \mathbb{R}$ zu einer Nutzenfunktion f_i keine Veränderung der kollektiven Präferenzordnung bewirken darf (siehe z.B. die Forderungen (O), (IV) oder (IVE)). Alle rangabhängigen Gewichtungen der individuellen Präferenzen mit verschiedenen Gewichten verstoßen gegen diese Forderung und damit gegen die Forderungen (O), (IV) und (IVE). Anhand des obigen Beispiels läßt sich dies folgendermaßen veranschaulichen:

> Addiert man zu der Nutzenfunktion f_1 die konstante Funktion $f : \Omega \longrightarrow \mathbb{R}$, $f \equiv 2$, so erhält man:
>
> $$f_1^*(a) = 3, \quad f_2^*(a) = 2, \quad f_1^*(b) = 4, \quad f_2^*(b) = 1\,.$$
>
> Jede rangabhängige Gewichtung der individuellen Präferenzen im Sinne von Definition 2.2.5 mit $\alpha_1 > \alpha_2$ liefert in diesem Fall eine Präferenz zugunsten der Alternative a, da
>
> $$2\,\alpha_1 + 3\,\alpha_2 \;>\; 1\,\alpha_1 + 4\,\alpha_2 \quad \text{für } \alpha_1 > \alpha_2\,.$$
>
> Falls $\alpha_1 < \alpha_2$, so erhält man eine kollektive Präferenz zugunsten der Alternative b. Lediglich bei Verwendung identischer Gewichte $\alpha_1 = \alpha_2 = 0.5$, d.h. bei Anwendung des Summationsprinzips, ändert sich durch die Addition einer konstanten Funktion zu der individuellen Nutzenfunktion f_1 nichts an der kollektiven Indifferenz zwischen a und b.

Die Verletzung der Invarianzforderungen (O), (ON), (IV), (IVE) und (V) bringt sowohl Nachteile als auch Vorteile mit sich:
Der Nachteil jeder Verletzung eines Invarianzaxioms - gleichgültig, um welche der Forderungen (O), (ON), (IV), (IVE), (IVEN), (V) oder (VEN) es sich dabei handelt - besteht darin, daß bestimmte Informationen über die individuellen Präferenzen (z.B. interpersonelle Vergleiche) vorausgesetzt werden. Die Unterstellung, daß die individuellen Nutzenfunktionen bestimmte Informationen (z.B. hinsichtlich interpersoneller Vergleiche) enthalten, erweist sich dann als problematisch, wenn diese Informationen in dem zu behandelnden Problem nicht verfügbar sind.
Eine Verletzung der Forderung (IVE) kann seinen Grund z.B. darin haben, daß ein soziales Wohlfahrtsfunktional interpersonelle Vergleiche von Nutzenniveaus voraussetzt. Eine derartige Voraussetzung, wie sie beispielsweise rangabhängige Gewichtungen machen, kann sich als problematisch erweisen, wie die beiden folgenden (bereits in Abschnitt 2.2.3 diskutierten) Fälle zeigen:

- die Entscheidung darüber, ob eine Innenstadt für den Autoverkehr gesperrt werden soll oder nicht;
- die Entscheidung darüber, ob für ein bestimmtes öffentliches Gebäude ein Rauchverbot gelten soll oder nicht.

In beiden Fällen scheinen keine interpersonellen Vergleiche von Nutzenniveaus erforderlich zu sein, um zu einer gerechten Entscheidung zu gelangen (siehe hierzu meine Ausführungen in Abschnitt 2.2.3). Überdies erweisen sich Niveauvergleiche in der Praxis oft als problematisch, da keine objektiven Kriterien zur Bestimmung von Nutzenniveaus zur Verfügung stehen.

Bei Fragen der Verteilungsgerechtigkeit hingegen gilt der materielle Wohlstand der Individuen als ein aussagekräftiges Kriterium für den Vergleich von Nutzenniveaus, wenngleich der individuelle Nutzen nicht mit dem materiellen Wohlstand gleichgesetzt werden kann: Beispielsweise führt die gleiche Güterausstattung dann zu unterschiedlichen Nutzenniveaus, wenn eine Person behindert ist und die andere nicht.
Beschäftigt man sich mit Fragen der distributiven Gerechtigkeit, so muß man, um zu gerechten Entscheidungen zu gelangen, interpersonelle Nutzenvergleiche mit in Betracht ziehen. Insbesondere die Rechtfertigung wirtschaftlicher Ungleichheiten stellt nämlich einen wesentlichen Aspekt in der Wohlfahrtsökonomie und bei Fragen der distributiven Gerechtigkeit dar.
Eine Verletzung der Forderung (IVE) wird also bei Fragen der Verteilungsgerechtigkeit nicht nur toleriert, sondern sogar gewünscht. Ein soziales Wohlfahrtsfunktional läßt sich nur dann auf Probleme der distributiven Gerechtigkeit anwenden, wenn es interpersonelle Vergleiche von Nutzenniveaus berücksichtigt, wenn es also gegen die Forderung (IVE) verstößt.

Kurz gesagt: Es lassen sich zwar Situationen vorstellen, in denen der Ausschluß interpersoneller Vergleiche von Nutzenniveaus (wie er beispielsweise in der Forderung (IVE) zum Ausdruck gebracht wird) durchaus plausibel ist; jedoch gibt es auch Situationen, wie z.B. Entscheidungen über Fragen der distributiven Gerechtigkeit, in denen auf interpersonelle Vergleiche von Nutzenniveaus nicht verzichtet werden kann und ein Verstoß gegen die Invarianzforderung (IVE) sich deshalb nicht vermeiden läßt, wenn man eine gerechte Aggregation der individuellen Präferenzen anstrebt. Die Verletzung der Forderung (IVE) kann also gegen ein soziales Wohlfahrtsfunktional sprechen; sie kann aber auch für ein soziales Wohlfahrtsfunktional sprechen.
Ebenso verhält es sich mit der Forderung (ON), derzufolge nur ordinale und keine kardinalen Informationen über die individuellen Präferenzen Berücksichtigung finden dürfen.
Der Vorteil eines sozialen Wohlfahrtsfunktionals, das eine Invarianzforderung (z.B. (O), (ON), (IV) oder (IVE)) verletzt, besteht - allgemein gesprochen - darin, daß bestimmte Informationen über die individuellen Präferenzen, die durch die Invarianzforderung ausgeschlossen werden, bei der Bestimmung kollektiven Präferenzordnung Berücksichtigung finden und da-

durch eine gerechtere Aggregation der individuellen Präferenzen möglich wird.

Ich will diese Überlegungen zu der Zweckmäßigkeit von Invarianzforderungen nun auf die Leximin-Regel, das Summationsprinzip und auf alle vom Summationsprinzip verschiedenen rangabhängigen Gewichtungen der individuellen Präferenzen anwenden.
Die Leximin-Regel verstößt gegen die Forderungen (O), (IV), (IVE) und (V), da interpersonelle Vergleiche von Nutzenniveaus Einfluß auf die kollektive Präferenzordnung haben. Man kann dies als einen Nachteil, jedoch (insbesondere bei Fragen der distributiven Gerechtigkeit) auch als einen Vorteil ansehen.
Andererseits genügt die Leximin-Regel den Forderungen (ON), (IVEN) und (VEN); d.h. es werden lediglich ordinale Informationen über die individuellen Präferenzen bei der Ermittlung der kollektiven Präferenzordnung berücksichtigt. Auch dies kann man sowohl positiv als auch negativ bewerten: Die Beschränkung auf ordinale Informationen erleichtert zwar die Ermittlung der individuellen Nutzenfunktionen, verhindert aber möglicherweise eine gerechte kollektive Entscheidung, da Informationen über die individuellen Präferenzen, die entscheidungsrelevant sein können, außer acht gelassen werden.
Das Summationsprinzip verstößt gegen die Invarianzforderungen (O), (ON), (IV) und (V), da interpersonelle Vergleiche von Nutzeneinheiten einen Einfluß auf die kollektive Präferenzordnung haben. Jedoch genügt das Summationsprinzip den Forderungen (IVE), (IVEN) und (VEN).[26]

Welche herausragende Bedeutung die Leximin-Regel und das Summationsprinzip in der Sozialwahltheorie besitzen, habe ich in den Abschnitten 2.2.2 und 2.2.3 bereits eingehend erörtert. Meine diesbezüglichen Ausführungen lassen sich in den beiden folgenden Thesen zusammenfassen:

1. **Unter allen sozialen Wohlfahrtsfunktionalen mit der Eigenschaft (ON) stellt die Leximin-Regel die gerechteste Form der Nutzenaggregation dar (siehe hierzu Abschnitt 2.2.2).**

2. **Unter allen sozialen Wohlfahrtsfunktionalen mit der Eigenschaft (IVE) stellt das Summationsprinzip die gerechteste Form der Nutzenaggregation dar (siehe hierzu Abschnitt 2.2.3).**

Diese beiden Thesen lassen sich folgendermaßen begründen:

---

[26] Zu den Beziehungen zwischen den verschiedenen Invarianzforderungen siehe Abschnitt 2.2.1, Abbildung 1.

- Das Rank-dictatorship-Theorem (Abschnitt 2.2.2, Theorem 2.2.2) zeigt, daß die Bedingung (ON) zusammen mit einigen weiteren, sehr elementaren Anforderungen an ein soziales Wohlfahrtsfunktional dazu führt, daß als Formen der Nutzenaggregation nur positionelle Diktaturen in Frage kommen. Wie ich in Abschnitt 2.2.2 erörtert habe, ergeben sich aus allen von der Leximin-Regel verschiedenen positionellen Diktaturen antiintuitive Konsequenzen. Als einzige sinnvolle Aggregationsmöglichkeit erhält man deshalb im Falle der interpersonellen Vergleichbarkeit der Nutzenniveaus, nicht aber der Nutzeneinheiten, die Leximin-Regel.

- Die Axiomatisierung des Summationsprinzips durch d'Aspremont/Gevers (Abschnitt 2.2.3, Theorem 2.2.3) zeigt, daß die Invarianzforderung (IVE) zusammen mit einigen weiteren, sehr elementaren Anforderungen an ein soziales Wohlfahrtsfunktional zu dem Ausschluß aller vom Summationsprinzip verschiedenen sozialen Wohlfahrtsfunktionale führt.

Jede ernsthafte Kritik an der Leximin-Regel bzw. dem Summationsprinzip ist folglich mit einer Kritik an der Invarianzforderung (ON) bzw. der Invarianzforderung (IVE) verbunden:
Die einzige Schwäche der Leximin-Regel (wenn es sich dabei überhaupt um eine Schwäche handelt!) besteht darin, daß sie Vergleiche von Nutzeneinheiten unberücksichtigt läßt (siehe hierzu Beispiel 2.2.10). Hingegen besteht die einzige Schwäche des Summationsprinzips darin, daß es keine interpersonellen Vergleiche der Nutzenniveaus erlaubt. Diese Schwäche des Summationsprinzips erweist sich, wie meine obigen Ausführungen zeigen, insbesondere bei Fragen der Verteilungsgerechtigkeit als schwerwiegend.

Im Unterschied zu der Leximin-Regel und dem Summationsprinzip haben bei allen vom Summationsprinzip verschiedenen rangabhängigen Gewichtungen der individuellen Präferenzen sowohl interpersonelle Vergleiche von Nutzen**niveaus** als auch interpersonelle Vergleiche von Nutzen**einheiten** Einfluß auf die kollektive Präferenzordnung.
Dies hat zwar zur Konsequenz, daß alle vom Summationsprinzip verschiedenen rangabhängigen Gewichtungen die Invarianzforderungen (O), (ON), (IV), (IVE) und (V) verletzen (siehe hierzu Satz 2.2.3); jedoch stellen viele rangabhängige Gewichtungen möglicherweise eine gerechtere Form der Nutzenaggregation als das Summationsprinzip und die Leximin-Regel dar. So besitzen beispielsweise die in Beispiel 2.2.11 diskutierten Mischungen aus der Maximin-Regel und dem Summationsprinzip einen hohen normativen Anspruch. Diese sozialen Wohlfahrtsfunktionale beschreiben, wie ich oben

erörtert habe, eine ethische Position, die zwischen zwei Extremen angesiedelt ist: dem von Rawls (1971) vertretenen Differenzprinzip einerseits, und dem von Bentham (1789) vertretenen Summationsprinzip andererseits.

Meine Überlegungen zu den Invarianzforderungen (ON) und (IVE), sowie deren Verletzung durch alle (bzw. fast alle) rangabhängigen Gewichtungen der individuellen Präferenzen fasse ich in der folgenden These zusammen:

> **Die gleichzeitige Verletzung der Invarianzforderungen (ON) und (IVE) - impliziert durch die Berücksichtigung interpersoneller Vergleiche von Nutzeneinheiten und Nutzenniveaus - muß toleriert werden, wenn eine möglichst gerechte Form der Nutzenaggregation angestrebt werden soll. Es spricht also (aus ethischer Sicht) nicht gegen die vom Summationsprinzip verschiedenen rangabhängigen Gewichtungen der individuellen Präferenzen, daß sie gegen die Forderungen (ON) und (IVE) verstoßen.**

Einen aus ethischer Sicht bedeutsamen Einwand gegen derartige Nutzenaggregationen stellt der Hinweis auf den Konflikt mit dem Separabilitätsaxiom (SE) dar. Wie ich in Satz 2.2.3 gezeigt habe, genügt aus der Klasse der rangabhängigen Gewichtungen lediglich das Summationsprinzip der Forderung der Separabilität.
Der Grund dafür, daß rangabhängige Gewichtungen (mit verschiedenen Gewichten α_i) gegen die Separabilitätsforderung verstoßen, besteht darin, daß indifferente Personen, d.h. Personen, die zwischen allen zur Wahl stehenden Alternativen indifferent sind, mit der Höhe ihres Nutzenniveaus die Rangordnung der individuellen Nutzen beeinflussen. Bei einer unterschiedlichen Gewichtung der verschiedenen Ordnungsstatistiken eines Nutzenvektors $(u_1, ..., u_m) \in \mathbb{R}^m$ haben indifferente Personen deshalb Einfluß auf die kollektive Präferenzordnung; d.h. die Separabilitätsforderung ist nicht erfüllt.
Einen formalen Beweis für die Verletzung der Separabilitätsforderung durch alle vom Summationsprinzip verschiedenen rangabhängigen Gewichtungen nehme ich im Anhang B (Beweis von Satz 2.2.3) vor. Zum Verständnis der Beweisidee tragen auch meine Ausführungen in Abschnitt 2.2.2 bei: Im Anschluß an das Leximin-Leximax-Theorem (Satz 2.2.2) habe ich nämlich gezeigt, daß die Maximin-Regel (im Unterschied zur Leximin-Regel) die Separabilitätsforderung verletzt.
Zur Veranschaulichung der Bedeutung des Separabilitätsaxioms will ich mich nun exemplarisch mit einem speziellen (bereits in Abschnitt 1.1.3

erwähnten) sozialen Wohlfahrtsfunktional auseinandersetzen.

Beispiel 2.2.12 *(vgl. hierzu Abschnitt 1.1.3)*
Es sei $m = 3$ und F diejenige rangabhängige Gewichtung der individuellen Präferenzen mit den Gewichten

$$\alpha_1 \doteq 0.4, \qquad \alpha_2 \doteq 0.3, \qquad \alpha_3 \doteq 0.3\,.$$

Dieses soziale Wohlfahrtsfunktional F verletzt die Forderung der Separabilität, wie man leicht sieht:

Es seien $a, b \in \Omega$. Für die individuellen Nutzenfunktionen f_i, f_i^* : $\Omega \longrightarrow \mathbb{R}$ $(i = 1, 2, 3)$ gelte:

$$\begin{aligned} f_1(a) &= f_1^*(a) = 10, \qquad f_1(b) = f_1^*(b) = 5, \\ f_2(a) &= f_2^*(a) = 1, \qquad f_2(b) = f_2^*(b) = 5, \\ f_3(a) &= 0, \quad f_3(b) = 0, \quad f_3^*(a) = 5, \quad f_3^*(b) = 5. \end{aligned}$$

Mit $(f(a))_{(r)}$, $r \in \{1, 2, 3\}$, bezeichne ich die r-te Ordnungsstatistik des Vektors $f(a) \doteq (f_1(a), f_2(a), f_3(a)) \in \mathbb{R}^3$. Analog hierzu verwende ich die Bezeichnungen $(f(b))_{(r)}$, $(f^*(a))_{(r)}$ und $(f^*(b))_{(r)}$.
Die gewichteten Summationen lauten dann:

$$\begin{aligned} \sum_{r=1}^{3} \alpha_r\,(f(a))_{(r)} &= 0.4\,f_3(a) + 0.3\,f_2(a) + 0.3\,f_1(a) \\ &= 0 + 0.3 + 3 \;= \mathbf{3.3}. \\ \sum_{r=1}^{3} \alpha_r\,(f(b))_{(r)} &= 0.4\,f_3(b) + 0.3\,f_1(b) + 0.3\,f_2(b) \\ &= 0 + 1.5 + 1.5 \;= \mathbf{3}. \\ \sum_{r=1}^{3} \alpha_r\,(f^*(a))_{(r)} &= 0.4\,f_2^*(a) + 0.3\,f_3^*(a) + 0.3\,f_1^*(a) \\ &= 0.4 + 1.5 + 3 \;= \mathbf{4.9}. \\ \sum_{r=1}^{3} \alpha_r\,(f^*(b))_{(r)} &= (0.4 + 0.3 + 0.3) \cdot 5 \;= \mathbf{5}. \end{aligned}$$

Die kollektiven Präferenzordnungen $\mathrm{R} \doteq F(f_1, ..., f_m)$ und $\mathrm{R}^* \doteq F(f_1^*, f_2^*, f_3^*)$ unterscheiden sich also voneinander, da für die zu R und R^* gehörigen strikten Ordnungen P und P^*

gilt: $aPb \wedge bP^*a$.
Der Übergang von der Nutzenfunktion f_3 zu der Nutzenfunktion f_3^* bewirkt also eine Veränderung der kollektiven Präferenzordnung. Dies steht im Widerspruch zu der Forderung der Separabilität.

Der durch die Nutzenfunktionen f_1, f_2, f_3, f_1^*, f_2^* und f_3^* dargestellte Sachverhalt läßt sich in Worten folgendermaßen formulieren:
Betrachtet wird eine Gesellschaft, die aus drei Personen besteht. Die Personen 1 und 2 sind dabei im Falle der Alternative b gleich gut gestellt, der individuelle Nutzen ist für beide Personen gleich groß ($f_1(b) = f_2(b) = 5$). Die Alternative a bedeutet gegenüber der Alternative b für die Person 1 einen Zuwachs von 5 Nutzeneinheiten ($f_1(a) = 10$), für die Person 2 hingegen eine Minderung des individuellen Nutzens um 4 Einheiten ($f_2(a) = 1$). Im Gegensatz zu den Personen 1 und 2 liegt bei der Person 3 eine Indifferenz zwischen den Alternativen a und b vor ($f_3(a) = f_3(b)$).
Der individuelle Nutzen der Person 3 bei den Alternativen a und b, d.h. die Größe des Nutzenwerts ($f_3(a)$ ($= f_3(b)$), darf gemäß dem Separabilitätsaxiom keinen Einfluß auf die kollektive Entscheidung zwischen a und b haben.
Wie ich in den Abschnitten 2.2.2 und 2.2.3 gezeigt habe, genügen die Leximin-Regel und das Summationsprinzip dem Separabilitätsaxiom. Die Größe des Nutzenwerts $f_3(a)$ ($= f_3(b)$) hat also keinen Einfluß darauf, welcher der beiden Alternativen a und b man den Vorzug gibt, sofern man der Leximin-Regel oder dem Summationsprinzip folgt: Gemäß der Leximin-Regel ist b gegenüber a und gemäß dem Summationsprinzip a gegenüber b vorzuziehen - unabhängig von dem Nutzenwert $f_3(a)$.
Nimmt man jedoch eine rangabhängige Gewichtung der individuellen Präferenzen mit den Gewichten $\alpha_1 \doteq 0.4$, $\alpha_2 \doteq 0.3$ und $\alpha_3 \doteq 0.3$ vor, dann hängt die kollektive Präferenzordnung von dem individuellen Nutzen der (indifferenten) Person 3 ab: Wird die Person 3, welche indifferent zwischen den Alternativen a und b ist, bei beiden Alternativen schlechter als die Personen 1 und 2 gestellt (z.B. $f_3(a) = f_3(b) = 0$), so erhalten die Nutzenwerte der Personen 1 und 2 gleiches Gewicht (da $\alpha_2 = \alpha_3 = 0.3$), was - wie bei Anwendung des Summationsprinzips - zu einer kollektiven Präferenz zugunsten der Alternative a führt. Falls jedoch der individuelle Nutzen der Person 3 sowohl bei Alternative a als auch bei Alternative b gleich dem Nutzen der Personen 1 und 2 bei Alternative b ist ($f_3^*(a) = f_3^*(b) = 5$), dann erhält der Nutzenwert $f_2(a) = 1$ bei der Bewertung der Alternative a ein größeres Gewicht als der Nutzenwert $f_1(a) = 5$. Dies führt dazu, daß die Präferenzen der Person 2 (aufgrund des niedrigeren Nutzenwertes im Falle der

Alternative a) eine stärkere Gewichtung als die Präferenzen der Person 1 erfahren und sich deshalb eine kollektive Präferenz zugunsten der Alternative b ergibt.

Nachdem ich nun erörtert habe, warum rangabhängige Gewichtungen der individuellen Präferenzen gegen das Separabilitätsaxiom verstoßen, will ich mich im folgenden mit der Frage beschäftigen, wie plausibel das Separabilitätsaxiom aus ethischer Sicht ist.
Deschamps/Gevers (1978, S.145 f.) rechtfertigen die Separabilitätsforderung durch folgendes Argument: Ebenso wie die (von mir als „sehr plausibel“ eingestufte) Eigenschaft (I) es ermöglicht, sich auf die Betrachtung einer beschränkten Anzahl von Entscheidungsalternativen zu konzentrieren, schafft die Eigenschaft (SE) die Möglichkeit, lediglich die Präferenzen einer begrenzten Anzahl von Personen bei der Ermittlung der kollektiven Präferenzordnung zu berücksichtigen. Bei den Forderungen (I) und (SE) geht es - Deschamps/Gevers zufolge - darum, die Anpassungsfähigkeit eines sozialen Wohlfahrtsfunktionals hinsichtlich der Anzahl der betrachteten Entscheidungsalternativen bzw. der Anzahl der betrachteten Individuen sicherzustellen:

> „it [das Separabilitätsaxiom] allows for a natural accommodation of a variable population into the classical framework of the collective choice problem, just as IRB [die Unabhängigkeit von irrelevanten Alternativen] would easily accommodate changes in the composition of X [der Alternativenmenge Ω].“ (Deschamps/Gevers, 1978, S.145)

Die von Deschamps/Gevers geforderte Anpassungs- oder Akkommodationsfähigkeit sozialer Wohlfahrtsfunktionale kann man auch als eine Robustheitsforderung interpretieren: Eine Vergrößerung der Zahl der Alternativen bzw. der Zahl indifferenter Personen darf zu keiner Veränderung der kollektiven Präferenzen führen.
Diese Argumentation von Deschamps/Gevers zur Rechtfertigung des Separabilitätsaxioms richtet sich gegen alle sozialen Wohlfahrtsfunktionale, die gegen die Forderung (SE) verstoßen, also insbesondere auch gegen alle rangabhängigen Gewichtungen der individuellen Präferenzen außer dem Summationsprinzip.

Um das Argument von Deschamps/Gevers (1978) entkräften zu können, zeige ich in dem nachfolgenden Satz 2.2.4 einen Zusammenhang zwischen den in Abschnitt 2.2.1 definierten Invarianzforderungen für soziale Wohlfahrtsfunktionale und dem Separabilitätsaxiom auf und nehme im Anschluß

daran eine Interpretation des Separabilitätsaxioms vor, die dessen Verwandtschaft zu den Invarianzaxiomen aufzeigt: Das Separabilitätsaxiom schließt Nutzenniveauvergleiche zwischen betroffenen und indifferenten, d.h. nicht betroffenen Personen aus.
Wenn man keine interpersonellen Nutzenvergleiche verwendet, wenn also mindestens eine der Invarianzforderungen (O), (IV) und (V) erfüllt ist, dann ist auch das Separabilitätsaxiom erfüllt. Jede der Invarianzforderungen (O), (IV) und (V) impliziert also die Eigenschaft der Separabilität. Man kann sogar noch mehr sagen: Auch die Invarianzforderung (IVE) impliziert die Eigenschaft (SE). Diesen Zusammenhang zwischen den Invarianzforderungen (O), (IV), (V) und (IVE) einerseits und der Separabilitätsforderung andererseits will ich nun beweisen.

Satz 2.2.4 *Jedes soziale Wohlfahrtsfunktional, das einer der Invarianzforderungen* (O), (IV), (IVE) *und* (V) *genügt, besitzt die Eigenschaft der Separabilität.*

BEWEIS Jede Invarianzforderung - gleichgültig, um welche der Forderungen (O), (ON), (IV), (IVE), (IVEN), (V) und (VEN) es sich dabei handelt - dient dem Zweck, sicherzustellen, daß zwei Nutzenfunktionsprofile, die denselben Sachverhalt zum Ausdruck bringen, auf dieselbe kollektive Präferenzordnung abgebildet werden: Zu jedem Nutzenfunktionsprofil $(f_1, ..., f_m)$ wird eine Menge M von Nutzenfunktionsprofilen $(f_1^*, ..., f_m^*)$ angegeben, welche dieselben Informationen über die individuellen Präferenzen enthalten und deshalb auf dieselbe kollektive Präferenzordnung abgebildet werden sollen. Die Separabilitätsforderung (SE) besteht in einer Erweiterung der Menge M um alle diejenigen Nutzenfunktionsprofile $(f_1^*, ..., f_m^*)$, für die ein m-Tupel $(g_1^*, ..., g_m^*) \in M$ existiert, so daß

$$f_i^* = g_i^* \quad \text{für alle } i \in \{1, ..., m\}, \text{ für die } a, b \in \Omega \text{ existieren}$$
$$\text{mit } f_i(a) \neq f_i(b)\,.$$

Die Menge der zulässigen Transformationen des Nutzenfunktionsprofils $(f_1, ..., f_m)$ wird also dadurch erweitert, daß man **beliebige** Transformationen der Nutzenfunktionen indifferenter Individuen, d.h. derjenigen Nutzenfunktionen f_i, für die

$$f_i(a) = f_i(b) \quad \text{für alle } a, b \in \Omega$$

gilt, zuläßt. Die erweiterte Menge bezeichne ich mit M'.
Im Falle der Invarianzforderungen (O), (IV), (IVE) und (V) mit den in Abschnitt 1.2.2 definierten zugehörigen Klassen $\mathcal{M}_1$, $\mathcal{M}_3$, $\mathcal{M}_5$ und $\mathcal{M}_6$

zulässiger Transformationen des Nutzenfunktionsprofils $(f_1, ..., f_m)$ erhält man hierdurch - anders als bei den Invarianzforderungen (ON), (IVEN) und (VEN) - keine Vergrößerung der Menge M. Jede der Invarianzforderungen (O), (IV), (IVE) und (V) impliziert also die Eigenschaft der Separabilität. ///

Die Separabilitätsforderung läßt sich, wie der Beweis von Satz 2.2.4 zeigt, interpretieren als eine Beschränkung der Informationen über die individuellen Präferenzen, die zur Ermittlung der kollektiven Präferenzordnung herangezogen werden: Interpersonelle Vergleiche zwischen den Nutzenniveaus indifferenter Personen, d.h. den Nutzenniveaus von Personen, die zwischen allen Entscheidungsalternativen indifferent sind, und den Nutzenniveaus betroffener Personen sollen keinen Einfluß auf die kollektive Präferenzordnung haben. Die Forderung (SE) besteht also in dem Ausschluß einer speziellen Art interpersoneller Vergleiche von Nutzenniveaus.
In diesem Zusammenhang stellt sich die folgende Frage: Ist es vernünftig, derartige interpersonelle Vergleiche zwischen indifferenten und betroffenen Personen vorzunehmen und bei der Ermittlung der kollektiven Präferenzordnung zu berücksichtigen, oder soll man - dem Separabilitätsaxiom folgend - solche Nutzenvergleiche ausschließen?
Meine Antwort auf diese Frage lautet: Die Gesellschaft, in der eine kollektive Entscheidung gefällt wird, umfaßt neben unmittelbar betroffenen Personen auch Personen, die indifferent zwischen allen zur Wahl stehenden Entscheidungsalternativen sind. Will man zu einer gerechten Entscheidung gelangen, so kann man die individuellen Nutzen der indifferenten Personen nicht von vornherein außer acht lassen, da die Frage der Gerechtigkeit den Zustand der gesamten Gesellschaft betrifft. Beim Problem der distributiven Gerechtigkeit wird dies besonders offensichtlich.

Ich will die obigen Überlegungen kurz anhand des Beispiels 2.2.12 veranschaulichen. In diesem Beispiel habe ich eine 3-Personen-Gesellschaft und zwei verschiedene Entscheidungssituationen betrachtet. In dem einen Fall (beschrieben durch die Nutzenfunktionen f_1, f_2 und f_3) betragen die individuellen Nutzen der drei Personen 10, 1 und 0 Nutzeneinheiten, und es besteht die Möglichkeit, den Nutzen der am zweitbesten gestellten Person von 1 auf 5 Nutzeneinheiten zu erhöhen und gleichzeitig den Nutzen der am besten gestellten Person von 10 auf 5 Nutzeneinheiten zu senken (z.B. durch eine Einkommensumverteilung). In dem zweiten Fall (beschrieben durch die Nutzenfunktionen f_1^*, f_2^* und f_3^*) betragen die individuellen Nutzen 10, 1 und 5 Nutzeneinheiten, und es besteht die Möglichkeit, den Nutzen der am schlechtesten gestellten Person von 1 auf 5 Nutzeneinheiten zu erhöhen

und gleichzeitig den Nutzen der am besten gestellten Person von 10 auf 5 Nutzeneinheiten zu senken.
Gemäß dem Separabilitätsaxiom sollte die Möglichkeit, den Status quo auf die beschriebene Art zu verändern, in dem einen Fall genau dann wahrgenommen werden, wenn sie auch in dem anderen Fall wahrgenommen wird. Dies erscheint aber unplausibel, da man im zweiten Fall eine Nutzengleichheit erreicht, im ersten Fall jedoch nicht. Es spricht deshalb einiges dafür, den Status quo im zweiten Fall zu verändern, im ersten Fall jedoch nicht.

Bei kollektiven Entscheidungen geht es also primär nicht darum, die Vorteile einer Entscheidungsalternative für eine bestimmte Personengruppe aufzurechnen mit den Nachteilen für eine andere Personengruppe. Vielmehr soll der Zustand der gesamten Gesellschaft im Falle einer Entscheidung für die Alternative a verglichen werden mit dem Zustand der Gesellschaft im Falle einer Entscheidung für die Alternative b. Die zu betrachtende Gesellschaft kann dabei aus zwei Personen (z.B. bei einem Ehepaar), aber auch aus über 100 Millionen Menschen (z.B. bei einer Staatsgemeinschaft) bestehen.
Den strikten Ausschluß interpersoneller Nutzenvergleiche zwischen indifferenten und betroffenen Personen, wie er im Falle des Separabilitätsaxioms gefordert wird, halte ich aus diesem Grund für unangebracht.

Im folgenden nehme ich eine Abschwächung des Separabilitätsaxioms vor: Ich fordere nicht den Ausschluß aller interpersoneller Nutzenvergleiche zwischen indifferenten und betroffenen Personen, sondern lediglich den Ausschluß eines Teiles davon. Für jede indifferente Person i, d.h. für jedes $i \in \{1, ..., m\}$ mit

$$f_i(a) = f_i(b) \qquad \text{für alle } a, b \in \Omega\,,$$

und jede Person $j \in \{1, ..., m\} \setminus \{i\}$ sollen zwar interpersonelle Vergleiche folgender Art zugelassen werden:

> „Der Nutzen der Person i bei der Alternative a ist höher (niedriger) als der Nutzen der Person j bei der Alternative a." ($a \in \Omega$ kann dabei beliebig gewählt werden!)

Jedoch will ich im Falle einer indifferenten Person i und zweier voneinander verschiedenen Alternativen $a, b \in \Omega$ interpersonelle Vergleiche folgender Art ausschließen:

> „Der Nutzen der Person i bei der Alternative a ist höher (niedriger) als der Nutzen der Person j bei der Alternative b."

Mit dem folgenden Axiom schwäche ich die Separabilitätsforderung auf die oben beschriebene Weise ab:

(SE−) **Schwache Separabilität:** Ein soziales Wohlfahrtsfunktional F besitzt die Eigenschaft der schwachen Separabilität, wenn für alle Nutzenfunktionsprofile $(f_1, ..., f_m)$ und $(f_1^*, ..., f_m^*)$ folgendes gilt:
Falls $M_1, M_2 \subset \{1, ..., m\}$ mit $M_1 \cup M_2 = \{1, ..., m\}$ existieren, so daß

- $f_i(a) = f_i^*(a)$ für alle $i \in M_1$ und alle $a \in \Omega$,
- $f_i(a) = f_i(b) \;\wedge\; f_i^*(a) = f_i^*(b)$
  für alle $i \in M_2$ und alle $a, b \in \Omega$,
- $f_i(a) < f_j(a) \implies f_i^*(a) \leq f_j^*(a)$ und
  $f_i^*(a) < f_j^*(a) \implies f_i(a) \leq f_j(a)$
  für alle $i, j \in \{1, ..., m\}$ und alle $a \in \Omega$,

dann folgt für die kollektiven Präferenzordnungen $\mathrm{R} = F(f_1, ..., f_m)$ und $\mathrm{R}^* = F(f_1^*, ..., f_m^*)$ hieraus: $\mathrm{R} = \mathrm{R}^*$.

Ebenso wie die Forderung (SE) läßt sich die Forderung (SE−) interpretieren als eine Invarianzforderung: Bestimmte Transformationen eines Nutzenfunktionsprofils $(f_1, ..., f_m)$ dürfen die kollektive Präferenzordnung nicht verändern. Im Falle der Forderung (SE−) sind dies alle Veränderungen der Nutzenwerte indifferenter Personen, bei denen für jede Alternative $a \in \Omega$ die Rangordnung der individuellen Nutzen $f_1(a), ..., f_m(a)$ erhalten bleibt. Wie ich in Satz 2.2.3 gezeigt habe, verletzen, abgesehen von dem Summationsprinzip, alle rangabhängigen Gewichtungen der individuellen Präferenzen die Forderung (SE). Jedoch besitzen alle rangabhängigen Gewichtungen die Eigenschaft (SE−):

Es sei F eine (beliebige) rangabhängige Gewichtung der individuellen Präferenzen im Sinne von Definition 2.2.5, mit den Gewichten

$$\alpha_1, \alpha_2, ..., \alpha_m > 0, \qquad \sum_{r=1}^{m} \alpha_r = 1 .$$

Weiterhin seien $f = (f_1, ..., f_m)$ und $f^* = (f_1^*, ..., f_m^*)$ zwei Nutzenfunktionsprofile, zu denen

$$M_1, M_2 \subset \{1, ..., m\} \text{ mit } M_1 \cup M_2 = \{1, ..., m\}$$

existieren, so daß

- $f_i(a) = f_i^*(a)$ für alle $i \in M_1$ und alle $a \in \Omega$,

- $f_i(a) = f_i(b) \;\wedge\; f_i^*(a) = f_i^*(b)$
  für alle $i \in M_2$ und alle $a, b \in \Omega$,

- $f_i(a) < f_j(a) \implies f_i^*(a) \leq f_j^*(a)$ und
  $f_i^*(a) < f_j^*(a) \implies f_i(a) \leq f_j(a)$
  für alle $i, j \in \{1, ..., m\}$ und alle $a \in \Omega$,

Für die kollektiven Präferenzordnungen $\mathrm{R} = F(f_1, ..., f_m)$ und $\mathrm{R}^* = F(f_1^*, ..., f_m^*)$ gilt dann

$$\begin{aligned} a\mathrm{R}b &\iff \sum_{r=1}^{m} \alpha_r \,(f(a))_{(r)} \;\geq\; \sum_{r=1}^{m} \alpha_r \,(f(b))_{(r)} \\ &\iff \sum_{r=1}^{m} \alpha_r \,(f^*(a))_{(r)} \;\geq\; \sum_{r=1}^{m} \alpha_r \,(f^*(b))_{(r)} \\ &\iff a\mathrm{R}^*b\,. \end{aligned}$$

Ich fasse zusammen: Die vom Summationsprinzip verschiedenen rangabhängigen Gewichtungen der individuellen Präferenzen stehen zwar in Konflikt mit der Forderung (SE), genügen jedoch der Forderung (SE−), bei der es sich um eine Konsequenz aus der Forderung (SE) handelt. (Es gilt: (SE) $\implies$ (SE−)).

Neben der Abschwächung der Forderung (SE) zu der Forderung (SE−) gibt es noch eine weitere Möglichkeit, die Separabilitätsforderung (SE) so abzuwandeln, daß die modifizierte Version von allen rangabhängigen Gewichtungen der individuellen Präferenzen erfüllt wird, nämlich das Ersetzen der Forderung (SE) durch die folgende Forderung (vgl. hierzu Ebert, 1988):

(SER) **Separabilität für geordnete Nutzenvektoren** („Separability for ranked utility vectors“):
Ein soziales Wohlfahrtsfunktional F besitzt die Eigenschaft (SER), wenn für alle Nutzenfunktionsprofile $f = (f_1, ..., f_m)$ und $f^* = (f_1^*, ..., f_m^*)$ folgendes gilt:

Falls $M_1, M_2 \subset \{1, ..., m\}$ mit $M_1 \cup M_2 = \{1, ..., m\}$ existieren, so daß

- $(f(a))_{(r)} = (f^*(a))_{(r)}$
  für alle $r \in M_1$ und alle $a \in \Omega$, und

- $(f(a))_{(r)} = (f(b))_{(r)} \ \wedge \ (f^*(a))_{(r)} = (f^*(b))_{(r)}$
  für alle $r \in M_2$ und alle $a, b \in \Omega$,

dann folgt für die kollektiven Präferenzordnungen $\mathrm{R} = F(f_1, ..., f_m)$ und $\mathrm{R}^* = F(f_1^*, ..., f_m^*)$ hieraus: $\mathrm{R} = \mathrm{R}^*$.
Mit $(f(a))_{(r)}$, $(f^*(a))_{(r)}$, $(f(b))_{(r)}$ und $(f^*(b))_{(r)}$ bezeichne ich dabei die r–ten Ordnungsstatistiken der Nutzenvektoren $f(a)$, $f^*(a)$, $f(b)$ und $f^*(b)$.

Die Forderung (SER) läßt sich an dem folgenden Beispiel veranschaulichen (vgl. hierzu Ebert, 1988, S.218):

Beispiel 2.2.13 *Es sei* $\Omega \doteq \{a, b\}$, $m = 3$. *Die individuellen Nutzenfunktionen seien folgendermaßen definiert:*

$$f_1(a) \doteq 4, \quad f_2(a) \doteq 2, \quad f_3(a) \doteq 7;$$
$$f_1(b) \doteq 5, \quad f_2(b) \doteq 4, \quad f_3(b) \doteq 3.$$

Hieraus folgt für die r*–ten Ordnungsstatistiken der Nutzenvektoren* $f(a) \doteq (f_1(a), f_2(a), f_3(a))$ *und* $f(b) \doteq (f_1(b), f_2(b), f_3(b))$:

$$(f(a))_{(1)} = 2, \quad (f(a))_{(2)} = 4, \quad (f(a))_{(3)} = 7;$$
$$(f(b))_{(1)} = 3, \quad (f(b))_{(2)} = 4, \quad (f(b))_{(3)} = 5.$$

Gemäß der Forderung (SER) *hängt die kollektive Präferenzordnung einzig und allein von den Ordnungsstatistiken* $(f(a))_{(r)}$, $r \in \{1, ..., m\}$, $a \in \Omega$, *ab. Entscheidend ist also nicht, welche Person welchen Nutzen hat, sondern lediglich die Nutzenverteilung.*
Darüber hinaus sollen bestimmte Transformationen der Ordnungsstatistiken zulässig sein. Im Falle der obigen Nutzenfunktionen f_1, f_2 *und* f_3 *besagt die Forderung* (SER), *daß ein Nutzenfunktionsprofil* (f_1^*, f_2^*, f_3^*) *auf dieselbe kollektive Präferenzordnung wie das Nutzenfunktionsprofil* $(f_1, ..., f_m)$ *abzubilden ist, falls*

$$(f^*(a))_{(1)} = 2, \quad (f^*(a))_{(3)} = 7, \quad (f^*(b))_{(1)} = 3, \quad (f(b))_{(3)} = 5, \quad \textit{und}$$
$$(f^*(a))_{(2)} = (f^*(b))_{(2)} \in [3, 5].$$

Beim Übergang von $f = (f_1, f_2, f_3)$ zu $f^* = (f_1^*, f_2^*, f_3^*)$ bleibt der erste und der dritte Rang (d.h. $(f(a))_{(1)}$ und $(f(a))_{(3)}$, bzw. $(f(b))_{(1)}$ und $(f(b))_{(3)}$) bei beiden Entscheidungsalternativen unverändert und die Indifferenz beim zweiten Rang (d.h. $(f(a))_{(2)} = (f(b))_{(2)}$) erhalten. Es ändert sich lediglich das Nutzenniveau des zweiten Ranges, d.h.

$$(f^*(a))_{(2)} \neq (f(a)_{(2)} \quad \textit{und} \quad (f^*(b))_{(2)} \neq (f(b)_{(2)} .$$

Zwischen der von d'Aspremont/Gevers (1977), Deschamps/Gevers (1978) und Maskin (1978) vorgeschlagenen Separabilitätsforderung (SE) und der Forderung (SER) besteht offensichtlich eine große Ähnlichkeit. Das Separabilitätsaxiom postuliert die Elimination des Einflusses indifferenter Individuen; die Forderung (SER) dagegen besagt, daß der Einfluß indifferenter Ränge eliminiert werden soll. Da gemäß der Forderung (SER) die Einträge der Nutzenvektoren $f(a)$, $a \in \Omega$, vor der Ermittlung der kollektiven Präferenzordnung der Größe nach (und nicht nach den Individuen) zu ordnen sind, folgt - wie Ebert (1988, Proposition 1) ohne Beweis bemerkt - aus der Eigenschaft (SER) die Eigenschaft (A) der Anonymität.

Satz 2.2.5 *(vgl. Ebert, 1988, Proposition 1)*
Jedes soziale Wohlfahrtsfunktional mit der Eigenschaft (SER) *besitzt auch die Eigenschaft* (A).

BEWEIS Es sei F ein soziales Wohlfahrtsfunktional mit der Eigenschaft (SER). Weiterhin sei $f = (f_1, ..., f_m)$ ein beliebiges Nutzenfunktionsprofil und σ eine Permutation[27] von $(1, ..., m)$.
Für das Nutzenfunktionsprofil $f^* = (f_{\sigma(1)}, ..., f_{\sigma(m)})$ gilt dann:

$$(f(a))_{(r)} = (f^*(a))_{(r)} \quad \text{für alle } a \in \Omega \text{ und alle } r \in \{1, ..., m\} .$$

Wegen (SER) folgt für die kollektiven Präferenzordnungen
$R = F(f_1, ..., f_m)$ und $R^* = F(f_{\sigma(1)}, ..., f_{\sigma(m)})$ hieraus: $R = R^*$.
Das soziale Wohlfahrtsfunktional F besitzt also die Eigenschaft der Anonymität. ///

Unter der Voraussetzung der Anonymität bedeutet die Forderung (SER) eine Abschwächung der Forderung (SE), wie der folgende Satz zeigt:

[27] Zum Begriff der Permutation siehe Anhang A.1, Definition A.1.4.

Satz 2.2.6 *(vgl. Ebert, 1988, Proposition 2)*
Jedes soziale Wohlfahrtsfunktional mit den Eigenschaften (U), (P^0), (I), (A) *und* (SE) *besitzt auch die Eigenschaft* (SER).
BEWEIS siehe Anhang B. (Bei Ebert, 1988, fehlt ein ausführlicher Beweis.)

Satz 2.2.6 stellt eine Verschärfung der von Ebert (1988) gemachten Aussage dar; im Unterschied zu Ebert verzichte ich auf die (überflüssige) Forderung (SP).

Die Eigenschaft (SER) kann, wie Ebert (1988) zeigt, zu einer Axiomatisierung der Klasse der rangabhängigen Gewichtungen individueller Präferenzen verwendet werden:

Theorem 2.2.8 *Falls ein soziales Wohlfahrtsfunktional F den Forderungen* (U), (SP), (I), (SER), (ST) *und* (IVEN) *genügt, dann handelt es sich dabei um eine rangabhängige Gewichtung der individuellen Präferenzen im Sinne von Definition 2.2.5.*
BEWEIS siehe Ebert (1988, Beweis von Theorem 3).

Diese Axiomatisierung der Klasse rangabhängiger Gewichtungen durch Ebert (1988) ähnelt Maskins Axiomatisierung des Summationsprinzips (siehe Abschnitt 2.2.3, Theorem 2.2.6). Der Unterschied besteht lediglich in der Abwandlung der Forderung (SE) zu der Forderung (SER), was dazu führt, daß man als mögliche Formen der Nutzenaggregation nicht nur das Summationsprinzip, sondern alle rangabhängigen Gewichtungen der individuellen Präferenzen erhält.
Die Problematik von Eberts Axiomatisierung besteht darin, daß die Forderung (SER) intuitiv weniger überzeugend ist als die (folgenreichere) Forderung (SE). Im Unterschied zu der von Ebert (1988) verwendeten Forderung (SER) stellt die von mir vorgeschlagene Forderung (SE–) eine intuitiv plausible Abschwächung des Separabilitätsaxioms dar: Anders als bei der Forderung (SER) handelt es sich dabei **in jedem Fall** (auch dann, wenn man auf die Anonymitätsforderung verzichtet!) um eine schwächere Forderung als bei der Forderung (SE).
Zwischen der Forderung (SER) und der Forderung (SE–) bestehen jedoch interessante Zusammenhänge, wie die beiden folgenden Sätze zeigen:

Satz 2.2.7 *Jedes soziale Wohlfahrtsfunktional mit der Eigenschaft* (SER) *besitzt auch die Eigenschaft* (SE–).

BEWEIS Es sei F ein soziales Wohlfahrtsfunktional mit der Eigenschaft (SER). Weiterhin seien $f = (f_1, ..., f_m)$ und $f^* = (f_1^*, ..., f_m^*)$ zwei Nutzenfunktionsprofile, zu denen

$$M_1,\, M_2 \subset \{1, ..., m\} \text{ mit } M_1 \cup M_2 = \{1, ..., m\}$$

existieren, so daß

- $f_i(a) = f_i^*(a)$ für alle $i \in M_1$ und alle $a \in \Omega$,
- $f_i(a) = f_i(b) \;\wedge\; f_i^*(a) = f_i^*(b)$ für alle $i \in M_2$ und alle $a, b \in \Omega$,
- $(f_i(a) < f_j(a) \Longrightarrow f_i^*(a) \leq f_j^*(a)) \;\wedge$
  $(f_i^*(a) < f_j^*(a) \Longrightarrow f_i(a) \leq f_j(a))$
  für alle $i, j \in \{1, ..., m\}$ und alle $a \in \Omega$.

Dann existieren auch zwei Mengen

$$M_1',\, M_2' \subset \{1, ..., m\} \text{ mit } M_1' \cup M_2' = \{1, ..., m\},$$

so daß

$$(f(a))_{(r)} = (f^*(a))_{(r)} \quad \text{für alle } r \in M_1' \text{ und alle } a \in \Omega, \text{ und}$$

$$(f(a))_{(r)} = (f(b))_{(r)} \;\wedge\; (f^*(a))_{(r)} = (f^*(b))_{(r)}$$
$$\text{für alle } r \in M_2' \text{ und alle } a, b \in \Omega,$$

da für alle $i, r \in \{1, ..., m\}$ gilt:

$$f_i(a) = (f(a))_{(r)} \iff f_i^*(a) = (f^*(a))_{(r)}\,.$$

(In Worten: Die Nutzenwerte $f_i(a)$ und $f_i^*(a)$ nehmen für alle $i \in \{1, ..., m\}$ denselben Rang ein.)
Weil das soziale Wohlfahrtsfunktional F die Eigenschaft (SER) besitzt, folgt für die kollektiven Präferenzordnungen $R = F(f_1, ..., f_m)$ und $R^* = F(f_1^*, ..., f_m^*)$ hieraus: $R = R^*$. ///

Satz 2.2.8 *Ein soziales Wohlfahrtsfunktional mit den Eigenschaften* (U), (P^0), (I), (A) *und* (SE−) *besitzt auch die Eigenschaft* (SER).
BEWEIS siehe Anhang B.

Aus Satz 2.2.8 ergibt sich die Konsequenz, daß die Forderung (SE−) ebenso wie die Forderung (SER) zu einer Axiomatisierung der Klasse rangabhängiger Gewichtungen der individuellen Präferenzen verwendet werden kann. Man erhält folgendes Korollar:

Korollar 2.2.2 *Falls ein soziales Wohlfahrtsfunktional F den Forderungen* (U), (SP), (I), (A), (SE−), (ST) *und* (IVEN) *genügt, dann handelt es sich dabei um eine rangabhängige Gewichtung der individuellen Präferenzen im Sinne von Definition 2.2.5.*

BEWEIS Dieses Korollar stellt eine unmittelbare Konsequenz aus Theorem 2.2.8 und Satz 2.2.8 dar. ///

Diese Axiomatisierung der Klasse rangabhängiger Gewichtungen unterscheidet sich von Eberts Axiomatisierung (siehe Theorem 2.2.8) lediglich dadurch, daß die Forderung (SER) durch die Forderung (SE−) ersetzt wird. Will man die Plausibilität der von mir vorgeschlagenen Forderung (SE−) bzw. der von Ebert (1988) eingeführten Forderung (SER) beurteilen, so empfiehlt sich ein Vergleich mit dem Separabilitätsaxiom (SE). Sowohl die Formulierung der Forderung (SE−) als auch die Formulierung der Forderung (SER) dienen dem Zweck, das Separabilitätsaxiom so abzuschwächen, daß man anstelle von Maskins Axiomatisierung des Summationsprinzips eine Axiomatisierung der Klasse aller rangabhängigen Gewichtungen erhält. Die Forderungen (SE−) und (SER) sollten deshalb eine höhere Plausibilität als die Forderung (SE) besitzen.
Die Frage, ob und inwiefern die Forderung (SER) plausibler ist als die Forderung (SE), bleibt in Eberts (1988) Arbeit offen. Dagegen wird durch die von mir vorgenommene Interpretation der Forderung (SE−) als eine Invarianzforderung offensichtlich, daß es sich bei dieser Forderung um eine plausible Abschwächung des Separabilitätsaxioms handelt: Nicht alle Informationen über die Präferenzen indifferenter Personen sind außer acht zu lassen, sondern lediglich ein Teil davon.

Strenggenommen handelt es sich bei der Forderung (SER) - im Unterschied zu der Forderung (SE−) - nicht um eine Abschwächung der Forderung (SE), da das Separabilitätsaxiom (SE) die Eigenschaft (SER) nur unter bestimmten Voraussetzungen (z.B. Anonymität) impliziert. Die Aussage Eberts (1988, S.219 und S.222), die Forderung (SER) sei schwächer als die Forderung (SE), ist also nicht korrekt.
Der Unterschied zwischen den Forderungen (SE) und (SER) besteht darin, daß im einen Fall Individuen und im anderen Fall Ränge betrachtet werden. Die Eigenschaft (SER) erhält man nach Ebert (1988) auf folgende Weise aus der Eigenschaft (SE):

> „If we replace indifferent individuals by indifferent rank positions we get property (SER).“ (Ebert, 1988, S.222)

Die Verwendung der Forderung (SE−) ermöglicht es (im Gegensatz zu der Forderung (SER)), das Separabilitätsaxiom abzuschwächen und gleichzeitig an der Betrachtung indifferenter **Individuen** festzuhalten. Aus diesem Grund bin ich der Meinung, daß die Forderung (SE−) aus ethischer Sicht überzeugender ist als die Forderung (SER). Ich ziehe deshalb die in Korollar 2.2.2 vorgenommene Axiomatisierung der Klasse rangabhängiger Gewichtungen gegenüber der Axiomatisierung aus Theorem 2.2.8 vor.

2.2.5 Resümee

Arrows Theorem (siehe Abschnitt 2.1.1, Theorem 2.1.1, und Abschnitt 2.2.1, Korollar 2.2.1) zeigt, daß es keine Möglichkeit gibt, m−Tupel ($R_1, ..., R_m$) von individuellen Präferenzordnungen in vernünftiger Weise zu einer kollektiven Präferenzordnung zu aggregieren. Als Auswege aus dem von Arrow (1951, 1963) aufgezeigten Dilemma habe ich einerseits den Verzicht auf die Transitivität der kollektiven Präferenzen (siehe Abschnitt 2.1) und andererseits eine Vergrößerung der zu einer Nutzenaggregation herangezogenen Informationsbasis vorgeschlagen. Eine solche Vergrößerung der Informationsbasis erfolgt dadurch, daß man interpersonelle Vergleiche und evtl. kardinale Messungen der individuellen Nutzen zuläßt.
Welche Möglichkeiten der Nutzenaggregation man erhält, hängt in erster Linie davon ab,

- ob man interpersonelle Vergleiche der Nutzenniveaus berücksichtigt,
- und ob man interpersonelle Vergleiche der Nutzeneinheiten berücksichtigt.

Meine diesbezüglichen Überlegungen lassen sich in den folgenden vier Punkten zusammenfassen:

1. Berücksichtigt man weder interpersonelle Vergleiche der Nutzenniveaus noch interpersonelle Vergleiche der Nutzeneinheiten, so kann man die individuellen Nutzen nicht in vernünftiger Weise zu einer kollektiven Präferenzordnung zusammenfügen (siehe Abschnitt 2.2.1, Theorem 2.2.1, verallgemeinertes Arrow-Theorem).

2. Berücksichtigt man zwar interpersonelle Vergleiche der Nutzenniveaus, jedoch keine interpersonellen Vergleiche der Nutzeneinheiten, so erweist sich die Leximin-Regel, die lexikographische Version von Rawls' Maximin-Regel, als die gerechteste Form der Nutzenaggregation (siehe Abschnitt 2.2.2).

3. Berücksichtigt man zwar interpersonelle Vergleiche der Nutzeneinheiten, jedoch keine interpersonellen Vergleiche der Nutzenniveaus, so erweist sich das im klassischen Utilitarismus verwendete Summationsprinzip als die gerechteste Form der Nutzenaggregation (siehe Abschnitt 2.2.3).

4. Berücksichtigt man interpersonelle Vergleiche sowohl der Nutzenniveaus als auch der Nutzeneinheiten, so erhält man als mögliche Formen der Nutzenaggregation z.B. die rangabhängigen Gewichtungen der individuellen Präferenzen (siehe Abschnitt 2.2.4, Definition 2.2.5). Die Klasse der rangabhängigen Gewichtungen umfaßt insbesondere die in Beispiel 2.2.10 definierten Mischungen aus dem Summationsprinzip und der Maximin-Regel, welche einen Mittelweg zwischen den von Bentham (1789) und Rawls (1971) beschriebenen ethischen Positionen aufzeigen.

2.3 Strukturierung der Sozialwahltheorie

2.3.1 Zwei Beispiele für soziale Wohlfahrtsfunktionen

Ein zentrales Element in der Sozialwahltheorie stellt Arrows Theorem dar (siehe Abschnitt 2.1.1, Theorem 2.1.1, und Abschnitt 2.2.1, Korollar 2.2.1). Aus diesem Grund wähle ich Arrows Theorem als Ausgangspunkt meiner Strukturierung der Sozialwahltheorie, bei der ich mich vor allem auf die beiden vorangehenden Abschnitte 2.1 und 2.2 stütze.
Arrow (1951, 1963) setzt sich mit einer sehr kleinen Klasse von Nutzenaggregationen auseinander, nämlich der Klasse der sog. **sozialen Wohlfahrtsfunktionen** (siehe hierzu Abschnitt 2.1.1). Soziale Wohlfahrtsfunktionen ordnen jedem $m-$Tupel von individuellen Präferenzordnungen eine kollektive Präferenzordnung zu. Es stehen also lediglich ordinale Informationen über die individuellen Präferenzen und keinerlei interpersonelle Nutzenvergleiche zur Verfügung. Außerdem fordert man von den zu ermittelnden kollektiven Präferenzen die Eigenschaft der Transitivität. Alle sozialen Wohlfahrtsfunktionen verletzen, wie Arrows Theorem zeigt, zumindest eine der Forderungen (U), (P), (I) und (ND).

Dennoch kommt den Arrowschen sozialen Wohlfahrtsfunktionen in der Sozialwahltheorie eine große Bedeutung zu, da sie sich als Teilmenge der Klasse kollektiver Wahlregeln und zugleich als Teilmenge der Klasse sozialer Wohlfahrtsfunktionale interpretieren lassen.
Aus diesem Grund will ich im folgenden zwei Beispiele für soziale Wohlfahrtsfunktionen nennen: In Abschnitt 2.3.1.1 setze ich mich mit der von Borda (1781) eingeführten **Borda-Regel**[28] auseinander, und in Abschnitt 2.3.1.2 nehme ich eine **Modifikation der einfachen Mehrheitsentscheidungsregel** vor, indem ich die mit Hilfe der einfachen Mehrheitsregel ermittelte kollektive Präferenzrelation durch deren transitive Hülle ersetze.

2.3.1.1 Die Borda-Regel

Das von Borda (1781) betrachtete Problem lautet folgendermaßen: Zu einer Wahl treten n Kandidaten an. Die Menge der zur Wahl stehenden Kandidaten bezeichne ich mit Ω. Jeder Wähler ordnet die Kandidaten in einer Reihe. Damit entspricht jedem Wähler $i \in \{1, ..., m\}$ eine **antisymmetrische** Präferenzordnung R_i auf der Menge Ω (zum Begriff der Antisymmetrie siehe Abschnitt 2.1.5, Definition 2.1.8). Auf der Basis der individuellen (antisymmetrischen) Präferenzordnungen R_i $(i = 1, ..., m)$ soll ein optima-

[28] Vgl. hierzu meine Ausführungen am Ende von Abschnitt 1.1.2.

ler Kandidat bestimmt werden.

Borda (1781) schlägt als Lösung dieses Problems eine Bepunktung der Kandidaten vor, die so aussieht: Wird ein Kandidat von einem Wähler an der j–ten Stelle plaziert, so erhält er damit von diesem $n-j$ Punkte. Die von den verschiedenen Wählern erhaltenen Punkte werden aufsummiert.

Diese von Borda vorgeschlagene Bepunktung der Kandidaten kann dazu verwendet werden, eine soziale Wahlfunktion C auf der Potenzmenge von Ω, d.h. auf der Menge aller Teilmengen von Ω, zu definieren (zum Begriff der sozialen Wahlfunktion siehe Abschnitt 1.1.2). Bezeichnet man mit $p(a)$ für alle $a \in \Omega$ die Gesamtpunktzahl des Kandidaten a, so lautet die soziale Wahlfunktion C:

$$C(S) \doteq \{a \in S \mid p(a) \geq p(b) \text{ für alle } b \in S\}, \quad S \subset \Omega, \quad S \neq \emptyset.$$

Unter der sog. Borda-Regel versteht man in der Sozialwahltheorie gewöhnlich ein Entscheidungsverfahren, das eine Menge von „optimalen“ Alternativen liefert: Eine Alternative $a \in \Omega$ gilt als optimal, wenn es keine Alternative $b \in \Omega$ gibt, die bei dem oben dargestellten Bewertungsverfahren eine höhere Punktzahl als a erhält.[29] Man kann das obige Bewertungsverfahren aber auch dazu benutzen, eine kollektive Präferenzordnung R auf der der Menge Ω zu definieren:

$$a\text{R}b :\Longleftrightarrow p(a) \geq p(b), \quad a, b \in \Omega.$$

Um die Borda-Regel in Form einer sozialen Wohlfahrtsfunktion darstellen zu können, muß man bei der Formulierung der individuellen Präferenzen auf die Forderung der Antisymmetrie verzichten und Indifferenzen zwischen den verschiedenen Alternativen zulassen. Im folgenden gehe ich deshalb davon aus, daß die individuellen Präferenzen lediglich in Form von (schwachen) Ordnungen gegeben sind, wie ich sie in Abschnitt 1.1.1 definiert habe; d.h. ich verzichte bei den individuellen Präferenzen auf die Forderung der Antisymmetrie.

Für jede individuelle Präferenzordnung R_i ($i \in \{1, ..., m\}$) und jede Alternative $a \in \Omega$ sei nun

$$n(a; \text{R}_i) \doteq |\{b \in \Omega \mid a\text{P}_i b\}| - |\{b \in \Omega \mid b\text{P}_i a\}|$$

die Anzahl der Entscheidungsalternativen, die von der Person i niedriger als a eingestuft werden, abzüglich der Anzahl der Alternativen, die von der

[29] Ich verweise in diesem Zusammenhang auf Young (1974, 1975), Fishburn/Gehrlein (1976) und Saari (1990).

Person i höher als a eingestuft werden. (Mit $|M|$ bezeichne ich dabei die Mächtigkeit einer Menge M.) Der Wert $n(a;\, \mathrm{R}_i)$ stellt ein Maß dafür dar, wie hoch der Nutzen der Person i bei der Alternative a ist. Als ein Maß für den kollektiven Nutzen der Alternative a verwende ich die Summe

$$s(a) \doteq \sum_{i=1}^{m} n(a;\, \mathrm{R}_i)$$

der für die einzelnen Personen $i \in \{1, ...m\}$ ermittelten Maßzahlen $n(a;\, \mathrm{R}_i)$. Ebenso wie Bossert/Stehling (1990, S.110) definiere ich die Borda-Regel als diejenige soziale Wohlfahrtsfunktion, die einem Präferenzordnungsprofil $(\mathrm{R}_1, ..., \mathrm{R}_m)$ die folgende kollektive Präferenzordnung
$\mathrm{R} = f_{borda}(\mathrm{R}_1, ..., \mathrm{R}_m)$ zuordnet:

$$a\mathrm{R}b \;:\Longleftrightarrow\; s(a) \geq s(b)\,, \quad a, b \in \Omega\,.$$

(Die Transitivität der Relation R folgt unmittelbar aus der Transitivität der Relation „ $\geq$“!)
Falls die Präferenzordnungen $\mathrm{R}_1, ..., \mathrm{R}_m$ antisymmetrisch sind, so liefert die auf diese Weise definierte soziale Wohlfahrtsfunktion f_{borda} exakt die mit Hilfe der Punktzahlen $p(a)$, $a \in \Omega$, definierte kollektive Präferenzordnung:

> Es sei $(\mathrm{R}_1, ..., \mathrm{R}_m)$ ein Präferenzordnungsprofil mit antisymmetrischen Relationen R_i. Dann gilt für die oben definierten Punktzahlen $p(a)$, $a \in \Omega$, folgendes:
>
> $$\begin{aligned} p(a) &= \sum_{i=1}^{m} \frac{n(a;\, \mathrm{R}_i) + m - 1}{2} = \frac{1}{2} \sum_{i=1}^{m} (n(a;\, \mathrm{R}_i) + m - 1) \\ &= \frac{1}{2} s(a) + \frac{m(m-1)}{2}\,. \end{aligned}$$
>
> Hieraus folgt:
>
> $$p(a) \geq p(b) \iff s(a) \geq s(b) \qquad \text{für alle } a, b \in \Omega\,.$$

Die Borda-Regel besitzt offensichtlich die (in Abschnitt 1.1.2 definierten) Eigenschaften (U), (SP) und (A), und damit insbesondere die Eigenschaften (P) und (ND). Im Falle der Eigenschaft (SP) lautet der formale Beweis folgendermaßen:

> Es existiere ein $k \in \{1, ..., m\}$, so daß $a\mathrm{P}_k b$; für alle $i \in \{1, ..., m\}$ gelte: $a\mathrm{R}_i b$. Dann ist
>
> $$\begin{aligned} &n(a;\, \mathrm{R}_k) > n(b;\, \mathrm{R}_k)\,, \quad \text{sowie} \\ &n(a;\, \mathrm{R}_i) \geq n(b;\, \mathrm{R}_i) \quad \text{für alle } i \in \{1, ..., m\}, \end{aligned}$$

und somit $s(a) > s(b)$.

Jedoch verletzt die Borda-Regel Arrows Forderung der Unabhängigkeit von irrelevanten Alternativen und damit insbesondere auch die in Abschnitt 2.1.3.2 definierten Eigenschaften der nicht-negativen Reaktion und der Neutralität:

Es sei $m = 2$ und $\Omega \doteq \{a, b, c\}$. Für die Präferenzordnungsprofile $(\mathrm{R}_1, \mathrm{R}_2)$ und $(\mathrm{R}_1^*, \mathrm{R}_2^*)$ gelte:

$$a\mathrm{P}_1 b \wedge b\mathrm{P}_1 c, \quad b\mathrm{I}_2 c \wedge c\mathrm{P}_2 a; \quad a\mathrm{P}_1^* b \wedge b\mathrm{I}_1^* c, \quad b\mathrm{P}_2^* a \wedge a\mathrm{P}_2^* c.$$

Dann ist

$$n(a; \mathrm{R}_1) = 2, \quad n(b; \mathrm{R}_1) = 0, \quad n(a; \mathrm{R}_2) = -2, \quad n(b; \mathrm{R}_2) = 1;$$
$$n(a; \mathrm{R}_1^*) = 2, \quad n(b; \mathrm{R}_1^*) = -1, \quad n(a; \mathrm{R}_2^*) = 0, \quad n(b; \mathrm{R}_2^*) = 2;$$

und somit

$$0 = \sum_{i=1}^{2} n(a; \mathrm{R}_i) < \sum_{i=1}^{2} n(b; \mathrm{R}_i) = 1 \quad \text{und}$$
$$2 = \sum_{i=1}^{2} n(a; \mathrm{R}_i^*) > \sum_{i=1}^{2} n(b; \mathrm{R}_i^*) = 1.$$

Für die kollektiven Präferenzordnungen $\mathrm{R} \doteq f_{borda}(\mathrm{R}_1, \mathrm{R}_2)$ und $\mathrm{R}^* \doteq f_{borda}(\mathrm{R}_1^*, \mathrm{R}_2^*)$ gilt also: $b\mathrm{P}a \wedge a\mathrm{P}^* b$.
Dies steht im Widerspruch zu der Forderung (I), derzufolge die Beurteilung der Alternative c durch die beiden betrachteten Individuen keinen Einfluß auf die kollektive Entscheidung zwischen den Alternativen a und b haben darf.

Darüber hinaus verstößt die Borda-Regel gegen die in Abschnitt 2.1.2 definierte Eigenschaft der positiven Reaktion:

Es sei $m = 3$ und $\Omega \doteq \{a, b, c\}$. Für die Präferenzordnungsprofile $(\mathrm{R}_1, \mathrm{R}_2, \mathrm{R}_3)$ und $(\mathrm{R}_1^*, \mathrm{R}_2^*, \mathrm{R}_3^*)$ gelte:

$$a\mathrm{I}_1 b \wedge b\mathrm{P}_1 c, \quad b\mathrm{P}_2 a \wedge a\mathrm{P}_2 c, \quad a\mathrm{P}_3 b \wedge b\mathrm{P}_3 c;$$
$$a\mathrm{P}_1^* b \wedge b\mathrm{P}_1^* c, \quad b\mathrm{P}_2^* c \wedge c\mathrm{P}_2^* a, \quad a\mathrm{P}_3^* b \wedge b\mathrm{P}_3^* c.$$

Beim Übergang von $(\mathrm{R}_1, \mathrm{R}_2, \mathrm{R}_3)$ zu $(\mathrm{R}_1^*, \mathrm{R}_2^*, \mathrm{R}_3^*)$ ändert also niemand seine Präferenzen zwischen a und b zugunsten von b, jedoch ändert die Person 1 ihre Präferenzen zugunsten von a. Gemäß der Forderung (PR) soll für die den Präferenzordnungsprofilen (R_1, R_2, R_3) und (R_1^*, R_2^*, R_3^*) entsprechenden kollektiven Präferenzordnungen R und R* folgendes gelten:

$$aRb \Longrightarrow aP^*b\,.$$

Wie ich im folgenden zeigen werde, ist dies bei den kollektiven Präferenzordnungen $R \doteq f_{borda}(R_1, R_2, R_3)$ und $R^* \doteq f_{borda}(R_1^*, R_2^*, R_3)$ nicht der Fall.
Für die Präferenzordnungsprofile (R_1, R_2, R_3) und (R_1^*, R_2^*, R_3^*) gilt nämlich:

$$\begin{array}{llll} n\,(a;\,R_1) = 1, & n\,(b;\,R_1) = 1, & n\,(a;\,R_2) = 0, & n\,(b;\,R_2) = 2, \\ n\,(a;\,R_3) = 2, & n\,(b;\,R_3) = 0; & & \\ n\,(a;\,R_1^*) = 2, & n\,(b;\,R_1^*) = 0, & n\,(a;\,R_2^*) = -2, & n\,(b;\,R_2^*) = 2, \\ n\,(a;\,R_3^*) = 2, & n\,(b;\,R_2^*) = 0. & & \end{array}$$

Hieraus folgt:

$$3 = \sum_{i=1}^{3} n\,(a;\,R_i) \;=\; \sum_{i=1}^{3} n\,(b;\,R_i) \;= 3 \quad \text{und}$$

$$2 = \sum_{i=1}^{3} n\,(a;\,R_i^*) \;=\; \sum_{i=1}^{3} n\,(b;\,R_i^*) \;= 2\,.$$

Für die kollektiven Präferenzordnungen $R \doteq f_{borda}(R_1, R_2, R_3)$ und $R^* \doteq f_{borda}(R_1^*, R_2^*, R_3)$ erhält man somit: $aIb \wedge aI^*b$.

Ich will nun die Verletzung der Forderung (I) an einem von Goodman/Markowitz (1952), Luce/Raiffa (1957) und Bohnen (1964) verwendeten Beispiel erörtern:

Beispiel 2.3.1 *Ein Gastgeber hat zwei Gäste, denen er entweder Kaffee oder Tee, aber nicht beides servieren möchte. Anstatt zu fragen, was jeder lieber möchte, Kaffee oder Tee, läßt der Gastgeber jeden der beiden Gäste eine Liste anfertigen, auf der für eine größere Klasse von Getränken eine Reihung vorgenommen werden soll.*
Zwei mögliche Resultate dieser Befragung sind:

1. *Person 1: Kaffee, Milch, Limonade, Coca-Cola, Tee (Präferenzordnung* R_1*).*

Person 2: Tee, Kaffee, Milch, Limonade, Coca-Cola (Präferenzordnung R_2*).*

2. *Person 1: Milch, Kaffee, Tee, Limonade, Coca-Cola (Präferenzordnung* R_1^**).*
   Person 2: Tee, Coca-Cola, Limonade, Milch, Kaffee (Präferenzordnung R_2^**).*

Bezeichnet man mit a die Alternative, Kaffee zu servieren, und mit b die Alternative, Tee zu servieren, so erhält man:

$$n(a;\,R_1) = 4, \quad n(b;\,R_1) = -4, \quad n(a;\,R_2) = 2, \quad n(b;\,R_2) = 4;$$
$$n(a;\,R_1^*) = 2, \quad n(b;\,R_1^*) = 0, \quad n(a;\,R_2^*) = -4, \quad n(b;\,R_2^*) = 4\,.$$

Es ist also

$$6 = \sum_{i=1}^{2} n(a;\,R_i) > \sum_{i=1}^{2} n(b;\,R_i) = 0 \quad \textit{und}$$
$$-2 = \sum_{i=1}^{2} n(a;\,R_i^*) < \sum_{i=1}^{2} n(b;\,R_i^*) = 4\,.$$

Befolgt der Gastgeber die Borda-Regel, so serviert er also im ersten Fall Kaffee und im zweiten Fall Tee, obwohl sich die beiden Fälle, was die individuellen Präferenzen betrifft, lediglich hinsichtlich der Beurteilung der irrelevanten Alternativen (Milch, Limonade und Coca-Cola) voneinander unterscheiden.

In dem Beispiel 2.3.1 dienen die „irrelevanten Alternativen“ als Vergleichsmaßstab; mit ihrer Hilfe soll eine „Messung“ der Präferenzintensitäten vorgenommen werden. Kann man aber auf diese Weise tatsächlich eine Vergleichbarkeit von Präferenzintensitäten herstellen? Ist die Präferenz der Person 1 für Kaffee im ersten Fall (Präferenzordnungen R_1, R_2) wirklich größer als die Präferenz der Person 2 für Tee?
Natürlich muß letzteres nicht der Fall sein! Möglicherweise trinkt die Person 2 sehr gerne Tee, mag aber weder Kaffee noch Milch, Limonade oder Coca-Cola, hat also eine sehr starke Präferenz für Tee, während für die Person 2 bei den Alternativen Kaffee, Milch, Limonade, Coca-Cola und Tee nur sehr geringe Unterschiede bestehen.
Die Borda-Regel unterstellt aber nicht nur, daß die Präferenz der Person 1 für Kaffee größer ist als die Präferenz der Person 2 für Tee, sondern sogar,

daß die Nutzendifferenz zwischen den Alternativen Kaffee und Tee bei der Person 1 viermal so hoch ist wie bei der Person 2.

Dieses Beispiel verdeutlicht den zentralen Schwachpunkt der Borda-Regel: Ohne jegliche Informationen über Präferenzintensitäten werden Annahmen hinsichtlich der Stärke der individuellen Präferenzen gemacht. Besteht beispielsweise die Alternativenmenge Ω aus den drei Alternativen a, b und c, und eine Person präferiert a gegenüber b und b gegenüber c, so geht man bei der Borda-Regel davon aus, daß für die betrachtete Person der Nutzenunterschied zwischen den Alternativen a und b gleich dem Nutzenunterschied zwischen b und c und halb so groß wie der Nutzenunterschied zwischen a und c ist (vgl. hierzu z.B. Goodman/Markowitz, 1952, und Arrow, 1963, S.94). Die Borda-Regel interpretiert also individuelle Präferenzordnungen in kardinale Nutzenfunktionen um: Man unterstellt den individuellen Präferenzordnungen eine Aussagekraft hinsichtlich der Intensität der individuellen Präferenzen und deren interpersoneller Vergleichbarkeit.

Der sozialen Wohlfahrtsfunktion f_{borda} liegt die folgende Idee zugrunde: Jede Punktzahl $n(a; R_i)$, $a \in \Omega$, $i \in \{1, ..., m\}$, stellt eine Maßzahl für den individuellen Nutzen der Person i bei der Alternative a dar; sie wird interpretiert als individueller Nutzenwert. Man erhält auf diese Weise die individuellen Nutzenfunktionen

$$f_i : \Omega \longrightarrow \mathbb{R}, \quad f_i(a) \doteq n(a; R_i) .$$

Auf diese Nutzenfunktionen wendet man das Summationsprinzip (siehe Abschnitt 2.2.3) an und sieht großzügig über die Tatsache hinweg, daß die beim Summationsprinzip vorausgesetzte Kardinalität und interpersonelle Vergleichbarkeit der individuellen Nutzenfunktionen in diesem Fall nicht gegeben ist.

Bei der Borda-Regel handelt es sich also um eine nicht unproblematische Form der Nutzenaggregation, was sich insbesondere in der Verletzung von Arrows Forderung der Unabhängigkeit von irrelevanten Alternativen zeigt.

2.3.1.2 Modifikation der einfachen Mehrheitsregel

Wie ich in den Abschnitten 1.1.2 und 2.1.5 erörtert habe, läßt sich bei der Anwendung der einfachen Mehrheitsregel das Auftreten von Zirkeln nicht mit Sicherheit ausschließen. Das Condorcet-Paradoxon kann man nicht zufriedenstellend dadurch lösen, daß man die Menge der zugelassenen Präferenzordnungsprofile einschränkt (siehe hierzu meine Ausführungen in Abschnitt 2.1.5).

Eine Möglichkeit, Zirkel zu vermeiden, besteht darin, von der kollektiven Präferenzrelation R, die die einfache Mehrheitsregel liefert, überzugehen zu deren **transitiver Hülle** R_t (zur Definition der transitiven Hülle siehe Abschnitt 1.1.2). Auf diese Weise erhält man eine von der einfachen Mehrheitsregel verschiedene kollektive Wahlregel, die - im Unterschied zur einfachen Mehrheitsregel - zwar stets eine transitive kollektive Präferenzrelation liefert, jedoch keine der Eigenschaften (I), (R), (N), (P), (SP) und (PR) besitzt.[30]
Daß diese **modifizierte einfache Mehrheitsregel** die Forderung (I) verletzt, habe ich bereits in Abschnitt 1.1.2 gezeigt. Die Verletzung der Forderung (I) impliziert, wie in Abschnitt 2.1.3.2 erwähnt, insbesondere die Verletzung der Forderungen (R) und (N). Es bleibt an dieser Stelle also lediglich noch zu zeigen, daß die modifizierte einfache Mehrheitsregel gegen die Forderungen (P), (SP) und (R) verstößt.

Es sei $m = 3$ und $\Omega \doteq \{a, b, c, d\}$. Für die Präferenzordnungsprofile (R_1, R_2, R_3) und (R_1^*, R_2^*, R_3^*) gelte:

$$aP_1b \wedge bP_1c \wedge cP_1d\,, \quad bP_2c \wedge cP_2d \wedge dP_2a\,,$$
$$dP_3a \wedge aP_3b \wedge bP_3c\,;$$
$$aP_1^*c \wedge cP_1^*b \wedge bP_1^*d\,, \quad bP_2^*c \wedge cP_2^*d \wedge dP_2^*a\,,$$
$$dP_3^*a \wedge aP_3^*b \wedge bP_3^*c\,.$$

Gemäß der einfachen Mehrheitsregel erhält man für beide Präferenzordnungsprofile dieselbe kollektive Präferenzrelation R, nämlich:

$$aPb \wedge bPc \wedge cPd \wedge dPa\,.$$

Für die transitive Hülle R_t dieser Relation gilt:

$$aI_tb \wedge bI_tc \wedge cI_td \wedge dI_ta\,.$$

Im Falle des Präferenzordnungsprofils (R_1, R_2, R_3) steht die kollektive Präferenzrelation R_t in Konflikt zu dem schwachen Pareto-Prinzip, demzufolge b gegenüber c vorzuziehen ist. Die modifizierte einfache Mehrheitsregel verletzt also die Forderung (P) und damit insbesondere auch die Forderung (SP).
Beim Übergang von (R_1, R_2, R_3) zu (R_1^*, R_2^*, R_3^*) ändert die

[30] Zur Definition der Eigenschaften (I), (P) und (SP) siehe Abschnitt 1.1.2, zur Definition der Eigenschaft (PR) Abschnitt 2.1.2 und zur Definition der Eigenschaften (R) und (N) Abschnitt 2.1.3.2.

Person 1 ihre Präferenzrelation zwischen b und c zugunsten von c; alle übrigen Präferenzen der drei betrachteten Personen bleiben unverändert. Gemäß der Forderung der positiven Reaktion sollte sich deshalb eine kollektive Indifferenz zwischen b und c in eine Präferenz für die Alternative c verwandeln. Die modifizierte einfache Mehrheitsregel liefert jedoch sowohl für (R_1, R_2, R_3) als auch für (R_1^*, R_2^*, R_3^*) eine kollektive Indifferenz zwischen b und c und verstößt somit gegen die Forderung (PR).

Die modifizierte einfache Mehrheitsregel besitzt zwar - ebenso wie die einfache Mehrheitsregel, sowie die Borda-Regel - die Eigenschaften (U) und (A), weist aber gegenüber der Borda-Regel einen gravierenden Nachteil auf: Sie verletzt das strenge Pareto-Prinzip (SP) und auch das schwache Pareto-Prinzip (P), während die Borda-Regel (ebenso wie die einfache Mehrheitsregel) nicht nur der Forderung (P), sondern auch der Forderung (SP) genügt.

2.3.2 Kollektive Wahlregeln und soziale Wohlfahrtsfunktionale

Sucht man eine Form der Nutzenaggregation, die Arrows Forderungen (U), (P), (I) und (ND) genügt, so muß man entweder bei der kollektiven Präferenzrelation auf die Eigenschaft der Transitivität verzichten (siehe Abschnitt 2.1) oder interpersonelle Nutzenvergleiche zulassen (siehe Abschnitt 2.2).
Beispielsweise läßt sich die Klasse sozialer Wohlfahrtsfunktionen zu der (größeren) Klasse der **sozialen Entscheidungsfunktionen** erweitern, indem man die Transitivitätsforderung durch die Forderung der **Azyklizität** ersetzt. Die Bedeutung der Azyklizität der kollektiven Präferenzrelation ergibt sich aus Satz 1.1.1 (Abschnitt 1.1.2): Die Eigenschaft der Azyklizität garantiert die Existenz (mindestens) einer optimalen Alternative. Eine zentrale Rolle spielt in diesem Zusammenhang die in Abschnitt 1.1.2 definierte **strikte erweiterte Pareto-Regel**. Hierbei handelt es sich um die einzige soziale Entscheidungsfunktion mit den Eigenschaften (U), (SP), (I) und (A), die für alle Konfigurationen von individuellen Präferenzen eine quasitransitive (und damit azyklische) kollektive Präferenzrelation liefert (siehe Abschnitt 2.1.2, Satz 2.1.1).
Die sog. **pareto-optimalen Alternativen** zeichnen sich dadurch aus, daß keine Person besser gestellt werden kann, ohne daß gleichzeitig eine andere Person schlechter gestellt wird. Die Angabe einer Menge von pareto-optimalen Alternativen verkleinert zwar die Anzahl der zur Wahl stehenden Alternativen. Zur Lösung sozialwahltheoretischer Fragestellungen benötigt

man jedoch eine Verfahren zur Entscheidung zwischen pareto-optimalen Alternativen. Bei dem Problem der Verteilungsgerechtigkeit beispielsweise stehen fast ausschließlich pareto-optimale Alternativen zur Wahl: Jede Erhöhung des materiellen Wohlstands einer Person ist gewöhnlich mit der Senkung des materiellen Wohlstands einer anderen Person verbunden.
Eine Entscheidung zwischen pareto-optimalen Alternativen kann z.B. dadurch erfolgen, daß man sich auf die Präferenzen einer bestimmten Person k stützt. Man erhält auf diese Weise die in Beispiel 2.1.2 (Abschnitt 2.1.3) durch die soziale Entscheidungsfunktion f_k^D beschriebene **Diktatur** der Person k.

Die Sätze 2.1.4 und 2.1.5 (Abschnitt 2.1.3) zeigen, daß die Klasse der sozialen Entscheidungsfunktionen sehr eng begrenzt ist. Weitere Möglichkeiten der Aggregation individueller Präferenzordnungen ergeben sich, wenn man bei der zu ermittelnden kollektiven Präferenzrelation auf die Eigenschaft der Azyklizität verzichtet: Auf diese Weise erhält man die große Klasse der **kollektiven Wahlregeln**, welche insbesondere die in Abschnitt 1.1.2 definierte **einfache Mehrheitsentscheidungsregel** (aber natürlich auch die strikte und die schwache erweiterte Pareto-Regel, sowie die Borda-Regel) enthält.
Die einfache Mehrheitsregel zeichnet sich dadurch aus, daß sie als einzige kollektive Wahlregel die Eigenschaften (U), (A), (N) und (PR) besitzt (siehe hierzu Abschnitt 2.1.5, Satz 2.1.7). Darüber hinaus genügt die einfache Mehrheitsregel der Forderung (SP) und natürlich den Forderungen (I) und (ND). (Es gilt: (N) $\Longrightarrow$ (I), (A) $\Longrightarrow$ (ND).)
Wie das Condorcet-Paradoxon (siehe Abschnitt 1.1.2) zeigt, erhält man bei der Anwendung der einfachen Mehrheitsregel unter Umständen eine zirkuläre kollektive Präferenzrelation. Das Auftreten von Zirkeln wird im allgemeinen als das Hauptproblem der einfachen Mehrheitsregel angesehen. Deshalb schränken Arrow (1951, Kapitel 7), Inada (1964, 1970), Sen (1966) und Pattanaik (1968, 1970a, 1970b) den Definitionsbereich der einfachen Mehrheitsregel, d.h. die Menge der zugelassenen Präferenzordnungsprofile, so ein, daß die einfache Mehrheitsregel für alle zugelassenen Präferenzordnungsprofile eine azykliche kollektive Präferenzrelation liefert.
Um die Azyklizität der kollektiven Präferenzrelation zu garantieren, benötigt man eine der drei folgenden Beschränkungen des Definitionsbereichs der einfachen Mehrheitsregel (siehe hierzu die Sätze 2.1.10, 2.1.12, 2.1.13 und 2.1.14 aus Abschnitt 2.1.5):

- Werturteilsbeschränkung (siehe Definition 2.1.7),
- Beschränkung der Extreme (siehe Definition 2.1.8),

- begrenzte Übereinstimmung (siehe Definition 2.1.9).

Von Bedeutung ist hierbei, daß insbesondere jedes tripel-eingipflige Präferenzordnungsprofil die Eigenschaft der Werturteilsbeschränkung besitzt. Indem man den Definitionsbereich der einfachen Mehrheitsregel auf eine der drei genannten Arten einschränkt, garantiert man zwar die Azyklizität der kollektiven Präferenzrelation, verletzt jedoch die Forderung (U), derzufolge eine kollektive Wahlregel für alle Konfigurationen von individuellen Präferenzen definiert sein soll.
An der einfachen Mehrheitsregel kritisiere ich vor allem, daß diese eine interpersonelle Vergleichbarkeit der Präferenzintensitäten unterstellt: Ähnlich wie bei der Borda-Regel rechnet man nämlich bei der einfachen Mehrheitsregel die Präferenzen verschiedener Personen gegeneinander auf, obwohl keinerlei Vergleichbarkeit der Stärke der individuellen Präferenzen gegeben ist.

Trotz der genannten Schwächen der Borda-Regel und der einfachen Mehrheitsregel gibt es im Falle von Komitee-Entscheidungen keine echte Alternative zu diesen beiden Entscheidungsregeln. Da bei Komitee-Entscheidungen keine interpersonellen Nutzenvergleiche zur Verfügung stehen, muß man im Falle von Komitee-Entscheidungen entweder auf die Forderung (I) oder auf die Forderung der Transitivität verzichten.
Eine gerechte Aggregation konfligierender individueller Interessen hingegen läßt sich nicht durch Abstimmungsverfahren (wie z.B. der Borda-Regel oder der einfachen Mehrheitsregel) erreichen, sondern nur durch Nutzenabwägungen, die einerseits interpersonelle Nutzenvergleiche beinhalten und andererseits eine transitive kollektive Präferenzrelation liefern.
Die Verwendung kollektiver Wahlregeln, bei denen interpersonelle Vergleiche der individuellen Nutzen von vornherein ausgeschlossen werden, kann aus diesem Grund zu keiner gerechten Aggregation konfligierender individueller Interessen führen: Die Borda-Regel und die einfache Mehrheitsregel rechnen die individuellen Präferenzen in unzulässiger Weise gegeneinander auf; gemäß der strikten und der schwachen erweiterten Pareto-Regel ist eine Alternative a einer Alternative b nur dann vorzuziehen, wenn diesbezüglich ein Konsens unter allen Beteiligten besteht; bei Diktaturen schließlich findet keine Nutzenaggregation im eigentlichen Sinne, sondern die Übernahme der Präferenzen einer bestimmten Person statt.

Im Gegensatz zu den kollektiven Wahlregeln berücksichtigen viele **soziale Wohlfahrtsfunktionale** interpersonelle Nutzenvergleiche und liefern außerdem stets eine transitive kollektive Präferenzrelation. Soziale Wohlfahrtsfunktionale bilden Nutzenfunktionsprofile $(f_1, \ldots, f_m)$ auf eine kollektive Präferenzordnung R ab. Zu beachten ist hierbei, daß zwei Nutzenfunk-

tionsprofile, die dieselben Informationen über die individuellen Präferenzen zum Ausdruck bringen, auf dieselbe kollektive Präferenzordnung abzubilden sind. Diese elementare Anforderung an ein soziales Wohlfahrtsfunktional läßt sich darstellen in Form einer der Invarianzforderungen (O), (ON), (IV), (IVE), (IVEN), (V) und (VEN), mit denen ich mich in Abschnitt 2.2.1 ausführlich auseinandergesetzt habe. Welche dieser Invarianzforderungen man verwendet, hängt davon ab, welche Aussagekraft man den individuellen Nutzenfunktionen hinsichtlich Skalenniveau und interpersoneller Vergleichbarkeit zuschreibt.
Jede der genannten Invarianzforderungen bedeutet eine Einschränkung der (sehr großen) Klasse sozialer Wohlfahrtsfunktionale. Bei der **Forderung (O)** handelt es sich um die stärkste Beschränkung: Diese besagt, daß nur ordinale Informationen über die individuellen Präferenzen und keinerlei interpersonelle Nutzenvergleiche zur Ermittlung der kollektiven Präferenzordnung herangezogen werden dürfen.
Soziale Wohlfahrtsfunktionale mit der Eigenschaft (O) kann man auch formulieren als Arrowsche soziale Wohlfahrtsfunktionen. Insofern handelt es sich bei den durch Arrowsche soziale Wohlfahrtsfunktionen beschreibbaren Nutzenaggregationen um eine Teilmenge der durch soziale Wohlfahrtsfunktionale beschreibbaren Nutzenaggregationen. Alle wissenschaftlichen Arbeiten über soziale Wohlfahrtsfunktionen lassen sich deshalb einbetten in die Theorie der sozialen Wohlfahrtsfunktionale.
So hat beispielsweise Sen (1970a, Kapitel 8*2) Arrows Forderungen (U), (P), (I) und (ND) von den Arrowschen sozialen Wohlfahrtsfunktionen auf die große Klasse sozialer Wohlfahrtsfunktionale übertragen. Arrows Theorem für soziale Wohlfahrtsfunktionen (siehe Abschnitt 2.1.1, Theorem 2.1.1) läßt sich somit direkt auf soziale Wohlfahrtsfunktionale mit der Eigenschaft (O) anwenden (siehe Abschnitt 2.2.1, Korollar 2.2.1). Sen (1970a) nimmt sogar eine Verallgemeinerung von Arrows Theorem vor, indem er die Invarianzforderung (O) zu der **Invarianzforderung (IV)** abschwächt und zeigt, daß Arrows Unmöglichkeitsaussage auch bei der hierdurch bewirkten Vergrößerung der Menge der betrachteten Nutzenaggregationen Gültigkeit besitzt (siehe Abschnitt 2.2.1, Theorem 2.2.1).
Erst die Verwendung interpersoneller Nutzenvergleiche stellt einen Ausweg aus dem von Arrow (1951, 1963) aufgezeigten Dilemma dar: Beispiele für soziale Wohlfahrtsfunktionale, die Arrows Forderungen (U), (P), (I) und (ND) genügen, sind die Leximin-Regel (siehe Abschnitt 2.2.2), das Summationsprinzip (siehe Abschnitt 2.2.3) und alle rangabhängigen Gewichtungen der individuellen Präferenzen (siehe Abschnitt 2.2.4).

In meiner Strukturierung der Sozialwahltheorie (siehe Abbildung 3) be-

Abbildung 2: Zusammenhang zwischen sozialen Wohlfahrtsfunktionalen und kollektiven Wahlregeln

trachte ich mit den sozialen Wohlfahrtsfunktionalen einerseits und den kollektiven Wahlregeln andererseits zwei sehr große Klassen von Formen der Aggregation individueller Präferenzen. Als Schnittmenge dieser beiden Klassen erhält man die Arrowschen sozialen Wohlfahrtsfunktionen (siehe Abbildung 2). Die Klasse der sozialen Wohlfahrtsfunktionen stellt also eine Teilmenge sowohl der sozialen Wohlfahrtsfunktionale als auch der kollektiven Wahlregeln dar.

Wie eine Strukturierung der Klasse der kollektiven Wahlregeln bzw. der Klasse der sozialen Wohlfahrtsfunktionale aussehen kann, zeigen meine Ausführungen in den Abschnitten 2.1 bzw. 2.2. Die nachfolgende Abbildung 3 stellt eine grobe Skizze einer solchen Strukturierung dar.
Die Strukturierung der Klasse sozialer Wohlfahrtsfunktionale orientiert sich daran, welche der in Abschnitt 2.2.1 diskutierten Invarianzforderungen (O), (ON), (IV), (IVE), (IVEN), (V) und (VEN) man an ein soziales Wohlfahrtsfunktional stellt. Ich verweise hierbei vor allem auf die Abbildung 1 aus Abschnitt 2.2.1. Im Unterschied zu Abbildung 1 habe ich in der Abbildung 3 die Möglichkeit eines Verhältnisskalenniveaus nicht berücksichtigt, da dieser Fall aus den in Abschnitt 1.2 erörterten Gründen in der Theorie der Sozialwahl keine nennenswerte Rolle spielt.
Bei der Klasse kollektiver Wahlregeln erhält man Unterklassen dadurch, daß man von der zu ermittelnden kollektiven Präferenzrelation neben den Eigenschaften der Reflexivität und der Vollständigkeit auch Tripel-Azyklizität, Azyklizität, Quasitransitivität oder Transitivität fordert. Aus Platzgründen habe ich in der Abbildung 3 nur eine sehr grobe Strukturierung anhand der Kriterien „Azyklizität“ und „Transitivität“ vorgenommen.

Einen Überblick über die bedeutendsten Formen der Aggregation individueller Präferenzen zu kollektiven Präferenzrelationen geben die Abbildungen 4 und 5. Die Erfüllung einer bestimmten Eigenschaft kennzeichne ich mit „*“, das Verletzen einer Eigenschaft mit „–“.

Abbildung 3: Strukturierung der Sozialwahltheorie

Soziale Wohlfahrtsfunktionale mit der Eigenschaft (IVEN) (Abschnitt 2.2):
Aus individuellen Nutzenfunktionen wird eine kollektive Präferenzordnung abgeleitet; es dürfen Intervallskalen und interpersonelle Vergleiche sowohl der Nutzeneinheiten als auch der Nutzenniveaus verwendet werden.
Bsp.: **rangabhängige Gewichtungen der individuellen Präferenzen** (Abschnitt 2.2.4).

zusätzliche Spezialisierung durch die **Forderung (IVE)**:
Ausschluß interpersoneller Vergleiche von Nutzenniveaus.
Bsp.: das dem Utilitarismus zugrundeliegende **Summationsprinzip** (Abschnitt 2.2.3).

zusätzliche Spezialisierung durch die **Forderung (IV)**:
Ausschluß interpersoneller Vergleiche von Nutzeneinheiten.
⟹ Verallgemeinerte Fassung von Arrows Theorem (Abschnitt 2.2.1).

zusätzliche Spezialisierung durch die **Forderung (ON)**:
Man berücksichtigt lediglich ordinale Informationen (einschließlich interpersoneller Vergleiche) bei der Ermittlung der kollektiven Präferenzordnung (Abschnitt 2.2.2).
Bsp.: **Maximin-, Leximin-, Maximax- und Leximax-Regel.**

Kollektive Wahlregeln (Abschnitt 2.1):
Aus individuellen Präferenzordnungen wird eine kollektive Präferenzrelation R abgeleitet.
Bsp.: **einfache Mehrheitsregel** (Abschnitt 2.1.5).

Soziale Entscheidungsfunktionen (Abschnitt 2.1.3):
Von der kollektiven Präferenzrelation R fordert man Reflexivität, Vollständigkeit und Azyklizität.
Bsp.: **strikte und schwache erweiterte Pareto-Regel.**

(Arrowsche) soziale Wohlfahrtsfunktionen:
Man berücksichtigt lediglich ordinale Informationen, läßt keinerlei interpersonelle Vergleiche zu und fordert von der kollektiven Präferenzrelation R Reflexivität, Vollständigkeit und Transitivität.
⟹ Arrows Unmöglichkeitstheorem: Widerspruch zu basalen moralischen Intuitionen.
Bsp.: **Borda-Regel** (Abschnitt 2.3.1.1).

Abbildung 4: Die wichtigsten kollektiven Wahlregeln und ihre Eigenschaften

	(I)	(P)	(SP)	(ND)	(A)	(R)	(PR)	(N)
Soziale Wohlfahrtsfunktionen:								
Borda-Regel (siehe Abschnitt 2.3.1.1)	–	*	*	*	*	–	–	–
modifizierte einfache Mehrheitsregel (siehe Abschnitt 2.3.1.2)	–	–	–	*	*	–	–	–
Soziale Entscheidungsfunktionen:								
strikte erweiterte Pareto-Regel	*	*	*	*	*	*	–	*
schwache erweiterte Pareto-Regel	*	*	–	*	*	*	–	*
Sonstige kollektive Wahlregeln:								
einfache Mehrheitsregel	*	*	*	*	*	*	*	*

Abbildung 5: Die wichtigsten sozialen Wohlfahrtsfunktionale und ihre Eigenschaften

	(I)	(P)	(SP)	(ND)	(A)	(SE)	(ST)
Soziale Wohlfahrtsfunktionale mit der Eigenschaft (IVE):							
Summationsprinzip	*	*	*	*	*	*	*
gewichtete Summationen mit verschiedenen (positiven) Gewichten	*	*	*	*	–	*	*
Soziale Wohlfahrtsfunktionale mit der Eigenschaft (ON):							
Maximin-Regel	*	*	–	*	*	–	*
Maximax-Regel	*	*	–	*	*	–	*
Maximierung des Medians	*	*	–	*	*	–	*
Leximin-Regel	*	*	*	*	*	*	–
Leximax-Regel	*	*	*	*	*	*	–
Sonstige soziale Wohlfahrtsfunktionale:							
rangabhängige Gewichtungen mit verschiedenen (positiven) Gewichten	*	*	*	*	*	–	*

2.3.3 Beispiel: Aggregation von Noten

Die verschiedenen Möglichkeiten der Aggregation individueller Präferenzen oder Werturteile zu einer kollektiven Präferenzrelation will ich abschließend an dem folgenden Beispiel erörtern:

Beispiel 2.3.2 *Bei den Bewerbern für einen bestimmten Studiengang führt eine Universität Tests in Mathematik, Deutsch und Englisch durch. Jeder der drei Tests erfolgt in Form einer mündlichen Prüfung; im Anschluß an die Prüfung bewertet der Prüfer die Leistung des jeweiligen Studienbewerbers mit einer Note. Jeder Studienbewerber erhält also in jedem der drei Fächer eine Note. Wie kann man anhand der von den drei Prüfern vergebenen Noten eine Reihung der Kandidaten vornehmen oder zumindest eine Präferenzordnung auf der Menge der Kandidaten ermitteln?*

Das in Beispiel 2.3.2 beschriebene Problem ist vergleichbar mit der sozialwahltheoretischen Frage nach einer gerechten Aggregation individueller Präferenzen: Bei sozialwahltheoretischen Problemstellungen nehmen verschiedene Individuen eine Bewertung der zur Wahl stehenden Alternativen vor; diese individuellen Beurteilungen der einzelnen Entscheidungsalternativen sind zu einer kollektiven Beurteilung zusammenzufügen. In Beispiel 2.3.2 treten an die Stelle von Entscheidungsalternativen Studienbewerber, welche von drei Prüfern beurteilt werden; die Urteile der drei Prüfer sollen zu einem gemeinsamen Urteil zusammengefügt werden.
Zudem besteht eine große Ähnlichkeit zwischen dem Beispiel der Aggregation von Noten und dem in Abschnitt 1.1.3 diskutierten Problem der Beurteilung der Gesamtleistung eines Zehnkämpfers bei einem Wettkampf. Während beim Zehnkampf aus den Leistungen in den verschiedenen Disziplinen eine Beurteilung der Gesamtleistung eines Athleten abgeleitet werden soll, geht es im Falle der Studienbewerber darum, die in den einzelnen Fächern vorgenommenen Beurteilungen zu einem Gesamturteil über die Qualifikation des Kandidaten zu aggregieren.

Die Bewertung der Leistung in einer mündlichen Prüfung erfolgt auf einer Notenskala von 1 bis 6. Die Noten lassen sich durch Punktzahlen ausdrücken, indem man 5 Punkte für die Note 1, 4 Punkte für die Note 2, ..., 1 Punkt für die Note 5 und 0 Punkte für die Note 6 vergibt. Auf diese Weise erhält man für jeden der drei Prüfer eine Funktion

$$f_i\colon\ \Omega \longrightarrow \{0,1,2,3,4,5\},$$

wobei Ω die Menge der Studienbewerber sei.
Für jeden Studienbewerber $a \in \Omega$ bezeichne $f_1(a)$ die im Fach Mathematik erzielte Punktzahl, $f_2(a)$ die Punktzahl im Fach Deutsch und $f_3(a)$ die

Punktzahl im Fach Englisch. Die auf diese Weise definierten Funktionen $f_i : \Omega \longrightarrow \mathbb{R}$ $(i = 1, 2, 3)$ nenne ich **Leistungsfunktionen**.
In formaler Hinsicht gleichen diese Leistungsfunktionen den in der Sozialwahltheorie betrachteten individuellen Nutzenfunktionen $f_i : \Omega \longrightarrow \mathbb{R}$ $(i = 1, ..., m)$. Auch inhaltlich besteht eine Verwandtschaft: Jeder der drei Prüfer bringt durch eine Leistungsfunktion $f_i : \Omega \longrightarrow \mathbb{R}$ $(i \in \{1, 2, 3\})$ zum Ausdruck, wie er die Leistungen der Studienbewerber in dem von ihm geprüften Fach beurteilt. Anstelle der Urteile der drei Prüfer hinsichtlich der Fähigkeiten der einzelnen Studienbewerber stehen bei sozialwahltheoretischen Fragestellungen die Präferenzen der von einer kollektiven Entscheidung betroffenen Individuen hinsichtlich der möglichen Entscheidungsalternativen.
Da die Leistungsfunktionen zu den verschiedenen Fächern in formaler Hinsicht den bei sozialwahltheoretischen Fragestellungen verwendeten individuellen Nutzenfunktionen entsprechen, lassen sich die von mir betrachteten Formen der Nutzenaggregation (z.B. einfache Mehrheitsregel, Summationsprinzip, Leximin-Regel) auf die in Beispiel 2.3.2 skizzierte Problemstellung übertragen: Jedem Tripel (f_1, f_2, f_3) von Leistungsfunktionen $f_i : \Omega \longrightarrow \{0, 1, 2, 3, 4, 5\}$ soll eine kollektive Präferenzrelation R auf der Menge Ω der Studienbewerber zugeordnet werden.

Im Falle der **kollektiven Wahlregeln** verwendet man nur ordinale Leistungsmessungen und keine Vergleiche der verschiedenen Leistungsfunktionen, d.h. man betrachtet nur Präferenzordnungen auf der Menge Ω der Studienbewerber. Jeder Prüfer bringt durch eine Leistungsfunktion lediglich eine Präferenzordnung auf der Menge Ω zum Ausdruck; er ordnet die Kandidaten in sechs Klassen: eine Klasse von Kandidaten, die 5 Punkte erhalten, eine Klasse von Kandidaten, die 4 Punkte erhalten, etc. Damit stuft er die Leistungen der einer bestimmten Klasse zugeordneten Kandidaten als gleichwertig ein und macht keinerlei Aussage darüber, wie groß die Leistungsunterschiede zwischen Kandidaten verschiedener Klassen sind.
Außerdem müssen die Leistungen in den verschiedenen Fächern nicht miteinander vergleichbar sein. Wenn also ein Studienbewerber in Mathematik 4 und in Deutsch 3 Punkte erhält, dann besagt dies nicht, daß er in Mathematik eine bessere Leistung als in Deutsch erbracht hat. Es könnte nämlich sein, daß der Prüfer für Mathematik relativ niedrige und der Prüfer für Deutsch relativ hohe Anforderungen an den Prüfling stellt.
Die wichtigsten Beispiele für kollektive Wahlregeln sind:

1. die Borda-Regel (siehe Abschnitt 2.3.1.1),

2. die strikte erweiterte Pareto-Regel (siehe die Abschnitte 1.1.2 und 2.1.2),

3. die einfache Mehrheitsregel (siehe die Abschnitte 1.1.2 und 2.1.5).

Bezogen auf das Beispiel 2.3.2 lassen sich diese drei kollektiven Wahlregeln folgendermaßen konkretisieren:

1. Die Borda-Regel: Gegeben seien die Leistungsfunktionen $f_1, f_2, f_3: \Omega \longrightarrow \mathbb{R}$. Für alle $a \in \Omega$ sei

$$n(a; i) \doteq |\{b \in \Omega \mid f_i(b) < f_i(a)\}| - |\{b \in \Omega \mid f_i(b) > f_i(a)\}|$$

die Anzahl der Studienbewerber, die im i-ten Fach eine schlechtere Note als der Kandidat a erhalten, abzüglich der Anzahl der Studienbewerber, die in diesem Fach eine bessere Note als a erhalten.
Gemäß der in Abschnitt 2.3.1.1 definierten Borda-Regel ist ein Studienbewerber $a \in \Omega$ einem Studienbewerber $b \in \Omega$ genau dann vorzuziehen, wenn gilt:

$$\sum_{i=1}^{3} n(a; i) > \sum_{i=1}^{3} n(b; i).$$

Die Borda-Regel liefert für alle Tripel (f_1, f_2, f_3) von Leistungsfunktionen eine kollektive Präferenzordnung, genügt also insbesondere der Forderung der **Transitivität**, und besitzt, wie ich in Abschnitt 2.3.1.1 gezeigt habe, die Eigenschaften (U), (SP) und (A), verletzt jedoch Arrows Forderung der Unabhängigkeit von irrelevanten Alternativen.
Die Verletzung der Forderung (I) läßt sich folgendermaßen erklären: Die Leistung eines Studienbewerbers in einem Fach wird danach beurteilt, wieviele Kandidaten in diesem Fach schlechter, wieviele genauso gut und wieviele besser abgeschnitten haben. Verteilt beispielsweise ein Prüfer fast ausschließlich die Punktzahlen 2 und 3, so interpretiert man die Punktzahl 1 in diesem Fach als Ausdruck einer sehr schwachen und die Punktzahl 4 als Ausdruck einer sehr guten Leistung. Auf diese Weise kann eine kardinale Leistungsmessung und eine Vergleichbarkeit von Leistungsunterschieden sicher nur dann erreicht werden, wenn die betrachteten Studienbewerber repräsentativ für alle Abiturienten sind. Eine Vergleichbarkeit der Leistungsunterschiede setzt man bei der Borda-Regel insofern voraus, als die schwache Leistung eines Kandidaten in einem Fach mit der guten Leistung in einem anderen Fach verrechnet wird.
Ich will dies kurz an einem Zahlenbeispiel verdeutlichen:

> Die Menge Ω umfasse 30 Personen (d.h. $|\Omega| = 30$) und insbesondere die Kandidaten a und b. Kandidat a erhalte in Mathematik

und Deutsch jeweils 3 und in Englisch 4 Punkte, Kandidat b hingegen in Mathematik 4, in Deutsch 3 und in Englisch ebenfalls 3 Punkte. Während a also in Englisch besser abschneidet als b, zeigt b in Mathematik eine bessere Leistung als a.
Weiterhin gelte folgendes: In Englisch wird insgesamt 15mal die Punktzahl 3 und ebenfalls 15mal die Punktzahl 4 vergeben, in Mathematik dagegen jede Punktzahl von 0 bis 5 jeweils genau 5mal.
Dann ist

$$\begin{aligned} n(a;\,1) &= 3\cdot 5 - 2\cdot 5 = \mathbf{5}\,, \qquad n(b;\,1) = 4\cdot 5 - 5 = \mathbf{15}\,,\\ n(a;\,2) &= n(b;\,2)\,,\\ n(a;\,3) &= 15 - 0 = \mathbf{15}\,, \qquad n(b;\,3) = 0 - 15 = \mathbf{-15}\,, \end{aligned}$$

und somit:

$$\sum_{i=1}^{3} n(a;\,i) \;>\; \sum_{i=1}^{3} n(b;\,i)\,.$$

Gemäß der oben definierten Borda-Regel sollte man also dem Kandidaten a den Vorzug geben.
Der Anwendung des in Abschnitt 2.3.1.1 definierten sozialen Wohlfahrtsfunktionals f_{borda} auf dieses Zahlenbeispiel liegt die folgende Überlegung zugrunde: Bei dem Vergleich der Gesamtleistungen von a und b muß man berücksichtigen, wieviele Studienbewerber in Englisch besser als b und schlechter als a und wieviele in Mathematik besser als a und schlechter als b waren. Hierbei rechnet man die Anzahl der Studienbewerber, die in Englisch bzw. Mathematik 3 oder 4 Punkte erreicht haben, zur Hälfte an. Weil die Punktzahlen 3 und 4 in Englisch öfter als in Mathematik vergeben werden, so zieht man gemäß der Borda-Regel den Kandidaten a gegenüber dem Kandidaten b vor.

2. Die strikte erweiterte Pareto-Regel: Gemäß der strikten erweiterten Pareto-Regel wird ein Studienbewerber a genau dann gegenüber einem Studienbewerber b vorgezogen, wenn a in mindestens einem der drei Tests besser als b und in keinem Test schlechter als b abschneidet. Die strikte erweiterte Pareto-Regel liefert für alle Tripel (f_1, f_2, f_3) von Leistungsfunktionen eine reflexive, vollständige und **quasitransitive** Präferenzrelation R auf der Menge der Studienbewerber. Die Eigenschaft der Quasitransitivität ($\Longrightarrow$ Azyklizität) garantiert insbesondere die Existenz einer nichtleeren Menge von „optimalen" Studienbewerbern (siehe Abschnitt 1.1.2, Satz 1.1.1). Weiterhin besitzt die strikte erweiterte Pareto-Regel die Eigenschaften (U), (SP), (I) und (A). Jedoch ermöglicht sie nur eine sehr unbefriedigende Differenzierung hinsichtlich der Gesamtleistung der Studienbewerber, wie das folgende Beispiel zeigt:

> Es seien $a, b \in \Omega$. Kandidat a erhalte in Mathematik 4 und in Deutsch und Englisch jeweils 0 Punkte, Kandidat b hingegen in Mathematik 3 und in Deutsch und Englisch jeweils 5 Punkte. Dann liegt gemäß der strikten erweiterten Pareto-Regel eine Indifferenz zwischen a und b vor, da Kandidat a in Mathematik besser als Kandidat b und b in Deutsch und Englisch besser als a abschneidet.

Außerdem besteht die Möglichkeit der Intransitivität der kollektiven Präferenzrelation:

> Es seien a, b und c drei Studienbewerber mit den folgenden Punktzahlen:
>
> $$f_1(a) = 3, \quad f_2(a) = 4, \quad f_3(a) = 3,$$
> $$f_1(b) = 2, \quad f_2(b) = 3, \quad f_3(b) = 3,$$
> $$f_1(c) = 4, \quad f_2(c) = 2, \quad f_3(c) = 3\,.$$
>
> Für die mit Hilfe der strikten erweiterten Pareto-Regel bestimmte Präferenzrelation R auf der Menge der Studienbewerber gilt dann:
>
> $$aPb \wedge bIc \wedge aIc\,.$$

3. Die einfache Mehrheitsregel: Gemäß der einfachen Mehrheitsregel wird ein Studienbewerber a genau dann einem Bewerber b vorgezogen, wenn die Anzahl der Tests, in denen a besser als b abschneidet, größer ist als die Anzahl der Tests, in denen b besser als a abschneidet.
Wendet man die einfache Mehrheitsregel an, so erhält man möglicherweise eine zirkuläre kollektive Präferenzrelation R auf der Menge Ω, wie das **Condorcet-Paradoxon** (siehe Abschnitt 1.1.2) zeigt:

> Es seien a, b und c drei Studienbewerber mit den folgenden Punktzahlen:
>
> $$f_1(a) = 4, \quad f_2(a) = 2, \quad f_3(a) = 3,$$

$$f_1(b) = 3, \quad f_2(b) = 4, \quad f_3(b) = 2,$$
$$f_1(c) = 2, \quad f_2(c) = 3, \quad f_3(c) = 4.$$

Dies bedeutet, daß a in zwei Fächern besser als b, b in zwei Fächern besser als c und c in zwei Fächern besser als a abschneidet. Der einfachen Mehrheitsregel zufolge ist also a gegenüber b, b gegenüber c und c gegenüber a vorzuziehen.

Weil das Auftreten eines Zirkels nicht mit Sicherheit ausgeschlossen werden kann, eignet sich die einfache Mehrheitsregel nicht dazu, eine Rangordnung auf der Menge der Studienbewerber zu ermitteln.

Alle drei genannten kollektiven Wahlregeln (Borda-Regel, strikte erweiterte Pareto-Regel und einfache Mehrheitsregel) besitzen die Eigenschaften (U), (SP) und (A). Angewandt auf das Beispiel 2.3.2 besagen diese Eigenschaften folgendes:

(U) Alle Leistungsfunktionsprofile (f_1, f_2, f_3) sind zugelassen.

(SP) Falls ein Kandidat a in allen drei Fächern eine mindestens so hohe Punktzahl wie Kandidat b erzielt und in mindestens einem Fach besser abschneidet, so ist er gegenüber dem Kandidaten b vorzuziehen.

(A) Gleichbehandlung der Fächer Mathematik, Deutsch und Englisch.

Jedoch erweist sich bei dem vorliegenden Beispiel keine dieser kollektiven Wahlregeln als besonders zweckmäßige Form der Leistungsaggregation. Deshalb halte ich es für sinnvoll, die Verwendung von Vergleichen zwischen verschiedenen Leistungsfunktionen zuzulassen und **soziale Wohlfahrtsfunktionale** zur Lösung des in Beispiel 2.3.2 dargestellten Problems heranzuziehen.
Von sozialen Wohlfahrtsfunktionalen fordert man in der Regel die Eigenschaften (U), (SP), (I) und (A). Angewandt auf das Beispiel 2.3.2 besagt die Eigenschaft (I) folgendes:

(I) Bei dem Vergleich zweier Kandidaten darf die Beurteilung der übrigen Kandidaten keine Rolle spielen.

Die in Abschnitt 2.3.1.1 definierte soziale Wohlfahrtsfunktion f_{borda} läßt sich - wie jede soziale Wohlfahrtsfunktion - nicht nur als kollektive Wahlregel, sondern auch als soziales Wohlfahrtsfunktional interpretieren. Jedoch

verletzt sie Arrows Forderung der Unabhängigkeit von irrelevanten Alternativen.
Die folgenden sozialen Wohlfahrtsfunktionale besitzen - im Unterschied zur Borda-Regel - neben den Eigenschaften (U), (P) und (A) auch die Eigenschaft (I):

1. positionelle Diktaturen (siehe Abschnitt 2.2.2, Definition 2.2.1):
   (a) Maximin-Regel (siehe Beispiel 2.2.2),
   (b) Maximax-Regel (siehe Beispiel 2.2.4),
   (c) Maximierung des Medians (siehe Beispiel 2.2.5),
   (d) Leximin-Regel (siehe Beispiel 2.2.3),
   (e) Leximax-Regel (siehe Beispiel 2.2.4);
2. das Summationsprinzip (siehe Abschnitt 2.2.3, Beispiel 2.2.7);
3. gewichtete Summationen mit rangabhängigen Gewichten α_1, α_2 und α_3, wobei α_r $(r = 1, 2, 3)$ die Gewichtung der $r-$niedrigsten Punktzahl bezeichne (siehe Abschnitt 2.2.4, Definition 2.2.5), wie z.B.
   (a) $\alpha_1 \doteq 0.5, \quad \alpha_2 = \alpha_3 \doteq 0.25$ (siehe Beispiel 2.2.11),
   (b) $\alpha_3 \doteq 0.5, \quad \alpha_1 = \alpha_2 \doteq 0.25$,
   (c) $\alpha_2 \doteq 0.5, \quad \alpha_1 = \alpha_3 \doteq 0.25$.

Diese sozialen Wohlfahrtsfunktionale will ich nun auf das Beispiel 2.3.2 anwenden:

Positionelle Diktaturen: Positionelle Diktaturen setzen die Vergleichbarkeit der Leistungsniveaus, jedoch keine Vergleichbarkeit der Skaleneinheiten voraus. Gemäß der **Maximin-Regel** (der **Maximax-Regel**, der **Maximierung des Medians**) wird ein Studienbewerber a genau dann einem Studienbewerber b vorgezogen, wenn die **niedrigste** (die **höchste**, die **zweithöchste**) der von den Prüfern vergebenen Punktzahlen bei a höher als bei b ist.
Die Problematik der Anwendung dieser drei positionellen Diktaturen (Maximin-Regel, Maximax-Regel, Maximierung des Medians) auf die in Beispiel 2.3.2 beschriebene Fragestellung besteht darin, daß bei der Beurteilung eines Studienbewerbers nur die Punktzahl eines einzigen Prüfers berücksichtigt wird und die Punktzahlen der beiden anderen Prüfer nur zur Ermittlung der maßgeblichen Punktzahl herangezogen werden.
Ich will dies kurz an sechs Zahlenbeispielen veranschaulichen:

- Es seien $a, b \in \Omega$. Kandidat a erhalte in Mathematik und Deutsch jeweils 5 und in Englisch 2 Punkte, Kandidat b hingegen in Mathematik, Deutsch und Englisch jeweils 3 Punkte.
  Dann ist gemäß der **Maximin-Regel** b gegenüber a vorzuziehen.

- Es seien $a, b \in \Omega$. Kandidat a erhalte in Mathematik, Deutsch und Englisch jeweils 4, Kandidat b hingegen in Mathematik 5 und in Deutsch und Englisch jeweils 0 Punkte.
  Dann ist gemäß der **Maximax-Regel** b gegenüber a vorzuziehen.

- Es seien $a, b \in \Omega$. Kandidat a erhalte in Mathematik und Deutsch jeweils 2 und in Englisch 5 Punkte, Kandidat b hingegen in Mathematik 0 und in Deutsch und Englisch jeweils 3 Punkte.
  Die Maximierung des **Medians** führt dann dazu, daß dem Kandidaten b der Vorzug gegeben wird.

- Es seien $a, b \in \Omega$. Kandidat a erhalte in Mathematik und Deutsch jeweils 5 und in Englisch 2 Punkte, Kandidat b hingegen in Mathematik, Deutsch und Englisch jeweils 2 Punkte.
  Dann besteht gemäß der **Maximin-Regel** eine Indifferenz zwischen a und b, obwohl a in Mathematik und Englisch deutlich besser als b abschneidet.

- Es seien $a, b \in \Omega$. Kandidat a erhalte in Mathematik, Deutsch und Englisch jeweils 5, Kandidat b hingegen in Mathematik 5 und in Deutsch und Englisch jeweils 0 Punkte.
  Dann besteht gemäß der **Maximax-Regel** eine Indifferenz zwischen a und b, obwohl a in Deutsch und Englisch deutlich besser als b abschneidet.

- Es seien $a, b \in \Omega$. Kandidat a erhalte in Mathematik und Deutsch jeweils 2 und in Englisch 5 Punkte, Kandidat b hingegen in Mathematik 0 und in Deutsch und Englisch jeweils 2 Punkte.
  Die Maximierung des **Medians** führt dann zu einer Indifferenz zwischen a und b, obwohl a in Mathematik und Englisch deutlich besser als b abschneidet.

Die letzten drei Zahlenbeispiele zeigen, daß die Maximin-Regel, die Maximax-Regel, sowie die Maximierung des Medians gegen das strenge Pareto-Prinzip verstoßen. Die Leximin- und die Leximax-Regel jedoch genügen dem strengen Pareto-Prinzip.

Gemäß der **Leximin-Regel** wird ein Studienbewerber a genau dann einem Studienbewerber b vorgezogen, wenn

- die niedrigste Punktzahl bei a höher als bei b ist, oder

- die niedrigsten Punktzahlen identisch sind und die zweitniedrigste Punktzahl bei a höher als bei b ist, oder

- die niedrigsten und die zweitniedrigsten Punktzahlen identisch sind und die drittniedrigste Punktzahl bei a höher als bei b ist.

Die Anwendung der **Leximax-Regel** auf das Beispiel 2.3.2 erfolgt in analoger Weise.
Die Leximin- und die Leximax-Regel liefern in den drei zuletzt genannten Zahlenbeispielen jeweils eine Präferenz zugunsten des Studienbewerbers a.

Das Summationsprinzip: Das Summationsprinzip setzt zwar eine kardinale Leistungsmessung und die Vergleichbarkeit der verwendeten Skaleneinheiten, jedoch keine Vergleichbarkeit der Leistungsniveaus voraus. Gemäß dem Summationsprinzip wird ein Studienbewerber a genau dann einem Studienbewerber b vorgezogen, wenn die **Summe** der erzielten Punkte bei a höher als bei b ist.
Bei dem Summationsprinzip handelt es sich um dasjenige Aggregationsverfahren, das bei der Aggregation von Einzelleistungen am häufigsten verwendet wird (Bsp.: Durchschnittsbildung bei Schulnoten). Deshalb kann ich darauf verzichten, das Summationsprinzip anhand eines Beispiels zu erläutern.

Rangabhängige Gewichtungen: Jede rangabhängige Gewichtung der von den drei Prüfern vergebenen Punktzahlen setzt eine kardinale Leistungsmessung und die Vergleichbarkeit sowohl der Leistungsniveaus als auch der verwendeten Skaleneinheiten voraus. Beispiele für rangabhängige Gewichtungen sind die in Abschnitt 2.2.4, Beispiel 2.2.11, definierten **Mischungen aus Summationsprinzip und Maximin-Regel**. Um eine derartige Mischung handelt es sich bei der rangabängigen Gewichtung mit den Gewichten

$$\alpha_1 \doteq 0.5, \quad \alpha_2 = \alpha_3 \doteq 0.25 .$$

Bezogen auf das Beispiel 2.3.2 besagt diese Form der Aggregation, daß die niedrigste der drei Punktzahlen, die ein Studienbewerber erhält, doppelt und die beiden übrigen Punktzahlen einfach gewichtet werden.
Neben den Mischungen aus dem Summationsprinzip und der Maximin-Regel lassen sich natürlich auch

- Mischungen aus dem Summationsprinzip und der Maximax-Regel (z.B.: $\alpha_3 \doteq 0.5, \quad \alpha_1 = \alpha_2 \doteq 0.25$) oder
- Mischungen aus dem Summationsprinzip und der Maximierung des Medians (z.B.: $\alpha_2 \doteq 0.5, \quad \alpha_1 = \alpha_3 \doteq 0.25$)

konstruieren und in analoger Weise auf das Beispiel 2.3.2 anwenden.

Verschiedene Aggregationsformen führen in der Regel zu unterschiedlichen kollektiven Präferenzrelationen auf der Menge der Alternativen bzw. der Studienbewerber. Ich will dies an dem folgenden Zahlenbeispiel verdeutlichen:

Beispiel 2.3.3 *Man gehe von der in Beispiel 2.3.2 beschriebenen Problemstellung aus und nehme an, es gebe insgesamt vier Studienbewerber, d.h.* $\Omega \doteq \{a, b, c, d\}$. *Die Punktzahlen dieser Studienbewerber in den Fächern Mathematik, Deutsch und Englisch lauten:*

$$a:\ 5/2/3, \qquad b:\ 4/5/2, \qquad c:\ 1/3/4, \qquad d:\ 3/4/4.$$

Für die kollektive Präferenzrelation R auf der Menge Ω *erhält man dann*

- *bei Anwendung der strikten erweiterten Pareto-Regel:*

  $$a\mathrm{I}b \wedge a\mathrm{I}c \wedge a\mathrm{I}d \wedge b\mathrm{I}c \wedge b\mathrm{I}d \wedge d\mathrm{P}c\,.$$

  (Hierbei handelt es sich um eine **intransitive** *Präferenzrelation!)*

- *bei Anwendung der einfachen Mehrheitsregel:*

  $$a\mathrm{P}b \wedge c\mathrm{P}a \wedge d\mathrm{P}a \wedge b\mathrm{P}c \wedge b\mathrm{P}d \wedge d\mathrm{P}c\,.$$

  Bei dieser Präferenzrelation treten die folgenden **Zirkel** *auf:*

  $$a\mathrm{P}b \wedge b\mathrm{P}c \wedge c\mathrm{P}a; \qquad a\mathrm{P}b \wedge b\mathrm{P}d \wedge d\mathrm{P}a;$$
  $$a\mathrm{P}b \wedge b\mathrm{P}d \wedge d\mathrm{P}c \wedge c\mathrm{P}a\,.$$

Soziale Wohlfahrtsfunktionale liefern dagegen stets eine **transitive** *kollektive Präferenzrelation. Man erhält*

- *bei Anwendung der in Abschnitt 2.3.1.1 definierten Borda-Regel:* $d\mathrm{P}b \wedge b\mathrm{P}a \wedge a\mathrm{P}c$, *denn:*

$$\sum_{i=1}^{3} n(a;\, i) \;=\; 3-3-1=-1; \qquad \sum_{i=1}^{3} n(b;\, i) \;=\; 1+3-3=1;$$
$$\sum_{i=1}^{3} n(c;\, i) \;=\; -3-1+2=-2; \qquad \sum_{i=1}^{3} n(d;\, i) \;=\; -1+1+2=2\,.$$

- *bei Anwendung der Maximin-Regel:* $dPa \wedge aIb \wedge bPc$.
  (Die Gesamtleistung der Kandidaten a, b, c und d läßt sich durch die Funktion

  $$f\colon \Omega \longrightarrow \mathbb{R}, \quad f(a) \doteq 2, \; f(b) \doteq 2, \; f(c) \doteq 1, \; f(d) \doteq 3,$$

  beschreiben.)

- *bei Anwendung der Maximax-Regel:* $aIb \wedge bPc \wedge cId$.
  (Die Gesamtleistung der Kandidaten a, b, c und d läßt sich durch die Funktion

  $$f\colon \Omega \longrightarrow \mathbb{R}, \quad f(a) \doteq 5, \; f(b) \doteq 5, \; f(c) \doteq 4, \; f(d) \doteq 4,$$

  beschreiben.)

- *bei der Maximierung des Medians:* $bId \wedge dPa \wedge aIc$.
  (Die Gesamtleistung der Kandidaten a, b, c und d läßt sich durch die Funktion

  $$f\colon \Omega \longrightarrow \mathbb{R}, \quad f(a) \doteq 3, \; f(b) \doteq 4, \; f(c) \doteq 3, \; f(d) \doteq 4,$$

  beschreiben.)

- *bei Anwendung der Leximin-Regel (Hierarchie: 1. Maximin-Regel, 2. Maximierung des Medians, 3. Maximax-Regel):*

  $$dPb \wedge bPa \wedge aPc\,.$$

- *bei Anwendung der Leximax-Regel (Hierarchie: 1. Maximax-Regel, 2. Maximierung des Medians, 3. Maximin-Regel):*

  $$bPa \wedge aPd \wedge dPc\,.$$

- *bei Anwendung des Summationsprinzips:* $bId \wedge dPa \wedge aPc$.
  (Die Gesamtleistung der Kandidaten a, b, c und d läßt sich durch die Funktion

  $$f\colon \Omega \longrightarrow \mathbb{R}, \quad f(a) \doteq 10, \; f(b) \doteq 11, \; f(c) \doteq 8, \; f(d) \doteq 11,$$

  beschreiben.)

- *bei einer gewichteten Summation mit den rangabhängigen Gewichten* $\alpha_1 \doteq 0.5, \quad \alpha_2 = \alpha_3 \doteq 0.25$ *(Die* **niedrigste** *Punktzahl zählt doppelt!):*

$$dPb \wedge bPa \wedge aPc\,.$$

(Die Gesamtleistung der Kandidaten a, b, c *und* d *läßt sich durch die Funktion*

$$f : \Omega \longrightarrow \mathbb{R}\,, \quad f(a) \doteq 12, \ f(b) \doteq 13, \ f(c) \doteq 9, \ f(d) \doteq 14,$$

beschreiben.)

- *bei einer gewichteten Summation mit den rangabhängigen Gewichten* $\alpha_3 \doteq 0.5, \quad \alpha_1 = \alpha_2 \doteq 0.25$ *(Die* **höchste** *Punktzahl zählt doppelt!):*

$$bPa \wedge aId \wedge dPc\,.$$

(Die Gesamtleistung der Kandidaten a, b, c *und* d *läßt sich durch die Funktion*

$$f : \Omega \longrightarrow \mathbb{R}\,, \quad f(a) \doteq 15, \ f(b) \doteq 16, \ f(c) \doteq 12, \ f(d) \doteq 15,$$

beschreiben.)

- *bei einer gewichteten Summation mit den rangabhängigen Gewichten* $\alpha_2 \doteq 0.5, \quad \alpha_1 = \alpha_3 \doteq 0.25$ *(Die* **zweithöchste** *Punktzahl zählt doppelt!):*

$$bId \wedge dPa \wedge aPc\,.$$

(Die Gesamtleistung der Kandidaten a, b, c *und* d *läßt sich durch die Funktion*

$$f : \Omega \longrightarrow \mathbb{R}\,, \quad f(a) \doteq 13, \ f(b) \doteq 15, \ f(c) \doteq 11, \ f(d) \doteq 15,$$

beschreiben.)

2.3.4 Resümee

Jede Nutzenaggregation sollte nach Möglichkeit die Eigenschaften (U), (I), (SP) und (A) besitzen. Diese vier Eigenschaften sind aber - wie Arrows Theorem zeigt - nicht gleichzeitig erfüllbar von sozialen Wohlfahrtsfunktionen. Die beiden in Abschnitt 2.3.1 genannten sozialen Wohlfahrtsfunktionen (Borda-Regel, modifizierte einfache Mehrheitsregel) verdeutlichen die

Probleme, die eine Verletzung der Forderung (I) mit sich bringt.
Um den Forderungen (U), (I), (SP) und (A) zu genügen, kann man - wie ich in Abschnitt 2.3.2 ausgeführt habe - entweder eine Intransitivität der kollektiven Präferenzrelation zulassen oder interpersonelle Nutzenvergleiche verwenden. Im einen Fall erhält man als mögliche Nutzenaggregationen mit den Eigenschaften (U), (I), (SP) und (A) unter anderem die strikte erweiterte Pareto-Regel und die einfache Mehrheitsregel, im anderen Fall z.B. das Summationsprinzip, die Leximin-Regel und alle rangabhängigen Gewichtungen der individuellen Präferenzen (siehe Abbildung 6). Welche dieser Aggregationsformen im konkreten Einzelfall am zweckmäßigsten ist, hängt in erster Linie davon ab, welche Informationen über die individuellen Präferenzen zur Verfügung stehen (siehe hierzu die Abbildungen 7 und 8). Während im Falle fehlender interpersoneller Vergleichbarkeit der individuellen Nutzen die kollektiven Wahlregeln die einzigen denkbaren Formen der Nutzenaggregation sind und deshalb zirkuläre kollektive Präferenzen, wie sie z.B. bei Anwendung der einfachen Mehrheitsregel auftreten können, möglicherweise toleriert werden, fordert man im Falle einer interpersonellen Vergleichbarkeit der individuellen Nutzen von der kollektiven Präferenzrelation die Eigenschaft der Transitivität. In dem letzten Fall bieten sich z.B. die Leximin-Regel oder das Summationsprinzip an; die einfache Mehrheitsregel hingegen erweist sich als unzweckmäßig. (Aus diesem Grund habe ich die einfache Mehrheitsregel in Abbildung 8 an einigen Stellen in Klammern gesetzt.)

Abbildung 6: Möglichkeiten der Aggregation individueller Präferenzen zu kollektiven Präferenzen

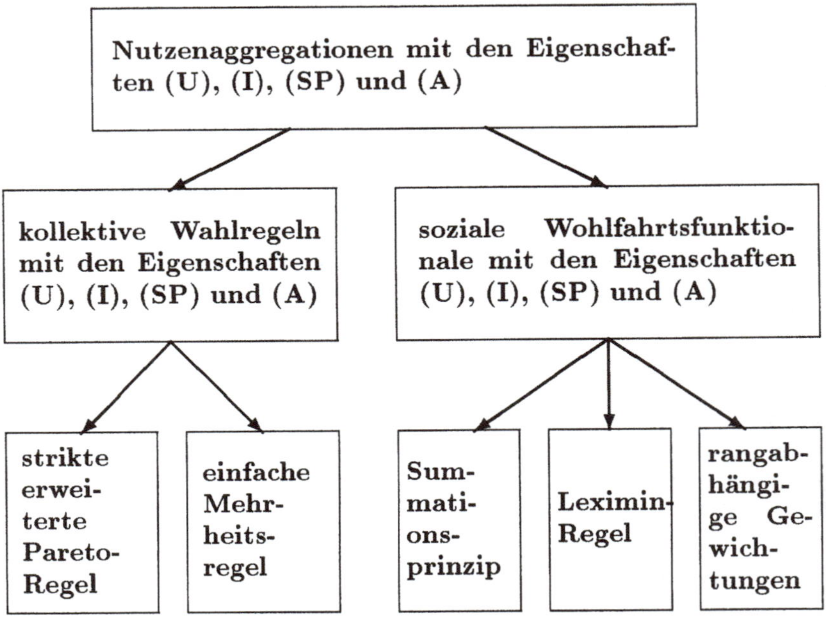

Abbildung 7: Anwendungsbereiche der Leximin-Regel, des Summationsprinzips und der rangabhängigen Gewichtungen der individuellen Präferenzen

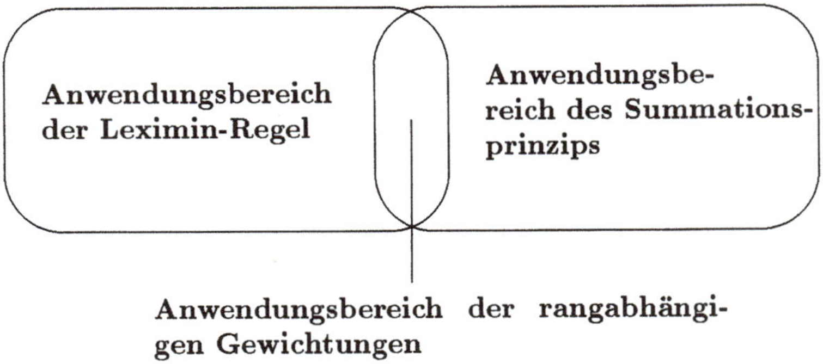

Abbildung 8: Zusammenhang zwischen der Meßbarkeit der individuellen Präferenzen und den Möglichkeiten der Nutzenaggregation

(Berücksichtigt sind die strikte erweiterte Pareto-Regel, die einfache Mehrheitsregel, das Summationsprinzip, die Leximin-Regel und die rangabhängigen Gewichtungen der individuellen Präferenzen.)

Meßbarkeit der individuellen Präferenzen	**mögliche Nutzenaggregationen**
keine interpersonelle Vergleichbarkeit der individuellen Nutzen	strikte erweiterte Pareto-Regel, einfache Mehrheitsregel
interpersonelle Vergleichbarkeit der Präferenzintensitäten, nicht aber der Nutzenniveaus	strikte erweiterte Pareto-Regel, (einfache Mehrheitsregel,) Summationsprinzip
interpersonelle Vergleichbarkeit der Nutzenniveaus, nicht aber der Präferenzintensitäten	strikte erweiterte Pareto-Regel, (einfache Mehrheitsregel,) Leximin-Regel
interpersonelle Vergleichbarkeit der Präferenzintensitäten **und** der Nutzenniveaus	strikte erweiterte Pareto-Regel, (einfache Mehrheitsregel,) Summationsprinzip, Leximin-Regel, rangabhängige Gewichtungen

Kapitel 3

Messung der individuellen Präferenzen

Bei den in Kapitel 2 dargestellten Nutzenaggregationen wird vorausgesetzt, daß die individuellen Präferenzen in Form von Präferenzordnungen oder Nutzenfunktionen gegeben sind. Der Aggregation individueller Präferenzen geht also stets deren Messung voraus. Hinsichtlich des Informationsgehalts der individuellen Nutzenfunktionen habe ich in Abschnitt 1.2.2 sieben Fälle unterschieden. Welche Möglichkeiten der Nutzenaggregation im konkreten Einzelfall existieren, hängt davon ab, welcher dieser sieben Fälle vorliegt (siehe hierzu Abbildung 8).

3.1 Kardinalisierung der individuellen Präferenzen mittels Betrachtung von Lotterien

3.1.1 Erwartungsnutzentheorie, von-Neumann-Morgenstern-Nutzenfunktionen und Indifferenzkurven im Marschak-Machina-Dreieck

Einige der in Kapitel 2 behandelten Formen der Nutzenaggregation setzen eine kardinale Messung der individuellen Präferenzen voraus. Beispiele für derartige Nutzenaggregationen sind das Summationsprinzip (siehe Abschnitt 2.2.3), sowie alle rangabhängigen Gewichtungen der individuellen

Präferenzen (siehe Abschnitt 2.2.4). Will man also beispielsweise das Summationsprinzip anwenden, so benötigt man kardinale individuelle Nutzenfunktionen. Eine Möglichkeit, zu kardinalen Nutzenfunktionen (genauer: zu einer Messung der individuellen Nutzen auf Intervallskalenniveau) zu gelangen, besteht in der Betrachtung von Lotterien auf der Alternativenmenge Ω und der Verwendung der Erwartungsnutzentheorie bei Entscheidungen unter Risiko. Dieses Konzept der Kardinalisierung individueller Nutzen, das auf von Neumann/Morgenstern (1944) zurückgeht, will ich im folgenden kurz erörtern. Anstelle von Präferenzordnungen auf der Alternativenmenge $\Omega \doteq \{a_1, ..., a_n\}$ betrachtet man Präferenzordnungen auf der Menge aller Lotterien auf Ω. Jede Lotterie auf Ω läßt sich darstellen als Vektor $(p_1, ..., p_n) \in \mathbb{R}^n$, wobei p_i die Wahrscheinlichkeit für die Alternative a_i bezeichnet. Es sollen nun die möglichen Präferenzordnungen auf der Menge

$$L \doteq \{ p = (p_1, ..., p_n) \in \mathbb{R}^n \mid p_1, ..., p_n \geq 0 , \sum_{i=1}^{n} p_i = 1 \}$$

untersucht werden. Die Grundidee des Konzepts der von-Neumann-Morgenstern-Nutzenfunktionen besteht darin, aus einer Präferenzordnung R auf der Menge L eine kardinale Nutzenfunktion auf der Alternativenmenge Ω abzuleiten. Damit dies möglich ist, muß die Relation R gewissen Anforderungen genügen: Von der Relation R setzt man voraus, daß sie im Einklang mit der Erwartungsnutzentheorie steht. Die Erwartungsnutzentheorie besagt, daß die Präferenzordnung R durch eine von-Neumann-Morgenstern-Nutzenfunktion repräsentiert werden kann.

Definition 3.1.1 *(vgl. Weymark, 1991, S.262)*
Eine Funktion $F : L \longrightarrow \mathbb{R}$ *heißt* **von-Neumann-Morgenstern-Nutzenfunktion,** *falls*

$$F(p) = \sum_{i=1}^{n} p_i \, F(e^i) \quad \text{für alle } p \in L \, ,$$

wobei $e^i \in \mathbb{R}^n$ *der* i*–te Einheitsvektor,* $F(e^i)$ *also der Nutzenwert der Alternative* a_i *ist.*

Verwendet man den Begriff der von-Neumann-Morgenstern-Nutzenfunktion, so läßt sich die Erwartungsnutzentheorie durch die folgende Definition beschreiben:

Definition 3.1.2 *(Erwartungsnutzentheorie)*
Eine Präferenzordnung R *auf der Menge* L **steht im Einklang mit der Erwartungsnutzentheorie**, *wenn eine von-Neumann-Morgenstern-Nutzenfunktion* $F: L \longrightarrow \mathbb{R}$ *existiert, die* R *repräsentiert, d.h. wenn eine Funktion* $f: \Omega \longrightarrow \mathbb{R}$ *existiert, so daß für alle* $p, q \in L$ *gilt:*

$$p\mathrm{R}q \iff \sum_{i=1}^{n} p_i\, f(a_i) \geq \sum_{i=1}^{n} q_i\, f(a_i)\,.$$

Jeder Funktion $F: L \longrightarrow \mathbb{R}$ *entspricht dabei die Funktion*

$$f: \Omega \longrightarrow \mathbb{R}, \qquad f(a_i) \doteq F(e^i)\,,$$

und jeder Funktion $f: \Omega \longrightarrow \mathbb{R}$ *die Funktion*

$$F: L \longrightarrow \mathbb{R}, \qquad F(p) \doteq \sum_{i=1}^{n} p_i\, f(a_i)\,.$$

Bei den Funktionen F und f aus Definition 3.1.2 handelt es sich um kardinale Nutzenfunktionen, wie der folgende Satz zeigt:

Satz 3.1.1 *(Kardinalität der von-Neumann-Morgenstern-Nutzenfunktionen)*
Es sei R *eine Präferenzordnung auf der Menge* L*, die im Einklang mit der Erwartungsnutzentheorie steht, und* $F: L \longrightarrow \mathbb{R}$ *eine von-Neumann-Morgenstern-Nutzenfunktion, die* R *repräsentiert. Dann gilt für jede Funktion* $G: L \longrightarrow \mathbb{R}$ *folgendes:*
G *ist genau dann eine* R *repräsentierende von-Neumann-Morgenstern-Nutzenfunktion, wenn* G *eine positiv-affine Transformation von* F *ist, d.h. wenn eine Funktion*

$$\phi: \mathbb{R} \longrightarrow \mathbb{R}, \qquad \phi(x) = a\,x + b \quad \text{mit } a \in \mathbb{R}^+,\ b \in \mathbb{R}\,,$$

existiert, so daß $G = \phi \circ F$.

BEWEIS siehe Fishburn (1982, S.15 ff., Beweis von Theorem 1) oder Anhang B.

Die Kardinalisierung individueller Nutzen mittels von-Neumann-Morgenstern-Nutzenfunktionen will ich nun für den Fall $n = 3$ näher erörtern.
Gegeben sei die folgende Situation: Eine Familie will eine Urlaubsreise unternehmen. Zur Wahl stehen die Urlaubsorte a_1, a_2 und a_3; die Alternativenmenge lautet also $\Omega \doteq \{a_1, a_2, a_3\}$.

Es soll eine kardinale Nutzenfunktion ermittelt werden, die die Präferenzen einer bestimmten Person beschreibt. Hierzu betrachtet man anstelle der Präferenzordnung auf der Alternativenmenge Ω die Präferenzordnung auf der Menge L aller Lotterien auf Ω. Es sei also

$$L \doteq \{p = (p_1, p_2, p_3) \in \mathbb{R}^3 \mid p_1, p_2, p_3 \geq 0, \; p_1 + p_2 + p_3 = 1\}.$$

Die Elemente von L lassen sich als (echte) Alternativen interpretieren, da die Möglichkeit besteht, Lotterien zu simulieren (z.B. durch Münzwurf, Würfeln etc.).[1] Aus der individuellen Präferenzordnung R auf der Menge L kann man gemäß der Erwartungsnutzentheorie auf folgende Weise eine kardinale Nutzenfunktion $f: \Omega \longrightarrow \mathbb{R}$ ableiten:

> Ohne Beschränkung der Allgemeinheit nehme man an, daß die betreffende Person a_2 gegenüber a_3 und a_3 gegenüber a_1 vorzieht. Für die individuelle Nutzenfunktion $f: \Omega \longrightarrow \mathbb{R}$ folgt hieraus:
>
> $$f(a_2) > f(a_3) > f(a_1).$$
>
> Es sei nun
>
> $$f(a_2) \doteq 1, \quad f(a_1) \doteq 0.$$
>
> Der Nutzenwert der Alternative a_3 liegt dann in dem offenen Intervall $(0, 1)$. Zur Ermittlung dieses Nutzenwertes betrachtet man Lotterien zwischen den Alternativen a_1 und a_2 und stellt diese der Alternative a_3 gegenüber. Von Interesse ist dabei die folgende Frage: Wie groß muß die Wahrscheinlichkeit für die Alternative a_2 sein, damit die betrachtete Person eine Lotterie zwischen a_1 und a_2 genauso hoch einstuft wie die Alternative a_3? Diese Wahrscheinlichkeit $\tilde{p} \in (0, 1)$, bei der eine Indifferenz zwischen den Lotterien $(1-\tilde{p}, \tilde{p}, 0)$ und $(0, 0, 1)$ vorliegt, stellt bei Anwendung der Erwartungsnutzentheorie den Nutzenwert für die Alternative a_3 dar:
>
> $$f(a_3) = (1-\tilde{p}) f(a_1) + \tilde{p} f(a_2) = 0 + \tilde{p} = \tilde{p}.$$

Bei der hier geschilderten Vorgehensweise setzt man voraus, daß die individuelle Präferenzordnung R auf der Menge L im Einklang mit der Erwartungsnutzentheorie steht (siehe Definition 3.1.2). Die Bedeutung dieser Annahme läßt sich dadurch veranschaulichen, daß man - der Vorgehensweise

[1] Es ist in der Entscheidungstheorie nicht unüblich, Lotterien zwischen möglichen Entscheidungsalternativen wiederum als mögliche Alternativen anzusehen (siehe z.B. Luce/Raiffa, 1957, S.70 f.).

von Marschak (1950) und Machina (1982, S.305, Abbildung 5) folgend - die Elemente der Menge L als Punkte eines sog. Marschak-Machina-Dreiecks auffaßt. Die Eckpunkte dieses Dreiecks seien $x_1 \doteq (1, 0)$, $x_2 \doteq (0, 1)$ und $x_3 \doteq (0, 0)$. Der Punkt x_1 repräsentiere die Alternative a_1, x_2 die Alternative a_2 und x_3 die Alternative a_3. Die Menge L aller Lotterien auf der Alternativenmenge $\Omega = \{a_1, a_2, a_3\}$ kann man somit graphisch durch die folgende Menge darstellen (siehe Abbildung 9):

$$\begin{aligned} M &\doteq \{ x \in \mathbb{R}^2 \mid x = p_1 x_1 + p_2 x_2 + p_3 x_3 \\ &\qquad \text{mit } p_1, p_2, p_3 \geq 0, \ \sum_{i=1}^{3} p_i = 1 \} \\ &= \{ (p_1, p_2) \in \mathbb{R}^2 \mid p_1, p_2 \geq 0, \ p_1 + p_2 \leq 1 \} \end{aligned}$$

Jedem Punkt $(p_1, p_2) \in M$ entspricht ein Element der Menge L, nämlich die Lotterie $(p_1, p_2, 1-p_1-p_2)$, bei der die Alternative a_1 mit der Wahrscheinlichkeit p_1, die Alternative a_2 mit der Wahrscheinlichkeit p_2 und die Alternative a_3 mit der Wahrscheinlichkeit $1-p_1-p_2$ eintritt.

Man betrachte nun die Indifferenzkurven in dem durch die Menge M beschriebenen Dreieck, welches ich im folgenden als Marschak-Machina-Dreieck bezeichne. Diese Indifferenzkurven kann man vergleichen mit den Höhenlinien auf einer Landkarte: Zwei Punkte liegen auf derselben Indifferenzkurve, wenn ihnen derselbe individuelle Nutzen entspricht.
Wie der folgende Satz zeigt, läßt sich die Klasse der Präferenzordnungen R auf der Menge L, die im Einklang mit der Erwartungsnutzentheorie stehen, durch die Form der zugehörigen Indifferenzkurven im Marschak-Machina-Dreieck charakterisieren.

Satz 3.1.2 *Eine Präferenzordnung* R *auf der Menge* L *steht genau dann im Einklang mit der Erwartungsnutzentheorie, wenn entweder eine Indifferenz zwischen allen Lotterien vorliegt oder es sich bei den Indifferenzkurven im Marschak-Machina-Dreieck um gerade, parallele Linien handelt (siehe hierzu Abbildung 9).*

BEWEIS siehe Anhang B.

Der Beweis von Satz 3.1.2 (genauer: die Beweisrichtung „$\Longleftarrow$") rechtfertigt erst das oben erwähnte Verfahren zur Bestimmung einer von-Neumann-Morgenstern-Nutzenfunktion. Wie Satz 3.1.2 (Beweisrichtung „$\Longrightarrow$") zeigt, läßt sich eine Präferenzordnung R auf der Menge L nur unter der Voraus-

Abbildung 9: Indifferenzkurven im Marschak-Machina-Dreieck bei einer Präferenzordnung, die im Einklang mit der Erwartungsnutzentheorie steht

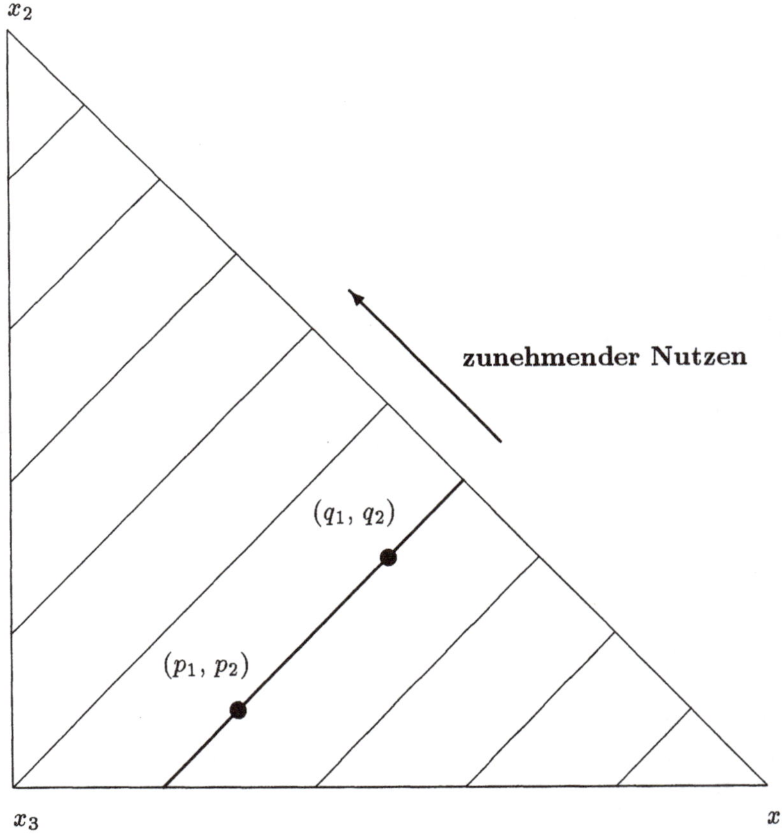

setzung gerader, paralleler Indifferenzkurven durch eine von-Neumann-Morgenstern-Nutzenfunktion repräsentieren. Ich halte es für sehr anschaulich und aufschlußreich, die Klasse der Präferenzordnungen, die im Einklang mit der Erwartungsnutzentheorie stehen, durch die Form der zugehörigen Indifferenzkurven zu charakterisieren. Eine solche Charakterisierung macht deutlich, wie stark die Anforderungen sind, die man bei Anwendung der Erwartungsnutzentheorie an die individuellen Präferenzen stellt. Mit einer speziellen Konsequenz aus der Erwartungsnutzentheorie beschäftige ich mich in dem folgenden Beispiel:

Beispiel 3.1.1 *Es sei* R *eine Präferenzordnung auf der Menge L, die im Einklang mit der Erwartungsnutzentheorie steht und $F\colon L \longrightarrow \mathbb{R}$ eine beliebige Nutzenfunktion, die die Präferenzordnung* R *repräsentiert.*
Falls nun zwei Lotterien $p, q \in L$ als gleichwertig eingestuft werden, so stellt die Gerade durch die zugehörigen Punkte im Marschak-Machina-Dreieck aufgrund von Satz 3.1.2 eine Indifferenzkurve dar, d.h. alle Lotterien

$$\alpha p + (1-\alpha) q \qquad \text{mit} \quad \alpha \in [0, 1]$$

sind indifferent zueinander. Für alle $p, q \in L$ gilt somit:

$$F(p) = F(q) \implies F(\alpha p + (1-\alpha) q) = F(p) \quad \text{für alle } \alpha \in [0, 1].$$

Graphisch kann man sich dies im Falle $n=3$ folgendermaßen veranschaulichen: Werden zwei Lotterien $p, q \in L$ als gleichwertig eingestuft, so stellt die Gerade durch die zugehörigen Punkte (p_1, p_2) und (q_1, q_2) im Marschak-Machina-Dreieck eine Indifferenzkurve dar (siehe Abbildung 9).

3.1.2 Kritische Betrachtung der Erwartungsnutzentheorie

Im Mittelpunkt der Diskussion über die Erwartungsnutzentheorie stehen vor allem die folgenden drei Aspekte:

1. die Frage der Bewertung der verschiedenen Ausgänge von Lotterien (Von Bedeutung ist in diesem Zusammenhang das St. Petersburg-Paradoxon!);

2. die Widerlegung der Erwartungsnutzentheorie durch zahlreiche empirische Arbeiten, z.B. durch Allais (1953, 1979), von dem das bekannte Allais-Paradoxon stammt;

3. die Axiomatisierung der Erwartungsnutzentheorie und die Problematik des sog. Unabhängigkeitsaxioms.

Zu diesen drei Aspekten will ich im folgenden kurz Stellung beziehen.
Beim **St. Petersburg-Paradoxon** betrachtet man einen wiederholten Münzwurf und hierbei wiederum diejenige Lotterie, bei der eine Auszahlung von 2^n DM erfolgt, falls die Zahl beim n–ten Wurf zum ersten Mal erscheint.
Der Erwartungswert für den gewonnenen DM-Betrag beträgt bei dieser Lotterie

$$\sum_{n=1}^{\infty} \frac{1}{2^n}\, 2^n = +\infty .$$

Dennoch ist niemand bereit, mehr als z.B. 10.000 DM für diese Lotterie zu bezahlen. Dies steht allerdings nicht im Widerspruch zur Erwartungsnutzentheorie. Gemäß der Erwartungsnutzentheorie können nämlich die den Auszahlungsbeträgen entsprechenden Nutzenwerte beliebig gewählt werden. Das St. Petersburg-Paradoxon kommt nur dann zustande, wenn man DM-Beträge und Nutzenwerte gleichsetzt. Das „Gesetz" des abnehmenden Grenznutzens besagt aber, daß das Gleichsetzen von DM-Beträgen und Nutzenwerten unzulässig ist und eine Verdoppelung des Auszahlungsbetrages nicht mit einer Verdoppelung des daraus resultierenden Nutzens verbunden ist. Im Rahmen der Erwartungsnutzentheorie, wie ich sie in Abschnitt 3.1.1 (Definitionen 3.1.1 und 3.1.2) dargestellt habe, löst man das Problem des abnehmenden Grenznutzens dadurch, daß man den Auszahlungsbeträgen geeignete Nutzenwerte zuordnet. Dies geschieht mittels einer Funktion $f\colon \mathbb{R} \longrightarrow \mathbb{R}$.
Im folgenden sei x derjenige Betrag, den eine bestimmte Person bereit ist, bei dem oben betrachteten Glücksspiel als Einsatz zu bezahlen. Gemäß der Erwartungsnutzentheorie ist die Funktion f so zu wählen, daß gilt:

$$\sum_{n=1}^{\infty} \frac{1}{2^n}\, f(2^n - x) = f(0) .$$

(Die Auszahlungsbeträge $2-x$, 2^2-x, etc., erhält man, indem man von den möglichen Gewinnen den Einsatz x abzieht. Der Wert $f(0)$ gibt den individuellen Nutzen im Falle einer Ablehnung des Glücksspiels, d.h. bei einem Auszahlungsbetrag von 0 DM, an.)
Hieraus folgt, daß die Funktion f nicht linear sein kann, sondern degressiv gewählt werden muß.[2]

[2]Das St. Petersburg-Paradoxon zeigt insbesondere, daß das sog. Dutch-book-Argument von de Finetti (1931) falsch ist. Die Kernaussage des Dutch-book-Arguments lautet:

Ich fasse zusammen: **Die Erwartungsnutzentheorie hat keine Probleme mit dem St. Petersburg-Paradoxon und dem Gesetz des abnehmenden Grenznutzens.**

Es gibt aber dennoch wohlüberlegte menschliche Verhaltensweisen, die im Widerspruch zu der Erwartungsnutzentheorie stehen, wie zahlreiche **empirische Arbeiten** zeigen.[3] Allais (1953, 1979) kommt das Verdienst zu, als erster den Konflikt zwischen der Erwartungsnutzentheorie und dem tatsächlichen menschlichen Entscheidungsverhalten aufgezeigt zu haben. Allais betrachtet die beiden folgenden Entscheidungssituationen:

1. Entscheidung zwischen einem sicheren Gewinn in Höhe von 1 Million DM („Lotterie" p) und einer Lotterie, bei der man mit einer Wahrscheinlichkeit von 10% einen Geldbetrag von 5 Millionen DM, mit einer Wahrscheinlichkeit von 89% einen Geldbetrag von 1 Million DM und mit einer Wahrscheinlichkeit von 1% nichts erhält (Lotterie q).

2. Entscheidung zwischen einer 11%-Chance auf einen Gewinn in Höhe von 1 Million DM (Lotterie r) und einer 10%-Chance auf einen Gewinn in Höhe von 5 Millionen DM (Lotterie s).

Gemäß der Erwartungsnutzentheorie zieht eine Person genau dann p gegenüber q vor, wenn sie r gegenüber s vorzieht. Dies sieht man so:

Die möglichen Ergebnisse der zur Wahl stehenden Lotterien lauten:

a_1: Man erhält nichts.
a_2: Man erhält 5 Millionen DM.
a_3: Man erhält 1 Million DM.

Einer Person, deren Präferenzen sich nicht durch eine von-Neumann-Morgenstern-Nutzenfunktion $F: L \longrightarrow \mathbb{R}$ mit zugehöriger **linearer** Funktion $f: \Omega \longrightarrow \mathbb{R}$ beschreiben lassen, kann man „Geld aus der Tasche ziehen". Die Präferenzen einer solchen Person sind deshalb irrational.

Wie das St. Petersburg-Paradoxon verdeutlicht, führt die Erwartungsnutzentheorie unter der Annahme einer linearen Nutzenfunktion f aber nicht nur zu antiintuitiven Konsequenzen; sie steht sogar im Widerspruch zu der Tatsache, daß das Geldvermögen jeder Person begrenzt ist. Die Fehler in der Argumentation von de Finetti (1931) wurden z.B. von Heilig (1978) und Schick (1986) in überzeugender Weise aufgezeigt. Es verwundert deshalb, daß Binmore (1990, S.118) das Dutch-book-Argument, welches mit dem am Ende von Abschnitt 1.2.4 dargestellten Money-pump-Argument verwandt ist, dennoch für überzeugend hält.

[3] Siehe z.B. Allais (1953, 1979), Kahneman/Tversky (1979), MacCrimmon/Larsson (1979), Conlisk (1989), Camerer (1989), Harless (1992), Sopher/Gigliotti (1993) oder Bernasconi (1994).

Eine Präferenzordnung R auf der Menge

$$L \doteq \{ p = (p_1, p_2, p_3) \in \mathbb{R}^3 \mid p_1, p_2, p_3 \geq 0, \ p_1 + p_2 + p_3 = 1 \}$$

aller Lotterien auf $\Omega \doteq \{a_1, a_2, a_3\}$ steht genau dann im Einklang mit der Erwartungsnutzentheorie, wenn eine Funktion $f\colon \Omega \longrightarrow \mathbb{R}$ existiert, so daß R durch die Funktion

$$F : L \longrightarrow \mathbb{R}, \qquad F(p) \doteq \sum_{i=1}^{3} p_i \, f(a_i)$$

repräsentiert werden kann. Für die Lotterien

$$p = (0, 0, 1), \quad q = (0.01, 0.1, 0.89),$$
$$r = (0.89, 0, 0.11) \quad \text{und} \quad s = (0.9, 0.1, 0)$$

folgt hieraus:

$$\begin{aligned} F(p) &= f(a_3), \\ F(q) &= 0.01\, f(a_1) + 0.1\, f(a_2) + 0.89\, f(a_3), \\ F(r) &= 0.89\, f(a_1) + 0.11\, f(a_3), \\ F(s) &= 0.9\, f(a_1) + 0.1\, f(a_2). \end{aligned}$$

Es gilt also:

$$\begin{aligned} F(r) &= F(p) + 0.89\, f(a_1) - 0.89\, f(a_3), \\ F(s) &= F(q) + 0.89\, f(a_1) - 0.89\, f(a_3), \end{aligned}$$

und somit:

$$F(r) \geq F(s) \iff F(p) \geq F(q) \iff f(a_1) \geq f(a_3).$$

Die meisten Menschen ziehen jedoch p gegenüber q und s gegenüber r vor; ihre Präferenzen stehen also im Widerspruch zu der Erwartungsnutzentheorie.

Im Marschak-Machina-Dreieck kann man sich das Allais-Paradoxon folgendermaßen veranschaulichen:
Der rechte Eckpunkt, d.h. der Punkt (1, 0), repräsentiert die Alternative a_1, der obere Eckpunkt, d.h. der Punkt (0, 1), die Alternative a_2 und der

Abbildung 10: Die Lotterien des Allais-Paradoxons

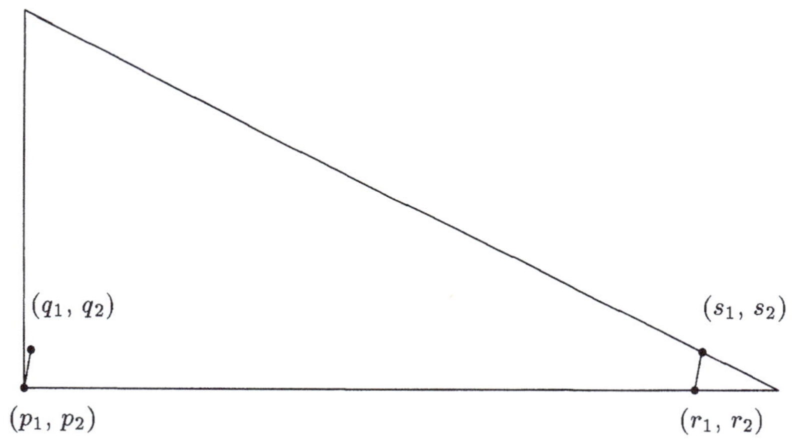

Punkt (0, 0) die Alternative a_3. Den Lotterien p, q, r und s entsprechen im Marschak-Machina-Dreieck also die Punkte

$$(p_1, p_2) = (0, 0), \quad (q_1, q_2) = (0.01, 0.1),$$
$$(r_1, r_2) = (0.89, 0) \quad \text{und} \quad (s_1, s_2) = (0.9, 0.1).$$

Die Gerade durch die Punkte (p_1, p_2) und (q_1, q_2) ist parallel zu der Gerade durch die Punkte (r_1, r_2) und (s_1, s_2) (siehe hierzu Abbildung 10). Da die Indifferenzkurven im Marschak-Machina-Dreieck gemäß der Erwartungsnutzentheorie gerade parallele Linien sind, bedeutet dies, daß für eine Präferenzordnung auf der Menge L, die im Einklang mit der Erwartungsnutzentheorie steht, folgendes gilt:

$$p\mathrm{R}q \iff r\mathrm{R}s.$$

Neben Allais (1953, 1979) haben unter anderem auch Kahneman/Tversky (1979) gezeigt, daß die Erwartungsnutzentheorie im Widerspruch zu dem tatsächlichen menschlichen Entscheidungsverhalten steht. Kahneman/Tversky setzen sich mit acht Paaren von Entscheidungen (also insgesamt 16 Ent-

Abbildung 11: Die Lotterien in den von Kahneman und Tversky betrachteten Entscheidungsituationen

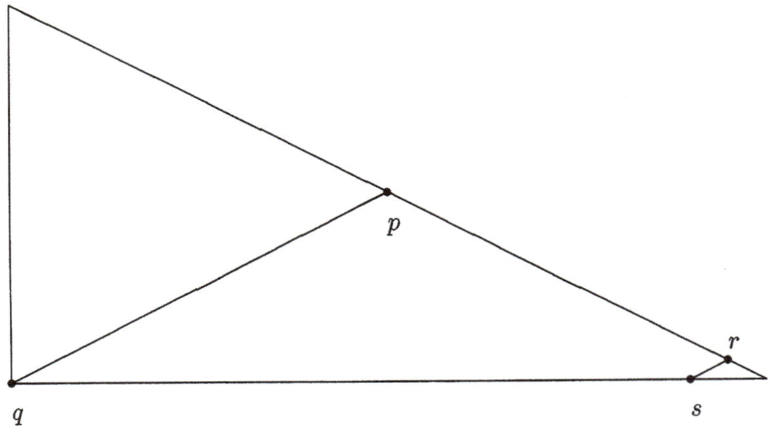

scheidungssituationen) auseinander und zeigen, daß das Entscheidungsverhalten der von ihnen befragten Personen in systematischer Weise gegen die Annahmen der Erwartungsnutzentheorie verstößt. Eines der von Kahneman/Tversky betrachteten Paare von Entscheidungen will ich nun kurz skizzieren.

Kahneman/Tversky fragten 72 Personen, wie sie sich in den beiden folgenden Entscheidungssituationen verhalten würden:

1. Entscheidung zwischen einer 50%-Chance auf eine dreiwöchige Reise (Alternative p) und einer einwöchigen Reise mit Sicherheit (Alternative q).

2. Entscheidung zwischen einer 5%-Chance auf eine dreiwöchige Reise (Alternative r) und einer 10%-Chance auf eine einwöchige Reise (Alternative s).

Der Erwartungsnutzentheorie zufolge sollte eine Person genau dann r gegenüber s vorziehen, wenn sie p gegenüber q vorzieht (siehe hierzu Abbildung 11):

Die möglichen Ergebnisse der betrachteten Lotterien lauten:

a_1: keine Reise.
a_2: eine dreiwöchige Reise.
a_3: eine einwöchige Reise.

Die Alternative a_1 wird im Marschak-Machina-Dreieck (siehe Abbildung 11) durch den rechten Eckpunkt, die Alternative a_2 durch den oberen Eckpunkt und die Alternative a_3 durch die linke untere Ecke repräsentiert.
Die Menge L aller Lotterien auf $\Omega \doteq \{a_1, a_2, a_3\}$, sowie die Nutzenfunktionen $f : \Omega \longrightarrow \mathbb{R}$ und $F : L \longrightarrow \mathbb{R}$ seien analog zum Allais-Paradoxon (siehe oben!) definiert. Für die Lotterien

$$p = (0.5, 0.5, 0)\,, \quad q = (0, 0, 1)\,,$$
$$r = (0.95, 0.05, 0) \quad \text{und} \quad s = (0.9, 0, 0.1)$$

folgt hieraus:

$$\begin{aligned} F(p) &= 0.5\, f(a_1) + 0.5\, f(a_2), \\ F(q) &= f(a_3), \\ F(r) &= 0.95\, f(a_1) + 0.05\, f(a_2), \\ F(s) &= 0.9\, f(a_1) + 0.1\, f(a_3)\,. \end{aligned}$$

Es gilt also:

$$\begin{aligned} F(r) \geq F(s) &\iff 0.95\, f(a_1) + 0.05\, f(a_2) \\ &\qquad \geq 0.9\, f(a_1) + 0.1\, f(a_3) \\ &\iff 0.05\, f(a_1) + 0.05\, f(a_2) \geq 0.1\, f(a_3) \\ &\iff 0.5\, f(a_1) + 0.5\, f(a_2) \geq f(a_3) \\ &\iff F(p) \geq F(q)\,. \end{aligned}$$

Die Wirklichkeit sieht aber anders aus: Nur 22% der befragten Personen ziehen p gegenüber q, jedoch 67% r gegenüber s vor.

Offensichtlich ist die Erwartungsnutzentheorie als **empirische** Theorie widerlegt. Es stellt natürlich die Frage, ob und inwiefern empirische Untersuchungen die Erwartungsnutzentheorie als **normative** Theorie widerlegen können.
Meine Antwort auf diese Frage lautet: Die Verletzungen der Erwartungsnutzentheorie sind nicht zufällig und die Entscheidungen, die in Konflikt zu

der Erwartungsnutzentheorie stehen, wohlüberlegt. Die Erwartungsnutzentheorie ist deshalb auch als normative Theorie nicht haltbar, da die Implikationen, die sich aus dieser Theorie ergeben, von den meisten Menschen als unvernünftig eingestuft werden.

Dennoch halten viele Wissenschaftler, insbesondere Ökonomen, an der Erwartungsnutzentheorie als einer Theorie über rationales Verhalten fest[4]: Eine Entscheidung unter Risiko gilt nur dann als rational, wenn sie auf einer Präferenzordnung basiert, die sich durch eine von-Neumann-Morgenstern-Nutzenfunktion repräsentieren läßt. Ein Grund für dieses Festhalten liegt darin, daß sich die Erwartungsnutzentheorie aus den beiden folgenden (auf den ersten Blick recht plausiblen) Axiomen ableiten läßt:[5]

(A) **Archimedisches Axiom** (siehe Fishburn, 1982, S.12, Axiom A3): Eine Präferenzordnung R auf der Menge L genügt dem Archimedischen Axiom, wenn für alle $p, q, r \in L$ mit der Eigenschaft $p\mathrm{P}q \wedge q\mathrm{P}r$ zwei Zahlen $\alpha, \beta \in (0, 1)$ existieren, so daß

$$[\alpha p + (1-\alpha)\, r]\, \mathrm{P} q \quad \wedge \quad q\, \mathrm{P}\, [\beta p + (1-\beta)\, r]\,.$$

(U) **Unabhängigkeitsaxiom** (siehe Fishburn, 1982, S.12, Axiom A2): Eine Präferenzordnung R auf der Menge L genügt dem Unabhängigkeitsaxiom, wenn für alle $p, q, r \in L$ gilt:

$$p\mathrm{R}q \implies [\alpha p + (1-\alpha)\, r]\, \mathrm{R}\, [\alpha q + (1-\alpha)\, r] \quad \text{für alle } \alpha \in [0, 1]\,.$$

Die Präferenzen zwischen zwei Lotterien $p, q \in L$ sollen sich also nicht verändern, wenn diese beiden Lotterien in dem gleichen Verhältnis mit einer dritten Lotterie $r \in L$ gemischt werden.

Das Archimedische Axiom ist z.B. dann erfüllt, wenn die Mengen $\mathcal{M}_1 \doteq \{\, p \in L \mid p\mathrm{R}q \,\}$ und $\mathcal{M}_2 \doteq \{\, p \in L \mid q\,\mathrm{R}p \,\}$ für alle $q \in L$ abgeschlossen[6] sind, d.h. wenn für alle $q \in L$ folgendes gilt:

> Zu jedem $p \in L$, das nicht in $\mathcal{M}_1$ (bzw. $\mathcal{M}_2$) enthalten ist, gibt es eine hinreichend kleine Umgebung[7] $\mathcal{U}(p) \subset L$, die außerhalb von $\mathcal{M}_1$ (bzw. $\mathcal{M}_2$) liegt.

---

[4] Siehe z.B. Thießen (1993) oder Binmore (1990, 1994).

[5] Neben der hier erörterten Axiomatisierung werden in der Literatur verschiedene andere Möglichkeiten der Axiomatisierung beschrieben, die jedoch nur marginale Unterschiede aufweisen (siehe z.B. Marschak, 1950, Samuelson, 1952, oder Herstein/Milnor, 1953).

[6] Zum Begriff der Abgeschlossenheit siehe Anhang A.2, Definition A.2.3.

[7] Zum Begriff der Umgebung siehe Anhang A.2, Definition A.2.2.

Hieraus folgt insbesondere, daß auf der Verbindungslinie zweier Punkte $p, r \in L$ mit $p\mathrm{P}q$ (d.h. $p \notin \mathcal{M}_2$) und $q\mathrm{P}r$ (d.h. $r \notin \mathcal{M}_1$) Punkte

$$\alpha\, p + (1-\alpha)\, r\,, \quad \alpha \in (0,\, 1) \text{ groß genug,}$$

liegen, die nicht in $\mathcal{M}_2$ enthalten sind, und Punkte

$$\beta\, p + (1-\beta)\, r\,, \quad \beta \in (0,\, 1) \text{ klein genug,}$$

die nicht in $\mathcal{M}_1$ enthalten sind.
Aus der Abgeschlossenheit der Mengen $\mathcal{M}_1$ und $\mathcal{M}_2$ folgt also, daß die Präferenzordnung R dem Archimedischen Axiom genügt. Bei dem Archimedischen Axiom handelt es sich somit um eine unproblematische Stetigkeitsanforderung, die vergleichbar ist mit dem in Abschnitt 2.2.3 diskutierten Stetigkeitsaxiom (ST) für soziale Wohlfahrtsfunktionale.

Das Unabhängigkeitsaxiom stellt eine wesentlich problematischere Forderung als das Archimedische Axiom dar. Es besitzt aber dennoch eine gewisse Plausibilität, wenn man die gemischten Lotterien $\alpha\, p + (1-\alpha)\, r$ und $\alpha\, q + (1-\alpha)\, r$ als zweistufige Lotterien interpretiert:
Die gemischten Lotterien $\alpha\, p + (1-\alpha)\, r$ und $\alpha\, q + (1-\alpha)\, r$, zwischen denen es eine Wahl zu treffen gilt, faßt man als Lotterien mit jeweils zwei möglichen Ergebnissen auf: der Lotterie p bzw. q einerseits und der Lotterie r andererseits. Die Lotterie p (bzw. q) tritt mit Wahrscheinlichkeit α, die Lotterie r mit Wahrscheinlichkeit $1-\alpha$ ein. Wird dasjenige Ergebnis realisiert, das mit Wahrscheinlichkeit α eintritt (die Lotterie p bzw. die Lotterie q), so ist man im Falle der gemischten Lotterie $\alpha\, p + (1-\alpha)\, r$ genau dann besser gestellt als im Falle der gemischten Lotterie $\alpha\, q + (1-\alpha)\, r$, wenn man p gegenüber q vorzieht. Wird hingegen dasjenige Ergebnis realisiert, das mit Wahrscheinlichkeit $1-\alpha$ eintritt, so erhält man jeweils die Lotterie r, unabhängig davon, für welche der beiden gemischten Lotterien man sich entscheidet.
Die Betrachtung zweistufiger Lotterien, auf die sich diese Rechtfertigung des Unabhängigkeitsaxioms stützt, kann man insofern als problematisch ansehen, als hierbei nicht unterschieden wird, ob die möglichen Ergebnisse von Lotterien selbst Lotterien sind oder nicht.

Offensichtlich genügen alle Präferenzordnungen R, die sich durch eine von-Neumann-Morgenstern-Nutzenfunktion $F\colon L \longrightarrow \mathbb{R}$ (im Sinne von Definition 3.1.1) repräsentieren lassen, sowohl dem Unabhängigkeitsaxiom als auch dem Archimedischen Axiom:

Unabhängigkeitsaxiom: Es seien $p, q \in L$ derart, daß $F(p) \geq F(q)$. Dann gilt für alle $r \in L$ und alle $\alpha \in [0, 1]$:

$$\begin{aligned} F(\alpha p + (1-\alpha) r) &= \alpha F(p) + (1-\alpha) F(r) \\ &\geq \alpha F(q) + (1-\alpha) F(r) \\ &= F(\alpha q + (1-\alpha) r) . \end{aligned}$$

Archimedisches Axiom: Es seien $p, q, r \in L$ derart, daß $F(p) > F(q) > F(r)$. Dann existiert ein $\alpha^* \in (0, 1)$, so daß

$$F(q) = \alpha^* F(p) + (1-\alpha^*) F(r) .$$

Für alle $\alpha \in (\alpha^*, 1)$ gilt dann:

$$\begin{aligned} F(\alpha p + (1-\alpha) r) &= \alpha F(p) + (1-\alpha) F(r) \\ &> \alpha^* F(p) + (1-\alpha^*) F(r) = F(q) . \end{aligned}$$

Ebenso gilt für alle $\beta \in (0, \alpha^*)$:

$$\begin{aligned} F(\beta p + (1-\beta) r) &= \beta F(p) + (1-\beta) F(r) \\ &< \alpha^* F(p) + (1-\alpha^*) F(r) = F(q) . \end{aligned}$$

Umgekehrt läßt sich, wie das folgende Theorem zeigt, jede Präferenzordnung R, die sowohl dem Archimedischen Axiom als auch dem Unabhängigkeitsaxiom genügt, durch eine von-Neumann-Morgenstern-Nutzenfunktion repräsentieren.

Theorem 3.1.1 *(Erwartungsnutzentheorem)*
Eine Präferenzordnung R *auf der Menge L läßt sich genau dann durch eine von-Neumann-Morgenstern-Nutzenfunktion repräsentieren, wenn sie dem Archimedischen Axiom und dem Unabhängigkeitsaxiom genügt.*

BEWEIS siehe Fishburn (1982, S.15 ff., Beweis von Theorem 1).

Die empirischen Untersuchungen von Allais (1953) und Kahneman/Tversky (1979) zeigen, daß eine strikte Befolgung des Unabhängigkeitsaxioms von vielen Menschen als unvernünftig eingestuft wird. Es stellt sich deshalb die Frage, ob das Unabhängigkeitsaxiom ein geeignetes Kriterium für die Rationalität von Entscheidungen unter Risiko darstellt oder ob es durch ein anderes (möglicherweise schwächeres) Rationalitätskriterium ersetzt werden muß. Um diese Frage beantworten zu können, muß man die tatsächlichen menschlichen Präferenzen bei Entscheidungen unter Risiko näher untersuchen.

3.1.3 Empirische Untersuchungen über die Indifferenzkurven im Marschak-Machina-Dreieck

Da sich jede Präferenzordnung auf der Menge L durch die Form der zugehörigen Indifferenzkurven beschreiben läßt, betrachtet man bei empirischen Untersuchungen über die individuellen Präferenzen bei Entscheidungen unter Risiko vielfach die Indifferenzkurven im Marschak-Machina-Dreieck. Ich verweise in diesem Zusammenhang vor allem auf die Arbeiten von Camerer (1989), Harless (1992), Sopher/Gigliotti (1993) und Bernasconi (1994).

Camerer (1989), Harless (1992) und Sopher/Gigliotti (1993) formulieren verschiedene Theorien über Entscheidungen unter Risiko (genauer: Theorien über Präferenzordnungen auf der Menge L) als Hypothese über die Form von Indifferenzkurven im Marschak-Machina-Dreieck und prüfen diese Hypothesen anhand von empirischen Untersuchungen an einer Vielzahl von Personen. Ein Ergebnis dieser Untersuchungen lautet: Die Hypothese gerader, paralleler Indifferenzkurven, wie sie die Erwartungsnutzentheorie vorsieht, ist empirisch nicht haltbar. Camerer (1989) schreibt über die von ihm durchgeführte Studie, bei der die Präferenzen von 348 Personen analysiert wurden, folgendes:

> „In our study, the violations [der Erwartungsnutzentheorie] were typically not random and were not affected by financial incentitives.“ (Camerer, 1989, S.94)

Bernasconi (1994) kommt bei seinen empirischen Untersuchungen über die tatsächlich auftretenden Indifferenzkurven im Marschak-Machina-Dreieck zu dem Ergebnis, daß diese nicht geradlinig sind, sondern die in Abbildung 12 dargestellte geschwungene Form besitzen. Die von Bernasconi (1994) formulierte Hypothese über die Krümmung von Indifferenzkurven im Marschak-Machina-Dreieck läßt sich auch als Hypothese über die Nutzenfunktionen $F\colon L \longrightarrow \mathbb{R}$ interpretieren, die eine Präferenzordnung R auf der Menge L repräsentieren. Ich will dies kurz anhand der Abbildungen 12 und 13 erörtern:

Es sei R eine Präferenzordnung auf der Menge L, derzufolge die Lotterie (0, 1, 0) gegenüber der Lotterie (0, 0, 1) und (0, 0, 1) wiederum gegenüber (1, 0, 0) vorgezogen werde. Weiterhin seien $p = (p_1, 0, p_3)$ und $q = (q_1, q_2, 0)$ zwei zueinander indifferente Lotterien.

Man kann davon ausgehen, daß die Wahrscheinlichkeit p_1 kleiner ist als die Wahrscheinlichkeit q_1. Ich will dies kurz begründen: Bei der Lotterie p handelt es sich um eine Lotterie zwischen der zweitgünstigsten und

Abbildung 12: Die Bernasconi-Hypothese (von Bernasconi als „squiggle hypothesis" bezeichnet)

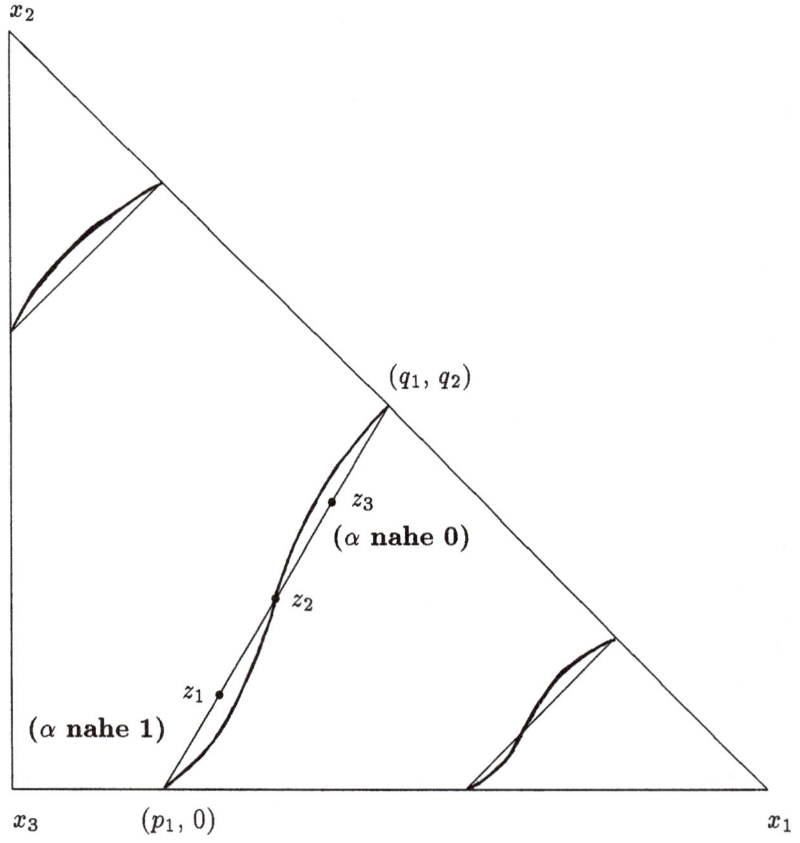

Abbildung 13: Mischungen zweier zueinander indifferenter Lotterien p und q
(Jeder Mischung $\alpha p + (1-\alpha) q$ wird der Nutzenwert $f(\alpha)$ zugeordnet; es sei $p_2 = q_3 = 0$.)

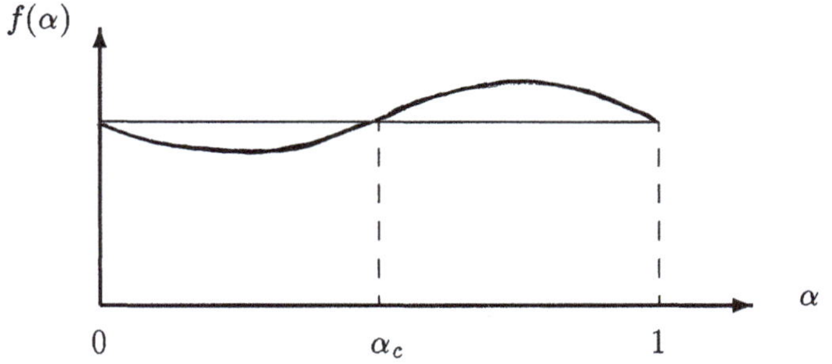

der ungünstigsten, bei der Lotterie q hingegen um eine Lotterie zwischen der günstigsten und der ungünstigsten Alternative. Damit eine Indifferenz zwischen p und q vorliegt, muß die Wahrscheinlichkeit für die ungünstigste Alternative im Falle der Lotterie p kleiner sein als im Falle der Lotterie q; es muß also gelten: $p_1 < q_1$.
Im Marschak-Machina-Dreieck wird die Lotterie p durch den Punkt $(p_1, 0)$ auf der Verbindungslinie zwischen $x_3 = (0, 0)$ und $x_1 = (1, 0)$ und die Lotterie q durch den Punkt (q_1, q_2) auf der Hypothenuse repräsentiert (siehe hierzu Abbildung 12). Für eine Nutzenfunktion $F: L \longrightarrow \mathbb{R}$, die die Präferenzordnung R repräsentiert, gilt: $F(p) = F(q)$.
Zur Verdeutlichung der Bernasconi-Hypothese betrachte ich nun Mischungen $\alpha p + (1-\alpha) q$, $\alpha \in [0, 1]$, aus den (zueinander indifferenten) Lotterien p und q (siehe Abbildung 13). Im Falle der Lotterie p $(\alpha = 1)$ existieren zwei mögliche Ergebnisse: die Alternative a_3, welche am zweithöchsten eingestuft wird, und die Alternative a_1, welche am niedrigsten eingestuft wird. Die Wahrscheinlichkeit für a_1 beträgt p_1; die Alternative a_3 tritt mit der Wahrscheinlichkeit $1-p_1$ ein. Eine Abnahme des Wertes α bedeutet, daß die Wahrscheinlichkeit für die Alternative a_3 sinkt und sich gleichzeitig die Wahrscheinlichkeiten für die Alternativen a_1 und a_2 erhöhen. Im Falle der Lotterie q $(\alpha = 1)$ schließlich ist die Wahrscheinlichkeit für die Alternative a_3 gleich 0.
Liegt der Wert α etwas unter 1, so besteht (im Unterschied zu dem Fall $\alpha = 1$) die Möglichkeit, daß die Alternative a_2, welche am höchsten einge-

stuft wird, eintritt. Die Wahrscheinlichkeit hierfür beträgt $(1-\alpha)p_2$. Die Chance auf die Realisierung der Alternative a_2 führt dazu, daß die Lotterie $\alpha p + (1-\alpha)q$ gegenüber der Lotterie p vorgezogen wird, wenn α knapp unter 1 liegt (vgl. hierzu Prelec, 1990, S.252).
Wenn α hingegen knapp über 0 liegt, dann wird (der Bernasconi-Hypothese zufolge) die Lotterie q ($\alpha = 0$) gegenüber der Lotterie $\alpha p + (1-\alpha)q$ vorgezogen. Man kann sich dies so erklären: Zwar verringert sich beim Übergang von q zu $\alpha p + (1-\alpha)q$ die Wahrscheinlichkeit für die (ungünstige) Alternative a_1, da $p_1 < q_1$ (siehe hierzu meine obigen Ausführungen!); gleichzeitig verringert sich jedoch auch die Wahrscheinlichkeit für die (günstige) Alternative a_2. Der Minderung der Wahrscheinlichkeit für das Eintreten der Alternative a_1 mißt man, sofern $\alpha \approx 0$ ist, weniger Bedeutung bei als der Minderung der Wahrscheinlichkeit für das Eintreten der Alternative a_2.

Bezogen auf die oben betrachteten Mischungen $\alpha p + (1-\alpha)q$ ($\alpha \in [0, 1]$) besagt die Bernasconi-Hypothese also, daß ein kritischer Wert $\alpha_c \in (0, 1)$ existiert, so daß für jede Nutzenfunktion $F: L \longrightarrow \mathbb{R}$, die die Präferenzordnung R repräsentiert, folgendes gilt:

$$f(\alpha) \doteq F(\alpha q + (1-\alpha)p) \begin{cases} = F(p), & \text{falls } \alpha = 0, \\ < F(p), & \text{falls } 0 < \alpha < \alpha_c, \\ = F(p), & \text{falls } \alpha = \alpha_c, \\ > F(p), & \text{falls } \alpha_c < \alpha < 1, \\ = F(p), & \text{falls } \alpha = 1. \end{cases}$$

Den Graphen der Funktion $f: [0, 1] \longrightarrow \mathbb{R}$ habe ich in Abbildung 13 skizziert.
Die hier gemachte Aussage über die Funktion f formuliert Bernasconi (1994) als eine Aussage über diejenige Indifferenzkurve im Marschak-Machina-Dreieck, auf der die Punkte $(p_1, 0)$ und (q_1, q_2) liegen (siehe Abbildung 12). Um sich die Zusammenhänge zwischen den beiden genannten Formulierungen der Bernasconi-Hypothese zu verdeutlichen, betrachte man die in Abbildung 12 eingezeichneten Punkte

$$z_i \doteq (\alpha_i q_1 + (1-\alpha_i)p_1, \; \alpha_i q_2), \quad i \in \{1, 2, 3\}.$$

Es gelte: $\alpha_1 > \alpha_c$, $\alpha_2 = \alpha_c$ und $\alpha_3 < \alpha_c$. Für die in Abbildung 13 dargestellte Funktion $f: [0, 1] \longrightarrow \mathbb{R}$ folgt hieraus:

$$f(\alpha_1) > F(p), \quad f(\alpha_2) = F(p), \quad f(\alpha_3) < F(p).$$

Legt man die in Abbildung 13 dargestellte Nutzenfunktion zugrunde, so verläuft die Indifferenzkurve durch die Punkte $(p_1, 0)$ und (q_1, q_2) also unterhalb des Punktes z_1 und oberhalb des Punktes z_3; sie schneidet die Verbindungslinie zwischen $(p_1, 0)$ und (q_1, q_2) in dem Punkt z_2.

Das Experiment, mit dem Bernasconi (1994) die oben beschriebene Hypothese begründet, will ich nun näher analysieren. Jeder Teilnehmer an dem Experiment erhielt 14 Fragen, bei denen es jeweils darum ging, zwischen zwei Lotterien zu entscheiden. Den beiden zur Wahl stehenden Alternativen entsprachen im Marschak-Machina-Dreieck jeweils Punkte auf der Verbindungslinie zwischen zwei zueinander indifferenten Punkten $(p_1, 0)$ und (q_1, q_2), wobei $p_1 + p_2 = 1$ (siehe Abbildung 12!). Man hat versucht, die Lotterien $p = (p_1, p_2, p_3)$ und $q = (q_1, q_2, q_3)$ so zu wählen, daß sie ungefähr gleichwertig sind. (Eine echte Indifferenz zwischen p und q kann natürlich nicht in allen Fällen vorliegen!) Die möglichen Ergebnisse der zur Wahl gestellten Lotterien waren Auszahlungsbeträge; die Teilnehmer wurden entsprechend der von ihnen gewählten Lotterien bezahlt; hierzu wurde nach dem Zufallsprinzip eine der 14 beantworteten Fragen ausgewählt.
Bei einigen der 14 Fragen waren die möglichen Ergebnisse der betrachteten Lotterien die Auszahlung von 16, 10 bzw. 0 DM. Der Punkt $(p_1, 0) \doteq (0, 0)$ bezeichnet in diesen Fällen die Alternative, 10 DM zu erhalten, während der Punkt $(q_1, q_2) \doteq (0.2, 0.8)$ diejenige Lotterie repräsentiert, bei der man mit 80% Wahrscheinlichkeit 16 DM und mit 20% Wahrscheinlichkeit nichts erhält. Die Lotterien $p \doteq (0, 0, 1)$ und $q \doteq (0.2, 0.8, 0)$ auf der Menge $\Omega \doteq \{0 \text{ DM}, 16 \text{ DM}, 10 \text{ DM}\}$ sind ungefähr gleichwertig. Ziel der Befragung war es, die Präferenzen hinsichtlich der Mischungen aus diesen beiden Alternativen zu ermitteln. Bei einer der Fragen, die den Teilnehmern der Untersuchung gestellt wurden, standen die beiden folgenden Lotterien zur Wahl:

Lotterie A: 16 DM mit 80% Wahrscheinlichkeit,
0 DM mit 20% Wahrscheinlichkeit.
Lotterie B: Lotterie A mit 95% Wahrscheinlichkeit,
10 DM mit 5% Wahrscheinlichkeit.

Die von Bernasconi (1994) gemachten Untersuchungen bestätigen zwar dessen Hypothese über die Form der Indifferenzkurven im Marschak-Machina-Dreieck. Jedoch kann man Zweifel daran haben, ob sich die Ergebnisse von Bernasconis Untersuchungen auf alle Arten von Lotterien verallgemeinern lassen. Die von Bernasconi verwendeten Lotterien zeichnen sich nämlich durch die beiden folgenden Merkmale aus:

1. Die möglichen Ausgänge der betrachteten Lotterien bedeuten ausnahmslos eine Verbesserung gegenüber dem Status quo. Es besteht in keinem Fall die Möglichkeit, daß der Befragte einen Verlust erleidet.

Abbildung 14: Form der Indifferenzkurven im Falle positiver und im Falle negativer Auszahlungsbeträge (vgl. Camerer, 1989, Abbildungen 10 und 11)

10 DM

0 DM

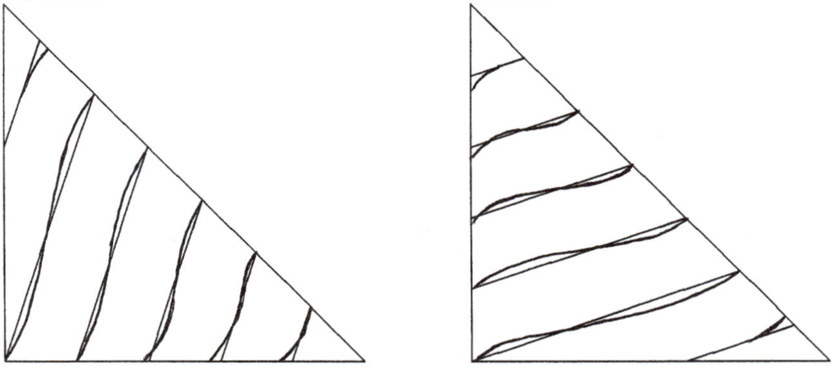

5 DM

0 DM

–5 DM

–10 DM

2. Die Höhe der Gewinne bei den verschiedenen Lotterien liegt stets im Bereich von 0 bis 20 DM. Die Möglichkeit eines höheren Gewinns existiert bei keiner der betrachteten Lotterien.

Es stellt sich also die Frage, ob sich die Bernasconi-Hypothese auch dann bestätigt, wenn man negative oder sehr hohe Auszahlungsbeträge verwendet.

Aufschluß hierüber geben die empirischen Untersuchungen von Camerer (1989). Camerer betrachtet Lotterien auf den folgenden Mengen:

$$\begin{aligned}
\Omega_1 &\doteq \{\text{Gewinn von 0 DM, Gewinn von 25.000 DM,} \\
&\qquad \text{Gewinn von 10.000 DM}\} \\
\Omega_2 &\doteq \{\text{Gewinn von 0 DM, Gewinn von 10 DM, Gewinn von 5 DM}\} \\
\Omega_3 &\doteq \{\text{Verlust von 10 DM, Verlust von 0 DM, Verlust von 5 DM}\}
\end{aligned}$$

Die Untersuchungen von Camerer (1989, S.86 ff., Abbildungen 9, 10 und 11) stützen die Bernasconi-Hypothese in den Fällen Ω_1 und Ω_2, widerlegen sie jedoch im Falle Ω_3. Betrachtet man die Menge der Lotterien auf der Menge Ω_3, so sind die Indifferenzkurven im Marschak-Machina-Dreieck anders gekrümmt (siehe Abbildung 14). Die Indifferenzkurven im Falle Ω_3

erhält man - wie Camerer (1989) korrekterweise bemerkt - dadurch, daß man die Indifferenzkurven im Falle Ω_2 an der 45-Grad-Achse spiegelt.

Die empirischen Untersuchungen von Camerer (1989) und Bernasconi (1994) machen drei Dinge deutlich:

1. Im Hinblick auf die Form der Indifferenzkurven macht es keinen Unterschied, ob man Lotterien auf der Menge Ω_1 oder Lotterien auf der Menge Ω_2 betrachtet (siehe hierzu Camerer, 1989, Abbildungen 9 und 10). Dies zeigt, daß die Richtigkeit oder Falschheit einer Theorie über Entscheidungen unter Risiko nicht von der Höhe der möglichen Gewinne abhängt, die bei einer Lotterie zu erzielen sind (!!!).

2. Die Erwartungsnutzentheorie ist empirisch widerlegt: Bei keiner der von Camerer (1989) und Bernasconi (1994) betrachteten Alternativenmengen $\Omega \doteq \{a_1, a_2, a_3\}$ sind die Indifferenzkurven im Marschak-Machina-Dreieck geradlinig. (Die Erwartungsnutzentheorie jedoch unterstellt Geradlinigkeit!)

3. Für die Gewichtung der möglichen Ausgänge einer Lotterie ist neben deren Wahrscheinlichkeit nicht nur deren Rang (schlechtestes, zweitschlechtestes, drittschlechtestes Ergebnis), sondern vor allem die Veränderung gegenüber dem Status quo (Verbesserung/ Verschlechterung) maßgebend.

3.1.4 Verallgemeinerung der Erwartungsnutzentheorie

Die empirische Widerlegung der Erwartungsnutzentheorie, z.B. durch Allais (1953, 1979) und Kahneman/Tversky (1979), hat dazu geführt, daß viele verschiedene Theorien über Entscheidungen unter Risiko entwickelt wurden, die - im Unterschied zur Erwartungsnutzentheorie - eine Verletzung des Unabhängigkeitsaxioms tolerieren. Ich verweise in diesem Zusammenhang insbesondere auf die Arbeiten von Kahneman/Tversky (1979), Quiggin (1982, 1991, 1995), Chew (1983, 1989), Yaari (1987), Chew/Karni/Safra (1987), Segal (1985, 1987, 1989, 1990), Schmeidler (1989), Karni/Schmeidler (1991), Tversky/Kahneman (1992), Wakker/Tversky (1993) und Wakker (1994). Ein wichtiges Kriterium für die Leistungsfähigkeit derartiger Theorien stellt die Übereinstimmung mit den in Abschnitt 3.1.3 erwähnten empirischen Untersuchungen dar.
Um die einzelnen Theorien und ihre Unterschiede zu verstehen, benötigt man meist sehr weitreichende mathematische Vorkenntnisse. Dennoch will ich versuchen, einen kurzen Einblick in die (aus meiner Sicht) wichtigsten

Theorien über Entscheidungen unter Risiko zu geben. Mein Ansatzpunkt für die Beurteilung von Alternativen zur Erwartungsnutzentheorie lautet: In welcher Weise muß man die Erwartungsnutzentheorie verändern, um den in Abschnitt 3.1.3 erwähnten empirischen Untersuchungen Rechnung zu tragen?
Im folgenden nehme ich eine Verallgemeinerung der Erwartungsnutzentheorie vor, die so weit gefaßt ist, daß sie die beiden bedeutendsten der in der Literatur diskutierten Verallgemeinerungen der Erwartungsnutzentheorie (die sog. Theorie des gewichteten Nutzens und die Theorie des Erwartungsnutzens mit rangabhängigen Wahrscheinlichkeiten) umfaßt.

Definition 3.1.3 *(Verallgemeinerte Erwartungsnutzentheorie)*
Eine Präferenzordnung R *auf der Menge L steht im Einklang mit der verallgemeinerten Erwartungsnutzentheorie, wenn eine Funktion* $f : \Omega \longrightarrow \mathbb{R}$ *und Gewichtsfunktionen*

$$g_i : \mathbb{R}^n \times L \longrightarrow [0,\, 1]\,, \quad i = 1, ..., n\,, \quad \textit{mit} \sum_{i=1}^{n} g_i(\cdot) = 1\,,$$

existieren, so daß für alle $p, q \in L$ *gilt:*

$$pRq \iff \sum_{i=1}^{n} g_i(f(a_1), ..., f(a_n), p_1, ..., p_n) \cdot f(a_i) \geq \sum_{i=1}^{n} g_i(f(a_1), ..., f(a_n), q_1, ..., q_n) \cdot f(a_i)\,.$$

Wählt man in Definition 3.1.3 als Gewichtsfunktionen

$$g_i : \mathbb{R}^n \times L \longrightarrow [0,\, 1]\,, \quad g_i(f(a_1), ..., f(a_n), p_1, ..., p_n) \doteq p_i\,,$$

so erhält man die Erwartungsnutzentheorie (siehe Abschnitt 3.1.1, Definition 3.1.2).
Im Unterschied zu der Erwartungsnutzentheorie lasse ich bei meiner Definition der verallgemeinerten Erwartungsnutzentheorie Gewichtungen der verschiedenen möglichen Ergebnisse einer Lotterie zu, die sich von deren Wahrscheinlichkeiten unterscheiden; d.h. $g_i(f(a_1), ..., f(a_n), p_1, ..., p_n)$ muß nicht gleich p_i sein. Der Funktionswert einer Funktion g_i gibt an, wie stark das Ergebnis a_i gewichtet wird. Welches Gewicht man einem möglichen Ergebnis einer Lotterie beimißt, hängt natürlich in erster Linie von dessen Wahrscheinlichkeit p_i ab. Es können aber auch andere Faktoren eine Rolle

spielen, wie z.B. der Rang des Ergebnisses (bestmögliches, schlechtestmögliches oder mittleres Ergebnis) oder die Veränderung gegenüber dem Status quo (Nutzenzuwachs oder Nutzenminderung).

Im folgenden beschreibe ich einige Verallgemeinerungen der Erwartungsnutzentheorie, die sich mit der in Definition 3.1.3 eingeführten Notation erfassen lassen, und untersuche, inwieweit diese den in Abschnitt 3.1.3 erwähnten empirischen Untersuchungen gerecht werden. Die Beschreibung dieser Theorien nehme ich so vor, daß daraus deutlich wird, welcher Art die entsprechenden Gewichtsfunktionen g_i aus Definition 3.1.3 sind.
Ich unterscheide die folgenden vier Verallgemeinerungen der Erwartungsnutzentheorie:

Theorie des Erwartungsnutzens mit nutzenabhängigen Wahrscheinlichkeiten (kurz: ENNAW-Theorie)

Bei dieser unter anderem von Chew (1983, 1989) vertretenen und im allgemeinen als „Theorie des gewichteten Nutzens" bezeichneten Theorie hängen die Werte einer Gewichtsfunktion g_i ab von der Wahrscheinlichkeit p_i, sowie den Nutzenwerten $f(a_1), \ldots, f(a_n)$. Die Gewichtung eines möglichen Ergebnisses einer Lotterie wird also nicht ausschließlich durch dessen Wahrscheinlichkeit bestimmt (wie dies z.B. bei der Erwartungsnutzentheorie der Fall ist!), sondern auch durch die Höhe des mit dem Ergebnis verbundenen Nutzens.
Man fordert die Existenz einer Funktion $f\colon \Omega \longrightarrow \mathbb{R}$ und einer Funktion $g\colon \mathbb{R} \longrightarrow \mathbb{R}^+$, so daß für die Präferenzordnung R auf der Menge L gilt:

$$pRq \iff \frac{\sum_{i=1}^{n} p_i\, g\left(f(a_i)\right) f(a_i)}{\sum_{i=1}^{n} p_i\, g\left(f(a_i)\right)} \geq \frac{\sum_{i=1}^{n} q_i\, g\left(f(a_i)\right) f(a_i)}{\sum_{i=1}^{n} q_i\, g\left(f(a_i)\right)}\,.$$

Theorie des Erwartungsnutzens mit transformierten Wahrscheinlichkeiten (kurz: ENTW-Theorie)

Diese Theorie wurde in der veröffentlichten Literatur bislang nicht formuliert, jedoch schlagen Kahneman/Tversky (1979) mit der sog. „Prospect Theory" eine ähnliche (jedoch meiner Ansicht nach weniger plausible) Konzeption vor. Die Grundidee, die mich bei der Formulierung der ENTW-Theorie geleitet hat, lautet: Ereignisse mit einer sehr niedrigen Wahrscheinlichkeit sollen ein höheres Gewicht erhalten als ihnen aufgrund ihrer Wahrscheinlichkeit zukommt. Die Werte der Gewichtsfunktionen g_i hängen bei dieser Theorie ausschließlich von den Wahrscheinlichkeiten $p_1, \ldots, p_n$ und nicht von den Nutzen der möglichen Ergebnisse einer Lotterie ab. Gefordert wird die Existenz einer Funktion $f\colon \Omega \longrightarrow \mathbb{R}$ und einer monoton wachsenden

Wahrscheinlichkeitstransformation

$$\pi\colon [0,1] \longrightarrow [0,1] \quad \text{mit} \quad \pi(0)=0 \text{ und } \pi(1)=1,$$

so daß für die Präferenzordnung R gilt:

$$p\text{R}q \iff \frac{\sum_{i=1}^{n} \pi(p_i)\, f(a_i)}{\sum_{i=1}^{n} \pi(p_i)} \geq \frac{\sum_{i=1}^{n} \pi(q_i)\, f(a_i)}{\sum_{i=1}^{n} \pi(q_i)}.$$

Der Unterschied zu der von Kahneman/Tversky (1979) vorgeschlagenen Prospect Theory besteht im wesentlichen darin, daß ich - anders als Kahneman/Tversky - bei der ENTW-Theorie den Gedanken der Gewichtung zugrunde lege. Nach Kahneman/Tversky (1979) soll folgendes gelten:

$$p\text{R}q \iff \sum_{i=1}^{n} \pi(p_i)\, f(a_i) \geq \sum_{i=1}^{n} \pi(q_i)\, f(a_i).$$

Da $\sum_{i=1}^{n} \pi(p_i)$ und $\sum_{i=1}^{n} \pi(q_i)$ im allgemeinen verschieden voneinander sind, unterscheidet sich die Prospect Theory von der ENTW-Theorie.
Den Unterschied zwischen der Prospect Theory und der ENTW-Theorie werde ich im folgenden anhand eines Beispiels verdeutlichen. Vorher möchte ich jedoch darauf hinweisen, daß die Prospect Theory nur dann eine andere Präferenzordnung als die ENTW-Theorie liefert, wenn die Wahrscheinlichkeitstransformation $\pi\colon [0,1] \longrightarrow [0,1]$ nicht die identische Abbildung ist. Im Falle der identischen Abbildung

$$\pi\colon [0,1] \longrightarrow [0,1], \qquad \pi(a) \doteq a \quad (a \in [0,1]),$$

erhält man nämlich bei beiden Ansätzen die Erwartungsnutzentheorie, da

$$\sum_{i=1}^{n} p_i = \sum_{i=1}^{n} q_i = 1.$$

Von Interesse sind also nur diejenigen Fälle, in denen π nicht die identische Abbildung ist. Wie ich mit dem nachfolgenden Lemma beweise, läßt sich die identische Abbildung dadurch charakterisieren, daß für alle $a, b \in [0,1]$ mit $a+b \leq 1$ gilt: $\pi(a+b) = \pi(a) + \pi(b)$.

Lemma 3.1.1 *(Charakterisierung der identischen Abbildung von* $[0, 1]$ *nach* $[0, 1]$*)*
Es sei $\pi\colon [0, 1] \longrightarrow [0, 1]$ *eine stetige*[8] *Funktion mit den Eigenschaften*

$$\pi(0) = 0\,, \qquad \pi(1) = 1 \qquad \textit{und}$$
$$\pi(a+b) = \pi(a) + \pi(b) \qquad \textit{für alle } a, b \in [0, 1] \textit{ mit } a+b \leq 1\,.$$

Dann ist π *die identische Abbildung von* $[0, 1]$ *nach* $[0, 1]$.

BEWEIS siehe Anhang B.

Die Prospect Theory und die ENTW-Theorie unterscheiden sich also nur dann von der Erwartungsnutzentheorie, wenn $a, b \in [0, 1]$ mit $a+b \leq 1$ existieren, so daß $\pi(a+b) \neq \pi(a) + \pi(b)$. In diesem Fall führt jedoch - wie das folgende Beispiel zeigt - die Prospect Theory zu Konsequenzen, die in deutlichem Konflikt zu den menschlichen Rationalitätsvorstellungen stehen.

Beispiel 3.1.2 *Die Wahrscheinlichkeitstransformation* $\pi\colon [0, 1] \longrightarrow [0, 1]$ *sei nicht die identische Abbildung, d.h. es existieren* $a, b \in [0, 1]$ *mit* $a+b \leq 1$*, so daß*

$$\pi(a+b) \neq \pi(a) + \pi(b)\,.$$

Außerdem sei $\Omega = \{a_1, a_2, a_3\}$ *und die drei Alternativen* a_1, a_2, a_3 *seien indifferent zueinander* ($\Longrightarrow f(a_1) = f(a_2) = f(a_3)$).
Die Lotterien $p = (p_1, p_2, p_3)$ *und* $q = (q_1, q_2, q_3)$ *definiere ich folgendermaßen:*

$$q_2 \doteq a\,, \quad q_3 \doteq b\,, \quad p_2 \doteq a+b\,, \quad p_3 \doteq 0\,, \qquad p_1 = q_1 \doteq 1-a-b\,.$$

Dann ist

$$\sum_{i=1}^{3} \pi(p_i) \;=\; \pi(1-a-b) + \pi(a+b)$$
$$\neq\; \pi(1-a-b) + \pi(a) + \pi(b) \;=\; \sum_{i=1}^{3} \pi(q_i)$$

und somit:

$$\sum_{i=1}^{3} \pi(p_i)\, f(a_i) \;\neq\; \sum_{i=1}^{3} \pi(q_i)\, f(a_i)\,.$$

[8]Zum Begriff der Stetigkeit siehe Anhang A.2, Definition A.2.4.

Die Lotterien p und q sind also gemäß der Prospect Theory nicht indifferent zueinander, sofern $\pi(a+b) \neq \pi(a) + \pi(b)$.
Dagegen liegt bei jeder Präferenzordnung, die im Einklang mit der in Definition 3.1.3 vorgenommenen Verallgemeinerung der Erwartungsnutzentheorie steht, - und insbesondere bei jeder Präferenzordnung, die im Einklang mit der ENTW-Theorie steht - eine Indifferenz zwischen den Lotterien p und q vor.
Falls $f(a_1) = f(a_2) = f(a_3)$, *dann gilt nämlich für alle Gewichtsfunktionen*

$$g_i: \mathbb{R}^n \times L \longrightarrow [0, 1], \quad i = 1, ..., n, \quad \textit{mit} \sum_{i=1}^{n} g_i(\cdot) = 1,$$

folgendes:

$$\sum_{i=1}^{n} g_i(f(a_1), f(a_2), f(a_3), p_1, p_2, p_3) \cdot f(a_i) =$$
$$\sum_{i=1}^{n} g_i(f(a_1), f(a_2), f(a_3), q_1, q_2, q_3) \cdot f(a_i) = f(a_1).$$

Im Falle der ENTW-Theorie bedeutet dies:

$$\frac{\sum_{i=1}^{3} \pi(p_i) f(a_i)}{\sum_{i=1}^{3} \pi(p_i)} = \frac{\sum_{i=1}^{3} \pi(q_i) f(a_i)}{\sum_{i=1}^{3} \pi(q_i)}.$$

Dieses Beispiel beweist, daß es sich bei der Prospect Theory - anders als bei der ENTW-Theorie - um keine Verallgemeinerung der Erwartungsnutzentheorie im Sinne von Definition 3.1.3 handelt.

Theorie des Erwartungsnutzens mit rangabhängigen Wahrscheinlichkeiten (kurz: ENRAW-Theorie)

In der von Quiggin (1982) eingeführten und z.B. von Segal (1987, 1989, 1990) weiterentwickelten Theorie der rangabhängigen Gewichtung der möglichen Ergebnisse einer Lotterie ordnet man den zur Wahl stehenden Lotterien Wahrscheinlichkeitsmaße[9] auf $\mathbb{R}$ zu. Diese Wahrscheinlichkeitsmaße geben zu jedem möglichen Nutzenwert $f(a_i)$ die Wahrscheinlichkeit p_i seines Auftretens an; sie werden deshalb als **Nutzenverteilungen** bezeichnet. Die Nutzenverteilungen transformiert man mittels einer monoton wachsenden Funktion

$$\varphi: [0, 1] \longrightarrow [0, 1], \quad \varphi(0) = 0, \ \varphi(1) = 1,$$

[9] Zum Begriff des Wahrscheinlichkeitsmaßes siehe Anhang A.3, Definition A.3.2.

indem man jedem Wahrscheinlichkeitsmaß P auf $\mathbb{R}$ ein Wahrscheinlichkeitsmaß P_φ zuordnet, welches folgendermaßen definiert ist:

$$P_\varphi((-\infty, t]) \doteq \varphi(P((-\infty, t])) .$$

Die Wahrscheinlichkeitstransformation $\varphi: [0, 1] \longrightarrow [0, 1]$ wird also auf die zu einem Wahrscheinlichkeitsmaß P gehörige Verteilungsfunktion

$$F_P: [0, 1] \longrightarrow [0, 1] , \qquad F_P(t) \doteq P((-\infty, t]) ,$$

angewendet: Man bildet die Verteilungsfunktion F_P auf die Verteilungsfunktion $\varphi \circ F_P$ ab. Da ein Wahrscheinlichkeitsmaß durch seine Verteilungsfunktion eindeutig bestimmt ist,[10] erhält man auf diese Weise ein eindeutig bestimmtes Wahrscheinlichkeitsmaß P_φ mit der Verteilungsfunktion $\varphi \circ F_P$. Für die transformierte Nutzenverteilung P_φ berechne man den Erwartungsnutzen.
Falls $f(a_1) < f(a_2) < \ldots < f(a_n)$, dann beträgt die transformierte (rangabhängige) Wahrscheinlichkeit eines Ereignisses a_i $(i = 1, ..., n)$ gemäß der ENRAW-Theorie:

$$\tilde{p}_i \doteq g_i(f(a_1), ..., f(a_n), p_1, ..., p_n) \doteq \varphi\left(\sum_{j=1}^{i} p_j\right) - \varphi\left(\sum_{j=1}^{i-1} p_j\right) .$$

Die Summe $\sum_{j=1}^{i} p_j$ bezeichnet hierbei die Wahrscheinlichkeit, daß der Nutzen des Ergebnisses der Lotterie $p = (p_1, ..., p_n)$ höchstens $f(a_i)$ beträgt. Ich will dies nun anhand des in Abschnitt 3.1.2 (Abbildung 11) betrachteten Beispiels, in dem die Möglichkeit des Gewinns einer ein- bzw. dreiwöchigen Reise besteht, näher erörtern.

Beispiel 3.1.3 *Es sei* $\Omega \doteq \{a_1, a_2, a_3\}$; a_2 *werde gegenüber* a_3 *und* a_3 *gegenüber* a_1 *präferiert* $(\Longrightarrow \; f(a_2) > f(a_3) > f(a_1))$. *Eine bestimmte Person präferiere die Lotterie* $q \doteq (0, 0, 1)$ *gegenüber der Lotterie* $p \doteq (0.5, 0.5, 0)$ *und die Lotterie* $r \doteq (0.95, 0.05, 0)$ *gegenüber der Lotterie* $s \doteq (0.9, 0, 0.1)$.
Bezeichnet man mit a_1 *den Status quo, mit* a_2 *den Gewinn einer dreiwöchigen Reise und mit* a_3 *den Gewinn einer einwöchigen Reise, so stimmen diese Präferenzen - wie die empirischen Untersuchungen von Kahneman/Tversky (1979) zeigen - mit den Präferenzen der meisten Personen überein. Dennoch stehen sie, wie ich in Abschnitt 3.1.2 bewiesen habe, nicht im Einklang mit der Erwartungsnutzentheorie. Es stellt sich daher die Frage, wie*

[10] Siehe hierzu Anhang A.3, Korollar A.3.1.

die ENRAW-Theorie das von Kahneman/Tversky (1979) aufgeworfene Problem löst.
Im folgenden zeige ich, daß die oben dargestellten Präferenzen im Einklang mit der ENRAW-Theorie stehen. Ich behaupte also, daß es eine monoton wachsende Wahrscheinlichkeitstransformation

$$\varphi\colon [0,1] \longrightarrow [0,1] \quad \textit{mit} \quad \varphi(0) = 0 \ \textit{und} \ \varphi(1) = 1\,,$$

sowie eine Nutzenfunktion $f\colon \Omega \longrightarrow \mathbb{R}$ *gibt, so daß*

$$\begin{aligned} &\varphi(q_1)\, f(a_1) + (\varphi(q_1{+}q_3) - \varphi(q_1))\, f(a_3) + (\varphi(1) - \varphi(q_1{+}q_3))\, f(a_2) > \\ &\varphi(p_1)\, f(a_1) + (\varphi(p_1{+}p_3) - \varphi(p_1))\, f(a_3) + (\varphi(1) - \varphi(p_1{+}p_3))\, f(a_2)\,. \end{aligned}$$

und

$$\begin{aligned} &\varphi(r_1)\, f(a_1) + (\varphi(r_1{+}r_3) - \varphi(r_1))\, f(a_3) + (\varphi(1) - \varphi(r_1{+}r_3))\, f(a_2) > \\ &\varphi(s_1)\, f(a_1) + (\varphi(s_1{+}s_3) - \varphi(s_1))\, f(a_3) + (\varphi(1) - \varphi(s_1{+}s_3))\, f(a_2)\,. \end{aligned}$$

Es sind also die beiden Ungleichungen

$$\begin{aligned} f(a_3) &> \varphi(0.5)\, f(a_1) + (1 - \varphi(0.5))\, f(a_2)\,, \\ \varphi(0.95)\, f(a_1) + (1 - \varphi(0.95))\, f(a_2) &> \varphi(0.9)\, f(a_1) + (1 - \varphi(0.9))\, f(a_3) \end{aligned}$$

zu erfüllen. Setzt man $f(a_1) \doteq 0$, *so erhält man*

$$\begin{aligned} f(a_3) &> (1 - \varphi(0.5))\, f(a_2)\,, \\ (1 - \varphi(0.95))\, f(a_2) &> (1 - \varphi(0.9))\, f(a_3)\,, \end{aligned}$$

und somit:

$$1 - \varphi(0.5) < \frac{f(a_3)}{f(a_2)} < \frac{1 - \varphi(0.95)}{1 - \varphi(0.9)}\,.$$

Dieser Bedingung kann man Rechnung tragen, indem man den linken Term klein oder indem man den rechten Term groß macht. Wählt man z.B.

$$f(a_3)/f(a_2) = 0.5\,,$$

so folgt hieraus:

$$1 - \varphi(0.5) < 0.5 \qquad \textit{und} \qquad 1 - \varphi(0.95) > 0.5\,(1 - \varphi(0.9))\,.$$

Einerseits steht eine derartige Wahrscheinlichkeitstransformation φ *für eine hohe Risikobereitschaft im oberen Bereich der jeweiligen Wahrscheinlichkeitsverteilung, da eine 5%-Chance auf den Höchstgewinn mehr als halb so* *hoch gewichtet wird wie eine 10%-Chance. Andererseits bringt eine Transformation φ mit der Eigenschaft $1 - \varphi(0.5) < 0.5$ eine Risikoabneigung zum Ausdruck, da eine 50%-Chance mit einem Gewichtungsfaktor versehen wird, der kleiner als 0.5 ist.*[11]

Die ENRAW-Theorie zeichnet sich gegenüber den mit ihr konkurrierenden Theorien (z.B. gegenüber der ENNAW- oder der ENTW-Theorie) dadurch aus, daß die Gewichtung der möglichen Ergebnisse einer Lotterie von deren Rang abhängt. Eine zentrale Fragestellung der ENRAW-Theorie lautet: Soll das schlechtestmögliche bzw. das bestmögliche Ergebnis einer Lotterie bei gleicher Wahrscheinlichkeit stärker gewichtet werden als ein mittleres Ergebnis? Nach Chew/Karni/Safra (1987) und Wakker (1994) hängt die Beantwortung dieser Frage von dem Risikoverhalten der betrachteten Person ab. Dieses kommt in der Funktion φ: $[0, 1] \longrightarrow [0, 1]$ zum Ausdruck.

Modifizierte Theorie des Erwartungsnutzens mit rangabhängigen Wahrscheinlichkeiten (kurz: MENRAW-Theorie)

Die Gewichtung der möglichen Ergebnisse einer Lotterie hängt, wie die in Abschnitt 3.1.3 erwähnten empirischen Untersuchungen zeigen, nicht nur von deren Rang, sondern auch davon ab, ob ein Nutzenzuwachs oder eine Nutzenminderung gegenüber dem Status quo vorliegt. Deshalb entwickelten Tversky/Kahneman (1992) und Wakker/Tversky (1993) die „Cumulative Prospect Theory“, bei der die Idee der rang- und vorzeichenabhängigen Wahrscheinlichkeiten im Mittelpunkt steht. Dieser Ansatz entspricht aber nicht dem von mir in Definition 3.1.3 zum Ausdruck gebrachten Gedanken der Gewichtung. Aus diesem Grund formuliere ich an dieser Stelle eine eigenständige Theorie.

Ein positiver Nutzenwert $f(a_i)$ bedeute eine Verbesserung, ein negativer Nutzenwert hingegen eine Verschlechterung gegenüber dem Status quo. Im Unterschied zu der ENRAW-Theorie soll die Gewichtung eines möglichen Ergebnisses bei der MENRAW-Theorie nicht von dem Rang des Nutzenwertes $f(a_i)$, sondern von dem Rang des Absolutbetrages $|f(a_i)|$ der Nutzenänderung abhängen.

Falls $|f(a_1)| < |f(a_2)| < \ldots < |f(a_n)|$, dann beträgt die transformierte Wahrscheinlichkeit eines Ereignisses a_i $(i = 1, ..., n)$ gemäß der MENRAW-

[11] Eine ausführliche Diskussion des Begriffs der Risikoaversion nehme ich in Abschnitt 3.1.5 vor.

Theorie:

$$\tilde{p}_i \doteq g_i\,(f(a_1), ..., f(a_n), p_1, ..., p_n) \;\doteq\; \varphi\left(\sum_{j=1}^{i} p_j\right) - \varphi\left(\sum_{j=1}^{i-1} p_j\right),$$

wobei $\varphi:\ [0,\,1] \longrightarrow [0,\,1]$, mit $\varphi(0) = 0$ und $\varphi(1) = 1$, eine monoton wachsende Funktion ist (siehe hierzu meine Ausführungen zur ENRAW-Theorie).
Die Summe $\sum_{j=1}^{i} p_j$ bezeichnet dabei die Wahrscheinlichkeit, daß die Nutzenänderung gegenüber dem Status quo bei der Lotterie $p = (p_1, ..., p_n)$ höchstens $f(a_i)$ beträgt.

Bei allen vier genannten Theorien handelt es sich einerseits um Verallgemeinerungen der Erwartungsnutzentheorie und andererseits um Spezialfälle des in Definition 3.1.3 eingeführten Modells der verallgemeinerten Erwartungsnutzentheorie. Die einzelnen Theorien machen aber sehr unterschiedliche Aussagen über die Gestalt der Gewichtsfunktionen $g_i:\ \mathbb{R}^n \times L \longrightarrow [0,\,1]$, $i = 1, ..., n$. Für diese Gewichtsfunktionen gilt

- **gemäß der ENNAW-Theorie:** Es existiert eine Funktion $g:\ \mathbb{R} \longrightarrow \mathbb{R}^+$, so daß

$$g_i\,(f(a_1), ..., f(a_n), p_1, ..., p_n) \;=\; \frac{p_i\; g\,(f(a_i))}{\sum_{i=1}^{n}\; p_i\; g\,(f(a_i))}\,, \quad i = 1, ..., n\,.$$

- **gemäß der ENTW-Theorie:** Es existiert eine monoton wachsende Funktion $\pi:\ [0,\,1] \longrightarrow [0,\,1]$, so daß

$$g_i\,(f(a_1), ..., f(a_n), p_1, ..., p_n) \;=\; \frac{\pi(p_i)}{\sum_{i=1}^{n}\; \pi(p_i)}\,, \quad i = 1, ..., n\,.$$

- **gemäß der ENRAW-Theorie:** Es existiert eine monoton wachsende Funktion $\varphi:\ [0,\,1] \longrightarrow [0,\,1]$, so daß für alle $i \in \{1, ..., n\}$

$$\begin{aligned} & g_i\,(f(a_1), ..., f(a_n), p_1, ..., p_n) \\ = \; & \frac{\varphi\left(\sum_{j=1}^{n} p_j \cdot \mathbb{I}\,(f(a_j) \leq f(a_i))\right)}{\mid \{j \in \{1, ..., n\} \mid f(a_j) = f(a_i)\} \mid} \\ & - \frac{\varphi\left(\sum_{j=1}^{n} p_j \cdot \mathbb{I}\,(f(a_j) < f(a_i))\right)}{\mid \{j \in \{1, ..., n\} \mid f(a_j) = f(a_i)\} \mid}, \end{aligned}$$

wobei

$$\mathbb{I}(f(a_j) \leq f(a_i)) \doteq \begin{cases} 1, & \text{falls } f(a_j) \leq f(a_i), \\ 0, & \text{sonst} \end{cases}$$

und $|\{j \in \{1, ..., n\} \mid f(a_j) = f(a_i)\}|$ die Anzahl der Ergebnisse $a_j \in \Omega$ bezeichnet, deren Nutzen genauso groß wie derjenige von a_i ist. (Der Ausdruck im Zähler des obigen Bruches gibt das Gewicht an, das den Ergebnissen mit dem Nutzenwert $f(a_i)$ insgesamt zukommt.)

- **gemäß der MENRAW-Theorie:** Es existiert eine monoton wachsende Funktion $\varphi\colon [0, 1] \longrightarrow [0, 1]$, so daß für alle $i \in \{1, ..., n\}$

$$\begin{aligned} & g_i(f(a_1), ..., f(a_n), p_1, ..., p_n) \\ = \; & \frac{\varphi\left(\sum_{j=1}^{n} p_j \cdot \mathbb{I}(|f(a_j)| \leq |f(a_i)|)\right)}{|\{j \in \{1, ..., n\} \mid |f(a_j)| = |f(a_i)|\}|} \\ - \; & \frac{\varphi\left(\sum_{j=1}^{n} p_j \cdot \mathbb{I}(|f(a_j)| < |f(a_i)|)\right)}{|\{j \in \{1, ..., n\} \mid |f(a_j)| = |f(a_i)|\}|} . \end{aligned}$$

Die Leistungsfähigkeit dieser vier Theorien will ich nun kurz diskutieren. Die **ENNAW-Theorie** (meist als Theorie des gewichteten Nutzens bezeichnet) impliziert die Geradlinigkeit der Indifferenzkurven im Marschak-Machina-Dreieck. Besteht nämlich eine Indifferenz zwischen zwei Lotterien $p, q \in L$, gilt also

$$\begin{aligned} F(p) \; & \doteq \; \frac{\sum_{i=1}^{n} p_i \, g(f(a_i)) \, f(a_i)}{\sum_{i=1}^{n} p_i \, g(f(a_i))} \\ & = \; \frac{\sum_{i=1}^{n} q_i \, g(f(a_i)) \, f(a_i)}{\sum_{i=1}^{n} q_i \, g(f(a_i))} \; \doteq \; F(q), \end{aligned}$$

so folgt nach Karni/Schmeidler (1991, Theorem 3.3.6) hieraus für den Nutzen der gemischten Lotterien $\alpha p + (1-\alpha) q$, $\alpha \in [0, 1]$:

$$F(\alpha p + (1-\alpha) q) \doteq \frac{\sum_{i=1}^{n} (\alpha p_i + (1-\alpha) q_i) \, g(f(a_i)) \, f(a_i)}{\sum_{i=1}^{n} (\alpha p_i + (1-\alpha) q_i) \, g(f(a_i))} = F(p) .$$

Die Gerade durch zwei zueinander indifferente Punkte $p, q \in L$ im Marschak-Machina-Dreieck stellt also eine Indifferenzkurve dar (vgl. hierzu Abschnitt 3.1.1, Beispiel 3.1.1). Diese Anforderung, die man bei der Verwendung der

ENNAW-Theorie ebenso wie bei der Erwartungsnutzentheorie an die Präferenzordnung R stellt, steht aber in Konflikt zu den tatsächlichen menschlichen Rationalitätsvorstellungen, wie die empirischen Untersuchungen von Camerer (1989) und Bernasconi (1994) zeigen (siehe Abschnitt 3.1.3).

Die Geradlinigkeit der Indifferenzkurven wird bei der **ENTW-Theorie** nicht vorausgesetzt. Dennoch handelt es sich bei dieser Theorie um keinen plausiblen Ansatz für eine Modifizierung der Erwartungsnutzentheorie, wie das folgende Beispiel verdeutlicht:

Beispiel 3.1.4 *Wie ich in Lemma 3.1.1 gezeigt habe, besteht nur dann ein Unterschied zwischen der ENTW-Theorie und der Erwartungsnutzentheorie, wenn* $a, b \in [0, 1]$, $a+b \leq 1$, *existieren, so daß* $\pi(a+b) \neq \pi(a) + \pi(b)$. *In diesem Fall ergeben sich aus der ENTW-Theorie aber recht seltsame Konklusionen, wie das folgende Zahlenbeispiel zeigt:*
Es sei $\Omega \doteq \{a_1, a_2, a_3\}$; a_1 *werde gegenüber* a_2 *und* a_3 *präferiert;* a_2 *und* a_3 *seien indifferent zueinander* ($\Longrightarrow f(a_1) > f(a_2) = f(a_3)$). *Weiterhin gelte für die Lotterien* $p = (p_1, p_2, 0)$ *und* $q = (q_1, q_2, q_3)$ *folgendes:*

$$p_1 = q_1 \ (\Longrightarrow p_2 = q_2 + q_3) \quad \text{und} \quad \pi(p_2) \neq \pi(q_2) + \pi(q_3).$$

Den Lotterien p und q entsprechen dann gemäß der ENTW-Theorie die folgenden Nutzenwerte:

$$F(p) = \frac{\sum_{i=1}^n \pi(p_i)\, f(a_i)}{\sum_{i=1}^n \pi(p_i)} = \frac{\pi(p_1)\, f(a_1) + \pi(p_2)\, f(a_2)}{\pi(p_1) + \pi(p_2)};$$

$$F(q) = \frac{\sum_{i=1}^n \pi(q_i)\, f(a_i)}{\sum_{i=1}^n \pi(q_i)} = \frac{\pi(q_1)\, f(a_1) + (\pi(q_2) + \pi(q_3))\, f(a_2)}{\pi(q_1) + \pi(q_2) + \pi(q_3)}.$$

Wegen $\pi(p_2) \neq \pi(q_2) + \pi(q_3)$ *und* $f(a_1) \neq f(a_2)$ *ist also* $F(p) \neq F(q)$. *Dies bedeutet, daß die Lotterien p und q nicht indifferent zueinander sind, obwohl man es bei diesen beiden Lotterien mit derselben Nutzenverteilung zu tun hat.*
Die von Kahneman/Tversky (1979) vorgeschlagene Prospect Theory führt zu einem ähnlichen Paradoxon. Bei Anwendung der Prospect Theory erhält man nämlich

$$F(p) = \pi(p_1)\, f(a_1) + \pi(p_2)\, f(a_2) \neq$$
$$\pi(p_1)\, f(a_1) + (\pi(q_1) + \pi(q_2))\, f(a_2) = F(q)$$

und somit auch dann ein Paradoxon, wenn $f(a_1) = f(a_2)$.

Das in Beispiel 3.1.4 dargestellte Paradoxon kann man umgehen, indem

Abbildung 15: Lineare, konvexe und konkave Wahrscheinlichkeitstransformationen φ

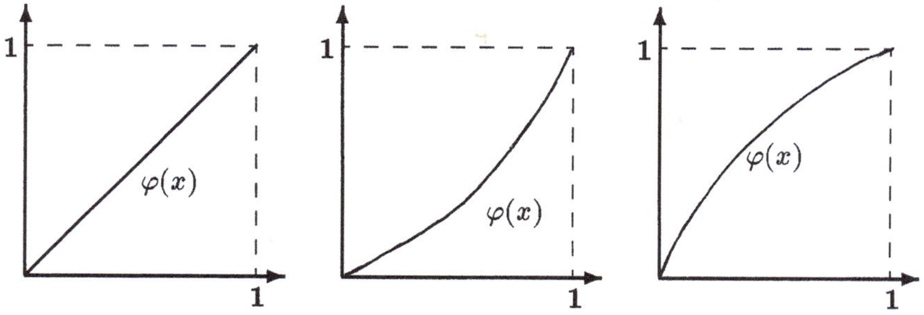

man anstelle der ENTW-Theorie die **ENRAW-Theorie** verwendet. In der ENRAW-Theorie kommen zwei freie Parameter vor: die Funktion $f\colon \Omega \longrightarrow \mathbb{R}$, die zu jedem Ergebnis $a_i \in \Omega$ die Höhe des damit verbundenen Nutzens angibt, und die Wahrscheinlichkeitstransformation $\varphi\colon [0, 1] \longrightarrow [0, 1]$, die das Risikoverhalten (Risikofreudigkeit, Risikovermeidung) der betreffenden Person zum Ausdruck bringt.

Das Auseinanderhalten dieser beiden Parameter ist das zentrale Anliegen von Wakker (1994). Wakker (1994, Theorem 24) betrachtet konvexe, konkave und lineare Wahrscheinlichkeitstransformationen $\varphi\colon [0, 1] \longrightarrow [0, 1]$. Die bei der Erwartungsnutzentheorie verwendete Transformation ($\varphi(x) = x$) ist linear. Neben der linearen Funktion

$$\varphi\colon [0, 1] \longrightarrow [0, 1], \quad \varphi(x) \doteq x,$$

kann man bei der ENRAW-Theorie z.B. auch nichtlineare konvexe oder nichtlineare konkave Wahrscheinlichkeitstransformationen verwenden (siehe Abbildung 15).

Definition 3.1.4 *Es sei* $M \subset \mathbb{R}$. *Eine Funktion* $\varphi\colon M \longrightarrow \mathbb{R}$ *heißt*

- **konvex,** *wenn* $\varphi(\alpha x_1 + (1-\alpha) x_2) \leq \alpha \varphi(x_1) + (1-\alpha) \varphi(x_2)$ *für alle* $\alpha \in [0, 1]$ *und alle* $x_1, x_2 \in M$.
- **konkav,** *wenn* $\varphi(\alpha x_1 + (1-\alpha) x_2) \geq \alpha \varphi(x_1) + (1-\alpha) \varphi(x_2)$ *für alle* $\alpha \in [0, 1]$ *und alle* $x_1, x_2 \in M$.
- **linear,** *wenn* $\varphi(\alpha x_1 + (1-\alpha) x_2) = \alpha \varphi(x_1) + (1-\alpha) \varphi(x_2)$ *für alle* $\alpha \in [0, 1]$ *und alle* $x_1, x_2 \in M$.

Verwendet man eine nichtlineare **konvexe** Wahrscheinlichkeitstransformation $\varphi\colon [0, 1] \longrightarrow [0, 1]$, so werden einige ungünstige Ergebnisse schwächer und einige günstige Ergebnisse stärker gewichtet als es ihrer Wahrscheinlichkeit entspricht. Dieser Sachverhalt läßt sich folgendermaßen erklären: Aus der Nichtlinearität und der Konvexität der Funktion φ folgt für alle $p \in (0, 1)$:

$$\varphi(p) < p \qquad \text{und} \qquad 1 - \varphi(p) > 1 - p\,.$$

Die Werte $\varphi(p)$ geben dabei das Gewicht ungünstiger und die Werte $1-\varphi(p)$ das Gewicht günstiger Ergebnisse an. So bezeichnet beispielsweise der Wert $\varphi(0.5)$ das Gewicht der 50%-ungünstigsten und der Wert $1-\varphi(0.5)$ das Gewicht der 50%-günstigsten Ergebnisse.
Es sei nun a_1 das ungünstigste Ergebnis und p_1 die Wahrscheinlichkeit für a_1, während a_2 das günstigste Ergebnis und p_2 dessen Wahrscheinlichkeit bezeichne. Dann erhält a_1 das Gewicht $\varphi(p_1)$ und a_2 das Gewicht $1-\varphi(1-p_2)$. Weil $\varphi(p_1) < p_1$ und $1-\varphi(1-p_2) > 1-(1-p_2) = p_2$ ist, wird das Ergebnis a_1 schwächer und das Ergebnis a_2 stärker gewichtet als es seiner Wahrscheinlichkeit entspricht.
Im Falle einer nichtlinearen konkaven Wahrscheinlichkeitstransformation verhält sich die Sache umgekehrt. Zwischen der Form der Wahrscheinlichkeitstransformation φ (siehe Abbildung 15) und der damit zum Ausdruck gebrachten Risikobereitschaft bestehen also folgende Zusammenhänge:

- Eine nichtlineare konvexe Funktion φ bedeutet Risikofreudigkeit.
- Eine nichtlineare konkave Funktion φ bedeutet Risikoabneigung.
- Eine lineare Funktion φ bedeutet Risikoneutralität.

Eine ausführliche Erörterung der Begriffe „Risikofreudigkeit“ und „Risikoabneigung“ nehme ich in Abschnitt 3.1.5 vor.

Die Erwartungsnutzentheorie stellt denjenigen Spezialfall der ENRAW-Theorie dar, bei dem die Wahrscheinlichkeitstransformation $\varphi\colon [0, 1] \longrightarrow [0, 1]$ linear ist, bei dem also für alle $p \in (0, 1)$ $\varphi(p) = p$ ist. Um einen weiteren Spezialfall der ENRAW-Theorie handelt es sich bei der von Yaari (1987) entwickelten dualen Theorie: Diese Theorie setzt voraus, daß die möglichen Ergebnisse einer Lotterie in Form von reellwertigen Zahlen (welche Nutzenwerte oder DM-Beträge darstellen) gegeben sind.
Während man es bei der ENRAW-Theorie mit zwei freien Parametern, nämlich der Nutzenfunktion $f\colon \Omega \longrightarrow \mathbb{R}$ und der Wahrscheinlichkeitstransformation $\varphi\colon [0, 1] \longrightarrow [0, 1]$, zu tun hat, kann sowohl bei der Erwartungsnutzentheorie als auch bei Yaaris dualer Theorie nur einer dieser

beiden Parameter frei gewählt werden, da der andere Parameter fest vorgegeben ist. Im Falle der Erwartungsnutzentheorie stellt die Nutzenfunktion $f\colon \Omega \longrightarrow \mathbb{R}$ den einzigen freien Parameter dar (vgl. hierzu Abschnitt 3.1.2, St. Petersburg-Paradoxon), im Falle der dualen Theorie handelt es sich bei der Wahrscheinlichkeitstransformation φ um den einzigen freien Parameter.

Die ENRAW-Theorie ist zwar eine vielversprechende Verallgemeinerung der Erwartungsnutzentheorie, jedoch steht sie - ebenso wie die Erwartungsnutzentheorie - in Konflikt mit den empirischen Untersuchungen von Camerer (1989). Wie Camerer bei seinen Untersuchungen über die Indifferenzkurven im Marschak-Machina-Dreieck zeigt, hat man es im Falle positiver Auszahlungsbeträge mit einem anderen Risikoverhalten als im Falle negativer Auszahlungsbeträge zu tun (siehe oben, Abschnitt 3.1.3, Abbildung 14). Da die ENRAW-Theorie nur die absoluten Nutzen und nicht die Veränderungen gegenüber dem Status quo betrachtet, ergeben sich hieraus die folgenden Einschränkungen für den Anwendungsbereich der ENRAW-Theorie:

- Die ENRAW-Theorie eignet sich nur zur Behandlung von Lotterien, bei denen entweder alle möglichen Ergebnisse eine Verbesserung gegenüber dem Status quo oder alle Ergebnisse eine Verschlechterung gegenüber dem Status quo bedeuten.

- Im Falle von Nutzenzuwächsen ist eine andere Wahrscheinlichkeitstransformation $\varphi : [0, 1] \longrightarrow [0, 1]$ zu verwenden als im Falle von Nutzenminderungen.

Die empirischen Untersuchungen von Camerer (1989) und Bernasconi (1994) legen es nahe, Wahrscheinlichkeitstransformationen der in den Abbildungen 16 bzw. 17 dargestellten Form zu verwenden.
Es sei nun φ^+ die im Falle von Nutzenzuwächsen verwendete und φ^- die im Falle von Nutzenminderungen verwendete Wahrscheinlichkeitstransformation. Aus den empirischen Untersuchungen von Camerer (1989) ergibt sich für die Funktionen φ^+ und φ^- folgender Zusammenhang:

$$\varphi^-(p) = 1 - \varphi^+(1-p)\,.$$

Ich will dies kurz erörtern:

> Die Indifferenzkurven im Marschak-Machina-Dreieck für negative Auszahlungsbeträge gehen nach Camerer (1989) aus denjenigen für positive Auszahlungsbeträge durch eine Spiegelung an der 45-Grad-Achse hervor (siehe hierzu Abschnitt 3.1.3, Abbildung 14, und Camerer, 1989, Abbildungen 10 und 11):

Abbildung 16: Typische Form der Wahrscheinlichkeitstransformation φ im Falle von Nutzenzuwächsen

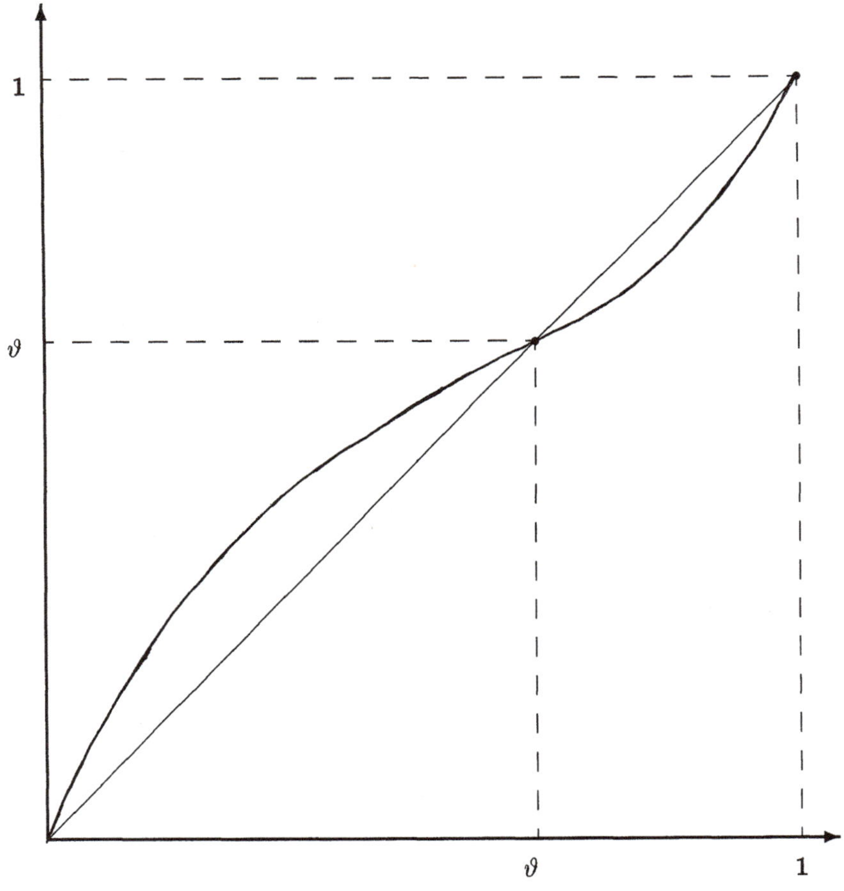

Abbildung 17: Typische Form der Wahrscheinlichkeitstransformation φ im Falle von Nutzenminderungen

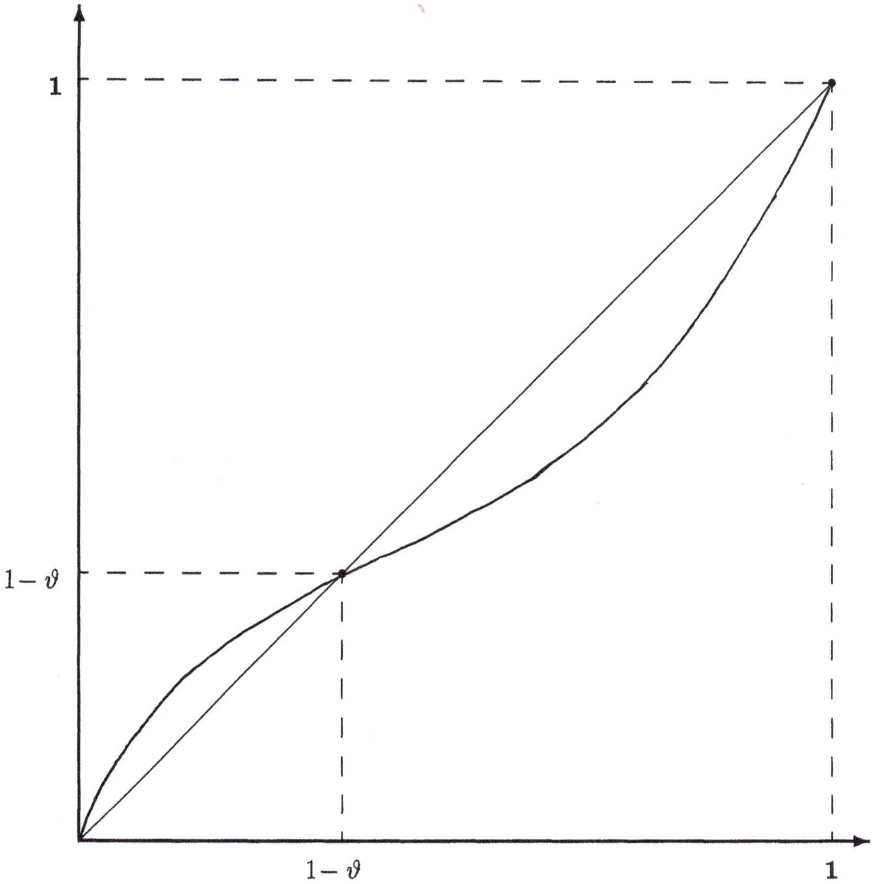

> „Indeed, the curves in the loss gambles are much like the curves from the small gain gambles reflected around the 45-degree line.“ (Camerer, 1989, S.89)

Legt man die in Definition 3.1.3 eingeführte (sehr stark) verallgemeinerte Erwartungsnutzentheorie zugrunde, so führt eine Spiegelung der Indifferenzkurven im Marschak-Machina-Dreieck an der 45-Grad-Achse dazu, daß die ungünstigste der drei möglichen Ergebnisse so gewichtet wird als handele es sich dabei um die günstigste Alternative, und umgekehrt. Denselben Effekt bewirkt im Falle der ENRAW-Theorie das Ersetzen der Wahrscheinlichkeitstransformation φ durch die Transformation

$$\tilde{\varphi}\colon [0,1] \longrightarrow [0,1], \qquad \tilde{\varphi}(p) \doteq 1 - \varphi(1-p).$$

Der von Camerer (1989) aufgezeigte Zusammenhang zwischen den Wahrscheinlichkeitstransformationen φ^+ und φ^- legt es nahe, die ENRAW-Theorie in der von mir vorgeschlagenen Weise (siehe **MENRAW-Theorie**) zu modifizieren. Unter der Voraussetzung, daß $\varphi^-(p) = 1 - \varphi^+(1-p)$, ermöglicht es die MENRAW-Theorie, stets dieselbe Wahrscheinlichkeitstransformation φ zu verwenden - unabhängig davon, ob man es mit Nutzenminderungen oder Nutzenzuwächsen zu tun hat. Ob sich die von mir entworfene MENRAW-Theorie zur Bewertung von Lotterien eignet, bei denen sowohl Nutzenminderungen als auch Nutzenzuwächse möglich sind, bedarf jedoch noch einer empirischen Untersuchung.

Alle Verallgemeinerungen der Erwartungsnutzentheorie haben eines gemeinsam: Die relativ starken Rationalitätsannahmen der Erwartungsnutzentheorie hinsichtlich der individuellen Präferenzen bei Entscheidungen unter Risiko (Archimedisches Axiom, Unabhängigkeitsaxiom) werden abgeschwächt. Dies bedeutet eine Erweiterung des Rationalitätsbegriffs, der der Erwartungsnutzentheorie zugrunde liegt: Man stuft viele Entscheidungen als rational ein, die gemäß der Erwartungsnutzentheorie als irrational gelten.
Dennoch kann man sich zu jeder der vier oben diskutierten Verallgemeinerungen der Erwartungsnutzentheorie ein Entscheidungsverhalten vorstellen, das in Konflikt zu der jeweiligen Theorie steht. Als Beispiele nenne ich die oben erörterten empirischen Widerlegungen der ENNAW- und der ENRAW-Theorie durch Camerer (1989) und Bernasconi (1994). Damit eine Theorie über Entscheidungen unter Risiko als normative bzw. empirische Theorie fungieren kann, muß ein (unvernünftiges) Entscheidungsverhalten möglich sein, das im Widerspruch zu dieser Theorie steht. (Andernfalls würde die

„Theorie“ nur Begriffsbildungen liefern!)
Meiner Ansicht nach kann insbesondere das in dem folgenden Beispiel beschriebene Entscheidungsverhalten als irrational eingestuft werden:

Beispiel 3.1.5 *Es sei* $\Omega \doteq \{a_1, a_2\}$; $L \doteq \{(p_1, p_2) \mid p_1 + p_2 = 1\}$ *bezeichne die Menge der Lotterien auf* Ω. *Falls dann für eine Präferenzordnung* R *auf der Menge* L

$$(0.5, 0.5)\,\mathrm{P}\,(1, 0) \;\wedge\; (0.5, 0.5)\,\mathrm{P}\,(0, 1)$$

gilt, so muß man diese Präferenzordnung als irrational bezeichnen, denn:

> *Stuft man* a_1 *als mindestens so gut wie* a_2 *ein* $(f(a_1) \geq f(a_2))$, *dann sollte man* a_1 *auch als mindestens so gut wie jede Lotterie zwischen* a_1 *und* a_2 *einstufen, d.h. insbesondere* $(1, 0)\,\mathrm{R}\,(0.5, 0.5)$.
> *Stuft man hingegen* a_2 *als mindestens so gut wie* a_1 *ein* $(f(a_2) \geq f(a_1))$, *dann sollte man* a_2 *auch als mindestens so gut wie jede Lotterie zwischen* a_1 *und* a_2 *einstufen, d.h. insbesondere* $(0, 1)\,\mathrm{R}\,(0.5, 0.5)$.

Die in Beispiel 3.1.5 konstruierte „irrationale“ Präferenzordnung R steht im Widerspruch zu den vier oben diskutierten Verallgemeinerungen der Erwartungsnutzentheorie (ENNAW-, ENTW-, ENRAW- und MENRAW-Theorie), ist aber verträglich mit der von Kahneman/Tversky (1979) vorgeschlagenen (und von mir als problematisch eingestuften) Prospect Theory.

Mit der Formulierung der MENRAW-Theorie habe ich das Ziel verfolgt, den tatsächlichen menschlichen Rationalitätsvorstellungen gerecht zu werden. Diese Zielsetzung sollte jeden Vorschlag einer Verallgemeinerung der Erwartungsnutzentheorie kennzeichnen. Jede Rationalitätstheorie muß sich nämlich, wie Spohn (1993, S.165) zu Recht bemerkt, an Rationalitätsintuitionen orientieren: Intuitionen der Art, daß in dieser oder jener Situation diese oder jene Handlung töricht sei, sind bei der Entwicklung einer Rationalitätstheorie zu berücksichtigen. Umgekehrt werden Rationalitätsintuitionen durch Theorien geleitet.
Dieses Wechselspiel zwischen einer Theorie (in diesem Fall: einer Rationalitätstheorie) und den Basisdaten, auf die sich die Theorie stützt, (in diesem Fall: den Rationalitätsintuitionen) beschreibt Rawls (1971, S.20 f., 48 ff.) mit dem Begriff des „Überlegungsgleichgewichts“. Nach Rawls steht bei der Entwicklung einer Theorie die Suche nach einem solchen Überlegungsgleichgewicht zwischen der Theorie und den Basisdaten im Vordergrund.
Gähde (1994) zeigt, daß es hinsichtlich der Theorieentwicklung Parallelen

zwischen empirisch-deskriptiven Theorien einerseits und ethischen Theorien andererseits gibt. Eine solche Parallele besteht z.B. in den Verteidigungsmechanismen, mit denen (meist durch die Veränderung bestimmter Theorieteile) versucht wird, die Konflikte zwischen einer Theorie und den Basisdaten in den Griff zu bekommen und gleichzeitig an dem (harten) Kern einer Theorie festzuhalten.
Spohn (1993) unterscheidet - im Unterschied zu Gähde (1994) - drei Arten von Theorien: empirisch-deskriptive, ethische und Rationalitätstheorien. Auf alle derartigen Theorien läßt sich Rawls' Konzeption des Überlegungsgleichgewichts anwenden, insbesondere also auf die Erwartungsnutzentheorie als einer Rationalitätstheorie.

Wie die in den Abschnitten 3.1.2 und 3.1.3 erwähnten empirischen Untersuchungen zeigen, steht die Erwartungsnutzentheorie in Konflikt zu den Rationalitätsintuitionen der meisten Menschen. Bei dem Bestreben, diesen Konflikt zu lösen und zu einem „Überlegungsgleichgewicht" zu gelangen, kann die von mir in Definition 3.1.3 vorgeschlagene (sehr starke!) Verallgemeinerung der Erwartungsnutzentheorie hilfreich sein: In diesem (sehr allgemeinen) Ansatz stelle ich relativ schwache Rationalitätsanforderungen an die individuellen Präferenzen. Diese (schwachen) Rationalitätsanforderungen sind, wenn man eine leistungsfähige Theorie erhalten will, in angemessener Weise zu verschärfen. Anhand von vier Beispielen (ENNAW-, ENTW-, ENRAW- und MENRAW-Theorie) habe ich erörtert, wie eine solche Konkretisierung des mit Definition 3.1.3 eingeführten Ansatzes aussehen kann.
Im Unterschied zu allen in der Literatur diskutierten Verallgemeinerungen der Erwartungsnutzentheorie steht die von mir vorgeschlagene MENRAW-Theorie im Einklang mit den in Abschnitt 3.1.3 erwähnten empirischen Untersuchungen über die menschlichen Rationalitätsintuitionen bezüglich bestimmter Entscheidungssituationen. Um feststellen zu können, ob die MENRAW-Theorie tatsächlich eine Verbesserung gegenüber der von Quiggin (1982) eingeführten ENRAW-Theorie darstellt, bedarf es jedoch noch weiterer Untersuchungen über Rationalitätsintuitionen bei Entscheidungen unter Risiko.

3.1.5 Der Begriff der Risikoaversion

3.1.5.1 Risikoaversion bei Präferenzordnungen auf der Menge $\mathcal{M}_1(\mathbb{B})$

In Abschnitt 3.1.4 habe ich bei der Erörterung der ENRAW-Theorie erwähnt, daß die Wahrscheinlichkeitstransformation φ die Risikobereitschaft der jeweiligen Person zum Ausdruck bringt: Während eine konvexe Transformation φ Risikofreudigkeit bedeutet, steht eine konkave Transformation φ für Risikoaversion, d.h. Risikoabneigung. Da in der Entscheidungstheorie verschiedene Definitionen des Begriffs der Risikoaversion diskutiert werden, setze ich mich im folgenden näher mit diesem Begriff auseinander und versuche zu begründen, warum Wakker (1994) den Begriff der Risikoaversion mit dem Verlauf der bei der ENRAW-Theorie verwendeten Wahrscheinlichkeitstransformation in Verbindung bringt (vgl. hierzu Abschnitt 3.1.4).

Die bekannteste Definition des Begriffs der Risikoaversion stammt von Rothschild/ Stiglitz (1970). Rothschild/Stiglitz betrachten Präferenzordnungen auf der Menge $\mathcal{M}_1(\mathbb{B})$ aller Wahrscheinlichkeitsmaße auf dem Meßraum $(\mathbb{R}, \mathbb{B})$.[12] Ein Wahrscheinlichkeitsmaß kann die Wahrscheinlichkeitsverteilung der möglichen Auszahlungsbeträge einer Lotterie, aber auch die Nutzenverteilung bei einer Lotterie angeben.[13]
Um den Begriff der Risikoaversion definieren zu können, benötigt man ein Kriterium, das angibt, wann ein Wahrscheinlichkeitsmaß $P \in \mathcal{M}_1(\mathbb{B})$ ein größeres Risiko beinhaltet als ein anderes. Rothschild/Stiglitz nehmen ausschließlich Vergleiche zwischen Wahrscheinlichkeitsmaßen $P, Q \in \mathcal{M}_1(\mathbb{B})$ vor, die den gleichen Erwartungswert besitzen, d.h. für die folgendes gilt:[14]

$$\begin{aligned} &\int_0^{\infty} (1 - F_P(x))\,dx - \int_{-\infty}^{0} F_P(x)\,dx \\ = &\int_0^{\infty} (1 - F_Q(x))\,dx - \int_{-\infty}^{0} F_Q(x)\,dx\,. \end{aligned}$$

(Mit F_P und F_Q bezeichne ich hierbei die Verteilungsfunktionen von P und Q.)

---

[12] Zur Definition der Menge $\mathcal{M}_1(\mathbb{B})$ siehe Anhang A.3, Definition A.3.2.

[13] Mit diesen beiden Möglichkeiten der Interpretation eines Wahrscheinlichkeitsmaßes werde ich mich in den Abschnitten 3.1.5.2 und 3.1.5.3 näher auseinandersetzen.

[14] Siehe hierzu die im Anhang A.3 (Definition A.3.4) vorgenommene Definition des Erwartungswerts eines Wahrscheinlichkeitsmaßes.

Dies ist äquivalent dazu, daß

$$\int_{-\infty}^{t} F_P(x)\,dx \;=\; \int_{-\infty}^{t} F_Q(x)\,dx$$

$$\text{für alle } t \in \mathbb{R} \text{ mit } F_P(t) = F_Q(t) = 1\,.$$

Die Verwendung einer oberen Grenze t ist dabei erforderlich, weil

$$\int_{-\infty}^{\infty} F_P(x)\,dx \;=\; \int_{-\infty}^{\infty} F_Q(x)\,dx \;=\; \infty \qquad \text{für alle } P,\, Q \in \mathcal{M}_1(\mathbb{B})\,.$$

Weist von zwei Wahrscheinlichkeitsmaßen $P,\, Q \in \mathcal{M}_1(\mathbb{B})$ mit dem gleichen Erwartungswert eines eine größere Streuung auf, so gilt dieses als riskanter. Mit anderen Worten: Ist ein Wahrscheinlichkeitsmaß $Q \in \mathcal{M}_1(\mathbb{B})$ eine erwartungswerterhaltende Dezentralisierung des Wahrscheinlichkeitsmaßes $P \in \mathcal{M}_1(\mathbb{B})$, so beinhaltet Q ein größeres Risiko als P.

Definition 3.1.5 *(vgl. hierzu Trost, 1994, S.3)*
Es seien $P,\, Q \in \mathcal{M}_1(\mathbb{B})$. Q nennt man eine **erwartungswerterhaltende Dezentralisierung (Mean Preserving Spread; MPS)** *von P, wenn die folgenden beiden Bedingungen erfüllt sind:*

(1) $$\int_{-\infty}^{t} F_P(x)\,dx \;=\; \int_{-\infty}^{t} F_Q(x)\,dx$$

für alle $t \in \mathbb{R}$ mit $F_P(t) = F_Q(t) = 1$;

(2) $$\int_{-\infty}^{t} F_P(x)\,dx \;\leq\; \int_{-\infty}^{t} F_Q(x)\,dx \qquad \text{für alle } t \in \mathbb{R}\,.$$

Hierfür schreibe ich im folgenden: $Q \geq_{MPS} P$.[15]

Die Bedingung (1) aus Definition 3.1.5 stellt sicher, daß die Wahrscheinlichkeitsmaße P und Q den gleichen Erwartungswert besitzen. Die Bedingung (2) besagt, daß die Verteilungsfunktion F_Q sowohl für sehr große $x \in \mathbb{R}$ als auch für sehr kleine $x \in \mathbb{R}$ mindestens so steil verläuft wie die Verteilungsfunktion F_P. Aus (2) folgt insbesondere:

[15] Ein Beispiel für zwei Wahrscheinlichkeitsmaße $P,\, Q \in \mathcal{M}_1(\mathbb{B})$ mit $Q \geq_{MPS} P$ habe ich in Abbildung 18 (einige Seiten später) dargestellt. Das Wahrscheinlichkeitsmaß Q unterscheidet sich dabei von dem Wahrscheinlichkeitsmaß P dadurch, daß sowohl sehr große als auch sehr kleine Zahlenwerte mit einer höheren Wahrscheinlichkeit auftreten, d.h. daß „Wahrscheinlichkeitsmasse" sowohl nach rechts (zu den großen Zahlenwerten hin) als auch nach links (zu den kleinen Zahlenwerten hin) verschoben ist.

- $F_P(x) \leq F_Q(x)$ für sehr kleine $x \in \mathbb{R}$;
- $F_P(x) \geq F_Q(x)$ für sehr große $x \in \mathbb{R}$.

Falls $Q \geq_{MPS} P$, so ist Q mit einem größeren Risiko behaftet als P. Aus diesem Grund läßt sich die Relation $\geq_{MPS}$ zur Definition des Begriffs der Risikoaversion verwenden. Rothschild/Stiglitz (1970) definieren diesen Begriff in folgender Weise:

Definition 3.1.6 *Eine Präferenzordnung* $\succsim$ *auf der Menge* $\mathcal{M}_1(\mathbb{B})$ *heißt* **risikoavers**, *wenn für alle* $P, Q \in \mathcal{M}_1(\mathbb{B})$ *folgendes gilt:*

$$Q \geq_{MPS} P \implies P \succsim Q .$$

Risikoaversion bedeutet also, daß man sich bei der Entscheidung zwischen zwei Wahrscheinlichkeitsverteilungen $P, Q \in \mathcal{M}_1(\mathbb{B})$, die denselben Erwartungswert besitzen, für diejenige entscheidet, welche die geringere Streuung aufweist und deshalb mit dem geringeren Risiko behaftet ist.
Analog zu dem Begriff der Risikoaversion läßt sich der Begriff der Risikofreudigkeit definieren:

Definition 3.1.7 *Eine Präferenzordnung* $\succsim$ *auf der Menge* $\mathcal{M}_1(\mathbb{B})$ *heißt* **risikofreudig**, *wenn für alle* $P, Q \in \mathcal{M}_1(\mathbb{B})$ *folgendes gilt:*

$$Q \geq_{MPS} P \implies Q \succsim P .$$

Bei der hier dargestellten Definition der Begriffe „Risikoaversion“ und „Risikofreudigkeit“ blieb eine ganz entscheidende Frage offen, nämlich die Frage, wie die betrachteten Wahrscheinlichkeitsmaße zu interpretieren sind, d.h. welche Informationen durch sie zum Ausdruck gebracht werden sollen. Im folgenden setze ich mich mit zwei verschiedenen Antworten auf diese Frage auseinander und zeige, daß diese zu zwei sehr unterschiedlichen Verwendungen der in den Definitionen 3.1.6 und 3.1.7 eingeführten Begriffe „Risikoaversion“ und „Risikofreudigkeit“ führen.

3.1.5.2 Interpretation der Menge $\mathcal{M}_1(\mathbb{B})$ als die Menge aller Verteilungen von Auszahlungsbeträgen

Eine mögliche Interpretation eines Wahrscheinlichkeitsmaßes $P \in \mathcal{M}_1(\mathbb{B})$ besteht darin, P als eine **Wahrscheinlichkeitsverteilung der möglichen Auszahlungsbeträge einer Lotterie** anzusehen. Gemäß diesem Ansatz sind die möglichen Ergebnisse einer Lotterie DM-Beträge, welche in der Regel positiv sind, aber auch negativ sein können.

Die Frage, ob ein bestimmtes Entscheidungsverhalten als risikoavers oder als risikofreudig gilt, wird ohne Rückgriff auf einen Nutzenbegriff oder auf irgendwelche Nutzenwerte beantwortet. Maßgebend für die Beurteilung des Risikos einer Lotterie sind einzig und allein die möglichen Auszahlungsbeträge und deren Wahrscheinlichkeiten. Dies hat - wie ich im folgenden zeigen werde - zur Konsequenz, daß ein Entscheidungsverhalten im Einklang mit der Erwartungsnutzentheorie stehen und zugleich risikoavers bzw. risikofreudig sein kann.

Der Einfachheit halber betrachte ich Lotterien auf der Menge $\Omega \doteq \{a_1, a_2, a_3\}$, wobei

- a_1 für einen Auszahlungsbetrag von 1000 DM,
- a_2 für einen Auszahlungsbetrag von -1000 DM und
- a_3 für einen Auszahlungsbetrag von 0 DM steht.

Jede derartige Lotterie läßt sich darstellen als Vektor $(p_1, p_2, p_3) \in \mathbb{R}^3$, wobei p_1 die Wahrscheinlichkeit für a_1, p_2 die Wahrscheinlichkeit für a_2 und p_3 die Wahrscheinlichkeit für a_3 bezeichne.
Die Präferenzordnungen auf der Menge

$$L \doteq \{ p = (p_1, p_2, p_3) \in \mathbb{R}^3 \mid \sum_{i=1}^{3} p_i = 1 \}$$

aller Lotterien auf der Menge Ω sollen nun im Hinblick auf ihre Risikoaversion bzw. ihre Risikofreudigkeit untersucht werden.
Wie ich in den Definitionen 3.1.5 und 3.1.6 erwähnt habe, muß man nach Rothschild/Stiglitz hierzu jeweils solche Lotterien miteinander vergleichen, die denselben Erwartungswert

$$E(p) \doteq 1000\, p_1 - 1000\, p_2 = 1000\,(p_1 - p_2),$$

d.h. denselben zu erwartenden Auszahlungsbetrag, aufweisen.
Man erhält somit die folgenden Klassen von Lotterien:

$$\mathcal{K}_r \doteq \{ p = (p_1, p_2, p_3) \in \mathbb{R}^3 \mid \sum_{i=1}^{3} p_i = 1, \; p_1 - p_2 = r \}, \quad r \in (-1, 1).$$

Für jedes $r \in (-1, 1)$ besitzen alle Lotterien $p = (p_1, p_2, p_3)$ der Klasse $\mathcal{K}_r$ den gleichen Erwartungswert

$$E(p) = 1000\,(p_1 - p_2) = 1000\, r.$$

Es sei nun $r \in (-1, 1)$ beliebig. Weiterhin seien $p, q \in \mathcal{K}_r$ und F_p, F_q : $\mathbb{R} \longrightarrow [0, 1)$ die zu den Lotterien $p, q \in \mathcal{K}_r$ gehörigen Verteilungsfunktionen.
Die zu einer Lotterie $p \in L$ gehörige Verteilungsfunktion lautet dabei folgendermaßen:

$$F_p(t) \doteq \begin{cases} 0, & \text{falls } t < -1000\,, \\ p_2\,, & \text{falls } -1000 \leq t < 0\,, \\ p_2+p_3\,, & \text{falls } 0 \leq t < 1000\,, \\ 1, & \text{falls } t \geq 1000\,. \end{cases}$$

Für alle $p \in \mathcal{K}_r$ gilt:

$$\int_{-\infty}^{t} F_p(x)\,dx = 0, \quad \text{falls } t < -1000\,;$$

$$\int_{-\infty}^{t} F_p(x)\,dx = \int_{-1000}^{t} p_2\,dx = (t+1000)\,p_2\,, \quad \text{falls } -1000 \leq t < 0\,;$$

$$\begin{aligned} \int_{-\infty}^{t} F_p(x)\,dx &= \int_{-1000}^{0} p_2\,dx + \int_{0}^{t} (p_2+p_3)\,dx \\ &= 1000\,p_2 + t\,(p_2+p_3) = 1000\,p_2 + t\,(1-p_1) \\ &= 1000\,p_2 + t\,(1-p_2-r) \\ &= t\,(1-r) + (1000-t)\,p_2\,, \quad \text{falls } 0 \leq t < 1000\,; \end{aligned}$$

$$\begin{aligned} \int_{-\infty}^{t} F_p(x)\,dx &= \int_{-1000}^{0} p_2\,dx + \int_{0}^{1000} (p_2+p_3)\,dx + \int_{1000}^{t} 1\,dx \\ &= 1000\,p_2 + 1000\,(1-p_1) + t - 1000 \\ &= 1000\,p_2 - 1000\,p_1 + t = t - E(p)\,, \quad \text{falls } t \geq 1000\,. \end{aligned}$$

Gemäß Definition 3.1.5 liegt bei der Lotterie q genau dann eine erwartungswerterhaltende Dezentralisierung der Lotterie p vor, wenn für alle $t \in \mathbb{R}$ gilt:

$$\int_{-\infty}^{t} F_p(x)\,dx \leq \int_{-\infty}^{t} F_q(x)\,dx\,.$$

Dies ist, wie die obige Berechnung des Integrals $\int_{-\infty}^{t} F_p(x)\, dx$ zeigt, äquivalent dazu, daß

$$p_2 \leq q_2 \qquad (\Longleftrightarrow \;\; p_1 = p_2 + r \;\leq\; q_2 + r \;=\; q_1).$$

Man kann sich dies folgendermaßen veranschaulichen: Wenn bei einer Lotterie $q \in \mathcal{K}_r$ die Wahrscheinlichkeiten für die beiden extremen Ergebnisse a_1 (Auszahlungsbetrag: 1000 DM) und a_2 (Auszahlungsbetrag: −1000 DM) höher sind als bei einer Lotterie $p \in \mathcal{K}_r$, d.h. wenn $p_2 < q_2$ (und damit: $p_1 < q_1$), dann ist bei der Lotterie q im Vergleich zu der Lotterie p Wahrscheinlichkeitsmasse zu den Extremen a_1 und a_2 hin verschoben; es liegt also eine Dezentralisierung vor. Eine solche Dezentralisierung bedeutet ein erhöhtes Risiko. Eine Lotterie $q \in \mathcal{K}_r$ beinhaltet deshalb ein höheres Risiko als eine Lotterie $p \in \mathcal{K}_r$, falls $p_2 < q_2$ $(\Longleftrightarrow p_1 < q_1)$.

Eine Präferenzordnung R auf der Menge L bezeichnet man gemäß Definition 3.1.6 als risikoavers, wenn für alle $r \in (-1,\, 1)$ von zwei Lotterien $p, q \in \mathcal{K}_r$ diejenige gewählt wird, die ein geringeres Risiko beinhaltet, d.h. bei der die Wahrscheinlichkeiten für die beiden extremen Ergebnisse a_1 und a_2 geringer sind.
Eine Person, die das Risiko scheut, präferiert beispielsweise die „Lotterie“ (0, 0, 1), bei der das Ergebnis a_3 mit Sicherheit eintritt, gegenüber der Lotterie (1/2, 1/2, 0), bei der die extremen Ergebnisse a_1 und a_2 jeweils mit der Wahrscheinlichkeit 1/2 und das Ergebnis a_3 mit Sicherheit nicht eintritt. Die Entscheidung zwischen der Lotterie (0, 0, 1) und der Lotterie (1/2, 1/2, 0) kann man interpretieren als die Wahl zwischen der Annahme und der Ablehnung eines Glücksspiels, bei dem man mit der Wahrscheinlichkeit 1/2 einen Gewinn von 1000 DM erzielt und ebenfalls mit der Wahrscheinlichkeit 1/2 einen Verlust von 1000 DM erleidet. Die Ablehnung dieses Glücksspiels stellt ein Indiz für Risikoaversion dar, die Annahme dieses Glücksspiels hingegen ein Indiz für Risikofreudigkeit.

Weder die Ablehnung noch die Annahme des oben beschriebenen Glücksspiels bedeutet einen Konflikt mit der Erwartungsnutzentheorie. Eine Präferenzordnung R auf der Menge L der Lotterien mit den möglichen Ergebnissen a_1, a_2 und a_3, wobei a_1, a_2 und a_3 beliebig sein können, steht - gemäß Definition 3.1.2 aus Abschnitt 3.1.1 - genau dann im Einklang mit der Erwartungsnutzentheorie, wenn eine Nutzenfunktion $f\colon \Omega \longrightarrow \mathbb{R}$ existiert, so daß für alle $p, q \in L$ gilt:

$$p\mathrm{R}q \iff \sum_{i=1}^{3} p_i\, f(a_i) \;\geq\; \sum_{i=1}^{3} q_i\, f(a_i)\,.$$

Wie ich in dem folgenden Satz zeigen werde, liegt unter der Voraussetzung, daß die Präferenzordnung R im Einklang mit der Erwartungsnutzentheorie steht, genau dann eine Risikoaversion im Sinne von Definition 3.1.6 vor, wenn für die Nutzenfunktion $f\colon \Omega \longrightarrow \mathbb{R}$ gilt:

$$\frac{1}{2} f(a_1) + \frac{1}{2} f(a_2) \leq f(a_3).$$

Satz 3.1.3 Eine Präferenzordnung R auf der Menge L, die im Einklang mit der Erwartungsnutzentheorie steht, ist genau dann risikoavers im Sinne von Definition 3.1.6, wenn eine Nutzenfunktion $f\colon \Omega \longrightarrow \mathbb{R}$ mit

$$\frac{1}{2} f(a_1) + \frac{1}{2} f(a_2) \leq f(a_3) \qquad \text{und}$$

$$p\mathrm{R}q \iff \sum_{i=1}^{3} p_i\, f(a_i) \geq \sum_{i=1}^{3} q_i\, f(a_i), \qquad p, q \in L,$$

existiert.

BEWEIS siehe Anhang B.

Satz 3.1.3 macht deutlich, daß sich Risikoaversion im vorliegenden Beispiel und bei Zugrundelegung der Erwartungsnutzentheorie als eine Eigenschaft der Nutzenfunktion $f\colon \Omega \longrightarrow \mathbb{R}$ interpretieren läßt.
Bevor ich auf ein allgemeineres, von Rothschild/Stiglitz (1970) bewiesenes Resultat zu sprechen komme, definiere ich zunächst, was die Erwartungsnutzentheorie über Präferenzordnungen auf der Menge $\mathcal{M}_1(\mathbb{B})$ aller Wahrscheinlichkeitsverteilungen von Auszahlungsbeträgen aussagt.

Definition 3.1.8 *(vgl. hierzu Abschnitt 3.1.1, Definition 3.1.2)*
Interpretiert man die Menge $\mathcal{M}_1(\mathbb{B})$ als die Menge aller Wahrscheinlichkeitsverteilungen von Auszahlungsbeträgen, dann steht eine Präferenzordnung $\succsim$ auf der Menge $\mathcal{M}_1(\mathbb{B})$ im Einklang mit der **Erwartungsnutzentheorie**, *wenn eine streng monoton wachsende Nutzenfunktion $f\colon \mathbb{R} \longrightarrow \mathbb{R}$ existiert, so daß für alle $P, Q \in \mathcal{M}_1(\mathbb{B})$ gilt:*

$P \succsim Q \iff$ *Der Erwartungswert der Wahrscheinlichkeitsverteilung $f(P)$ ist mindestens so groß wie der Erwartungswert der Wahrscheinlichkeitsverteilung $f(Q)$.*[16]

[16] Aufgrund der strengen Monotonie handelt es sich bei der Nutzenfunktion f um eine Zufallsvariable (siehe Anhang A.3, Lemma A.3.3). Zum Begriff der Zufallsvariable und zur Definition der Verteilung $f(P)$ einer Zufallsvariable f unter einem Wahrscheinlichkeitsmaß P siehe Anhang A.3, Definition A.3.5.

Bei Anwendung der Erwartungsnutzentheorie findet vor der Berechnung des Erwartungswerts eine Umwandlung der möglichen Auszahlungsbeträge in Nutzenwerte statt. Im Falle der Erwartungsnutzentheorie mit rangabhängigen Wahrscheinlichkeiten (kurz: ENRAW-Theorie) nimmt man - wie ich bereits in Abschnitt 3.1.4 ausgeführt habe - zusätzlich eine Transformation der Wahrscheinlichkeiten vor, d.h. man ersetzt jedes Wahrscheinlichkeitsmaß $P \in \mathcal{M}_1(\mathbb{B})$ mittels einer monoton wachsenden Transformation

$$\varphi\colon [0,1] \longrightarrow [0,1], \qquad \varphi(0)=0, \;\; \varphi(1)=1,$$

durch das folgendermaßen definierte Wahrscheinlichkeitsmaß P_φ:

$$P_\varphi((-\infty,t]) \doteq \varphi(P((-\infty,t])).$$

Definition 3.1.9 *(vgl. hierzu Abschnitt 3.1.4)*
Interpretiert man die Menge $\mathcal{M}_1(\mathbb{B})$ als die Menge aller Wahrscheinlichkeitsverteilungen von Auszahlungsbeträgen, dann steht eine Präferenzordnung $\succsim$ auf der Menge $\mathcal{M}_1(\mathbb{B})$ im Einklang mit der **ENRAW-Theorie**, *wenn eine monoton wachsende Wahrscheinlichkeitstransformation*

$$\varphi\colon [0,1] \longrightarrow [0,1], \qquad \varphi(0)=0, \;\; \varphi(1)=1,$$

und eine streng monoton wachsende Nutzenfunktion $f\colon \mathbb{R} \longrightarrow \mathbb{R}$ existieren, so daß für alle $P, Q \in \mathcal{M}_1(\mathbb{B})$ gilt:

$P \succsim Q \iff$ *Der Erwartungswert der Wahrscheinlichkeitsverteilung $f(P_\varphi)$ ist mindestens so groß wie der Erwartungswert der Wahrscheinlichkeitsverteilung $f(Q_\varphi)$.*

Mit $f(P_\varphi)$ und $f(Q_\varphi)$ bezeichne ich hierbei die Verteilungen der Zufallsvariable f unter den transformierten

$$P_\varphi, \text{ definiert durch } P_\varphi((-\infty,t]) \doteq \varphi(P((-\infty,t])), \quad \text{und}$$
$$Q_\varphi, \text{ definiert durch } Q_\varphi((-\infty,t]) \doteq \varphi(Q((-\infty,t])).$$

Die Aussage von Satz 3.1.3, daß sich Risikoaversion im Rahmen der Erwartungsnutzentheorie als eine Eigenschaft der Nutzenfunktion $f : \Omega \longrightarrow \mathbb{R}$ interpretieren läßt, gilt - wie Rothschild/Stiglitz (1970) zeigen - nicht nur in dem oben betrachteten Beispiel, sondern auch in dem allgemeinen, in

Definition 3.1.8 betrachteten Fall.

Satz 3.1.4 *Eine Präferenzordnung* $\succsim$ *auf der Menge* $\mathcal{M}_1(\mathbb{B})$ *aller Wahrscheinlichkeitsverteilungen von Auszahlungsbeträgen, die im Einklang mit der Erwartungsnutzentheorie steht, ist genau dann* **risikoavers (bzw. risikofreudig)**, *wenn die Nutzenfunktion* $f: \mathbb{R} \longrightarrow \mathbb{R}$ **konkav (bzw. konvex)** *ist.*[17]

BEWEIS siehe Rothschild/Stiglitz (1970, S.237 ff.).

Satz 3.1.4 zeigt folgendes: Interpretiert man die Menge $\mathcal{M}_1(\mathbb{B})$ als die Menge aller Verteilungen von Auszahlungsbeträgen und wendet die von Rothschild/Stiglitz (1970) vorgenommene Definition der Risikoaversion auf diese Menge $\mathcal{M}_1(\mathbb{B})$ an, dann kann ein Entscheidungsverhalten, das im Einklang mit der Erwartungsnutzentheorie steht, sowohl risikoavers als auch risikofreudig sein. Eine Risikoaversion liegt genau dann vor, wenn die Nutzenfunktion $f: \mathbb{R} \longrightarrow \mathbb{R}$ konkav ist, eine Risikofreudigkeit hingegen genau dann, wenn f konvex ist. Eine lineare Nutzenfunktion bedeutet gemäß dieser Konzeption Risikoneutralität.

Natürlich kann man auch ein Entscheidungsverhalten, das nicht im Einklang mit der Erwartungsnutzentheorie steht, daraufhin untersuchen, ob eine Risikoaversion oder eine Risikofreudigkeit vorliegt. Chew/Karni/Safra (1987) beispielsweise betrachten die Klasse der Präferenzordnungen $\succsim$ auf der Menge $\mathcal{M}_1(\mathbb{B})$, die im Einklang mit der ENRAW-Theorie stehen (siehe Definition 3.1.9), und gelangen zu dem folgenden Resultat:

Satz 3.1.5 *Eine Präferenzordnung* $\succsim$ *auf der Menge* $\mathcal{M}_1(\mathbb{B})$ *aller Wahrscheinlichkeitsverteilungen von Auszahlungsbeträgen, die im Einklang mit der ENRAW-Theorie steht, ist genau dann* **risikoavers (bzw. risikofreudig)**, *wenn die Wahrscheinlichkeitstransformation* φ: $[0, 1] \longrightarrow [0, 1]$ *und die Nutzenfunktion* $f: \mathbb{R} \longrightarrow \mathbb{R}$ **konkav (bzw. konvex)** *sind.*

BEWEIS siehe Chew/Karni/Safra (1987, S.375).

Eine bekannte Theorie der Risikoaversion, die eng mit dem in Satz 3.1.4 verwendeten Begriff der Risikoaversion zusammenhängt, stellt die Konzeption von Pratt (1964) und Arrow (1970) dar, derzufolge Risikoaversion eine Eigenschaft der Nutzenfunktion $f: \mathbb{R} \longrightarrow \mathbb{R}$ ist. Gemäß dieser Konzeption

[17] Zum Begriff der konkaven bzw. konvexen Funktion siehe Abschnitt 3.1.4, Definition 3.1.4. Bei einer konkaven (konvexen) Nutzenfunktion ist die zweite Ableitung negativ (positiv); d.h. es liegt ein abnehmender (zunehmender) Grenznutzen vor.

läßt sich die Stärke der Risikoaversion durch das Arrow-Pratt-Maß

$$R(x) \doteq -\frac{f''(x)}{f'(x)}, \quad x \in \mathbb{R},$$

zum Ausdruck bringen.
Die Verwendung dieses Maßes kann man folgendermaßen begründen: Satz 3.1.4 legt es nahe, bei einer konkaven Nutzenfunktion $f : \mathbb{R} \longrightarrow \mathbb{R}$ von Risikoaversion und bei einer konvexen Nutzenfunktion f von Risikofreudigkeit zu sprechen. Im Falle einer konkaven Nutzenfunktion f ist die zweite Ableitung f'' negativ, im Falle einer konvexen Nutzenfunktion hingegen positiv. Aus diesem Grund stellt die zweite Ableitung f'' einen Indikator für das Vorliegen einer Risikoaversion bzw. einer Risikofreudigkeit dar. Da f'' nicht invariant gegenüber positiv-affinen Transformationen der Nutzenfunktion f ist, dividiert man die zweite Ableitung f'' durch die erste Ableitung f', um ein Maß für die Stärke der Risikoaversion zu erhalten.
Eine Risikoaversion liegt nach Arrow (1970) vor, wenn das Arrow-Pratt-Maß positiv ist, d.h. wenn f'' negativ ist. Die Stärke der Risikoaversion nimmt mit dem Koeffizienten $R(x)$ zu.

Das Verständnis des Begriffs der Risikoaversion, auf dem die Sätze 3.1.3, 3.1.4 und 3.1.5, sowie das Arrow-Pratt-Maß, basieren, steht meiner Ansicht nach im Widerspruch zu dem Begriff der Risikoaversion, wie er in der Alltagssprache verwendet wird. Die von Pratt (1964) und Arrow (1970) vertretene Ansicht, Risikoaversion sei eine Eigenschaft der Nutzenfunktion $f : \mathbb{R} \longrightarrow \mathbb{R}$, kann ich deshalb nicht teilen.
Hansson (1988) verdeutlicht den Konflikt zwischen der alltagssprachlichen Verwendung des Begriffs der Risikoaversion und der von Pratt und Arrow entwickelten Theorie besonders anschaulich:
Am Anfang seines Aufsatzes beschreibt er einen fiktiven Dialog zwischen einem Entscheidungstheoretiker, der den Begriff der Risikoaversion in der von Pratt und Arrow vorgeschlagenen Weise definiert, und einem Spieler, der ein alltagssprachliches Verständnis des Begriffs der Risikoaversion zum Ausdruck bringt. Für den Entscheidungstheoretiker bedeutet eine konkave Nutzenfunktion Risikoaversion. Für den Spieler hingegen sind seine Nutzenfunktion und seine Einstellung zum Risiko zwei Dinge, die nichts miteinander zu tun haben. Er vertritt die Meinung, daß das individuelle Entscheidungsverhalten sowohl durch die individuelle Nutzenfunktion als auch durch die Bereitschaft zum Risiko geprägt werde und diese beiden Faktoren strikt voneinander zu trennen seien.
Die Meinung des Spielers, die meine volle Zustimmung findet, setzt sich mittlerweile auch bei einigen Entscheidungstheoretikern durch. Sie ent-

spricht z.B. exakt der Position von Wakker (1994), die ich in Abschnitt 3.1.4 bereits skizziert habe und auf die ich in dem folgenden Abschnitt 3.1.5.3 noch näher eingehen werde.

Die Theorie von Pratt und Arrow, gegen die der Spieler argumentiert, ist gekoppelt an die (empirisch widerlegte) Erwartungsnutzentheorie: Da im Rahmen der Erwartungsnutzentheorie die Nutzenfunktion f der einzige frei wählbare Parameter ist, kann man den Begriff der Risikoaversion - sofern man als Verfechter der Erwartungsnutzentheorie Risikoaversion zulassen will - nur als eine Eigenschaft der Funktion f ansehen.

3.1.5.3 Interpretation der Menge $\mathcal{M}_1(\mathbb{B})$ als die Menge aller Nutzenverteilungen

Die in Abschnitt 3.1.5.2 dargestellte Vorgehensweise halte ich für falsch, da sich der Begriff der Risikoaversion meiner Ansicht nach auf **Entscheidungen zwischen Nutzenverteilungen** und nicht auf Entscheidungen zwischen Wahrscheinlichkeitsverteilungen von Auszahlungsbeträgen beziehen sollte.
Insbesondere plädiere ich dafür, ein Entscheidungsverhalten, das im Einklang mit der Erwartungsnutzentheorie steht, stets als risikoneutral zu bezeichnen. Für einen Vertreter der (empirisch widerlegten) Erwartungsnutzentheorie, der den Begriff der Risikoneutralität in dieser Weise versteht, stellt die Risikoneutralität somit ein Rationalitätskriterium dar.
Anstatt die Erwartungsnutzentheorie zu verallgemeinern und auch risikoaverse und/ oder risikofreudige Präferenzordnungen zuzulassen, fassen viele Vertreter der Erwartungsnutzentheorie den Begriff der Risikoneutralität enger und bezeichnen ein Entscheidungsverhalten nur dann als risikoneutral, wenn es im Einklang mit der Erwartungsnutzentheorie steht und die Nutzenfunktion $f : \mathbb{R} \longrightarrow \mathbb{R}$, welche DM-Beträge auf Nutzenwerte abbildet, linear ist (siehe hierzu Abschnitt 3.1.5.2). Die begrenzte Leistungsfähigkeit dieses z.B. von Pratt (1964) und Arrow (1970) verfolgten Ansatzes zeigt sich unter anderem darin, daß er nur auf Lotterien anwendbar ist, in denen es um den Gewinn oder den Verlust von Geldbeträgen geht.
Eine universell anwendbare Konzeption des Risikobegriffs, die der alltagssprachlichen Verwendung dieses Begriffs Rechnung trägt, muß sich deshalb auf die Betrachtung von Nutzenverteilungen stützen. Ein möglicher Ansatz für eine Theorie der Risikoaversion besteht darin, die Definition 3.1.6 aus Abschnitt 3.1.5.1 auf Nutzenverteilungen (und nicht auf Wahrscheinlichkeitsverteilungen von Auszahlungsbeträgen) anzuwenden.

Im folgenden setze ich mich näher mit der ENRAW-Theorie auseinander

und zeige, daß sich der von Wakker (1994) verwendete Begriff der Risikoaversion aus der Definition 3.1.6 ableiten läßt.
Bei der Bewertung einer Lotterie bildet man gemäß der ENRAW-Theorie die möglichen Ergebnisse a_i dieser Lotterie auf Nutzenwerte $f(a_i)$ ab und erhält so eine Nutzenverteilung. Auf diese Nutzenverteilung wendet man - wie in den Abschnitten 3.1.4 und 3.1.5.2 dargestellt - eine Wahrscheinlichkeitstransformation $\varphi\colon [0, 1] \longrightarrow [0, 1]$ an und berechnet anschließend den Erwartungswert.
Versteht man den Begriff der Risikoaversion als eine Eigenschaft von Präferenzordnungen auf der Menge der Nutzenverteilungen, so kann Risikoaversion im Rahmen der ENRAW-Theorie nur eine Eigenschaft der Transformation $\varphi\colon [0, 1] \longrightarrow [0, 1]$ sein. Welcher Zusammenhang zwischen dem in Definition 3.1.6 beschriebenen Begriff der Risikoaversion und der Gestalt der Funktion $\varphi\colon [0, 1] \longrightarrow [0, 1]$ besteht, zeigt der folgende Satz:

Satz 3.1.6 *Es sei $\succsim$ eine Präferenzordnung auf der Menge $\mathcal{M}_1(\mathbb{B})$ aller Nutzenverteilungen, für die eine monoton wachsende Wahrscheinlichkeitstransformation*

$$\varphi\colon [0, 1] \longrightarrow [0, 1], \qquad \varphi(0) = 0, \quad \varphi(1) = 1,$$

existiert, so daß gilt:

$P \succsim Q \iff$ *Der Erwartungswert des Wahrscheinlichkeitsmaßes P_φ ist mindestens so groß wie der Erwartungswert des Wahrscheinlichkeitsmaßes Q_φ.*[18]

Unter diesen Voraussetzungen ist $\succsim$ genau dann risikoavers im Sinne von Definition 3.1.6, wenn die Wahrscheinlichkeitstransformation φ konkav ist.

BEWEIS siehe Trost (1991, S.118).

Satz 3.1.6 beweist, daß sich der von Wakker (1994) verwendete Begriff der Risikoaversion, den ich in Abschnitt 3.1.4 skizziert habe, aus der Definition 3.1.6 ableiten läßt. Nach Wakker (1994) ist eine Präferenzordnung, die im Einklang mit der ENRAW-Theorie steht, genau dann risikoavers (risikofreudig, risikoneutral), wenn die Wahrscheinlichkeitstransformation $\varphi\colon [0, 1] \longrightarrow [0, 1]$ konkav (konvex, linear) ist.[19] Im Falle der Erwartungsnutzentheorie liegt demzufolge also eine Risikoneutralität vor.

[18] Die transformierten Wahrscheinlichkeitsmaße P_φ und Q_φ sind dabei genauso wie in Definition 3.1.9 aus Abschnitt 3.1.5.2 definiert.

[19] Die Terminologie von Wakker (1994) unterscheidet sich geringfügig von der hier verwendeten Terminologie: Wakker verwendet den Begriff "probabilistic risk aversion".

3.1.5.4 Risikoaversion bei ordinaler Nutzenmessung

Alle in den Abschnitten 3.1.5.1, 3.1.5.2 und 3.1.5.3 vorgeschlagenen Definitionen des Begriffs der Risikoaversion lassen sich auf die Definition 3.1.6 aus Abschnitt 3.1.5.1 zurückführen. In dieser Definition werden lediglich solche Wahrscheinlichkeitsmaße $P, Q \in \mathcal{M}_1(\mathbb{B})$ miteinander verglichen, die denselben Erwartungswert besitzen. Weiterhin setzt die Berechnung des Erwartungswerts eine kardinale Messung der Nutzen (bzw. der möglichen Gewinne oder Verluste) voraus.

Im folgenden schlage ich eine Definition des Risikobegriffs vor, die sich dadurch auszeichnet, daß im Unterschied zu der von Rothschild/Stiglitz (1970) verwendeten Definition auch Wahrscheinlichkeitsmaße $P, Q \in \mathcal{M}_1(\mathbb{B})$ mit verschiedenen Erwartungswerten im Hinblick auf ihr Risiko miteinander verglichen werden und zudem lediglich eine ordinale Nutzenmessung vorausgesetzt wird. Der Einfachheit wegen betrachte ich im folgenden Lotterien auf einer endlichen Alternativenmenge. Es sei also $\Omega \doteq \{a_1, ..., a_n\}$ und

$$L \doteq \{(p_1, ..., p_n) \mid \sum_{i=1}^{n} p_i = 1\}$$

die Menge aller Lotterien auf Ω. Die Werte p_i $(i = 1, ..., n)$ geben dabei die Wahrscheinlichkeiten für die Alternativen a_i $(i = 1, ..., n)$ an.
Weiterhin seien die mit den verschiedenen Alternativen verbundenen Nutzen in Form einer **ordinalen** Nutzenfunktion $f : \Omega \longrightarrow \mathbb{R}$ gegeben. Ohne Beschränkung der Allgemeinheit sei

$$f(a_1) \leq f(a_2) \leq \ \dots \ \leq f(a_n),$$

d.h. für die Präferenzordnung R auf der Menge Ω gelte:

$$a_n \, \mathrm{R} \, a_{n-1} \ \wedge \ \dots \ \wedge \ a_2 \, \mathrm{R} \, a_1 .$$

Einer Lotterie $p \in L$ entspricht dann die folgende Verteilungsfunktion:

$$F_p\colon \mathbb{R} \longrightarrow [0, 1], \qquad F_p(t) \doteq \begin{cases} 0, & \text{falls } t < f(a_1), \\ p_1, & \text{falls } f(a_1) \leq t < f(a_2), \\ p_1+p_2, & \text{falls } f(a_2) \leq t < f(a_3), \\ \dots & \\ \sum_{i=1}^{n} p_i = 1, & \text{falls } t \geq f(a_n). \end{cases}$$

In Anlehnung an Manski (1988) verwende ich die folgende (sehr anschauliche und leicht verständliche) Definition des Risikobegriffs:

Definition 3.1.10 *(Risiko einer Nutzenverteilung)*
Eine Nutzenverteilung $Q \in \mathcal{M}_1(\mathbb{B})$ ist **riskanter** *als eine Nutzenverteilung $P \in \mathcal{M}_1(\mathbb{B})$, wenn die zu P gehörige Verteilungsfunktion*

$$F_P : \mathbb{R} \longrightarrow [0, 1], \qquad F_P(t) \doteq P((-\infty, t]),$$

die zu Q gehörige Verteilungsfunktion F_Q von unten durchkreuzt, d.h. wenn es einen Nutzenwert $s \in \mathbb{R}$ gibt, so daß

- $F_P(t) \leq F_Q(t)$ *für alle* $t < s$,
  $F_P(t) \geq F_Q(t)$ *für alle* $t \geq s$, *und*

- $t_1, t_2 \in \mathbb{R}$ *existieren mit*

$$t_1 < s < t_2, \qquad F_P(t_1) < F_Q(t_1) \quad und \quad F_P(t_2) > F_Q(t_2).$$[20]

Eine Nutzenverteilung Q heißt gemäß Definition 3.1.10 riskanter als eine Nutzenverteilung P, wenn die möglichen Nutzenwerte nach beiden Seiten (d.h. sowohl nach rechts als auch nach links) stärker gestreut sind als bei der Nutzenverteilung P. In der Verteilungsfunktion F_Q kommt diese stärkere Streuung in dem flacheren Verlauf an der Schnittstelle von F_P und F_Q zum Ausdruck.
Diese Definition des Risikos einer Nutzenverteilung läßt sich veranschaulichen durch die Abbildung 18, in der zwei unterschiedlich riskante Nutzenverteilungen $P, Q \in \mathcal{M}_1(\mathbb{B})$ dargestellt sind: Die zu der Verteilungsfunktion F_Q gehörige Nutzenverteilung Q ist gemäß Definition 3.1.10 riskanter als die zu der Verteilungsfunktion F_P gehörige Nutzenverteilung P.
Das höhere Risiko der Nutzenverteilung Q besteht darin, daß die Streuung der möglichen Nutzenwerte größer ist als bei der Nutzenverteilung P und deshalb extrem hohe und extrem niedrige Nutzenwerte mit höherer Wahrscheinlichkeit auftreten.

Ohne jegliches Risiko sind diejenigen „Nutzenverteilungen", bei denen ein bestimmter Nutzenwert $t_0 \in \mathbb{R}$ mit Sicherheit realisiert wird: Wählt man z.B. eine sichere Alternative $a_i \in \Omega$, dann realisiert man in jedem Fall den Nutzenwert $f(a_i)$, geht also kein Risiko ein. Derartige Nutzenverteilungen lassen sich beschreiben durch sog. **Einpunktmaße**, d.h. durch Wahrscheinlichkeitsverteilungen $P \in \mathcal{M}_1(\mathbb{B})$, für die ein $t_0 \in \mathbb{R}$ existiert mit

$$P(\{t_0\}) = 1.$$

[20]Die zweite Bedingung fehlt bei Manski (1988). Eine Begründung der Notwendigkeit dieser zusätzlichen Bedingung nehme ich im Anschluß an Satz 3.1.7 vor.

Abbildung 18: Die Verteilungsfunktion F_P durchkreuzt die Verteilungsfunktion F_Q von unten; die Nutzenverteilung Q ist also riskanter als die Nutzenverteilung P.

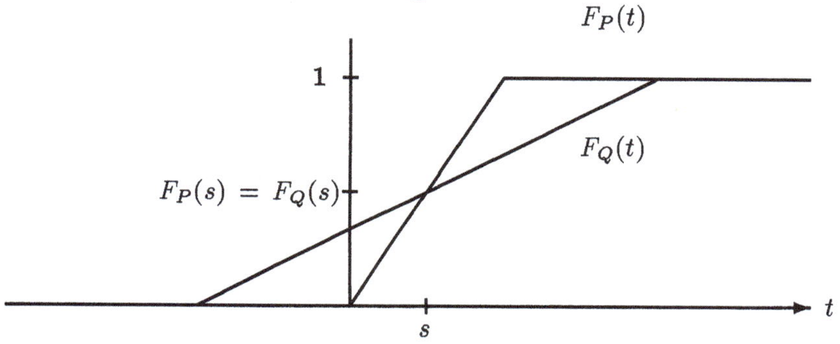

Die zu einem Einpunktmaß P gehörige Verteilungsfunktion lautet:

$$F_P\colon \mathbb{R} \longrightarrow [0,1]\,, \qquad F_P(t) \doteq \begin{cases} 0, & \text{falls } t < t_0\,, \\ 1, & \text{falls } t \geq t_0\,. \end{cases}$$

Wendet man die von mir vorgeschlagene Definition 3.1.10 auf Einpunktmaße an, so stellt man - wie ich in dem nachfolgenden Satz zeigen werde - fest, daß es zu keinem Einpunktmaß $P \in \mathcal{M}_1(\mathbb{B})$ eine Nutzenverteilung $Q \in \mathcal{M}_1(\mathbb{B})$ gibt, die „weniger riskant" als P ist (vgl. hierzu Abbildung 19).

Satz 3.1.7 *Es sei $P \in \mathcal{M}_1(\mathbb{B})$ ein Einpunktmaß, d.h. es existiere ein $t_0 \in \mathbb{R}$ mit $P(\{t_0\}) = 1$. Für alle $Q \in \mathcal{M}_1(\mathbb{B})$ gilt dann:*

a) *P ist nicht riskanter als Q.*

b) *Q ist genau dann riskanter als P, wenn*

$$Q\left((-\infty, t_0)\right) > 0 \qquad \text{und} \qquad Q\left((t_0, \infty)\right) > 0\,.$$

(Bei der in der Abbildung 19 dargestellten Nutzenverteilung Q ist dies der Fall!)

BEWEIS siehe Anhang B.

Der von mir in Satz 3.1.7 untersuchte Spezialfall veranschaulicht die Bedeutung des mit Definition 3.1.10 eingeführten Risikobegriffs recht gut: Das

Abbildung 19: Die Nutzenverteilung Q, dargestellt durch die Verteilungsfunktion F_Q , ist riskanter als das Einpunktmaß P, dargestellt durch die Verteilungsfunktion F_P.

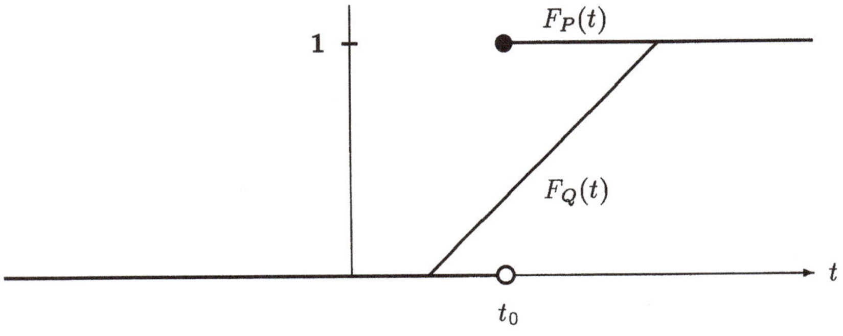

Einpunktmaß P beinhaltet keinerlei Risiko und kann deshalb nicht riskanter als eine andere Nutzenverteilung Q sein.
Jedoch erscheint es nicht sinnvoll, Manskis (1988) Definition des Risikobegriffs zu übernehmen und zu sagen, **jede** beliebige Nutzenverteilung Q, also auch jedes Einpunktmaß, sei riskanter als ein bestimmtes Einpunktmaß P. Damit man zu Recht sagen kann, eine Nutzenverteilung Q sei riskanter als eine Nutzenverteilung P, muß - wie ich in der zweiten Bedingung von Definition 3.1.10 fordere - insbesondere die folgende Beziehung zwischen Q und P gegeben sein: Wenn x_{min} und x_{max} den kleinstmöglichen bzw. den größtmöglichen Nutzenwert der Nutzenverteilung Q bezeichnen, dann müssen die möglichen Nutzenwerte der Nutzenverteilung P innerhalb des Intervalls $[x_{\text{min}}, x_{\text{max}}]$ liegen. Hierdurch wird - anders als bei Manskis (1988) Definition des Risikobegriffs - eine Vergleichbarkeit des „Risikos" zweier Einpunktmaße ausgeschlossen.
Gemäß der von mir vorgeschlagenen Definition des Risikobegriffs (siehe Definition 3.1.10) ist - wie ich in Satz 3.1.7 gezeigt habe - eine Nutzenverteilung Q genau dann riskanter als ein Einpunktmaß

$$P \in \mathcal{M}_1(\mathbb{B}) \qquad \text{mit} \qquad P(\{t_0\}) = 1\,,$$

wenn im Falle der Nutzenverteilung Q sowohl Nutzenwerte, die größer als t_0 sind, als auch Nutzenwerte, die kleiner als t_0 sind, auftreten können, d.h.

wenn

$$Q((-\infty, t_0)) > 0 \qquad \text{und} \qquad Q((t_0, \infty)) > 0\,.$$

Die Risikofreudigkeit einer Person äußert sich darin, daß sie riskante Nutzenverteilungen gegenüber weniger riskanten präferiert. Ebenso zeigt sich die Risikoaversion einer Person darin, daß sie weniger riskante Nutzenverteilungen gegenüber riskanteren präferiert.
Es sei nun $P \in \mathcal{M}_1(\mathbb{B})$ eine beliebige Nutzenverteilung. Dann läßt sich Menge der Nutzenverteilungen $Q \in \mathcal{M}_1(\mathbb{B})$, die riskanter als P sind **und** mindestens so hoch wie P eingestuft werden, Rückschlüsse auf die Risikobereitschaft einer Person zu. Diese Menge bezeichne ich deshalb im folgenden als **Risikomenge**.

Definition 3.1.11 a) *Es sei* $\succsim$ *eine Präferenzordnung auf der Menge* $\mathcal{M}_1(\mathbb{B})$. *Weiterhin sei* $P \in \mathcal{M}_1(\mathbb{B})$ *eine beliebige Nutzenverteilung. Dann heiße*

$$\mathcal{R}(\succsim, P) \doteq \{Q \in \mathcal{M}_1(\mathbb{B}) \mid Q \text{ ist riskanter als } P \text{ und } Q \succsim P\}$$

die **Risikomenge von** $\succsim$ **bzgl.** P.

b) *Es seien* $\succsim_1$, $\succsim_2$ *zwei Präferenzordnungen auf der Menge* $\mathcal{M}_1(\mathbb{B})$. *Dann heiße die Präferenzordnung* $\succsim_1$ **mindestens so risikofreudig** *wie die Präferenzordnung* $\succsim_2$, *wenn für alle* $P \in \mathcal{M}_1(\mathbb{B})$ *gilt:*

$$\mathcal{R}(\succsim_2, P) \subset \mathcal{R}(\succsim_1, P).$$

Eine Vergleichbarkeit der Risikofreudigkeit zweier Präferenzordnungen $\succsim_1$, $\succsim_2$ auf der Menge aller möglichen Nutzenverteilungen liegt gemäß Definition 3.1.11 nur dann vor, wenn für jede Nutzenverteilung P die Risikomenge der einen Präferenzordnung die Risikomenge der anderen Präferenzordnung umfaßt, d.h. wenn

$$\mathcal{R}(\succsim_2, P) \subset \mathcal{R}(\succsim_1, P) \qquad \text{für alle } P \in \mathcal{M}_1(\mathbb{B})$$

oder

$$\mathcal{R}(\succsim_1, P) \subset \mathcal{R}(\succsim_2, P) \qquad \text{für alle } P \in \mathcal{M}_1(\mathbb{B}).$$

Wenn hingegen beispielsweise ein $P \in \mathcal{M}_1(\mathbb{B})$ existiert mit

$$\mathcal{R}(\succsim_2, P) \subsetneq \mathcal{R}(\succsim_1, P)$$

und es gleichzeitig ein $Q \in \mathcal{M}_1(\mathbb{B})$ gibt mit

$$\mathcal{R}(\succsim_1, Q) \subsetneq \mathcal{R}(\succsim_2, Q),$$

dann sind die Präferenzordnungen $\succsim_1$ und $\succsim_2$ nicht vergleichbar im Hinblick auf ihre Risikofreudigkeit.
Es erscheint intuitiv sehr plausibel, in diesem Fall von einer Nichtvergleichbarkeit zu sprechen: Während man im Falle der Präferenzordnung $\succsim_1$ (anders als bei der Präferenzordnung $\succsim_2$) vielen riskanten Verteilungen den Vorzug gegenüber P gibt, präferiert man im Falle der Präferenzordnung $\succsim_2$ (anders als bei der Präferenzordnung $\succsim_1$) viele riskante Verteilungen gegenüber Q.

Der Begriff der Risikofreudigkeit, den ich in Definition 3.1.11 vorgeschlagen habe, zeichnet sich dadurch aus, daß lediglich eine ordinale Nutzenmessung vorausgesetzt wird. Bei Zugrundelegung des in Definition 3.1.10 eingeführten Risikobegriffs führt nämlich, wie der folgende Satz zeigt, eine streng monoton wachsende Transformation der Nutzenwerte zu keiner Veränderung der mit den einzelnen Lotterien verbundenen Risiken.

Satz 3.1.8 *Es sei $f: \mathbb{R} \longrightarrow \mathbb{R}$ eine beliebige streng monoton wachsende Funktion. Weiterhin seien $P, Q \in \mathcal{M}_1(\mathbb{B})$ und $f(P), f(Q) \in \mathcal{M}_1(\mathbb{B})$ die Verteilungen der Zufallsvariable f unter den Wahrscheinlichkeitsmaßen P und Q.*[21]
Unter diesen Voraussetzungen ist Q genau dann riskanter als P im Sinne von Definition 3.1.10, wenn $f(Q)$ riskanter als $f(P)$ ist.

BEWEIS Für die Verteilungsfunktionen F_Q, F_P, $F_{f(Q)}$ und $F_{f(P)}$ der Wahrscheinlichkeitsmaße Q, P, $f(Q)$ und $f(P)$ gilt definitionsgemäß:

$$F_Q(t) \leq F_P(t) \iff F_{f(Q)}(f(t)) \leq F_{f(P)}(f(t)).$$

Außerdem handelt es sich bei der Transformation f aufgrund der strengen Monotonie um einen Isomorphismus.[22]
Für einen Nutzenwert $s \in \mathbb{R}$ gilt also

- $F_P(t) \leq F_Q(t)$ für alle $t < s$,
  $F_P(t) \geq F_Q(t)$ für alle $t \geq s$, und
- es existieren $t_1, t_2 \in \mathbb{R}$ mit

$$t_1 < s < t_2\,, \qquad F_P(t_1) < F_Q(t_1) \quad \text{und} \quad F_P(t_2) > F_Q(t_2)$$

[21] Aufgrund der strengen Monotonie handelt es sich bei der Nutzenfunktion f um eine Zufallsvariable (siehe Anhang A.3, Lemma A.3.3). Zum Begriff der Zufallsvariable und zur Definition der Verteilung $f(P)$ einer Zufallsvariable f unter einem Wahrscheinlichkeitsmaß P siehe Anhang A.3, Definition A.3.5.

[22] Zum Begriff des Isomorphismus siehe Anhang A.1, Definition A.1.3.

genau dann, wenn für den transformierten Nutzenwert $f(s) \in \mathbb{R}$ folgendes gilt:

- $F_{f(P)}(t) \leq F_{f(Q)}(t)$ für alle $t < f(s)$,
  $F_{f(P)}(t) \geq F_{f(Q)}(t)$ für alle $t \geq f(s)$, und
- es existieren $t_1, t_2 \in \mathbb{R}$ mit

$$t_1 < f(s) < t_2, \quad F_{f(P)}(t_1) < F_{f(Q)}(t_1) \text{ und } F_{f(P)}(t_2) > F_{f(Q)}(t_2).$$

///

Satz 3.1.8 besagt, daß Definition 3.1.10 keine kardinale Nutzenmessung, also keine Intervall- oder Verhältnisskala, voraussetzt. Vielmehr genügt eine ordinale Nutzenmessung, um zwischen einem risikofreudigen und einem weniger risikofreudigen Entscheidungsverhalten unterscheiden zu können.

Um den von mir mit Definition 3.1.11 eingeführten Begriff der Risikofreudigkeit etwas zu veranschaulichen, betrachte ich im folgenden eine spezielle Klasse von Präferenzordnungen auf der Menge $\mathcal{M}_1(\mathbb{B})$ aller Nutzenverteilungen, nämlich diejenigen Präferenzordnungen, die auf die Maximierung eines Quantil-Nutzens abzielen.
In der von Manski (1988) diskutierten Theorie des Quantil-Nutzens nimmt man an, daß bei dem Vergleich verschiedener Nutzenverteilungen ein bestimmtes α–Quantil ($\alpha \in (0, 1)$) maximiert wird. Unter dem α–Quantil einer Nutzenverteilung versteht man dabei denjenigen Nutzenwert, der mit Wahrscheinlichkeit α mindestens so groß wie und mit Wahrscheinlichkeit $1-\alpha$ kleiner als der tatsächlich eintretende Nutzen ist. Der tatsächlich eintretende Nutzen ist also mit Wahrscheinlichkeit α höchstens so groß wie und mit Wahrscheinlichkeit $1-\alpha$ größer als das α–Quantil.

Definition 3.1.12 *(Theorie des Quantil-Nutzens)*
a) *Es sei $P \in \mathcal{M}_1(\mathbb{B})$, F_P die zu P gehörige Verteilungsfunktion und $\alpha \in (0, 1)$. Das* **α-Quantil** *der Nutzenverteilung P ist dann folgendermaßen definiert:*

$$\mathcal{Q}_\alpha(P) \doteq \inf\{ t \in \mathbb{R} \mid F_P(t) \geq \alpha \}.$$

b) *Eine Präferenzordnung $\succsim$ auf der Menge $\mathcal{M}_1(\mathbb{B})$ aller Nutzenverteilungen gehorcht der* **Theorie des Quantil-Nutzens**, *wenn ein $\alpha \in (0, 1)$ existiert, so daß für alle $P, Q \in \mathcal{M}_1(\mathbb{B})$ gilt:*

$$P \succsim Q \iff \mathcal{Q}_\alpha(P) \geq \mathcal{Q}_\alpha(Q).$$

Die Theorie des Quantil-Nutzens läßt sich als Extremfall der ENRAW-Theorie interpretieren: Wählt man in der ENRAW-Theorie die Wahrscheinlichkeitstransformation φ: $[0, 1] \longrightarrow [0, 1]$ so, daß

$$\varphi(x) = \begin{cases} 0, & \text{falls } x \leq \alpha\,, \\ 1, & \text{falls } \alpha < x \leq 1\,, \end{cases}$$

dann erhält man die Theorie des Quantil-Nutzens.
Die Theorie des Quantil-Nutzens zeichnet sich vor allem dadurch aus, daß lediglich eine ordinale und keine kardinale Nutzenmessung vorausgesetzt wird: Bei keiner Präferenzordnung $\succsim$ auf der Menge $\mathcal{M}_1(\mathbb{B})$, die der Theorie des Quantil-Nutzens gehorcht, führt - wie der folgende Satz zeigt - eine streng monoton wachsende Transformation der Nutzenwerte zu einer Veränderung der Präferenzen.

Satz 3.1.9 *Es sei $\alpha \in (0, 1)$ und die Präferenzordnung $\succsim_\alpha$ auf der Menge $\mathcal{M}_1(\mathbb{B})$ aller Nutzenverteilungen folgendermaßen definiert:*

$$P \succsim_\alpha Q \;:\Longleftrightarrow\; \mathcal{Q}_\alpha(P) \geq \mathcal{Q}_\alpha(Q)\,.$$

Weiterhin sei $f: \mathbb{R} \longrightarrow \mathbb{R}$ eine streng monoton wachsende Transformation. Dann gilt für die Verteilungen $f(P)$ und $f(Q)$ der Zufallsvariable f unter den Wahrscheinlichkeitsmaßen P und Q folgendes:

$$f(P) \succsim_\alpha f(Q) \;\Longleftrightarrow\; P \succsim_\alpha Q\,.$$

BEWEIS[23]

$$\begin{aligned} f(P) \succsim_\alpha f(Q) &\Longleftrightarrow \mathcal{Q}_\alpha(f(P)) \geq \mathcal{Q}_\alpha(f(Q)) \\ &\Longleftrightarrow \inf\{t \in \mathbb{R} \mid f(P)((-\infty, t]) \geq \alpha\} \geq \\ &\qquad \inf\{t \in \mathbb{R} \mid f(Q)((-\infty, t]) \geq \alpha\} \\ &\Longleftrightarrow \inf\{t \in \mathbb{R} \mid P((-\infty, f(t)]) \geq \alpha\} \geq \\ &\qquad \inf\{t \in \mathbb{R} \mid Q((-\infty, f(t)]) \geq \alpha\} \\ &\Longleftrightarrow \inf\{t \in \mathbb{R} \mid P((-\infty, t]) \geq \alpha\} \geq \\ &\qquad \inf\{t \in \mathbb{R} \mid Q((-\infty, t]) \geq \alpha\} \\ &\Longleftrightarrow \mathcal{Q}_\alpha(P) \geq \mathcal{Q}_\alpha(Q)\,. \end{aligned}$$

---

[23] Manski (1988, S.88 f.) liefert ebenfalls einen Beweis für Satz 3.1.9, macht dabei jedoch von der (nicht selbstverständlichen) Tatsache Gebrauch, daß jede streng monoton wachsende Transformation von Nutzenverteilungen zu einer streng monoton wachsenden Transformation bei den entsprechenden α–Quantilen führt.

Die vorletzte Äquivalenz gilt hierbei aufgrund der Monotonieeigenschaft der Funktion f. ///

Die in den Definitionen 3.1.10 und 3.1.11 entwickelte Theorie der Risikofreudigkeit eignet sich sehr gut zur Anwendung auf die Theorie des Quantil-Nutzens, da - wie ich mit den Sätzen 3.1.8 und 3.1.9 gezeigt habe - sowohl für die Anwendung der Definitionen 3.1.10 und 3.1.11 als auch für die Maximierung des Quantil-Nutzens lediglich eine ordinale Nutzenmessung erforderlich ist.
Bei der Theorie des Quantil-Nutzens kommt die Risikobereitschaft in der Wahl des Werts $\alpha \in (0,\, 1)$ zum Ausdruck: Derjenige, der ein höheres Quantil maximiert, geht ein größeres Risiko ein als derjenige, der ein niedrigeres Quantil maximiert. Genau diesen Sachverhalt bringt der nachfolgende Satz zum Ausdruck:

Satz 3.1.10 *Es seien* $\alpha_1, \alpha_2 \in (0,\, 1)$. *Die Präferenzordnungen* $\succsim_1$, $\succsim_2$ *auf der Menge* $\mathcal{M}_1(\mathbb{B})$ *seien folgendermaßen definiert:*

$$P \succsim_1 Q \;:\Longleftrightarrow\; \mathcal{Q}\alpha_1(P) \geq \mathcal{Q}\alpha_1(Q)\,,$$
$$P \succsim_2 Q \;:\Longleftrightarrow\; \mathcal{Q}\alpha_2(P) \geq \mathcal{Q}\alpha_2(Q)\,.$$

Unter diesen Voraussetzungen ist $\succsim_1$ *genau dann mindestens so risikofreudig wie* $\succsim_2$ *im Sinne von Definition 3.1.11, wenn* $\alpha_1 \geq \alpha_2$.

BEWEIS siehe Anhang B.

Der in Satz 3.1.10 dargestellte Sachverhalt wurde bereits von Manski (1988) erörtert. Allerdings fehlt bei Manski (1988) eine explizite Definition des Begriffs der Risikobereitschaft (bzw. der Risikoaversion oder der Risikofreudigkeit).

3.1.6 Kardinalisierung des individuellen Nutzens im Falle der ENRAW-Theorie

Die Bestimmung kardinaler individueller Nutzenfunktionen $f\colon \Omega \longrightarrow \mathbb{R}$ kann bei Anwendung der ENRAW-Theorie in ähnlicher Weise vorgenommen werden wie bei Anwendung der Erwartungsnutzentheorie (siehe Abschnitt 3.1.1). Man fixiere hierzu eine **stetige**, monoton wachsende Wahrscheinlichkeitstransformation $\varphi\colon [0,\, 1] \longrightarrow [0,\, 1]$, die das Risikoverhalten der betreffenden Person widerspiegelt, und wähle anschließend die Funktion $f\colon \Omega \longrightarrow \mathbb{R}$ derart, daß die ENRAW-Theorie bei Verwendung der Funktionen $\varphi\colon [0,\, 1] \longrightarrow [0,\, 1]$ und $f\colon \Omega \longrightarrow \mathbb{R}$ die Präferenzen der betrachteten

Person hinsichtlich der Lotterien auf der Alternativenmenge Ω beschreibt. Ich will diese Vorgehensweise nun etwas näher erörtern:
Es sei $\Omega \doteq \{a_1, ..., a_n\}$; eine bestimmte Person präferiere a_n gegenüber a_{n-1}, a_{n-1} gegenüber a_{n-2}, ..., a_2 gegenüber a_1. Für die individuelle Nutzenfunktion $f\colon \Omega \longrightarrow \mathbb{R}$ dieser Person bedeutet dies:

$$f(a_1) < f(a_2) < \ldots < f(a_n).$$

Die (individuelle) Präferenzordnung R der betrachteten Person auf der Menge L der Lotterien auf Ω stehe im Einklang mit der ENRAW-Theorie; das Risikoverhalten lasse sich beschreiben durch eine stetige Wahrscheinlichkeitstransformation φ, mit deren Hilfe man eine Lotterie $p = (p_1, ..., p_n) \in L$ auf die Lotterie

$$\tilde{p} \doteq (\tilde{p}_1, ..., \tilde{p}_n), \qquad \tilde{p}_i \doteq \varphi\left(\sum_{j=1}^{i} p_j\right) - \varphi\left(\sum_{j=1}^{i-1} p_j\right), \quad i = 1, ..., n,$$

abbildet. Bei dieser Abbildung von L nach L handelt es sich um eine surjektive[24] Abbildung, sofern φ stetig ist. Die Surjektivität der Abbildung

$$\phi\colon L \longrightarrow L, \qquad \phi(p) \doteq \tilde{p}$$

sieht man so:

Zu zeigen ist, daß für alle $\tilde{p} \in L$ ein $p \in L$ existiert, so daß

$$\tilde{p}_i = \varphi\left(\sum_{j=1}^{i} p_j\right) - \varphi\left(\sum_{j=1}^{i-1} p_j\right), \qquad i = 1, ..., n,$$

d.h. daß

$$\begin{aligned}
\tilde{p}_1 &= \varphi(p_1), \\
\tilde{p}_2 &= \varphi(p_1 + p_2) - \tilde{p}_1, \\
&\ldots \\
\tilde{p}_i &= \varphi\left(\sum_{j=1}^{i} p_j\right) - \sum_{j=1}^{i-1} \tilde{p}_j, \\
&\ldots \\
\tilde{p}_n &= 1 - \sum_{j=1}^{n-1} \tilde{p}_j,
\end{aligned}$$

[24]Eine Abbildung $\phi : L \longrightarrow L$ bezeichnet man als **surjektiv**, wenn der Wertebereich $\phi(L)$ von ϕ gleich L ist (siehe hierzu Anhang A.1, Defintion A.1.3).

bzw. daß

$$\varphi\left(\sum_{j=1}^{i} p_j\right) = \sum_{j=1}^{i} \tilde{p}_j, \quad i = 1, ..., n.$$

Es sei nun $\tilde{p} = (\tilde{p}_1, ..., \tilde{p}_n) \in L$ beliebig. Dann läßt sich $p = (p_1, ..., p_n) \in L$ so wählen, daß

$$\sum_{j=1}^{i} p_j \in \varphi^{-1}\left(\sum_{j=1}^{i} \tilde{p}_j\right) \doteq \{ p \in [0, 1] \mid \varphi(p) = \sum_{j=1}^{i} \tilde{p}_j \}$$

für alle $i \in \{1, ..., n\}$ und somit die obige Forderung erfüllt ist. Dies ist deshalb möglich, weil die Mengen $\varphi^{-1}\left(\sum_{j=1}^{i} \tilde{p}_j\right)$, $i = 1, ..., n$, aufgrund der Stetigkeit von φ nicht leer sind. (Aus der Stetigkeit von φ folgt, daß φ keine Sprünge macht und deshalb eine surjektive Abbildung von [0, 1] nach [0, 1] darstellt.)

Aufgrund der Stetigkeit von φ existiert also zu jeder Lotterie $\tilde{p} \in L$ eine Lotterie $p \in L$, so daß bei Verwendung der ENRAW-Theorie mit der Wahrscheinlichkeitstransformation φ der Nutzen der Lotterie p gleich dem Erwartungsnutzen der Lotterie $\tilde{p}$ ist.
Die Kardinalisierung der individuellen Nutzen kann deshalb bei der ENRAW-Theorie in derselben Weise erfolgen wie bei der Erwartungsnutzentheorie; anstelle der Lotterien $p \in L$ betrachtet man transformierte Lotterien $\tilde{p} \in L$.
Da man auf die transformierten Lotterien $\tilde{p}$ die Erwartungsnutzentheorie anwenden kann und die Menge der transformierten Lotterien identisch mit der Menge L ist, lassen sich die in Abschnitt 3.1.1 gemachten Überlegungen zur Kardinalisierung der individuellen Nutzen direkt auf die ENRAW-Theorie übertragen.

3.1.7 Erörterung der ENRAW-Theorie an einem Zahlenbeispiel

Wie ich in Abschnitt 3.1.6 gezeigt habe, ermöglicht die ENRAW-Theorie - ebenso wie die klassische Erwartungsnutzentheorie, die einen Spezialfall der ENRAW-Theorie darstellt - eine Kardinalisierung individueller Präferenzen, sofern man von einer unveränderlichen Wahrscheinlichkeitstransformation $\varphi : [0, 1] \longrightarrow [0, 1]$ ausgeht. Aus diesem Grund und wegen der Plausibilität des Vorschlags, rangabhängige Gewichtungen der möglichen

Ergebnisse vorzunehmen, halte ich die ENRAW-Theorie von allen in der Literatur diskutierten Verallgemeinerungen der Erwartungsnutzentheorie für den überzeugendsten Ansatz.

Im folgenden will ich die zentralen Punkte der ENRAW-Theorie an einem Beispiel veranschaulichen und dabei insbesondere auf den Zusammenhang zu den in den Abschnitten 3.1.5.1 bis 3.1.5.3 diskutierten Fassungen des Begriffs der Risikoaversion eingehen.
Betrachtet werden soll die Entscheidung zwischen der 50%-Chance auf einen Gewinn von 4 Millionen DM (Lotterie L_1) und derjenigen Lotterie, bei der mit der Wahrscheinlichkeit 60% ein Gewinn von 2 Millionen DM, mit der Wahrscheinlichkeit 20% ein Gewinn von 4 Millionen DM und ebenfalls mit der Wahrscheinlichkeit 20% ein ausgeglichenes Ergebnis erzielt wird (Lotterie L_2).

Der zu erwartende Gewinn ist bei beiden Lotterien gleich hoch; er beträgt 2 Millionen DM. Im Falle der Lotterie L_1 liegt jedoch eine größere Streuung der möglichen Ergebnisse vor als im Falle der Lotterie L_2, genauer gesagt: die Lotterie L_1 stellt eine erwartungswerterhaltende Dezentralisierung der Lotterie L_2 im Sinne von Definition 3.1.5 aus Abschnitt 3.1.5.1 dar.
Legt man den in Abschnitt 3.1.5.2 diskutierten (klassischen) Begriff der Risikoaversion zugrunde, dann gilt eine Entscheidung für L_1 als risikofreudig und eine Entscheidung für L_2 als risikoavers.

Im Rahmen der ENRAW-Theorie halte ich es jedoch für sinnvoll, die klassische Vorstellung der Risikoaversion durch den in Abschnitt 3.1.5.3 diskutierten Begriff der Risikoaversion zu ersetzen. Dieser modifizierte Risikobegriff setzt - wie oben erörtert - nicht bei der Wahrscheinlichkeitsverteilung des Gewinns, sondern bei der Nutzenverteilung an, was zur Folge hat, daß sowohl eine Entscheidung für die Lotterie L_1 als auch eine Entscheidung für die Lotterie L_2 im Einklang mit einer risikoaversen Grundeinstellung des Entscheidungsträgers steht.
Beispielsweise könnte man von der Nutzenfunktion $f: \mathbb{R} \longrightarrow \mathbb{R}$ ausgehen, die einem Gewinn in Höhe von 4 Millionen DM den Nutzenwert 3, einem Gewinn in Höhe von 2 Millionen DM den Nutzenwert 2 und einem ausgeglichenen Ergebnis den Nutzenwert 0 zuordnet. Als Erwartungsnutzen erhält man dann im Falle der Lotterie L_1 den Wert 1.5 und im Falle der Lotterie L_2 den Wert 1.8. Dies bedeutet, daß bei einem risikoneutralen Entscheidungsverhalten im Sinne von Abschnitt 3.1.5.3 die Lotterie L_2 gegenüber der Lotterie L_1 vorzuziehen ist.

Geht man von der ENRAW-Theorie aus und legt den in Abschnitt 3.1.5.3 diskutierten Begriff der Risikoaversion zugrunde, dann äußert sich die Ri-

Abbildung 20: Bewertung der Lotterien L_1 und L_2 im Rahmen der Erwartungsnutzentheorie

	Zugrundelegung der Erwartungsnutzentheorie (d.h. keine Wahrscheinlichkeitstransformation)			
lineare Nutzenfunktion f_1	Nutzen	0	2	4
	Wahrscheinlichkeit			
	– im Falle L_1	0.5	0	0.5
	– im Falle L_2	0.2	0.6	0.2
	$\Longrightarrow \quad u(L_1) = u(L_2) = 2$			
konkave Nutzenfunktion f_2	Nutzen	0	2	3
	Wahrscheinlichkeit			
	– im Falle L_1	0.5	0	0.5
	– im Falle L_2	0.2	0.6	0.2
	$\Longrightarrow \quad u(L_1) = 1.5\,, \quad u(L_2) = 1.8$			
konvexe Nutzenfunktion f_3	Nutzen	0	2	5
	Wahrscheinlichkeit			
	– im Falle L_1	0.5	0	0.5
	– im Falle L_2	0.2	0.6	0.2
	$\Longrightarrow \quad u(L_1) = 2.5\,, \quad u(L_2) = 2.2$			

Abbildung 21: Bewertung der Lotterien L_1 und L_2 im Rahmen der ENRAW-Theorie bei Verwendung der konkaven Wahrscheinlichkeitstransformation φ_1

Zugrundelegung der ENRAW-Theorie mit **konkaver** Wahrscheinlichkeitstransformation

lineare Nutzenfunktion f_1

Nutzen	0	2	4
transformierte Wahrscheinlichkeit			
– im Falle L_1	0.7	0	0.3
– im Falle L_2	0.3	0.6	0.1

$$\Longrightarrow \quad u(L_1) = 1.2\,, \quad u(L_2) = 1.6$$

konkave Nutzenfunktion f_2

Nutzen	0	2	3
transformierte Wahrscheinlichkeit			
– im Falle L_1	0.7	0	0.3
– im Falle L_2	0.3	0.6	0.1

$$\Longrightarrow \quad u(L_1) = 0.9\,, \quad u(L_2) = 1.5$$

konvexe Nutzenfunktion f_3

Nutzen	0	2	5
transformierte Wahrscheinlichkeit			
– im Falle L_1	0.7	0	0.3
– im Falle L_2	0.3	0.6	0.1

$$\Longrightarrow \quad u(L_1) = 1.5\,, \quad u(L_2) = 1.7$$

Abbildung 22: Bewertung der Lotterien L_1 und L_2 im Rahmen der ENRAW-Theorie bei Verwendung der konvexen Wahrscheinlichkeitstransformation φ_2

	Zugrundelegung der ENRAW-Theorie mit **konvexer** Wahrscheinlichkeitstransformation
lineare Nutzenfunktion f_1	

Nutzen	0	2	4
transformierte Wahrscheinlichkeit			
– im Falle L_1	0.3	0	0.7
– im Falle L_2	0.1	0.6	0.3

$$\Longrightarrow \quad u(L_1) = 2.8\,, \quad u(L_2) = 2.4$$

konkave Nutzenfunktion f_2	

Nutzen	0	2	3
transformierte Wahrscheinlichkeit			
– im Falle L_1	0.3	0	0.7
– im Falle L_2	0.1	0.6	0.3

$$\Longrightarrow \quad u(L_1) = u(L_2) = 2.1$$

konvexe Nutzenfunktion f_3	

Nutzen	0	2	5
transformierte Wahrscheinlichkeit			
– im Falle L_1	0.3	0	0.7
– im Falle L_2	0.1	0.6	0.3

$$\Longrightarrow \quad u(L_1) = 3.5\,, \quad u(L_2) = 2.7$$

sikoaversion bzw. die Risikofreudigkeit einer Person nicht in der Nutzenfunktion $f: \mathbb{R} \longrightarrow \mathbb{R}$, sondern in der Wahrscheinlichkeitstransformation $\varphi: [0, 1] \longrightarrow [0, 1]$.[25] Eine konkave Wahrscheinlichkeitstransformation bringt Risikoaversion, eine konvexe Wahrscheinlichkeitstransformation hingegen Risikofreudigkeit zum Ausdruck.

Gemäß dem klassischen (in Abschnitt 3.1.5.2 diskutierten) Risikobegriff hingegen kann sich im Rahmen der ENRAW-Theorie eine Risikoaversion (bzw. Risikofreudigkeit) sowohl in einer konkaven (bzw. konvexen) Wahrscheinlichkeitstransformation als auch in einer konkaven (bzw. konvexen) Nutzenfunktion äußern. Sind sowohl die Nutzenfunktion als auch die Wahrscheinlichkeitstransformation konkav (konvex), so liegt eine Risikoaversion (Risikofreudigkeit) im Sinne von Abschnitt 3.1.5.2 vor. Dies bedeutet insbesondere, daß die Lotterie L_2 gegenüber der Lotterie L_1 (bzw. die Lotterie L_1 gegenüber der Lotterie L_2) präferiert wird.

Die Abbildungen 20-22 sollen diesen Sachverhalt verdeutlichen. Für die hierbei verwendeten Nutzenfunktionen $f_1, f_2, f_3: \mathbb{R} \longrightarrow \mathbb{R}$ gelte:

$$f_1(0\text{DM}) = 0, \quad f_1(2 \text{ Millionen DM}) = 2, \quad f_1(4 \text{ Millionen DM}) = 4;$$
$$f_2(0\text{DM}) = 0, \quad f_2(2 \text{ Millionen DM}) = 2, \quad f_2(4 \text{ Millionen DM}) = 3;$$
$$f_3(0\text{DM}) = 0, \quad f_3(2 \text{ Millionen DM}) = 2, \quad f_3(4 \text{ Millionen DM}) = 5.$$

Weiterhin sei $\varphi_1: [0, 1] \longrightarrow [0, 1]$ eine konkave Wahrscheinlichkeitstransformation, so daß

$$\varphi_1(0) = 0, \; \varphi_1(0.2) = 0.3, \; \varphi_1(0.5) = 0.7, \; \varphi_1(0.8) = 0.9 \text{ und } \varphi_1(1) = 1.$$

Eine konvexe Wahrscheinlichkeitstransformation $\varphi_2: [0, 1] \longrightarrow [0, 1]$ sei gegeben durch

$$\varphi_2(0) = 0, \; \varphi_2(0.2) = 0.1, \; \varphi_2(0.5) = 0.3, \; \varphi_2(0.8) = 0.7 \text{ und } \varphi_2(1) = 1.$$

Der Wert $\varphi_i(\alpha)$, $i \in \{1, 2\}$, $\alpha \in [0, 1]$, gibt dabei jeweils die Gewichtung der Ergebnisse an, die das α–Quantil der ursprünglichen Wahrscheinlichkeitsverteilung nicht übersteigen.[26]
Mit $u(L_1)$ und $u(L_2)$ bezeichne ich jeweils die Nutzenwerte, die man für die Lotterien L_1 und L_2 erhält.

Durch die Kombination von drei verschiedenen Wahrscheinlichkeitstransformationen (lineare, konkave und konvexe Wahrscheinlichkeitstransformation) mit drei verschiedenen Nutzenfunktionen (lineare, konkave und konvexe Nutzenfunktion) gelange ich zu neun verschiedenen Ansätzen für die

[25] Zum Begriff der Wahrscheinlichkeitstransformation siehe Abschnitt 3.1.4.
[26] Zum Begriff des α–Quantils siehe Abschnitt 3.1.5.4, Definition 3.1.12.

Beurteilung der Lotterien L_1 und L_2. In zwei Fällen besteht eine Indifferenz zwischen L_1 und L_2, in vier Fällen wird L_2 gegenüber L_1 und in drei Fällen L_1 gegenüber L_2 präferiert.

3.1.8 Harsanyis Begründung der utilitaristischen Ethik

3.1.8.1 Harsanyis Theorem des unparteiischen Beobachters

Sowohl die Erwartungsnutzentheorie als auch die ENRAW-Theorie kann man - wie ich in den Abschnitten 3.1.1 und 3.1.6 erörtert habe - zur Kardinalisierung individueller Präferenzen verwenden. Durch die oben dargestellte Vorgehensweise läßt sich eine der beiden in Abschnitt 2.2.3 diskutierten Hauptschwierigkeiten bei der Anwendung der utilitaristischen Ethik (Kardinalisierbarkeit und interpersonelle Vergleichbarkeit der individuellen Nutzen) lösen.
Harsanyis Überlegungen zielen darauf ab, die Erwartungsnutzentheorie nicht nur zur Kardinalisierung der individuellen Nutzen, sondern auch zur Begründung interpersoneller Nutzenvergleiche heranzuziehen. Letzteres ist deshalb möglich, weil die Erwartungsnutzentheorie nach Harsanyi (1955, 1977, 1979) nicht nur für den Bereich individueller, sondern auch für den Bereich kollektiver Entscheidungen gilt.

Von Bedeutung ist in diesem Zusammenhang Harsanyis Unterscheidung zwischen den „persönlichen“ und den „moralischen“ Präferenzen eines Individuums: Während die persönlichen Präferenzen auf die Maximierung des individuellen Wohlergehens ausgerichtet sind, betreffen die moralischen Präferenzen die kollektive Wohlfahrt. Die moralischen Präferenzen einer Person treten zutage, wenn diese Person ihre persönlichen Präferenzen zurückstellt und die Position eines neutralen Beobachters einnimmt.
Die persönlichen Präferenzen einer Person $j \in \{1, ..., m\}$ kommen in der individuellen Nutzenfunktion $f_j : \Omega \longrightarrow \mathbb{R}$, die moralischen Präferenzen hingegen in der kollektiven Nutzenfunktion $F_j : \Omega \longrightarrow \mathbb{R}$ zum Ausdruck. Die Person j wägt dabei die persönlichen Präferenzen der von einer kollektiven Entscheidung betroffenen Personen gegeneinander ab; sie fällt ein subjektives Werturteil über den kollektiven Nutzen der zur Wahl stehenden Entscheidungsalternativen. Aufgrund des subjektiven Charakters dieses Werturteils spricht man in diesem Zusammenhang von *intra*-personellen Nutzenvergleichen.

Ebenso wie bei der Kardinalisierung individueller Präferenzen (siehe Abschnitt 3.1.1) kann auch im Falle intrapersoneller Nutzenvergleiche die Betrachtung von Lotterien hilfreich sein. Anstelle von Lotterien auf der Alternativenmenge $\Omega = \{a_1, ..., a_n\}$ betrachtet Harsanyi (1955, 1977, 1979) hierzu Lotterien auf der Menge

$$M \doteq \Omega \times \{1, ..., m\} = \{ (a_i, j) \mid i \in \{1, ..., n\}, j \in \{1, ..., m\} \}.$$

Bei den Elementen dieser Menge handelt es sich um geordnete Paare, bestehend aus einer Alternative $a_i \in \Omega$ und einem Individuum $j \in \{1, ..., m\}$. Jedem geordneten Paar $(a_i, j) \in M$ soll ein Nutzenwert zugeordnet werden. Dies geschieht mittels einer Funktion $F: M \longrightarrow \mathbb{R}$, welche das Urteil einer bestimmten Person hinsichtlich der persönlichen Präferenzen aller betroffenen Individuen beschreibt. Der Nutzenwert $F(a_i, j)$ gibt dabei den Nutzen der Person j im Falle einer Entscheidung für die Alternative a_i an.

Im Mittelpunkt der Überlegungen von Harsanyi (1955, 1977, 1979) steht die Kardinalisierung der Funktion $F: M \longrightarrow \mathbb{R}$. Diese erfolgt auf ähnliche Weise wie die in Abschnitt 3.1.1 beschriebene Kardinalisierung einer individuellen Nutzenfunktionen $f: \Omega \longrightarrow \mathbb{R}$:
Während man die Lotterien auf der Alternativenmenge Ω durch Vektoren $p = (p_1, ..., p_n) \in \mathbb{R}^n$ beschreiben kann, lassen sich die Lotterien auf der Menge $M \doteq \Omega \times \{1, ..., m\}$ in Form von Vektoren

$$\pi = (\pi_{11}, ..., \pi_{1m}, \pi_{21}, ..., \pi_{nm}) \in \mathbb{R}^{n \times m}$$

zum Ausdruck bringen.
Harsanyi geht von der Annahme aus, daß nicht nur die persönlichen, sondern auch die moralischen Präferenzen im Einklang mit der Erwartungsnutzentheorie stehen. Diese Annahme kann man formulieren als eine Eigenschaft der Präferenzordnung $\overline{\mathrm{R}}$ auf der Menge

$$\overline{L} \doteq \{ \pi = (\pi_{11}, ..., \pi_{1m}, \pi_{21}, ..., \pi_{nm}) \in \mathbb{R}^{n \times m} \mid \sum_{i=1}^{n} \sum_{j=1}^{m} \pi_{ij} = 1 \}$$

aller Lotterien zwischen geordneten Paaren $(a_i, j) \in M$. Von dieser Präferenzordnung fordert man, daß sie im Einklang mit der Erwartungsnutzentheorie steht. Durch sie wird zum Ausdruck gebracht, wie ein bestimmter Beobachter die individuellen Präferenzen der verschiedenen Personen beurteilt.
Zwischen der Präferenzordnung $\overline{\mathrm{R}}$ auf der Menge $\overline{L}$ und den individuellen Präferenzordnungen auf der Menge

$$L \doteq \{ p = (p_1, ..., p_n) \in \mathbb{R}^n \mid \sum_{i=1}^{n} p_i = 1 \}$$

soll insbesondere folgender Zusammenhang bestehen:

Prinzip der Akzeptanz: Für alle $j \in \{1, ..., m\}$ und alle $\pi,\ \rho \in \overline{L}$ mit

$$\pi_{ik} = \rho_{ik} = 0 \quad \forall i \in \{1, ..., n\},\ k \in \{1, ..., m\} \setminus \{j\},$$

d.h. für alle Lotterien $\pi,\ \rho \in \overline{L}$, bei denen die Wahrscheinlichkeit, sich in der Situation der Person j zu befinden, gleich 1 ist, soll eine Übereinstimmung zwischen der Präferenzordnung $\overline{\mathrm{R}}$ und den individuellen Präferenzordnungen R_j auf der Menge L vorliegen, d.h. es soll gelten:

$$\pi \overline{\mathrm{R}} \rho \iff (\pi_{1j}, ..., \pi_{mj})\, \mathrm{R}_j\, (\rho_{1j}, ..., \rho_{mj}).$$

Es sei nun $\overline{\mathrm{R}}$ eine Präferenzordnung auf der Menge $\overline{L}$, die dem Prinzip der Akzeptanz genügt und im Einklang mit der Erwartungsnutzentheorie steht. Weiterhin sei $\overline{F} : \overline{L} \longrightarrow \mathrm{I\!R}$ eine von-Neumann-Morgenstern-Nutzenfunktion, die $\overline{\mathrm{R}}$ repräsentiert. Aus der Funktion $\overline{F}$ lassen sich dann individuelle von-Neumann-Morgenstern-Nutzenfunktionen $F_j : L \longrightarrow \mathrm{I\!R}$ ableiten, welche die individuellen Präferenzordnungen R_j repräsentieren. Die Funktionen F_j seien folgendermaßen definiert:

$$F_j(p) \doteq \overline{F}(\pi), \qquad \text{wobei } \pi_{ik} \doteq \begin{cases} 0, & \text{falls } k \neq j; \\ p_i, & \text{falls } k = j. \end{cases}$$

Aus der Präferenzordnung $\overline{\mathrm{R}}$ auf der Menge $\overline{L}$ leitet Harsanyi (1977) außerdem eine (kollektive) Präferenzordnung R auf der Menge

$$L \doteq \{ p = (p_1, ..., p_n) \in \mathrm{I\!R}^n \mid \sum_{i=1}^{n} p_i = 1 \}$$

ab. Der Vektor $(p_1, ..., p_n)$ beschreibt hierbei diejenige Lotterie, bei der die Alternativen $a_1, ..., a_n$ mit den Wahrscheinlichkeiten $p_1, ..., p_n$ gewählt werden.
Bei der Bestimmung der Präferenzordnung R kann man Harsanyis (1953) Idee des neutralen Beobachters zugrunde legen: Der Beobachter, dessen moralische Präferenzen betrachtet werden, stellt sich vor, daß er sich in der Situation jeder Person der Gesellschaft befinden könnte und die jeweiligen Wahrscheinlichkeiten hierfür gleich groß sind. Dies bedeutet, daß für die Bestimmung der kollektiven Präferenzen nur diejenigen Lotterien

$$\pi = (\pi_{11}, ..., \pi_{1m}, \pi_{21}, ..., \pi_{nm}) \in \mathrm{I\!R}^{n \times m}$$

von Interesse sind, bei denen eine Gleichbehandlung der Individuen erfolgt, d.h. für die gilt:

$$\pi_{i1} = \pi_{i2} = \ldots = \pi_{im} \quad \text{für alle } i \in \{1, ..., n\}.$$

Diese Lotterien bezeichne ich - in Anlehnung an Weymark (1991) - als **unparteiische Lotterien**. Die zu einer Präferenzordnung $\overline{\text{R}}$ auf der Menge $\overline{L}$ gehörige (kollektive) Präferenzordnung auf der Menge L erhält man durch die Betrachtung geeigneter unparteiischer Lotterien:[27]

> Es sei $\overline{\text{R}}$ eine Präferenzordnung auf der Menge $\overline{L}$. Weiterhin seien $p, r \in L$ und die zu p und r gehörigen unparteiischen Lotterien π, $\rho \in \overline{L}$ folgendermaßen definiert:
>
> $$\pi_{ij} \doteq \frac{p_i}{m}, \quad \rho_{ij} \doteq \frac{r_i}{m}, \quad i = 1, ..., n, \ j = 1, ..., m.$$
>
> Dann gelte für die zu $\overline{\text{R}}$ gehörige Präferenzordnung R auf der Menge L:
>
> $$p\text{R}r \iff \pi\overline{\text{R}}\rho.$$

Nach diesen (vielleicht etwas mühsamen) Erklärungen und Definitionen bin ich nun in der Lage, das Hauptresultat von Harsanyis Überlegungen zu formulieren:[28]

Theorem 3.1.2 *(Harsanyis Theorem des unparteiischen Beobachters)*
Es seien R_j, $j = 1, ..., m$, *Präferenzordnungen auf der Menge* L, *die im Einklang mit der Erwartungsnutzentheorie stehen, und* $\overline{\text{R}}$ *eine Präferenzordnung auf der Menge* $\overline{L}$, *die ebenfalls im Einklang mit der Erwartungsnutzentheorie steht und das Prinzip der Akzeptanz erfüllt. Weiterhin sei* $\overline{F} : \overline{L} \longrightarrow \mathbb{R}$ *eine von-Neumann-Morgenstern-Nutzenfunktion, die* $\overline{\text{R}}$ *repräsentiert.*
Dann gilt:

a) *Auch die aus der Präferenzordnung* $\overline{\text{R}}$ *gewonnene Präferenzordnung* R *des unparteiischen Beobachters auf der Menge* L *steht im Einklang mit der Erwartungsnutzentheorie.*

b) *Zwischen den auf die oben dargestellte Weise aus* $\overline{F}$ *abgeleiteten individuellen von-Neumann-Morgenstern-Nutzenfunktionen* $F_j : L \longrightarrow \mathbb{R}$, $j = 1, ..., m$, *und der Präferenzordnung* R *besteht folgender Zusammenhang:*

---

[27] Vgl. hierzu Weymark, 1991, S.292.
[28] Vgl. hierzu Harsanyi, 1977, Abschnitt 4.8, und Weymark, 1991.

R *läßt sich repräsentieren durch die von-Neumann-Morgenstern-Nutzenfunktion*

$$F: L \longrightarrow \mathbb{R}, \quad F(p) \doteq \frac{1}{m} \sum_{j=1}^{m} F_j(p) .$$

BEWEIS siehe Harsanyi (1977, S.64 ff., Beweis von Theorem 4.2).

Dieses (nicht ganz einfache) Theorem bedarf einer kurzen Erläuterung:

Die Betrachtung eines unparteiischen Beobachters, der sich mit gleicher Wahrscheinlichkeit in der Rolle jedes der betroffenen Individuen befindet, dient dazu, das sozialwahltheoretische Problem der Bestimmung einer kollektiven Präferenzordnung überzuführen in das Problem einer Entscheidung unter Risiko. Bei der Behandlung dieses entscheidungstheoretischen Problems, vor dem der unparteiische Beobachter steht, legt Harsanyi die Erwartungsnutzentheorie zugrunde.
Auf diese Weise erhält man eine kollektive Präferenzordnung R, für die das Theorem 3.1.2 gilt. Harsanyis Theorem des unparteiischen Beobachters stellt also einen Zusammenhang zwischen den individuellen Präferenzen und der kollektiven Präferenzordnung R her. Der Blick auf die individuellen Präferenzen erfolgt dabei aus der Sicht des unparteiischen Beobachters: Dieser nimmt die Kardinalisierung der individuellen Präferenzen mittels von-Neumann-Morgenstern-Nutzenfunktionen vor.
Der zwischen den individuellen Präferenzen (dargestellt als von-Neumann-Morgenstern-Nutzenfunktionen) und der kollektiven Präferenzrelation R aufgezeigte Zusammenhang entspricht dem in der klassischen utilitaristischen Ethik geforderten Zusammenhang.

Im Unterschied zu dem in Kapitel 2 dargestellten Ansatz verwendet Harsanyi nicht die individuellen Nutzenfunktionen, sondern die Präferenzordnung $\overline{\mathrm{R}}$ eines unparteiischen Beobachters auf der Menge $\overline{L}$ als Ausgangspunkt für die Bestimmung der kollektiven Präferenzen einer Gesellschaft. Der Vorteil einer solchen Vorgehensweise liegt in der Begründung interpersoneller Nutzenvergleiche durch die Bezugnahme auf einen Beobachter, der diese Vergleiche vornimmt.

Die Kardinalisierung individueller Präferenzen und die Begründung interpersoneller Nutzenvergleiche mittels von-Neumann-Morgenstern-Nutzenfunktionen wird von Sen (1986, S.1123) kritisch gesehen.
Die Kritik von Sen lautet ungefähr so: Alle Präferenzordnungen auf der Menge L bzw. der Menge $\overline{L}$, die im Einklang mit der Erwartungsnut-

zentheorie stehen, lassen sich nicht nur durch von-Neumann-Morgenstern-Nutzenfunktionen repräsentieren, sondern auch durch Nutzenfunktionen, bei denen es sich um keine von-Neumann-Morgenstern-Nutzenfunktionen im Sinne von Definition 3.1.1 (Abschnitt 3.1.1) handelt. Die Repräsentation der Präferenzordnungen R und $\overline{\mathrm{R}}$ durch von-Neumann-Morgenstern-Nutzenfunktionen ist deshalb willkürlich.
Eine Kardinalisierung des kollektiven bzw. individuellen Nutzens wird nach Sens Meinung nicht erreicht, da nicht-positiv-affine Transformationen, wie z.B. die Funktion

$$\phi : \mathbb{R} \longrightarrow \mathbb{R}, \quad \phi(x) \doteq x^2 ,$$

existieren, welche eine von-Neumann-Morgenstern-Nutzenfunktion auf eine andere Funktion abbilden, die dieselbe Präferenzordnung repräsentiert.

Weymark (1991) greift diese Kritik an der Konzeption Harsanyis auf und bezweifelt, daß man durch von-Neumann-Morgenstern-Nutzenfunktionen eine Kardinalisierung individueller (bzw. kollektiver) Präferenzen erreichen kann:

> „Harsanyi ... restricts attention to von-Neumann-Morgenstern utility functions because he mistakenly believes that their use is *required* by the adoption of the expected utility axioms. He compounds this error by also claiming that these axioms imply that utility is cardinally measurable.“ (Weymark, 1991, S.312)

Die Kritik von Sen (1986) und Weymark (1991) an dem Ansatz von Harsanyi überzeugt mich nicht. Vielmehr bin ich der Meinung, daß unter der Voraussetzung, daß die individuellen (bzw. kollektiven) Präferenzen im Einklang mit der Erwartungsnutzentheorie stehen, eine Kardinalisierung mittels von-Neumann-Morgenstern-Nutzenfunktionen möglich ist. Eine Kardinalisierung des individuellen (bzw. kollektiven Nutzens) wird nämlich dann erreicht, wenn eine Vergleichbarkeit von gewichteten Summationen der verschiedenen Nutzenwerte vorliegt.[29] Letzteres ist bei einer von-Neumann-Morgenstern-Nutzenfunktion zweifellos der Fall.

In diesem Zusammenhang möchte ich auf eine Inkonsistenz in den Ausführungen von Binmore (1996) hinweisen. Binmore billigt zwar den von mir als von-Neumann-Morgenstern-Nutzenfunktionen bezeichneten Funktionen $F : L \longrightarrow \mathbb{R}$ und $\overline{F} : \overline{L} \longrightarrow \mathbb{R}$ keinen kardinalen Informationsgehalt zu, bezeichnet jedoch die hieraus abgeleiteten Nutzenfunktionen $f : \Omega \longrightarrow \mathbb{R}$ und $\overline{f} : \Omega \times \{1, ..., m\} \longrightarrow \mathbb{R}$ als kardinal:

[29] Eine ausführliche Diskussion dieses Sachverhalts nehme ich in Abschnitt 3.2 vor.

> „Von Neumann and Morgenstern's consistency postulates ... imply that a rational player makes risky decisions as though seeking to maximize the expected value of a utility function. More precisely, a function $\phi: \Omega \longrightarrow \mathbb{R}$ exists such that his preference relation $\succsim$ over the set lott(Ω) of lotteries with prizes in Ω is described by $E\phi$: lott(Ω) $\longrightarrow \mathbb{R}$. Some economists refer to $E\phi$: lott(Ω) $\longrightarrow \mathbb{R}$ as a Von Neumann and Morgenstern utility function, but this is not practice in game theory. For game theorists [not for me, Anmerkung des Autors], the Von Neumann and Morgenstern utility function is $\phi : \Omega \longrightarrow \mathbb{R}$. The point is that $E\phi$: lott(Ω) $\longrightarrow \mathbb{R}$ contains only *ordinal* information about the preference relation $\succsim$ on lott(Ω), and it makes no sense to compare utils on ordinal scales. But a properly defined Von Neumann and Morgenstern utility function contains *cardinal* information about the preference relation $\succsim$ on the set Ω of pure outcomes - and utils on cardinal scales can sensibly be compared.“ (Binmore, 1996, Abschnitt 2.2.3)

Diese Argumentation von Binmore ist falsch, weil man die „kardinale“ Nutzenfunktion $f : \Omega \longrightarrow \mathbb{R}$ dadurch erhält, daß man den Definitionsbereich der (nach Binmores Meinung „ordinalen“) Nutzenfunktion $F: L \longrightarrow \mathbb{R}$ einschränkt und nur sichere Alternativen und keine Lotterien zwischen Alternativen betrachtet. Die Funktion $f: \Omega \longrightarrow \mathbb{R}$ kann also nur dann einen kardinalen Informationsgehalt besitzen, wenn auch die Funktion $F : L \longrightarrow \mathbb{R}$ einen kardinalen Informationsgehalt besitzt.

3.1.8.2 Modifikation von Harsanyis Theorem

Obwohl ich die Kritik von Sen (1986) und Weymark (1991) an Harsanyi nicht teile, halte ich Harsanyis Begründung des Utilitarismus dennoch für wenig überzeugend. Ich will mich deshalb im folgenden kritisch mit Harsanyis Theorem des unparteiischen Beobachters auseinandersetzen.
Harsanyis Theorem basiert auf den beiden folgenden Grundannahmen:

1. Durch das Gedankenexperiment des unparteiischen Beobachters können kollektive Entscheidungen in Entscheidungen unter Risiko transformiert werden.

2. Sowohl die persönlichen als auch die moralischen Präferenzen des Beobachters stehen im Einklang mit der Erwartungsnutzentheorie.

Wie ich in den Abschnitten 3.1.2, 3.1.3 und 3.1.4 erörtert habe, ist die Erwartungsnutzentheorie als empirische und auch als normative Theorie wi-

derlegt. Die zweite der beiden oben genannten Grundannahmen Harsanyis läßt sich deshalb meiner Ansicht nach nicht aufrechterhalten.
Es besteht aber die Möglichkeit, diese Annahme in geeigneter Weise abzuschwächen. Beispielsweise kann man anstelle der Erwartungsnutzentheorie die in Abschnitt 3.1.4 diskutierte ENRAW-Theorie (= Erwartungsnutzentheorie mit rangabhängigen Wahrscheinlichkeiten) verwenden. Ich will nun erörtern, welche Konsequenzen sich hieraus für die moralischen Präferenzen des unparteiischen Beobachters ergeben.

Wie ich in Abschnitt 3.1.6 erwähnt habe, läßt sich eine Kardinalisierung individueller Präferenzen durch die Betrachtung von Lotterien auch im Rahmen der ENRAW-Theorie durchführen, wenn eine monoton wachsende und stetige (!) Wahrscheinlichkeitstransformation $\varphi : [0, 1] \longrightarrow [0, 1]$ fixiert. Diese Wahrscheinlichkeitstransformation φ beschreibt das Risikoverhalten der Person, deren Präferenzen betrachtet werden.
Ebenso wie bei der Kardinalisierung der Präferenzen einer bestimmten Person kann man auch in Harsanyis Konzeption des unparteiischen Beobachters nicht nur die Erwartungsnutzentheorie, sondern auch die (allgemeinere) ENRAW-Theorie verwenden. Jedoch können dann Unterschiede im Risikoverhalten[30] der verschiedenen Personen keine Berücksichtigung finden. Es muß nämlich - ebenso wie in Abschnitt 3.1.6 - eine Fixierung der Wahrscheinlichkeitstransformation φ stattfinden.

Im folgenden soll die Funktion φ das Risikoverhalten des Beobachters beschreiben, welches im Idealfall dem Risikoverhalten der verschiedenen Individuen entspricht, jedoch auch davon abweichen kann.
Ausgangspunkt für eine Nutzenaggregation sind gemäß Harsanyi die Präferenzen des unparteiischen Beobachters auf der Menge $\overline{L}$ der Lotterien zwischen geordneten Paaren $(a_i, j) \in M$. Diese Präferenzen beschreibe ich - ebenso wie in Abschnitt 3.1.7.1 - mittels einer Präferenzordnung $\overline{\mathrm{R}}$. Im Unterschied zu Harsanyi (1977) setze ich von der Präferenzordnung $\overline{R}$ nicht voraus, daß sie im Einklang mit der Erwartungsnutzentheorie steht, sondern lediglich, daß sie im Einklang mit der ENRAW-Theorie steht und als Wahrscheinlichkeitstransformation $\varphi : [0,1] \longrightarrow [0, 1]$ eine stetige Funktion gewählt werden kann.
Weiterhin fordere ich *nicht*, daß die Präferenzordnung $\overline{\mathrm{R}}$ mit den individuellen Präferenzordnungen R_j auf der Menge L übereinstimmen soll: Die Kardinalisierung der Präferenzen eines Individuums wird von dem unparteiischen Beobachter und nicht von dem Individuum selbst vorgenommen. Ich

[30]Der Begriff des Risikoverhaltens ist dabei so zu verstehen, wie ich ihn in Abschnitt 3.1.5.3 erklärt habe.

billige somit der Präferenzordnung $\overline{\mathrm{R}}$ eine geringere Aussagekraft zu als es Harsanyi tut. Ein Verzicht auf das in Abschnitt 3.1.7.1 beschriebene Prinzip der Akzeptanz erscheint mir aber erforderlich, da für die verschiedenen Individuen aufgrund des (möglicherweise) unterschiedlichen Risikoverhaltens nicht dieselbe Wahrscheinlichkeitstransformation $\varphi\colon [0,1] \longrightarrow [0,1]$ verwendet werden kann.[31] Die zu der Präferenzordnung $\overline{\mathrm{R}}$ gehörige kollektive Präferenzordnung R des unparteiischen Beobachters auf der Alternativenmenge Ω erhält man folgendermaßen:

> Für jedes $i \in \{1, ..., n\}$ sei $\pi^{(i)} \in \overline{L}$ diejenige unparteiische Lotterie, bei der die geordneten Paare $(a_i, 1), \ldots, (a_i, m)$ jeweils die Wahrscheinlichkeit $1/m$ erhalten, d.h.
>
> $$\pi^{(i)}_{kl} = \begin{cases} \frac{1}{m}, & \text{falls } k = i\,; \\ 0, & \text{falls } k \neq i\,. \end{cases}$$
>
> Für die kollektive Präferenzordnung R gilt dann:
>
> $$a_i \mathrm{R} a_j \;:\Longleftrightarrow\; \pi^{(i)} \overline{\mathrm{R}} \pi^{(j)}\,.$$

Wenn man mit R die zu $\overline{\mathrm{R}}$ gehörige Präferenzordnung auf der Menge Ω (und nicht wie in Theorem 3.1.2 die entsprechende Präferenzordnung auf der Menge L) bezeichnet, jedoch an der Erwartungsnutzentheorie festhält, dann gelangt man zu dem folgenden Satz:

Satz 3.1.11 *Es sei $\overline{\mathrm{R}}$ eine Präferenzordnung auf der Menge $\overline{L}$, die im Einklang mit der Erwartungsnutzentheorie steht, d.h. es existiert eine Nutzenfunktion*

$$\overline{f}\colon \Omega \times \{1, ..., m\} \longrightarrow \mathbb{R}\,,$$

so daß für alle $\pi, \rho \in \overline{L}$ gilt:

$$\pi \overline{\mathrm{R}} \rho \iff \sum_{i=1}^{n} \sum_{j=1}^{m} \pi_{ij}\, \overline{f}(a_i, j) \geq \sum_{i=1}^{n} \sum_{j=1}^{m} \rho_{ij}\, \overline{f}(a_i, j)\,.$$

Dann läßt sich die zu $\overline{\mathrm{R}}$ gehörige kollektive Präferenzordnung R des unparteiischen Beobachters auf der Alternativenmenge Ω repräsentieren durch die Funktion

$$f\colon \Omega \longrightarrow \mathbb{R}, \quad f(a_i) \doteq \sum_{l=1}^{m} \overline{f}(a_j, l)\,,$$

[31] Harsanyi (1977, S.64 ff.) geht davon aus, daß die individuellen Präferenzen im Einklang mit der Erwartungsnutzentheorie stehen und somit für jedes Individuum die konstante Funktion $\varphi\colon [0,1] \longrightarrow [0,1]$, $\varphi(x) \doteq x$, verwendet werden kann.

d.h. für alle $i, j \in \{1, ..., n\}$ *gilt:*

$$a_i \,\mathrm{R}\, a_j \iff \sum_{l=1}^{m} \overline{f}(a_i, l) \geq \sum_{l=1}^{m} \overline{f}(a_j, l)\,.$$

BEWEIS Unter den Voraussetzungen des Satzes gilt für alle $i, j \in \{1, ..., n\}$:

$$\begin{aligned} a_i \,\mathrm{R}\, a_j &\iff \pi^{(i)}\, \overline{\mathrm{R}}\, \pi^{(j)} \\ &\iff \sum_{l=1}^{m} \frac{1}{m} \overline{f}(a_i, l) = \sum_{k=1}^{n}\sum_{l=1}^{m} \pi_{kl}^{(i)} \overline{f}(a_k, l) \\ &\geq \sum_{k=1}^{n}\sum_{l=1}^{m} \pi_{kl}^{(j)} \overline{f}(a_k, l) = \sum_{l=1}^{m} \frac{1}{m} \overline{f}(a_j, l) \\ &\iff \sum_{l=1}^{m} \overline{f}(a_i, l) \geq \sum_{l=1}^{m} \overline{f}(a_j, l)\,. \end{aligned}$$

///

Dieser Satz läßt sich verallgemeinern, indem man anstelle der Erwartungsnutzentheorie die (allgemeinere) ENRAW-Theorie verwendet. Im Falle von Präferenzordnungen $\overline{\mathrm{R}}$, die im Einklang mit der Erwartungsnutzentheorie stehen, liefert das Konzept des unparteiischen Beobachters zwar eine Begründung des Summationsprinzips; läßt man jedoch alle Präferenzordnungen $\overline{\mathrm{R}}$ auf der Menge $\overline{L}$ zu, die im Einklang mit der ENRAW-Theorie stehen, dann ergibt sich die Möglichkeit einer rangabhängigen Gewichtung der individuellen Präferenzen.
Das folgende Theorem zeigt, daß Harsanyis Gedankenexperiment eine Begründung rangabhängiger Gewichtungen ermöglicht, wenn man die Erwartungsnutzentheorie durch die ENRAW-Theorie ersetzt.

Theorem 3.1.3 *(Modifikation von Harsanyis Theorem des unparteiischen Beobachters)*
Es sei $\overline{\mathrm{R}}$ *eine Präferenzordnung auf der Menge* $\overline{L}$, *die im Einklang mit der ENRAW-Theorie steht, wobei als Wahrscheinlichkeitstransformation eine stetige Funktion*

$$\varphi\colon [0, 1] \longrightarrow [0, 1]\,, \quad \varphi(0) = 0\,, \;\; \varphi(1) = 1\,,$$

gewählt werden kann und

$$\overline{f}\colon \Omega \times \{1, ..., m\} \longrightarrow \mathbb{R}$$

eine geeignete Nutzenfunktion ist (siehe hierzu Abschnitt 3.1.4). Weiterhin sei für alle $i \in \{1, ..., n\}$

$$x_i = (x_{i1}, ..., x_{im}) \quad mit \ x_{i1} \geq \ldots \geq x_{im}$$

derjenige Vektor des $\mathbb{R}^m$*, der die Komponenten von* $(\overline{f}(a_i, 1), ..., \overline{f}(a_i, m))$ *der Größe nach ordnet.*
Dann läßt sich die zu $\overline{\mathrm{R}}$ *gehörige kollektive Präferenzordnung R des unparteiischen Beobachters auf der Alternativenmenge* Ω *repräsentieren durch die Funktion*

$$f : \Omega \longrightarrow \mathbb{R}; \qquad f(a_i) \doteq \sum_{j=1}^{m} g_j \, x_{ij}$$

$$mit \quad g_j \doteq \varphi(j/m) - \varphi((j-1)/m).$$

Der kollektive Nutzen einer Alternative a_i *kann somit als gewichtete Summe der individuellen Nutzen*

$$f_j(a_i) \doteq \overline{f}(a_i, j), \quad j = 1, ..., m,$$

beschrieben werden. Die Werte g_j *geben hierbei an, welches Gewicht die individuellen Nutzen der* j *am schlechtesten gestellten Personen erhalten.*

BEWEIS Der Beweis von Theorem 3.1.3 verläuft analog zu dem Beweis von Satz 3.1.11 - mit zwei wesentlichen Unterschieden:

1. Der Vektor $(\overline{f}(a_i, 1), ..., \overline{f}(a_i, m))$ wird durch den Vektor $x_i = (x_{i1}, ..., x_{im})$ ersetzt, in welchem die verschiedenen Nutzenvektoren der Größe nach geordnet sind.

2. Es findet keine Gleichgewichtung der Komponenten von x_i, sondern sondern eine *rangabhängige Gewichtung* statt.

Bei Beachtung dieser beiden Punkte gelangt man zu dem Ergebnis, daß unter den Voraussetzungen von Theorem 3.1.3 für alle $i, j \in \{1, ..., m\}$ folgendes gilt:

$$\begin{aligned} a_i \, \mathrm{R} \, a_j \iff & \pi^{(i)} \, \overline{\mathrm{R}} \, \pi^{(j)} \\ \iff & \sum_{l=1}^{m} g_l \, x_{il} = \sum_{l=1}^{m} (\varphi(l/m) - \varphi((l-1)/m)) \, x_{il} \\ & \geq \sum_{l=1}^{m} (\varphi(l/m) - \varphi((l-1)/m)) \, x_{jl} = \sum_{l=1}^{m} g_l \, x_{jl} \,. \end{aligned}$$

///

3.1.8.3 Die Problematik des unparteiischen Beobachters

Sowohl in Harsanyis Theorem als auch in der von mir vorgenommenen Modifikation dieses Theorems (siehe Abschnitt 3.1.7.2, Theorem 3.1.3) wird die Existenz eines unparteiischen Beobachters vorausgesetzt, der mit jeweils gleicher Wahrscheinlichkeit die Rollen der verschiedenen Personen einnimmt. Die moralischen Präferenzen des unparteiischen Beobachters kommen in der sog. „kollektiven“ Präferenzordnung R auf der Alternativenmenge Ω zum Ausdruck.
Im folgenden will ich mich mit der Frage auseinandersetzen, ob das Gedankenexperiment des unparteiischen Beobachters sich zur Begründung kollektiver Präferenzen eignet, d.h. ob kollektive Entscheidungen mit Hilfe dieses Gedankenexperiments in Entscheidungen unter Risiko transformiert werden können. Einen möglichen Ansatzpunkt bei der Klärung dieser Frage sehe ich in der Analyse von Diamonds (1967) Kritik an Harsanyis Begründung des Utilitarismus.

Diamond (1967) betrachtet eine Gesellschaft, die aus den beiden Personen A und B besteht. Diese Gesellschaft hat die Wahl zwischen den Lotterien I und II. Bei der Lotterie I ist mit der Wahrscheinlichkeit 1/2 der Nutzen u_A der Person A gleich 1 und der Nutzen u_B der Person B gleich 0; mit derselben Wahrscheinlichkeit ist der Nutzen der Person B gleich 1 und der Nutzen der Person A gleich 0. Bei der Lotterie II hingegen ist der Nutzen u_A der Person A mit Sicherheit gleich 1 und der Nutzen u_B der Person B mit Sicherheit gleich 0.
Diese beiden „Lotterien“ lassen sich durch die folgende Tabelle darstellen:

	mit Wahrscheinlichkeit 1/2	mit Wahrscheinlichkeit 1/2
Lotterie I	$u_A = 1, \quad u_B = 0$	$u_A = 0, \quad u_B = 1$
Lotterie II	$u_A = 1, \quad u_B = 0$	$u_A = 1, \quad u_B = 0$

Beide Lotterien führen aus der Sicht eines unparteiischen Beobachters in jedem Fall zu einem gleichwertigen Ergebnis: Eine Person hat den Nutzen 1, die andere Person den Nutzen 0.
Dennoch halte ich - ebenso wie Diamond (1967) - die Lotterie I für die gerechtere: Bei der Lotterie I haben beide Individuen die gleiche Chance auf einen positiven Nutzen; bei der Lotterie II hingegen ist der Nutzen der Person B mit Sicherheit gleich 0. Im Falle der Lotterie I liegt also eine Chancengleichheit vor, im Falle der Lotterie I jedoch nicht. Die Lotterie I sollte deshalb den Vorzug gegenüber der Lotterie II erhalten.

Diamond (1967) behauptet, daß man bei Anwendung der Erwartungsnut-

zentheorie auf die moralischen Präferenzen des unparteiischen Beobachters eine kollektive Indifferenz zwischen den Lotterien I und II erhält, und lehnt deshalb bei kollektiven Entscheidungen die Verwendung der Erwartungsnutzentheorie ab.
Auch Gaertner (1985) betrachtet - ebenso wie Diamond - das oben skizzierte Beispiel nicht als ein Argument gegen das Gedankenexperiment des unparteiischen Beobachters, sondern als ein Argument gegen die Verwendung der Erwartungsnutzentheorie.

Im folgenden werde ich zeigen, daß Diamond (1967) und Gaertner (1985) die Bedeutung des obigen Beispiels falsch eingeschätzt haben und durch Diamonds Beispiel nicht die Verwendung der Erwartungsnutzentheorie, sondern Harsanyis Konzeption des unparteiischen Beobachters als ganzes in Frage gestellt wird. Die Konzeption des unparteiischen Beobachters, der mit der Wahrscheinlichkeit 1/2 die Rolle der Person A und mit derselben Wahrscheinlichkeit die Rolle der Person B einnimmt, führt nämlich - unabhängig davon, welche der in Abschnitt 3.1.4 dargestellten Rationalitätstheorien man auf die moralischen Präferenzen des unparteiischen Beobachters anwendet - stets zu dem Resultat, daß die Lotterien I und II als gleichwertig angesehen werden.
Zu beachten ist in dem skizzierten Beispiel (und dies erschwert die Beweisführung!), daß die Lotterien, die der unparteiische Beobachter miteinander vergleicht, nicht nur als einstufige, sondern auch als zweistufige Lotterien interpretiert werden können. Von einer zweistufigen Lotterie spricht man dann, wenn man Lotterien zwischen Lotterien betrachtet.

Wendet man Harsanyis Konzeption des unparteiischen Beobachters auf Diamonds Beispiel an, so erhält man zunächst (auf der ersten Stufe) eine Lotterie zwischen den Personen A und B. Auf einer zweiten Stufe muß man sich dann mit den oben definierten Lotterien I und II auseinandersetzen. Im Falle der Lotterie I gelangt man zu dem folgenden Baumdiagramm:

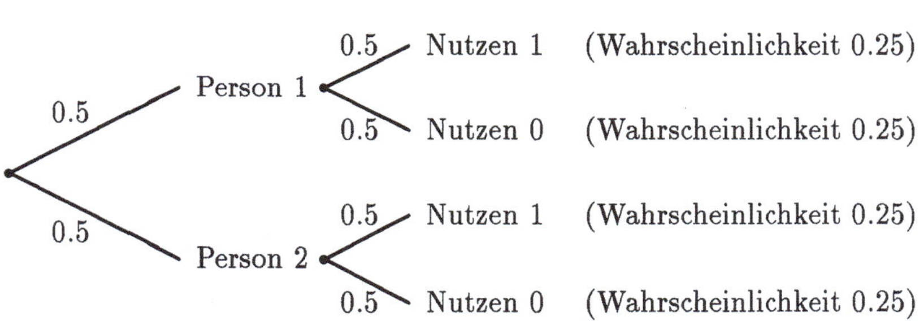

Die neben den Verzweigungen stehenden Zahlenwerte bezeichnen hierbei die jeweiligen Wahrscheinlichkeiten:

- Die Wahrscheinlichkeit für den unparteiischen Beobachter, sich in der Rolle der Person 1 (bzw. der Person 2) zu befinden, beträgt 0.5 .
- Die Wahrscheinlichkeit, als Person 1 (bzw. als Person 2) einen Nutzen von 1 (bzw. von 0) zu erfahren, beträgt 0.5 .

Die Wahrscheinlichkeit, daß der unparteiische Beobachter sich in der Rolle der Person 1 (der Person 2) befindet und gleichzeitig einen Nutzen von 1 (von 0) erfährt, beträgt im Falle der Lotterie I offensichtlich 0.25 .

Die Lotterie II hingegen liefert ein anderes Ergebnis: Durch die Festlegung der Person, deren Rolle der unparteiische Beobachter einnimmt, ist der Nutzen des unparteiischen Beobachters eindeutig bestimmt; man erhält das folgende Baumdiagramm:

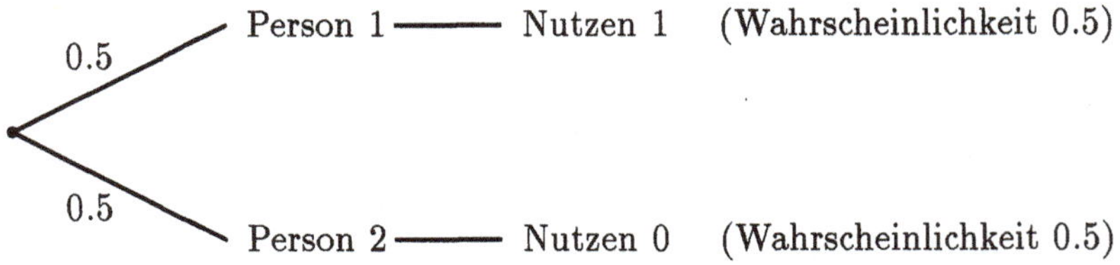

Interessiert man sich ausschließlich für die Nutzenverteilung des unparteiischen Beobachters und nicht für das Zustandekommen dieser Nutzenverteilung, dann gelangt man bei den Lotterien I und II jeweils zu demselben Ergebnis: Die Wahrscheinlichkeit für den Nutzenwert 1 ist - ebenso wie die Wahrscheinlichkeit für den Nutzenwert 0 - gleich 0.5 . Die Lotterien I und II sind demzufolge als gleichwertig einzustufen, wenn die Nutzenverteilung des unparteiischen Beobachters als einziges Kriterium zur (kollektiven) Beurteilung einer Entscheidungsalternative herangezogen wird. Möglicherweise erhält man aber ein anderes Ergebnis, wenn man anstelle von (einstufigen) Lotterien zwischen Nutzenwerten zweistufige Lotterien der oben beschriebenen Art betrachtet.

Das folgende Lemma zeigt, daß im Rahmen der Erwartungsnutzentheorie die Betrachtung einstufiger Lotterien stets zu demselben Ergebnis führt wie die Betrachtung zweistufiger Lotterien:

Lemma 3.1.1 *(einstufige und zweistufige Lotterien)*
Es sei $\Omega_1 \doteq \{a_1, ..., a_n\}$ *eine beliebige Menge von möglichen Ereignissen und*

$$L_1 \doteq \{(p_1, ..., p_n) \in \mathbb{R}^n \mid \sum_{i=1}^{n} p_i = 1\}$$

die Menge aller (einstufigen) Lotterien auf der Menge Ω_1. *Weiterhin seien* $p^{(1)}, ..., p^{(m)} \in L_1$ *und*

$$L_2 \doteq \{(q_1, ..., q_m) \in \mathbb{R}^m \mid \sum_{i=1}^{m} q_i = 1\}$$

sei die Menge aller (zweistufigen) Lotterien auf der Menge Ω_1.
Gegeben seien außerdem eine Präferenzordnung R_1 *auf der Menge* L_1 *und eine Präferenzordnung* R_2 *auf der Menge* L_2 *mit den folgenden Eigenschaften:*

1. *Für alle* $i, j \in \{1, ..., m\}$ *gilt:*

   $$p^{(i)} \mathrm{R}_1 p^{(j)} \iff e^{(i)} \mathrm{R}_2 e^{(j)},$$

   wobei $e^{(i)}, e^{(j)} \in \mathbb{R}^m$ *den i–ten und den j–ten Einheitsvektor bezeichnen.*

2. *Die Präferenzordnungen* R_1 *und* R_2 *stehen im Einklang mit der Erwartungsnutzentheorie.*

Dann gilt für alle $q, r \in L_2$:

$$q\mathrm{R}_2 r \iff \left(\sum_{i=1}^{m} q_i \, p^{(i)}\right) \mathrm{R}_1 \left(\sum_{i=1}^{m} r_i \, p^{(i)}\right).$$

BEWEIS Es seien $q, r \in L_2$. Unter den Voraussetzungen des Lemmas gilt dann folgendes:

$q\mathrm{R}_2 r \iff$ Für jede von-Neumann-Morgenstern-Nutzenfunktion $F_2 : L_2 \longrightarrow \mathbb{R}$, die R_2 repräsentiert, gilt:

$$\sum_{i=1}^{m} q_i \, F_2(e^{(i)}) = F_2(q) \geq F_2(r) = \sum_{i=1}^{m} r_i \, F_2(e^{(i)})$$

$\iff$ Für jede von-Neumann-Morgenstern-Nutzenfunktion

$F_1 : L_1 \longrightarrow \mathbb{R}$, die R_1 repräsentiert, gilt:

$$F_1\left(\sum_{i=1}^{m} q_i\, p^{(i)}\right) = \sum_{i=1}^{m} q_i\, F_1(p^{(i)})$$

$$\geq \sum_{i=1}^{m} r_i\, F_1(p^{(i)}) = F_1\left(\sum_{i=1}^{m} r_i\, p^{(i)}\right)$$

$$\Longleftrightarrow \left(\sum_{i=1}^{m} q_i\, p^{(i)}\right) R_1 \left(\sum_{i=1}^{m} r_i\, p^{(i)}\right).$$

///

Angewandt auf das Beispiel von Diamond (1967) besagt dieses Lemma, daß man bei dem Vergleich der oben dargestellten Baumdiagramme zu demselben Ergebnis gelangt wie bei dem Vergleich der entsprechenden Nutzenverteilungen des unparteiischen Beobachters, sofern man hinsichtlich der moralischen Präferenzen des unparteiischen Beobachters die Geltung der Erwartungsnutzentheorie unterstellt.

Das Lemma 3.1.1 legt die Vermutung nahe, daß möglicherweise die Verwendung der Erwartungsnutzentheorie die Ursache für die Gleichbewertung der Lotterien I und II durch den unparteiischen Beoachter ist.
Ich werde diese Vermutung nun widerlegen, indem ich beweise, daß die Lotterien I und II aus der Sicht des unparteiischen Beobachters in jedem Fall als gleichwertig einzustufen sind - unabhängig davon, welche der in Abschnitt 3.1.4 diskutierten Rationalitätstheorien den Überlegungen des unparteiischen Beobachters zugrunde liegt.

Wie ich bereits erörtert habe, führt die Betrachtung einstufiger Lotterien (d.h. die Betrachtung der Nutzenverteilungen des unparteiischen Beobachters) zu einer Gleichbehandlung der Lotterien I und II. Es sind also nur noch die oben (in Form von Baumdiagrammen) dargestellten zweistufigen Lotterien zu untersuchen. Die Analyse dieser Lotterien nehme ich anhand der folgenden Fragen vor:

(1) Wie hoch ist der Nutzen von Lotterie I für die Person 1?

(2) Wie hoch ist der Nutzen von Lotterie I für die Person 2?

(3) Wie hoch ist der kollektive Nutzen von Lotterie I ?

(4) Wie hoch ist der Nutzen von Lotterie II für die Person 1?

(5) Wie hoch ist der Nutzen von Lotterie II für die Person 2?

(6) Wie hoch ist der kollektive Nutzen von Lotterie II ?

Die richtige Antwort auf die Fragen (4) und (5) lautet gemäß Voraussetzung „0.5“. Außerdem sind der Nutzen der Lotterie I für die Person 1, der Nutzen der Lotterie I für die Person 2 und der kollektive Nutzen der Lotterie II (aus der Sicht des unparteiischen Beobachters) identisch; man erhält also auf die Fragen (1), (2) und (6) dieselbe Antwort.
Die Übereinstimmung der Antworten auf die Fragen (1) und (2) impliziert, daß man auch auf die Frage (3) dieselbe Antwort geben muß. Aus der Sicht des unparteiischen Beobachters ist der kollektive Nutzen der Lotterie I nämlich gleich dem Nutzen der Lotterie, bei der mit der Wahrscheinlichkeit 0.5 der Nutzen der Lotterie I für die Person 1 und mit derselben Wahrscheinlichkeit der Nutzen der Lotterie I für die Person 2 realisiert wird.

Diese Überlegungen beweisen, daß man bei Verwendung des Konzepts des unparteiischen Beobachters zwangsläufig zu dem Ergebnis gelangt, daß der kollektive Nutzen von Lotterie I gleich dem kollektiven Nutzen von Lotterie II ist - unabhängig davon, welche der in Abschnitt 3.1.4 diskutierten Rationalitätstheorien man verwendet.
Die Behauptung von Diamond (1967) und Gaertner (1985), die Zugrundelegung der Erwartungsnutzentheorie sei die Ursache für die (aus ethischer Sicht problematische) Gleichstellung der Lotterien I und II, ist also falsch: Nicht die Verwendung der Erwartungsnutzentheorie, sondern das Modell des unparteiischen Beobachters an sich (d.h. die erste der beiden in Abschnitt 3.1.7.2 genannten Grundannahmen Harsanyis) wird durch Diamonds Beispiel problematisiert.
Diamonds Beispiel spricht infolgedessen nicht nur gegen Harsanyis Begründung des Utilitarismus, sondern auch gegen die von mir in Abschnitt 3.1.7.2 vorgenommene Begründung rangabhängiger Gewichtungen der individuellen Präferenzen. Aus diesem Grund halte ich die in den Abschnitten 2.2.3 und 2.2.4 vorgenommenen Axiomatisierungen des Summationsprinzips und der Klasse rangabhängiger Gewichtungen für überzeugender als die in den Abschnitten 3.1.7.1 und 3.1.7.2 vorgenommenen „Axiomatisierungen“.

3.1.9 Resümee

Die beim Summationsprinzip (siehe Abschnitt 2.2.3), sowie allen rangabhängigen Gewichtungen der individuellen Präferenzen (siehe Abschnitt 2.2.4) geforderte Kardinalität der individuellen Nutzenfunktionen wirft die Frage

auf, wie man zu einer kardinalen Messung der individuellen Präferenzen gelangt: Wie kann man die individuellen Nutzenfunktionen eindeutig bis auf positiv-affine Transformationen bestimmen?
Von Neumann/Morgenstern (1944) schlagen eine Lösung dieses Kardinalisierungsproblems vor, bei der man Lotterien zwischen Entscheidungsalternativen betrachtet: Man setzt voraus, daß sich die individuelle Präferenzordnung auf der Menge aller Lotterien durch eine von-Neumann-Morgenstern-Nutzenfunktion repräsentieren läßt (siehe Abschnitt 3.1.1, Definitionen 3.1.1 und 3.1.2) und erreicht auf diese Weise eine Kardinalisierung der individuellen Präferenzen, da von-Neumann-Morgenstern-Nutzenfunktionen bis auf positiv-affine Transformationen eindeutig bestimmt sind (siehe Satz 3.1.1). Wie man zu einer von-Neumann-Morgenstern-Nutzenfunktion gelangt, die die individuelle Präferenzordnung auf der Menge der Lotterien repräsentiert, habe ich in Abschnitt 3.1.1 an dem Spezialfall von drei zur Wahl stehenden Alternativen ($\Omega \doteq \{a_1, a_2, a_3\}$) ausführlich erörtert.
Die Anforderungen, die man bei dieser Vorgehensweise an die individuellen Präferenzen stellt (Erfüllung des Archimedischen Axioms und des Unabhängigkeitsaxioms), erweisen sich jedoch als problematisch: Zahlreiche empirische Untersuchungen zeigen, daß die tatsächlichen menschlichen Präferenzen oft nicht im Einklang mit der Theorie des Erwartungsnutzens stehen (siehe hierzu meine Ausführungen in den Abschnitten 3.1.2 und 3.1.3).
Einige Wissenschaftler haben eine Verallgemeinerung der Erwartungsnutzentheorie - und damit eine Abschwächung der Rationalitätsforderungen, die von Neumann/Morgenstern (1944) an die individuellen Präferenzen stellen - vorgeschlagen. Keiner dieser Vorschläge konnte sich bislang durchsetzen. Die überzeugendste Verallgemeinerung der Erwartungsnutzentheorie stellt meiner Ansicht nach die Theorie des Erwartungsnutzens mit rangabhängigen Wahrscheinlichkeiten (kurz: ENRAW-Theorie) dar. Aber auch diese Theorie steht - wie ich in Abschnitt 3.1.4 erörtert habe - in Konflikt zu den tatsächlichen menschlichen Präferenzen. Aus diesem Grund schlage ich mit der von mir in Abschnitt 3.1.4 eingeführten MENRAW-Theorie eine Modifikation der ENRAW-Theorie vor.

Die bei Entscheidungen unter Risiko verwendete Rationalitätstheorie - gleichgültig, ob es sich dabei um die Erwartungsnutzentheorie, die ENRAW-Theorie oder die MENRAW-Theorie handelt - hat häufig einen Einfluß darauf, welche Bedeutung man dem Begriff der Risikoaversion zumißt. Beispielsweise stufen die Vertreter der ENRAW-Theorie (z.B. Chew/Karni/Safra, 1987, oder Wakker, 1994) jedes Entscheidungsverhalten, das im Einklang mit der Erwartungsnutzentheorie steht, als risikoneutral ein. Einige Vertreter der Erwartungsnutzentheorie (z.B. Pratt, 1964, oder Arrow, 1970)

hingegen fassen den Begriff der Risikoneutralität enger und bezeichnen nur einen kleinen Teil der Präferenzordnungen, die im Einklang mit der Erwartungsnutzentheorie stehen, als risikoneutral.
Aufgrund der unterschiedlichen Verwendungsweisen des Begriffs der Risikoaversion erschien es mir sinnvoll, diesen Begriff in Abschnitt 3.1.5 näher zu analysieren und die Zusammenhänge zwischen den verschiedenen Sichtweisen herauszuarbeiten. In Abschnitt 3.1.5.1 habe ich den Begriff der Risikoaversion in Anlehnung an Rothschild/Stiglitz (1970) als eine Eigenschaft von Wahrscheinlichkeitsverteilungen definiert. Die Abschnitte 3.1.5.2 und 3.1.5.3 zeigen, daß auf der Basis dieser Definition zwei verschiedene Interpretationen des Begriffs der Risikoaversion möglich sind: Wendet man die von Rothschild/Stiglitz vorgeschlagene Definition der Risikoaversion (siehe Abschnitt 3.1.5, Definition 3.1.6) auf Nutzenverteilungen an, so gelangt man zu einem anderen Verständnis des Begriffs der Risikoaversion als bei einer Anwendung auf Verteilungen von Auszahlungsbeträgen.
Während ich in den Abschnitten 3.1.5.2 und 3.1.5.3 an die Konzeption von Rothschild/Stiglitz (1970) anknüpfe, entwickle ich in Abschnitt 3.1.5.4 (Definitionen 3.1.10 und 3.1.11) eine eigenständige Konzeption des Risikobegriffs, die im Unterschied zu der Konzeption von Rothschild/Stiglitz

- nicht auf die Erwartungsnutzentheorie Bezug nimmt und
- keine kardinale, sondern lediglich eine ordinale Nutzenmessung voraussetzt.

Gegenstand von Abschnitt 3.1.6 war dann der Problematik der Kardinalisierung der individuellen Nutzen. Angesichts der Unzulänglichkeiten der Erwartungsnutzentheorie habe ich die Frage aufgeworfen, ob auch unter den relativ schwachen Rationalitätsforderungen der ENRAW-Theorie eine Kardinalisierung der individuellen Präferenzen mittels Betrachtung von Lotterien möglich ist. Als Ergebnis meiner Überlegungen halte ich fest, daß sich bei Verwendung der ENRAW-Theorie die Kardinalisierung der individuellen Präferenzen auf dieselbe Weise bewerkstelligen läßt wie bei Verwendung der Erwartungsnutzentheorie, wenn man die tatsächlichen Wahrscheinlichkeiten p_i durch die transformierten Wahrscheinlichkeiten $\tilde{p}_i$ ersetzt.
Nicht zuletzt aus diesem Grund halte ich die ENRAW-Theorie für eine vielversprechende Erweiterung der Erwartungsnutzentheorie. In Abschnitt 3.1.7 habe ich deshalb die wesentlichen Elemente der ENRAW-Theorie an einem Zahlenbeispiel erörtert und dabei insbesondere einen Bezug zu dem in Abschnitt 3.1.5 diskutierten Risikobegriff hergestellt.

Die ENRAW-Theorie spielt auch in Abschnitt 3.1.8 eine zentrale Rolle: In diesem Abschnitt habe ich dargelegt, wie Harsanyi mit Hilfe der Erwartungsnutzentheorie nicht nur kardinale individuelle Nutzenfunktionen, sondern auch interpersonelle Nutzenvergleiche begründet und mich anschließend mit der Frage auseinandergesetzt, ob Harsanyis Begründung des Utilitarismus auch dann noch Gültigkeit besitzt, wenn man anstelle der Erwartungsnutzentheorie die ENRAW-Theorie verwendet.

Das Hauptergebnis meiner Überlegungen zu diesem Punkt lautet: Legt man bei Entscheidungen unter Risiko die ENRAW-Theorie (anstelle der klassischen Erwartungsnutzentheorie) zugrunde, so liefert Harsanyis Gedankenexperiment des unparteiischen Beobachters nicht eine Begründung der utilitaristischen Ethik, sondern lediglich eine Begründung rangabhängiger Gewichtungen.

3.2 Der Informationsgehalt von Nutzenfunktionen und Nutzenfunktionsprofilen

3.2.1 Ordinale und kardinale Nutzenfunktionen

Wie ich in den Abschnitten 1.1.1 und 1.2.1 erörtert habe, hängt der Informationsgehalt der individuellen Nutzenfunktionen davon ab, ob man zur Messung der individuellen Nutzen Ordinal-, Intervall- oder Verhältnisskalen verwendet. Meine Ausführungen in den Abschnitten 1.2.1 und 1.2.3 haben gezeigt, daß die Verwendung von Verhältnisskalen größere Probleme bereitet als die Verwendung von Ordinal- oder Intervallskalen. Aus diesem Grund beschränke ich mich in diesem Abschnitt auf die Betrachtung von Ordinal- und Intervallskalen. Im Falle des Ordinalskalenniveaus spreche ich von einer ordinalen, im Falle des Intervallskalenniveaus hingegen von einer kardinalen Nutzenmessung. Nutzenfunktionen, die das Ergebnis einer ordinalen (kardinalen) Nutzenmessung sind, heißen ordinale (kardinale) Nutzenfunktionen.
Im folgenden will ich mich ausführlich mit der Interpretation ordinaler bzw. kardinaler Nutzenfunktionen beschäftigen und eine exakte Definition der Begriffe „Ordinalität" und „Kardinalität" (bezogen auf das Intervallskalenniveau) angeben. Ich stütze mich dabei im wesentlichen auf Bossert/Stehling (1990, 1992), deren Positionen ich in einigen Punkten kritisieren werde, und auf Basu (1983), dessen Arbeit in allen Punkten meine Zustimmung findet.

Ordinale Messungen ordnen die zur Wahl stehenden Alternativen mittels einer Ordnungsrelation R. Sind a und b zwei Entscheidungsalternativen, so besagt $a\mathrm{R}b$, daß a mindestens so gut ist wie b. Die Menge der zur Wahl stehenden Entscheidungsalternativen bezeichne ich mit Ω. In meiner Arbeit gehe ich in der Regel davon aus, daß die Anzahl der Entscheidungsalternativen endlich ist. Für diesen Abschnitt soll die Annahme einer endlichen Anzahl von Entscheidungsalternativen aber nicht gelten. Vielmehr will ich hier auch nicht-endliche Mengen Ω zulassen, um die von Bossert/Stehling und Basu vorgenommene Problematisierung des Kardinalitätsbegriffs in angemessener Weise erörtern zu können. Jedoch weise ich nachdrücklich darauf hin, daß ich es für sinnvoll halte, sich auf die Betrachtung endlicher Mengen Ω zu konzentrieren.
Die Relation R soll eine vollständige Ordnung auf Ω sein, d.h. es sollen die folgenden - in Abschnitt 1.1.1 definierten - Eigenschaften gelten: Reflexivität, Vollständigkeit (= Konnexität) und Transitivität. Ausgehend von der Relation R definiert man - ebenso wie in Abschnitt 1.1.1 - die

Relation I (Indifferenz) und die Relation P (Präferenz). Wie ich bereits in Abschnitt 1.1.1 erörtert habe, läßt sich eine solche Präferenzordnung durch eine **ordinale Nutzenfunktion** $f : \Omega \longrightarrow \mathbb{R}$ repräsentieren und jeder Präferenzordnung R entspricht eine Klasse von Nutzenfunktionen, die diese Präferenzordnung repräsentiert. Als Klasse zulässiger Transformationen erhält man im Falle ordinaler Nutzenmessung die Menge aller streng monoton wachsenden Transformationen, wie der folgende Satz zeigt:

Satz 3.2.1 *Es sei* R *eine Präferenzordnung auf* Ω *und* $f : \Omega \longrightarrow \mathbb{R}$ *eine Nutzenfunktion, die diese Präferenzordnung repräsentiert.* $W(f)$ *bezeichne den Wertebereich von* f.
Dann gilt: Eine Funktion $g : \Omega \longrightarrow \mathbb{R}$ *ist ebenfalls eine* R *repräsentierende Nutzenfunktion genau dann, wenn* g *eine streng monoton wachsende Transformation von* f *ist, d.h. wenn eine streng monoton wachsende Funktion* ϕ: $W(f) \longrightarrow \mathbb{R}$ *existiert mit*

$$g = \phi \circ f\,, \quad d.h.\ g(a) = \phi\,(f(a)) \quad \forall\, a \in \Omega\,.$$

BEWEIS siehe Krantz et. al. (1971, S.42), Bossert/Stehling (1990, S.56) oder Anhang B.

Dies bedeutet, daß

1. jede streng monoton wachsende Transformation einer Nutzenfunktion eine andere Nutzenfunktion liefert, die dieselbe Präferenzordnung, d.h. denselben ordinalen Sachverhalt, darstellt, und

2. zwei Nutzenfunktionen, die dieselbe Präferenzordnung repräsentieren, durch eine streng monoton wachsende Transformation ineinander überführbar sind.

Kardinale Nutzenmessungen geben - im Gegensatz zu ordinalen Messungen - nicht nur Auskunft über die individuellen Präferenzordnungen, sondern auch darüber, wie stark die Präferenzen sind.
Die von mir gewählte Interpretation kardinaler Nutzenfunktionen basiert auf der Betrachtung von **gemischten Alternativen**, d.h. von Wahrscheinlichkeitsverteilungen auf der Menge Ω. Ich will den Begriff der gemischten Alternative zunächst an einem Beispiel veranschaulichen, um anschließend eine präzise Definition vorzunehmen.
Man stelle sich die folgende Situation vor: Ein Ehepaar hat eine Entscheidung zwischen den Alternativen a und b zu fällen, von der beide Ehepartner betroffen sind. (Die beiden Alternativen können beispielsweise zwei Möglichkeiten darstellen, einen Abend gemeinsam zu verbringen.) Der

Mann präferiert a, die Frau b. Eine Möglichkeit, zu einer Entscheidung zu gelangen, besteht darin, zwischen den beiden Alternativen zu losen. Dieses Losen kann als eine zusätzliche (dritte) Alternative angesehen werden. Es handelt sich dabei um eine gemischte Alternative, d.h. eine Alternative, die aus zwei oder mehreren anderen Alternativen dadurch gewonnen wird, daß man sich auf einen Entscheidungsmechanismus einigt, der eine Entscheidung für eine dieser Alternativen liefert und dessen Ausgang ungewiß ist.

Bestimmt eine Person den individuellen Nutzen, den eine gemischte Alternative für sie hat, so stellt sie sich im Falle jeder der ursprünglichen Alternativen vor, welche Konsequenzen diese für sie hat. Wie sich die Aufmerksamkeit der betreffenden Person dabei auf diese Alternativen verteilt, hängt nicht allein ab von den objektiven Wahrscheinlichkeiten für die einzelnen (ursprünglichen) Alternativen, sondern auch von anderen Faktoren, wie z.B. der subjektiven Beurteilung des Entscheidungsmechanismus oder der Risikobereitschaft der betreffenden Person (zum Begriff der Risikobereitschaft siehe Abschnitt 3.1.5). Im Unterschied zu von Neumann/Morgenstern (1944), deren Ansatz ich in Abschnitt 3.1 ausführlich dargestellt habe, setze ich gemischte Alternativen **nicht** mit Lotterien zwischen Entscheidungsalternativen gleich. Vielmehr fasse ich den Begriff der gemischten Alternative sehr weit und verstehe darunter nicht nur Lotterien, sondern auch Verteilungen der Aufmerksamkeit einer Person auf die einzelnen Alternativen.

Kurz gesagt: Verschiedene Alternativen $a_1, \ldots, a_n$ werden mit Gewichten $\alpha_1, \ldots, \alpha_n$ versehen, deren Summe $\sum_{i=1}^{n} \alpha_i$ gleich 1 ist. Hierdurch erhält man eine sog. gemischte Alternative, die ich mit

$$\sum_{i=1}^{n} \alpha_i \, a_i$$

bezeichne. Diese neue Alternative muß aber nicht notwendigerweise als Lotterie und die einzelnen Gewichte müssen nicht notwendigerweise als objektive Wahrscheinlichkeiten für die ursprünglichen Alternativen angesehen werden.

Die von mir vorgenommene Interpretation der Kardinalität knüpft an den hier skizzierten Begriff der gemischten Alternative an. Damit eine Nutzenfunktion $f\colon \Omega \longrightarrow \mathbb{R}$ als kardinale Nutzenfunktion angesehen werden kann, muß folgendes gelten:

Die Funktion F auf der Menge

$$\mathcal{M} \doteq \left\{ \sum_{i=1}^{n} \alpha_i \, a_i \;\middle|\; \sum_{i=1}^{n} \alpha_i = 1, \;\; a_1, \ldots, a_n \in \Omega \right\}$$

gemischter Alternativen, definiert durch

$$F\left(\sum_{i=1}^{n} \alpha_i\, a_i\right) \doteq \sum_{i=1}^{n} \alpha_i\, f(a_i)\,,$$

(auch als von-Neumann-Morgenstern-Nutzenfunktion bezeichnet, siehe Abschnitt 3.1.1, Definition 3.1.1) repräsentiert die Präferenzordnung der betreffenden Person auf der Menge $\mathcal{M}$.
Eine entscheidende Rolle spielt dabei die Vergleichbarkeit von Summen der Form $\sum_{i=1}^{n} \alpha_i\, f(a_i)$, welche die Grundidee ist, die hinter der folgenden Definition des Kardinalitätsbegriffs steckt:

Definition 3.2.1 *Zwei Nutzenfunktionen $f, g\colon \Omega \longrightarrow \mathbb{R}$ besitzen* **dieselbe kardinale Information**, *wenn für jedes $\alpha \in [0,1]$ und alle $a, b, c \in \Omega$ gilt:*

$$\alpha\, f(a) + (1-\alpha)\, f(b) \geq f(c) \iff \alpha\, g(a) + (1-\alpha)\, g(b) \geq g(c)\,.$$

Daß gemäß Definition 3.2.1 eine kardinale Nutzenfunktion $f\colon \Omega \longrightarrow \mathbb{R}$ auch den Vergleich beliebiger Summen $\sum_{i=1}^{n} \alpha_i\; f(a_i)$ und $\sum_{i=1}^{n} \beta_i\; f(a_i)$ zuläßt, sofern die Summe $\sum_{i=1}^{n} \alpha_i$ gleich der Summe $\sum_{i=1}^{n} \beta_i$ ist, zeigt der folgende Satz:

Satz 3.2.2 *Es sei $\Omega = \{a_1, \ldots, a_n\}$. Zwei Nutzenfunktionen $f, g\colon \Omega \longrightarrow \mathbb{R}$ besitzen genau dann dieselbe kardinale Information, wenn für alle*

$$(\alpha_i)_{1 \leq i \leq n}\,, \quad (\beta_i)_{1 \leq i \leq n}\,, \qquad \textit{mit} \;\; \sum_{i=1}^{n} \alpha_i = \sum_{i=1}^{n} \beta_i = 1\,,$$

gilt:

$$\sum_{i=1}^{n} \alpha_i\; f(a_i) \geq \sum_{i=1}^{n} \beta_i\; f(a_i) \iff \sum_{i=1}^{n} \alpha_i\; g(a_i) \geq \sum_{i=1}^{n} \beta_i\; g(a_i)\,.$$

BEWEIS siehe Anhang B.

Bossert/Stehling (1990, S.60) definieren den Begriff der kardinalen Information etwas anders, nämlich über den Vergleich von Nutzendifferenzen. Gemäß dieser Definition besitzen zwei Nutzenfunktionen $f, g : \Omega \longrightarrow \mathbb{R}$ dieselbe kardinale Information, wenn für alle $a, b, c, d \in \Omega$ gilt:

$$f(a) - f(b) \geq f(c) - f(d) \iff g(a) - g(b) \geq g(c) - g(d)$$

Diese Definition stellt geringere Anforderungen an die kardinale Meßbarkeit als die von mir vorgeschlagene Variante, wie man an dem folgenden Beispiel sieht:

Es sei $\Omega \doteq \{a, b, c\}$. Die Nutzenfunktionen

$$f\colon \Omega \longrightarrow \mathbb{R}, \quad f(a) = 1, \; f(b) = 2, \; f(c) = 4, \quad \text{und}$$
$$g\colon \Omega \longrightarrow \mathbb{R}, \quad g(a) = 1, \; g(b) = 2, \; g(c) = 10,$$

besitzen nach der Definition von Bossert/Stehling dieselbe kardinale Information, nicht jedoch nach der von mir vorgeschlagenen Definition 3.2.1, denn:

$$0.8\,f(a) + 0.2\,f(c) = 1.6 < 2 = f(b) \quad \text{und}$$
$$0.8\,g(a) + 0.2\,g(c) = 2.8 > 2 = g(b).$$

Die in Definition 3.2.1 verwendeten Konvexkombinationen von Nutzenwerten, wie z.B. $\alpha\, f(a) + (1-\alpha)\, f(b)$, lassen sich als die **Nutzenwerte gemischter Alternativen** interpretieren. So gesehen läßt sich die kardinale Information einer Nutzenfunktion verstehen als eine Präferenzordnung auf der Menge aller gemischten Alternativen. Das folgende Beispiel soll zur Veranschaulichung der obigen Überlegungen dienen:

Beispiel 3.2.1 *Es sei $\Omega \doteq \{a, b, c\}$. Man will die gemischte Alternative $\alpha\, a + (1-\alpha)\, b$ betrachten, bei der mit Wahrscheinlichkeit α die Entscheidung a und mit Wahrscheinlichkeit $1-\alpha$ die Entscheidung b gefällt wird. $x \doteq f(a)$ sei der Nutzenwert von a, $y \doteq f(b)$ der Nutzenwert von b. Der Nutzenwert der gemischten Alternative ist dann $\alpha\, x + (1-\alpha)\, y$, sofern man den Nutzen der gemischten Alternative so berechnet, wie ich es oben anhand der Funktion F dargestellt habe. Bei einer ausschließlich ordinalen Nutzenmessung wäre eine derartige Berechnung des Nutzens gemischter Alternativen nicht möglich bzw. nicht zulässig. Die Nutzenfunktionen*

$$f\colon \Omega \longrightarrow \mathbb{R}, \quad f(a) = 1, \; f(b) = 4, \; f(c) = 2, \quad \textit{und}$$
$$g\colon \Omega \longrightarrow \mathbb{R}, \quad g(a) = 1, \; g(b) = 4, \; g(c) = 3,$$

repräsentieren zwar dieselbe Präferenzordnung auf der Menge $\Omega \doteq \{a, b, c\}$, führen aber, wenn man die oben genannte gemischte Strategie mit $\alpha = 0.5$ als zusätzliche Alternative d hinzunimmt, zu verschiedenen Präferenzordnungen auf der Menge $\{a, b, c, d\}$:

$$f(d) = \alpha\, f(a) + (1-\alpha)\, f(b) = 2.5 > 2 = f(c), \quad \textit{jedoch:}$$
$$g(d) = \alpha\, g(a) + (1-\alpha)\, g(b) = 2.5 < 3 = g(c).$$

Die Nutzenfunktionen f und g stellen zwar denselben ordinalen, aber nicht denselben kardinalen Sachverhalt dar.

Analog zu Satz 3.2.1 erhält man für kardinal interpretierbare Nutzenfunktionen folgende Invarianzaussage (vgl. hierzu auch Abschnitt 3.1.1, Satz 3.1.1):

Satz 3.2.3 *Es sei* R *eine Präferenzordnung auf* Ω *und* f *eine* R *repräsentierende, kardinal (im Sinne von Definition 3.2.1) zu interpretierende Nutzenfunktion.*
Dann gilt: Eine Funktion $g\colon \Omega \longrightarrow \mathbb{R}$ *ist eine ebenfalls* R *repräsentierende Nutzenfunktion mit derselben kardinalen Information wie* f *genau dann, wenn eine Funktion*

$$\phi\colon W(f) \longrightarrow \mathbb{R}\,;\;\; \phi(x) = ax + b\,; \quad a, b \in \mathbb{R}\,,\; a > 0$$

existiert, so daß $g = \phi \circ f$ *.*

BEWEIS siehe Anhang B.

Bei der von Bossert/Stehling (1990) gewählten Definition des Begriffs der kardinalen Information von Nutzenfunktionen (siehe hierzu die Bemerkung im Anschluß an Definition 3.2.2) erhält man anstelle von Satz 3.2.3 ein schwächeres Resultat: Satz 3.2.3 ist im allgemeinen falsch, gilt aber unter der Voraussetzung, daß $W(f) = \mathbb{R}$ (siehe Bossert/Stehling, 1990, S.61 ff., Satz 2.3.15, oder Basu, 1983, Theorem 1, oder die nachfolgenden Ausführungen). Es ist anerkennenswert, daß Bossert/Stehling mit Nachdruck auf diese Einschränkung hinweisen.

In Abschnitt 1.2.1 habe ich ordinale und kardinale Nutzenmessung (d.h. Ordinalskalenniveau und Intervallskalenniveau) dadurch charakterisiert, daß ich die Klasse der zulässigen Transformationen $\phi\colon \mathbb{R} \longrightarrow \mathbb{R}$ angegeben habe. Auch im folgenden will ich den Informationsgehalt einer individuellen Nutzenfunktion beschreiben durch die Klasse der zulässigen Transformationen, d.h. durch die Klasse der Transformationen, die zu keiner Veränderung der durch diese Nutzenfunktion zum Ausdruck gebrachten Information führen. Die Sätze 3.2.1 und 3.2.3 zeigen, daß die in Abschnitt 1.2.1 vorgenommenen Charakterisierungen ordinaler und kardinaler Nutzenfunktionen mit den in diesem Abschnitt gewählten Definitionen übereinstimmen.
Zwei Nutzenfunktionen $f, g\colon \Omega \longrightarrow \mathbb{R}$ besitzen dieselbe ordinale Information, wenn eine Transformation

$$\phi \in \widetilde{\mathcal{M}}_1 \doteq \{\phi\colon W(f) \longrightarrow \mathbb{R} \;|\;\; x \geq y \iff \phi(x) \geq \phi(y) \;\;\; \forall\, x, y \in W(f)\}$$

existiert, so daß $g = \phi \circ f$, wobei $W(f)$ den Wertebereich von f und $\phi \circ f$ die Hintereinanderschaltung von f und ϕ bezeichnet. Wie Satz 3.2.1 zeigt, gilt für diese Menge $\widetilde{\mathcal{M}}_1$:

$$\widetilde{\mathcal{M}}_1 = \{\phi \colon W(f) \longrightarrow \mathbb{R} \mid \phi \text{ ist streng monoton wachsend}\}.$$

Die Ausdehnung des Definitionsbereichs der Transformationen ϕ auf ganz $\mathbb{R}$ führt zu einer Beschreibung der **Klasse der zulässigen Transformationen bei ordinaler Meßbarkeit** durch die Menge

$$\begin{aligned} \mathcal{M}_1 &\doteq \{\phi \colon \mathbb{R} \longrightarrow \mathbb{R} \mid x \geq y \iff \phi(x) \geq \phi(y) \quad \forall\, x, y \in \mathbb{R}\} \\ &= \{\phi \colon \mathbb{R} \longrightarrow \mathbb{R} \mid \phi \text{ ist streng monoton wachsend}\}. \end{aligned}$$

Die oben vorgenommene Interpretation ordinaler Nutzenfunktionen entspricht dem intuitiven Verständnis, demzufolge die ordinalen Informationen diejenigen sind, die sich mittels Ordnungsrelationen darstellen lassen.
Während der Begriff der ordinalen Information keinerlei Probleme bereitet, tritt bei der Definition der kardinalen Information ein kleines Problem auf, das bei Bossert/Stehling (1990) anscheinend zu leichten Irritationen und auch zu - aus meiner Sicht unberechtigter - Kritik an dem üblichen Begriffsverständnis geführt hat. Ich will dieses Problem im folgenden näher erläutern.

Nach der von Bossert/Stehling (1990) verwendeten Definition besitzen zwei Nutzenfunktionen $f, g : \Omega \longrightarrow \mathbb{R}$ dieselbe kardinale Information, wenn eine Transformation

$$\begin{aligned} \phi \in \widehat{\mathcal{M}}_2 \doteq \{\, \phi \colon W(f) \longrightarrow \mathbb{R} \mid \\ x - y \geq u - v \iff \phi(x) - \phi(y) \geq \phi(u) - \phi(v) \\ \text{für alle } x, y, u, v \in W(f)\,\} \end{aligned}$$

existiert, so daß $g = \phi \circ f$. Wie z.B. Basu (1983, Theorem 1, siehe unten) oder Bossert/Stehling (1990, S.61 f., Satz (2.3.15)) zeigen, gilt **für** $W(f) = \mathbb{R}$:[32]

$$\widehat{\mathcal{M}}_2 = \{\, \phi \colon \mathbb{R} \longrightarrow \mathbb{R} \mid \phi(x) = ax + b \quad \text{mit } a \in \mathbb{R}^+,\ b \in \mathbb{R}\}.$$

In diesem Fall bezeichnet man die Elemente der Menge $\widehat{\mathcal{M}}_2$ als **positiv-affine Transformationen**. Die von Bossert/Stehling vorgenommene Defi-

[32] Basu (1983, Theorem 1) zeigt einen entsprechenden Zusammenhang für alle Fälle, in denen der Wertebereich $W(f)$ dicht in einer zusammenhängenden Teilmenge von $\mathbb{R}$ liegt (siehe Theorem 3.2.1, am Ende dieses Abschnitts).

nition widerspricht meiner Meinung nach der intuitiven Vorstellung vom Begriff der kardinalen Information. Mit dem Begriff der Kardinalität von Nutzenfunktionen verbindet man gewöhnlich die Vorstellung, daß man mit den Nutzenwerten bestimmte Rechenoperationen (z.B. Additionen) durchführen kann. Die Nutzenfunktionen

$$\begin{aligned} &f\colon \Omega \longrightarrow \mathbb{R}, \quad f(a)=1, \quad f(b)=2, \quad f(c)=4, \quad \text{und} \\ &g\colon \Omega \longrightarrow \mathbb{R}; \quad g(a)=1, \quad g(b)=2, \quad g(c)=10, \end{aligned}$$

besitzen der intuitiven Vorstellung zufolge deshalb verschiedene kardinale Informationen. Eben dieses bestreiten Bossert/Stehling (1990).
In Definition 3.2.1 nehme ich Bezug auf Konvexkombinationen $\alpha f(a)+(1-\alpha) f(b)$ von Nutzenwerten $f(a)$ und $f(b)$: Das Bilden solcher Konvexkombinationen und die entsprechenden Vergleiche von Konvexkombinationen sollen bei einer kardinalen Nutzenfunktion f erlaubt sein. Gemäß Definition 3.2.1 besitzen zwei Nutzenfunktionen $f, g\colon \Omega \longrightarrow \mathbb{R}$ dieselbe kardinale Information, wenn eine Transformation

$$\begin{aligned} \phi \in \widetilde{\mathcal{M}}_2 \doteq \{ &\phi\colon W(f) \longrightarrow \mathbb{R} \mid \\ &\alpha x + (1-\alpha) y \geq z \iff \alpha \phi(x) + (1-\alpha) \phi(y) \geq \phi(z) \\ &\text{für alle } x, y, z \in W(f),\ \alpha \in [0,1] \} \end{aligned}$$

existiert, so daß $g = \phi \circ f$. Wie Satz 3.2.3 zeigt, gilt für die Menge $\widetilde{\mathcal{M}}_2$:

$$\widetilde{\mathcal{M}}_2 = \{ \phi\colon W(f) \longrightarrow \mathbb{R} \mid \phi(x) = ax + b \quad \text{mit } a \in \mathbb{R}^+,\ b \in \mathbb{R} \}$$

Die Ausdehnung des Definitionsbereichs der Transformationen ϕ auf ganz $\mathbb{R}$ führt zu einer Beschreibung der **Klasse der zulässigen Transformationen bei kardinaler Meßbarkeit** durch die Menge

$$\begin{aligned} \mathcal{M}_2 \doteq \{ &\phi\colon \mathbb{R} \longrightarrow \mathbb{R} \mid \\ &\alpha x + (1-\alpha) y \geq z \iff \alpha \phi(x) + (1-\alpha) \phi(y) \geq \phi(z) \\ &\text{für alle } x, y, z \in \mathbb{R} \text{ und alle } \alpha \in [0,1] \} \end{aligned}$$

$$\begin{aligned} = \{ &\phi\colon \mathbb{R} \longrightarrow \mathbb{R} \mid \\ &\sum_{i=1}^{n} \alpha_i x_i \geq \sum_{i=1}^{n} \beta_i x_i \iff \sum_{i=1}^{n} \alpha_i \phi(x_i) \geq \sum_{i=1}^{n} \beta_i \phi(x_i) \\ &\text{für alle } x_1, \ldots, x_n \in \mathbb{R}, \end{aligned}$$

sowie alle $(\alpha_i)_{1\leq i\leq n}$ und $(\beta_i)_{1\leq i\leq n}$ mit $\sum_{i=1}^{n}\alpha_i = \sum_{i=1}^{n}\beta_i = 1\}$

$$= \{\phi\colon \mathbb{R} \longrightarrow \mathbb{R} \mid \phi(x) = ax + b \quad \text{mit } a \in \mathbb{R}^+,\ b \in \mathbb{R}\}$$

$$= \{\phi\colon \mathbb{R} \longrightarrow \mathbb{R} \mid$$
$$x-y \geq u-v \iff \phi(x) - \phi(y) \geq \phi(u) - \phi(v)$$
$$\text{für alle } x, y, u, v \in \mathbb{R}\}\,.$$

Legt man die von Bossert/Stehling (1990) gewählte Definition zugrunde, so ist keine generelle Angabe einer solchen Klasse von zulässigen Transformationen möglich, da es dann von dem Wertebereich $W(f)$ der Nutzenfunktion f abhängt, ob eine Transformation ϕ, die nicht in $\mathcal{M}_2$ liegt, zu einer Veränderung der kardinalen Information führt.
Manche Aussagen von Bossert/Stehling stoßen bei mir auf völliges Unverständnis. Das nachfolgende Zitat stellt einen Kommentar zu dem Satz (2.3.15) aus Bossert/Stehling (1990, S.61) dar, in dem für den Fall $W(f) = \mathbb{R}$ die Gleichheit von $\widehat{\mathcal{M}}_2$ und $\widetilde{\mathcal{M}}_2$ gezeigt wird (siehe oben). Bossert/Stehling gehen dabei von einem Kardinalitätsbegriff aus, der auf der Menge $\widehat{\mathcal{M}}_2$ basiert.

> „Man hat also mit Satz (2.3.15) (leider) nur eine **relativ schwache** Aussage über zulässige Transformationen bei kardinal zu interpretierenden Nutzenfunktionen. Satz (2.3.15) besagt nämlich **keinesfalls**, daß für eine **beliebige** vorgegebene kardinale Nutzenfunktion auf einer gegebenen Alternativenmenge nur deren affin-lineare Transformationen denselben Informationsgehalt besitzen, was am obigen Beispiel verdeutlicht wurde [Anm. des Autors: Das nachfolgende Beispiel 3.2.2 beschreibt einen ähnlichen Fall wie das von Bossert/Stehling angeführte Beispiel]. Leider wird hierauf in der Literatur kaum hingewiesen; Kardinalität wird üblicherweise damit identifiziert (oft sogar definiert), daß in **jedem Fall** streng monoton wachsende affin-lineare Transformationen (und **nur** diese) denselben Informationsgehalt wie **irgendeine** gegebene kardinal zu interpretierende Nutzenfunktion besitzen. Dies drückt sich in der häufig in der Literatur zu findenden Aussage aus, daß kardinale Nutzenfunktionen eindeutig bis auf streng monoton wachsende affin-

> lineare Transformationen sind, was eben nicht in allen Fällen richtig ist." (Bossert/Stehling, 1990, S.63 f.)

Dem kann ich nur energisch widersprechen und „die in der Literatur zu findende Aussage", von der hier die Rede ist, verteidigen. Bossert/Stehling (1990) gehen von einer unangemessenen Definition der Kardinalität aus und sehen deshalb Probleme, wo gar keine sind. Bei ihren weiterführenden Überlegungen (zu sozialwahltheoretischen Fragen) stützen sie sich aber auf die Menge $\mathcal{M}_2$ als die Menge der zulässigen Transformationen, allerdings mit Vorbehalten. In Bossert/Stehling (1992) findet sich (erfreulicherweise) eine Definition der Kardinalität über die Menge $\mathcal{M}_2$ zulässiger Transformationen, wie ich sie in den Kapiteln 1 und 2 verwendet habe und am Ende dieses Abschnitts noch einmal darlegen werde.
Das folgende Beispiel verdeutlicht vielleicht, daß der von Bossert/Stehling (1990) verwendete Kardinalitätsbegriff von der Menge der zur Wahl stehenden Alternativen abhängt und sich bei einer Hinzunahme weiterer Alternativen möglicherweise verändert:

Beispiel 3.2.2 *Bei einer kollektiven Entscheidung stehen die Alternativen a, b und c zur Wahl. Es seien die beiden folgenden Nutzenfunktionen gegeben, die die Präferenzen ein und derselben Person beschreiben sollen und nach Bossert/Stehling (1990) dieselbe kardinale Information besitzen, nicht jedoch nach Definition* 3.2.1:

$$f\colon \{a,b,c\} \longrightarrow \mathbb{R}, \quad f(a)=1, \; f(b)=3, \; f(c)=6\,;$$
$$g\colon \{a,b,c\} \longrightarrow \mathbb{R}, \quad g(a)=1, \; g(b)=3, \; g(c)=8\,.$$

Nun bietet sich überraschend eine zusätzliche Alternative d an, die folgendermaßen eingestuft wird:
1. d ist besser als a und b, jedoch schlechter als c.
2. d ist um genausoviel besser als b, wie c besser als d ist.
Damit ergeben sich für die Alternative d zwangsläufig die Nutzenwerte 4.5 *und* 5.5. *Man erhält also die beiden folgenden Nutzenfunktionen:*

$$\tilde{f}\colon \{a,b,c,d\} \longrightarrow \mathbb{R}, \quad \tilde{f}(a)=1, \; \tilde{f}(b)=3, \; \tilde{f}(c)=6, \; \tilde{f}(d)=4.5\,;$$
$$\tilde{g}\colon \{a,b,c,d\} \longrightarrow \mathbb{R}, \quad \tilde{g}(a)=1, \; \tilde{g}(b)=3, \; \tilde{g}(c)=8, \; \tilde{g}(d)=5.5\,.$$

Gemäß der Definition von Bossert/Stehling (1990) besitzen f und g dieselbe kardinale Information, nicht jedoch $\tilde{f}$ und $\tilde{g}$, denn:

$$\tilde{f}(d)-\tilde{f}(b) < \tilde{f}(b)-\tilde{f}(a), \quad \textit{jedoch} \;\; \tilde{g}(d)-\tilde{g}(b) > \tilde{g}(b)-\tilde{g}(a)\,.$$

Bei der von mir gewählten Definition der Kardinalität (siehe Definition 3.2.1, *identisch mit einer Definition über die Menge* $\mathcal{M}_2$ *zulässiger Transformationen) besitzen weder* f *und* g, *noch* $\tilde{f}$ *und* $\tilde{g}$ *dieselbe kardinale Information.*

Falls $W(f) = \mathbb{R}$, so ist, wie oben erwähnt, die von Bossert/Stehling (1990) verwendete Definition der Kardinalität äquivalent mit Definition 3.2.1. Im Fall $W(f) \neq \mathbb{R}$ benutzen Bossert/Stehling die Charakterisierung kardinaler Nutzenfunktionen durch die Menge $\mathcal{M}_2$ von zulässigen Transformation, obwohl dies nicht ihrer Definition von Kardinalität entspricht.

Die Problematik bei der Definition der Kardinalität bringt Basu (1983) auf folgenden Punkt: Es existieren zwei Definitionen der Kardinalität, die sich im Rahmen der modernen Sozialwahltheorie als nicht gleichbedeutend herausstellen.
Die eine Definition (diejenige, die der von mir vorgeschlagenen Definition 3.2.1 entspricht) basiert auf der Menge $\mathcal{M}_2$ der positiv-affinen Transformationen

$$\phi: \mathbb{R} \longrightarrow \mathbb{R}, \quad \phi(x) = a\,x + b, \;\; x \in \mathbb{R}, \quad \text{mit } a \in \mathbb{R}^+,\; b \in \mathbb{R}.$$

Die andere Definition (deren Unzweckmäßigkeit ich mit dem Beispiel 3.2.2 aufzeigen wollte) basiert darauf, daß man nur solche Transformationen einer individuellen Nutzenfunktion zuläßt, die zu keiner Veränderung bei Vergleichen von Nutzendifferenzen führen. Die zu einer Nutzenfunktion f gehörige Klasse zulässiger Transformationen hängt in diesem Fall von dem Wertebereich $W(f)$ ab und wird beschrieben durch die oben definierte Menge $\widehat{\mathcal{M}}_2$, die nicht immer identisch ist mit der Menge $\widetilde{\mathcal{M}}_2$ der positiv-affinen Transformationen auf $W(f)$.
Nach Basu (1983) hängt der Unterschied zwischen den beiden Kardinalitätsbegriffen zusammen mit dem eingeschränkten Definitionsbereich, auf dem man die Transformation ϕ im zweiten Fall (Menge $\widehat{\mathcal{M}}_2$) definiert: Bei der Menge

$$\begin{aligned} \widehat{\mathcal{M}}_2 = \{\phi: W(f) \longrightarrow \mathbb{R} \mid \\ & x-y \geq u-v \iff \phi(x)-\phi(y) \geq \phi(u)-\phi(v) \\ & \text{für alle } x,y,u,v \in W(f)\} \end{aligned}$$

ist der Definitionsbereich auf $W(f)$ eingeschränkt, während er bei der Menge

$$\begin{aligned} \mathcal{M}_2 = \{\, \phi\colon \mathbb{R} \longrightarrow \mathbb{R} \mid \\ & x-y \geq u-v \iff \phi(x)-\phi(y) \geq \phi(u)-\phi(v) \\ & \text{für alle } x,y,u,v \in \mathbb{R} \,\} \end{aligned}$$

ganz $\mathbb{R}$ umfaßt. Die Einschränkung der Elemente von $\mathcal{M}_2$ auf den Definitionsbereich $W(f)$ liefert die Menge $\widetilde{\mathcal{M}}_2$, welche sich im allgemeinen von der Menge $\widehat{\mathcal{M}}_2$ unterscheidet (siehe oben!). Falls $\widehat{\mathcal{M}}_2 \neq \widetilde{\mathcal{M}}_2$, so gelangt man zu verschiedenen Definitionen der Kardinalität.
Die Verwendung von $\widetilde{\mathcal{M}}_2$ als Klasse zulässiger Transformationen führt im allgemeinen zu einer engeren Fassung des Kardinalitätsbegriffs als die Verwendung der von Bossert/Stehling (1990) benutzten Menge $\widehat{\mathcal{M}}_2$, welche $\widetilde{\mathcal{M}}_2$ umfaßt (siehe hierzu auch Beispiel 3.2.2).

Wie oben schon angedeutet geht es nach Basu (1983) bei beiden Definitionen darum, zu einer gegebenen Nutzenfunktion f die Menge derjeniger Nutzenfunktionen anzugeben, die dieselbe kardinale Information wie f besitzen. Die Definition dieser Menge erfolgt durch Angabe der zulässigen Transformationen. Im einen Fall wird die Menge der zulässigen Transformationen beschrieben durch die Menge $\widetilde{\mathcal{M}}_2$ der positiv-affinen Funktionen, im anderen Fall durch die Menge $\widehat{\mathcal{M}}_2$. ($\widehat{\mathcal{M}}_2$ hängt von $W(f)$ ab, $\widetilde{\mathcal{M}}_2$ dagegen nicht; in jedem Fall gilt: $\widetilde{\mathcal{M}}_2 \subset \widehat{\mathcal{M}}_2$.) Falls $\widehat{\mathcal{M}}_2 = \widetilde{\mathcal{M}}_2$, so ist die Menge der Nutzenfunktionen, die dieselbe kardinale Information wie f besitzen, bei beiden Definitionen dieselbe; falls jedoch $\widehat{\mathcal{M}}_2 \neq \widetilde{\mathcal{M}}_2$, so ist dies nicht der Fall.
Damit komme ich nun auf das Hauptanliegen von Basu (1983) zu sprechen: Basu gibt Bedingungen an, unter denen $\widehat{\mathcal{M}}_2$ und $\widetilde{\mathcal{M}}_2$ identisch sind und damit zu demselben Kardinalitätsbegriff führen. Schon in der Eingangsfrage seines Artikels stellt er auf den Vergleich der beiden Definitionen von Kardinalität ab:

> „Does the ability to compare first-differences in utility imply cardinality?“ (Basu, 1983, S.193)

Basu definiert den Begriff der Kardinalität dabei mittels der Menge $\widetilde{\mathcal{M}}_2$ der positiv-affinen Transformationen und stellt sich die Frage, in welchen Fällen eine Definition mittels der Menge $\widehat{\mathcal{M}}_2$ zu dem gleichen Begriff der Kardinalität führt, in welchen Fällen also $\widehat{\mathcal{M}}_2$ identisch mit $\widetilde{\mathcal{M}}_2$ ist. Basu (1983, Theorem 1) zeigt in diesem Zusammenhang folgendes Theorem:

Theorem 3.2.1 *Falls $W(f)$ dicht in einer zusammenhängenden Teilmenge von* $\mathbb{R}$ *liegt, so ist* $\widetilde{\mathcal{M}}_2 = \widehat{\mathcal{M}}_2$, *d.h.:*

$$\{\phi \colon W(f) \longrightarrow \mathbb{R} \mid \phi(x) = ax + b \quad \textit{mit } a \in \mathbb{R}^+,\ b \in \mathbb{R}\} =$$

$$\{\phi \colon W(f) \longrightarrow \mathbb{R} \mid x - y \geq u - v \iff \phi(x) - \phi(y) \geq \phi(u) - \phi(v) \quad \textit{für alle } x, y, u, v \in W(f)\}.$$

(Eine Definition der Begriffe „dicht" und „zusammenhängend" nehme ich im Anhang A.2, Definition A.2.5, vor.)

BEWEIS siehe Basu (1983, Theorem 1).

Der von Basu betrachtete Fall einer zusammenhängenden Menge $W(f)$ ist jedoch für mich von geringem Interesse, da ich mich auf die Betrachtung einer endlichen Anzahl von Entscheidungsalternativen konzentrieren will. Der folgende Satz zeigt, daß die Mengen $\widehat{\mathcal{M}}_2$ und $\widetilde{\mathcal{M}}_2$ bei einer endlichen Anzahl von Entscheidungsalternativen im allgemeinen nicht identisch sind (siehe hierzu auch die Bemerkung im Anschluß an Satz 3.2.2 und das Beispiel 3.2.2):

Satz 3.2.4 *Es sei $m \geq 3$, $W(f) = \{x_1, ..., x_m\}$ und $x_1 < x_2 < ... < x_m$. Ferner gebe es $i, j \in \{1, ..., m-1\}$, $i \neq j$, so daß $x_{i+1} - x_i \neq x_{j+1} - x_j$. Dann gilt: $\widehat{\mathcal{M}}_2 \neq \widetilde{\mathcal{M}}_2$.*

BEWEIS siehe Anhang B.

Während man bei der Menge $\widehat{\mathcal{M}}_2$ lediglich die Vergleichbarkeit der **tatsächlich auftretenden** Nutzendifferenzen verlangt, fordert man von den Elementen der Menge $\widetilde{\mathcal{M}}_2$, daß deren Definitionsbereich auf ganz $\mathbb{R}$ ausgedehnt werden kann und gleichzeitig die Vergleichbarkeit **aller** Nutzendifferenzen erhalten bleibt.
Dieser Unterschied zwischen den Mengen $\widehat{\mathcal{M}}_2$ und $\widetilde{\mathcal{M}}_2$ spielt eine wesentliche Rolle für die Interpretation von Theorem 3.2.1 einerseits sowie Satz 3.2.4 andererseits: Theorem 3.2.1 besagt, daß sich kardinale Nutzenfunktionen (im Sinne von Definition 3.2.1) durch die Zulässigkeit aller Transformationen $\phi \in \widetilde{\mathcal{M}}_2$ charakterisieren lassen. Satz 3.2.4 hingegen verdeutlicht, daß die Vergleichbarkeit der tatsächlich auftretenden Nutzendifferenzen noch nicht die Kardinalität einer Nutzenfunktion impliziert.

Die Begriffe Ordinalität und Kardinalität stellen zentrale Elemente meiner Arbeit dar. Aus diesem Grund wiederhole ich die von mir in den Kapiteln 1 und 2 verwendeten (allgemein geläufigen) Charakterisierungen noch einmal:

1. Zwei Nutzenfunktionen $f, g : \Omega \longrightarrow \mathbb{R}$ besitzen dieselbe ordinale Information, wenn sie dieselbe Präferenzordnung auf Ω repräsentieren, d.h. wenn es eine Transformation

$$\begin{aligned} \phi \in \mathcal{M}_1 &\doteq \{\phi\colon \mathbb{R} \longrightarrow \mathbb{R} \mid x \geq y \iff \phi(x) \geq \phi(y) \quad \forall\, x, y \in \mathbb{R}\} \\ &= \{\phi\colon \mathbb{R} \longrightarrow \mathbb{R} \mid \phi \text{ ist } \textbf{streng monoton wachsend}\} \end{aligned}$$

   gibt, so daß $g = \phi \circ f$.

2. Zwei Nutzenfunktionen $f, g : \Omega \longrightarrow \mathbb{R}$ besitzen dieselbe kardinale Information, wenn es eine Transformation

$$\phi \in \mathcal{M}_2 = \{\phi\colon \mathbb{R} \longrightarrow \mathbb{R} \mid \phi(x) = a\,x + b \quad \text{mit} \quad a \in \mathbb{R}^+,\ b \in \mathbb{R}\}$$

   gibt, so daß $g = \phi \circ f$. (Die Elemente aus $\mathcal{M}_2$ heißen **positiv-affine Transformationen**.)

Eine Teilmenge der Menge positiv-affiner Transformationen ist die Menge

$$\mathcal{M}_3 = \{\phi\colon \mathbb{R} \longrightarrow \mathbb{R} \mid \phi(x) = a\,x \quad \text{mit} \quad a \in \mathbb{R}^+\}$$

der positiv-linearen Transformationen. Die Menge $\mathcal{M}_3$ gibt an, welche Transformationen einer Nutzenfunktion im Falle des Verhältnisskalenniveaus erlaubt sind.

3.2.2 Interpersonelle Vergleichbarkeit der individuellen Nutzen

Wie ich in Abschnitt 2.2.1 (Theorem 2.2.1, verallgemeinertes Arrow-Theorem) erörtert habe, erfordert eine Nutzenaggregation, die die Eigenschaften (U), (P), (I) und (ND) besitzt und stets eine kollektive Präferenzordnung liefert, interpersonelle Nutzenvergleiche. Bei der Darstellung der individuellen Präferenzen in Form von Nutzenfunktionen erfolgen interpersonelle Nutzenvergleiche dadurch, daß die einzelnen Nutzenfunktionen aufeinander abgestimmt werden.
Im Falle einer ordinalen Nutzenmessung sind interpersonelle Nutzenvergleiche nur in Form von Niveauvergleichen möglich: Die Nutzenniveaus verschiedener Personen werden miteinander verglichen.

Niveauvergleiche

Bei interpersonellen Niveauvergleichen handelt es sich um Aussagen folgender Art:

„Es ist besser (schlechter, genauso gut), in der Rolle von Person i zu sein, als in der Rolle von Person j zu sein.“

Derartige Werturteile können auf zweierlei Weise vorgenommen werden:

1. durch Festlegung eines objektiven Kriteriums für einen solchen interpersonellen Nutzenvergleich (z.B.: materieller Wohlstand als Kriterium);

2. mittels eines Rollentausches.

Die erste Lösung scheint mir aus pragmatischer Sicht am naheliegendsten zu sein. Sie stellt jedoch eine Reduktion der Nutzenvergleiche auf einen Faktor dar. Das moralische Problem des Interessenausgleichs, zu dessen Zweck die interpersonellen Nutzenvergleiche vorgenommen werden, muß deshalb auf diesen Faktor reduziert werden. Für die Behandlung des Problems der Verteilungsgerechtigkeit, bei dem der materielle Wohlstand der beteiligten Personen die zentrale Rolle spielt, mag dies sinnvoll sein, nicht jedoch für Interessenabwägungen, wie sie z.B. bei der Familienplanung eines jungen Ehepaares vorkommen.

Arrow (1977, Abschnitt 5) und Harsanyi (1955, Abschnitt 5; 1979, Abschnitt 5) tendieren zu der zweiten Lösung. Gemäß Arrow und Harsanyi basieren interpersonelle Nutzenvergleiche nicht auf objektiven Kriterien, sondern auf dem Werturteil einer Person. Möglich wird ein solches Werturteil durch einen Rollentausch, bei dem sich eine Person in die Rollen der Personen i und j hineinversetzt und bei einer Gegenüberstellung dieser beiden Rollen die eine oder andere Rolle präferiert. Ein derartiger Rollentausch soll nicht nur die äußeren Lebensumstände, sondern auch Vorlieben und Präferenzen der Personen i und j umfassen.
Es stellt sich hierbei jedoch die Frage, ob es möglich ist, alle Präferenzen zu tauschen und dennoch die Fähigkeit zu behalten, ein Werturteil hinsichtlich der Vorziehenswürdigkeit der einen oder anderen Rolle abzugeben. In jedem Fall besitzt ein solches Werturteil eine subjektive Komponente: Es hängt ab von dem Individuum, welches das Urteil fällt.

Auf die hier angesprochene Problematik interpersoneller Vergleiche von Nutzenniveaus werde ich in Abschnitt 3.3 noch näher eingehen. Deshalb wende ich mich nun der Frage zu, wie interpersonelle Vergleiche von Nutzenniveaus in den individuellen Nutzenfunktionen zum Ausdruck kommen. Es sei Ω die Menge der zur Wahl stehenden Entscheidungsalternativen, und $f_1, ..., f_m : \Omega \longrightarrow \mathbb{R}$ seien die individuellen Nutzenfunktionen. Die Aussage

> „Es ist besser, sich bei einer Entscheidung für die Alternative a in der Situation der Person i zu befinden, als sich bei einer Entscheidung für b in der Situation der Person j zu befinden.“

kommt in den Nutzenfunktionen f_i und f_j durch die Ungleichung $f_i(a) > f_j(b)$ zum Ausdruck.
Zwei Nutzenfunktionsprofile $f = (f_1, ..., f_m)$ und $g = (g_1, ..., g_m)$ enthalten genau dann dieselben Informationen über Niveauvergleiche individueller Nutzen, wenn für alle $a, b \in \Omega$ und alle $i, j \in \{1, ..., m\}$ gilt:

$$f_i(a) \geq f_j(b) \iff g_i(a) \geq g_j(b).$$

Hierbei sind sowohl Niveauvergleiche, die nur eine Person betreffen ($i = j$), als auch Niveauvergleiche, die mehrere Personen betreffen ($i \neq j$), eingeschlossen.

Bei der Verwendung von Nutzenfunktionen muß man vor allem darauf achten, welche Informationen diese zum Ausdruck bringen sollen. Entsprechend sind die Nutzenfunktionsprofile zu interpretieren: Nutzenfunktionsprofile mit demselben Informationsgehalt müssen als gleichwertig angesehen werden.

Über Niveauvergleiche hinausgehende interpersonelle Nutzenvergleiche

Damit interpersonelle Nutzenvergleiche möglich sind, die über den Vergleich von Nutzenniveaus hinausgehen und sich beispielsweise auch auf den interpersonellen Vergleich von Nutzendifferenzen erstrecken, benötigt man bei jeder einzelnen Person Informationen über deren individuelle Präferenzen, die über den ordinalen Informationsgehalt von Nutzenfunktionen hinausgehen. Deshalb knüpfe ich bei meinen nachfolgenden Überlegungen an den Begriff der kardinalen Nutzenfunktion an und beschäftige mich mit der Frage, ob eine Kardinalisierung der individuellen Nutzen so erfolgen kann, daß auch interpersonelle Vergleiche von Nutzendifferenzen möglich sind.

Unter kardinalen Nutzenfunktionen versteht man - wie ich in Abschnitt 3.2.1 erörtert habe - Nutzenfunktionen, bei denen nicht-positiv-affine Transformationen $\phi: \mathbb{R} \longrightarrow \mathbb{R}$ (d.h. Transformationen, die nicht in der in Abschnitt 3.2.1 definierten Menge $\mathcal{M}_2$ enthalten sind) zu einer Veränderung des Informationsgehalts führen. Die Kardinalisierung der individuellen Nutzen erfolgt durch die Einführung einer Meßskala für jede Person.
Ein spezielles Verfahren zur Einführung einer solchen Meßskala, nämlich die

Kardinalisierung der individuellen Präferenzen mittels von-Neumann-Morgenstern-Nutzenfunktionen, habe ich in Abschnitt 3.1.1 skizziert. Harsanyi (1953, 1955, 1977) verwendet dieses auf der durch von Neumann/Morgenstern (1944) entwickelten Erwartungsnutzentheorie basierende Konzept zur Begründung interpersoneller Nutzenvergleiche. Jedoch betrachtet Harsanyi nicht nur gemischte Alternativen (bzw. Lotterien auf der Menge der zur Wahl stehenden Entscheidungsalternativen), sondern auch Lotterien auf der Menge der von der Entscheidung betroffenen Individuen: Derartige Lotterien können dargestellt werden als Vektoren $(p_1, ..., p_m)$, wobei $p_1, ..., p_m \geq 0$ und $\sum_{i=1}^{m} p_i = 1$.
Ein Vektor $(p_1, ..., p_m)$ ist folgendermaßen zu interpretieren: Man befindet sich mit der Wahrscheinlichkeit p_i in der Rolle von Person i $(i = 1, ..., m)$. Der Vektor $(p_1, ..., p_m)$ beschreibt also eine Wahrscheinlichkeitsverteilung[33]. Bei den Werten p_i handelt es sich aber offensichtlich nicht um objektive Wahrscheinlichkeiten, sondern um Wahrscheinlichkeiten, die von der Betrachtungsweise des Beobachters abhängen, der sich in die Rollen der verschiedenen Personen hineinversetzt. Von Lotterien zu sprechen, halte ich deshalb für nicht angemessen. Stattdessen interpretiere ich einen Vektor $(p_1, ..., p_m)$ als eine Wahrscheinlichkeitsverteilung auf der Menge der betroffenen Personen, die einen rein subjektiven Charakter hat und nur in den Überlegungen des Beobachters existiert.
Ich betone in diesem Zusammenhang die Abhängigkeit interpersoneller Nutzenvergleiche von der Person des Beobachters - ein Aspekt, der von Harsanyi nicht thematisiert wird. Diese Abhängigkeit äußert sich

1. in den Kriterien, die der Beobachter bei der Beurteilung des „Wohlergehens“ bzw. des „Nutzens“ der verschiedenen betrachteten Personen bei den zur Wahl stehenden Entscheidungsalternativen anwendet;

2. in der Frage, wie der Beobachter die oben erwähnten Wahrscheinlichkeitsverteilungen auf der Menge der von einer Entscheidung betroffenen Personen interpretiert.

Die interpersonelle Vergleichbarkeit der individuellen Nutzen, von der Harsanyi (1955) ausgeht, basiert - und soweit stimme ich mit Harsanyi überein - auf der Existenz einer durch eine von-Neumann-Morgenstern-Nutzenfunktion (siehe Abschnitt 3.1.1, Definition 3.1.1) repräsentierbaren Präferenzordnung auf der Menge der Wahrscheinlichkeitsverteilungen auf der Menge

$$M \doteq \{ (a_i, j) \mid a_i \in \Omega, \ j \in \{1, ..., m\} \}.$$

[33] Zum Begriff der Wahrscheinlichkeitsverteilung siehe Anhang A.3, Definition A.3.2.

Die Elemente von M bestehen dabei jeweils aus einer Alternative a_i und einer Person j, in dessen Rolle der Beobachter sich hineinversetzt. Im Unterschied zu Harsanyi verwende ich bei der Thematik der Kardinalisierung und der interpersonellen Nutzenvergleiche nicht den Begriff der Lotterie, da ich die hier betrachteten Wahrscheinlichkeitsverteilungen nicht als empirisch interpretierbare Konstanten (also nicht als Wahrscheinlichkeitsverteilungen im alltagssprachlichen Begriffsverständnis), sondern als mathematische Konstrukte ansehe, die vom Beobachter zu interpretieren sind und mit dieser Interpretation eine subjektive, vom Beobachter abhängige Bedeutung erfahren.

Analog zu der Kardinalisierung individueller Nutzenfunktionen mittels Betrachtung von Wahrscheinlichkeitsverteilungen auf der Menge Ω der möglichen Entscheidungsalternativen (siehe Abschnitt 3.1.1, Satz 3.1.1), erhält man durch die Betrachtung von Wahrscheinlichkeitsverteilungen auf der Menge M eine Funktion $F\colon M \longrightarrow \mathbb{R}$, die bis auf positiv-affine Transformationen eindeutig bestimmt ist.
Der Funktion $F\colon M \longrightarrow \mathbb{R}$ entspricht das Nutzenfunktionsprofil

$$\begin{aligned} & f = (f_1, ..., f_m)\colon \Omega \longrightarrow \mathbb{R}^m \\ & \text{mit} \quad f_j(a_i) \doteq F((a_i, j)), \quad j = 1, ..., m, \ i = 1, ..., n. \end{aligned}$$

Wenn F bis auf positiv-affine Transformationen eindeutig bestimmt ist, so bedeutet dies, daß auch die entsprechenden Nutzenfunktionen $f_1, ..., f_m$: $\Omega \longrightarrow \mathbb{R}$ bis auf positiv-affine Transformationen eindeutig bestimmt sind. Von entscheidender Bedeutung ist dabei, daß für jede individuelle Nutzenfunktion f_i $(i = 1, ..., m)$ dieselbe Transformation

$$\varphi\colon \mathbb{R} \longrightarrow \mathbb{R}, \qquad \varphi(x) = a\,x + b, \qquad \text{mit } a, b \in \mathbb{R}, \ a > 0.$$

gewählt werden kann.
Stellt man einen Zusammenhang her zwischen der Begründung interpersoneller Nutzenvergleiche mittels Betrachtung von Wahrscheinlichkeitsverteilungen einerseits und der Charakterisierung interpersoneller Vergleichbarkeit von individuellen Nutzenfunktionen durch die Angabe einer Menge zulässiger Transformationen andererseits, so erhält man den folgenden Satz:

Satz 3.2.5 *Es sei $\Omega \doteq \{a_1, ..., a_n\}$. Außerdem seien $(f_1, ..., f_m)$ und $(g_1, ..., g_m)$ zwei Nutzenfunktionsprofile.*
Dann sind die folgenden drei Aussage äquivalent:

1. *Für jedes $\alpha \in [0, 1]$, alle $a, b, c \in \Omega$ und alle $i, j, k \in \{1, ..., m\}$ gilt:*

$$\alpha\, f_i(a) + (1-\alpha)\, f_j(b) \ \geq \ f_k(c) \quad \Longleftrightarrow$$

$$\alpha\, g_i(a) + (1-\alpha)\, g_j(b) \;\geq\; g_k(c)\,.$$

2. Für alle (α_{ij}), (β_{ij}), *mit*

$$\sum_{j=1}^{m}\sum_{i=1}^{n}\alpha_{ij} = \sum_{j=1}^{m}\sum_{i=1}^{n}\beta_{ij} = 1$$

gilt:

$$\sum_{j=1}^{m}\sum_{i=1}^{n}\alpha_{ij}\; f_j(a_i) \;\geq\; \sum_{j=1}^{m}\sum_{i=1}^{n}\beta_{ij}\; f_j(a_i) \quad\Longleftrightarrow$$
$$\sum_{j=1}^{m}\sum_{i=1}^{n}\alpha_{ij}\; g_j(a_i) \;\geq\; \sum_{j=1}^{m}\sum_{i=1}^{n}\beta_{ij}\; g_j(a_i)\,.$$

3. Es existiert eine Funktion

$$\varphi: \mathbb{R} \longrightarrow \mathbb{R}, \qquad \varphi(x) = a\,x + b\,, \qquad \textit{mit}\;\; a, b \in \mathbb{R},\;\; a > 0\,,$$

so daß $g_j = \varphi \circ f_j$ *für alle* $j \in \{1, ..., m\}$.

BEWEIS siehe Anhang B.

Interpersonelle Vergleichbarkeit der Nutzeneinheiten ohne Vergleichbarkeit der Nutzenniveaus

Bei den obigen Überlegungen zu interpersonellen Nutzenvergleichen habe ich die Begriffe Ordinalität und Kardinalität, die ich in Abschnitt 3.2.1 für individuelle Nutzenfunktionen erörtert habe, auf interpersonelle Nutzenvergleiche übertragen. Dies führte zu der Betrachtung der folgenden beiden Fälle:

1. vollständige interpersonelle Vergleichbarkeit der Nutzenwerte auf der Basis ordinaler Messung (Niveauvergleiche);

2. vollständige interpersonelle Vergleichbarkeit der Nutzenwerte auf der Basis kardinaler Messung (über Niveauvergleiche hinausgehende interpersonelle Nutzenvergleiche).

Der zweite Fall schließt sowohl die Vergleichbarkeit von Nutzenniveaus als auch die interpersonelle Vergleichbarkeit von Nutzeneinheiten ein, während

der erste Fall die interpersonelle Vergleichbarkeit von Nutzeneinheiten ausschließt.
Es drängt sich nun die Frage auf, ob neben den beiden oben diskutierten Möglichkeiten interpersoneller Nutzenvergleiche auch die Möglichkeit besteht, die Skaleneinheiten der verschiedenen Nutzenfunktionen, nicht aber deren Nullpunkte aufeinander abzustimmen.
Diese Frage ist vor allem deshalb von Interesse, weil bestimmte Möglichkeiten der Aggregation individueller Präferenzen zu einer kollektiven Präferenzordnung, wie z.B. das Summationsprinzip (siehe Abschnitt 2.2.3), keine Vergleichbarkeit der Nutzenniveaus verschiedener individueller Nutzenfunktionen, jedoch eine interpersonelle Vergleichbarkeit der Nutzeneinheiten erfordern. Ich verweise in diesem Zusammenhang auf die Axiomatisierung des Summationsprinzips durch d'Aspremont/Gevers (1977), bei der die Tatsache, daß das Summationsprinzip keine Niveauvergleiche voraussetzt, eine entscheidende Rolle spielt (siehe Abschnitt 2.2.3, Theorem 2.2.3).

Eine Begründung interpersoneller Vergleiche von Nutzeneinheiten, die keine Niveauvergleiche mit einschließt, erfolgt gewöhnlich durch den Vergleich von Nutzendifferenzen (siehe z.B. Hammond, 1991a). Interpersonelle Nutzenvergleiche, die auf dem Vergleich von Nutzendifferenzen basieren, sind von folgender Art:

> „Beim Übergang von dem Zustand x_1 zu dem Zustand x_2 erfährt die Person i einen Nutzenzuwachs, der größer ist als der Nutzenzuwachs, den die Person j beim Übergang von Zustand y_1 zu y_2 erfährt."

Im folgenden will ich zeigen, daß solche Vergleiche von Nutzendifferenzen, von denen Hammond (1991a) ausgeht, nicht ausreichen, um eine Nutzenaggregation, die dem Summationsprinzip gehorcht, zu ermöglichen - ebenso, wie der Vergleich von Nutzendifferenzen nicht ausreicht, um zu kardinalen Nutzenfunktionen zu gelangen (siehe hierzu Abschnitt 3.2.1). Bei dem Summationsprinzip erfolgt eine Addition der individuellen Nutzenfunktionen. Damit eine solche Addition überhaupt Sinn macht, muß für den Informationsgehalt der individuellen Nutzenfunktionen folgendes gelten:

(A1) Wenn zwei Nutzenfunktionsprofile $f = (f_1, ..., f_m)$ und $g = (g_1, ..., g_m)$ denselben Informationsgehalt besitzen, dann gilt für alle Alternativen $a, b \in \Omega$:

$$\sum_{i=1}^{m} f_i(a) \geq \sum_{i=1}^{m} f_i(b) \iff \sum_{i=1}^{m} g_i(a) \geq \sum_{i=1}^{m} g_i(b) .$$

Wie das folgende Beispiel zeigt, kann dieses Erfordernis auch dann verletzt sein, wenn eine interpersonelle Vergleichbarkeit der Nutzendifferenzen gegeben ist.

Beispiel 3.2.3 *(vgl hierzu Beispiel 3.2.2)*
Bei einer kollektiven Entscheidung stehen die Alternativen $a_1, a_2 \in \Omega$ *zur Wahl. Es seien die beiden folgenden Nutzenfunktionsprofile gegeben:*

$$f = (f_1, f_2, f_3) \colon \Omega \longrightarrow \mathbb{R}^3 ,$$

$$f(a_1) = (f_1(a_1), f_2(a_1), f_3(a_1)) \doteq (1,3,6) ,$$
$$f(a_2) = (f_1(a_2), f_2(a_2), f_3(a_2)) \doteq (4,4,4) ,$$

und

$$g = (g_1, g_2, g_3) \colon \Omega \longrightarrow \mathbb{R}^3 ,$$

$$g(a_1) = (g_1(a_1), g_2(a_1), g_3(a_1)) \doteq (1,3,10) ,$$
$$g(a_2) = (g_1(a_2), g_2(a_2), g_3(a_2)) \doteq (4,4,4) .$$

Wie man leicht sieht, enthalten die Nutzenfunktionsprofile f *und* g *dieselben Informationen über Vergleiche von Nutzendifferenzen: Für alle* $a, b, c, d \in \{a_1, a_2\}$ *und alle* $i, j \in \{1,2,3\}$ *gilt nämlich:*

$$f_i(a) - f_i(b) \geq f_j(c) - f_j(d) \quad \Longleftrightarrow \quad g_i(a) - g_i(b) \geq g_j(c) - g_j(d) .$$

Wendet man jedoch das Summationsprinzip an, um eine kollektive Präferenzordnung auf der Menge $\{a_1, a_2\}$ *zu ermitteln, so gelangt man bei Verwendung des Nutzenfunktionsprofils* $f = (f_1, f_2, f_3)$ *zu einem anderen Ergebnis als bei Verwendung des Nutzenfunktionsprofils* $g = (g_1, g_2, g_3)$.
Bei Verwendung des Nutzenfunktionsprofils f *erhält man als kollektiven Nutzenwert für die Alternative* a_1

$$f_1(a_1) + f_2(a_1) + f_3(a_1) = 1 + 3 + 6 = 10$$

und als kollektiven Nutzenwert für die Alternative a_2

$$f_1(a_2) + f_2(a_2) + f_3(a_2) = 4 + 4 + 4 = 12 .$$

Der Alternative a_2 *wird also bei Verwendung des Nutzenfunktionsprofils* f *eine höhere Nutzensumme zugewiesen als der Alternative* a_1.
Bei Verwendung des Nutzenfunktionsprofils g *erhält man als kollektiven Nutzenwert für die Alternative* a_1

$$g_1(a_1) + g_2(a_1) + g_3(a_1) = 1 + 3 + 10 = 14$$

und als kollektiven Nutzenwert für die Alternative a_2

$$g_1(a_2) + g_2(a_2) + g_3(a_2) = 4 + 4 + 4 = 12 .$$

Der Alternative a_1 *wird also bei Verwendung des Nutzenfunktionsprofils* g *eine höhere Nutzensumme zugewiesen als der Alternative* a_2.

Zwei Nutzenfunktionsprofile f *und* g*, die dieselben Informationen über Vergleiche von Nutzendifferenzen enthalten, müssen also bei Anwendung des Summationsprinzips nicht dieselbe kollektive Präferenzordnung liefern.*

Eine Annahme über den Informationsgehalt von Nutzenfunktionsprofilen, die die Anwendung des Summationsprinzips ermöglicht, besteht in der Annahme der interpersonellen Vergleichbarkeit von Nutzeneinheiten, wie ich sie im folgenden definiere.

Definition 3.2.2 *Eine interpersonelle Vergleichbarkeit der Nutzeneinheiten liegt vor, wenn für den Informationsgehalt des Nutzenfunktionsprofils* $f = (f_1, ..., f_m)$ *folgendes gilt:*

(A2) *Bei einer Transformation der individuellen Nutzenfunktionen* $f_1, ..., f_m$ *durch Funktionen* $\phi_i : \mathbb{R} \longrightarrow \mathbb{R}$,

$$\phi_i(x) = a\,x + b_i \quad mit \;\; a \in \mathbb{R}^+, \; b_i \in \mathbb{R} \quad (i = 1, ..., m),$$

wobei die Konstante $a \in \mathbb{R}^+$ *unabhängig vom Index* i *ist, ändert sich der Informationsgehalt des Nutzenfunktionsprofils* f *nicht, d.h. die Nutzenfunktionsprofile* $(f_1, ..., f_m)$ *und* $(\phi_1 \circ f_1, ..., \phi_m \circ f_m)$ *besitzen denselben Informationsgehalt.*

Da Transformationen der in Definition 3.2.2 dargestellten Art an der Richtigkeit von Ungleichungen der Art

$$\sum_{i=1}^{m} f_i(a) \;\geq\; \sum_{i=1}^{m} f_i(b)$$

nichts ändern, ergibt sich hieraus, daß aus der in Definition 3.2.2 gemachten Annahme (A2) über den Informationsgehalt von Nutzenfunktionsprofilen die Annahme (A1) folgt; (A2) ist ein Spezialfall von (A1).
Wenn man von einer interpersonellen Vergleichbarkeit der Nutzeneinheiten spricht, meint man gewöhnlich mehr als die Vergleichbarkeit auftretender Nutzendifferenzen: Der Begriff der interpersonellen Vergleichbarkeit wird im allgemeinen so verstanden, wie ich ihn in Definition 3.2.2 dargestellt

habe. Ein Informationsgehalt der individuellen Nutzenfunktionen, wie ich ihn in der Annahme (A2) gefordert habe, läßt sich nicht begründen über den Vergleich auftretender Nutzendifferenzen.

Eine Möglichkeit der Begründung von Annahme (A2), die im Unterschied zur Annahme (A1) die Anwendung des Summationsprinzips ermöglicht, habe ich unter der Überschrift „Über Niveauvergleiche hinausgehende interpersonelle Nutzenvergleiche“ skizziert. Die oben erörterte Begründung interpersoneller Nutzenvergleiche, die im Kern auf Harsanyi (1955) zurückgeht, schließt aber - wie schon erwähnt - sowohl einen interpersonellen Vergleich von Nutzeneinheiten im Sinne von Definition 3.2.2 als auch interpersonelle Niveauvergleiche ein.
Die Frage, ob sich die Annahme (A2) auch ohne weitere, darüber hinausgehende Annahmen bzgl. des Informationsgehalts der Nutzenfunktionen $f_1, ..., f_m$ (wie z.B. der Annahme der interpersonellen Vergleichbarkeit von Nutzenniveaus) rechtfertigen läßt, muß in dieser Arbeit leider offen bleiben. Auch in der Fachliteratur findet sich (meines Wissens) keine zufriedenstellende Lösung dieses Problems; Hammond (1991a) beispielsweise macht den Fehler, die Vergleichbarkeit von Nutzeneinheiten auf die Vergleichbarkeit der auftretenden Nutzendifferenzen zu reduzieren.

3.2.3 Zulässige Transformationen von Nutzenfunktionsprofilen

In Abschnitt 1.2.2 habe ich hinsichtlich des Informationsgehalts von Nutzenfunktionsprofilen sieben Fälle unterschieden. Die (meiner Ansicht nach) sinnvollste Beschreibung des Informationsgehalts von Nutzenfunktionsprofilen besteht darin, diejenige Klasse von Transformationen anzugeben, die ein Nutzenfunktionsprofil auf ein anderes mit demselben Informationsgehalt abbilden, d.h. diejenige Klasse von Transformationen, die den Informationsgehalt eines Nutzenfunktionsprofils nicht verändern. Die Transformation eines Nutzenfunktionsprofils $f=(f_1, ..., f_m)$ erfolgt mittels einer Funktion $\phi: \mathbb{R}^m \longrightarrow \mathbb{R}^m$, die f auf $\phi \circ f$ abbildet. Da der Wertebereich von f in der Regel eine Teilmenge von und nicht identisch mit $\mathbb{R}^m$ ist, können verschiedene Funktionen $\phi: \mathbb{R}^m \longrightarrow \mathbb{R}^m$ ein gegebenes Nutzenfunktionsprofil f in derselben Weise transformieren, sofern sie auf dem Wertebereich von f übereinstimmen.

Die Mengen der zulässigen Transformationen habe ich in Abschnitt 1.2.2 durch die Mengen $\mathcal{M}_i$ $(i = 1, ..., 7)$ aller Funktionen $\phi: \mathbb{R}^m \longrightarrow \mathbb{R}^m$ beschrieben, für die folgendes gilt:

Zwei Nutzenfunktionsprofile $f=(f_1, ..., f_m)$ und $g = (g_1, ..., g_m)$ besitzen genau dann denselben Informationsgehalt, wenn eine Funktion $\phi \in \mathcal{M}_i$ existiert, so daß $g = \phi \circ f$.

Ich weise darauf hin, daß die (von mir aus Gründen der Einfachheit verwendete) Bezeichnung der Funktionen $\phi : \mathbb{R}^m \longrightarrow \mathbb{R}^m$ als Transformationen nicht ganz korrekt ist, da im eigentlichen Sinne nur die Einschränkung einer Funktion $\phi : \mathbb{R}^m \longrightarrow \mathbb{R}^m$ auf den Wertebereich des zu transformierenden Nutzenfunktionsprofils als Transformation angesehen werden kann.
Im folgenden werde ich auf die ersten fünf der in Abschnitt 1.2.2 genannten sieben Fälle näher eingehen, da diese in meinen Ausführungen über soziale Wohlfahrtsfunktionale eine zentrale Rolle gespielt haben (siehe hierzu die Abschnitte 2.2 und 2.3).

1. Fall: Ordinale Meßbarkeit und keinerlei interpersonelle Vergleichbarkeit

Die durch ϕ: $\mathbb{R}^m \longrightarrow \mathbb{R}^m$ beschriebene Transformation ist zulässig, wenn für jedes Nutzenfunktionsprofil $f=(f_1, ..., f_m)$ alle Vergleiche von Werten $f_i(a)$ und $f_i(b)$, $a, b \in \Omega$, einer beliebigen Nutzenfunktion f_i genauso ausfallen wie die entsprechenden Vergleiche der Funktionswerte $(\phi_i \circ f_i)(a)$ und $(\phi_i \circ f_i)(b)$ der transformierten Nutzenfunktion $\phi_i \circ f_i$. Die Menge zulässiger Transformationen läßt sich also beschreiben durch die Menge

$$\begin{aligned} \mathcal{M}_1 \doteq\; & \{ \phi\colon \mathbb{R}^m \longrightarrow \mathbb{R}^m, \quad \phi(x_1, ..., x_m) \doteq (\phi_1(x_1), ..., \phi_m(x_m)) \mid \\ & x \geq y \iff \phi_i(x) \geq \phi_i(y) \;\; \text{für alle } x, y \in \mathbb{R};\; i \in \{1, ..., m\} \} \\ =\; & \{ \phi\colon \mathbb{R}^m \longrightarrow \mathbb{R}^m, \quad \phi(x_1, ..., x_m) \doteq (\phi_1(x_1), ..., \phi_m(x_m)) \mid \\ & \phi_i \text{ ist streng monoton wachsend für alle } i \in \{1, ..., m\} \}. \end{aligned}$$

Gemäß Satz 3.2.1 aus Abschnitt 3.2.1 bedeutet dies, daß gerade diejenigen Transformationen zulässig sind, welche die durch die Nutzenfunktionen $f_1, ..., f_m$ repräsentierten Präferenzordnungen unverändert lassen. Im Falle ordinaler Meßbarkeit der individuellen Nutzen, verbunden mit keinerlei interpersoneller Vergleichbarkeit, benötigt man keine Nutzenfunktionen, sondern kann die individuellen Präferenzen auch in Form von Präferenzordnungen darstellen.

2. Fall: Ordinale Meßbarkeit und vollständige interpersonelle Vergleichbarkeit auf der Basis ordinaler Nutzenmessung

Die durch $\phi: \mathbb{R}^m \longrightarrow \mathbb{R}^m$ beschriebene Transformation ist zulässig, wenn alle Niveauvergleiche bei einem beliebigen Nutzenfunktionsprofil $f = (f_1, ..., f_m)$ genauso ausfallen wie die entsprechenden Niveauvergleiche bei dem transformierten Nutzenfunktionsprofil $\phi \circ f = (\phi_1 \circ f_i, ..., \phi_m \circ f_m)$. Die Menge zulässiger Transformationen läßt sich also beschreiben durch die Menge

$$\begin{aligned} \mathcal{M}_2 \doteq \; & \{ \phi\colon \mathbb{R}^m \longrightarrow \mathbb{R}^m, \quad \phi(x_1, ..., x_m) \doteq (\phi_1(x_1), ..., \phi_m(x_m)) \mid \\ & x \geq y \iff \phi_i(x) \geq \phi_j(y) \quad \text{für alle } x, y \in \mathbb{R}; \quad i, j \in \{1, ..., m\} \} \\ = \; & \{ \phi\colon \mathbb{R}^m \longrightarrow \mathbb{R}^m, \quad \phi(x_1, ..., x_m) \doteq (\phi_1(x_1), ..., \phi_m(x_m)) \mid \\ & \phi_1 = \ldots = \phi_m \doteq \varphi, \quad \varphi \text{ ist streng monoton wachsend} \}. \end{aligned}$$

In diesem Fall geht man von ordinalen Nutzenfunktionen aus und läßt - wie in Abschnitt 3.2.2 erörtert - interpersonelle Niveauvergleiche zu. Dies bedeutet, daß zwei Nutzenfunktionsprofile $f = (f_1, ..., f_m)$ und $g = (g_1, ..., g_m)$ genau dann denselben Informationsgehalt besitzen, wenn für alle $a, b \in \Omega$ und alle $i, j \in \{1, ..., m\}$ gilt:

$$f_i(a) \geq f_j(b) \iff g_i(a) \geq g_j(b).$$

Analog zum ersten Fall, bei dem mittels Satz 3.2.1 die Angabe der Klasse $\mathcal{M}_1$ zulässiger Transformationen möglich war, kann man im Falle ordinaler Meßbarkeit der individuellen Nutzenfunktionen und interpersoneller Vergleichbarkeit der Nutzenniveaus zeigen, daß der in Abschnitt 3.2.2 mit dem Begriff der „Vergleichbarkeit von Nutzenniveaus“ zum Ausdruck gebrachte Sachverhalt durch die Klasse $\mathcal{M}_2$ zulässiger Transformationen korrekt beschrieben wird.
Wie bei Satz 3.2.5 (kardinale Meßbarkeit und interpersonelle Vergleichbarkeit von Nutzenniveaus und Nutzeneinheiten) kommt man auch im Falle ordinaler Meßbarkeit der individuellen Nutzen und interpersoneller Vergleichbarkeit der Nutzenniveaus zu dem Resultat, daß zwei Nutzenfunktionsprofile $f = (f_1, ..., f_m)$ und $g = (g_1, ..., g_m)$ allenfalls dann denselben Informationsgehalt besitzen, wenn f durch eine Transformation in g überführt werden kann, bei der auf jede der m individuellen Nutzenfunktionen dieselbe Transformation $\varphi\colon \mathbb{R} \longrightarrow \mathbb{R}$ angewendet wird. Dies stellt die Kernaussage des folgenden Satzes dar:

Satz 3.2.6 *Für zwei Nutzenfunktionsprofile* $f = (f_1, ..., f_m)$ *und* $g = (g_1, ..., g_m)$ *gilt*

$$f_i(a) \geq f_j(b) \iff g_i(a) \geq g_j(b) \quad \forall\, a, b \in \Omega\,,\ i, j \in \{1, ..., m\}$$

genau dann, wenn eine streng monoton wachsende Funktion $\varphi\colon \mathbb{R} \longrightarrow \mathbb{R}$ *existiert, so daß* $g_i = \varphi \circ f_i$ *für alle* $i \in \{1, ..., m\}$.

BEWEIS siehe Bossert/Stehling, 1992, Theorem 1, oder Anhang B.

Darin, daß die Transformationen $\phi_1, ..., \phi_m$ identisch sein müssen, wenn sich der Informationsgehalt eines Nutzenfunktionsprofils nicht ändern soll, besteht das entscheidende Merkmal der interpersonellen Vergleichbarkeit von Nutzenniveaus (vgl. hierzu auch den vierten Fall, in dem ebenfalls eine interpersonelle Vergleichbarkeit der Nutzenniveaus angenommen wird).

3. Fall: Kardinale Meßbarkeit und keinerlei interpersonelle Vergleichbarkeit

Die durch $\phi : \mathbb{R}^m \longrightarrow \mathbb{R}^m$ beschriebene Transformation ist zulässig, wenn die Funktionen $\phi_i : \mathbb{R} \longrightarrow \mathbb{R}$ $(i = 1, ..., m)$ positiv-affin sind. Die Menge zulässiger Transformationen läßt sich also beschreiben durch die Menge

$$\begin{aligned} \mathcal{M}_3 \doteq \{\, \phi\colon \mathbb{R}^m \longrightarrow \mathbb{R}^m, \quad & \phi(x_1, ..., x_m) \doteq (\phi_1(x_1), ..., \phi_m(x_m)) \mid \\ & \text{Für alle } i \in \{1, ..., m\} \text{ und alle } x \in \mathbb{R} \text{ ist} \\ & \phi_i(x) = a_i\, x + b_i \quad \text{mit } a_i \in \mathbb{R}^+,\ b_i \in \mathbb{R} \,\}\,. \end{aligned}$$

Nach Theorem 3.2.1 aus Abschnitt 3.2.1 kann man die Menge $\mathcal{M}_3$ auch folgendermaßen darstellen:

$$\begin{aligned} \mathcal{M}_3 = \{\, \phi\colon \mathbb{R}^m \longrightarrow \mathbb{R}^m, \quad & \phi(x_1, ..., x_m) \doteq (\phi_1(x_1), ..., \phi_m(x_m)) \mid \\ & x - y \geq u - v \iff \phi_i(x) - \phi_i(y) \geq \phi_i(u) - \phi_i(v) \\ & \text{für alle } x, y, u, v \in \mathbb{R};\ i \in \{1, ..., m\} \,\}\,. \end{aligned}$$

Für eine zulässige Transformation eines Nutzenfunktionsprofils $f = (f_1, ..., f_m)$ gilt deshalb insbesondere, daß alle Vergleiche von Differenzen $f_i(a) - f_i(b)$ und $f_i(c) - f_i(d)$, $a, b, c, d \in \Omega$, bei jedem Nutzenfunktionsprofil $f = (f_1, ..., f_m)$ genauso ausfallen wie die entsprechenden Vergleiche von

$$(\phi_i \circ f_i)\,(a)) - (\phi_i \circ f_i)\,(b)) \quad \text{und} \quad (\phi_i \circ f_i)\,(c)) - (\phi_i \circ f_i)\,(d))\,.$$

Gemäß der Sätze 3.2.2 und 3.2.3 aus Abschnitt 3.2.1 bedeutet die Beschreibung der Menge zulässiger Transformationen durch die Menge $\mathcal{M}_3$, daß gerade diejenigen Transformationen zulässig sind, die bei Vergleichen von Summen

$$\sum_{i=1}^{n} \alpha_i \, f_j(a_i) \quad \text{und} \quad \sum_{i=1}^{n} \beta_i \, f_j(a_i)\,,$$
$$\text{wobei} \;\; a_1, ..., a_n \in \Omega\,, \;\; j \in \{1, ..., m\}\,,$$
$$\alpha_1, ..., \alpha_n, \, \beta_1, ..., \beta_n \geq 0 \;\; \text{und} \;\; \sum_{i=1}^{n} \alpha_i = \sum_{i=1}^{n} \beta_i = 1\,,$$

zu keiner Veränderung führen, d.h.

$$\begin{aligned} \mathcal{M}_3 \;=\; \{\, \phi \colon & \mathbb{R}^m \longrightarrow \mathbb{R}^m \;\mid \\ & \sum_{i=1}^{n} \alpha_i \, x_i \geq \sum_{i=1}^{n} \beta_i \, x_i \iff \sum_{i=1}^{n} \alpha_i \, \phi_j(x_i) \geq \sum_{i=1}^{n} \beta_i \, \phi_j(x_i) \\ & \text{für alle } x_1, ..., x_n \in \mathbb{R}, \; j \in \{1, ..., m\}, \\ & \text{sowie alle } (\alpha_i)_{1 \leq i \leq n} \text{ und } (\beta_i)_{1 \leq i \leq n} \;\; \text{mit} \;\; \sum_{i=1}^{n} \alpha_i = \sum_{i=1}^{n} \beta_i = 1 \,\}\,. \end{aligned}$$

Zu einer Kardinalisierung der individuellen Nutzen gelangt man - wie ich in den Abschnitten 3.2.1 und 3.2.2 erläutert habe - durch die Betrachtung von gemischten Alternativen.

4. Fall: Kardinale Meßbarkeit und vollständige interpersonelle Vergleichbarkeit auf der Basis kardinaler Nutzenmessung

Die durch $\phi : \mathbb{R}^m \longrightarrow \mathbb{R}^m$ beschriebene Transformation ist zulässig, wenn die Transformationen $\phi_i : \mathbb{R} \longrightarrow \mathbb{R}$ $(i = 1, ..., m)$ der individuellen Nutzenfunktionen **identisch** und positiv-affin sind. Die Menge zulässiger Transformationen läßt sich also beschreiben durch die Menge

$$\begin{aligned} \mathcal{M}_4 \doteq \; \{\, \phi \colon \mathbb{R}^m \longrightarrow \mathbb{R}^m, \quad & \phi(x_1, ..., x_m) \doteq (\phi_1(x_1), ..., \phi_m(x_m)) \;\mid \\ & \phi_1 = \, \ldots \, = \phi_m \doteq \varphi\,, \;\; \varphi(x) = a\,x + b \;\; \text{mit} \;\; a \in \mathbb{R}^+, \; b \in \mathbb{R} \,\}\,. \end{aligned}$$

Wie man diese Menge unter Verwendung von Nutzendifferenzen darstellen kann, zeigt der folgende Satz:

Satz 3.2.7

$$\begin{aligned}\mathcal{M}_4 = \widetilde{\mathcal{M}}_4 \doteq \{\, \phi\colon \mathbb{R}^m \longrightarrow \mathbb{R}^m, \quad & \phi(x_1, ..., x_m) \doteq (\phi_1(x_1), ..., \phi_m(x_m)) \mid \\ & x - y \geq u - v \iff \phi_i(x) - \phi_j(y) \geq \phi_k(u) - \phi_l(v) \\ & \textit{für alle } x, y, u, v \in \mathbb{R};\ i, j, k, l \in \{1, ..., m\}\,\}.\end{aligned}$$

BEWEIS siehe Anhang B.

Satz 3.2.7 beweist, daß bei jeder zulässigen Transformation eines Nutzenfunktionsprofils $f = (f_1, ..., f_m)$ alle Vergleiche von Nutzendifferenzen genauso ausfallen wie die entsprechenden Vergleiche von Nutzendifferenzen bei dem transformierten Nutzenfunktionsprofil $\phi \circ f = (\phi_1 \circ f_1, ..., \phi_m \circ f_m)$.

In dem durch die Klasse $\mathcal{M}_4$ zulässiger Transformationen beschriebenen Fall liegt eine kardinale Nutzenmessung vor, bei der die individuellen Nutzenfunktionen nicht isoliert voneinander bestimmt, sondern aufeinander abgestimmt werden. Diese Abstimmung der individuellen Nutzenfunktionen erfolgt dadurch, daß man eine Nutzenfunktion auf der Menge

$$M \doteq \{\, (a_i,\, j) \mid a_i \in \Omega,\ j \in \{1, ..., m\}\,\}$$

ermittelt, die einen kardinalen Informationsgehalt besitzt, d.h. bis auf positiv-affine Transformationen eindeutig bestimmt ist (siehe hierzu Abschnitt 3.2.1). Wie bereits in Satz 3.2.5 (Abschnitt 3.2.2) erwähnt, folgt hieraus, daß die Transformationen $\phi_1, ..., \phi_m$ der individuellen Nutzenfunktionen identisch sein müssen, wenn sich die mit dem Nutzenfunktionsprofil $f = (f_1, ..., f_m)$ zum Ausdruck gebrachte Information nicht verändern soll.

Satz 3.2.5 zeigt, daß die in Abschnitt 3.2.2 dargestellte Begründung von interpersonellen Nutzenvergleichen, die über Niveauvergleiche hinausgehen, durch die Menge $\mathcal{M}_4$ zulässiger Transformationen korrekt beschrieben wird.

5. Fall: Kardinale Meßbarkeit und interpersonelle Vergleichbarkeit der Skaleneinheiten, nicht aber der Nutzenniveaus

Die durch $\phi : \mathbb{R}^m \longrightarrow \mathbb{R}^m$ beschriebene Transformation ist zulässig, wenn für die Funktionen $\phi_i : \mathbb{R} \longrightarrow \mathbb{R}$ $(i = 1, ..., m)$ folgendes gilt:

$$\phi_i(x) = a\,x + b_i \qquad \text{mit } a \in \mathbb{R}^+,\ b \in \mathbb{R} \quad (i = 1, ..., m),$$

wobei $a \in \mathbb{R}^+$ unabhängig vom Index i ist.

Die Menge zulässiger Transformationen läßt sich also beschreiben durch die

Menge

$$\mathcal{M}_5 \doteq \{\phi\colon \mathbb{R}^m \longrightarrow \mathbb{R}^m, \quad \phi(x_1,...,x_m) \doteq (\phi_1(x_1),...,\phi_m(x_m)) \mid \text{Für alle } i \in \{1,...,m\} \text{ und alle } x \in \mathbb{R} \text{ ist } \phi_i(x) = a\,x + b_i \text{ mit } a \in \mathbb{R}^+,\ b_i \in \mathbb{R}\}.$$

Wie man diese Menge unter Verwendung von Nutzendifferenzen darstellen kann, zeigt der folgende Satz:

Satz 3.2.8

$$\mathcal{M}_5 = \widetilde{\mathcal{M}}_5 = \{\phi\colon \mathbb{R}^m \longrightarrow \mathbb{R}^m, \quad \phi(x_1,...,x_m) \doteq (\phi_1(x_1),...,\phi_m(x_m)) \mid x - y \geq u - v \iff \phi_i(x) - \phi_i(y) \geq \phi_j(u) - \phi_j(v) \text{ für alle } x, y, u, v \in \mathbb{R};\ i, j \in \{1,...,m\}\}$$

BEWEIS siehe Anhang B.

Satz 3.2.8 beweist, daß das Bilden von Differenzen zwischen zwei Nutzenfunktionen in diesem Fall (im Gegensatz zum vierten Fall) nicht gestattet ist: Nur Differenzen zwischen verschiedenen Nutzenwerten **einer** Nutzenfunktion besitzen eine Aussagekraft. Ansonsten gleicht dieser Fall dem vorangehenden Fall.

Bei den hier skizzierten fünf Fällen ist der Informationsgehalt der Nutzenfunktionsprofile im ersten Fall geringer als in allen anderen Fällen, im vierten Fall größer als in allen anderen Fällen und im fünften Fall größer als im dritten (vgl. hierzu Abschnitt 2.2.1, Abbildung 1).
Es liegt nahe, auch die beiden Fälle in Betracht zu ziehen, bei denen die durch die folgenden Mengen $\mathcal{M}_8$ bzw. $\mathcal{M}_9$ beschriebenen Transformationen zulässig sind.

$$\mathcal{M}_8 \doteq \{\phi\colon \mathbb{R}^m \longrightarrow \mathbb{R}^m, \quad \phi(x_1,...,x_m) \doteq (\phi_1(x_1),...,\phi_m(x_m)) \mid \text{Für alle } i \in \{1,...,m\} \text{ und alle } x \in \mathbb{R} \text{ ist } \phi_i(x) = a_i\,x + b \text{ mit } a_i \in \mathbb{R}^+,\ b \in \mathbb{R}\}$$

Die Menge $\mathcal{M}_8$ ist, wie d'Aspremont/Gevers (1977, Beweis von Theorem 1) zeigen, identisch mit der Menge $\mathcal{M}_3$. Es liegt also keinerlei interpersonelle Vergleichbarkeit vor.

$$\mathcal{M}_9 \doteq \mathcal{M}_2 \cap \mathcal{M}_3$$

$$= \{ \phi \colon \mathbb{R}^m \longrightarrow \mathbb{R}^m, \quad \phi(x_1, ..., x_m) \doteq (\phi_1(x_1), ..., \phi_m(x_m)) \mid$$
$$\text{Für alle } i \in \{1, ..., m\} \text{ und alle } x \in \mathbb{R} \text{ ist}$$
$$\phi_i(x) = a_i\, x + b_i \quad \text{mit } a_i \in \mathbb{R}^+,\ b_i \in \mathbb{R}, \ \text{ und } \phi_1 = \ \ldots \ = \phi_m \}$$

Offensichtlich ist $\mathcal{M}_9 = \mathcal{M}_4$; die interpersonelle Vergleichbarkeit der Nutzenniveaus kardinaler Nutzenfunktionen schließt also die interpersonelle Vergleichbarkeit der Nutzeneinheiten mit ein.
Die durch die Mengen $\mathcal{M}_8$ und $\mathcal{M}_9$ beschriebenen Fälle entsprechen somit den Fällen 3 und 4.

3.2.4 Resümee

Die Möglichkeiten, die sich in konkreten Situationen für eine Nutzenaggregation ergeben, hängen ganz entscheidend davon ab, welche Informationen über die zu aggregierenden individuellen Präferenzen vorliegen. Damit man im Falle konfligierender individueller Interessen eine adäquate Nutzenaggregation durchführen kann, müssen interpersonelle Vergleiche der individuellen Nutzen möglich sein. Ein zentraler Punkt bei allen Problemen der Nutzenaggregation besteht deshalb in dem Verhältnis zwischen der (gewöhnlich in Form von individuellen Nutzenfunktionen gegebenen) Informationsbasis einerseits und den Möglichkeiten für eine Aggregation der individuellen Präferenzen zu einer kollektiven Präferenzrelation andererseits.
Unter der Informationsbasis für eine Nutzenaggregation verstehe ich die verfügbaren Informationen über die individuellen Präferenzen, die in der Regel gegeben sind in Form von individuellen Präferenzordnungen oder in Form von individuellen Nutzenfunktionen. Es sei an dieser Stelle nochmals darauf hingewiesen, daß sich Präferenzordnungen auch durch Nutzenfunktionen zum Ausdruck bringen lassen (siehe z.B. Abschnitt 1.1.1). Nicht zuletzt aus diesem Grund kommt der Untersuchung des Informationsgehalts individueller Nutzenfunktionen eine zentrale Bedeutung zu, wenn die Frage nach der einer Nutzenaggregation zugrundeliegenden Informationsbasis gestellt wird.
Die Bedeutung, die der Informationsgehalt eines Nutzenfunktionsprofils für die bei einer Nutzenaggregation bestehenden Möglichkeiten hat, wurde bereits von einigen Sozialwahltheoretikern, wie z.B. d'Aspremont/Gevers (1977), Deschamps/Gevers (1978), Gevers (1979) oder Bossert/Stehling (1990, 1992), thematisiert. Die von mir gewählte Beschreibung des Informationsgehalts von Nutzenfunktionsprofilen durch die Angabe der Klasse zulässiger Transformationen, welche dadurch ausgezeichnet sind, daß sie den Informationsgehalt eines Nutzenfunktionsprofils $f = (f_1, ..., f_m)$ nicht

verändern, entspricht im wesentlichen dem Vorgehen von d'Aspremont/Gevers (1977). Jeder der in Abschnitt 3.2.3 diskutierten fünf Fälle läßt sich durch die folgenden drei Faktoren beschreiben:

1. Sind die individuellen Präferenzen kardinal oder lediglich ordinal meßbar?
(erster und zweiter Fall: lediglich ordinale Meßbarkeit; dritter, vierter und fünfter Fall: kardinale Meßbarkeit)

2. Sind interpersonelle Vergleiche von Nutzenniveaus möglich?
(erster, dritter und fünfter Fall: keine interpersonelle Vergleichbarkeit der Nutzenniveaus; zweiter und vierter Fall: interpersonelle Vergleichbarkeit der Nutzenniveaus)

3. Sind interpersonelle Vergleiche von Nutzeneinheiten möglich?
(erster, zweiter und dritter Fall: keine interpersonelle Vergleichbarkeit der Nutzeneinheiten; vierter und fünfter Fall: interpersonelle Vergleichbarkeit der Nutzeneinheiten)

Zunächst könnte man meinen, durch die Betrachtung der genannten drei Faktoren acht (2^3) verschiedene Fälle zu erhalten. In Wirklichkeit gelangt man jedoch auf diesem Wege zu einer Unterscheidung zwischen nur fünf Fällen, da die folgenden drei Kombinationen **keine** weitere - von den in Abschnitt 3.2.3 diskutierten fünf Fällen abweichende - denkbare Situation beschreiben:

a) ordinale Meßbarkeit und interpersonelle Vergleichbarkeit sowohl der Nutzenniveaus als auch der Nutzeneinheiten;

b) ordinale Meßbarkeit und eine interpersonelle Vergleichbarkeit der Nutzeneinheiten, nicht aber der Nutzenniveaus;

c) kardinale Meßbarkeit und interpersonelle Vergleichbarkeit der Nutzenniveaus, nicht aber der Nutzeneinheiten.

Die Fälle a) und b) kann man ausschließen, da die interpersonelle Vergleichbarkeit der Nutzeneinheiten die kardinale Meßbarkeit der individuellen Nutzen voraussetzt. Der Fall c) dagegen ist identisch mit dem in Abschnitt 3.2.3 diskutierten vierten Fall (siehe hierzu die obigen Ausführungen zu der Äquivalenz der in Abschnitt 3.2.3 betrachteten Mengen $\mathcal{M}_9$ und $\mathcal{M}_4$!).

Die von mir vorgenommene Unterscheidung zwischen der interpersonellen

Vergleichbarkeit von Nutzenniveaus einerseits und Nutzeneinheiten andererseits ähnelt einer Unterscheidung, die Hammond (1991a) vornimmt: Hammond unterscheidet zwischen der interpersonellen Vergleichbarkeit von Nutzenniveaus auf der einen und von Nutzendifferenzen auf der anderen Seite. In Abschnitt 3.2.2 (Beispiel 3.2.3) habe ich gezeigt, daß eine Gleichsetzung der Vergleichbarkeit der Nutzeneinheiten mit der Vergleichbarkeit der Nutzendifferenzen, wie sie Hammond (1991a) vornimmt, nicht gerechtfertigt ist und lediglich die Vergleichbarkeit der Nutzeneinheiten, nicht aber die Vergleichbarkeit der Nutzendifferenzen, eine sinnvolle Forderung an ein Nutzenfunktionsprofil darstellt: Während die Vergleichbarkeit der Nutzeneinheiten eine (sinnvolle) Addition verschiedener individueller Nutzenfunktionen ermöglicht, garantiert die Vergleichbarkeit der (tatsächlich auftretenden) Nutzendifferenzen nicht, daß die Summe individueller Nutzenfunktionen irgendeine Aussagekraft besitzt.

Sowohl bei der Beschreibung des Informationsgehalts von kardinalen Nutzenfunktionen (siehe Abschnitt 3.2.1) als auch bei der Beschreibung des Informationsgehalts von Nutzenfunktionsprofilen mit kardinaler Meßbarkeit (siehe die Abschnitte 3.2.2 und 3.2.3) bin ich von drei verschiedenen Sichtweisen ausgegangen und habe gezeigt, daß diese drei Sichtweisen miteinander vereinbar sind und dieselbe Klasse zulässiger Transformationen liefern. Ich will die wesentlichen Punkte meiner diesbezüglichen Überlegungen nun kurz wiederholen und mich dabei vor allem dem Informationsgehalt kardinaler Nutzenfunktionen zuwenden. Auf die Frage, wann zwei Nutzenfunktionen $f\colon \Omega \longrightarrow \mathbb{R}$ und $g\colon \Omega \longrightarrow \mathbb{R}$ dieselbe kardinale Information besitzen, habe ich in Abschnitt 3.2.1 die drei folgenden Antworten gegeben:

1. wenn eine positiv-affine Transformation $\phi\colon \mathbb{R} \longrightarrow \mathbb{R}$ existiert, so daß $g = \phi \circ f$;

2. wenn für jedes $\alpha \in [0,1]$ und alle $a, b, c \in \Omega$ gilt:

$$\alpha f(a) + (1-\alpha) f(b) \geq f(c) \iff \alpha g(a) + (1-\alpha) g(b) \geq g(c);$$

3. wenn eine Transformation $\phi\colon \mathbb{R} \longrightarrow \mathbb{R}$ existiert, für die gilt:

$$g = \phi \circ f \quad \text{und}$$
$$x-y \geq u-v \iff \phi(x) - \phi(y) \geq \phi(u) - \phi(v)$$
$$\text{für alle } x, y, u, v \in \mathbb{R}.$$

Die entsprechende Klasse zulässiger Transformationen habe ich in Abschnitt 3.2.1 mit der Menge $\mathcal{M}_2$ beschrieben, für welche sich drei verschiedene

Schreibweisen ergaben.
Die Verwendung des Begriffs der positiv-affinen Transformationen (erste Sichtweise) liefert zwar in formaler Hinsicht die einfachste Definition der Kardinalität, bereitet aber Schwierigkeiten, wenn es um die Interpretation geht. Die zweite - von mir bevorzugte und in Definition 3.2.1 verwendete - Sichtweise basiert auf der Betrachtung von Wahrscheinlichkeitsverteilungen auf der Menge der zur Wahl stehenden Alternativen: Man setzt die Existenz einer Präferenzordnung auf der Alternativenmenge voraus, die sich durch eine von-Neumann-Morgenstern-Nutzenfunktion repräsentieren läßt. Auf diese Weise erhält man eine Nutzenfunktion auf der Alternativenmenge, die eindeutig bestimmt ist bis auf positiv-affine Transformationen (siehe Satz 3.2.3 aus Abschnitt 3.2.1).
Die dritte Interpretation des Kardinalitätsbegriffs besteht in der Betrachtung von Nutzendifferenzen: Im Unterschied zu ordinalen Nutzenfunktionen sind bei kardinalen Nutzenfunktionen nicht nur Nutzenwerte, sondern auch Nutzendifferenzen vergleichbar. Wie ich in Abschnitt 3.2.1 (Satz 3.2.4) gezeigt habe, impliziert die Vergleichbarkeit der **tatsächlich auftretenden** Nutzendifferenzen noch nicht die Kardinalität einer Nutzenfunktion. Jedoch läßt sich - wie Theorem 3.2.1 aus Abschnitt 3.2.1 beweist - die Klasse der zulässigen Transformationen $\phi : \mathbb{R} \longrightarrow \mathbb{R}$ im Falle einer kardinalen Nutzenfunktion dadurch charakterisieren, daß für alle $x, y, u, v \in \mathbb{R}$ gilt:

$$x-y \geq u-v \iff \phi(x)-\phi(y) \geq \phi(u)-\phi(v).$$

Diese Überlegungen lassen sich, wie ich in den Abschnitten 3.2.2 und 3.2.3 gezeigt habe, auf Nutzenfunktionsprofile übertragen. Dem Theorem 3.2.1 entsprechen die Sätze 3.2.7 und 3.2.8, welche zeigen, daß die Beschreibung der Menge zulässiger Transformationen in Form von positiv-affinen Funktionen ersetzbar ist durch eine Beschreibung mittels Betrachtung von Nutzendifferenzen. Mit dem Beispiel 3.2.3 hingegen beweise ich, daß die interpersonelle Vergleichbarkeit der tatsächlich auftretenden Nutzendifferenzen nicht die interpersonelle Vergleichbarkeit der Nutzeneinheiten impliziert. Die Sätze 3.2.7 und 3.2.8 verlieren also ihre Gültigkeit, wenn man lediglich die tatsächlich auftretenden Nutzendifferenzen betrachtet.
Während die mit den Sätzen 3.2.7 und 3.2.8 angestellten Überlegungen nicht ganz neu sind und im Kern z.B. schon von Basu (1983, Theorem 1, zitiert in Abschnitt 3.2.1, Theorem 3.2.1) verfolgt wurden, finden sich die von mir vorgeschlagenen Beschreibungen der Mengen zulässiger Transformationen, die auf der Betrachtung von Wahrscheinlichkeitsverteilungen basieren, nicht in dieser Form in der veröffentlichten sozialwahltheoretischen Literatur: Es wird zwar gezeigt (z.B. durch von Neumann/Morgenstern, 1944, und Wey-

mark, 1991), daß durch von-Neumann-Morgenstern-Nutzenfunktionen eine Kardinalisierung des individuellen Nutzens und eine interpersonelle Vergleichbarkeit erreicht werden kann (vgl. hierzu Abschnitt 3.1.1, sowie die in Abschnitt 3.2.3 betrachteten Fälle 3 und 4); eine explizite Angabe der Menge von zulässigen Transformationen, die sich auf die Betrachtung von Wahrscheinlichkeitsverteilungen stützt, ist jedoch (meines Wissens) bislang noch nicht erfolgt. Daß die durch von Neumann/Morgenstern (1944) entwickelte Konzeption der Kardinalisierung von Nutzenfunktionen in den Fällen 3 und 4 aus Abschnitt 3.2.3 zur Formulierung von Klassen zulässiger Transformationen benutzt werden kann, habe ich mit den Sätzen 3.2.2, 3.2.3 (Abschnitt 3.2.1) und 3.2.5 (Abschnitt 3.2.2) gezeigt.

3.3 Darstellung der individuellen Präferenzen in Form von Ordnungsrelationen

Im folgenden wende ich mich der Frage zu, welche Informationen über die individuellen Präferenzen sich durch Ordnungsrelationen zum Ausdruck bringen lassen. Es handelt sich dabei um eine Teilmenge der Informationen, die sich durch Nutzenfunktionen beschreiben lassen: Alle in Form von Ordnungsrelationen darstellbaren Informationen kann man auch mit Hilfe von Nutzenfunktionen formulieren. Dagegen läßt sich ein Nutzenfunktionsprofil $f = (f_1, ..., f_m)$ nur dann durch Ordnungsrelationen ersetzen, wenn es lediglich einen ordinalen Informationsgehalt besitzt, d.h. wenn lediglich eine Vergleichbarkeit der Nutzenniveaus, jedoch keine Vergleichbarkeit der Nutzeneinheiten gegeben ist. Bei den in Abschnitt 1.2.2 betrachteten sieben Fällen liegt ein solcher Sachverhalt nur in den Fällen 1 und 2 vor. Die in diesem Kapitel zu behandelnden Fragen sind deshalb als Spezialfälle der in den Abschnitten 1.2.2 und 3.2 erörterten Problematik des Informationsgehalts von Nutzenfunktionsprofilen anzusehen.

3.3.1 Individuelle Präferenzordnungen und Präferenzautonomie

Bei der Formulierung der individuellen Präferenzen in Form von **Präferenzordnungsprofilen** handelt es sich um die elementarste Form der Darstellung. Ein Präferenzordnungsprofil setzt sich zusammen aus den individuellen Präferenzordnungen der verschiedenen von einer kollektiven Entscheidung betroffenen Personen (zum Begriff der Präferenzordnung siehe Abschnitt 1.1.1).
Bei der Definition einer **individuellen** Präferenzordnung geht es vor allem um die Frage, was gemeint ist mit den Aussagen

(1) „die Person i zieht die Entscheidungsalternative a gegenüber der Entscheidungsalternative b vor“ und

(2) „die Person i ist indifferent zwischen den Entscheidungsalternativen a und b“.

Ich plädiere für folgende Interpretation: Die Person i stellt sich vor, sie könnte autonom entscheiden zwischen a und b - unabhängig von den Präferenzen der anderen von der Entscheidung betroffenen Personen. Die Aussage „Person i zieht a gegenüber b vor“ soll bedeuten, daß die Person i sich - vor die Wahl zwischen a und b gestellt - für a entscheiden würde. Die

Interpretation des Begriffs der Indifferenz ist etwas problematischer; man muß sich hier eine Patt-Situation vorstellen, bei der die beiden Alternativen a und b exakt gleich gut abschneiden. Der Begriff der Indifferenz läßt sich allerdings auf den Begriff der Präferenz zurückspielen: Die Aussage, daß eine Person indifferent zwischen a und b ist, besagt, daß sie weder eine Präferenz für a noch eine Präferenz für b hat.
Für jedes Individuum erhält man auf diese Weise drei Relationen:

P_i: Präferenz; I_i: Indifferenz; R_i: Präferenz oder Indifferenz.

Die Aussagen (1) und (2) lauten in Kurzschreibweise: $a\mathrm{P}_i b$ bzw. $a\mathrm{I}_i b$. $a\mathrm{R}_i b$ läßt sich verbal durch die folgende Aussage beschreiben:

(3) „Die Person i zieht die Alternative a gegenüber der Alternative b vor oder ist indifferent zwischen a und b."

Bei formalen Darstellungen erwähne ich in der Regel nur die Relation R_i, da sich die Relationen P_i und I_i auf die in Abschnitt 1.1.1 dargestellte Weise aus R_i ableiten lassen. Für die Relation R_i setzt man dabei Reflexivität, Vollständigkeit (= Konnexität) und Transitivität voraus. Die Voraussetzung der Transitivität stellt eine nicht zu vernachlässigende Einschränkung dar.[34] Wegen der Eigenschaft der Vollständigkeit ist für jede Person i und beliebige Entscheidungsalternativen a und b stets genau eine der folgenden drei Aussagen richtig: $a\mathrm{P}_i b$, $a\mathrm{I}_i b$ oder $b\mathrm{P}_i a$.
Eine individuelle Präferenzordnung R_i erfaßt immer nur die Präferenzen einer bestimmten Person. Bei kollektiven Entscheidungen müssen aber die Präferenzen aller betroffenen Personen betrachtet werden. Sind die individuellen Präferenzen in Form von Präferenzordnungen gegeben, so erhält man als Informationsbasis für eine entsprechende Nutzenaggregation ein Präferenzordnungsprofil, d.h. ein m-Tupel $(\mathrm{R}_1, ..., \mathrm{R}_m)$ von Ordnungen R_i, $i = 1, ..., m$, auf der Alternativenmenge Ω.

Ein Problem, das im Zusammenhang mit Präferenzordnungen angesprochen werden muß, ist die Frage, welche Informationen über die Bedürfnisse und Präferenzen der einzelnen Individuen in den individuellen Präferenzordnungen enthalten sind. Wie Bossert/Stehling (1990) zu Recht bemerken, hängt die individuelle Beurteilung einer Entscheidungsalternative von einer Vielzahl von Faktoren ab. Eine große Zahl von „Wunschkomplexen bzw. Komponenten des individuellen Wohlergehens" (Bossert/Stehling, 1990, S.11)

[34] Vgl. hierzu das Konzept der Semiordnungen (Abschnitt 3.4), für die man anstelle der Transitivitätseigenschaft die Eigenschaft der schwachen Transitivität fordert.

spielen eine Rolle, wenn eine Person zwei Alternativen im Hinblick auf ihren individuellen Nutzen gegeneinander abwägt.
Bossert/Stehling nennen als Beispiel die Wünsche hinsichtlich der Wohnverhältnisse, die z.B. dann von Bedeutung sind, wenn von zwei Wohnmöglichkeiten eine ausgewählt werden soll. Bei einer solchen Wahlentscheidung sind z.B. folgende Faktoren zu berücksichtigen:

- Lage der Wohnung (Einkaufsmöglichkeiten, Entfernung zur Arbeitsstelle etc.),
- Wohnart (Wohnungsgröße, Stockwerk, Altbau/Neubau etc.),
- Wohnungsausstattung (Heizungsart, sanitäre Anlagen etc.).

Trifft eine Person eine Entscheidung für die Wohnung A und gegen die Wohnung B, so kann man sagen, daß diese Person eine Präferenz für die Wohnung A hat. Durch diese Entscheidung wird eine Vielzahl von Faktoren, die bei der Beurteilung des individuellen Nutzens eine Rolle spielen, reduziert auf einen einzigen Faktor, nämlich auf die Unterscheidung besser/schlechter: Es ist für die betreffende Person „besser" in der Wohnung A zu sein als in der Wohnung B; anders ausgedrückt: „Die betreffende Person zieht die Wohnung A gegenüber der Wohnung B vor".
Ebenso wie bei der Entscheidung zwischen zwei Wohnungen sind auch bei der Entscheidung zwischen zwei Urlaubsorten eine Vielzahl von Faktoren von Bedeutung. Zur Beurteilung eines Urlaubsortes können z.B. folgende Kriterien herangezogen werden:

- Art der Unterkunft am Urlaubsort (Lage, Wohnkomfort etc.),
- Möglichkeiten der Freizeitgestaltung,
- Dauer der Anreise,
- Bekannte, die sich am Urlaubsort befinden.

Bei dem in Abschnitt 1.1 geschilderten Beispiel bringt jedes Familienmitglied (Vater, Mutter und Tochter) seine Präferenzen hinsichtlich der zur Wahl stehenden Urlaubsorte durch die Angabe einer individuellen Präferenzordnung zum Ausdruck. Die individuellen Präferenzordnungen werden unter anderem von den oben genannten Faktoren beeinflußt. In der Beurteilung und Gewichtung dieser Faktoren besitzt jedes Familienmitglied vollkommene Autonomie. Für die Tochter stellt beispielsweise die Tatsache, daß sich ihr Exfreund in Ascona befindet, einen schwerwiegenden Nachteil des Urlaubsortes Ascona dar; für die übrigen Familienmitglieder ist diese

Tatsache jedoch nicht von Bedeutung.
Jedes Familienmitglied vollzieht einen komplexen Überlegungsprozeß, bei dem es die verschiedenen Alternativen gegeneinander abwägt und auf diese Weise eine Vielzahl von Beurteilungskriterien auf die Unterscheidung besser/schlechter reduziert. Als Ergebnis einer solchen Reduzierung von Komplexität erhält man ein Präferenzordnungsprofil (R_1, R_2, R_3), bestehend aus den individuellen Präferenzordnungen R_1, R_2 und R_3 der drei Familienmitglieder.

Eng mit dem Problem der Reduktion der vielen Faktoren, die für das individuelle Wohlergehen bedeutend sind, auf einen einzigen Faktor hängt die Frage zusammen, welche Faktoren überhaupt zur Beurteilung des individuellen Nutzens herangezogen werden dürfen.
Dabei muß man bedenken, welchem Zweck die zu bestimmenden individuellen Präferenzordnungen dienen. In dieser Arbeit ist dies - wie in der gesamten Theorie der Sozialwahl - die Ermittlung einer kollektiven Präferenzrelation: Aus den individuellen Präferenzordnungen der von einer kollektiven Entscheidung betroffenen Individuen soll eine kollektive Präferenzrelation abgeleitet werden.

Harsanyi (1982) hat sich mit der Frage beschäftigt, welche Faktoren bei einer derartigen sozialwahltheoretischen Problemstellung für die „individuellen Nutzen" relevant sind und welche nicht. Er vertritt dabei das **Prinzip der Präferenzautonomie**, welches er folgendermaßen definiert:

> „The principle that, in deciding what is good and what is bad for a given individual, the ultimate criterion can only be his own wants and his own preferences." (Harsanyi, 1982, S.55)

Die einzelnen Individuen bestimmen also selbst, was gut und was schlecht für sie ist. Dieses Prinzip der Präferenzautonomie ergänzt Harsanyi durch drei Forderungen bzgl. der Kriterien, nach denen die Individuen ihr Urteil ausrichten:

1. Moralische Präferenzen sind auszuklammern.

2. Antisoziale Präferenzen sind auszuklammern.

3. Es sind die „wahren" und nicht die „manifesten" Präferenzen zu ermitteln.

Auf diese drei Punkte will ich nun etwas näher eingehen.

Zu 1.: Als moralische Präferenzen bezeichnet Harsanyi Präferenzen, die sich nicht allein auf das eigene Wohlergehen, sondern auf Fragen der Gerechtigkeit beziehen und die Rechte und das Wohlergehen anderer Personen mit einschließen. Harsanyi nimmt eine strikte Trennung zwischen den persönlichen und den moralischen Präferenzen eines Individuums vor: Während bei der Aggregation individueller Interessen zu einer kollektiven Präferenzrelation moralische Präferenzen hinsichtlich einer gerechten Nutzenaggregation eine entscheidende Rolle spielen, sollen bei den individuellen Präferenzordnungen moralische Aspekte ausgeklammert werden und lediglich die persönlichen Präferenzen Berücksichtigung finden, welche sich ausschließlich auf das eigene Wohlergehen beziehen. Die persönlichen Präferenzen stellen also den Ausgangspunkt für Nutzenaggregationen dar. Die Nutzenaggregationen selbst hingegen erfolgen nach Regeln, die auf moralischen Präferenzen basieren. Ein Beispiel für eine moralische Präferenz ist der von Harsanyi vertretene Präferenzutilitarismus, der besagt, daß bei Nutzenaggregationen das in den Abschnitten 1.1.3 und 2.2.3 diskutierte Summationsprinzip anzuwenden ist.

Die Unterscheidung zwischen persönlichen und moralischen Präferenzen setzt eine Trennung zwischen dem eigenen Wohlergehen und dem Wohlergehen anderer Personen voraus. Anders als bei dem vor allem in der Spieltheorie verwendeten Modell des *homo oeconomicus* versucht man in der Sozialwahltheorie, eine Trennung zwischen Präferenzen, die auf das eigene Wohlergehen gerichtet sind, und Präferenzen, die auf das Wohlergehen anderer Personen (z.B. Familienangehörige, Freunde) gerichtet sind, vorzunehmen. Es stellt sich die Frage, inwieweit eine solche Trennung möglich ist und ob es sich bei dem Ausschluß moralischer Präferenzen um einen Widerspruch zu dem Prinzip der Präferenzautonomie handelt.

Die Trennung zwischen persönlichen und moralischen Präferenzen bereitet natürlich Probleme: Beispielsweise kann ein Nutzenzuwachs bei Familienangehörigen auch dann Einfluß auf das eigene Wohlergehen haben, wenn objektiv gesehen keine Veränderung der persönlichen Lebenssituation eintritt. Die Sorgen, die sich jemand um das Wohl anderer Menschen macht, sowie die Freude über das Glück anderer Menschen beeinflussen natürlich das eigene Wohlergehen. Schließt man diese Aspekte bei der Messung der individuellen Nutzen aus, so schränkt man hierdurch das Prinzip der Präferenzautonomie ein.

Diese Einschränkung des Prinzips der Präferenzautonomie läßt sich folgendermaßen begründen: Die Befriedigung moralischer Bedürfnisse (d.h. die Befriedigung von Bedürfnissen, die auf das Wohlergehen anderer Personen gerichtet sind) soll nicht einklagbar sein bei kollektiven Entscheidungen, welche die Abwägung der Interessen verschiedener Individuen zum Gegen-

stand haben.
Die Ausklammerung moralischer Bedürfnisse beinhaltet keine Bewertung derartiger Bedürfnisse. Man unterstellt jedoch, daß die Befriedigung von moralischen Bedürfnissen keinen Einfluß auf den individuellen Nutzen hat, also weder gut noch schlecht für ein Individuum ist.

Zu 2.: Neben den moralischen Präferenzen sind nach Harsanyi (1982) auch die antisozialen Präferenzen, wie z.B. Sadismus, Neid oder Bosheit, bei der Bestimmung individueller Präferenzordnungen auszuklammern.
Die obigen Überlegungen zu dem Problem der Abgrenzung zwischen moralischen und persönlichen Präferenzen lassen sich natürlich auf das Problem der Trennung zwischen antisozialen und nicht-antisozialen Präferenzen übertragen.

Zu 3.: Unter den „wahren" persönlichen Präferenzen versteht Harsanyi diejenigen persönlichen Präferenzen, die man haben würde, wenn man im Besitz aller Informationen über die relevanten faktischen Sachverhalte wäre und die Zeit und die geistige Fähigkeit zu einer sorgfältigen rationalen Abwägung zwischen den zur Wahl stehenden Alternativen hätte. Diese Anforderungen der vollkommenen Information und der sorgfältigen rationalen Abwägung sind bei Alltagsentscheidungen natürlich nicht gegeben. Die manifesten Präferenzen, d.h. diejenigen Präferenzen, die man durch sein Verhalten zum Ausdruck bringt, unterscheiden sich deshalb gewöhnlich von den wahren Präferenzen. Harsanyi schlägt vor, bei sozialwahltheoretischen Fragestellungen nicht von den manifesten, sondern von den wahren persönlichen Präferenzen auszugehen.
Einen Konflikt mit dem Prinzip der Präferenzautonomie vermag ich in diesem Vorschlag nicht zu erkennen. Die Forderung, von den manifesten zu den wahren Präferenzen überzugehen, besagt lediglich, daß eine umfassende Aufklärung der betreffenden Person über die relevanten Sachverhalte stattfinden und die individuelle Nutzenabwägung diese Sachverhalte mit einschließen soll. Bei einem solchen Übergang von unvollkommener (evtl. falscher) zu vollkommener Information bleibt die Entscheidungsfreiheit des einzelnen unangetastet.

Ich will die von Harsanyi genannten Anforderungen an die bei einer kollektiven Entscheidung zu berücksichtigenden individuellen Präferenzen kurz am Urlaubsbeispiel erörtern:
Der Ausschluß moralischer und antisozialer Präferenzen bedeutet, daß bei der Bestimmung der individuellen Präferenzordnung eines Familienmitglieds das Wohlergehen der übrigen beiden Familienmitglieder keine Rolle spielen darf: Jede der drei individuellen Präferenzordnungen bringt lediglich die

persönlichen Präferenzen des jeweiligen Familienmitglieds zum Ausdruck. Harsanyis Forderung, die **wahren** Präferenzen zu ermitteln, interpretiere ich im Hinblick auf das Urlaubsbeispiel folgendermaßen: Jedes Familienmitglied soll eine gründliche Nutzenabwägung zwischen den zur Wahl stehenden Urlaubsorten durchführen und dabei nach Möglichkeit alle wesentlichen Faktoren berücksichtigen.

Die drei genannten Forderungen Harsanyis sind im Zusammenhang mit der Zielsetzung der Sozialwahltheorie zu sehen, Formen des Interessenausgleichs zwischen verschiedenen Personen zu beschreiben. Dabei muß z.B.

(a) berücksichtigt werden, daß die einzelnen Personen unterschiedliche Vorlieben haben,

(b) geklärt werden, die Befriedigung welcher persönlichen Vorlieben sich in den individuellen Nutzenfunktionen (bzw. den individuellen Präferenzordnungen) niederschlagen soll, und

(c) berücksichtigt werden, daß die Individuen sich über ihre **wahren** Präferenzen oft nicht im klaren sind.

Der Anforderung (a) wird man dadurch gerecht, daß man von dem Prinzip der Präferenzautonomie ausgeht. Dieses Prinzip erfährt jedoch eine Relativierung, wenn moralische und antisoziale Präferenzen bei der Messung der individuellen Nutzen unberücksichtigt bleiben. Die Ausklammerung moralischer und antisozialer Präferenzen stellt aber meiner Ansicht nach eine sehr vernünftige Antwort auf die in (b) genannte Problemstellung dar. Beispielsweise darf der Lustgewinn, den eine Person durch das Quälen anderer Personen erlangt, keinen Einfluß auf die Bewertung sozialer Alternativen haben. Der Anforderung (c) schließlich kann man dadurch Rechnung tragen, daß man bei Nutzenabwägungen nicht die manifesten, sondern die „wahren" Präferenzen zugrunde legt.
Um den Anforderungen (a), (b) und (c) zu genügen, interpretiere ich die durch individuelle Nutzenfunktionen bzw. Präferenzordnungen zum Ausdruck gebrachten Präferenzen als nicht-moralische, nicht-antisoziale und wahre persönliche Präferenzen. Bei der Bestimmung der individuellen Präferenzen soll außerdem - soweit möglich - das Prinzip der Präferenzautonomie Anwendung finden.

Die Frage der Genese individueller Präferenzen tritt bei dem von mir gewählten sozialwahltheoretischen Ansatz in den Hintergrund: Eine Analyse der Faktoren, die Einfluß auf die individuellen Präferenzen haben (wie z.B. gesellschaftliche Strukturen, soziale Kontakte, Erziehung, Erbanlagen), ist nicht Gegenstand der Sozialwahltheorie; die individuellen Präferenzen werden nicht hinterfragt.

3.3.2 Interpersonelle Vergleiche von Nutzenniveaus

Individuelle Präferenzordnungen ermöglichen zwar die Darstellung einer Informationsbasis, wie sie Arrow (1951, 1963) zugrunde legt, nicht aber die Formulierung einer Informationsbasis, die auch interpersonelle Nutzenvergleiche enthält. Wie z.B. Sen (1979, S.544) ausführt, reichen individuelle Präferenzordnungen allein nicht aus, um beispielsweise Fragen der Verteilungsgerechtigkeit zu diskutieren. Hierzu sind interpersonelle Vergleiche notwendig, die sich z.B. am materiellen Wohlstand der einzelnen Individuen orientieren können.
Ohne interpersonelle Nutzenvergleiche kommt man bei der Diskussion von Fragen der sozialen Gerechtigkeit nur schwer über das Kriterium der Pareto-Optimalität hinaus: Zwischen pareto-optimalen Zuständen kann man im Hinblick auf die soziale Gerechtigkeit nicht weiter differenzieren, wenn man keine interpersonellen Nutzenvergleiche vornimmt (siehe z.B. Ortuno-Ortin/Roemer, 1991, S.322). Deshalb will ich an dieser Stelle die Möglichkeit interpersoneller Vergleiche von Nutzenniveaus kurz diskutieren.

Formal kann man solche Niveauvergleiche darstellen mittels einer Relation R auf der Menge $\Omega \times M$, wobei Ω die Menge der Entscheidungsalternativen und M die Menge der von der Entscheidung betroffenen Personen ist. Die Relation R soll transitiv, muß aber keineswegs vollständig sein.
$(a, i)\,\mathrm{R}\,(b, j)$ besagt - grob gesprochen: „Die Person i wird bei einer Entscheidung für die Alternative a mindestens so gut gestellt wie die Person j bei einer Entscheidung für die Alternative b“.
Die Frage ist allerdings, ob derartige Nutzenvergleiche überhaupt möglich sind. Wie soll man den Ausdruck „wird mindestens so gut gestellt wie“ interpretieren, wenn man damit nicht nur auf den materiellen Wohlstand, sondern auf das „Wohlergehen“ jedes einzelnen abstellt?

Im Hinblick auf die Beurteilung des individuellen Wohlergehens spielen in der Literatur die beiden folgenden Ansätze eine zentrale Rolle:

1. der experimentelle Ansatz, der als eine spezielle Variante den Hedonismus umfaßt,

2. Harsanyis Ansatz der Präferenzautonomie.

Der experimentelle Ansatz zeichnet sich durch die folgenden Annahmen aus (vgl. Scanlon, 1991):

- Das individuelle Wohlergehen hängt einzig und allein von dem Vorhandensein bestimmter wünschenswerter Bewußtseinszustände ab.
- Das Vorhandensein solcher Bewußtseinszustände wird offengelegt durch Introspektion; die Häufigkeit und die Intensität ihres Auftretens bestimmt den Wert eines Lebens.
- Die Bewußtseinszustände haben moralische Relevanz insofern, als sie die Lebensqualität der Individuen determinieren, welche ein Gegenstand moralischer Überlegungen ist.
- Alle Urteile über das individuelle Wohlergehen der einzelnen Individuen, insbesondere interpersonelle Vergleiche des Wohlergehens, basieren auf der Betrachtung von Bewußtseinszuständen.

Gemäß dem experimentellen Ansatz liegen also die individuellen Präferenzen in der Natur des Menschen begründet. Eine Autonomie des Menschen hinsichtlich der Festlegung seiner Präferenzen existiert bei dem experimentellen Ansatz nicht.
Demgegenüber gesteht man den Individuen beim Ansatz der Präferenzautonomie das Recht und die Fähigkeit zu, frei über ihre Präferenzen zu entscheiden: Die Individuen bestimmen - wie oben ausgeführt - selbst, was gut und was schlecht für sie ist, und sind somit souverän in der Bewertung ihres individuellen Wohlergehens.

Die Unterschiede zwischen dem experimentellen Ansatz und dem Ansatz der Präferenzautonomie werde ich nun an dem von mir in Abschnitt 2.2.2 dargestellten Beispiel 2.2.5 näher erörtern. In diesem Beispiel bin ich davon ausgegangen, daß der Nutzen eines Familienmitgliedes umso höher ist, je weniger Gepäckstücke es tragen muß.
Diese Annahme läßt sich mit Hilfe des experimentellen Ansatzes, aber auch mit dem Ansatz der Präferenzautonomie begründen: Legt man den experimentellen Ansatz zugrunde, so müssen sich die individuellen Nutzenwerte an den Bewußtseinszuständen der Individuen orientieren. Die obige Annahme lautet dann: Je weniger Gepäckstücke ein Familienmitglied tragen muß, desto wünschenswerter ist der jeweilige Bewußtseinszustand bzw. die jeweilige Abfolge von Bewußtseinszuständen. Dies scheint eine durchaus plausible Annahme zu sein, da man das Tragen von Gepäckstücken im allgemeinen mit einem Gefühl der Unlust verbindet.
Der Ansatz der Präferenzautonomie kann, muß aber nicht, zu denselben individuellen Nutzenfunktionen führen: Ein Individuum, das die Wahl zwischen einer höheren und einer niedrigeren Anzahl der zu tragenden Gepäckstücke hat, wird sich im Falle einer autonomen Entscheidung in der

Regel für die niedrigere Anzahl entscheiden; es ist aber auch denkbar, daß das betrachtete Individuum das Tragen von Gepäckstücken als willkommenes Fitneßtraining ansieht und möglichst viele Gepäckstücke tragen möchte.

Die beiden genannten Ansätze (experimenteller Ansatz einerseits und Präferenzautonomie andererseits) sind im Zusammenhang mit der Entwicklung des Utilitarismus vom hedonistischen Utilitarismus hin zum Präferenzutilitarismus zu sehen (vgl. hierzu z.B. Höffe, 1975, oder Gähde, 1992, 1993): Während sich beim Hedonismus (siehe z.B. Bentham, 1789) das individuelle Wohlergehen in dem Übergewicht des Glücks über den Schmerz bemißt, wählt der Präferenzutilitarismus bei der Messung des individuellen Wohlergehens einen behavioristischen Zugang.
Der Grund für den Übergang zum Präferenzutilitarismus lag vor allem darin, daß sich der Hedonismus auf die Introspektion konzentrierte und sich dadurch der Möglichkeit beraubte, das tatsächliche Verhalten der Individuen zur Messung des individuellen Nutzens heranzuziehen. Insbesondere ermöglicht der Hedonismus keine Unterscheidung zwischen Realität und virtueller Realität, da es bei der Betrachtung von Bewußtseinszuständen keine Rolle spielt, was man tatsächlich tut, sondern nur, was man glaubt zu tun.
Im Unterschied zum Hedonismus wird dem Individuum beim Präferenzutilitarismus eine hohe Wertungssouveränität zugebilligt. Die Idee, die hinter dem Präferenzutilitarismus steckt, läßt sich durch das von Harsanyi explizierte Prinzip der Präferenzautonomie beschreiben (siehe Abschnitt 3.3.1).
Dem hedonistischen Utilitarismus hingegen liegt der experimentelle Ansatz zur Beurteilung des individuellen Wohlergehens zugrunde: Der Hedonismus geht davon aus, daß Gefühle (wie z.B. Glück und Schmerz) experimentell meßbar sind und man durch die Erstellung von Empfindungsbilanzen individuelle Nutzenwerte erhält, die das individuelle Wohlergehen der einzelnen Personen widerspiegeln.
Der hedonistische Utilitarismus und der Präferenzutilitarismus entsprechen dem experimentellen Ansatz bzw. dem Prinzip der Präferenzautonomie.

Scanlon (1991) unterscheidet im Hinblick auf die Beurteilung des **relativen** individuellen Wohlergehens der einzelnen Individuen drei Arten von Werturteilen:

1. Urteile über die moralische Relevanz des relativen Wohlergehens der einzelnen Individuen:
Bei der Abwägung zwischen konfligierenden individuellen Interessen sind diese in angemessener Weise zu gewichten, um zu einer gerechten Entscheidung zu gelangen. Informationen über das Wohlergehen der einzelnen Individuen besitzen moralische Relevanz, wenn sie bei Interessenabwägungen

Berücksichtigung finden. Werturteile hinsichtlich der moralischen Relevanz der individuellen Nutzen beziehen sich darauf, welche individuellen Nutzen bei einer Interessenabwägung zu berücksichtigen und wie diese ggf. zu gewichten sind.

2. Interpersonelle Vergleiche, die auf einem Kriterium (wie z.B. dem materiellen Wohlstand) basieren:
Bei Fragen der gerechten Verteilung materieller Güter legt man das Hauptaugenmerk auf den relativen materiellen Wohlstand der einzelnen Individuen: Man bemißt das individuelle Wohlergehen an den materiellen Gütern, die dem Individuum zur Verfügung stehen, und ist dadurch in der Lage, zwischen reicheren und ärmeren Menschen zu unterscheiden.
Interpersonelle Nutzenvergleiche, die auf einem einzigen Kriterium basieren, sind dann sinnvoll, wenn man sich mit moralischen Fragen beschäftigt, für die lediglich ein bestimmter Teilaspekt des individuellen Wohlergehens relevant ist (wie z.B. dem Problem der Verteilungsgerechtigkeit). Bei dem Urteil über die (moralische) Relevanz dieses Teilaspekts handelt es sich um ein (moralisches) Urteil der unter Punkt 1 dargestellten Art.
Natürlich versucht man auch bei Beurteilungen des individuellen Wohlergehens, die sich auf die gesamte Persönlichkeit und nicht nur auf bestimmte Teilaspekte beziehen, ein Kriterium zu finden, nach dem man derartige Beurteilungen ausrichtet. Der oben skizzierte experimentelle Ansatz stellt einen solchen Versuch dar, das individuelle Wohlergehen an einem einzigen Kriterium zu messen, nämlich an dem Vorhandensein bzw. Nichtvorhandensein von bestimmten Bewußtseinszuständen.

3. Interpersonelle Vergleiche, bei denen mehrere Faktoren Berücksichtigung finden:
Für das individuelle Wohlergehen spielen zahlreiche Faktoren eine Rolle, wie z.B. beruflicher Erfolg, materieller Wohlstand, Freundschaft, Anerkennung etc. Um zu entscheiden, wer von zwei Personen ein besseres Leben hat, muß man bestimmen, wie die einzelnen Faktoren zu gewichten sind. Ähnlich wie bei der Beurteilung verschiedener Entscheidungsalternativen durch ein Individuum, ist bei der Beurteilung des relativen individuellen Wohlergehens eine Vielzahl von relevanten Faktoren zu reduzieren auf einen einzigen Faktor, nämlich den Faktor besser/schlechter.

Zur Veranschaulichung diskutiere ich die Möglichkeit interpersoneller Nutzenvergleiche nun kurz an dem in Abschnitt 1.1.3 erörterten Beispiel der drei Freunde, die zusammen eine Urlaubsreise unternehmen wollen.
Bei diesem Beispiel bin ich davon ausgegangen, daß

- die Einkommensverhältnisse der drei Freunde vergleichbar sind und
- die Alternative, auf die Reise zu verzichten, für alle den gleichen individuellen Nutzen bedeutet.

Jeder der drei Freunde bringt durch den Geldbetrag, den er im Falle einer Entscheidung für einen bestimmten Urlaubsort zahlen würde, zum Ausdruck, wie hoch für ihn der Nutzenzuwachs gegenüber der Alternative, auf die Reise zu verzichten, wäre.
Das individuelle Wohlergehen der drei Freunde wird natürlich durch eine Vielzahl von Faktoren bestimmt (siehe Abschnitt 3.3.1). Durch die Angabe von Geldbeträgen, die man bereit ist, in die Urlaubskasse zu zahlen, findet aber eine Reduktion dieser vielen Faktoren auf den Faktor Geld statt. Die Vergleichbarkeit der Nutzenniveaus und insbesondere die Möglichkeit interpersoneller Nutzenvergleiche folgt in diesem Beispiel aus der Vergleichbarkeit der Nutzeneinheiten (bzw. der DM-Beträge) und der (unterstellten) Identität der individuellen Nutzen im Falle der Alternative, auf die Reise zu verzichten.

Interpersonelle Nutzenvergleiche von der Art, wie ich sie betrachte, beinhalten in der Regel Werturteile der dritten Art. Derartige Werturteile über das relative individuelle Wohlergehen sind von folgender Form (vgl. Scanlon, 1991, S.31):

> „Es ist genauso gut (nicht besser und nicht schlechter), ein Individuum mit i's Vorlieben unter den Umständen A zu sein als ein Individuum mit j's Vorlieben unter den Umständen B."

Solche Werturteile sollen nach Möglichkeit nicht von den Wertvorstellungen der Person abhängen, die einen solchen Vergleich anstellt; sie sollen objektiv sein. Es stellt sich also die Frage nach der Möglichkeit objektiver Werturteile hinsichtlich des relativen individuellen Wohlergehens.

Harsanyi (1955, 1979) geht bei der Beantwortung dieser Frage davon aus, daß alle Menschen ähnliche Maßstäbe bei der Beurteilung des individuellen Wohlergehens anlegen. Dies ist der Kern seines **Ähnlichkeitspostulats**:

> „Interpersonal utility comparisons are based on what I have called the *similarity postulate* ... . By this I mean the principle that, given the basic similarity in human nature (i.e., in the fundamental psychological laws governing human behavior and human attitudes), it is reasonable to assume that different people will show very *similar* psychological reactions to any given objective situation, and will derive much the *same* utility

> or disutility from it - *once proper allowances have been made for any empirically observed differences* in their biological make-ups, in their social positions, in their educational and cultural backgrounds and, more generally, in their past life histories.“ (Harsanyi, 1979, S.301)

Das Hauptproblem bei interpersonellen Nutzenvergleichen ist, Harsanyi zufolge, die Ermittlung der logischen Basis, d.h. der Lebensumstände und der individuellen Präferenzen. Harsanyi nennt zwei Indikatoren, die Aufschluß über die individuellen Präferenzen geben können:

> „In general, we have two indicators of the utility that *other* people attach to different situations: their preferences as revealed by their actual choices, and their (verbal or nonverbal) expressions of satisfaction or dissatisfaction in each situation.“ (Harsanyi, 1955, S.317)

Beide Indikatoren erweisen sich bei genauerer Betrachtung jedoch als problematisch: Die manifesten Präferenzen, die sich in dem Verhalten der Individuen offenbaren, sind - wie ich in Abschnitt 3.3.1 erörtert habe - in der Regel nicht identisch mit den wahren Präferenzen. Auch die verbalen und nicht-verbalen Äußerungen einer Person lassen keine unmittelbaren Rückschlüsse auf deren Präferenzen zu. Beispielsweise könnte es sein, daß eine Person ihre Gefühle deutlicher zeigt als eine andere Person und deshalb ihre Zufriedenheit bzw. ihre Unzufriedenheit stärker zum Ausdruck bringt.
Wenn man jedoch die relevanten objektiven Sachverhalte und die fraglichen Präferenzen festgestellt hat, so ist das entsprechende Werturteil über das relative individuelle Wohlergehen gemäß Harsanyi determiniert durch psychologische Gesetze, die für alle Menschen in gleicher Weise gelten.
Ein Problem bei dem von Harsanyi vorgeschlagenen Ähnlichkeitspostulat besteht darin, daß es in Konflikt zu dem Grundgedanken der Präferenzautonomie steht: Während Harsanyi den verschiedenen Personen auf der individuellen Ebene eine Präferenzautonomie einräumt, ihnen also verschiedenartige Vorlieben und Präferenzen zugesteht, stellt er in bezug auf interpersonelle Nutzenvergleiche die Subjektivität von Urteilen über das individuelle Wohlergehen grundsätzlich in Frage.

Einen meiner Ansicht nach sinnvolleren Ansatz zur Begründung interpersoneller Nutzenvergleiche wählt Davidson (1989). Davidson betont, daß es sich bei interpersonellen Nutzenvergleichen um Werturteile handelt, und weist Harsanyis Interpretation interpersoneller Vergleiche als Behauptungen über faktische Sachverhalte zurück. Davidson zufolge hängt ein interpersoneller Nutzenvergleich, den eine bestimmte Person in bezug auf zwei oder mehrere andere Personen vornimmt, von deren eigenen Wertvorstellungen und Überzeugungen ab. Eine Person i kann nach Davidson überhaupt nur dann ein Werturteil hinsichtlich des relativen individuellen Wohlergehens der Personen j und k fällen, wenn sie mit den Personen j und k viele strategisch bedeutsame Überzeugungen teilt. Der Grund hierfür liegt darin, daß interpersonelle Nutzenvergleiche einen Rollentausch erfordern, der nur dann gelingt, wenn die Rollen, die die Personen i, j und k spielen, nicht zu verschieden sind:

> „...the propositions I must use to interpret the attitudes of another are defined by the roles they play in my thought and feelings and behaviour; therefore in interpretation they must play appropriately similar roles. It is a consequence of this fact that correct interpretation makes interpreter and interpreted share many strategically important beliefs." (Davidson, 1989, S.209)

Die Basis für das Werturteil der Person i besteht nach Davidson in deren Überzeugungen und Wertvorstellungen. Es stellt sich deshalb die Frage, ob dieses Werturteil relativistisch ist. Davidson verneint diese Frage mit etwa folgender Begründung: Damit zwei Personen eine Differenz in ihren Werturteilen erkennen können, müssen sie die Wörter und die Überzeugungen der jeweils anderen Person interpretieren. Sie müssen also gemeinsame Standards haben, um ihre differierenden Werturteile diskutieren zu können. Die Möglichkeit einer Diskussion über Werturteile steht also im Widerspruch zu einem ernsthaften Relativismus hinsichtlich der Werturteile über das relative Wohlergehen einzelner Personen.

Bei dem Urlaubsbeispiel aus Abschnitt 1.1.2 besteht durchaus die Möglichkeit einer Diskussion über die zur Wahl stehenden Urlaubsorte und die Präferenzen der einzelnen Familienmitglieder hinsichtlich dieser Urlaubsorte. So haben die Eltern wahrscheinlich Verständnis dafür, daß die Tochter in ihren Ferien auf keinen Fall ihren Exfreund treffen will und deshalb den Urlaubsort Ascona ablehnt. Die Präferenzen eines Familienmitgliedes werden nämlich von den übrigen Familienmitgliedern gewöhnlich respektiert, sofern sie für diese nachvollziehbar sind.

Scanlon (1991) verfolgt die Überlegungen von Davidson weiter und begründet die Möglichkeit objektiver interpersoneller Nutzenvergleiche mit dem Vorhandensein allgemein akzeptierter Standards, die bei Werturteilen über das relative individuelle Wohlergehen verwendet werden. So sind beispielsweise beruflicher Erfolg, Gesundheit und Freundschaft allgemein anerkannte Kriterien zur Beurteilung des individuellen Wohlergehens. Es kann aber auch bei Scanlons Ansatz nicht geleugnet werden, daß interpersonelle Nutzenvergleiche stets eine subjektive Komponente beinhalten.

Kaneko (1984) äußert zu Recht Zweifel an der Möglichkeit **objektiver** interpersoneller Nutzenvergleiche. Er geht aus von Nutzenvergleichen der Art „Ich würde gern auf 20% meines Einkommens verzichten, wenn ich dafür 10 cm größer wäre“ und stellt dann die Frage, ob alle persönlichen Charakteristika (z.B. physische und psychische Eigenschaften, biographischer Hintergrund) Gegenstand eines solchen intrapersonellen Nutzenvergleichs (d.h. eines Nutzenvergleichs, der von einer bestimmten Person durchgeführt und nicht von außen beeinflußt wird) sein können. Diese Frage beantwortet er negativ mit etwa folgender Begründung:
Wenn alle persönlichen Charakteristika der Gegenstand eines intrapersonellen Nutzenvergleichs sind, was sind dann die Kriterien für einen solchen Nutzenvergleich? Alles, was als fester Bestandteil von dem Individuum übrig bleibt und nicht zur Disposition gestellt wird, ist ein abstraktes Ich ohne psychische und physische Entität.
Von den intrapersonellen Nutzenvergleichen muß also - nach Kaneko - eine Klasse von persönlichen Charakteristika ausgenommen werden, die groß genug ist, um die Regeln für diese intrapersonellen Nutzenvergleiche festzulegen. Die einzige Möglichkeit, die Objektivität interpersoneller Nutzenvergleiche zu gewährleisten, besteht deshalb in der Annahme, diese persönlichen Charakteristika würden bei allen Personen einer Gesellschaft oder gar bei allen menschlichen Wesen übereinstimmen.
Kaneko unterscheidet zwei Fälle:

> „The *first* is: Every member of a society shares a common moral feeling (knowledge) which comes from the conventions or customs of the society. (...)
> The *second one* is: An intrinsic moral feeling ...exists in every human being's mind independently of societies and it governs every human being. If information is complete and if every individual reflects on his mind, he can remember the common moral feeling.“ (Kaneko, 1984, S.169 f.)

Im ersten Fall ist eine universelle Objektivität nicht gegeben, da die moralischen Wertvorstellungen, die den entsprechenden Nutzenabwägungen zugrunde liegen, von der jeweiligen Gesellschaft und ihren Konventionen und Bräuchen abhängen. Der zweite Fall, der an Harsanyis Ähnlichkeitspostulat erinnert (siehe oben), stellt für Kaneko eine unattraktive Vorstellung dar, die er ablehnt. Ich möchte nicht näher auf diesen zweiten Fall eingehen, da für meine Zwecke die Existenz eines „common moral feeling“, das sich auf alle Mitglieder einer Gesellschaft erstreckt (erster Fall), völlig ausreicht.

Allerdings habe ich Zweifel daran, daß ein solches „common moral feeling“ existiert, da verschiedene Personen im allgemeinen unterschiedlichen gesellschaftlichen Einflüssen ausgesetzt sind und nicht zuletzt aus diesem Grund unterschiedliche moralische Wertvorstellungen ausbilden.

Die Problematik der Subjektivität von interpersonellen Nutzenvergleichen hat Konsequenzen insbesondere für die Interpretation der von Harsanyi verwendeten Denkfigur des unparteiischen Beobachters. Harsanyi (1955, 1979) führt das Konzept der „impartiality“ ein, um interpersonelle Nutzenvergleiche zu begründen. Er nimmt Bezug auf einen unparteiischen Beobachter, der moralische Urteile zu fällen hat (siehe Harsanyi, 1979, S.292 f.) und behandelt die Problematik objektiver interpersoneller Nutzenvergleiche als ein Problem dieses Beobachters, der die Präferenzen der einzelnen Individuen gegeneinander abwägt.

Harsanyis Konzept geht - wie die meisten Theorien, die interpersonelle Nutzenvergleiche zu rechtfertigen suchen - von Individuen aus, die sich in die Rolle anderer hineinversetzen, und schließt aus der Fähigkeit der Individuen zu einer Art von Rollentausch auf die interpersonelle Vergleichbarkeit individueller Nutzen.

Ein solcher Rollentausch beinhaltet bei Harsanyi zwei Stufen: Auf der ersten Stufe versetzt man sich in die Lage des anderen; man berücksichtigt dessen äußere Lebensumstände (sein Einkommen, seinen Gesundheitszustand und die sozialen Rollen, in die er eingebunden ist), nicht aber dessen Wertvorstellungen (z.B. Streben nach materiellem Wohlstand). Diese Wertvorstellungen werden auf der zweiten Stufe mit in den Rollentausch einbezogen; auf dieser zweiten Stufe tauscht man nicht nur die äußerlich faßbaren Lebensumstände, sondern auch die persönlichen Vorlieben, Wertvorstellungen und Ideale.

Wenn beispielsweise eine Familie einen gemeinsamen Urlaub verbringen will, dann spielen die persönlichen Vorlieben der einzelnen Familienmitglieder eine ganz entscheidende Rolle: Möglicherweise möchte der Vater im Urlaub Wanderungen unternehmen, während die Mutter lieber am Strand liegt. Diesen persönlichen Vorlieben muß bei der Entscheidung über den Urlaubsort natürlich Rechnung getragen werden.

Die Werturteile eines unparteiischen Beobachters hängen ganz wesentlich von der Person des Beobachters ab. Deshalb handelt es sich bei den interpersonellen Nutzenvergleichen dieses Beobachters weniger um objektive, sondern vielmehr um subjektive Werturteile. Nach Hylland (1991) haben interpersonelle Nutzenvergleiche stets einen subjektiven Charakter:

> „The statement that one individual or group is better off than another is always the *subjective* point of view of the person who makes the statement. Different people may agree to a greater or lesser extent when expressing this kind of judgement, but there is neither any theoretical nor any practical reason to expect complete unanimity.“ (Hylland, 1991, S.339)

3.3.3 Die Problematik der Aggregation individueller ausgedehnter Ordnungen

Die Schwierigkeit, zu objektiven interpersonellen Nutzenvergleichen zu gelangen, legt es nahe, subjektive interpersonelle Vergleiche von Nutzenniveaus zur Ermittlung kollektiver Präferenzen heranzuziehen. Der Ausgangspunkt für subjektive interpersonelle Nutzenvergleiche, wie sie z.B. Suppes (1966), Sen (1970a, Kapitel 9 und 9*), Roberts (1980a) und Hylland (1991) verwenden, ist stets ein Rollentausch, den ein bestimmtes Individuum durchführt. Man nimmt also nicht Bezug auf einen (imaginären) unparteiischen Beobachter, der die Fähigkeit besitzt, das Glück der einzelnen Individuen gegeneinander abzuwägen; vielmehr vollziehen konkrete Individuen, die unter Umständen von der Entscheidung betroffen sind, interpersonelle Nutzenvergleiche.
Dem Ansatz von Suppes, Sen und Roberts folgend, betrachte ich m–Tupel $(\tilde{R}_1, ..., \tilde{R}_m)$ von subjektiven ausgedehnten Ordnungen, d.h. von subjektiven Ordnungen auf der Menge $\Omega \times M$, wobei Ω die Menge der Entscheidungsalternativen und M die Menge der von einer Entscheidung betroffenen Individuen bezeichnet. Derartige m–Tupel $(\tilde{R}_1, ..., \tilde{R}_m)$ nenne ich **Urteilsprofile**. Die (ausgedehnten) Ordnungen $\tilde{R}_k$, $k = 1, ..., m$, bringen zum Ausdruck, wie die einzelnen Personen die individuellen Präferenzen einschätzen. $(a, i)\, R_k\, (b, j)$ besagt:

> „Die Person k wäre mindestens genauso gern in der Situation von Person i im Falle einer Entscheidung für a als in der Situation von Person j im Falle einer Entscheidung für b.“

Um ein solches Urteil fällen zu können, muß die Person k einen zweimaligen Rollentausch (mindestens) erster Stufe vornehmen (einen Rollentausch mit Person i und einen Rollentausch mit Person j). Die Person k sollte dabei nach Möglichkeit alle äußeren Lebensumstände tauschen. Es stellt sich dabei die Frage, wie weit dieser Rollentausch zu gehen hat und welche Kriterien bei der Entscheidung (z.B. zwischen (a, i) und (b, j)) maßgebend sein sollen. Man kann Fragestellungen dieser Art in das Belieben der Person stellen, die die entsprechenden interpersonellen Nutzenvergleiche (mittels einer Transformation in intrapersonelle Nutzenvergleiche) durchführt.

Gewöhnlich bringt man aber die individuellen Präferenzen nicht in Form eines Urteilsprofils $(\tilde{R}_1, ..., \tilde{R}_m)$, sondern in Form einer einzigen Ordnung $\tilde{R}$ auf der Menge $\Omega \times M$ zum Ausdruck (siehe hierzu Abschnitt 3.1.2). Jede ausgedehnte Ordnung, d.h. jede Ordnung $\tilde{R}$ auf der Menge $\Omega \times M$, läßt sich repräsentieren durch ein Nutzenfunktionsprofil $(f_1, ..., f_m)$, bestehend aus individuellen Nutzenfunktionen $f_i \colon \Omega \longrightarrow \mathbb{R}$, $i = 1, ..., m$.

Definition 3.3.1 *Es sei $\tilde{R}$ eine Ordnung auf der Menge $\Omega \times M$. Ein Nutzenfunktionsprofil $(f_1, ..., f_m)$, bestehend aus individuellen Nutzenfunktionen $f_i : \Omega \longrightarrow \mathbb{R}$, $i = 1, ..., m$, repräsentiert die Ordnung $\tilde{R}$ auf $\Omega \times M$ genau dann, wenn für alle $a, b \in \Omega$ und alle $i, j \in M$ gilt:*

$$(a, i)\, \tilde{R}\, (b, j) \iff f_i(a) \geq f_j(b).$$

Zwei Nutzenfunktionsprofile $(f_1, ..., f_m)$ und $(g_1, ..., g_m)$ repräsentieren also genau dann dieselbe Ordnung auf der Menge $\Omega \times M$, wenn für alle $a, b \in \Omega$ und alle $i, j \in M$ gilt:

$$f_i(a) \geq f_j(b) \iff g_i(a) \geq g_j(b).$$

Da eine Äquivalenz zwischen Nutzenfunktionsprofilen $(f_1, ..., f_m)$ mit einem ordinalen Informationsgehalt und interpersoneller Vergleichbarkeit der Nutzenniveaus (zweiter Fall der in Abschnitt 1.2.2 genannnten sieben Fälle!) einerseits und Ordnungen auf der Menge $\Omega \times M$ andererseits besteht, entspricht jedem sozialen Wohlfahrtsfunktional mit der Eigenschaft (ON) eine Abbildung f, die jeder Ordnung $\tilde{R}$ auf der Menge $\Omega \times M$ eine kollektive Präferenzordnung auf Ω zuordnet.

Definition 3.3.2 a) *Es sei F ein soziales Wohlfahrtsfunktional mit der Eigenschaft* (ON). *Die dem Funktional F entsprechende Abbildung f, die jeder Ordnung $\tilde{R}$ auf der Alternativenmenge $\Omega \times M$ eine kollektive Präferenzordnung $f(\tilde{R})$ auf Ω zuordnet, ist dann folgendermaßen definiert:*

$$a\, f(\tilde{R})\, b \;:\iff\; a\, F(f_1, ..., f_m)\, b,$$

wobei $(f_1, ..., f_m)$ ein Nutzenfunktionsprofil sei, das die Ordnung $\tilde{R}$ repräsentiert (siehe hierzu Definition 3.3.1).

b) *Es sei f eine Abbildung, die jeder Ordnung $\tilde{R}$ auf der Menge $\Omega \times M$ eine*

Präferenzordnung $f(\tilde{R})$ auf Ω zuordnet. Das der Abbildung f entsprechende soziale Wohlfahrtsfunktional F ist dann folgendermaßen definiert:

$$a\, F(f_1, ..., f_m)\, b \;:\Longleftrightarrow\; a\, f(\tilde{R})\, b\,,$$

wobei $\tilde{R}$ die durch $(f_1, ..., f_m)$ repräsentierte Ordnung auf der Menge $\Omega{\times}M$ sei.

Mit der Klasse der sozialen Wohlfahrtsfunktionale, die der Forderung (ON) genügen, habe ich mich in Abschnitt 2.2.2 („Positionelle Diktaturen“) bereits ausführlich beschäftigt. Insbesondere zeigen meine obigen Erörterungen, daß mehrere soziale Wohlfahrtsfunktionale mit der Eigenschaft (ON) existieren, die den Forderungen (U), (P), (I) und (A) genügen. Als Beispiele nenne ich die Maximin-, die Leximin-, die Maximax- und die Leximax-Regel. Aus einer ausgedehnten Ordnung, d.h. aus einer Ordnung auf der Menge $\Omega \times M$ läßt sich also problemlos eine kollektive Präferenzordnung auf der Menge Ω gewinnen, wie meine Ausführungen in Abschnitt 2.2.2 deutlich machen.
Aufgrund der Schwierigkeiten, zu einer **objektiven** Präferenzordnung auf der Menge $\Omega{\times}M$ zu gelangen, stellt sich jedoch die Frage, ob auch aus einem $m-$Tupel $(\tilde{R}_1, ..., \tilde{R}_m)$ von subjektiven ausgedehnten Ordnungen eine kollektive Präferenzordnung auf Ω gewonnen werden kann. Es macht deshalb durchaus Sinn, sich mit den Möglichkeiten für eine Aggregation individueller ausgedehnter Ordnungen auseinanderzusetzen, wie dies z.B. Roberts (1980a, Abschnitt 5) oder Hylland (1991) tun.

Roberts (1980a) betrachtet sog. **ausgedehnte soziale Wohlfahrtsfunktionen**. Darunter versteht man Abbildungen von der Menge aller $m-$Tupel $(\tilde{R}_1, ..., \tilde{R}_m)$ von individuellen ausgedehnten Ordnungen auf die Menge aller Präferenzordnungen auf der Alternativenmenge Ω. Von einer ausgedehnten sozialen Wohlfahrtsfunktion f fordert Roberts (1980a, Theorem 6) die folgenden Eigenschaften:

(U) **Unbegrenzter Definitionsbereich:** Der Definitionsbereich der ausgedehnten sozialen Wohlfahrtsfunktion f ist die Menge aller $m-$Tupel $(\tilde{R}_1, ..., \tilde{R}_m)$ von Ordnungen $\tilde{R}_i$ auf der Menge $\Omega \times M$. Die $m-$Tupel $(\tilde{R}_1, ..., \tilde{R}_m)$ bezeichne ich als **Urteilsprofile**. Die ausgedehnte soziale Wohlfahrtsfunktion f bildet jedes Urteilsprofil $(\tilde{R}_1, ..., \tilde{R}_m)$ auf eine kollektive Präferenzordnung auf der Menge Ω ab.

(I) **Unabhängigkeit von irrelevanten Alternativen:**
Eine ausgedehnte soziale Wohlfahrtsfunktion f besitzt die Eigenschaft der Unabhängigkeit von irrelevanten Alternativen, wenn für alle $a \in \Omega$ und alle Urteilsprofile $(\tilde{R}_1, \ldots, \tilde{R}_m)$ und $(\tilde{R}_1^*, \ldots, \tilde{R}_m^*)$ folgendes gilt:
Falls die individuellen ausgedehnten Ordnungen $\tilde{R}_i$ und $\tilde{R}_i^*$ für alle $i \in \{1, \ldots, m\}$ identisch sind, wenn man sie auf das kartesische Produkt

$$\{a, b\} \times M \doteq \{(c, j) \mid c \in \{a, b\}, j \in M\}$$

einschränkt, so sind die kollektiven Präferenzordnungen $R \doteq f(\tilde{R}_1, \ldots, \tilde{R}_m)$ und $R^* \doteq f(\tilde{R}_1^*, \ldots, \tilde{R}_m^*)$ identisch, wenn man sie auf die Menge $\{a, b\}$ einschränkt, d.h.

$$(aRb \iff aR^*b) \ \wedge \ (bRa \iff bR^*a).$$

Bei der kollektiven Entscheidung zwischen zwei Alternativen dürfen also die Beurteilungen der übrigen Alternativen keine Rolle spielen.

(P) **Schwaches Pareto-Prinzip:** Eine ausgedehnte soziale Wohlfahrtsfunktion f genügt dem schwachen Pareto-Prinzip, wenn für alle $a, b \in \Omega$ und alle Urteilsprofile $(\tilde{R}_1, \ldots, \tilde{R}_m)$ folgendes gilt:
Falls $(a, i)\,\tilde{P}_i\,(b, i)$ für alle $i \in M$, dann folgt hieraus für die kollektive Präferenzordnung $R \doteq f(\tilde{R}_1, \ldots, \tilde{R}_m)$, daß a gegenüber b präferiert wird, kurz:

$$(\forall i : (a, i)\,\tilde{P}_i\,(b, i)) \implies aPb.$$

Das schwache Pareto-Prinzip für ausgedehnte soziale Wohlfahrtsfunktionen entspricht exakt dem in Abschnitt 1.1.2 definierten schwachen Pareto-Prinzip für soziale Wohlfahrtsfunktionen.

Diese Eigenschaften implizieren, wie Roberts (1980a) beweist, die Existenz eines Diktators.

Satz 3.3.1 *Besitzt eine ausgedehnte soziale Wohlfahrtsfunktion f die Eigenschaften* (U), (I) *und* (P), *so gibt es einen Diktator, der seine Präferenzen in jedem Fall durchsetzen kann - unabhängig von den Präferenzen der übrigen Personen, d.h. es gibt ein $i \in M$, so daß für alle $a, b \in \Omega$ gilt:*

$$(a, i)\,\tilde{P}_i\,(b, i) \implies aPb.$$

BEWEIS siehe Roberts (1980a, Theorem 6).

Die sehr elementaren Eigenschaften (U), (I), (P) und die Eigenschaft der Nichtexistenz eines Diktators sind also nicht gleichzeitig erfüllbar durch eine ausgedehnte soziale Wohlfahrtsfunktion. Trotz der hohen Plausibilität der Forderung (P) haben Roberts (1980a) und Hylland (1991) deshalb eine Abschwächung der Forderung (P) vorgenommen. Sie ersetzen das schwache Pareto-Prinzip (P) durch die Eigenschaft der sog. „universal unanimity" (Roberts, 1980a, S.416), welche folgendermaßen definiert ist:

(P−) **Respektierung vollkommener Übereinstimmung** („universal unanimity"):
Eine ausgedehnte soziale Wohlfahrtsfunktionen genügt der Forderung (P−), wenn für alle $a, b \in \Omega$ und alle Urteilsprofile $(\tilde{R}_1, ..., \tilde{R}_m)$ folgendes gilt:
Falls $(a, i)\,\tilde{P}_j\,(b, i)$ für alle $i, j \in M$, dann folgt hieraus für die kollektive Präferenzordnung $R \doteq f(\tilde{R}_1, ..., \tilde{R}_m)$, daß a gegenüber b präferiert wird, kurz:

$$(\forall i, j : (a, i)\,\tilde{P}_j\,(b, i)) \implies aPb\,.$$

Im Unterschied zu der Forderung (P) verlangt man bei der Forderung (P−) im Falle einer Entscheidung zwischen den Alternativen a und b also nur dann eine kollektive Präferenz zugunsten der Alternative a, wenn diese nicht nur von allen Personen gegenüber b präferiert wird, sondern außerdem nach dem (subjektiven) Urteil jeder Person jede andere Person bei der Alternative a besser gestellt ist als bei der Alternative b.
Schwächt man die Forderung (P) zu der Forderung (P−) ab, so erhält man neben der Diktatur einer Person noch weitere Formen der Nutzenaggregation, nämlich die Klasse der sog. **Urteilsdiktaturen**, welche sich dadurch auszeichnen, daß nur die Werturteile einer einzigen Person Berücksichtigung finden.

Definition 3.3.3 *(Urteilsdiktatur)*
Eine ausgedehnte soziale Wohlfahrtsfunktion f beschreibt eine **Urteilsdiktatur**, *wenn eine Person $i \in M$ und eine Abbildung $\tilde{f}$ von der Menge aller (ausgedehnten) Ordnungen auf der Menge $\Omega \times M$ auf die Menge der Präferenzordnungen auf Ω existiert, so daß für alle Urteilsprofile $(\tilde{R}_1, ..., \tilde{R}_m)$ gilt:*

$$f(\tilde{R}_1, ..., \tilde{R}_m) = \tilde{f}(R_i)\,.$$

Zwar stellt jede Diktatur eine Urteilsdiktatur im Sinne von Definition 3.3.3 dar; die meisten Urteilsdiktaturen sind aber keine Diktaturen der in Satz

3.3.1 beschriebenen Art. Während bei Diktaturen nur die Präferenzen einer bestimmten Person Berücksichtigung finden, nimmt bei einer Urteilsdiktatur eine bestimmte Person die Abwägung zwischen den Interessen verschiedener Personen vor.

Bei der Klasse der Urteilsdiktaturen handelt es sich um einen Spezialfall der von Hylland (1991) betrachteten Hintereinanderschaltung von Urteils- und Nutzenaggregationen. Gemäß der von Hylland (1991, S.347 f.) vorgeschlagenen Konzeption werden zunächst die individuellen ausgedehnten Ordnungen $\tilde{R}_1, ..., \tilde{R}_m$ zu einer einzigen ausgedehnten Ordnung $\tilde{R}$ aggregiert. Eine derartige Aggregation bezeichnet Hylland als Urteilsaggregation. In einem zweiten Schritt bildet man die Ordnung $\tilde{R}$ auf eine kollektive Präferenzordnung auf der Alternativenmenge Ω ab. Die Möglichkeiten der Nutzenaggregation, die in diesem zweiten Schritt zur Verfügung stehen (Maximin-, Leximin-Regel etc.), habe ich in Abschnitt 2.2.2 ausführlich erörtert.
Bei Urteilsdiktaturen findet keine echte Aggregation von Werturteilen, sondern lediglich die Übernahme der Werturteile einer bestimmten Person statt: Man berücksichtigt aus dem $m-$Tupel $(\tilde{R}_1, ..., \tilde{R}_m)$ von individuellen ausgedehnten Ordnungen lediglich die Ordnung $\tilde{R}_i$. Jede Urteilsdiktatur läßt sich deshalb durch die beiden folgenden Faktoren charakterisieren:

1. die Auswahl einer bestimmten Person, die die individuellen Nutzen der einzelnen Personen bei den zur Wahl stehenden Alternativen beurteilt;

2. die Abbildung $\tilde{f}$ (siehe Definition 3.3.3), die die ausgedehnte Ordnung R_i dieser Person auf eine kollektive Präferenzordnung R auf der Alternativenmenge Ω abbildet.

Die Abbildung $\tilde{f}$ beschreibt eine Aggregation individueller Präferenzen zu einer kollektiven Präferenzordnung. Was die möglichen Formen der Nutzenaggregation betrifft, die sich durch eine solche Abbildung $\tilde{f}$ zum Ausdruck bringen lassen, so verweise ich auf Abschnitt 2.2.2, in dem ich mich mit sozialen Wohlfahrtsfunktionalen, die der Forderung (ON) genügen, auseinandergesetzt habe.
Wie der folgende Satz zeigt, handelt es sich bei jeder ausgedehnten sozialen Wohlfahrtsfunktion mit den Eigenschaften (U), (I) und (P$-$) um eine Urteilsdiktatur.

Satz 3.3.2 *Besitzt eine ausgedehnte soziale Wohlfahrtsfunktion die Eigenschaften* (U), (I) *und* (P$-$), *dann beschreibt diese eine* **Urteilsdiktatur** *im Sinne von Definition 3.3.3.*

BEWEIS siehe Roberts (1980a, Theorem 5).

Wenn man also alle denkbaren Urteilsprofile $(\tilde{R}_1, ..., \tilde{R}_m)$ zuläßt (Forderung (U)!) und an die ausgedehnte soziale Wohlfahrtsfunktion außerdem die Forderungen (I) und (P−) stellt, dann muß man aus der Menge M eine bestimmte Person i auswählen, und die kollektive Präferenzordnung aus der ausgedehnten Ordnung $\tilde{R}_i$ ableiten. Diese Ordnung $\tilde{R}_i$ beschreibt die Beurteilung der individuellen Präferenzen der von der zu fällenden kollektiven Entscheidung betroffenen Personen durch die Person $i \in M$.
Die ausgedehnten Ordnungen $\tilde{R}_j$, $j \in \{1, ..., m\} \setminus \{i\}$, der übrigen Personen müssen also bei der Ermittlung der kollektiven Präferenzordnung R unberücksichtigt bleiben.

Da bei der Urteilsdiktatur im Falle divergierender Beurteilungen ein großer Teil der im Urteilsprofil enthaltenen Informationen ignoriert wird, erscheint die Urteilsdiktatur als keine besonders attraktive Form der Nutzenaggregation. Die Sätze 3.3.1 und 3.3.2 machen deutlich, daß die Betrachtung von Urteilsprofilen $(\tilde{R}_1, ..., \tilde{R}_m)$ nicht dazu geeignet ist, eine sinnvolle Aggregation der individuellen Präferenzen herbeizuführen. Vielmehr sollte man versuchen, die individuellen Präferenzen durch eine einzige Präferenzordnung auf der Menge $\Omega \times M$ zu beschreiben. Diese ausgedehnte Ordnung kann als Ausgangspunkt für eine der in Abschnitt 2.2.2 diskutierten Nutzenaggregationen (z.B. Maximin-Regel, Leximin-Regel) dienen.

3.3.4 Zusammenfügung von subjektiven Urteilen zu einer ausgedehnten Ordnung

Eine Antwort auf die Frage, wie man trotz der Subjektivität interpersoneller Vergleiche von Nutzenniveaus zu einer (ausgedehnten) Ordnung auf der Menge $\Omega \times M$ gelangen kann, die von allen betroffenen Personen akzeptiert wird, geben unter anderem Ortuno-Ortin/Roemer (1991). Gemäß dem Konzept von Ortuno-Ortin/Roemer ordnet jede Person einen Teilbereich der Menge $\Omega \times M$; jeder Person entspricht also eine partielle ausgedehnte Ordnung. Ortuno-Ortin/Roemer setzen voraus, daß die subjektiven Beurteilungen der individuellen Nutzen auf allen Schnittmengen von derartigen Teilbereichen übereinstimmen. Man geht davon aus, es gebe **eine** „richtige" Bewertung der individuellen Präferenzen, d.h. eine (vollständige) Ordnung auf der Menge $\Omega \times M$, auf die sich die Personen aus der Menge M einigen können. Jede Person aus M kann jedoch nur einen Teil dieser Ordnung erkennen. Durch das Zusammenfügen der einzelnen Teile erhält man die gesamte Ordnung.

Die formale Darstellung eines solchen Ansatzes sieht folgendermaßen aus:

Jeder Person $i \in M$ wird ein Vektor $t_i \in \mathbb{R}^n$ $(n \in \mathbb{N})$ zugeordnet. Anstelle von Relationen auf der Menge $\Omega \times M$ betrachtet man nun Relationen auf der Menge $\Omega \times \mathbb{R}^n$, wobei jeder Punkt $t \in \mathbb{R}^n$ für ein Individuum mit bestimmten persönlichen Charakteristika steht. Jede Person $x_i \in M$ fällt ein Urteil über die objektive (ausgedehnte) Ordnung auf der Menge $\Omega \times T_i$, wobei $T_i \subset \mathbb{R}^n$ eine zusammenhängende Umgebung[35] von t_i ist. Insbesondere gilt also: $t_i \in T_i$, d.h. jede Ordnung auf $\Omega \times T_i$ beinhaltet eine Ordnung auf $\Omega \times t_i$.

Wenn R_i die (partielle ausgedehnte) Ordnung der Person i auf der Menge $\Omega \times T_i$ darstellt, dann ist die Präferenzordnung R'_i dieser Person auf der Alternativenmenge Ω in folgender Weise definiert:

$$a \mathrm{R}'_i b \;:\Longleftrightarrow\; (a,\, t_i)\, \mathrm{R}_i\, (b,\, t_i)\,.$$

Für die (partiellen, ausgedehnten) Ordnungen $\mathrm{R}_1, \ldots, \mathrm{R}_m$ der verschiedenen Personen sollen die beiden folgenden Axiome gelten:

- **das Axiom der Übereinstimmung:** Sind R_i und R_j die von zwei Personen i und j formulierten Ordnungen auf den Mengen $\Omega \times T_i$ bzw. $\Omega \times T_j$, so stimmen diese Ordnungen auf der Schnittmenge $\Omega \times (T_i \cap T_j)$ überein.

- **das Stetigkeitsaxiom:** Für alle $i \in M$ und alle $(a,\, t) \in \Omega \times T_i$ existiere eine Alternative $b \in \Omega$, so daß

  $$(b,\, t_i)\, \mathrm{I}_i\, (a,\, t)\,,$$

  wobei I_i die durch R_i induzierte Indifferenzrelation bezeichne.
  Mit anderen Worten: Das Stetigkeitsaxiom besagt, daß jedes Element aus $\Omega \times T_i$ auf eine Stufe mit einem Element aus $\Omega \times t_i$ gestellt wird, daß also die Person i auf der Menge $\Omega \times T_i$ keine stärkere Differenzierung vornimmt als bei ihrer individuellen Präferenzordnung auf der Alternativenmenge Ω.

Unter diesen Voraussetzungen und der zusätzlichen Voraussetzung, daß jede Person i eine hinreichend große Umgebung von $\Omega \times t_i$ ordnet, lassen sich die individuellen Ordnungen R_i eindeutig zu **einer** vollständigen Ordnung R auf $\Omega \times \mathbb{R}^n$ vervollständigen.

Dies ist im wesentlichen der Inhalt des folgenden Satzes:

---

[35] Zu den Begriffen der Umgebung und des Zusammenhangs siehe Anhang A.2, Definitionen A.2.2 und A.2.4.

Satz 3.3.3 *Es sei Ω eine beliebige Menge und ϵ eine positive reelle Zahl. Für alle $p \in \mathbb{R}^n$ sei T_p eine zusammenhängende Umgebung von p, die eine Kugel um p mit Radius ϵ umfaßt, und R_p eine vollständige Ordnung auf $\Omega \times T_p$. Wenn für die Ordnungen R_p das Axiom der Übereinstimmung und das Stetigkeitsaxiom gelten, so lassen sich die Ordnungen R_p, $p \in \mathbb{R}^n$, eindeutig zu einer vollständigen Ordnung auf $\Omega \times \mathbb{R}^n$ zusammenfügen.*

BEWEIS siehe Ortuno-Ortin/Roemer (1991).

Ich will die Bedeutung dieses Satzes nun kurz an dem in Abschnitt 1.1.2 beschriebenen Urlaubsbeispiel erörtern.

Beispiel 3.3.1 *Eine Familie, bestehend aus Vater (Person 1), Mutter (Person 2) und Tochter (Person 3), hat eine Entscheidung zwischen drei zur Wahl stehenden Urlaubsorten zu treffen. Hierbei soll die Leximin-Regel Anwendung finden; man benötigt also eine (ausgedehnte) Ordnung auf der Menge $\Omega \times M$, wobei Ω die Alternativenmenge und M die Individuenmenge (bestehend aus drei Elementen) sei. Den Bereich der Menge $\Omega \times M$, den der Vater ordnet, bezeichne ich T_1, den Bereich, den die Mutter ordnet, mit T_2 und den Bereich, den die Tochter ordnet, mit T_3. Die entsprechenden partiellen ausgedehnten Ordnungen bezeichne ich mit R_1, R_2 und R_3. Es sei beispielsweise*

$$T_1 \doteq \Omega \times \{1, 2\}, \qquad T_2 \doteq \Omega \times \{2, 3\}, \qquad T_3 \doteq \Omega \times \{3\}.$$

Die Ordnungen R_1 und R_2 schneiden sich also in den Präferenzen der Mutter (Präferenzordnung auf der Menge $\Omega \times \{2\}$) und die Ordnungen R_2 und R_3 in den Präferenzen der Tochter (Präferenzordnung auf der Menge $\Omega \times \{3\}$). Sofern die Ordnungen R_1, R_2 und R_3 auf den Schnittmengen übereinstimmen, also dem Axiom der Übereinstimmung genügen, lassen sie sich zu einer (ausgedehnten) Ordnung R auf der Menge

$$\Omega \times M \;=\; T_1 \cup T_2 \cup T_3$$

zusammenfügen.

Es stellt sich die Frage, ob diese Ordnung R eindeutig bestimmt ist. Dies hängt natürlich von den konkreten Präferenzen ab. Satz 3.3.3 zeigt aber, daß sich insbesondere bei einer großen Anzahl von Personen die individuellen Werturteile eindeutig zu einer (ausgedehnten) Ordnung auf der Menge $\Omega \times M$ zusammenfügen lassen, sofern die Überschneidungen der Ordnungen $\mathrm{R}_1, \ldots, \mathrm{R}_m$ hinreichend groß sind.

Im Unterschied zu meinen obigen Ausführungen, in denen ich lediglich davon ausgegangen bin, daß zu jeder Person $i \in M$ und damit zu jedem

Punkt t_i, $i \in M$, eine partielle Ordnung auf der Menge $\Omega \times M$ (genauer: eine vollständige Ordnung auf einer Menge $\Omega \times T_i$) existiert, setzt Satz 3.3.3 voraus, daß zu jedem Punkt $p \in \mathbb{R}^n$ eine entsprechende partielle Ordnung existiert. Wenn man dieses Theorem in dem von mir skizzierten Kontext zur Anwendung bringen will, muß man voraussetzen, daß eine Zahl $\epsilon > 0$ existiert, so daß für jeden Punkt $p \in \mathbb{R}^n$ die Kugel um den Punkt p mit Radius ϵ in mindestens einer Menge T_i $(i = 1, ..., m)$ enthalten ist. Zusammen mit dem Axiom der Übereinstimmung und dem Stetigkeitsaxiom gewährleistet dies, daß man eine eindeutig bestimmte Ordnung R auf $\Omega \times \mathbb{R}^n$ erhält. Es stellt sich allerdings die Frage, ob man hier nicht zu viel verlangt hat, da das eigentliche Ziel ja nicht eine Ordnung auf $\Omega \times \mathbb{R}^n$, sondern lediglich eine Ordnung auf $\Omega \times M$ war.

Warum betrachtet man überhaupt statt der ursprünglichen Individuenmenge M den Raum $\mathbb{R}^n$? Diese Frage habe ich bislang unzureichend behandelt - ich will dies nun nachholen:
Die Menschen aus M lassen sich charakterisieren durch bestimmte persönliche Charakteristika (z.B. soziales Ansehen, Einkommen, Intelligenz, Bildung, physische und psychische Verfassung etc.). Zur Vereinfachung nimmt man an, daß n Charakteristika ausreichen, um diese Menschen hinreichend exakt zu beschreiben. Jedes dieser Charakteristika entspricht einer von n Koordinaten. Jeder Punkt $p \in \mathbb{R}^n$ beschreibt eine Klasse von fiktiven Menschen. Jeder Person $i \in M$ entspricht exakt ein solcher Punkt; jedoch können einem Punkt $p \in \mathbb{R}^n$ mehrere Personen entsprechen.
Die subjektiven interpersonellen Nutzenvergleiche, die Ortuno-Ortin/Roemer (1991) im Auge haben, sind in erster Linie Vergleiche zwischen fiktiven Personen. Dies zeigt sich in dem von Ortuno-Ortin/Roemer genannten Beispiel eines Nutzenvergleichs: „Ich war glücklicher in meiner Studentenbude als ich es heute in meinem Palast bin.“ Der Student, von dem hier die Rede ist, stellt dabei eine historische Person und kein Element aus der Menge M dar. In einen interpersonellen Nutzenvergleich werden also keineswegs nur Personen aus der Menge M, sondern auch fiktive Personen einbezogen.

Kaneko (1984, siehe meine obigen Ausführungen in Abschnitt 3.3.2) argumentiert ebenfalls mit fiktiven Personen. Er streitet einer Person die Fähigkeit ab, alle ihre persönlichen Charakteristika gleichzeitig zur Disposition stellen und zum Gegenstand einer objektiven Nutzenabwägung machen zu können. Bei der von Ortuno-Ortin und Roemer vorgestellten Konzeption greift dieses Argument nicht. Die hier dargestellte Konzeption liefert zwar keine objektiven interpersonellen Vergleiche, aber **eine** Ordnung auf $\Omega \times M$, die alle Personen anerkennen.

Man stellt dabei zunächst nicht alle persönlichen Charakteristika zur Disposition. Vielmehr hält jede Person $i \in M$ an einem Teil der persönlichen Eigenschaften (z.B. an dem Bildungsniveau) fest und nimmt die entsprechenden Paarvergleiche in $\Omega \times T_i$ vor dem Hintergrund dieser Eigenschaften vor. Die Eigenschaften, die nicht zur Disposition gestellt werden - und dies sind genau diejenigen Eigenschaften, die allen Personen, denen Punkte in T_i entsprechen, gemeinsam sind - bestimmen die Kriterien für die Paarvergleiche in $\Omega \times T_i$.

3.3.5 Resümee

Bereits in Abschnitt 3.2 habe ich mich ausführlich mit den Möglichkeiten der Darstellung individueller Präferenzen und der Frage der interpersonellen Vergleichbarkeit beschäftigt. Im Mittelpunkt standen dabei zwei Dinge:

1. die Beschreibung des Informationsgehalts von Nutzenfunktionen und Nutzenfunktionsprofilen durch die Angabe einer Klasse von zulässigen Transformationen;

2. die Interpretation von Nutzenfunktionen und Nutzenfunktionsprofilen durch deren Rückführung auf geeignete Ordnungsrelationen (z.B.: Ordnungsrelationen auf Mengen von gemischten Alternativen im Falle kardinaler Nutzenfunktionen).

Eine ausführliche Diskussion des Informationsgehalts der jeweiligen Ordnungsrelationen fehlt jedoch in Abschnitt 3.2. Meine Erörterung der Frage, welche Informationen Ordnungsrelationen über individuelle Präferenzen und Werturteile liefern können, muß deshalb im Zusammenhang mit den Ausführungen in Abschnitt 3.2 gesehen werden. Zwar lassen sich durch Ordnungsrelationen auf der Alternativenmenge Ω weniger Informationen zum Ausdruck bringen als durch Nutzenfunktionen. In Abschnitt 3.2 habe ich jedoch gezeigt, daß sich auch die durch Nutzenfunktionen $f : \Omega \longrightarrow \mathbb{R}$ bzw. Nutzenfunktionsprofile $f = (f_1, ..., f_m) : \Omega \longrightarrow \mathbb{R}^m$ zum Ausdruck gebrachte kardinale Information in Form von Ordnungsrelationen auf einer geeigneten Menge von Wahrscheinlichkeitsverteilungen darstellen läßt (siehe hierzu Abschnitt 3.1.1, Satz 3.1.1, und Abschnitt 3.2.2, Satz 3.2.5). Insbesondere habe ich in Abschnitt 3.2 unterstellt, daß die Interpretation von Präferenzordnungen keine Probleme bereitet, da Präferenzordnungen einen behavioristischen Zugang ermöglichen. Deshalb habe ich versucht, Kardinalität und interpersonelle Vergleichbarkeit individueller Nutzenfunktionen zu begründen durch die Rückführung auf eine präferenztheoretische

Sichtweise, die auf der Betrachtung von Präferenzordnungen basiert.

Die Diskussion einer solchen präferenztheoretischen Sichtweise war der Gegenstand dieses Kapitels. Hierbei muß man unterscheiden, ob lediglich die Präferenzen einer bestimmten Person betrachtet werden (siehe Abschnitt 3.3.1) oder ob interpersonelle Vergleiche zwischen den Präferenzen verschiedener Personen stattfinden sollen (siehe hierzu die Abschnitte 3.3.2, 3.3.3 und 3.3.4).
Im ersten Fall bereitet es keine Schwierigkeiten, wenn verschiedene Personen unterschiedliche Kriterien zur Beurteilung ihres Wohlergehens heranziehen: Es gilt das Prinzip der Präferenzautonomie, welches besagt, daß jede Person selbst bestimmt, was gut und was schlecht für sie ist. Dabei sollte jedoch beachtet werden, daß bei Interessenabwägungen nur die nicht-moralischen, nicht-antisozialen und wahren persönlichen Präferenzen Berücksichtigung finden dürfen (siehe hierzu Abschnitt 3.3.1).

Eine vernünftige Interessenabwägung zwischen verschiedenen Personen erfordert aber interpersonelle Nutzenvergleiche: Das Wohlergehen jeder Person muß in Beziehung gesetzt werden zu dem Wohlergehen der anderen Personen. Bei der Beurteilung des relativen individuellen Wohlergehens spielen - wie ich in Abschnitt 3.3.2 erörtert habe - zahlreiche Faktoren eine Rolle, wie z.B. Gesundheit, beruflicher Erfolg, soziale Wertschätzung. Die Gewichtung der einzelnen Faktoren nimmt jeder Mensch anders vor. Interpersonelle Nutzenvergleiche beinhalten deshalb eine subjektive Komponente.
Im Mittelpunkt von Abschnitt 3.3.2 stand die Frage nach der Möglichkeit objektiver interpersoneller Nutzenvergleiche. Ich habe hierzu mehrere Antworten angeboten, so z.B. das Ähnlichkeitspostulat von Harsanyi, welches besagt, daß Urteile über den relativen individuellen Nutzen determiniert sind durch psychologische Gesetze, sofern die objektiven Sachverhalte bekannt sind, und das Argument von Davidson (1989), der ausführt, daß die Diskussion über interpersonelle Nutzenvergleiche gemeinsame Standards voraussetzt und Urteile hinsichtlich des relativen individuellen Wohlergehens deshalb nicht relativistisch sein können.
Kaneko (1984) unterscheidet im Kontext interpersoneller Nutzenvergleiche zwischen den persönlichen Charakteristika, die Gegenstand eines Nutzenvergleichs sind, und denjenigen persönlichen Charakteristika, die die Regeln für einen Nutzenvergleich festlegen. Die Vorstellung, daß die letztere Menge von persönlichen Charakteristika bei allen menschlichen Wesen gleich ist, entspricht in etwa der Position, die Harsanyi mit seinem Ähnlichkeitspostulat vertritt. Harsanyis Ähnlichkeitspostulat lehne ich ab, da es in Konflikt zu

der von mir (und auch von Harsanyi) geforderten Autonomie hinsichtlich der individuellen Präferenzen steht.
Die von Davidson (1989) erwähnten gemeinsamen Standards bei der Beurteilung des relativen individuellen Wohlergehens lassen sich im Rahmen von Kanekos Konzeption interpretieren als solche persönliche Charakteristika, die die Regeln für (interpersonelle) Nutzenvergleiche festlegen. Davidsons Vorschlag, die Ähnlichkeit der individuellen Wertvorstellungen und Überzeugungen als Voraussetzung für die Möglichkeit interpersoneller Nutzenvergleiche anzusehen (siehe Abschnitt 3.3.2), findet meine volle Zustimmung.

Die Problematik objektiver interpersoneller Nutzenvergleiche legt es nahe, zunächst von subjektiven interpersonellen Nutzenvergleichen auszugehen, d.h. anzunehmen, daß jede Person sich ihr eigenes Werturteil hinsichtlich der relativen individuellen Nutzen bildet (vgl. Abschnitt 3.3.3), um dann zu untersuchen, inwieweit man von einer Übereinstimmung oder Ähnlichkeit der einzelnen Werturteile ausgehen kann.
Der in Abschnitt 3.3.4 skizzierte Ansatz von Ortuno-Ortin/Roemer (1991) geht in diese Richtung: Das von Ortuno-Ortin/Roemer postulierte „Axiom der Übereinstimmung“ läßt sich interpretieren als eine partielle Übereinstimmung zwischen den Werturteilen der verschiedenen Personen.

3.4 Darstellung der individuellen Präferenzen in Form von Semiordnungen

Die Forderung der Transitivität bei der Verwendung von Präferenzordnungen ist nicht unumstritten. Wie ich in Abschnitt 1.1.2 ausgeführt habe, fordert man im Falle sozialer Entscheidungsfunktionen von den zu ermittelnden kollektiven Präferenzrelationen lediglich Azyklizität anstelle von Transitivität. Aber nicht nur bei kollektiven, sondern auch bei individuellen Präferenzrelationen tendiert man dazu, eine Intransitivität der Indifferenzrelation in Kauf zu nehmen (siehe z.B. Fishburn, 1970a, 1970b; Pattanaik, 1970b). Aus diesem Grund will ich nun eine Möglichkeit der Darstellung individueller Präferenzen diskutieren, bei der die Transitivitätsforderung zu der Forderung der sog. schwachen Transitivität abgeschwächt wird, nämlich die Darstellung individueller Präferenzen in Form von Semiordnungen. (Eine Definition des Begriffs der Semiordnung erfolgt in Abschnitt 3.4.2.)
Gegenstand dieses Kapitels wird insbesondere die Repräsentation von Semiordnungen durch Nutzenfunktionen sein, ein Problem, das unter anderem von Ng (1975, 1984), Svensson (1985) und Sichelstiel/Söllner (1996) behandelt wurde. Es geht dabei um die Frage, welche Informationen über die individuellen Präferenzen in Semiordnungen enthalten sind und auch durch die entsprechenden Nutzenfunktionen zum Ausdruck gebracht werden sollen. Eine Möglichkeit der Interpretation von Semiordnungen besteht in dem Konzept der begrenzten Sensibilität.

3.4.1 Das Konzept der begrenzten Sensibilität

Das Konzept der begrenzten Sensibilität geht zurück auf Edgeworth (1881, S.7 ff., 60 ff.), wurde jedoch erst von Armstrong (1939, 1950, 1951) explizit auf sozialwahltheoretische Überlegungen angewendet. Im Mittelpunkt dieses Konzepts steht die Behauptung, eine Person könne durchaus indifferent sowohl zwischen zwischen den Alternativen a und b als auch zwischen den Alternativen b und c sein und gleichzeitig a gegenüber c vorziehen. Das folgende - z.B. von Luce (1956) und Ng (1975, 1984) genannte - Beispiel mag dies veranschaulichen.
Man stelle sich eine Person vor, die es gewöhnt ist, ihren Kaffee mit zwei Löffeln Zucker zu trinken. Diese Person zieht möglicherweise eine Tasse Kaffee mit 2.0 Löffeln Zucker einer Tasse Kaffee mit 1.6 Löffeln Zucker vor, ist aber indifferent einerseits zwischen 2.0 und 1.8 Löffeln Zucker und andererseits zwischen 1.8 und 1.6 Löffeln Zucker. Die entsprechende Indif-

ferenzrelation ist also nicht transitiv.
Diese Intransitivität der Indifferenzrelation nimmt Armstrong zum Ausgangspunkt für seine entscheidungs- und sozialwahltheoretischen Überlegungen:

> „The nontransitiveness of indifference must be recognized and explained on [sic] any theory of choice, and the only explanation that seems to work is based on the imperfect powers of discrimination of the human mind whereby inequalities become recognizable only when of sufficient magnitude.“ (Armstrong, 1950, S.122)

Der Grundgedanke bei dem von Armstrong entwickelten Konzept der begrenzten Sensibilität lautet: Nutzenunterschiede zwischen verschiedenen Alternativen nimmt man nur dann wahr, wenn sie ein bestimmtes Maß überschreiten.
Für eine individuelle Nutzenfunktion f, die den verschiedenen Entscheidungsalternativen Nutzenwerte zuordnet, soll deshalb gemäß dem Konzept der begrenzten Sensibilität die folgende Konvention gelten:

Konvention 1 *Die Person, deren Präferenzen durch die Nutzenfunktion f beschrieben werden, sollte eine Alternative a einer Alternative b genau dann vorziehen, wenn der Nutzenwert $f(a)$ den Nutzenwert $f(b)$ um mehr als einen bestimmten Betrag überschreitet, d.h. wenn $f(a) - f(b) > k$, wobei $k > 0$ eine von a und b unabhängige Konstante ist. (Genau dies besagt die Konvention* 1 *von Ng, 1975)*

Eine Nutzenfunktion, die diese Konvention erfüllt, enthält mehr Informationen über die individuellen Präferenzen als eine ordinale Nutzenfunktion und weniger als eine kardinale Nutzenfunktion.
Ng (1975) macht sehr starke Annahmen über die Alternativenmenge Ω und die individuellen Präferenzen. Beispielsweise setzt er voraus, daß die Menge Ω eine zusammenhängende Teilmenge des $\mathbb{R}^n$ ($n \in \mathbb{N}$) ist.[36]

Diese starken Annahmen sind im Zusammenhang mit den Anwendungen des Konzepts der begrenzten Sensibilität zu sehen. Ng (1975) wendet dieses Konzept insbesondere auf sozialwahltheoretische Überlegungen an. Sozialwahltheoretische Überlegungen können sich gemäß Ng stützen auf individuelle Nutzenfunktionen, welche die Konvention 1 erfüllen. Aus diesen individuellen Nutzenfunktionen ist eine kollektive Präferenzordnung abzuleiten. Zu diesem Zweck betrachtet Ng (1975) Bergson-Samuelsonsche

[36] Zum Begriff des Zusammenhangs siehe Anhang A.2, Definition A.2.4.

soziale Wohlfahrtsfunktionen.[37] Ng setzt voraus, daß die Konstante $k > 0$ aus Konvention 1 für alle Personen dieselbe ist, und will eine Bergson-Samuelsonsche soziale Wohlfahrtsfunktion verwenden, die sich auf allgemein akzeptierte Werturteile stützt. Er formuliert und beweist das sog. Summationstheorem, welches besagt, daß bei Anwendung des Konzepts der begrenzten Sensibilität bereits relativ schwache Anforderungen an die Aggregation der individuellen Präferenzen für eine Axiomatisierung des in den Abschnitten 1.1.3 und 2.2.3 dargestellten Summationsprinzips ausreichen. Das Summationstheorem basiert im wesentlichen darauf, daß für soziale Wohlfahrtsfunktionen das sog. **schwache Mehrheitskriterium**, welches eine Kombination zwischen der einfachen Mehrheitsregel und dem schwachen Pareto-Prinzip ist, gefordert wird. Dieses besagt, daß für je zwei Alternativen $a, b \in \Omega$ folgendes gilt:

Falls kein Individuum b gegenüber a vorzieht und

- *falls m, die Anzahl der Individuen, gerade ist, mindestens $m/2$ Individuen a gegenüber b vorziehen,*
- *falls m ungerade ist, mindestens $(m-1)/2$ Individuen a gegenüber b vorziehen und der Nutzenwert von mindestens einem Individuum (d.h. der Wert der individuellen Nutzenfunktion) bei b nicht höher ist als bei a,*

dann besitzt die kollektive Nutzenfunktion $f : \Omega \longrightarrow \mathbb{R}$ die Eigenschaft $f(a) > f(b)$.

Eine ausführliche Darstellung des Summationstheorems findet sich bei Ng (1975, Abschnitte 4 und 5), Svensson (1985) und Sichelstiel/Söllner (1996, Abschnitt 5).
Der Beweis des Summationstheorems, welches die Position des klassischen Utilitarismus rechtfertigt, setzt voraus, daß Ω eine zusammenhängende Teilmenge des $\mathbb{R}^n$ ist. Aber auch ohne diese Annahme kann man das von Ng (1975) vorgeschlagene schwache Mehrheitskriterium als eine vernünftige Forderung für Bergson-Samuelsonsche soziale Wohlfahrtsfunktionen ansehen. Wie von Sichelstiel/Söllner (1996, Abschnitt 5) gezeigt, garantiert die utilitaristische soziale Wohlfahrtsfunktion nur dann die Erfüllung des schwachen Mehrheitskriteriums, wenn die individuellen Nutzenfunktionen die Konvention 2 aus Ng (1975) erfüllen, d.h. wenn sie die Konvention 1 erfüllen und die Konstante $k > 0$ für alle Individuen dieselbe ist.

[37] Zum Begriff der Bergson-Samuelsonschen sozialen Wohlfahrtsfunktion siehe Abschnitt 1.1.3.

Man kann sich nun die Frage stellen, wie stark die Forderungen sein müssen, die man an die individuellen Präferenzen stellt, damit eine derartige Nutzenfunktion überhaupt existiert. In diesem Kapitel verfolge ich das Ziel, einerseits von möglichst schwachen Voraussetzungen auszugehen, insbesondere keine Einschränkungen an die Menge Ω der möglichen Entscheidungsalternativen zu stellen und - im Unterschied zu Ng - auch eine endliche Anzahl von Entscheidungsalternativen zuzulassen, und andererseits dennoch die Existenz einer Nutzenfunktion sicherzustellen, die Konvention 1 erfüllt.

3.4.2 Semiordnungen und Nutzenfunktionen

Während man die individuellen Präferenzen gewöhnlich in Form einer schwachen Ordnung - ausgedrückt durch die Relationen I und P oder die Relation R - darstellt (I stehe für Indifferenz, P für Präferenz, R für Indifferenz oder Präferenz), schwächt man beim Konzept der begrenzten Sensibilität die Forderung der Transitivität (für R) zu der Forderung der „schwachen Transitivität“ ab.

Neben der **Reflexivität** und der **Vollständigkeit** soll für eine Relation R, die die Präferenzen einer Person zum Ausdruck bringt, (bzw. für die hieraus abgeleiteten Relationen P und I, wobei $a\mathrm{P}b \doteq \neg(b\mathrm{R}a)$ und $a\mathrm{I}b \doteq a\mathrm{R}b \wedge b\mathrm{R}a$) die folgende Eigenschaft der **schwachen Transitivität** gelten:

$$(a\mathrm{P}b \wedge b\mathrm{I}c \wedge c\mathrm{P}d) \vee (a\mathrm{P}b \wedge b\mathrm{P}c \wedge c\mathrm{I}d) \Longrightarrow a\mathrm{P}d \qquad \text{für alle } a,b,c,d \in \Omega\,.$$

Eine solche Relation heiße **Semiordnung**[38].

Ich will die Eigenschaft der schwachen Transitivität nun am oben genannten Beispiel der Tasse Kaffee erläutern und hierzu die Präferenzordnung einer fiktiven Person betrachten, die es vorzieht, ihren Kaffee mit zwei Löffeln Zucker zu trinken.

Die Alternativen a, b, c und d sollen für verschiedene Mengen an Zucker stehen, die in eine Tasse Kaffee gegeben werden. Diese Mengen sollen jeweils zwischen 0 und 2 Löffeln liegen. Eine Zunahme der Zuckermenge in diesem Bereich soll in den Augen der betreffenden Person allenfalls zu einer Verbesserung der Kaffeequalität und keinesfalls zu einer Verschlechterung führen. Das Axiom der schwachen Transitivität besagt nun zweierlei:

1. Geht man von einer bestimmten Zuckermenge aus, erhöht die Zuckermenge in einem ersten Schritt so stark, daß der Kaffeegeschmack sich

[38] Den Begriff der Semiordnung hat Luce (1956) geprägt. Die hier verwendete Axiomatisierung weicht jedoch geringfügig von Luces Axiomatisierung ab: Den Begriff der schwachen Transitivität habe ich übernommen von Ng (1975).

für die betreffende Person verbessert, verändert sie in einem zweiten Schritt so wenig, daß die Person den Unterschied nicht feststellen kann, um schließlich in einem dritten Schritt die Zuckermenge nochmals so stark zu erhöhen, daß eine Verbesserung feststellbar ist, so schmeckt der Kaffee am Ende dieser Prozedur der betreffenden Person besser als der Kaffee zu Beginn der Prozedur.

2. Wenn man die Zuckermenge zweimal jeweils so stark erhöht, daß eine Verbesserung feststellbar ist, und anschließend den Zuckeranteil nur unmerklich verändert, so liegt nach dieser Prozedur eine wahrnehmbare Verbesserung des Kaffees vor.

Das Konzept der begrenzten Sensibilität geht aus von einer Semiordnung R, die abstellt auf wahrnehmbare Unterschiede zwischen verschiedenen Alternativen. Da jedoch auch dann, wenn eine Person zwischen zwei Alternativen keinen Unterschied hinsichtlich ihres Nutzens feststellen kann, möglicherweise doch ein Unterschied besteht, bietet es sich an, bei der Indifferenzrelation I stärker zu differenzieren: Eine Person mag vielleicht keinen Unterschied zwischen 1.6 und 1.8 Löffeln Zucker in einer Tasse Kaffee feststellen, wenn jedoch die geschmackliche Sensibilität bei dieser Person stärker ausgeprägt wäre, so würde die Tasse Kaffee mit 1.8 Löffeln Zucker den Vorzug erhalten.
Aus den hier eingeführten Semiordnungen lassen sich Ordnungsrelationen ableiten, indem man den Begriff der Präferenz ausweitet und den Begriff der Indifferenz einschränkt. **Die zu einer Semiordnung** R **gehörige Präferenzordnung** $\underline{\mathrm{R}}$ erhält man folgendermaßen (vgl. hierzu Ng, 1975):

1. Für die Relation $\underline{\mathrm{P}}$ und $a, b \in \Omega$ gelte:

$$a\underline{\mathrm{P}}b :\Longleftrightarrow \exists\, c \in \Omega: (a\mathrm{P}c \wedge c\mathrm{I}b) \vee (a\mathrm{I}c \wedge c\mathrm{P}b)\,.$$

2. $\underline{\mathrm{R}}$ und $\underline{\mathrm{I}}$ sind dann definiert durch:

$$a\underline{\mathrm{R}}b \doteq \neg\,(b\underline{\mathrm{P}}a)\,, \qquad a\underline{\mathrm{I}}b \doteq a\underline{\mathrm{R}}b \wedge b\underline{\mathrm{R}}a\,.$$

Satz 3.4.1 *Ist* R *eine Semiordnung auf* Ω, *so ist* $\underline{\mathrm{R}}$ *eine vollständige Ordnung auf* Ω, *besitzt also insbesondere die Eigenschaft der Transitivität.*
BEWEIS siehe Anhang B.

Die Interpretation der Relation $\underline{\mathrm{R}}$ als die „zugrundeliegende Präferenzordnung“ - wie sie Ng (1975) vornimmt - erscheint mir unangemessen: Die Semiordnung R sagt - auch im Falle einer zusammenhängenden Menge Ω

- mehr über die individuellen Präferenzen aus als die zu R gehörige Präferenzordnung $\underline{R}$; nicht die Präferenzordnung $\underline{R}$ liegt der Semiordnung R zugrunde, sondern die Semiordnung R der Präferenzordnung $\underline{R}$.
In dem Fall einer zusammenhängenden Menge Ω, von dem Ng (1975) ausgeht, kann die Präferenzordnung $\underline{R}$ allerdings interpretiert werden als eine Ordnung, die die Präferenzen einer Person mit unbegrenzter Sensibilität widerspiegelt. Ohne die Annahme, daß Ω eine zusammenhängende Teilmenge des $\mathbb{R}^n$ ist, läßt sich aber auch diese Interpretation nicht anwenden: Das folgende Beispiel zeigt, daß die zu R gehörige Präferenzordnung $\underline{R}$ sich bei der Hinzunahme zusätzlicher Alternativen verändern kann.

Beispiel 3.4.1 *Auf* $\Omega_1 \doteq \{a, b\}$ *sei* R_1 *definiert durch:* $aR_1b \wedge bR_1a$, *d.h.* aI_1b. *Die zugehörige Präferenzordnung* $\underline{R}_1$ *ist identisch mit* R_1, *d.h.* $a\underline{I}_1b$.
Als zusätzliche Entscheidungsalternative stehe nun die Alternative c zur Wahl, für welche gilt: a wird gegenüber c präferiert, zwischen b und c ist jedoch kein Unterschied feststellbar. Auf der Alternativenmenge $\Omega_2 \doteq \{a, b, c\}$ *erhält man somit die Semiordnung* R_2, *definiert durch:* aI_2b, bI_2c, aP_2c.
Für die zugehörige Präferenzordnung $\underline{R}_2$ *gilt:* $a\underline{P}_2b$, $b\underline{P}_2c$, $a\underline{P}_2c$.
Die Präferenzordnung $\underline{R}_2$, *eingeschränkt auf* Ω_1, *stimmt also nicht mit der Präferenzordnung* $\underline{R}_1$ *überein, da einerseits* $a\underline{P}_2b$ *und andererseits* $\neg(a\underline{P}_1b)$.

Die Relation $\underline{R}$ verstehe ich einzig und allein als eine aus R abgeleitete Ordnung, ohne damit irgendeine eigenständige Interpretation zu verbinden. Die Bedeutung der Präferenzordnung $\underline{R}$ besteht - wie sich im folgenden zeigen wird - darin, daß sich die Messung des individuellen Wohlergehens an dieser zu R gehörigen Präferenzordnung $\underline{R}$ orientiert.
Nach Armstrong (1951) hängen die Relationen R, I und P zusammen mit der individuellen Wohlfahrt (dem individuellen Nutzen) bei den verschiedenen Entscheidungsalternativen. Eines von Armstrongs sozialwahltheoretischen Prinzipien lautet:

> „If an individual prefers alternative *a* to alternative *b*, then his individual welfare is ‚higher' with *a* than with *b*." (Armstrong, 1951, S.259)

Wenn ein Individuum jedoch indifferent zwischen zwei Alternativen *a* und *b* ist, dann muß seine individuelle Wohlfahrt in den beiden Situationen nach Armstrong nicht identisch sein:

> „It is, clearly, possible for an individual to be indifferent between *a* and *b*, and between *b* and *c*, and to prefer *a* to *c*. By (3)

> [Mit (3) bezeichnet Armstrong das oben zitierte Prinzip] the individual welfares of a, b, and c cannot be the same.“ (Armstrong, 1951, S.263)

Die individuellen Nutzen einer Person bei den verschiedenen Entscheidungsalternativen bringt man zum Ausdruck durch Nutzenfunktionen $f\colon \Omega \longrightarrow \mathbb{R}$, die jeder Entscheidungsalternative eine reelle Zahl zuordnen.
Die Frage, mit der ich mich im folgenden beschäftigen werde, lautet: Wie soll eine Nutzenfunktion f aussehen, welche die in Form einer Semiordnung gegebenen Informationen über die Präferenzen einer bestimmten Person repräsentiert? Die obigen Zitate von Armstrong machen schon deutlich, worin der Zusammenhang zwischen der Semiordnung R und den individuellen Nutzen $f(a)$, $a \in \Omega$, besteht. Im einzelnen sehe ich insbesondere folgende Verbindungen:

(1) $a\mathrm{P}b \Longrightarrow f(a) > f(b)$:
Dies entspricht dem oben zitierten Prinzip von Armstrong („If an individual prefers alternative a to alternative b, then his individual welfare is ‚higher‘ with a than with b.“).

(2) $a\mathrm{P}b \wedge b\mathrm{I}c \Longrightarrow f(a)-f(b) > f(c)-f(b) \Longrightarrow f(a) > f(c)$:
Wenn eine Person die Alternative a der Alternative b vorzieht und indifferent zwischen b und c ist, so ist der Unterschied bei der individuellen Wohlfahrt zwischen a und b größer als zwischen b und c. Es ist also:
$f(a)-f(b) > f(c)-f(b)$, und somit: $f(a) > f(c)$.

(3) $a\mathrm{I}b \wedge b\mathrm{P}c \Longrightarrow f(b)-f(a) < f(b)-f(c) \Longrightarrow f(a) > f(c)$:
Begründung analog zu (2).

Die zweite und die dritte Aussage stellen dabei eine Verschärfung der ersten Aussage dar. Fordert man von einer Nutzenfunktion, daß diese drei Aussagen gelten, so folgt hieraus, daß f die zu R gehörige Präferenzordnung $\underline{\mathrm{R}}$ repräsentiert, wie man leicht sieht:
$a\underline{\mathrm{P}}b \Longrightarrow \exists c \in \Omega\colon (a\mathrm{P}c \wedge c\mathrm{I}b) \vee (a\mathrm{I}c \wedge c\mathrm{P}b) \Longrightarrow f(a) > f(b)$ gemäß (2) und (3);
$a\underline{\mathrm{I}}b \Longrightarrow (a\mathrm{P}c \wedge b\mathrm{P}c) \vee (a\mathrm{I}c \wedge b\mathrm{I}c) \vee (c\mathrm{P}a \wedge c\mathrm{P}b)$ für alle $c \in \Omega$, die Semiordnung R liefert über a und b also exakt dieselben Informationen. Die Nutzenwerte $f(a)$ und $f(b)$ müssen deshalb identisch sein, falls $a\underline{\mathrm{I}}b$.

Um zu verstehen, welche Bedeutung die zu R gehörige Präferenzordnung $\underline{\mathrm{R}}$ hat, muß man die drei Anforderungen, die ich oben an eine zu R gehörige Nutzenfunktion gestellt habe und die gerade von den die Präferenzordnung

$\underline{\mathrm{R}}$ repräsentierenden Nutzenfunktionen (und nur von diesen) erfüllt werden, genauer betrachten. Für jede Alternative $a \in \Omega$ soll demnach ein Nutzenunterschied bestehen zwischen den Entscheidungsalternativen, die in dem zu a gehörigen Indifferenzbereich

$$I(a) \doteq \{ b \in \Omega \mid b \in \Omega ,\ b\mathrm{I}a \}$$

liegen (Dieser Indifferenzbereich wird in Abschnitt 3.4.3 noch eine zentrale Rolle spielen!), und denjenigen Alternativen, die besser oder schlechter als a eingestuft werden. Für alle Alternativen $b, c \in \Omega$ soll - und dies ist genau der Inhalt der Aussagen (2) und (3) - gelten:

$$(b\mathrm{P}a \wedge c\mathrm{I}a) \vee (b\mathrm{I}a \wedge a\mathrm{P}c) \implies f(b) > f(a)\,.$$

Der Präferenzordnung $\underline{\mathrm{R}}$, welche genau die Existenz solcher Nutzenunterschiede und nichts anderes erfaßt, liegen somit folgende Informationen zugrunde:

- die Relation P (ableitbar aus R): $a\mathrm{P}b \implies a\underline{\mathrm{P}}b$;
- alle Vergleiche zwischen zwei Alternativen, die auf deren (durch R beschriebenen) Relationen zu einer dritten Alternative Bezug nehmen.

Ich verweise in diesem Zusammenhang auf Satz 3.4.2 des nachfolgenden Abschnitts 3.4.3, der sich mit den Eigenschaften einer $\underline{\mathrm{R}}$ repräsentierenden Nutzenfunktion auseinandersetzt.

Mir geht es in erster Linie darum, ausgehend von einer Semiordnung R (die gewisse Eigenschaften zu erfüllen hat, auf welche ich noch zu sprechen komme), eine Nutzenfunktion zu konstruieren, die nicht nur die zu R gehörige Präferenzordnung $\underline{\mathrm{R}}$ repräsentiert, sondern auch Konvention 1 erfüllt.

Auf diese Weise erhält man zwar keine Nutzenfunktion, die bis auf positiv-affine Transformationen eindeutig bestimmt ist (d.h. man erreicht keine Kardinalisierung der individuellen Präferenzen). Bei Nutzenfunktionen, die Konvention 1 erfüllen, sagen jedoch - im Gegensatz zu ordinalen Nutzenfunktionen - auch die absoluten Differenzen $|f(a) - f(b)|$ etwas über das individuelle Wohlergehen aus. Der Informationsgehalt von Nutzenfunktionen, die Konvention 1 erfüllen, liegt somit höher als der von ordinalen und niedriger als der von kardinalen Nutzenfunktionen; in Ngs Konzeption kann er jedoch als annähernd kardinal interpretiert werden.[39]

[39] Svensson (1985, S.26 f.) gibt für jede Nutzenfunktion $f\colon \Omega \longrightarrow \mathbb{R}$ mit der Eigenschaft $f(\Omega) = \mathbb{R}$ die Menge der Transformationen an, die eine (weitere) Nutzenfunktion liefern, welche dieselbe Semiordnung R repräsentiert und die Konvention 1 erfüllt.

Indem man fordert, die Konstante k solle unabhängig von den jeweils betrachteten Alternativen sein, setzt man voraus, daß die Sensibilität der betreffenden Person immer gleich stark ausgeprägt ist - unabhängig davon, welche Alternativen miteinander verglichen werden. Natürlich entbehrt eine solche Annahme nicht einer gewissen Problematik, da es sich dabei um eine starke Vereinfachung handelt. Verzichtet man aber auf eine solche Annahme, so lassen sich aus der Semiordnung R keinerlei Aussagen bezüglich der individuellen Wohlfahrt machen, die über die in der zu R gehörigen Präferenzordnung $\underline{\mathrm{R}}$ enthaltenen Information hinausgehen.

Ein zentrales Element beim Konzept der begrenzten Sensibilität sind die Indifferenzbereiche. Unter dem zu einer bestimmten Person und einer bestimmten Alternative a gehörigen **Indifferenzbereich** will ich die Menge aller Alternativen verstehen, bei denen die betreffende Person keinen Unterschied zu a hinsichtlich ihres Nutzens feststellen kann, obgleich möglicherweise ein Unterschied besteht. Erfüllt eine Nutzenfunktion f die Konvention 1, so beträgt für jede Alternative a und alle $b \in I(a)$ die absolute Differenz $|f(a)-f(b)|$ höchstens k, wobei $k>0$ eine von den betrachteten Alternativen a und b unabhängige Konstante ist.

Im folgenden betrachte ich stets die Präferenzen einer bestimmten Person. Diese seien gegeben in Form der **Semiordnung** R auf der Menge Ω der möglichen Entscheidungsalternativen. Die zu R gehörige Präferenzordnung bezeichne ich mit $\underline{\mathrm{R}}$. Diese Präferenzordnung $\underline{\mathrm{R}}$ läßt sich - wie jede Präferenzordnung - repräsentieren durch eine **Nutzenfunktion** $f\colon \Omega \longrightarrow \mathbb{R}$ mit der Eigenschaft

$$a\underline{\mathrm{R}}b \iff f(a) \geq f(b) \quad \text{für alle } a, b \in \Omega .$$

Für die entsprechenden Relationen $\underline{\mathrm{I}}$ und $\underline{\mathrm{P}}$ und alle $a, b \in \Omega$ gilt dann:

$$a\underline{\mathrm{I}}b \iff f(a) = f(b) \quad \text{und} \quad a\underline{\mathrm{P}}b \iff f(a) > f(b) .$$

3.4.3 Anforderungen an die individuellen Präferenzen

Damit zu einer Semiordnung R eine Nutzenfunktion existiert, welche die Konvention 1 erfüllt, muß die Semiordnung R gewisse Voraussetzungen erfüllen. Bei dem Konzept der begrenzten Sensibilität setzt man deshalb voraus, daß in der Semiordnung R die begrenzte Sensibilität des die Alternativen beurteilenden Individuums zum Ausdruck kommt.
An die Semiordnung R stelle ich die beiden folgenden Anforderungen:

(BS) **Begrenzte Sensibilität:**
Falls $a, b \in \Omega$ und $a\underline{P}b$, so gibt es $a_1, ..., a_n \in \Omega$, so daß gilt:

$$a\mathrm{I}a_1,\ a_1\mathrm{I}a_2,\ a_2\mathrm{I}a_3,\ \dots,\ a_{n-1}\mathrm{I}a_n,\ a_n\mathrm{I}b, \quad \text{und}$$
$$a\underline{\mathrm{P}}a_1,\ a_1\underline{\mathrm{P}}a_2,\ a_2\underline{\mathrm{P}}a_3,\ \dots,\ a_{n-1}\underline{\mathrm{P}}a_n,\ a_n\underline{\mathrm{P}}b\,.$$

Zwischen zwei Alternativen a, b mit unterschiedlichem Nutzens soll also ein Übergang in mehreren Schritten möglich sein, so daß bei jedem einzelnen Schritt kein Unterschied feststellbar ist, insgesamt aber möglicherweise eine Verbesserung (oder Verschlechterung) registriert werden kann. (Man denke etwa an das Beispiel der Tasse Kaffee mit unterschiedlich viel Zucker.)

(ST) **Stetigkeitsannahme** (Diese Annahme ist bei einer endlichen Anzahl von Entscheidungsalternativen stets erfüllt und deshalb nur relevant bei einer unendlichen Anzahl von Entscheidungsalternativen):
Es existiert eine $\underline{\mathrm{R}}$ repräsentierende Nutzenfunktion $f : \Omega \longrightarrow \mathbb{R}$, für die gilt:

a) Für alle $a \in \Omega$ ist $M_f(a) \doteq \{ f(b) - f(a) \mid b \in \Omega,\ b\mathrm{I}a\}$ eine **abgeschlossene** Teilmenge von $\mathbb{R}$.

b) Falls für zwei Alternativen $a, b \in \Omega$ und zu jedem $\epsilon > 0$ $c, d \in \Omega$ existieren, so daß $|f(d) - f(c)| < \epsilon$,

$$(a\mathrm{P}c \wedge b\mathrm{P}c) \vee (c\mathrm{P}a \wedge c\mathrm{P}b), \quad a\mathrm{I}d \text{ und } b\mathrm{I}d\,,$$

dann gilt: $f(a) = f(b)$.

Die Stetigkeitsannahme (ST) bedarf einer kurzen Erläuterung. Zunächst will ich auf die Abgeschlossenheit von $M_f(a)$ zu sprechen kommen. Die Menge $M_f(a)$ läßt sich folgendermaßen verstehen:
Man setzt eine Alternative $a \in \Omega$ als gegeben voraus und bildet für alle Alternativen $b \in \Omega$, die von der betroffenen Person als genauso gut wie a eingestuft werden, d.h. für alle b aus dem Indifferenzbereich $I(a) \doteq \{ b \in \Omega \mid b\mathrm{I}a\}$, die Differenz $f(b) - f(a)$ der entsprechenden Nutzenwerte. $M_f(a)$ ist die Menge aller solcher Differenzen. Fällt die Differenz $f(b) - f(a)$ größer (kleiner) als Null aus, so ist der individuelle Nutzen bei b größer (kleiner) als bei a.
Ich komme nun zu der Forderung der Abgeschlossenheit[40] von $M_f(a)$. Grob

[40] Zum Begriff der Abgeschlossenheit siehe Anhang A.2, Definition A.2.3.

gesprochen, muß ich die Abgeschlossenheit von $M_f(a)$ aus Stetigkeitsgründen fordern: Eine geringfügige Veränderung eines Nutzenwerts $x \in M_f(a)$ soll nicht aus der Menge $M_f(a)$ „hinausführen"; man will in der Lage sein, auch diejenigen Alternativen im Indifferenzbereich $I(a)$, deren Nutzenwerte am „Rand" von $M_f(a)$ liegen, aufgrund ihrer Nutzenwerte klar gegenüber solchen Alternativen abzugrenzen, die besser oder schlechter als a eingestuft werden.[41]
Es sei darauf hingewiesen, daß bei einer endlichen Anzahl von Entscheidungsalternativen die Menge $M_f(a)$ für alle $\underline{R}$ repräsentierenden Nutzenfunktionen f und für alle $a \in \Omega$ nur endlich viele Elemente besitzt und somit abgeschlossen ist.
Da ich - im Gegensatz zu Ng (1975), siehe unten - keine Metrik[42] auf der Menge Ω der möglichen Entscheidungsalternativen voraussetzen will, wende ich den Begriff der Abgeschlossenheit mit Hilfe einer Nutzenfunktion f auf Mengen $M_f(a)$ von Nutzenwerten und nicht direkt auf Mengen $I(a)$ von Entscheidungsalternativen an. Ich entwickle hier deshalb ein von Ng (1975) leicht abweichendes Konzept, weil ich die starken Voraussetzungen, die Ng (1975) an die Menge Ω der Entscheidungsalternativen und die Semiordnungen R auf Ω stellt, nicht akzeptieren kann. Für die $\underline{R}$ repräsentierende Nutzenfunktion $f\colon \Omega \longrightarrow \mathbb{R}$, die ich zur Definition einer Metrik auf Ω benutze, fordere ich die Eigenschaft b) aus folgendem Grund: Die Definition der Abgeschlossenheit der Mengen $M_f(a)$ muß einen klaren Bezug zu der Semiordnung R haben: Wenn bei Verwendung der Nutzenfunktion f in einer Umgebung der „unteren" oder der „oberen" Ränder der Indifferenzbereiche I(a) und I(b) eine Übereinstimmung der entsprechenden Nutzenwerte vorliegt, so sollen auch $f(a)$ und $f(b)$ übereinstimmen. Bei einer endlichen Anzahl von Entscheidungsalternativen ist die Eigenschaft b) für alle $\underline{R}$ repräsentierenden Nutzenfunktionen f erfüllt, da in diesem Fall nicht zu jedem $\epsilon > 0$ $c, d \in \Omega$ existieren, so daß $|f(c) - f(d)| < \epsilon$ und $f(c) \neq f(d)$.

An dieser Stelle will ich kurz auf den Unterschied zwischen dem hier vorgestellten Konzept und Ngs Konzept der begrenzten Sensibilität eingehen:
Ng setzt voraus, daß Ω eine zusammenhängende Teilmenge von $\mathbb{R}^n$ ist. Dadurch steht ein Abstandsbegriff (eine Metrik) auf der Alternativenmenge Ω zur Verfügung. Ng verwendet die Euklidische Metrik,[43] um

[41] Siehe hierzu den Beweis des nachfolgenden Satz 3.4.2: Hier spielt die Abgeschlossenheit von $M_f(a)$ eine zentrale Rolle.

[42] Zum Begriff der Metrik siehe Anhang A.2, Definition A.2.1.

[43] Zum Begriff der Euklidischen Metrik siehe Anhang A.2, Beispiel A.2.1.

1. den Begriff der Abgeschlossenheit direkt auf die Indifferenzbereiche $I(a)$ anwenden zu können, ohne auf Nutzenfunktionen Bezug nehmen zu müssen,[44] und

2. die Eigenschaft der begrenzten Sensibilität zu definieren.

Eine Semiordnung R auf Ω mit zugehöriger Indifferenzrelation I besitzt nach Ng die Eigenschaft der begrenzten Sensibilität, wenn es für alle Alternativen $x \in \Omega$ ein $\epsilon > 0$ gibt, so daß für alle $y \in \Omega$ mit der Eigenschaft $|x-y| < \epsilon$ gilt: $x\mathrm{I}y$.
Alle Alternativen in einer hinreichend kleinen Umgebung einer gegebenen Alternative $x \in \Omega$ werden somit genauso hoch wie x eingestuft. Damit bei einer Alternative ein Unterschied zu x festgestellt werden kann, muß diese Alternative sich in einer hinreichend großen Entfernung zu x befinden.

Die Eigenschaft (BS), so wie ich sie oben definiert habe, weicht insofern von Ngs Definition ab, als ich keinen Abstandsbegriff auf der Alternativenmenge Ω voraussetze.
Natürlich kann man aus einer $\underline{\mathrm{R}}$ repräsentierenden Nutzenfunktion $f\colon \Omega \longrightarrow \mathbb{R}$ einen Abstandsbegriff auf Ω ableiten, indem man den Abstand zwischen zwei Alternativen $a, b \in \Omega$ definiert durch $d(a,b) \doteq |f(a) - f(b)|$. (Die Abgeschlossenheit von $M_f(a)$ läßt sich in dieser Weise interpretieren!)
In Anlehnung an Ng - jedoch unter Anwendung des eben eingeführten Abstandsbegriffs - könnte man fordern, es solle für alle $a \in \Omega$ ein $\epsilon > 0$ geben, so daß für alle $b \in \Omega$ mit der Eigenschaft $|f(a)-f(b)| < \epsilon$ gilt, daß $a\mathrm{I}b$. Für den Fall, daß der Wertebereich von f eine zusammenhängende Teilmenge von $\mathbb{R}$ ist, folgt aus dieser Forderung unmittelbar die Eigenschaft (BS). Der Zusammenhang zwischen dem hier dargestellten Konzept und Ngs Konzept wird damit offensichtlich.

Gegeben sei nun eine Semiordnung R mit der Eigenschaft (ST) und eine Nutzenfunktion $f\colon \Omega \longrightarrow \mathbb{R}$, die die zu R gehörige Präferenzordnung $\underline{\mathrm{R}}$ repräsentiert und die in der Stetigkeitsannahme (ST) genannte Eigenschaft a) (Abgeschlossenheit der Mengen $M_f(a)$) erfüllt.
Durch eine Funktion $\overline{\delta}_f : \Omega \longrightarrow \mathbb{R}$ will ich jeder Entscheidungsalternative $a \in \Omega$ einen Wert $\overline{\delta}_f(a)$ zuordnen, der angibt, um wieviel der Nutzen einer Alternative $b \in \Omega$ **höher** sein muß als der Nutzen der Alternative a, damit die Person, deren Präferenzen in der Funktion f zum Ausdruck kommen sollen, einen Unterschied zwischen a und b feststellen kann. Ebenso soll eine Funktion $\underline{\delta}_f\colon \Omega \longrightarrow \mathbb{R}$ jeder Alternative $a \in \Omega$ einen Wert $\underline{\delta}_f(a)$ zuweisen, der angibt, um wieviel der Nutzen einer Alternative $b \in \Omega$ **niedriger** sein

[44] Ng (1975) setzt voraus, daß $I(a)$ für alle $a \in \Omega$ abgeschlossen ist.

muß als der Nutzen der Alternative a, damit die betroffene Person einen Unterschied zwischen a und b feststellen kann.

Definition 3.4.1 *(vgl. Luce, 1956, Definition 2)*[45]
Es sei R *eine Semiordnung mit den Eigenschaften* (BS) *und* (ST), $\underline{\mathrm{R}}$ *die zu* R *gehörige Präferenzordnung und* $f\colon \Omega \longrightarrow \mathbb{R}$ *eine Funktion, die* $\underline{\mathrm{R}}$ *repräsentiert und die in der Stetigkeitsannahme* (ST) *genannte Eigenschaft a) (Abgeschlossenheit der Mengen $M_f(a)$) erfüllt. Dann heiße*

$$\overline{\delta}_f : \Omega \longrightarrow \mathbb{R}, \quad \overline{\delta}_f(a) \doteq \sup M_f(a) = \sup\{f(b) - f(a) \mid b \in I(a)\}$$
$$= \sup\{f(b) - f(a) \mid b \in \Omega,\ b\mathrm{I}a\}$$

die zu f gehörige **obere NnwD-Funktion auf** Ω *(= obere Noch-nicht-wahrnehmbare-Differenz-Funktion auf Ω) und*

$$\underline{\delta}_f : \Omega \longrightarrow \mathbb{R}, \quad \underline{\delta}_f(a) \doteq \inf M_f(a)$$

die zu f gehörige **untere NnwD-Funktion auf** Ω *(= untere Noch-nicht-wahrnehmbare-Differenz-Funktion auf Ω).*
Offensichtlich ist $\overline{\delta}_f(a) \geq 0$ und $\underline{\delta}_f(a) \leq 0$ für alle $a \in \Omega$.

Die obere und die untere NnwD-Funktion spielen eine zentrale Rolle in meinen weiteren Überlegungen, insbesondere in dem folgenden Satz:

Satz 3.4.2 *(siehe auch Ng, 1975, Proposition 9, und Sichelstiel/Söllner, 1996, Proposition 1)*
Wenn eine Semiordnung R *die Stetigkeitsvoraussetzung* (ST) *erfüllt, die Funktion $f\colon \Omega \longrightarrow \mathbb{R}$ die zu* R *gehörige Präferenzordnung* $\underline{\mathrm{R}}$ *repräsentiert und $M_f(a)$ für alle $a \in \Omega$ abgeschlossen ist, so gilt zwischen der Semiordnung* R *und der Nutzenfunktion f folgender Zusammenhang:*

$$a\mathrm{R}b \iff f(b) - f(a) \leq \overline{\delta}_f(a) \qquad \text{für alle } a, b \in \Omega,$$

wobei $\overline{\delta}_f$ die zu f gehörige obere NnwD-Funktion bezeichnet.
Für die entsprechende Relation P *bedeutet dies:*

$$b\mathrm{P}a \iff f(b) - f(a) > \overline{\delta}_f(a) \qquad \text{für alle } a, b \in \Omega.$$

[45] In der Definition 2 aus Luce (1956) werden sog. „j.n.d. functions“ $\overline{\delta}_f$ und $\underline{\delta}_f$ definiert. Die von Luce (1956) und Luce/Edwards (1958) betrachteten j.n.d.-Funktionen entsprechen den hier definierten NnwD-Funktionen. (Bei Luce, 1956, stellt $\underline{\delta}_f$ jedoch die Funktion der absoluten Differenzen dar, d.h. $\underline{\delta}_f \geq 0$.) Die unterschiedliche Bezeichnung wird verständlich in Definition 3.4.2, wo ich zwischen NnwD- und GnwD-Funktionen unterscheide, welche in dem Konzept von Luce identisch sind. Diese Unterscheidung ist notwendig, weil ich - im Unterschied zu Luce (1956) und Luce/Edwards (1958) - keinerlei Annahmen über die Alternativenmenge Ω mache.

BEWEIS siehe Anhang B.

Satz 3.4.2 gibt eine Antwort auf die Frage, um wieviel der Nutzen $f(b)$ einer Alternative b **größer** sein muß als der Nutzen $f(a)$ einer gegebenen Alternative a, damit die Person, um deren Präferenzen es geht, den Unterschied zwischen diesen Alternativen wahrnehmen kann. Wie Satz 3.4.2 zeigt, muß man bei der Beantwortung einer solchen Fragestellung stets auf die obere NnwD-Funktion Bezug nehmen.
Etwas anders liegt der Fall bei der Frage, um wieviel der Nutzen $f(a)$ einer Alternative a **geringer** sein muß als der Nutzen $f(b)$ einer gegebenen Alternative b. Zur Beantwortung dieser Frage müßte man die untere NnwD-Funktion heranziehen. Analog zu Satz 3.4.2 erhält man:

$$a\mathrm{R}b \iff f(b)-f(a) \leq \underline{\delta}_f(b) \quad \text{für alle } a,b\in\Omega\,, \quad \text{bzw.}$$
$$b\mathrm{P}a \iff f(b)-f(a) > \underline{\delta}_f(b) \quad \text{für alle } a,b\in\Omega\,.$$

Sichelstiel/Söllner (1996) zeigen, daß zu jeder Konstanten $k>0$ und jeder Semiordnung R mit den Eigenschaften (BS) und (ST) eine die Präferenzordnung $\underline{\mathrm{R}}$ repräsentierende Nutzenfunktion f existiert, so daß für alle $a,b\in\Omega$ gilt: $a\mathrm{R}b \iff f(b)-f(a)\leq k$.
Zu diesem Zweck führen Sichelstiel/Söllner die folgenden Notationen ein, welche abzielen auf die Betrachtung von Indifferenzbereichen und insbesondere der Nutzenwerte der zu den in einem Indifferenzbereich (bzw. außerhalb eines Indifferenzbereichs) liegenden Alternativen.

Definition 3.4.2 *Es sei* R *eine Semiordnung mit den Eigenschaften* (BS) *und* (ST), $\underline{\mathrm{R}}$ *die zu* R *gehörige Präferenzordnung und* $f\colon \Omega \longrightarrow \mathbb{R}$ *eine Funktion, die* $\underline{\mathrm{R}}$ *repräsentiert und die in der Stetigkeitsannahme* (ST) *genannte Eigenschaft a) erfüllt.*

a) *Für alle* $x\in W(f)$ *ist dann*

$$\overline{\nu}_f(x) \doteq \overline{\delta}_f(a_x) \quad mit \quad a_x\in f^{-1}(x)=\{\,a\in\Omega \mid f(a)=x\}$$

wohldefiniert, d.h. für alle $a,b\in f^{-1}(x)$ *ist* $\overline{\delta}_f(a)=\overline{\delta}_f(b)$, *weil für alle* $a,b,c\in\Omega$ *mit* $f(a)=f(b)$ *gilt:* $c\mathrm{I}a \iff c\mathrm{I}b$.
Man erhält somit die Funktion $\overline{\nu}_f\colon W(f)\longrightarrow\mathbb{R}$, $\overline{\nu}_f(x)\doteq\overline{\delta}_f(a_x)$, *welche ich bezeichne als die* **obere NnwD-Funktion auf** $W(f)$ *(= obere Noch-nicht-wahrnehmbare-Differenz-Funktion auf* $W(f)$ *).*
Die Funktion

$$\underline{\nu}_f\colon W(f)\longrightarrow\mathbb{R}\,, \quad \underline{\nu}_f(x)\doteq\underline{\delta}_f(a_x) \quad mit \quad a_x\in f^{-1}(x)\,,$$

heiße **untere NnwD-Funktion auf** $W(f)$ *(= untere Noch-nicht-wahrnehmbare-Differenz-Funktion auf* $W(f)$ *).*

b) *Eine Annäherung der Grenzen der Indifferenzbereiche* **von außen** *soll erreicht werden durch die Funktionen* $\overline{\mu}_f$ *und* $\underline{\mu}_f$. *Die Funktion* $\overline{\mu}_f : W(f) \longrightarrow \mathbb{R}$ *sei folgendermaßen definiert:*

$$\overline{\mu}_f(x) \doteq \inf \{ f(b) - f(a_x) \mid b \in \Omega, \; b\mathrm{P}a_x \}, \quad \textit{wobei } a_x \in f^{-1}(x).$$

$\overline{\mu}_f$ *ist wohldefiniert, d.h. der Funktionswert* $\overline{\mu}_f(x)$ *hängt nicht von der gewählten Alternative* $a_x \in f^{-1}(x)$ *ab, da für alle* $a, b, c \in \Omega$ *mit* $f(a) = f(b)$ *gilt:* $c\mathrm{P}a \Longleftrightarrow c\mathrm{P}b$.
$\overline{\mu}_f$ *bezeichne ich als* **obere GnwD-Funktion auf** $W(f)$ *(= obere Gerade-noch-wahrnehmbare-Differenz-Funktion auf* $W(f)$ *).*
Die Funktion $\underline{\mu}_f : W(f) \longrightarrow \mathbb{R}$,

$$\underline{\mu}_f(x) \doteq \sup \{ f(b) - f(a_x) \mid b \in \Omega, \; a_x\mathrm{P}b \} \quad \textit{mit } a_x \in f^{-1}(x),$$

heiße **untere GnwD-Funktion auf** $W(f)$ (= *untere Gerade-noch-wahrnehmbare-Differenz-Funktion auf* $W(f)$).

Der Unterschied zwischen NnwD- und GnwD-Funktionen besteht darin, daß man im einen Fall die Nutzenwerte der Alternativen, die innerhalb des Indifferenzbereichs $I(a_x)$ liegen, betrachtet und im anderen Fall die Nutzenwerte der Alternativen, die außerhalb dieses Indifferenzbereichs liegen. Mit der Einführung dieser beiden Funktionen soll eine Grenzziehung zwischen dem Indifferenzbereich und den außerhalb dieses Bereichs liegenden Alternativen erreicht werden, welche auf einer Betrachtung der jeweiligen Nutzenwerte basiert.
Es sei darauf hingewiesen, daß unter Umständen ein Nutzenunterschied zwischen der besten Alternative aus $I(a_x)$ und der schlechtesten (sofern eine solche existiert) Alternative aus $P(a_x) \doteq \{ b \in \Omega \mid b\mathrm{P}a_x \}$ besteht und deshalb die Funktionen $\overline{\nu}_f$ und $\overline{\mu}_f$ nicht identisch sein müssen.[46] Ähnliches gilt für $\underline{\nu}_f$ und $\underline{\mu}_f$. Insbesondere bei einer endlichen Anzahl von Entscheidungsalternativen liegen die Funktionswerte von $\overline{\mu}_f$ (bzw. $\underline{\mu}_f$) in der Regel über (bzw. unter) denen von $\overline{\nu}_f$ (bzw. $\underline{\nu}_f$).

Wie von Sichelstiel/Söllner (1996) gezeigt wurde, läßt sich zu jeder Semiordnung R, die die Eigenschaften (BS) und (ST) besitzt, eine Nutzenfunktion $f : \Omega \longrightarrow \mathbb{R}$ konstruieren, welche die Konvention 1 erfüllt. Sichelstiel/Söllner

[46] Nach der Axiomatisierung von Ng (1975) wären diese beiden Funktionen identisch.

(1996) gehen aus von einer Funktion, welche die zu R gehörige Präferenzordnung $\underline{R}$ repräsentiert und die in der Stetigkeitsannahme (ST) genannten Eigenschaften a) und b) erfüllt, um dann eine Funktion $\phi: W(g) \longrightarrow \mathbb{R}$ zu konstruieren, für die folgendes gilt:

1. $f \doteq \phi \circ g$ besitzt dieselbe ordinale Information wie g, repräsentiert also ebenfalls die Präferenzordnung $\underline{R}$. (Dies ist genau dann der Fall, wenn ϕ streng monoton wachsend ist.)
2. Für alle $a, b \in \Omega$ gilt: $a\mathrm{R}b \iff f(b) - f(a) \leq k$, mit einer Konstanten $k > 0$, die unabhängig von den gerade betrachteten Alternativen a, b ist.

Die Ermittlung einer solchen Transformation der ursprünglichen Nutzenfunktion f erfolgt unter Verwendung von NnwD- und GnwD-Funktionen bei einer sukzessiven Erweiterung des Definitionsbereichs von ϕ.
Das Hauptresultat von Sichelstiel/Söllner (1996) besteht in dem folgenden Theorem, welches besagt, daß die Konvention 1 unter wesentlich schwächeren als den von Ng angenommenen Voraussetzungen erfüllbar ist.[47]

Theorem 3.4.1 *Es sei* R *eine Semiordnung mit den Eigenschaften* (BS) *und* (ST); $\underline{R}$ *die zu* R *gehörige Präferenzordnung. Dann gibt es zu jeder Konstanten* $k > 0$ *eine* $\underline{R}$ *repräsentierende Nutzenfunktion* $f: \Omega \longrightarrow \mathbb{R}$, *für die gilt:*

$$a\mathrm{R}b \iff f(b) - f(a) \leq k \qquad \textit{für alle } a, b \in \Omega\,.$$

Für die entsprechende Relation P *bedeutet dies:*

$$b\mathrm{P}a \iff f(b) - f(a) > k \qquad \textit{für alle } a, b \in \Omega\,.$$

BEWEIS siehe Sichelstiel/Söllner (1996, Abschnitt 7).

Die von mir gemachten Annahmen bzgl. Semiordnung R sind deutlich schwächer als diejenigen von Ng (1975). Dennoch möchte ich nicht verhehlen, daß sowohl die Annahme der schwachen Transitivität als auch die Forderung der begrenzten Sensibilität (Eigenschaft (BS)) einer gewissen Problematik nicht entbehren: Zum einen geht man bei der schwachen Transitivität davon aus, daß bei einer bestimmten Person und in einer bestimmten Entscheidungssituation die Sensibilität für Unterschiede zwischen verschiedenen Entscheidungsalternativen immer gleich groß ist - gleichgültig welche der möglichen

[47] Ng setzt - im Unterschied zu Sichelstiel/Söllner (1996) - beispielsweise voraus, daß Ω eine zusammenhängende Teilmenge des $\mathbb{R}^n$ ist.

Alternativen die betreffende Person vergleicht. Zum anderen ist die Eigenschaft (BS) nur dann erfüllt, wenn die Anzahl der Alternativen hinreichend groß (sie darf jedoch endlich sein!) und die Sensibilität für Nutzenunterschiede nicht zu stark ausgeprägt ist.
Aber auch wenn man die Bedingungen der schwachen Transitivität und der begrenzten Sensibilität nicht akzeptiert, kann die Verwendung von Semiordnungen nützlich sein: Man stelle sich vor, die individuellen Präferenzen einer bestimmmten Person seien gegeben in Form einer Relation R auf einer Alternativenmenge Ω und diese Relation sei keine Ordnung, sondern lediglich eine Semiordnung. Dann läßt sich gemäß Satz 3.4.1 aus der Relation R eine (vollständige) Ordnung $\underline{R}$ auf der Menge Ω ableiten, welche sich auf die bekannte Weise durch eine Nutzenfunktion $f\colon \Omega \longrightarrow \mathbb{R}$ repräsentieren läßt.

3.4.4 Resümee

Während ich in den Abschnitten 1.1 bis 3.3 stets davon ausgegangen bin, daß die individuellen Präferenzen sich durch Ordnungsrelationen beschreiben lassen, habe ich in diesem Kapitel eine hiervon abweichende Sichtweise vorgestellt: Die individuellen Präferenzen sollen nicht durch Ordnungen, sondern durch Semiordnungen beschrieben werden.
Im Mittelpunkt meiner Ausführungen stand die Frage, ob sich Semiordnungen durch Nutzenfunktionen repräsentieren lassen. Im Unterschied zu der (problemlosen) Repräsentation von Ordnungsrelationen durch Nutzenfunktionen (siehe hierzu z.B. Abschnitt 1.1.1) stellt die Repräsentation von Semiordnungen durch Nutzenfunktionen ein nicht ganz einfaches Problem dar: Bei der Beschäftigung mit diesem Problem stößt man auf die Frage, welcher Informationsgehalt Semiordnungen zugebilligt werden soll. Unter der Voraussetzung, daß erstens eine Person Nutzenunterschiede zwischen zwei Alternativen nur dann dann wahrnimmt, wenn sie ein bestimmmtes Maß überschreiten, und zweitens die Semiordnung R die wahrnehmbaren Präferenzen dieser Person zum Ausdruck bringt, (d.h. unter der Voraussetzung der begrenzten Sensibilität) kann man von Nutzenfunktionen f, die die Semiordnung R repräsentieren, die in Abschnitt 3.4.1 definierte Konvention 1 fordern.
Wenn die genannten Voraussetzungen plausibel sind, so stellt sich die Frage, welche formalen Anforderungen man an eine Semiordnung stellen muß, damit die Konvention 1 erfüllbar ist. Zweifellos sind Ngs Forderungen hinsichtlich der Alternativenmenge Ω und der Semiordnung R sehr stark - stärker als erforderlich, um die Erfüllbarkeit von Konvention 1 zu garantieren. So

geht Ng (1975) beispielsweise davon aus, daß Ω eine zusammenhängende Teilmenge von $\mathbb{R}^n$ ist. Man mag diese starken Forderungen mit den von Ng (1975, 1984) gezeigten Resultaten bzgl. entscheidungstheoretischer und sozialwahltheoretischer Fragestellungen (wie z.B. dem Summationstheorem, siehe Abschnitt 3.4.1) rechtfertigen; möglicherweise ist es aber sinnvoller, von schwächeren Annahmen auszugehen.

Ich habe Ngs Konzeption der begrenzten Sensibilität in zwei Punkten verändert:

1. Die Annahmen über die Menge Ω und über die individuellen Präferenzen wurden abgeschwächt:
   Ngs Prämisse, Ω solle eine zusammenhängende Teilmenge von $\mathbb{R}^n$ sein, ist für mich nicht akzeptabel, da die meisten Probleme sozialwahltheoretischer Natur auf einer endlichen Anzahl von Entscheidungsalternativen basieren und deshalb jedes Konzept zur Darstellung individueller Präferenzen auf den Fall einer endlichen Alternativenmenge anwendbar sein sollte.
   Aus diesem Grund habe ich eine Konzeption begrenzter Sensibilität entwickelt, die sich auch auf Entscheidungssituationen mit einer endlichen Anzahl von Entscheidungsalternativen anwenden läßt. Im Gegensatz zu Ng (1975, 1984) setzen die von mir formulierten Annahmen bzgl. der Semiordnung R, die die Existenz einer Nutzenfunktion garantieren sollen, welche die Konvention 1 erfüllt, keine Metrik auf der Menge Ω voraus.

2. Die zu einer Semiordnung R gehörige Präferenzordnung $\underline{R}$ wird in anderer Weise interpretiert als von Ng (1975):
   Ng leitet die Präferenzordnung $\underline{R}$ aus der Semiordnung R ab, betrachtet die erstere aber als die „zugrundeliegende Präferenzordnung". In Ngs Konzept der begrenzten Sensibilität spiegelt die Präferenzordnung $\underline{R}$ die Präferenzen wider, die die betreffende Person im Falle unbegrenzter Sensibilität hätte, d.h. die Präferenzen, die sie hätte, wenn sie zwischen je zwei beliebigen Alternativen jeden Unterschied hinsichtlich des damit verbundenen individuellen Wohlergehens feststellen könnte. Die Semiordnung R läßt sich jedoch nicht aus der Präferenzordnung $\underline{R}$ ableiten: In jedem Fall besitzt die Semiordnung R einen höheren Informationsgehalt als die Präferenzordnung $\underline{R}$.
   Im Unterschied zu Ng (1975) sehe ich in der Präferenzordnung $\underline{R}$ nichts anderes als eine Ordnung, die aus der Semiordnung R abgeleitet wurde. Die Interpretation von $\underline{R}$ als diejenige Ordnung, die die Präferenzen der betreffenden Person im Falle unbegrenzter Sensibi-

lität widerspiegelt, läßt sich zwar anwenden auf den von Ng (1975) angenommenen Fall einer zusammenhängenden Alternativenmenge Ω, nicht jedoch in meiner Konzeption, die auf eine derartige Annahme bzgl. der Menge Ω verzichtet.

Meine Annahmen bzgl. der Alternativenmenge Ω und den individuellen Präferenzen sind viel schwächer als diejenigen von Ng (1975). Dennoch existiert auch unter diesen schwachen Bedingungen eine Nutzenfunktion, welche die Konvention 1 erfüllt. Sichelstiel/Söllner (1995, Abschnitt 7) geben ein präzises Konstruktionsverfahren für eine solche Nutzenfunktion an. Diejenigen Nutzenfunktionen, welche die Konvention 1 erfüllen, besitzen, wie ich in Abschnitt 3.4.2 erörtert habe, einen höheren Informationsgehalt als ordinale Nutzenfunktionen, sagen also mehr über die individuellen Präferenzen der betreffenden Person aus als die zu R gehörige Präferenzordnung $\underline{R}$. Dies ist für sozialwahltheoretische Überlegungen dann von Bedeutung, wenn interpersonelle Nutzenvergleiche möglich sind, d.h. wenn man weiß, wie sensibel jede Person im Hinblick auf Veränderungen ihres Wohlergehens ist. In diesem Fall können bei der Aggregation individueller Nutzenfunktionen zu einer kollektiven Präferenzordnung insbesondere interpersonelle Vergleiche von Nutzendifferenzen Berücksichtigung finden, wie dies z.B. beim Summationsprinzip geschieht (vgl. hierzu Abschnitt 3.4.1).

Kapitel 4

Schluß

4.1 Zusammenfassung der wichtigsten Resultate dieser Arbeit

Abschließend will ich die wichtigsten Resultate dieser Arbeit kurz zusammenfassen und Anregungen für weitere Forschungsarbeiten geben.
Mein Ziel war die Synthese der beiden Hauptströmungen der Sozialwahltheorie, der Analyse von Abstimmungsverfahren einerseits und der Betrachtung von Nutzenethiken andererseits. Während sich Abstimmungsverfahren in Form von kollektiven Wahlregeln darstellen lassen, können Nutzenethiken durch soziale Wohlfahrtsfunktionale zum Ausdruck gebracht werden. Sowohl kollektive Wahlregeln als auch soziale Wohlfahrtsfunktionale beschreiben Möglichkeiten der Aggregation individueller Präferenzen zu kollektiven Präferenzen.

In Kapitel 2 habe ich fünf Klassen von **kollektiven Wahlregeln** unterschieden:

1. Arrowsche soziale Wohlfahrtsfunktionen, d.h. kollektive Wahlregeln, die stets eine transitive kollektive Präferenzrelation liefern (z.B. Borda-Regel, modifizierte einfache Mehrheitsregel[1]);

2. kollektive Wahlregeln, die stets eine quasitransitive, aber nicht immer eine transitive kollektive Präferenzrelation liefern (z.B. strikte und

[1] Zur Definition der Borda-Regel und der modifizierten einfachen Mehrheitsregel siehe Abschnitt 2.3.1.

schwache erweiterte Pareto-Regel[2]);

3. kollektive Wahlregeln, die stets eine azyklische, aber nicht immer eine quasitransitive kollektive Präferenzrelation liefern (z.B. die in Abschnitt 2.1.3, Beispiel 2.1.2, konstruierten Mischungen aus der strikten erweiterten Pareto-Regel und einer Diktatur der Person k);

4. kollektive Wahlregeln, die stets eine tripel-azyklische, aber nicht immer eine azyklische kollektive Präferenzrelation liefern (z.B. die in Abschnitt 2.1.4, Beispiel 2.1.5, konstruierten kollektiven Wahlregeln);

5. kollektive Wahlregeln, die möglicherweise eine zyklische kollektive Präferenzrelation liefern, bei der (auch) Zirkel mit weniger als vier Alternativen auftreten (z.B. einfache Mehrheitsregel).

Wie Arrows Theorem zeigt, genügt keine kollektive Wahlregel den Forderungen (U), (P), (I) und (ND) **und** liefert gleichzeitig für jede Konfiguration individueller Präferenzen eine transitive kollektive Präferenzrelation. Dieser Sachverhalt liegt begründet in der dürftigen Informationsbasis, aus der man bei Anwendung einer kollektiven Wahlregel die kollektive Präferenzrelation ableitet.

Anders als bei Abstimmungsverfahren (wie z.B. der einfachen Mehrheitsregel oder der Borda-Regel) legt man bei der Verwendung von **Nutzenethiken** eine Informationsbasis zugrunde, die neben den individuellen Präferenzordnungen auch kardinale Nutzenmessungen und/oder interpersonelle Nutzenvergleiche umfaßt.
Welche Möglichkeiten der Nutzenaggregation im konkreten Einzelfall zur Verfügung stehen, hängt davon ab, welche Informationen über die individuellen Präferenzen gegeben sind, d.h. welchen Informationsgehalt die individuellen Nutzenfunktionen besitzen. Bei der Wahl der geeigneten Nutzenaggregation für eine konkrete Entscheidungssituation ist deshalb die Meßbarkeit und die interpersonelle Vergleichbarkeit der individuellen Nutzen von großer Bedeutung. Eine fehlende interpersonelle Vergleichbarkeit der Nutzenniveaus bedeutet, daß z.B. die Maximin-Regel nicht angewendet werden kann. Wenn also mit den individuellen Nutzenfunktionen keine Informationen über interpersonelle Vergleiche von Nutzenniveaus zum Ausdruck gebracht werden, so ergibt sich hieraus eine Einschränkung der Menge möglicher sozialer Wohlfahrtsfunktionale.

[2]Zur Definition der strikten und der schwachen erweiterten Pareto-Regel siehe Abschnitt 1.1.2.

Im allgemeinen gilt der folgende Grundsatz: Welche Aussagen über die individuellen Präferenzen mit den individuellen Nutzenfunktionen dargestellt werden und bei der Ermittlung der kollektiven Präferenzrelation Berücksichtigung finden dürfen, hängt von dem verwendeten Skalenniveau und der Vergleichbarkeit der bei den verschiedenen Personen verwendeten Meßskalen ab. In Abhängigkeit von der Meßbarkeit der individuellen Präferenzen erhält man unterschiedlich starke Einschränkungen der Menge möglicher sozialer Wohlfahrtsfunktionale. Je größer die Informationsgrundlage (d.h. der Informationsgehalt der individuellen Nutzenfunktionen) ist, desto größer wird die Zahl der in Frage kommenden sozialen Wohlfahrtsfunktionale sein.

In dieser Arbeit argumentiere ich für die Verwendung rangabhängiger Gewichtungen. Ich verweise dabei insbesondere auf die Nachteile der **Maximin-Regel** und des **utilitaristischen Prinzips**, die sich durch die Verwendung rangabhängiger Gewichtungen vermeiden lassen. Ähnlich wie Ebert (1988) sehe ich in einer rangabhängigen Gewichtung der individuellen Präferenzen die Möglichkeit, eine Brücke zwischen dem utilitaristischen Prinzip und Rawls' Maximin-Regel zu schlagen (vgl. hierzu insbesondere Abschnitt 2.2.4, Beispiel 2.2.10).
Im Falle einer hinreichenden interpersonellen Vergleichbarkeit der individuellen Nutzen, wie sie z.B. beim Problem der Verteilungsgerechtigkeit vorausgesetzt wird, spricht einiges für die Verwendung rangabhängiger Gewichtungen und gegen die Verwendung des utilitaristischen Prinzips oder der Maximin-Regel. Das utilitaristische Prinzip und die Maximin-Regel führen nämlich zu Konsequenzen, die aus ethischer Sicht nicht wünschenswert sind: Der Utilitarismus billigt die massive Benachteiligung einer Person, wenn damit ein hinreichend großer Nutzenzuwachs für andere Personen verbunden ist; Rawls' Maximin-Regel hingegen definiert den kollektiven Nutzen als den Nutzen der am schlechtesten gestellten Person und läßt die individuellen Nutzen der übrigen Personen unberücksichtigt. Durch die Verwendung rangabhängiger Gewichtungen lassen sich diese Nachteile des utilitaristischen Prinzips und der Maximin-Regel umgehen.

In Abschnitt 3.1.7 liefere ich noch ein weiteres Argument für die Verwendung rangabhängiger Gewichtungen. Dieses hängt zusammen mit Harsanyis Begründung des Utilitarismus. Wesentlich in Harsanyis Überlegungen sind die beiden folgenden Punkte:

- die Transformation kollektiver Entscheidungen in Entscheidungen unter Risiko durch die Einführung eines unparteiischen Beobachters;
- die Verwendung der Erwartungsnutzentheorie bei Entscheidungen unter Risiko.

Unter Verwendung der Erwartungsnutzentheorie gelingt es Harsanyi, eine (mehr oder weniger überzeugende) Axiomatisierung des Utilitarismus anzugeben. Verwendet man anstelle der (empirisch widerlegten) klassischen Erwartungsnutzentheorie[3] die Erwartungsnutzentheorie mit rangabhängigen Wahrscheinlichkeiten[4], so führt - wie ich in Abschnitt 3.1.7 erwähnt habe - der Ansatz von Harsanyi (Einführung eines unparteiischen Beobachters) nicht zu einer Begründung des Utilitarismus, sondern zu einer Begründung rangabhängiger Gewichtungen.

Das Kernstück dieser Arbeit stellt die in Abschnitt 2.3 vorgenommene Strukturierung der Sozialwahltheorie dar. Unter anderem zeige ich dabei eine Verbindung auf zwischen den kollektiven Wahlregeln, welche der Beschreibung von Abstimmungsverfahren dienen, und den sozialen Wohlfahrtsfunktionalen, welche zur Formalisierung von Nutzenethiken verwendet werden: Bei beiden Kalkülen geht es um die Aggregation individueller Präferenzen zu einer kollektiven Präferenzrelation. Als Schnittmenge der Klasse kollektiver Wahlregeln und der Klasse sozialer Wohlfahrtsfunktionale erhält man die Klasse der Arrowschen sozialen Wohlfahrtsfunktionen. Hieraus ergibt sich die zentrale Bedeutung von Arrows Unmöglichkeitstheorem, welches besagt, daß keine soziale Wohlfahrtsfunktion die Forderungen (U), (P), (I) und (ND) gleichzeitig erfüllt.

Zur Messung der individuellen Nutzen kann man Ordinal-, Intervall- und (mit Einschränkungen) Verhältnisskalen heranziehen. Um die Problematik von **Verhältnisskalen** zu verdeutlichen, habe ich mich in Abschnitt 1.2.3 kritisch mit der von Nash vorgeschlagenen Verhandlungslösung auseinandergesetzt. Hierbei handelt es sich um eine spezielle Form der Nutzenaggregation, welche die Verwendung von Verhältnisskalen bei der Messung der individuellen Präferenzen voraussetzt.
Aufgrund der Schwierigkeiten bei der Festlegung eines absoluten Nutzennullpunktes verwendet man zur Messung der individuellen Präferenzen in der Regel keine Verhältnisskalen, sondern vielmehr Ordinal- oder Intervallskalen.
Man spricht in diesem Zusammenhang auch von ordinalen und kardinalen Nutzenfunktionen (siehe z.B. Abschnitt 3.2.1). Die Begriffe „Ordinalität" und „Kardinalität" beziehen sich nicht auf die formale Gestalt von Nutzenfunktionen, sondern darauf, in welcher Weise die Nutzenfunktionen zu interpretieren sind. **Ordinale Nutzenfunktionen** repräsentieren Präfe-

[3] Zur Erwartungsnutzentheorie siehe die Abschnitt 3.1.1, 3.1.2 und 3.1.3.

[4] Zur Erwartungsnutzentheorie mit rangabhängigen Wahrscheinlichkeiten (kurz: ENRAW-Theorie) siehe Abschnitt 3.1.4.

renzordnungen, d.h. es wird lediglich eine ordinale Meßskala vorausgesetzt. **Kardinalen Nutzenfunktionen** hingegen gesteht man einen größeren Informationsgehalt zu: Man setzt die Verwendung einer Intervall- oder einer Verhältnisskala voraus.

Im Falle des Intervallskalenniveaus unterscheide ich drei Ansätze zur Beschreibung des Informationsgehalts der individuellen Nutzenfunktionen:

1. die Betrachtung positiv-affiner Transformationen;

2. die Betrachtung von Lotterien zwischen den zur Wahl stehenden Entscheidungsalternativen und Anwendung der Erwartungsnutzentheorie;

3. die Betrachtung von Nutzendifferenzen.

Wie ich in Abschnitt 3.2.1 gezeigt habe, kann man bei allen drei genannten Ansätzen zu derselben Definition des Begriffs der Intervallskala gelangen.

In den Abschnitten 3.2.2 und 3.2.3 habe ich die Überlegungen zum Begriff der Kardinalität auf das Problem der interpersonellen Vergleichbarkeit der individuellen Nutzen übertragen.
Anstelle von individuellen Nutzenfunktionen betrachte ich eine Nutzenfunktion F, die jedem geordneten Paar (a_i, j), bestehend aus einer Alternative a_i und einem Individuum j, einen Nutzenwert zuordnet. Durch die Kardinalisierung der Funktion F erreicht man eine interpersonelle Vergleichbarkeit sowohl der Nutzenniveaus als auch der Nutzeneinheiten.
Im Zusammenhang mit der Kardinalisierung der Funktion F halte ich insbesondere die beiden folgenden Ergebnisse dieser Arbeit für wesentlich:

- Mit Hilfe des durch von Neumann/Morgenstern (1944) vorgeschlagenen Ansatzes zur Kardinalisierung von Nutzenfunktionen lassen sich auch interpersonelle Nutzenvergleiche begründen.

- Die Vergleichbarkeit der tatsächlich auftretenden Nutzendifferenzen reicht nicht aus, um die Vergleichbarkeit der Nutzeneinheiten zu garantieren, welche man z.B. bei der Anwendung des utilitaristischen Prinzips benötigt.

Da sich die von mir in Abschnitt 3.2 vorgenommene Begründung kardinaler Nutzenfunktionen und interpersoneller Vergleiche von Präferenzintensitäten im wesentlichen auf die Anwendung der **Erwartungsnutzentheorie** (genauer: die Betrachtung von Linearkombinationen der auftretenden Nutzenwerte) stützt, habe ich mich in Abschnitt 3.1 kritisch mit der Erwartungsnutzentheorie auseinandergesetzt.

Bei der durch von Neumann/Morgenstern (1944) entwickelten Erwartungsnutzentheorie handelt es sich um eine Theorie über rationales kann z.B. erfolgen durch das sog. Unabhängigkeitsaxiom und das Archimedische Axiom. Diese beiden Axiome sind zu verstehen als Rationalitätskriterien; sie sollen eine Richtschnur für das menschliche Handeln darstellen.
Zahlreiche empirische Untersuchungen zeigen jedoch, daß ein Entscheidungsverhalten, das sich an der Erwartungsnutzentheorie orientiert, von den meisten Menschen als unvernünftig eingestuft wird.

Die empirische Widerlegung der Erwartungsnutzentheorie führte dazu, daß neben der Erwartungsnutzentheorie verschiedene alternative Theorien entwickelt wurden. Meist handelt es sich dabei um Verallgemeinerungen der Erwartungsnutzentheorie: Man ersetzt den der Erwartungsnutzentheorie zugrundeliegenden (sehr eng gefaßten) Rationalitätsbegriff durch einen weiter gefaßten Begriff der Rationalität.
In Abschnitt 3.1.4 habe ich mich mit einigen Verallgemeinerungen der Erwartungsnutzentheorie auseinandergesetzt. Die verschiedenen Alternativen zur Erwartungsnutzentheorie beurteile ich danach, wie weit sie den in den Abschnitten 3.1.2 und 3.1.3 erwähnten empirischen Untersuchungen Rechnung tragen. Eine Theorie über rationale Entscheidungen unter Risiko sollte meiner Ansicht nach widerspiegeln, was im allgemeinen unter einem vernünftigen Entscheidungsverhalten verstanden wird.
Der theoretische Zugang, den ich bei der Formulierung von Verallgemeinerungen der Erwartungsnutzentheorie wähle, ist geprägt durch die Idee der Gewichtung von Nutzenwerten, die ich in Abschnitt 3.1.4, Definition 3.1.3, formuliert habe: Den möglichen Ergebnissen einer Lotterie ordnet man Nutzenwerte zu; die Gewichtung dieser Nutzenwerte darf - im Unterschied zu der Erwartungsnutzentheorie - nicht allein von den jeweiligen Wahrscheinlichkeiten, sondern auch von anderen Faktoren, wie z.B. dem Rang oder dem Nutzenniveau, abhängen.
Da alle in der Literatur gemachten Vorschläge zur Verallgemeinerung der Erwartungsnutzentheorie in Konflikt zu den in Abschnitt 3.1.3 erwähnten empirischen Untersuchungen stehen, habe ich in Abschnitt 3.1.4 eine eigene Theorie für Entscheidungen unter Risiko, die „MENRAW-Theorie", formuliert. Hierbei handelt es sich um eine Modifikation der von Quiggin (1982) eingeführten Erwartungsnutzentheorie mit rangabhängigen Wahrscheinlichkeiten (kurz: ENRAW-Theorie). Mit der MENRAW-Theorie versuche ich, den tatsächlichen menschlichen Rationalitätsvorstellungen gerecht zu werden. Im Unterschied zu anderen Verallgemeinerungen der Erwartungsnutzentheorie steht die MENRAW-Theorie im Einklang mit den von Camerer (1989) und Bernasconi (1994) durchgeführten empirischen Untersuchungen

über menschliche Rationalitätsintuitionen.
Solche Rationalitätsintuitionen sind, wie ich am Ende von Abschnitt 3.1.4 ausgeführt habe, die Basisdaten, an denen sich eine Rationalitätstheorie orientieren sollte. Das Hauptproblem der Erwartungsnutzentheorie sehe ich deshalb in dem Konflikt zwischen der Theorie und den Rationalitätsintuitionen, d.h. den menschlichen Vorstellungen über vernünftiges Handeln.

Eine Konsequenz aus diesem Konflikt besteht darin, daß das Risikoverhalten einer Person im Rahmen der Erwartungsnutzentheorie nicht in angemessener Weise thematisiert werden kann. Die Probleme der Erwartungsnutzentheorie mit dem Begriff der Risikoaversion legen es nahe, nicht nur die Erwartungsnutzentheorie durch eine allgemeinere Theorie zu ersetzen, sondern auch den Begriff der Risikoaversion losgelöst von der Erwartungsnutzentheorie zu definieren. Gegenstand von Abschnitt 3.1.5.4 war deshalb die Entwicklung einer Konzeption der Risikoaversion, die nicht auf die Erwartungsnutzentheorie Bezug nimmt.

Aufgrund der Unzulänglichkeiten der Erwartungsnutzentheorie stellt sich die Frage, ob auch bei einer Verallgemeinerung der Erwartungsnutzentheorie, d.h. bei einer Abschwächung der Rationalitätskriterien für Entscheidungen unter Risiko, eine Kardinalisierung der individuellen Präferenzen möglich ist. Diese Fragestellung habe ich in Abschnitt 3.1.6 aufgegriffen und dabei gezeigt, daß im Falle der ENRAW-Theorie eine Kardinalisierung der individuellen Präferenzen in ähnlicher Weise erfolgen kann wie bei der Erwartungsnutzentheorie.

Neben dem Skalenniveau, das der Messung der individuellen Präferenzen zugrundeliegt, spielt auch die Frage der interpersonellen Vergleichbarkeit eine zentrale Rolle bei der Interpretation der individuellen Nutzenfunktionen.
In Abschnitt 3.3.2 habe ich die These vertreten, daß interpersonelle Nutzenvergleiche stets einen subjektiven Charakter haben. Damit wende ich mich gegen Harsanyis Ähnlichkeitspostulat, demzufolge die Beurteilung der individuellen Nutzen durch psychologische Faktoren bestimmt wird, die in der Natur des Menschen begründet sind. Nimmt eine Person einen interpersonellen Nutzenvergleich vor, so handelt es sich dabei zweifellos um ein Werturteil, das geprägt ist durch die Überzeugungen dieser Person. Interpersonelle Nutzenvergleiche hängen also stets von dem beobachtenden Subjekt ab. Dieser Sachverhalt spielt, wie ich in Abschnitt 3.3.3 gezeigt habe, eine wichtige Rolle bei der Beurteilung der Informationsbasis kollektiver Entscheidungen.

Alle in Kapitel 2 diskutierten Formen der Nutzenaggregation setzen vor-

aus, daß die individuellen Präferenzen der Anforderung der Transitivität genügen. Eine Theorie, bei der man auch intransitive individuelle Präferenzen zuläßt, stellt die von Ng (1975) vorgeschlagene Konzeption der begrenzten Sensibilität dar, mit der ich mich in Abschnitt 3.4 auseinandergesetzt habe.
Anstelle von individuellen Präferenzordnungen verwendet Ng Semiordnungen. Aus Semiordnungen lassen sich zwar Präferenzordnungen ableiten; jedoch ist der Informationsgehalt von Semiordnungen unter Umständen höher als der Informationsgehalt der daraus abgeleiteten Präferenzordnungen. Dies hat, wie ich in Abschnitt 3.4 gezeigt habe, Konsequenzen für die Repräsentation von Semiordnungen durch Nutzenfunktionen, wobei sich die von mir entwickelte Konzeption der begrenzten Sensibilität von derjenigen Ngs unterscheidet.

4.2 Ausblick

In dieser Arbeit habe ich die wichtigsten Ergebnisse der Sozialwahltheorie in übersichtlicher Weise dargestellt, Querverbindungen zwischen verschiedenen sozialwahltheoretischen Ansätzen aufgezeigt und die durch von Neumann/Morgenstern (1944) vorgeschlagene Kardinalisierung der individuellen Nutzen kritisch beleuchtet. Es wurde deutlich, daß es sowohl in der Diskussion über die Erwartungsnutzentheorie als auch in der Sozialwahltheorie offene Fragen gibt, die einer Klärung bedürfen.
Auf drei Punkte will ich nun näher eingehen:

1. die Suche nach einer leistungsfähigen Theorie über Entscheidungen unter Risiko;

2. die Messung der individuellen Nutzen;

3. die Abklärung des Anwendungsbereiches der Sozialwahltheorie.

Den ersten Punkt habe ich in Abschnitt 3.1 schon angesprochen und dabei insbesondere deutlich gemacht, daß die Erwartungsnutzentheorie empirisch widerlegt und deshalb durch eine andere Theorie zu ersetzen ist. Obwohl die Erwartungsnutzentheorie in Konflikt zu den tatsächlichen menschlichen Rationalitätsvorstellungen steht, halten aber viele Ökonomen an der Erwartungsnutzentheorie fest. Dies liegt möglicherweise daran, daß keine der vorgeschlagenen Alternativen zur Erwartungsnutzentheorie (bzw. Verallgemeinerungen der Erwartungsnutzentheorie) unumstritten ist. Es bedarf deshalb der Entwicklung einer Theorie, die - anders als die Erwartungsnutzentheorie

- in Einklang mit den vorherrschenden Rationalitätsintuitionen steht.
In Abschnitt 3.1.4 habe ich mit der MENRAW-Theorie eine Theorie vorgeschlagen, die möglicherweise dieser Anforderung genügt. Ob mit der MENRAW-Theorie wirklich ein Überlegungsgleichgewicht zwischen Theorie und Rationalitätsintuitionen hergestellt werden kann, muß jedoch noch anhand von empirischen Untersuchungen überprüft werden.

Die zweite offene Frage, auf die ich hinweisen möchte, bezieht sich auf den Begriff des individuellen Nutzens. Die Problematik der Messung individueller Nutzen wurde bislang im Rahmen der Sozialwahltheorie außer acht gelassen. In dieser Arbeit habe ich versucht, diesen Punkt in den Vordergrund zu stellen. Allerdings blieben bei meinen Ausführungen über die Messung der individuellen Präferenzen einige Fragen offen.
Insbesondere die folgenden Problemstellungen bieten sich als Ausgangspunkte für weitere Forschungsarbeiten an:

- Die Kardinalisierung der individuellen Präferenzen mittels Betrachtung von Lotterien:
  Die durch von Neumann/Morgenstern (1944) entwickelte Erwartungsnutzentheorie kann nur dann zur Kardinalierung der individuellen Präferenzen verwendet werden, wenn sich diese durch von-Neumann-Morgenstern-Nutzenfunktionen beschreiben lassen. Es ist zu prüfen, inwieweit bei der Anwendung moderner Theorien über Entscheidungen unter Risiko, die an die Stelle der Erwartungsnutzentheorie treten, (z.B. bei der Anwendung der MENRAW-Theorie) eine Kardinalisierung der individuellen Nutzen erreicht werden kann.

- Die Suche nach objektiven Kriterien für interpersonelle Nutzenvergleiche:
  Hinsichtlich der Frage, wonach sich das relative individuelle Wohlergehen bemißt, gibt es viele unterschiedliche Ansichten. Damit in konkreten Entscheidungssituationen eine Nutzenabwägung durchgeführt werden kann, sind eindeutige Kriterien zur Messung des relativen individuellen Wohlergehens erforderlich.

Neben dem Entscheidungsverhalten unter Risiko und der Frage der Meßbarkeit der individuellen Nutzen nenne ich als dritten klärungsbedürftigen Punkt die Abgrenzung des Anwendungsbereichs der Sozialwahltheorie.
In erster Linie beschäftigt sich die Theorie der Sozialwahl mit den Möglichkeiten der Aggregation konfligierender individueller Interessen. Sie läßt sich auf kollektive Entscheidungen jeglicher Art anwenden. Unklar ist jedoch, welche Rolle individuelle Entscheidungen spielen, die einzig und allein auf

das Eigeninteresse einer Person abzielen.
Insbesondere die Thematisierung liberaler Rechte bereitet Probleme. Gesteht man einer Person das Recht auf eine individuelle Entscheidung zwischen zwei Alternativen a und b zu, dann bedarf es offensichtlich keiner Interessenabwägung, um zu einer Entscheidung zwischen a und b zu gelangen: Die betreffende Person ist völlig autonom in ihrer Entscheidung und braucht nicht auf die Interessen anderer Personen Rücksicht zu nehmen. Die Frage, ob und inwieweit den Individuen Rechte auf individuelle Entscheidungen eingeräumt werden sollen, muß allerdings geklärt werden.

Anhang A

Begriffe und Definitionen

A.1 Allgemeine mathematische Begriffe

Definition A.1.1 a) *Eine Funktion* $\phi: A \longrightarrow \mathbb{R}$, $A \subset \mathbb{R}$, *heißt* **streng monoton wachsend (bzw. monoton wachsend, streng monoton fallend, monoton fallend)**, *wenn für alle* $x, y \in A$ *mit* $x > y$ *gilt:*

$$\phi(x) > \phi(y) \quad (\textit{bzw.}\ \phi(x) \geq \phi(y)\,,\ \ \phi(x) < \phi(y)\,,\ \ \phi(x) \leq \phi(y))\,.$$

b) *Es sei* $f: \Omega \longrightarrow \mathbb{R}$ *eine Nutzenfunktion. Dann nennt man* $W(f) \doteq \{x \in \mathbb{R} \mid \exists a \in \Omega : f(a) = x\}$ *den* **Wertebereich** *von* f.

Definition A.1.2 *Es sei* $\mathrm{R} \subset M^2$ *eine Äquivalenzrelation und* $a \in M$. *Dann heißt* $A_a \doteq \{b \in M \mid b\mathrm{R}a\}$ *die durch* a *repräsentierte* **Äquivalenzklasse** *bzgl.* R.

Zwei Äquivalenzklassen A_a, A_b *sind entweder identisch* ($A_a = A_b$) *oder disjunkt* ($A_a \cap A_b = \emptyset$). *Jede Äquivalenzrelation* R *auf einer Menge* M *liefert deshalb eine Zerlegung von* M *in paarweise disjunkte Äquivalenzklassen. Jedes Element einer Äquivalenzklasse* A *heißt* **Repräsentant** *von* A.

Beispiel A.1.1 *Indem man zwei Nutzenfunktionsprofile*[1] *genau dann als äquivalent zueinander bezeichnet, wenn sie dieselben Informationen über die individuellen Präferenzen zum Ausdruck bringen, erhält man eine Äquivalenzrelation auf der Menge aller möglichen Nutzenfunktionsprofile*

---

[1] Zum Begriff des Nutzenfunktionsprofils siehe Abschnitt 1.1.1.

$(f_1, ..., f_m)$ und damit Äquivalenzklassen von Nutzenfunktionsprofilen.

Definition A.1.3 a) *Es seien A, B zwei beliebige Mengen. Eine Abbildung $f: A \longrightarrow B$ heißt*

- **surjektiv**, *wenn für alle $b \in B$ ein $a \in A$ existiert, so daß $f(a) = b$.*
- **injektiv** *(linkseindeutig), wenn für alle $a_1, a_2 \in A$ mit $a_1 \neq a_2$ gilt: $f(a_1) \neq f(a_2)$.*
- **bijektiv**, *wenn f surjektiv und injektiv ist.*

b) *Eine bijektive Abbildung nennt man* **Isomorphismus**. *Zwei Mengen A und B heißen* **isomorph** *zueinander, wenn ein Isomorphismus $f: A \longrightarrow B$ existiert.*

Definition A.1.4 a) *Eine* **Permutation** *von $(1, ..., n)$ ist ein Isomorphismus von $\{1, ..., n\}$ nach $\{1, ..., n\}$, d.h. eine Abbildung $\pi: \{1, ..., n\} \longrightarrow \{1, ..., n\}$ mit folgenden Eigenschaften:*

- *Surjektivität: Für alle $i \in \{1, ..., n\}$ existiert ein $j \in \{1, ..., n\}$, so daß $\pi(j) = i$.*
- *Injektivität (Linkseindeutigkeit): Für alle $i, j \in \{1, ..., n\}$ mit $i \neq j$ gilt: $\pi(i) \neq \pi(j)$.*

b) *Eine Permutation τ von $(1, ..., n)$ heißt* **Transposition** *von $(1, ..., n)$, falls τ zwei Elemente aus $\{1, ..., n\}$ vertauscht und alle übrigen fest läßt, d.h. wenn es $k, l \in \{1, ..., n\}$ mit $k \neq l$ gibt, so daß*

$$\tau(k) = l, \quad \tau(l) = k \quad \text{und} \quad \tau(i) = i \ \text{für alle } i \in \{1, ..., n\} \setminus \{k, l\}.$$

Offensichtlich gilt für jede Transposition τ von $(1, ..., n)$: $\tau^{-1} = \tau$, d.h. $\tau \circ \tau = id$. id bezeichnet dabei die identische Abbildung und τ^{-1} die Umkehrabbildung von τ.

Lemma A.1.1 *Ist $n \geq 2$, so gibt es zu jeder Permutation π von $(1, ..., n)$ (keineswegs eindeutig bestimmte) Transpositionen $\tau_1, ..., \tau_k$ von $(1, ..., n)$ mit $\pi = \tau_1 \circ \ldots \circ \tau_k$.*
BEWEIS siehe Fischer (1986, S.132).

A.2 Mengentheorie

Definition A.2.1 *Es sei X eine Menge. Eine Abbildung* $d: \ X^2 \ni (x,y) \longrightarrow d(x,y) \in \mathbb{R}$ *nennt man* **Metrik** *auf X, falls für alle* $x,y,z \in X$ *gilt:*

1. *Symmetrie:* $d(x,y) = d(y,x)$.
2. *Dreiecksungleichung:* $d(x,y) \leq d(x,y) + d(y,z)$.
3. $d(x,y) = 0 \iff x = y$.

$d(x,y)$ *heißt* **Abstand** *oder* **Distanz** *zwischen x und y. Das Paar* (X,d) *bezeichnet man als* **metrischen Raum**.

Lemma A.2.1 *Ist d eine Metrik auf X, so gilt gemäß der in Definition A.2.1 genannten Axiome für alle* $x,y \in X$:
$0 = d(x,x) \leq d(x,y) + d(y,x) = 2\,d(x,y)$, *also:* $d(x,y) \geq 0$.

Beispiel A.2.1 *Die geläufigsten Metriken auf der Menge* $\mathbb{R}^n$ *sind*

$$d_1 : \mathbb{R}^n \times \mathbb{R}^n \longrightarrow \mathbb{R},$$
$$d_1(x,y) \doteq |x-y| \doteq \sqrt{(x_1-y_1)^2 + \cdots + (x_n-y_n)^2}\,,$$
und
$$d_2 : \mathbb{R}^n \times \mathbb{R}^n \longrightarrow \mathbb{R},$$
$$d_2(x,y) \doteq |x-y|_{\max} \doteq \max\{x_1-y_1, \ldots, x_n-y_n\}\,.$$

Die Euklidische Metrik d_1 *ist abgeleitet aus der* **Euklidischen Norm**

$$|\,.\,| : \mathbb{R}^n \longrightarrow \mathbb{R}, \qquad |x| \doteq \sqrt{x_1^2 + \cdots + x_n^2}\,,$$

die Metrik d_2 *aus der* **Maximum-Norm**

$$|\,.\,|_{\max} : \mathbb{R}^n \longrightarrow \mathbb{R}, \qquad |x|_{\max} \doteq \max\{x_1, \ldots, x_n\}\,.$$

Zwischen der Maximum-Norm und der Euklidischen Norm besteht die Beziehung

$$|x|_{\max} \leq |x| \leq \sqrt{n}\,|x|_{\max} \qquad \text{für alle } x \in \mathbb{R}^n\,.$$

Weitergehende Ausführungen zu den mathematischen Grundbegriffen Metrik, Norm findet man z.B. bei Forster (1983, S.1 ff.).

Definition A.2.2 a) *Es sei* $p \in \mathbb{R}^n$ *und* $\epsilon > 0$. *Dann heißt*

$$B(p,\epsilon) \doteq \{x \in \mathbb{R}^n \mid |x-p| \doteq \sqrt{(x_1-p_1)^2 + \cdots + (x_n-p_n)^2} < \epsilon\}\,.$$

die **Kugel** *mit Mittelpunkt* p *und Radius* ϵ *bzgl. der Euklidischen Metrik.*

b) *Eine Menge* $M \subset \mathbb{R}^n$ *heißt* **Umgebung** *des Punktes* $p \in \mathbb{R}^n$, *wenn ein* $\epsilon > 0$ *existiert, so daß*

$$B(p, \epsilon) \subset M.$$

Definition A.2.3 a) *Eine Menge* $M \subset \mathbb{R}^n$ *heißt* **offen**, *wenn zu jedem Punkt* $x \in M$ *eine Umgebung* $\mathcal{U}(x)$ *existiert mit* $\mathcal{U}(x) \subset M$.
b) *Eine Menge* $M \subset \mathbb{R}^n$ *heißt* **abgeschlossen**, *wenn ihr Komplement* $\mathbb{R} \setminus M$ *offen ist.*

Definition A.2.4 a) *Es sei* $M \subset \mathbb{R}^n$. *Eine Funktion*

$$f\colon [0, 1] \longrightarrow M$$

bezeichnet man als **stetig**, *wenn für jede offene Menge* $A \subset M$ *auch das Urbild* $f^{-1}(A)$ *offen ist.*

b) *Eine Menge* $M \subset \mathbb{R}^n$ *nennt man* **zusammenhängend**,

- *wenn je zwei Punkte* $a, b \in M$ *durch eine Linie, die vollständig in* M *liegt, miteinander verbunden werden können,*

- *d.h. wenn für alle* $a, b \in M$ *eine stetige Abbildung*

  $$\alpha\colon [0, 1] \longrightarrow M$$

  existiert mit $\alpha(0) = a$ *und* $\alpha(1) = b$.

c) *Eine zusammenhängende Menge* $M \subset \mathbb{R}^n$ *nennt man* **konvex**,

- *wenn je zwei Punkte* $a, b \in M$ *durch eine* **gerade** *Linie, die vollständig in* M *liegt, miteinander verbunden werden können,*

- *d.h. wenn für alle* $a, b \in M$ *und alle* $\alpha \in [0, 1]$ *gilt:*
  $\alpha a + (1-\alpha)\beta \in M$.

Definition A.2.5 *Es sei* $A \subset \mathbb{R}^n$. *Von einer Menge* M *sagt man, daß sie* **dicht in** A **liegt**, *wenn zu jedem Punkt* $x \in A$ *und jeder Zahl* $\epsilon > 0$ *ein Punkt* $y \in M$ *existiert mit* $|x - y| < \epsilon$.

A.3 Wahrscheinlichkeitstheorie

Definition A.3.1 *Es sei Ω eine Menge.*

a) $\mathcal{P}(\Omega) \doteq \{A \mid A \subset \Omega\}$ *heißt* **Potenzmenge** *von Ω.*

b) $\mathcal{A} \subset \mathcal{P}(\Omega)$ *heißt* $\sigma-$**Algebra**, *wenn gilt:*

1. $\Omega \in \mathcal{A}$;
2. $(A \in \mathcal{A} \Longrightarrow \Omega \setminus A \in \mathcal{A})$ *für alle* $A \in \mathcal{P}(\Omega)$;
3. $\left(A_1, A_2, \ldots \in \mathcal{A} \Longrightarrow \bigcup_{n=1}^{\infty} A_n \in \mathcal{A}\right)$

   für alle Folgen (A_n) *in* $\mathcal{P}(\Omega)$.

Ist $\mathcal{A}$ eine $\sigma-$Algebra auf Ω, so heißt $(\Omega, \mathcal{A})$ **Meßraum** *und die Elemente von $\mathcal{A}$ heißen* **Ereignisse**. *Für alle $\mathcal{E} \subset \mathcal{P}(\Omega)$ sei $\sigma(\mathcal{E})$ die kleinste $\sigma-$Algebra, die $\mathcal{E}$ umfaßt.*

c) *Es sei $m \in \mathbb{N}$ und $\mathbb{B}^m$ die kleinste σ-Algebra, welche die Menge*

$$\mathcal{B} \doteq \{ B \subset \mathbb{R}^m \mid \times_{i=1}^{m} (-\infty, a_i],\ a_i \in \mathbb{R},\ i = 1, ..., m \}$$

umfaßt, d.h.

$$\mathbb{B}^m \doteq \sigma(\mathcal{B}) = \bigcap \{\mathcal{A} \subset \mathcal{P}(\Omega) \mid \mathcal{A} \text{ ist } \sigma-\text{Algebra},\ \mathcal{A} \supset \mathcal{B}\}.$$

$\mathbb{B}^m$ *heißt die* **Borel–σ–Algebra** *des $\mathbb{R}^m$. Die Elemente von $\mathbb{B}^m$ heißen die* **Borelschen Mengen** *des $\mathbb{R}^m$.*

d) $\mathcal{D} \subset \mathcal{P}(\Omega)$ *heißt* **Dynkin-System**, *wenn gilt:*

1. $\Omega \in \mathcal{D}$;
2. $(A, B \in \mathcal{D},\ A \subset B \Longrightarrow B \setminus A \in \mathcal{D})$ *für alle* $A, B \in \mathcal{P}(\Omega)$;
3. $(A_1, A_2, \ldots \in \mathcal{D},\ A_n \subset A_{n+1} \Longrightarrow \bigcup_{n=1}^{\infty} A_n \in \mathcal{D})$

   für alle Folgen (A_n) *in* $\mathcal{P}(\Omega)$.

Für alle $\mathcal{E} \subset \mathcal{P}(\Omega)$ sei $d(\mathcal{E})$ das kleinste Dynkin-System, das $\mathcal{E}$ umfaßt.

Definition A.3.2 *Gegeben sei ein Meßraum* $(\Omega, \mathcal{A})$.
a) *Eine Abbildung* $\mu : \mathcal{A} \longrightarrow \mathbb{R} \cup \{\infty\}$ *heißt* **Maß** *auf* $\mathcal{A}$, *wenn gilt:*

1. $\mu(A) \geq 0$ *für alle* $A \in \mathcal{A}$;
2. $\mu(\emptyset) = 0$ ($\emptyset$ *ist die leere Menge*);
3. *Für jede Folge* (A_n) *in* $\mathcal{A}$ *mit paarweise disjunkten Mengen* A_n *ist*
$$\mu\left(\bigcup_{n=1}^{\infty} A_n\right) = \sum_{n=1}^{\infty} \mu(A_n).$$

b) *Ein Maß P auf* $\mathcal{A}$ *heißt* **Wahrscheinlichkeitsmaß (Wahrscheinlichkeitsverteilung)** *auf* $\mathcal{A}$, *falls* $P(\Omega) = 1$.
Ist P ein Wahrscheinlichkeitsmaß, so heißt $(\Omega, \mathcal{A}, P)$ **Wahrscheinlichkeitsraum**.
$\mathcal{M}_1(\mathcal{A})$ *bezeichne die Menge aller Wahrscheinlichkeitsmaße auf* $\mathcal{A}$.

c) *Ein Wahrscheinlichkeitsmaß P auf* $(\Omega, \mathcal{A})$ *heißt* **diskret**, *wenn eine Folge* (x_n) *in* Ω *existiert, so daß*
$$P(\{x_1, x_2, \ldots\}) = 1.$$

Lemma A.3.1 *Es sei* Ω *eine Menge;* $\mathcal{E} \subset \mathcal{P}(\Omega)$ *sei* $\cap$*-stabil, d.h.:* $A, B \in \mathcal{E} \Longrightarrow A \cap B \in \mathcal{E}$. *Dann ist* $d(\mathcal{E}) = \sigma(\mathcal{E})$.

BEWEIS siehe Shiryayev (1984, S.140 f.).

Definition A.3.3 *Es sei P ein Wahrscheinlichkeitsmaß auf* $(\mathbb{R}^m, \mathbb{B}^m)$, *d.h.* $P \in \mathcal{M}_1(\mathbb{B}^m)$. *Dann nennt man* $F_P : \mathbb{R}^m \longrightarrow [0,1]$, *definiert durch*
$$F_P(t) = F_P(t_1, ..., t_m) \doteq P\left(\times_{i=1}^m (-\infty, t_i]\right),$$
die **Verteilungsfunktion** *von P*.

Korollar A.3.1 *Ein Wahrscheinlichkeitsmaß auf* $(\mathbb{R}^m, \mathbb{B}^m)$ *ist durch seine Verteilungsfunktion eindeutig bestimmt.*

BEWEIS Es sei $\mathcal{B}$ die Menge aus Definition A.3.1 c); weiterhin seien $P, Q \in \mathcal{M}_1(\mathbb{B}^m)$ und für alle $B \in \mathcal{B}$ gelte: $P(B) = Q(B)$. Betrachtet werden soll nun die Menge $\mathcal{M} \doteq \{B \in \mathbb{B}^m \mid P(B) = Q(B)\}$. (Die Behauptung ist: $\mathcal{M} = \mathbb{B}^m$.)
Da einerseits $\mathcal{M}$ ein Dynkin-System ist (siehe Definition A.1.10 d)) und

Abbildung 23: Der Erwartungswert eines Wahrscheinlichkeitsmaßes P, dargestellt als Differenz zwischen den Fächeninhalten der Flächen A und B.

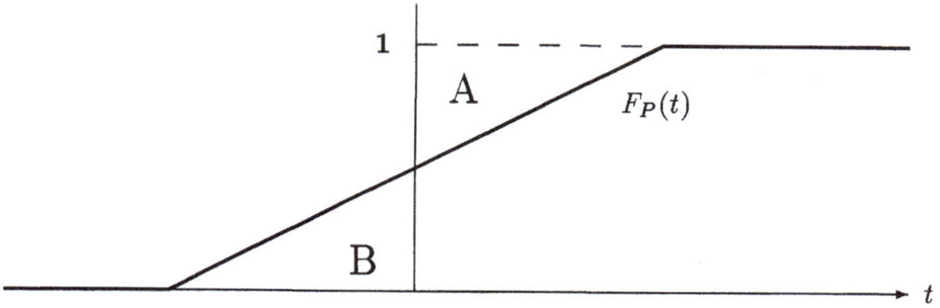

deshalb $d(\mathcal{B}) \subset \mathcal{M}$ und andererseits $\mathcal{M}$ $\cap$ –stabil ist, folgt mit Hilfe von Lemma A.3.1:

$$\mathcal{M} \supset d(\mathcal{B}) = \sigma(\mathcal{B}) = \mathbb{B}^m, \quad \text{also}: \ \mathcal{M} = \mathbb{B}^m .$$

///

Definition A.3.4 *Es sei* $P \in \mathcal{M}_1(\mathbb{B})$ *und* F_P *die Verteilungsfunktion von* P. *Dann läßt sich der* **Erwartungswert** $E(P)$ *des Wahrscheinlichkeitsmaßes* P *folgendermaßen definieren:*

$$E(P) \doteq \int_0^\infty (1 - F_P(t))\, dt - \int_{-\infty}^0 F_P(t)\, dt .$$

Graphisch kann man sich diese Definition anhand von Abbildung 23 veranschaulichen: Man subtrahiert den Flächeninhalt der Fäche B von dem Flächeninhalt der Fläche A.
Je weiter unten die Verteilungsfunktion F_P verläuft, desto größer ist der Erwartungswert $E(P)$. Eine Verschiebung der Verteilungsfunktion nach unten führt nämlich dazu, daß Wahrscheinlichkeitsmasse nach rechts (also zu den großen Werten hin) verschoben wird; die Fläche B wird hierdurch kleiner und die Fäche A größer.

Lemma A.3.2 *Falls* $P \in \mathcal{M}_1(\mathbb{B})$ *und*

$$x_1, \ldots, x_n \in \mathbb{R} \quad \textit{mit} \quad x_1 < x_2 < \ldots < x_n \quad (n \in \mathbb{N})$$

existieren, so daß $P(\{x_1, \ldots, x_n\}) = 1$, *dann erhält man die Verteilungsfunktion*

$$F_P : \mathbb{R} \longrightarrow [0, 1], \quad F_P(t) \doteq \begin{cases} 0, & \textit{falls } t < x_1, \\ p_1, & \textit{falls } x_1 \leq t < x_2, \\ p_1 + p_2, & \textit{falls } x_2 \leq t < x_3, \\ \ldots & \\ \sum_{i=1}^n p_i = 1, & \textit{falls } t \geq x_n. \end{cases}$$

Für den Erwartungswert von P gilt in diesem Fall:

$$E(P) = \sum_{i=1}^n p_i \, x_i .$$

BEWEIS Es ist

$$\begin{aligned} \int_{x_1}^{x_n} F_P(x)\,dx &= \int_{-\infty}^{x_n} F_P(x)\,dx = \int_{-\infty}^{0} F_P(x)\,dx + \int_0^{x_n} F_P(x)\,dx \\ &= \int_{-\infty}^{0} F_P(x)\,dx + \int_0^{x_n} (F_P(x) - 1)\,dx + x_n \\ &= \int_{-\infty}^{0} F_P(x)\,dx + \int_0^{\infty} (F_P(x) - 1)\,dx + x_n \\ &= x_n - E(P). \end{aligned}$$

Hieraus folgt für den Erwartungswert von P:

$$\begin{aligned} E(P) &= x_n - \int_{x_1}^{x_n} F_P(x)\,dx \\ &= x_n - \int_{x_1}^{x_2} F_P(x)\,dx - \int_{x_2}^{x_3} F_P(x)\,dx - \ldots - \int_{x_{n-1}}^{x_n} F_P(x)\,dx \\ &= x_n + (x_2 - x_1)\,p_1 + (x_2 - x_3)\,(p_1 + p_2) + \\ &\qquad \ldots + (x_{n-1} - x_n)\,(p_1 + \ldots + p_{n-1}) \\ &= p_1\,x_1 + p_2\,x_2 + \ldots + p_n\,x_n . \end{aligned}$$

///

Definition A.3.5 a) *Eine* **Zufallsvariable** *auf einem Meßraum* $(\Omega, \mathcal{A})$ *ist eine Funktion* $f: \Omega \longrightarrow \mathbb{R}$ *mit der Eigenschaft*

$$f^{-1}(B) \in \mathcal{A} \quad \textit{für alle } B \in \mathbb{B}.$$

b) *Die* **Verteilung einer Zufallsvariable** f **unter einem Wahrscheinlichkeitsmaß** P *ist definiert durch*

$$(f(P))(B) \doteq P(f^{-1}(B)), \quad B \in \mathbb{B}.$$

Lemma A.3.3 *Jede streng monoton wachsende Funktion* $f: \mathbb{R} \longrightarrow \mathbb{R}$ *ist eine Zufallsvariable auf dem Meßraum* $(\mathbb{R}, \mathbb{B})$, *d.h.*

$$f^{-1}(B) \in \mathbb{B} \quad \textit{für alle } B \in \mathbb{B}.$$

BEWEIS Es sei $f : \mathbb{R} \longrightarrow \mathbb{R}$ eine streng monoton wachsende Funktion. Nach Bauer (1978, S.53, Satz 9.2) genügt es zu zeigen, daß

$$M_\alpha \doteq \{ x \in \mathbb{R} \mid f(x) \leq \alpha \} \in \mathbb{B} \quad \text{für alle } \alpha \in \mathbb{R}.$$

Aufgrund der Monotonieeigenschaft der Funktion f gilt für alle $\alpha \in \mathbb{R}$:

$$\{ x \in \mathbb{R} \mid f(x) \leq \alpha \} = \{ x \in \mathbb{R} \mid x \leq f^{-1}(\alpha) \} = (-\infty, f^{-1}(\alpha)].$$

Bei der Menge M_α handelt es sich also um ein Intervall und damit insbesondere um eine Borelsche Menge. ///

Definition A.3.6 *Es sei* $x = (x_1, ..., x_n) \in \mathbb{R}^n$ *und* $\hat{x} \doteq (x_{(1)}, ..., x_{(n)})$ *derjenige Vektor aus* $\mathbb{R}^n$, *welcher die Komponenten von* x *nach wachsender Größe geordnet enthält. Für alle* $r \in \{1, ..., n\}$ *heißt* $x_{(r)}$ *dann die* r**-te Ordnungsstatistik** *von* x.

Anhang B

Beweise

Die Darstellung des Beweises von Arrows Theorem (Theorem 2.1.1 aus Abschnitt 2.1.1) ist in der Literatur (z.B. bei Sen, 1986, S.1078 ff., oder bei Bossert/Stehling, 1990, S.112 ff.) oft unvollständig. Aus diesem Grund gebe ich im folgenden einen vollständigen (aber relativ knapp gehaltenen) Beweis für Arrows Theorem an. Hauptbestandteil dieses Beweises ist der Beweis des folgenden Lemmas.

Lemma B.1 *(„field expansion lemma")*
Es sei $|\Omega| \geq 3$ *und* f *eine soziale Entscheidungsfunktion mit den Eigenschaften* (U), (I) *und* (P), *die für alle Präferenzordnungsprofile* $(\mathrm{R}_1, ..., \mathrm{R}_m)$ *eine quasitransitive kollektive Präferenzrelation liefert. Außerdem gebe es eine Personengruppe* $G \subset \{1, ..., m\}$, *zwei Alternativen* $a, b \in \Omega$ *und ein Präferenzordnungsprofil* $(\mathrm{R}_1, ..., \mathrm{R}_m)$, *so daß*

(i) $a\mathrm{P}_i b$ *für alle* $i \in G$,

(ii) $b\mathrm{P}_i a$ *für alle* $i \in \{1, ..., m\} \setminus G$,

(iii) $a\mathrm{P}b$.

Dann ist die Personengruppe G *entscheidend im Sinne von Definition 2.1.1 aus Abschnitt 2.1.2, d.h. für alle* $x, y \in \Omega$ *gilt:*

$$x\mathrm{P}_i y \quad \textit{für alle } i \in G \quad \Longrightarrow \quad x\mathrm{P}y\,.$$

BEWEIS (vgl. hierzu Arrow, 1963, S.98 f., oder Sen, 1970a, S.42 ff.)
Es seien $x, y \in \Omega$ beliebig. Dann gibt es $c, d \in \Omega$, so daß die Alternativen a, b, c und d paarweise verschieden sind und eine der folgenden Aussagen zutrifft:

$(x,y)=(a,c)$, $(x,y)=(c,b)$, $(x,y)=(b,c)$, $(x,y)=(b,a)$, $(x,y)=(a,b)$, $(x,y)=(c,a)$, $(x,y)=(c,d)$.
Die Behauptung ist also bewiesen, wenn für alle Alternativen $c,d \in \Omega$, die von $a,b \in \Omega$ verschieden sind, die folgenden sieben Aussagen gezeigt werden können:

(1) Die Gruppe G ist entscheidend über das geordnete Paar (a,c), d.h.:

$$a\mathrm{P}_i c \quad \text{für alle } i \in G \quad \Longrightarrow \quad a\mathrm{P}c,$$

(2) Die Gruppe G ist entscheidend über das geordnete Paar (c,b),

(3) Die Gruppe G ist entscheidend über das geordnete Paar (b,c),

(4) Die Gruppe G ist entscheidend über das geordnete Paar (b,a),

(5) Die Gruppe G ist entscheidend über das geordnete Paar (a,b),

(6) Die Gruppe G ist entscheidend über das geordnete Paar (c,a),

(7) Die Gruppe G ist entscheidend über das geordnete Paar (c,d).

Zu (1): Es sei $(\mathrm{R}_1, ..., \mathrm{R}_m)$ ein Präferenzordnungsprofil, für das folgendes gilt:

- $a\mathrm{P}_i b \wedge b\mathrm{P}_i c$ für alle $i \in G$,
- $b\mathrm{P}_i a \wedge b\mathrm{P}_i c$ für alle $i \in \{1, ..., m\} \setminus G$.

Wegen des schwachen Pareto-Prinzips folgt hieraus: $b\mathrm{P}c$. Aufgrund der obigen Voraussetzungen und insbesondere der Eigenschaft (I) gilt außerdem $a\mathrm{P}b$ und somit infolge der Quasitransitivität der Relation R: $a\mathrm{P}c$. Da dies unabhängig von den Präferenzen der Personen $i \in \{1, ..., m\} \setminus G$ hinsichtlich des Paarvergleichs zwischen a und c gilt, folgt hieraus aufgrund der Eigenschaft (I), daß die Gruppe G entscheidend über das geordnete Paar (a,c) ist.

Zu (2): Es sei $(\mathrm{R}_1, ..., \mathrm{R}_m)$ ein Präferenzordnungsprofil, für das folgendes gilt:

- $c\mathrm{P}_i a \wedge a\mathrm{P}_i b$ für alle $i \in G$,
- $c\mathrm{P}_i a \wedge b\mathrm{P}_i a$ für alle $i \in \{1, ..., m\} \setminus G$.

Wegen des schwachen Pareto-Prinzips folgt hieraus: $c\mathrm{P}a$. Aufgrund der obigen Voraussetzungen und insbesondere der Eigenschaft (I) gilt außerdem $a\mathrm{P}b$ und somit infolge der Quasitransitivität der Relation R: $c\mathrm{P}b$. Da dies unabhängig von den Präferenzen der Personen $i \in \{1, ..., m\} \setminus G$

hinsichtlich des Paarvergleichs zwischen c und b gilt, folgt hieraus aufgrund der Eigenschaft (I), daß die Gruppe G entscheidend über das geordnete Paar (c, b) ist.

Zu (3): Es sei $(\mathrm{R}_1, ..., \mathrm{R}_m)$ ein Präferenzordnungsprofil, für das folgendes gilt:

- $b\mathrm{P}_i a \wedge a\mathrm{P}_i c$ für alle $i \in G$,
- $b\mathrm{P}_i a \wedge c\mathrm{P}_i a$ für alle $i \in \{1, ..., m\} \setminus G$.

Wegen des schwachen Pareto-Prinzips folgt hieraus: $b\mathrm{P}a$. Aufgrund von (1) und der Eigenschaft (I) gilt außerdem $a\mathrm{P}c$ und somit infolge der Quasitransitivität der Relation R: $b\mathrm{P}c$. Da dies unabhängig von den Präferenzen der Personen $i \in \{1, ..., m\} \setminus G$ hinsichtlich des Paarvergleichs zwischen b und c gilt, folgt hieraus aufgrund der Eigenschaft (I), daß die Gruppe G entscheidend über das geordnete Paar (b, c) ist.

Zu (4): Es sei $(\mathrm{R}_1, ..., \mathrm{R}_m)$ ein Präferenzordnungsprofil, für das folgendes gilt:

- $b\mathrm{P}_i c \wedge c\mathrm{P}_i a$ für alle $i \in G$,
- $c\mathrm{P}_i b \wedge c\mathrm{P}_i a$ für alle $i \in \{1, ..., m\} \setminus G$.

Wegen des schwachen Pareto-Prinzips folgt hieraus: $c\mathrm{P}a$. Aufgrund von (3) und der Eigenschaft (I) gilt außerdem $b\mathrm{P}c$ und somit infolge der Quasitransitivität der Relation R: $b\mathrm{P}a$. Da dies unabhängig von den Präferenzen der Personen $i \in \{1, ..., m\} \setminus G$ hinsichtlich des Paarvergleichs zwischen b und a gilt, folgt hieraus aufgrund der Eigenschaft (I), daß die Gruppe G entscheidend über das geordnete Paar (b, a) ist.

Zu (5): Es sei $(\mathrm{R}_1, ..., \mathrm{R}_m)$ ein Präferenzordnungsprofil, für das folgendes gilt:

- $a\mathrm{P}_i c \wedge c\mathrm{P}_i b$ für alle $i \in G$,
- $c\mathrm{P}_i a \wedge c\mathrm{P}_i b$ für alle $i \in \{1, ..., m\} \setminus G$.

Wegen des schwachen Pareto-Prinzips folgt hieraus: $c\mathrm{P}b$. Aufgrund von (1) und der Eigenschaft (I) gilt außerdem $a\mathrm{P}c$ und somit infolge der Quasitransitivität der Relation R: $a\mathrm{P}b$. Da dies unabhängig von den Präferenzen der Personen $i \in \{1, ..., m\} \setminus G$ hinsichtlich des Paarvergleichs zwischen a und b gilt, folgt hieraus aufgrund der Eigenschaft (I), daß die Gruppe G

entscheidend über das geordnete Paar (a, b) ist.

Zu (6): Es sei $(\mathrm{R}_1, ..., \mathrm{R}_m)$ ein Präferenzordnungsprofil, für das folgendes gilt:

- $c\mathrm{P}_i b \wedge b\mathrm{P}_i a$ für alle $i \in G$,
- $c\mathrm{P}_i b \wedge a\mathrm{P}_i b$ für alle $i \in \{1, ..., m\} \setminus G$.

Wegen des schwachen Pareto-Prinzips folgt hieraus: $c\mathrm{P}b$. Aufgrund von (4) und der Eigenschaft (I) gilt außerdem $b\mathrm{P}a$ und somit infolge der Quasitransitivität der Relation R: $c\mathrm{P}a$. Da dies unabhängig von den Präferenzen der Personen $i \in \{1, ..., m\} \setminus G$ hinsichtlich des Paarvergleichs zwischen c und a gilt, folgt hieraus aufgrund der Eigenschaft (I), daß die Gruppe G entscheidend über das geordnete Paar (c, a) ist.

Zu (7): Es sei $(\mathrm{R}_1, ..., \mathrm{R}_m)$ ein Präferenzordnungsprofil, für das folgendes gilt:

- $c\mathrm{P}_i b \wedge b\mathrm{P}_i d$ für alle $i \in G$,
- $b\mathrm{P}_i c \wedge b\mathrm{P}_i d$ für alle $i \in \{1, ..., m\} \setminus G$.

Wegen des schwachen Pareto-Prinzips folgt hieraus: $b\mathrm{P}d$. Aufgrund von (2) und der Eigenschaft (I) gilt außerdem $c\mathrm{P}b$ und somit infolge der Quasitransitivität der Relation R: $c\mathrm{P}d$. Da dies unabhängig von den Präferenzen der Personen $i \in \{1, ..., m\} \setminus G$ hinsichtlich des Paarvergleichs zwischen c und d gilt, folgt hieraus aufgrund der Eigenschaft (I), daß die Gruppe G entscheidend über das geordnete Paar (c, d) ist. ///

BEWEIS VON THEOREM 2.1.1 (Arrows Theorem, vgl. hierzu Arrow, 1963, S.97 ff., oder Sen, 1970a, S.42 f.)
Es sei $|\Omega| \geq 3$ und f eine soziale Wohlfahrtsfunktion mit den Eigenschaften (U), (I) und (P). Zu zeigen ist, daß f die Forderung (ND) verletzt. Es sei nun $G \in \{1, ..., m\}$ die kleinste entscheidende Personengruppe im Sinne von Definition 2.1.1 aus Abschnitt 2.1.2. Die Existenz einer solchen Personengruppe wird garantiert durch das schwache Pareto-Prinzip, welches impliziert, daß die Menge $\{1, ..., m\}$ entscheidend ist.
Weiterhin seien $a, b, c \in \Omega$ und $(\mathrm{R}_1, ..., \mathrm{R}_m)$ ein Präferenzordnungsprofil, für das ein $k \in \{1, ..., m\}$ existiert, so daß

- $a\mathrm{P}_k b \wedge b\mathrm{P}_k c$,
- $b\mathrm{P}_i c \wedge c\mathrm{P}_i a$ für alle $i \in G \setminus \{k\}$,

- $cP_ia \wedge aP_ic$ für alle $i \in \{1, ..., m\} \setminus G$.

Da G entscheidend ist, folgt hieraus: bPc. Wegen der Vollständigkeit von R muß somit entweder cRa oder aPc gelten. Im Falle cRa folgt aus bPc aufgrund der Transitivität von R bPa. Es gilt also entweder aPc oder bPa.

Bei den gegebenen Präferenzen würde bPa aufgrund von Lemma B.1 implizieren, daß die Gruppe $G \setminus \{k\}$ entscheidend im Sinne von Definition 2.1.1 aus Abschnitt 2.1.2 ist, d.h. daß für alle $x, y \in \Omega$ gilt:

$$xP_iy \quad \text{für alle } i \in G \setminus \{k\} \quad \Longrightarrow \quad xPy\,.$$

Dies stellt aber einen Widerspruch zu der Voraussetzung dar, die Menge G sei die kleinste entscheidende Menge. Es muß also gelten: aPc. Hieraus folgt gemäß Lemma B.1, daß k entscheidend im Sinne von Definition 2.1.1 aus Abschnitt 2.1.2 ist, d.h. daß für alle $x, y \in \Omega$ gilt:

$$xP_ky \Longrightarrow xPy\,.$$

Damit ist bewiesen, daß ein Diktator k existiert, die Forderung (ND) also verletzt ist. ///

BEWEIS VON THEOREM 2.2.1 (vgl. Sen, 1970a, S.129 f., und 1986, S.1115)

Aufgrund des ursprünglichen Arrow-Theorems (siehe Abschnitt 2.1.1, Theorem 2.1.1, und Abschnitt 2.2.1, Korollar 2.2.1) ist Theorem 2.2.1 bewiesen, wenn gezeigt werden kann, daß jedes soziale Wohlfahrtsfunktional mit den Eigenschaften (U), (I), (P), (ND) und (IV) auch die Eigenschaft (O) besitzt. Es sei also F ein soziales Wohlfahrtsfunktional mit den Eigenschaften (U), (I), (P), (ND) und (IV), $f = (f_1, ..., f_m)$ ein Nutzenfunktionsprofil, $\phi = (\phi_1, ..., \phi_m)$ ein m–Tupel von streng monoton wachsenden Transformationen und $a, b \in \Omega$ zwei beliebige Alternativen.

Man setze nun für alle $i \in \{1, ..., m\}$

$$a_i \doteq \frac{\phi_i(f_i(b)) - \phi_i(f_i(a))}{f_i(b) - f_i(a)}\,, \qquad b_i \doteq \phi_i(f_i(a)) - a_i\, f_i(a)\,,$$

und definiere die Funktionen $\phi_i' \colon \mathbb{R} \longrightarrow \mathbb{R}$ $(i = 1, ..., m)$ folgendermaßen:[1]

$$\phi_i'(x) \doteq a_i\, x + b_i\,, \quad x \in \mathbb{R}\,.$$

[1] Im Unterschied zu Sen (1970a, S.129 f., und 1986, S.1115), der lediglich schreibt, daß Funktionen ϕ_i' mit den für die Beweisführung erforderlichen Eigenschaften existieren, gebe ich explizit geeignete Funktionen ϕ_i' an.

Für die positiv-affinen Transformationen ϕ'_i $(i = 1, ..., m)$ gilt dann:

$$\begin{aligned}\phi'_i(f_i(a)) &= a_i\, f_i(a) + b_i \;=\; \phi_i(f_i(a))\,,\\ \phi'_i(f_i(b)) &= a_i\, f_i(b) + b_i \;=\; a_i\, f_i(b) + \phi_i(f_i(a)) - a_i\, f_i(a)\\ &= a_i\,(f_i(b) - f_i(a)) + \phi_i(f_i(a))\\ &= \phi_i(f_i(b)) - \phi_i(f_i(a)) + \phi_i(f_i(a)) \;=\; \phi_i(f_i(b))\,.\end{aligned}$$

Aufgrund der Unabhängigkeit von irrelevanten Alternativen erhält man die Äquivalenz

$$a\, F(\phi_1 \circ f_1, \,...\,, \phi_m \circ f_m)\, b \iff a\, F(\phi'_1 \circ f_1, \,...\,, \phi'_m \circ f_m)\, b$$

und aufgrund des Invarianzaxioms (IV) die Äquivalenz

$$a\, F(\phi'_1 \circ f_1, \,...\,, \phi'_m \circ f_m)\, b \iff a\, F(f_1, ..., f_m)\, b\,.$$

Damit ist gezeigt, daß für alle $a, b \in \Omega$ gilt:

$$a\, F(\phi_1 \circ f_1, \,...\,, \phi_m \circ f_m)\, b \iff a\, F(f_1, ..., f_m)\, b\,.$$

Die Invarianzeigenschaft (O) ist also erfüllt. ///

BEWEIS VON THEOREM 2.2.5 (vgl. d'Aspremont/Gevers, 1985, S.34 f., und Bossert/Stehling, 1990, S.161 ff.)

„$\Longrightarrow$": Es sei F ein soziales Wohlfahrtsfunktional mit der Eigenschaft (SN). Außerdem seien $a, b \in \Omega$ und $f = (f_1, ..., f_m)$ ein Nutzenfunktionsprofil, so daß für alle $i \in \{1, ..., m\}$ gilt: $f_i(a) = f_i(b)$.

Für die zu f gehörige Präferenzordnung $\mathrm{R}_f \doteq F(f_1, ..., f_m)$ folgt hieraus aufgrund des Axioms (SN)

$$a\, \mathrm{R}_f\, b \iff b\, \mathrm{R}_f\, a\,,$$

und somit wegen der Vollständigkeit der Relation R_f:

$$a\, \mathrm{R}_f\, b \;\wedge\; b\, \mathrm{R}_f\, a \quad (\iff a\, \mathrm{I}_f\, b)\,.$$

Damit ist gezeigt, daß das soziale Wohlfahrtsfunktional F der Pareto-Indifferenz-Regel genügt.

„$\Longleftarrow$": Es sei F ein soziales Wohlfahrtsfunktional mit den Eigenschaften (U), (I) und (P^0). Weiterhin seien $\{a, b\}$, $\{c, d\}$ zwei Alternativenpaare und $f = (f_1, ..., f_m)$, $g = (g_1, ..., g_m)$ zwei Nutzenfunktionsprofile, so daß für alle $i \in \{1, ..., m\}$ gilt:

$$f_i(a) = g_i(c) \doteq x_i \quad und \quad f_i(b) = g_i(d) \doteq y_i \,.$$

Zu zeigen ist dann, daß für die kollektiven Präferenzordnungen $\mathrm{R}_f \doteq F(f_1, ..., f_m)$ und $\mathrm{R}_g \doteq F(g_1, ..., g_m)$ folgendes gilt:

$$a\,\mathrm{R}_f\,b \iff c\,\mathrm{R}_g\,d$$

Man wähle nun zwei Nutzenfunktionsprofile $h = (h_1, ..., h_m)$ und $j = (j_1, ..., j_m)$ derart, daß für alle $i \in \{1, ..., m\}$

$$h_i(a) = x_i\,, \quad h_i(b) = h_i(d) = y_i\,; \quad j_i(c) = j_i(a) = x_i\,, \quad j_i(d) = y_i\,.$$

Wegen der Unabhängigkeit von irrelevanten Alternativen und der Pareto-Indifferenz-Regel folgt hieraus

$$\begin{aligned}&(a\,\mathrm{R}_f\,b \iff a\,\mathrm{R}_h\,b) \;\wedge\; b\,\mathrm{I}_h\,d \;\wedge\; (a\,\mathrm{R}_h\,d \iff a\,\mathrm{R}_j\,d)\\ &\wedge\; a\,\mathrm{I}_j\,c \;\wedge\; (c\,\mathrm{R}_j\,d \iff c\,\mathrm{R}_g\,d)\,,\end{aligned}$$

und somit:

$$\begin{aligned}a\,\mathrm{R}_f\,b &\iff a\,\mathrm{R}_h\,b \iff a\,\mathrm{R}_h\,d \iff\\ a\,\mathrm{R}_j\,d &\iff c\,\mathrm{R}_j\,d \iff c\,\mathrm{R}_g\,d\,.\end{aligned}$$

///

BEWEIS VON LEMMA 2.2.1

a) Ich beschränke mich darauf, zu beweisen, daß die **Leximin-Regel** die Stetigkeitsforderung (ST) verletzt; im Falle der Leximax-Regel verläuft der Beweis analog.

Zu zeigen ist, daß die durch die Leximin-Regel induzierte Ordnungsrelation $\mathrm{R}'_{leximin}$ auf dem Nutzenraum $\mathbb{R}^m$ (siehe Abschnitt 2.2.3, Definition 2.2.2) **nicht** stetig ist im Sinne von Definition 2.2.3 aus Abschnitt 2.2.3. Hierzu genügt es zu zeigen, daß ein Vektor $v \in \mathbb{R}^m$ existiert, so daß die Menge

$$M \doteq \{\, u \in \mathbb{R}^m \mid v\,\mathrm{R}'_{leximin} u \,\}$$

nicht abgeschlossen[2] ist.

Gemäß der Definition der Leximin-Regel (siehe Abschnitt 2.2.2, Beispiel

[2] Zum Begriff der Abgeschlossenheit siehe Anhang A.2, Definition A.2.3.

2.2.2) lautet die durch die Leximin-Regel induzierte Ordnungsrelation $\mathrm{R}'_{leximin}$ folgendermaßen:

$$\begin{aligned} u\,\mathrm{P}'_{leximin}v \;&:\Longleftrightarrow\; \text{Es existiert ein Rang } r\in\{1,\dots,m\}\text{, so daß} \\ &\qquad\quad u_{(r)} > v_{(r)} \text{ und } u_{(s)} = v_{(s)} \text{ für alle } s<r; \\ u\,\mathrm{I}'_{leximin}v \;&:\Longleftrightarrow\; \neg(u\,\mathrm{P}'_{leximin}v) \wedge \neg(v\,\mathrm{P}'_{leximin}u) \\ &\;\Longleftrightarrow\; u_{(r)} = v_{(r)} \text{ für alle } r\in\{1,\dots,m\}; \\ u\,\mathrm{R}'_{leximin}v \;&:\Longleftrightarrow\; u\,\mathrm{P}'_{leximin}v \vee u\,\mathrm{I}'_{leximin}v\,. \end{aligned}$$

Die Werte $u_{(r)}$, $v_{(r)}$ ($r\in\{1,\dots,m\}$) bezeichnen dabei die r-ten Ordnungsstatistiken der Nutzenvektoren $u=(u_1,\dots,u_m)$ und $v=(v_1,\dots,v_m)$.

Es sei nun $v\in\mathbb{R}^m$ beliebig. Behauptet wird, daß die Menge

$$M \doteq \{u\in\mathbb{R}^m \mid v\,\mathrm{R}'_{leximin}u\}$$

nicht abgeschlossen ist, d.h. daß die Menge

$$\mathbb{R}^m\setminus M = \{u\in\mathbb{R}^m \mid \neg(v\,\mathrm{R}'_{leximin}u)\} = \{u\in\mathbb{R}^m \mid u\,\mathrm{P}'_{leximin}v\}$$

nicht offen[3] ist.
Um diese Behaupung zu beweisen, wähle ich einen Vektor $x\in\mathbb{R}^m\setminus M$ so, daß keine Umgebung[4] $\mathcal{U}(x)$ existiert, die ganz in $\mathbb{R}^m\setminus M$ liegt. Es sei also

$$x \doteq (v_{(1)},\, v_{(2)},\, \dots,\, v_{(m-1)},\, v_{(m)}+1)$$

und $\epsilon>0$ beliebig klein. Dann gilt für den Vektor

$$y \doteq (x_1-\epsilon/m,\, x_2-\epsilon/m,\, \dots,\, x_{m-1}-\epsilon/m,\, x_m)$$

folgendes:

$$|x-y|<\epsilon \quad\text{und}\quad y\in M.$$

Damit ist gezeigt, daß es keine Umgebung $\mathcal{U}(x)$ gibt, die ganz in $\mathbb{R}^m\setminus M$ liegt, die Menge $\mathbb{R}^m\setminus M$ also nicht offen ist. Die Abbildungen 24 und 25 veranschaulichen den Beweis für den Fall $m=2$.

b) Ich beschränke mich darauf, die Stetigkeit der Maximin-Regel zu beweisen; im Falle der Maximax-Regel verläuft der Beweis analog.
Zu zeigen ist, daß die durch die Maximin-Regel induzierte Ordnungsrelation

[3] Zum Begriff der Offenheit siehe Anhang A.2, Definition A.2.3.
[4] Zum Begriff der Umgebung siehe Anhang A.2, Definition A.2.2.

$R'_{maximin}$ auf dem Nutzenraum $\mathbb{R}^m$ stetig ist im Sinne von Definition 2.2.3 aus Abschnitt 2.2.3. Für alle $v \in \mathbb{R}^m$ muß also bewiesen werden, daß die Mengen

$$M_1 \doteq \{\, u \in \mathbb{R}^m \mid v\, R'_{maximin} u \,\} \quad \text{und}$$
$$M_2 \doteq \{\, u \in \mathbb{R}^m \mid u\, R'_{maximin} v \,\}$$

abgeschlossen sind, d.h. daß die Mengen

$$\mathbb{R}^m \setminus M_1 = \{\, u \in \mathbb{R}^m \mid u\, P'_{maximin} v \,\} \quad \text{und}$$
$$\mathbb{R}^m \setminus M_2 = \{\, u \in \mathbb{R}^m \mid v\, P'_{maximin} u \,\}$$

offen sind.
Die durch die Maximin-Regel induzierte Ordnungsrelation $R'_{maximin}$ lautet dabei folgendermaßen:

$$u\, R'_{maximin} v \;:\Longleftrightarrow\; u_{(1)} \doteq \min\{u_1, ..., u_m\} \geq \min\{v_1, ..., v_m\} \doteq v_{(1)} .$$

Die Offenheit der Menge $\mathbb{R}^m \setminus M_1$ läßt sich folgendermaßen beweisen:

> Es sei $x \in \mathbb{R}^m \setminus M_1$. Dann ist $x_{(1)} \doteq \min\{x_1, ..., x_m\}$ größer als $v_{(1)} \doteq \min\{v_1, ..., v_m\}$, d.h. es gibt ein $\epsilon > 0$, so daß $x_{(1)} - v_{(1)} > \epsilon$.
> Mit
>
> $$B(x, \epsilon) \doteq \{\, y \in \mathbb{R}^m \mid |x-y| < \epsilon \,\}$$
>
> bezeichne ich die Kugel um den Mittelpunkt x mit Radius ϵ. Falls $\epsilon < x_{(1)} - v_{(1)}$, so gilt für alle Vektoren $y \in B(x, \epsilon)$ und die zugehörigen Minima $y_{(1)} \doteq \min\{y_1, ..., y_m\}$:
>
> $$x_{(1)} - y_{(1)} \leq |x_{(1)} - y_{(1)}| < \epsilon < x_{(1)} - v_{(1)} ,$$
> $$\text{und somit:} \quad y_{(1)} > v_{(1)} \quad (\Longrightarrow \; y \in \mathbb{R}^m \setminus M_1) .$$
>
> Die Kugel $B(x, \epsilon)$ liegt also vollständig in $\mathbb{R}^m \setminus M_1$, sofern $\epsilon < x_{(1)} - v_{(1)}$.

Der Beweis der Offenheit der Menge $\mathbb{R}^m \setminus M_2$ verläuft analog. Im Falle $m = 2$ können die Abbildungen 26, 27 und 28 zur Veranschaulichung der obigen Beweisführung dienen.

c) Man betrachte eine gewichtete Summation im Sinne von Beispiel 2.2.7 (Abschnitt 2.2.3) mit den Gewichten $\alpha_1, ..., \alpha_m$. Die durch diese gewichtete Summation induzierte Ordnungsrelation R' auf dem Nutzenraum $\mathbb{R}^m$

lautet:

$$uR'v \;:\Longleftrightarrow\; \sum_{i=1}^{m} \alpha_i\, u_i \;\geq\; \sum_{i=1}^{m} \alpha_i\, v_i\,.$$

Für alle $v \in \mathbb{R}^m$ ist nun zu beweisen, daß die Mengen

$$M_1 \doteq \{\, u \in \mathbb{R}^m \mid v\, R' u\} \quad \text{und } M_2 \doteq \{\, u \in \mathbb{R}^m \mid u\, R' v\}$$

abgeschlossen sind, d.h. daß die Mengen

$$\begin{aligned} \mathbb{R}^m \setminus M_1 &= \{\, u \in \mathbb{R}^m \mid u\, P' v\} \quad \text{und} \\ \mathbb{R}^m \setminus M_2 &= \{\, u \in \mathbb{R}^m \mid v\, P' u\} \end{aligned}$$

offen sind.
Die Offenheit der Menge $\mathbb{R}^m \setminus M_1$ läßt sich folgendermaßen beweisen:

Es sei $x \in \mathbb{R}^m \setminus M_1$. Dann ist

$$\sum_{i=1}^{m} \alpha_i\, x_i > \sum_{i=1}^{m} \alpha_i\, v_i\,.$$

Man kann also $\epsilon > 0$ so wählen, daß

$$\sum_{i=1}^{m} \alpha_i\, x_i - \sum_{i=1}^{m} \alpha_i\, v_i > m\epsilon\,.$$

Für ein solches ϵ besitzen alle Vektoren

$$y \in B(x,\, \epsilon) \doteq \{\, y \in \mathbb{R}^m \mid |x - y| < \epsilon\,\}$$

die folgende Eigenschaft:

$$\sum_{i=1}^{m} \alpha_i\, y_i > \sum_{i=1}^{m} \alpha_i\, (x_i - \epsilon) \geq \sum_{i=1}^{m} \alpha_i\, x_i - m\epsilon > \sum_{i=1}^{m} \alpha_i\, v_i\,.$$

Die Kugel $B(x,\, \epsilon)$ liegt also vollständig in $\mathbb{R}^m \setminus M_1$, sofern

$$\epsilon < \frac{\sum_{i=1}^{m} \alpha_i\, x_i - \sum_{i=1}^{m} \alpha_i\, v_i}{m}\,.$$

Der Beweis der Offenheit der Menge $\mathbb{R}^m \setminus M_2$ verläuft analog. Im Falle $m = 2$ können die Abbildungen 29 und 30, welche sich auf das Summationsprinzip beziehen, zur Veranschaulichung dienen. ///

Abbildung 24: Verletzung der Stetigkeitsforderung (ST) durch die Leximin-Regel

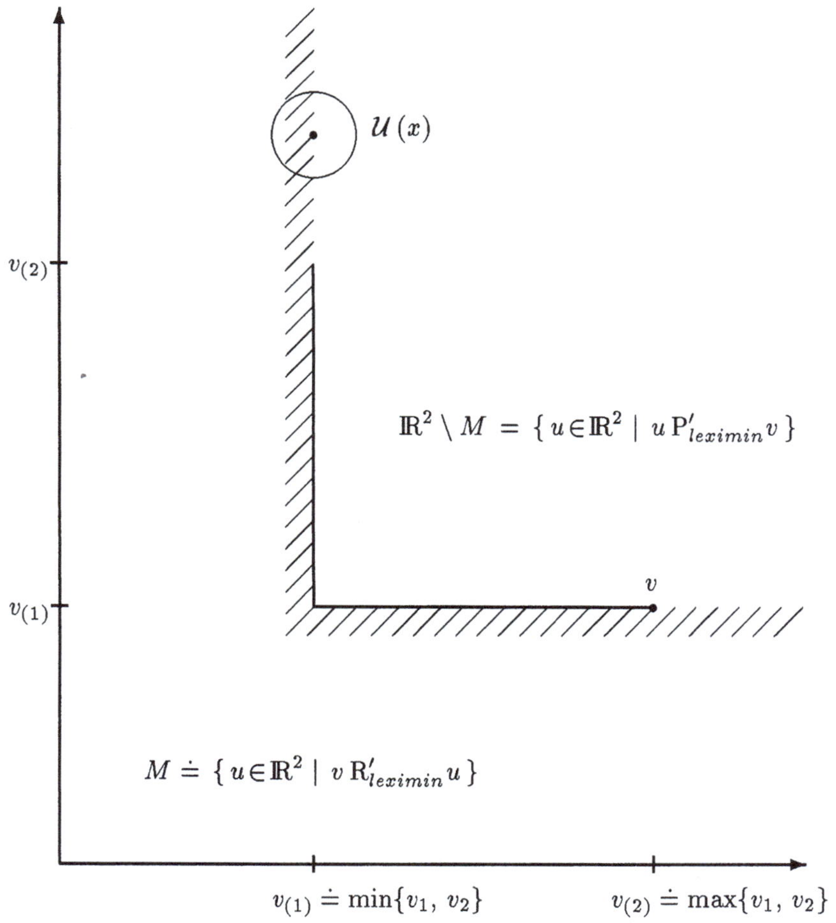

Abbildung 25: Verletzung der Stetigkeitsforderung (ST) durch die Leximax-Regel

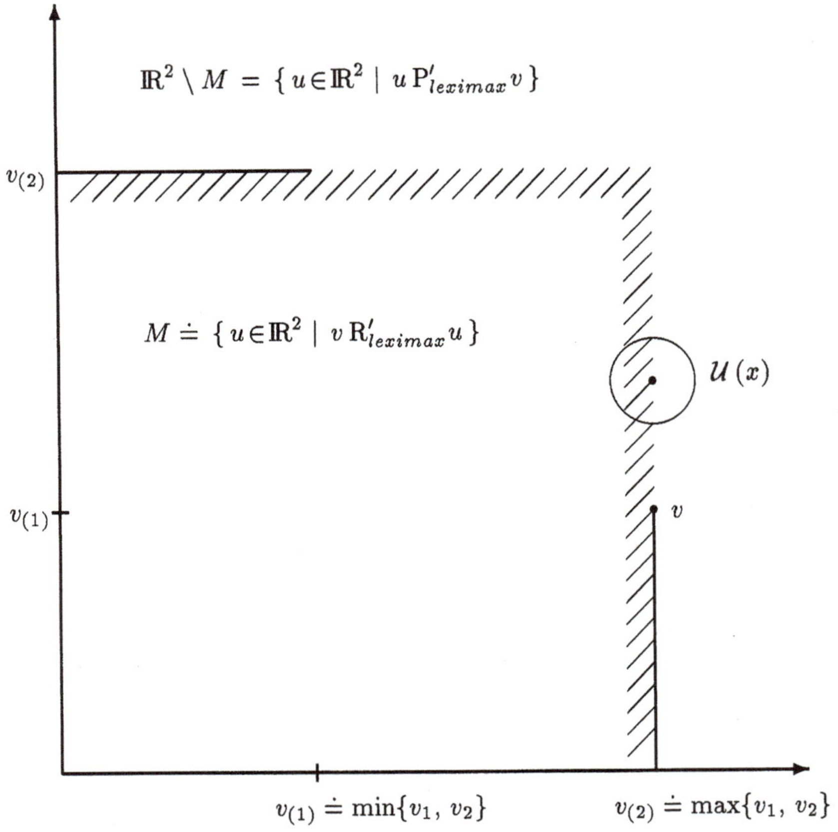

Abbildung 26: Stetigkeit der Maximin-Regel

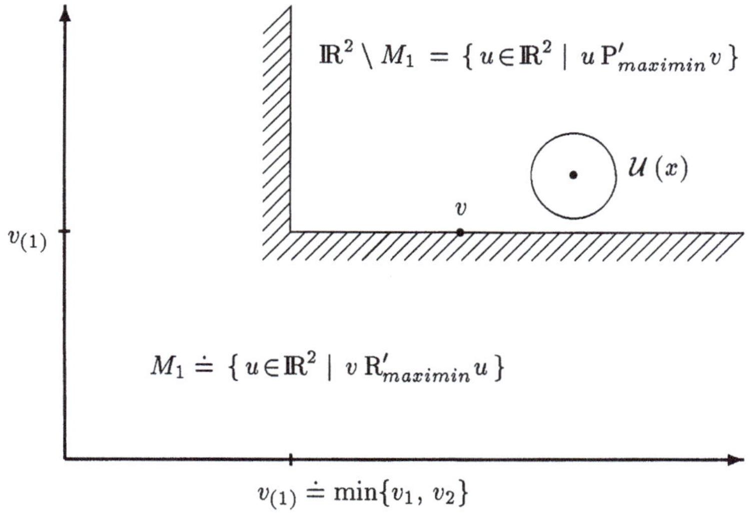

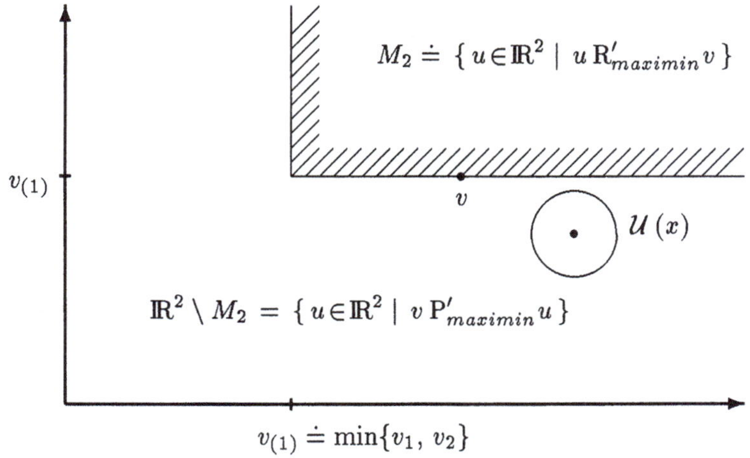

Abbildung 27: Stetigkeit der Maximax-Regel (Abgeschlossenheit der Menge M_1)

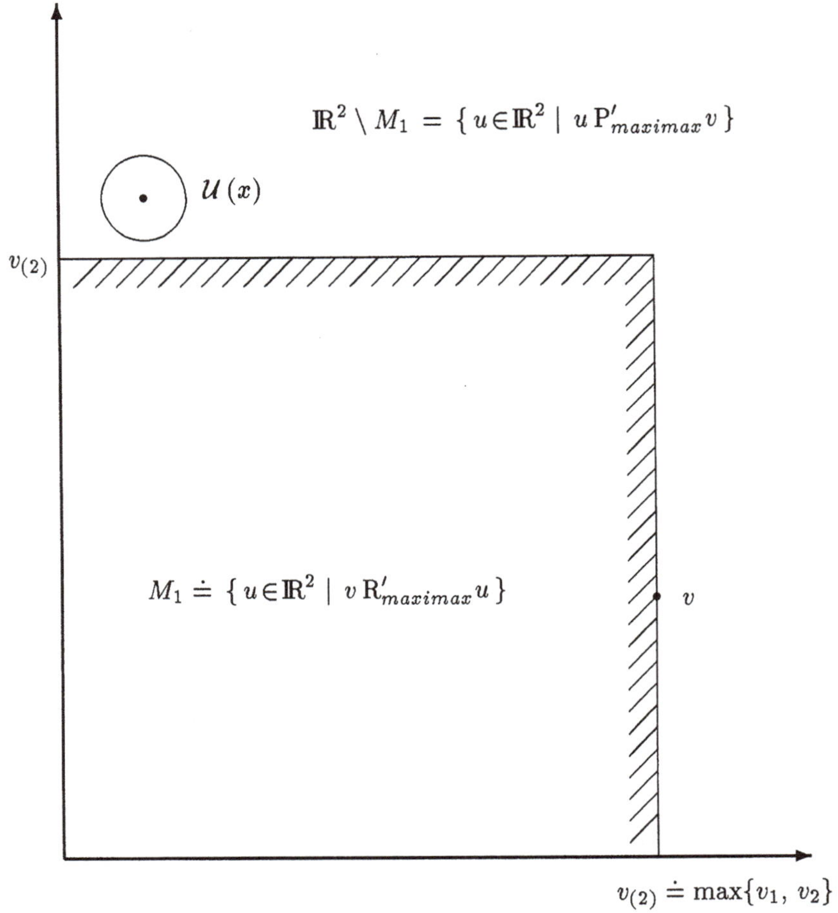

Abbildung 28: Stetigkeit der Maximax-Regel (Abgeschlossenheit der Menge M_2)

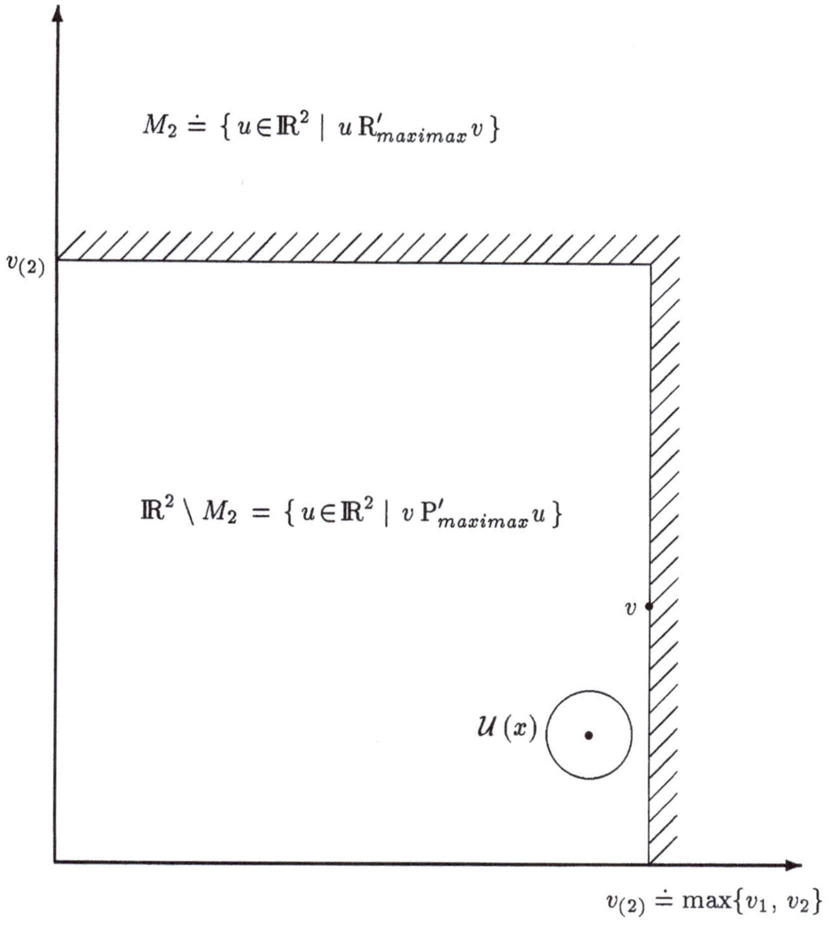

Abbildung 29: Stetigkeit des Summationsprinzips (Abgeschlossenheit der Menge M_1)

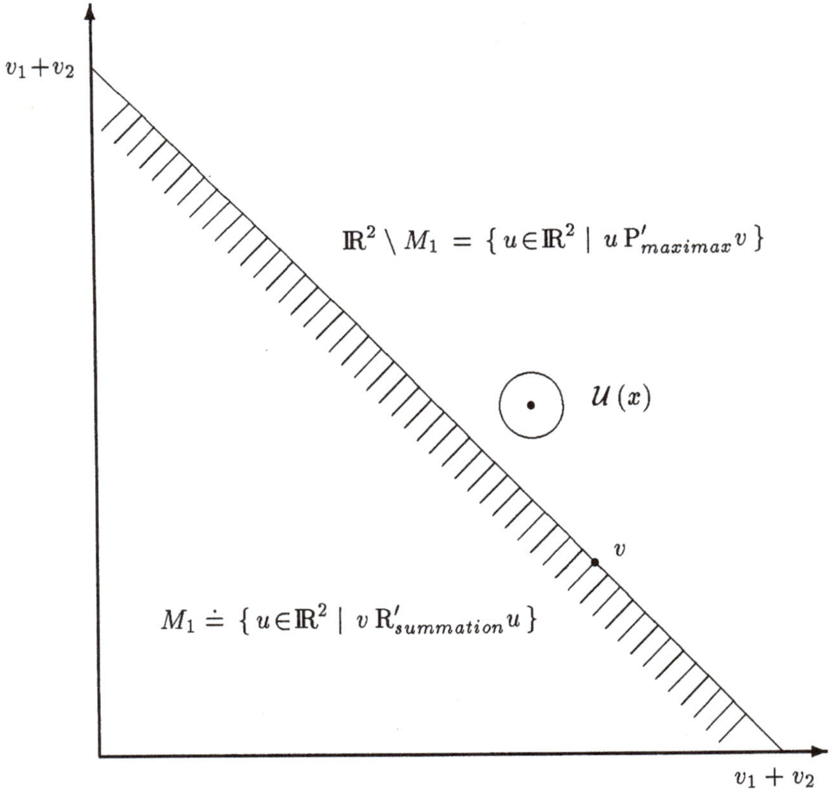

Abbildung 30: Stetigkeit des Summationsprinzips (Abgeschlossenheit der Menge M_2)

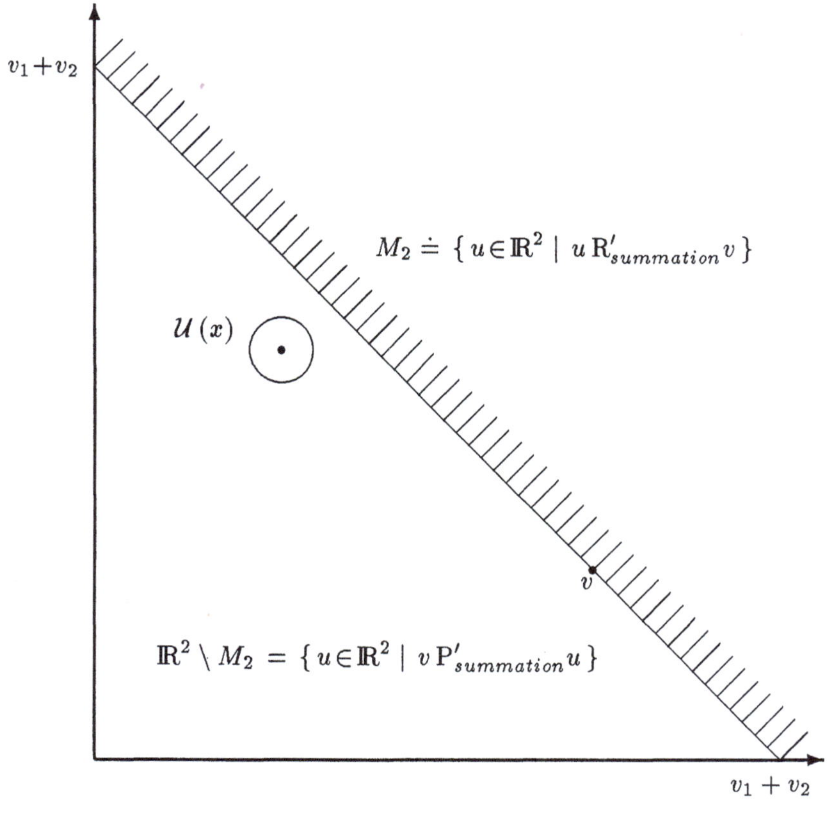

Zum Beweis der Sätze 2.2.3, 2.2.6 und 2.2.8 benötige ich einige Aussagen über die Zusammenhänge zwischen sozialen Wohlfahrtsfunktionalen mit den Eigenschaften (U), (I) und (P^0) einerseits und den zugehörigen Präferenzordnungen auf dem Nutzenraum $\mathbb{R}^m$ andererseits. Die Eigenschaften (ON), (IVEN), (IVE), (A), (SE), (SE–) und (SER) implizieren bei einem sozialen Wohlfahrtsfunktional F, das den Forderungen (U), (I) und (P^0) genügt, entsprechende Eigenschaften der zugehörigen Präferenzordnung R′ auf der Menge $\mathbb{R}^m$ (zur Definition der Relation R′ siehe Abschnitt 2.2.3, Definition 2.2.2). Diese lauten folgendermaßen:

(ON′) Für alle $u, v \in \mathbb{R}^m$ und alle streng monoton wachsenden Transformationen $\phi\colon \mathbb{R} \longrightarrow \mathbb{R}$ gilt:

$$(u_1, \ldots, u_m)\ \mathrm{R}'\ (v_1, \ldots, v_m) \iff$$
$$(\phi(u_1), \ldots, \phi(u_m))\ \mathrm{R}'\ (\phi(v_1), \ldots, \phi(v_m)).$$

(IVEN′) Für alle $u, v \in \mathbb{R}^m$ und alle Transformationen

$$\phi\colon \mathbb{R} \longrightarrow \mathbb{R},\quad \phi(x) = a\,x + b \quad \text{mit } a, b \in \mathbb{R},\ a > 0,$$

gilt:

$$(u_1, \ldots, u_m)\ \mathrm{R}'\ (v_1, \ldots, v_m) \iff$$
$$(\phi(u_1), \ldots, \phi(u_m))\ \mathrm{R}'\ (\phi(v_1), \ldots, \phi(v_m)).$$

(IVE′) Für alle $u, v \in \mathbb{R}^m$ und alle m–Tupel $(\phi_1, \ldots, \phi_m)$ von Transformationen

$$\phi_i\colon \mathbb{R} \longrightarrow \mathbb{R},\quad \phi_i(x) = a\,x + b_i \quad \text{mit } a,\ b_i \in \mathbb{R},\ a > 0,$$

gilt:

$$(u_1, \ldots, u_m)\ \mathrm{R}'\ (v_1, \ldots, v_m) \iff$$
$$(\phi_1(u_1), \ldots, \phi_m(u_m))\ \mathrm{R}'\ (\phi_1(v_1), \ldots, \phi_m(v_m)).$$

(A′) Für alle $u, v \in \mathbb{R}^m$ und jede Permutation σ von $\{1, \ldots, m\}$ gilt:

$$u \mathrm{R}' v \iff u_\sigma\ \mathrm{R}'\ v_\sigma,$$

wobei $u_\sigma \doteq (u_{\sigma(1)}, \ldots, u_{\sigma(m)})$ und $v_\sigma \doteq (v_{\sigma(1)}, \ldots, v_{\sigma(m)})$ diejenigen Nutzenvektoren seien, die man durch Permutation der Vektoren u und v erhält.

(SE′) Für alle $u, v, u^*, v^* \in \mathbb{R}^m$ gilt folgendes:

Falls $M_1, M_2 \subset \{1, ..., m\}$ mit $M_1 \cup M_2 = \{1, ..., m\}$ existieren, so daß

- $u_i = u_i^* \;\wedge\; v_i = v_i^*$ für alle $i \in M_1$, und
- $u_i = v_i \;\wedge\; u_i^* = v_i^*$ für alle $i \in M_2$,

dann ist

$$u R' v \iff u^* R' v^* .$$

(SE–′) Für alle $u, v, u^*, v^* \in \mathbb{R}^m$ gilt folgendes:

Falls $M_1, M_2 \subset \{1, ..., m\}$ mit $M_1 \cup M_2 = \{1, ..., m\}$ existieren, so daß

- $u_i = u_i^* \;\wedge\; v_i = v_i^*$ für alle $i \in M_1$,
- $u_i = v_i \;\wedge\; u_i^* = v_i^*$ für alle $i \in M_2$, und
- $(u_i < u_j \implies u_i^* \leq u_j^*) \wedge (u_i^* < u_j^* \implies u_i \leq u_j) \wedge$
  $(v_i < v_j \implies v_i^* \leq v_j^*) \wedge (v_i^* < v_j^* \implies v_i \leq v_j)$
  für alle $i, j \in \{1, ..., m\}$,

dann ist

$$u R' v \iff u^* R' v^* .$$

(SER′) Für alle $u, v, u^*, v^* \in \mathbb{R}^m$ gilt folgendes:

Falls $M_1, M_2 \subset \{1, ..., m\}$ mit $M_1 \cup M_2 = \{1, ..., m\}$ existieren, so daß

- $u_{(r)} = u_{(r)}^* \;\wedge\; v_{(r)} = v_{(r)}^*$ für alle $r \in M_1$, und
- $u_{(r)} = v_{(r)} \;\wedge\; u_{(r)}^* = v_{(r)}^*$ für alle $r \in M_2$,

dann ist

$$u R' v \iff u^* R' v^* .$$

Es läßt sich folgendes Lemma beweisen:

Lemma B.2 *Ein soziales Wohlfahrtsfunktional, das den Forderungen* (U), (I) *und* (P^0) *genügt, besitzt die Eigenschaft* (ON) *(bzw.* (IVEN), (IVE), (A), (SE), (SE−), (SER)*) genau dann, wenn die zugehörige Präferenzordnung* R′ *auf dem Nutzenraum* $\mathbb{R}^m$ *die Eigenschaft* (ON′) *(bzw.* (IVEN′), (IVE′), (A′), (SE′), (SE−′), (SER′)*) besitzt.*

BEWEIS Es sei F ein soziales Wohlfahrtsfunktional mit den Eigenschaften (U), (I) und (P^0). R′ sei die zu F gehörige Präferenzordnung auf dem Nutzenraum $\mathbb{R}^m$ (zur Definition der Relation R′ siehe Abschnitt 2.2.3, Definition 2.2.2).

Eigenschaften (ON), (IVEN), IVE): $\mathcal{M}_2$, $\mathcal{M}_4$ und $\mathcal{M}_5$ seien die in Abschnitt 1.2.2 definierten Mengen zulässiger Transformationen der individuellen Nutzenfunktionen. Dann gilt folgendes:

F besitzt die Eigenschaft (ON) (bzw. (IVEN), (IVE))

$\Leftrightarrow$ Für jede Transformation $\phi = (\phi_1, ..., \phi_m) \in \mathcal{M}_2$ ($\mathcal{M}_4$, $\mathcal{M}_5$), jedes Nutzenfunktionsprofil $f = (f_1, ..., f_m)$ und alle $a, b \in \Omega$ gilt:

$$\begin{aligned}&(f_1(a), ..., f_m(a))\ \mathrm{R}'\ (f_1(b), ..., f_m(b)) \iff \\ &a\ F(f_1, ..., f_m)\ b \iff a\ F(\phi_1 \circ f_1, ..., \phi_m \circ f_m)\ b \iff \\ &((\phi_1 \circ f_1)(a), ..., (\phi_m \circ f_m)(a))\ \mathrm{R}'\ ((\phi_1 \circ f_1)(b), ..., (\phi_m \circ f_m)(b)).\end{aligned}$$

$\Leftrightarrow$ Für jede Transformation $\phi = (\phi_1, ..., \phi_m) \in \mathcal{M}_2$ ($\mathcal{M}_4$, $\mathcal{M}_5$) und alle $u, v \in \mathbb{R}^m$ gilt:

$$u\mathrm{R}'v \iff (\phi_1(u_1), ..., \phi_m(u_m))\ \mathrm{R}'\ (\phi_1(v_1), ..., \phi_m(v_m)).$$

$\Leftrightarrow$ R′ besitzt die Eigenschaft (ON′) (bzw. (IVEN′), (IVE′).

Eigenschaft (A): Besitzt das soziale Wohlfahrtsfunktional F die Eigenschaft (A), so bedeutet dies, daß für jede Permutation σ von $(1, ..., m)$, jedes Nutzenfunktionsprofil $(f_1, ..., f_m)$ und alle Alternativen $a, b \in \Omega$ gilt:

$$\begin{aligned}&(f_1(a), ..., f_m(a))\ \mathrm{R}'\ (f_1(b), ..., f_m(b)) \\ &\iff a\ F(f_1, ..., f_m)\ b \iff a\ F(f_{\sigma(1)}, ..., f_{\sigma(m)})\ b \\ &\iff (f_{\sigma(1)}(a), ..., f_{\sigma(m)}(a))\ \mathrm{R}'\ (f_{\sigma(1)}(b), ..., f_{\sigma(m)}(b)).\end{aligned}$$

Dies ist äquivalent dazu, daß für jede Permutation σ von $(1, ..., m)$ und alle $u, v \in \mathbb{R}^m$ gilt:

$$u\mathrm{R}'v \iff (u_{\sigma(1)}, ..., u_{\sigma(m)})\ \mathrm{R}'\ (v_{\sigma(1)}, ..., v_{\sigma(m)}).$$

Eigenschaft (SE): Besitzt das soziale Wohlfahrtsfunktional F neben den Eigenschaften (U), (I) und (P^0) zudem die Eigenschaft (SE), so bedeutet dies, daß für alle Nutzenfunktionsprofile $(f_1, ..., f_m)$ und $(f_1^*, ..., f_m^*)$, sowie alle $a, b \in \Omega$ folgendes gilt:

Falls M_1, $M_2 \subset \{1, ..., m\}$ mit $M_1 \cup M_2 = \{1, ..., m\}$ existieren, so daß

- $f_i(a) = f_i^*(a) \;\wedge\; f_i(b) = f_i^*(b)$ für alle $i \in M_1$, und
- $f_i(a) = f_i(b) \;\wedge\; f_i^*(a) = f_i^*(b)$ für alle $i \in M_2$,

dann gilt:

$$\begin{aligned} &(f_1(a), ..., f_m(a)) \;\mathrm{R}'\; (f_1(b), ..., f_m(b)) \\ \iff\; & a\, F(f_1, ..., f_m)\, b \iff a\, F(f_1^*, ..., f_m^*)\, b \\ \iff\; & (f_1^*(a), ..., f_m^*(a)) \;\mathrm{R}'\; (f_1^*(b), ..., f_m^*(b)) \,. \end{aligned}$$

Dies ist aber äquivalent dazu, daß für alle u, v, u^*, $v^* \in \mathbb{R}^m$ gilt:

Falls M_1, $M_2 \subset \{1, ..., m\}$ mit $M_1 \cup M_2 = \{1, ..., m\}$ existieren, so daß

- $u_i = u_i^* \;\wedge\; v_i = v_i^*$ für alle $i \in M_1$, und
- $u_i = v_i \;\wedge\; u_i^* = v_i^*$ für alle $i \in M_2$,

dann ist

$$u \mathrm{R}' v \iff u^* \,\mathrm{R}'\, v^* \,.$$

Das soziale Wohlfahrtsfunktional F besitzt die Eigenschaft (SE) also genau dann, wenn die Präferenzordnung R′ die Eigenschaft (SE′) besitzt.

Im Falle der Eigenschaften (SE–) und (SER) verläuft der Beweis analog.

///

BEWEIS VON SATZ 2.2.3

a) Alle rangabhängigen Gewichtungen der individuellen Präferenzen genügen offensichtlich den Forderungen (U), (I), (A) und - wie in Abschnitt 2.2.4 bereits bewiesen - der Forderung (SP). Es bleiben also die Eigenschaften (ST) und (IVEN) zu zeigen.

Zunächst will ich die **Stetigkeitsforderung (ST)** beweisen. Es sei also

F eine (beliebige) rangabhängige Gewichtung der individuellen Präferenzen im Sinne von Definition 2.2.5 mit den Gewichten

$$\alpha_1, \ldots, \alpha_m > 0, \qquad \sum_{i=1}^{m} \alpha_i = 1.$$

Die durch diese rangabhängige Gewichtung induzierte Ordnungsrelation auf dem Nutzenraum $\mathbb{R}^m$ lautet:

$$u\mathrm{R}'v \;:\Longleftrightarrow\; \sum_{r=1}^{m} \alpha_r\, u_{(r)} \geq \sum_{r=1}^{m} \alpha_r\, v_{(r)}.$$

Mit $u_{(r)}$ und $v_{(r)}$ bezeichne ich dabei die r–ten Ordnungsstatistiken[5] der Vektoren $u, v \in \mathbb{R}^m$.
Für alle $v \in \mathbb{R}^m$ ist nun zu beweisen, daß die Mengen

$$M_1 \doteq \{ u \in \mathbb{R}^m \mid v\,\mathrm{R}'u \} \quad \text{und} \quad M_2 \doteq \{ u \in \mathbb{R}^m \mid u\,\mathrm{R}'v \}$$

abgeschlossen sind, d.h. daß die Mengen

$$\begin{aligned} \mathbb{R}^m \setminus M_1 &= \{ u \in \mathbb{R}^m \mid u\,\mathrm{P}'v \} \quad \text{und} \\ \mathbb{R}^m \setminus M_2 &= \{ u \in \mathbb{R}^m \mid v\,\mathrm{P}'u \} \end{aligned}$$

offen sind.
Die Offenheit der Menge $\mathbb{R}^m \setminus M_1$ läßt sich folgendermaßen beweisen:

Es sei $x \in \mathbb{R}^m \setminus M_1$. Dann ist

$$\sum_{r=1}^{m} \alpha_r\, x_{(r)} > \sum_{r=1}^{m} \alpha_r\, v_{(r)}.$$

Man kann also $\epsilon > 0$ so wählen, daß

$$\begin{aligned} &\sum_{r=1}^{m} \alpha_r\, x_{(r)} - \sum_{r=1}^{m} \alpha_r\, v_{(r)} > m\epsilon \quad \text{und} \\ &|x_i - x_j| > 2\epsilon \quad \text{für alle } i, j \in \{1, \ldots, m\},\; x_i \neq x_j. \end{aligned}$$

Es ist nun zu zeigen, daß für ein solches ϵ alle Vektoren

$$y \in B(x, \epsilon) \doteq \{ y \in \mathbb{R}^m \mid |x - y| < \epsilon \}$$

[5] Zum Begriff der r–ten Ordnungsstatistik siehe Anhang A.3, Definition A.3.6.

in $\mathbb{R}^m \setminus M_1$ liegen, also die folgende Eigenschaft besitzen:

$$\sum_{r=1}^{m} \alpha_r \, y_{(r)} \; > \; \sum_{r=1}^{m} \alpha_r \; v_{(r)} \, .$$

Bei dem Beweis dieser Behauptung mache ich Gebrauch von der Tatsache, daß, sofern

$$\epsilon < \frac{\min_{x_i \neq x_j}(x_i - x_j)}{2} \, ,$$

für alle $y \in B(x, \epsilon)$ und alle $i, j \in \{1, ..., m\}$ gilt:

- $(x_i < x_j \implies y_i < y_j) \;\wedge\; (x_i > x_j \implies y_i > y_j)$;
- $x_i = x_j$
  $\implies$ $|y_i - x_i| < \epsilon$, $|y_j - x_i| < \epsilon$, sowie
  $|y_k - x_i| \geq |x_k - x_i| - |x_k - y_k| > 2\epsilon - \epsilon = \epsilon$
  für alle $k \in \{1, ..., m\}$ mit $x_k \neq x_i$.
  $\implies$ Es gibt kein $k \in \{1, ..., m\}$, so daß $x_k \neq x_i$ und
  $(y_i \leq y_k \leq y_j) \vee (y_j \leq y_k \leq y_i)$.

Für die der Größe nach geordneten Vektoren $(x_{(1)}, ..., x_{(m)})$ und $(y_{(1)}, ..., y_{(m)})$ folgt hieraus:

$$(y_{(1)}, ..., y_{(m)}) \in B\left((x_{(1)}, ..., x_{(m)}), \epsilon\right),$$

und somit insbesondere

$$y_{(r)} > x_{(r)} - \epsilon \qquad \text{für alle } r \in \{1, ..., m\} \, .$$

Man erhält also:

$$\begin{aligned} \sum_{r=1}^{m} \alpha_r \, y_{(r)} \; &> \; \sum_{r=1}^{m} \alpha_r \, (x_{(r)} - \epsilon) \; \geq \; \sum_{r=1}^{m} \alpha_r \, x_{(r)} \; - m\,\epsilon \\ &> \; \sum_{r=1}^{m} \alpha_r \; v_{(r)} \, . \end{aligned}$$

Der Beweis der Offenheit der Menge $\mathbb{R}^m \setminus M_2$ verläuft analog; die Stetigkeit des sozialen Wohlfahrtsfunktionals F ist somit bewiesen.
Im Fall $m = 2$ können die Abbildungen 31 bis 34 zur Veranschaulichung der Stetigkeitseigenschaft rangabhängiger Gewichtungen dienen.

Ich wende mich nun dem Beweis der **Eigenschaft (IVEN)** zu. Hierbei mache ich von dem oben bewiesenen Lemma B.2 Gebrauch. Diesem Lemma zufolge genügt es, für jede rangabhängige Gewichtung zu zeigen, daß die durch sie induzierte Präferenzordnung R′ auf dem Nutzenraum $\mathbb{R}^m$ die oben definierte Eigenschaft (IVEN′) besitzt. Es seien also

$$\alpha_1, \ldots, \alpha_m > 0\,, \qquad \sum_{i=1}^{m} \alpha_i = 1\,.$$

Die Relation R′ ist dann folgendermaßen definiert:

$$u \mathrm{R}' v \;:\Longleftrightarrow\; \sum_{r=1}^{m} \alpha_r\, u_{(r)} \;\geq\; \sum_{r=1}^{m} \alpha_r\, v_{(r)}\,.$$

Die Relation R′ besitzt die Eigenschaft (IVEN′), da für alle $u, v \in \mathbb{R}^m$ und alle $a, b \in \mathbb{R}$, $a > 0$, die Äquivalenz

$$\sum_{r=1}^{m} \alpha_r\, u_{(r)} \;\geq\; \sum_{r=1}^{m} \alpha_r\, v_{(r)} \quad\Longleftrightarrow$$
$$\sum_{r=1}^{m} \alpha_r\, (a\, u_{(r)} + b) \;\geq\; \sum_{r=1}^{m} \alpha_r\, (a\, v_{(r)} + b)$$

gilt und außerdem die Transformation

$$\phi : \mathbb{R} \longrightarrow \mathbb{R}\,, \qquad \phi(x) \doteq a\,x + b\,,$$

die Rangfolge der Nutzenwerte nicht verändert, d.h.

$$a\,u_{(1)} + b \;\leq\; a\,u_{(2)} + b \;\leq\; \ldots \;\leq\; a\,u_{(m)} + b\,.$$

Hieraus folgt aufgrund von Lemma B.2, daß alle rangabhängigen Gewichtungen der individuellen Präferenzen die Eigenschaft (IVEN) besitzen.

b) Es sei F eine rangabhängige Gewichtung der individuellen Präferenzen mit den Gewichten $\alpha_1, \ldots, \alpha_m$, so daß $r, s \in \{1, \ldots, m\}$ existieren mit $\alpha_r \neq \alpha_s$; R′ sei die zu F gehörige Präferenzordnung auf dem Nutzenraum $\mathbb{R}^m$. Ohne Beschränkung der Allgemeinheit sei $s = r+1$, denn:

Falls $r^*, s^* \in \{1, \ldots, m\}$, $r^* < s^*$, existieren mit $\alpha_{r^*} \neq \alpha_{s^*}$, dann gilt für

$$r \doteq \max\{\, t \in \{1, \ldots, s^* - 1\} \mid \alpha_r \neq \alpha_{s^*} \,\} \qquad \text{und} \qquad s \doteq r+1$$

folgendes:

$$\alpha_s = \alpha_{s^*} \qquad \text{und} \qquad \alpha_r \neq \alpha_s\,.$$

Abbildung 31: Stetigkeit der rangabhängigen Gewichtung mit den Gewichten $\alpha_1 = 0.6$ und $\alpha_2 = 0.4$ (Abgeschlossenheit der Menge M_1)

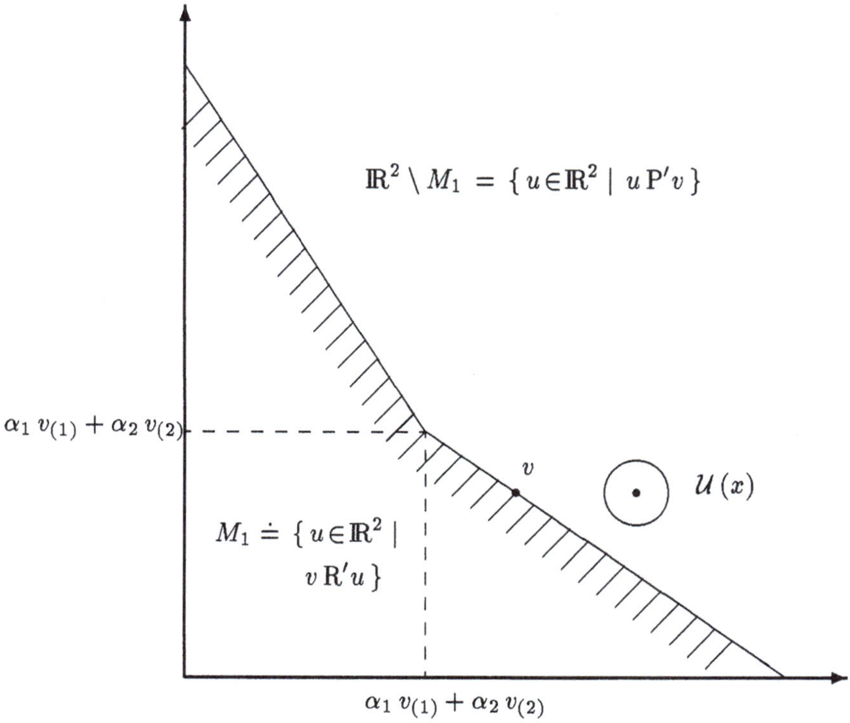

Abbildung 32: Stetigkeit der rangabhängigen Gewichtung mit den Gewichten $\alpha_1 = 0.6$ und $\alpha_2 = 0.4$ (Abgeschlossenheit der Menge M_2)

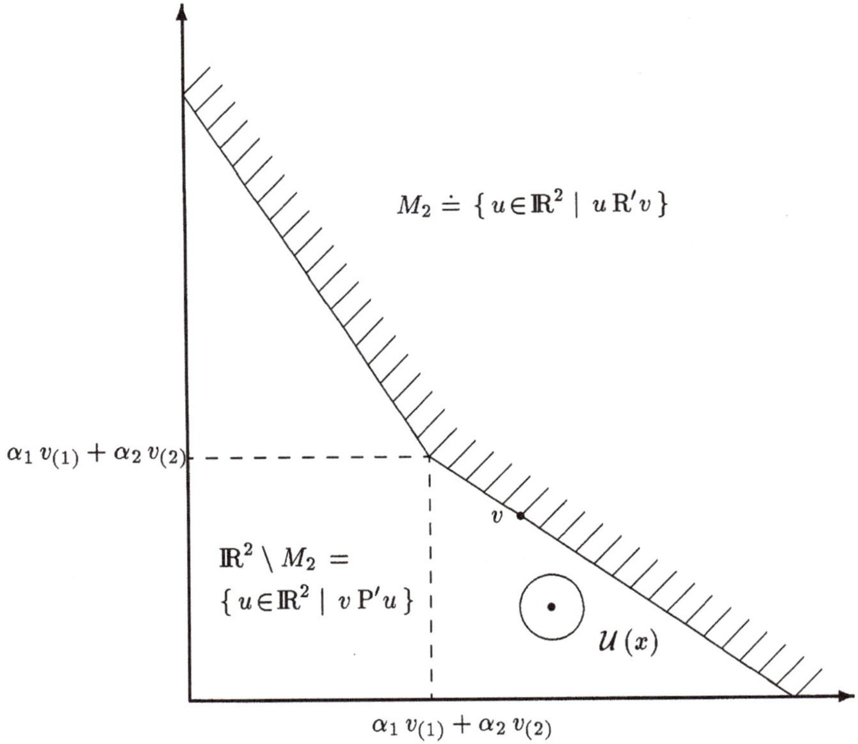

Abbildung 33: Stetigkeit der rangabhängigen Gewichtung mit den Gewichten $\alpha_1 = 0.4$ und $\alpha_2 = 0.6$ (Abgeschlossenheit der Menge M_1)

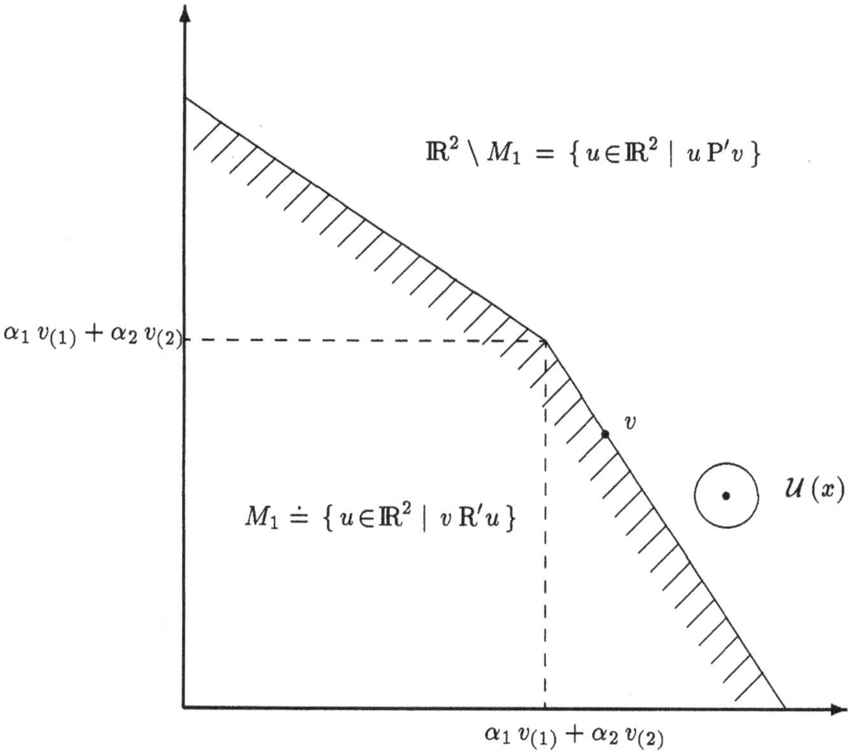

Abbildung 34: Stetigkeit der rangabhängigen Gewichtung mit den Gewichten $\alpha_1 = 0.4$ und $\alpha_2 = 0.6$ (Abgeschlossenheit der Menge M_2)

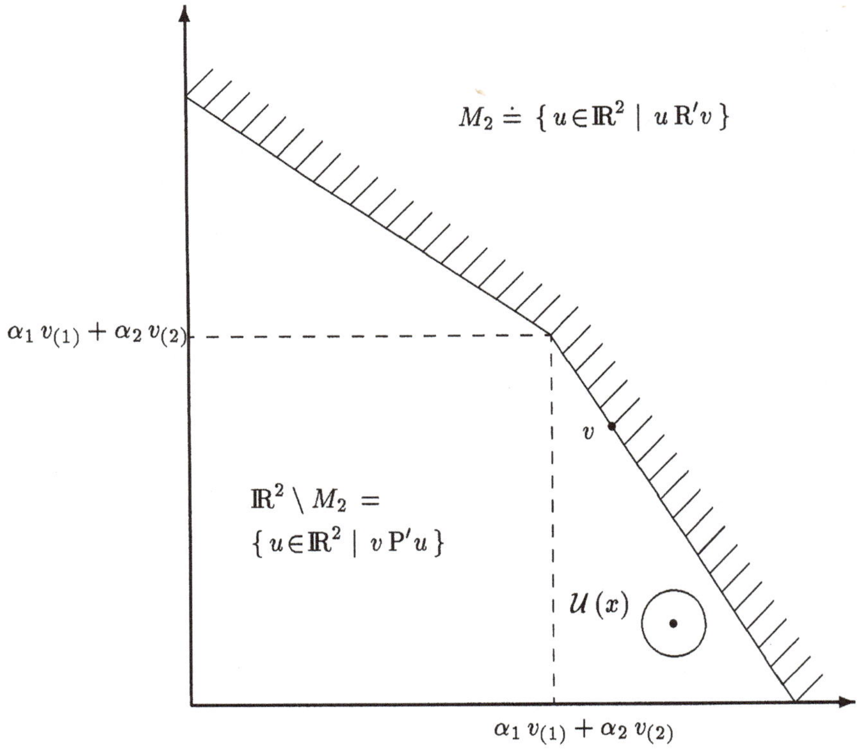

Weiterhin seien $u, v \in \mathbb{R}^m$, so daß

$$u_1 \leq u_2 \leq \ldots \leq u_r < u_{r+1} < u_{r+2} \leq \ldots \leq u_m ;$$
$$v_1 \leq v_2 \leq \ldots \leq v_r < v_{r+1} \leq \ldots \leq v_m ;$$
$$u_r = v_r , \qquad v_{r+1} - v_r > u_{r+1} - u_r > 0$$
$$\text{und} \quad \sum_{i=1}^{m} \alpha_i u_i = \sum_{i=1}^{m} \alpha_i v_i .$$

Man wähle nun $b \in \mathbb{R}^+$ derart, daß

$$u_{r+1} - u_r < b < \min\{u_{r+2} - u_r , v_{r+1} - v_r\} ,$$

und definiere die Vektoren u^*, $v^* \in \mathbb{R}^m$ folgendermaßen:

$$u_r^* \doteq u_r + b , \quad v_r^* \doteq v_r + b ;$$
$$u_i^* \doteq u_i , \quad v_i^* \doteq v_i \quad \text{für alle } i \in \{1, ..., m\} \setminus \{r\} .$$

Dann ist

$$u_1^* \leq u_2^* \leq \ldots \leq u_{r-1}^* < u_{r+1}^* < u_r^* < u_{r+2}^* \leq \ldots \leq u_m^* ,$$
$$v_1^* \leq v_2^* \leq \ldots \leq v_{r-1}^* < v_r^* < v_{r+1}^* \leq \ldots \leq v_m^* ,$$

sowie

$$\begin{aligned} \sum_{i=1}^{m} \alpha_i u_{(i)}^* &= \sum_{i \notin \{r, r+1\}} \alpha_i u_i + \alpha_r u_{r+1} + \alpha_{r+1}(u_r + b) \\ &= \sum_{i=1}^{m} \alpha_i u_i - \alpha_r u_r - \alpha_{r+1} u_{r+1} + \alpha_r u_{r+1} + \alpha_{r+1}(u_r + b) \\ &= \sum_{i=1}^{m} \alpha_i u_i + (\alpha_r - \alpha_{r+1})(u_{r+1} - u_r) + \alpha_{r+1} b , \end{aligned}$$

$$\sum_{i=1}^{m} \alpha_i v_{(i)}^* = \sum_{i=1}^{m} \alpha_i v_i^* = \sum_{i=1}^{m} \alpha_i v_i + \alpha_r b = \sum_{i=1}^{m} \alpha_i u_i + \alpha_r b .$$

Man erhält somit:

$$\sum_{i=1}^{m} \alpha_i u_{(i)}^* - \sum_{i=1}^{m} \alpha_i v_{(i)}^* = (\alpha_r - \alpha_{r+1})(u_{r+1} - u_r - b) .$$

Da $\alpha_r \neq \alpha_{r+1}$ und $u_{r+1} - u_r - b < 0$, folgt hieraus:

$$\sum_{i=1}^{m} \alpha_i \, u^*_{(i)} \neq \sum_{i=1}^{m} \alpha_i \, v^*_{(i)} .$$

Gemäß der Relation R′ besteht also eine Indifferenz zwischen den Nutzenvektoren u und v, jedoch nicht zwischen den Nutzenvektoren u^* und v^*. Die Relation R′ verletzt also die Forderung (SE′). Aufgrund von Lemma B.2 ist damit bewiesen, daß das soziale Wohlfahrtsfunktional F gegen die Forderung der Separabilität verstößt.

Die Verletzung des Separabilitätsaxioms läßt sich in Worten so erklären: Obwohl beim Übergang von Nutzenvektoren $u, v \in \mathbb{R}^m$ zu den Nutzenvektoren u^*, $v^* \in \mathbb{R}^m$ lediglich der Nutzenwert u_r $(= v_r)$ der indifferenten Person $r \in \{1, ..., m\}$ zu u^*_r $(= v^*_r)$ abgeändert wurde, ergibt sich hieraus eine Veränderung der kollektiven Präferenzordnung, da die Größe des Werts u_r einen Einfluß darauf hat, welchen Rang der Wert u_{r+1} einnimmt und welches Gewicht dieser Wert erhält.

Da die Nutzenvektoren u^*, $v^* \in \mathbb{R}^m$ aus den Nutzenvektoren $u, v \in \mathbb{R}^m$ durch die Addition einer Konstanten b zu der r-ten Komponente hervorgehen, ist damit auch gezeigt, daß die Relation R′ die Forderung (IVE′) und das soziale Wohlfahrtsfunktional F somit aufgrund von Lemma B.2 die Forderung (IVE) verletzt.
Die bei der Definition der Eigenschaft (IVE′) verwendeten Transformationen $\phi_i : \mathbb{R} \longrightarrow \mathbb{R}$ $(i = 1, ..., m)$ lauten im Falle des Übergangs von den Nutzenvektoren $u, v \in \mathbb{R}^m$ zu den Nutzenvektoren u^*, $v^* \in \mathbb{R}^m$ wie folgt:

$$\phi_r \doteq x + b , \qquad \phi_i(x) \doteq x \;\text{ für }\; i \in \{1, ..., m\} \backslash \{r\} .$$

Für die Nutzenvektoren u, v, u^*, $v^* \in \mathbb{R}^m$ gilt bei einer solchen Wahl der Funktionen $\phi_i : \mathbb{R} \longrightarrow \mathbb{R}$ folgendes:

$$(u^*_1, ..., u^*_m) = (\phi_1(u_1), ..., \phi_m(u_m)) ,$$
$$(v^*_1, ..., v^*_m) = (\phi_1(v_1), ..., \phi_m(v_m)) .$$

Der Grund für die Verletzung der Forderung (IVE) durch das Funktional F besteht darin, daß die rangabhängige Gewichtung der individuellen Präferenzen bei einer unterschiedlichen Gewichtung der einzelnen Ränge interpersonelle Vergleiche von Nutzenniveaus erfordert. Diese werden jedoch durch das Invarianzaxiom (IVE) ausgeschlossen.
Schwächt man hingegen die Forderung (IVE) zu der Forderung (IVEN) ab,

so läßt man interpersonelle Vergleiche von Nutzenniveaus und insbesondere auch die Verwendung des sozialen Wohlfahrtsfunktionals F zu.

c) Es sei F eine rangabhängige Gewichtung der individuellen Präferenzen mit den Gewichten $\alpha_1, ..., \alpha_m > 0$; R' sei die zu F gehörige Präferenzordnung auf dem Nutzenraum $\mathbb{R}^m$.
Man wähle nun zwei Nutzenvektoren $u, v \in \mathbb{R}^m$ so, daß

$$0 \leq u_1 \leq u_2 \leq \ldots \leq u_m, \qquad 0 \leq v_1 \leq v_2 \leq \ldots \leq v_m,$$
$$\sum_{i=1}^{m} \alpha_i u_i = \sum_{i=1}^{m} \alpha_i v_i \qquad \text{und} \qquad \sum_{i=1}^{m} \alpha_i u_i^2 \neq \sum_{i=1}^{m} \alpha_i v_i^2 .$$

Zwei derartige Nutzenvektoren lassen sich leicht finden. Beispielsweise kann man $u, v \in \mathbb{R}^m$ folgendermaßen wählen:

$$u_i \doteq 1 \quad \text{für alle } i \in \{1, ..., m\},$$
$$v_1 \doteq 1-\alpha_m, \quad v_m \doteq 1+\alpha_1 \quad \text{und} \quad v_i \doteq 1 \quad \text{für alle } i \in \{2, ..., m-1\}.$$

Für diese Vektoren gilt:

$$\sum_{i=1}^{m} \alpha_i u_i = \sum_{i=1}^{m} \alpha_i u_i^2 = \sum_{i=1}^{m} \alpha_i = 1,$$

$$\sum_{i=1}^{m} \alpha_i v_i = \alpha_1 (1-\alpha_m) + \alpha_m (1-\alpha_1) + \sum_{i=2}^{m-1} \alpha_i = \sum_{i=1}^{m} \alpha_i = 1,$$

$$\sum_{i=1}^{m} \alpha_i v_i^2 = \alpha_1 (1-\alpha_m)^2 + \alpha_m (1-\alpha_1)^2 + \sum_{i=2}^{m-1} \alpha_i$$
$$= \sum_{i=1}^{m} \alpha_i + \alpha_1 \alpha_m^2 + \alpha_m \alpha_1^2 = 1 + \alpha_1 \alpha_m^2 + \alpha_m \alpha_1^2 > 1 .$$

Die Relation R' liefert offensichtlich eine Indifferenz zwischen den Vektoren u und v. Wendet man auf jede Komponente dieser beiden Vektoren die **streng monoton wachsende** Transformation

$$\phi : \mathbb{R} \longrightarrow \mathbb{R}, \qquad \phi(x) \doteq x^2,$$

an, so erhält man als transformierte Nutzenvektoren

$$u^* = (\phi(u_1), ..., \phi(u_m)) = (u_1^2, ..., u_m^2),$$
$$v^* = (\phi(v_1), ..., \phi(v_m)) = (v_1^2, ..., v_m^2).$$

Aufgrund der Wahl der Vektoren $u, v \in \mathbb{R}^m$ gilt für die transformierten Vektoren u^*, $v^* \in \mathbb{R}^m$:

$$u_1^* \leq u_2^* \leq \ldots \leq u_m^*, \qquad v_1^* \leq v_2^* \leq \ldots \leq v_m^*;$$
$$\sum_{i=1}^{m} \alpha_i u_i^* \neq \sum_{i=1}^{m} \alpha_i v_i^* .$$

Gemäß der Relation R′ besteht also keine Indifferenz zwischen den Vektoren u^* und v^*. Man erhält somit einen Widerspruch zu der Eigenschaft (ON′), welche besagt, daß die Indifferenz zwischen u und v ($u\mathrm{I}'v$) die Indifferenz zwischen u^* und v^* ($u^* \mathrm{I}' v^*$) impliziert.
Hieraus folgt nach Lemma B.2, daß das soziale Wohlfahrtsfunktional F, welches eine beliebige rangabhängige Gewichtung der individuellen Präferenzen darstellt, die Forderung (ON) verletzt.
Diese Verletzung der Forderung (ON) liegt darin begründet, daß alle rangabhängigen Gewichtungen eine kardinale Messung der individuellen Präferenzen voraussetzen, welche durch die Forderung (ON) ausgeschlossen wird.
///

Zum Beweis des Satzes 2.2.6 verwende ich das folgende Lemma:

Lemma B.3 *Es sei* R′ *eine Präferenzordnung auf dem Nutzenraum* $\mathbb{R}^m$ *mit der Eigenschaft* (A′). *Weiterhin seien* $u, v \in \mathbb{R}^m$ *zwei Nutzenvektoren, für die es eine Permutation* σ *von* $(1, ..., m)$ *gibt, so daß*

$$v_i = u_{\sigma(i)} \qquad \text{für alle } i \in \{1, ..., m\}.$$

Dann gilt für die Relation R′ *aufgrund der Eigenschaft* (A′):

$$u\mathrm{R}'v \iff v\mathrm{R}'u, \qquad \text{und somit: } u\mathrm{I}'v.$$

BEWEIS VON SATZ 2.2.6
Es sei F ein soziales Wohlfahrtsfunktional mit den Eigenschaften (U), (I), (P^0), (A) und (SE). Dann besitzt die durch F induzierte Präferenzordnung R′ auf dem Nutzenraum $\mathbb{R}^m$ gemäß Lemma B.2 die Eigenschaften (A′) und (SE′).
Falls nun gezeigt werden kann, daß die Relation R′ die Eigenschaft (SER′) besitzt, so folgt hieraus, daß das soziale Wohlfahrtsfunktional F die Forderung (SER) erfüllt. Es genügt also zu zeigen, daß die Relation R′ die

Eigenschaft (SER′) besitzt.

Hierzu betrachte ich vier Vektoren $u, u^*, v, v^* \in \mathbb{R}^m$, für die $M_1, M_2 \subset \{1, ..., m\}$ mit $M_1 \cup M_2 = \{1, ..., m\}$ existieren, so daß

- $u_{(r)} = u^*_{(r)} \;\wedge\; v_{(r)} = v^*_{(r)}$ für alle $r \in M_1$, und
- $u_{(r)} = v_{(r)} \;\wedge\; u^*_{(r)} = v^*_{(r)}$ für alle $r \in M_2$.

Zu zeigen ist:

$$u\mathrm{R}'v \iff u^* \mathrm{R}' v^* .$$

Gemäß Lemma B.3 gilt wegen der Anonymitätseigenschaft von R′ für alle $u \in \mathbb{R}^m$:

$$u\,\mathrm{I}'\,(u_{(1)}, ..., u_{(m)}) .$$

Hieraus folgt für die Vektoren $u, u^*, v, v^* \in \mathbb{R}^m$:

$$\begin{aligned} u\mathrm{R}'v &\iff (u_{(1)}, ..., u_{(m)})\,\mathrm{R}'\,(v_{(1)}, ..., v_{(m)}) ; \\ u^*\,\mathrm{R}'\,v^* &\iff (u^*_{(1)}, ..., u^*_{(m)})\,\mathrm{R}'\,(v^*_{(1)}, ..., v^*_{(m)}) . \end{aligned}$$

Da R′ die Eigenschaft (SE′) besitzt, erhält man für die Vektoren $(u_{(1)}, ..., u_{(m)})$, $(u^*_{(1)}, ..., u^*_{(m)})$, $(v_{(1)}, ..., v_{(m)})$ und $(v^*_{(1)}, ..., v^*_{(m)})$ die folgende Äquivalenz:

$$(u_{(1)}, ..., u_{(m)})\,\mathrm{R}'\,(v_{(1)}, ..., v_{(m)}) \iff (u^*_{(1)}, ..., u^*_{(m)})\,\mathrm{R}'\,(v^*_{(1)}, ..., v^*_{(m)}) .$$

Es gilt also:

$$u\mathrm{R}'v \iff u^* \mathrm{R}' v^* .$$

///

BEWEIS VON SATZ 2.2.8

Es sei F ein soziales Wohlfahrtsfunktional mit den Eigenschaften (U), (I), (P^0), (A) und (SE−). Dann besitzt die durch F induzierte Präferenzordnung R′ auf dem Nutzenraum $\mathbb{R}^m$ gemäß Lemma B.2 die Eigenschaften (A′) und (SE−′).

Es seien nun $u, u^*, v, v^* \in \mathbb{R}^m$ vier Nutzenvektoren, so daß

$$M_1, M_2 \subset \{1, ..., m\} \quad \text{mit} \quad M_1 \cup M_2 = \{1, ..., m\}$$

existieren mit der Eigenschaft

- $u_{(r)} = u^*_{(r)} \;\wedge\; v_{(r)} = v^*_{(r)}$ für alle $r \in M_1$, und

- $u_{(r)} = v_{(r)} \;\wedge\; u^*_{(r)} = v^*_{(r)}$ für alle $r \in M_2$.

Für die Nutzenvektoren x, x^*, y, $y^* \in \mathbb{R}^m$ mit

$$x_i \doteq u_{(i)}\,, \quad x^*_i \doteq u^*_{(i)}\,, \quad y_i \doteq v_{(i)}\,, \quad y^*_i \doteq v^*_{(i)}\,, \qquad i=1,...,m\,,$$

bei denen die Einträge der Größe nach geordnet sind, gilt dann:

- $x_i = x^*_i \;\wedge\; y_i = y^*_i$ für alle $i \in M_1$,
- $x_i = y_i \;\wedge\; x^*_i = y^*_i$ für alle $i \in M_2$, und
- $(x_i < x_j \Longrightarrow x^*_i \leq x^*_j) \wedge (x^*_i < x^*_j \Longrightarrow x_i \leq x_j) \wedge$
  $(y_i < y_j \Longrightarrow y^*_i \leq y^*_j) \wedge (y^*_i < y^*_j \Longrightarrow y_i \leq y_j)$
  für alle $i, j \in \{1, ..., m\}$.

Da R$'$ die Eigenschaft (SE–$'$) besitzt, folgt hieraus:

$$x\mathrm{R}'y \iff x^*\,\mathrm{R}'\,y^*\,.$$

Wegen der Anonymitätseigenschaft von R$'$ gilt außerdem:

$$(u\mathrm{R}'v \iff x\mathrm{R}'y) \;\wedge\; (u^*\,\mathrm{R}'\,v^* \iff x^*\,\mathrm{R}'\,y^*)\,.$$

Man erhält somit:

$$u\mathrm{R}'v \iff u^*\,\mathrm{R}'\,v^*\,.$$

Damit ist gezeigt, daß R$'$ die Eigenschaft (SER$'$) und infolgedessen das soziale Wohlfahrtsfunktional F gemäß Lemma B.2 die Eigenschaft (SER) besitzt. ///

BEWEIS VON SATZ 3.1.1 (vgl. hierzu den Beweis von Satz 3.2.1 und Fishburn, 1992, S.15 ff.)
„$\Longleftarrow$“: Es sei $a \in \mathbb{R}^+$, $b \in \mathbb{R}$ und

$$G(p) \doteq a\,F(p) + b\,.$$

Da F eine von-Neumann-Morgenstern-Nutzenfunktion ist, gilt:

$$F(p) = \sum_{i=1}^{n} p_i\,F(e^i)\,.$$

Hieraus folgt für die Funktion G:

$$G(p) = a\left(\sum_{i=1}^{n} p_i\, F(e^i)\right) + b$$
$$= \sum_{i=1}^{n} p_i\,(a\,F(e^i) + b) = \sum_{i=1}^{n} p_i\, G(e^i), \quad p \in L.$$

G ist also eine von-Neumann-Morgenstern-Nutzenfunktion.

„$\Longrightarrow$“: Es seien $F, G: L \longrightarrow \mathbb{R}$ zwei von-Neumann-Morgenstern-Nutzenfunktionen, die die Präferenzordnung R repräsentieren. Zu zeigen ist, daß dann eine Funktion

$$\phi: W(F) \longrightarrow \mathbb{R}, \qquad \phi(x) \doteq a\,x + b \quad \text{mit } a \in \mathbb{R}^+,\ b \in \mathbb{R},$$

existiert, so daß $G = \phi \circ F$. Mit $W(F) \subset \mathbb{R}$ bezeichne ich dabei den Wertebereich der Funktion F.
Der Beweis wird geführt durch die explizite Angabe der Funktion ϕ. Für jedes $x \in W(F)$ sei

$$F^{-1}(x) \doteq \{p \in L \mid F(p) = x\} \quad \text{und} \quad \phi(x) \doteq G(p) \quad \text{mit } p \in F^{-1}(x).$$

$\phi(x)$ ist wohldefiniert, d.h. unabhängig von der Wahl des Vektors $p \in F^{-1}(x)$, da für alle $p, q \in F^{-1}(x)$ gilt:

$$F(p) = F(q) = x, \quad G(p) = G(q).$$

Weiterhin ist $G = \phi \circ F$, d.h.:

$$G(p) = \phi\,(F(p)) \quad \text{für alle } p \in L.$$

Es bleibt zu zeigen, daß $a \in \mathbb{R}^+$ und $b \in \mathbb{R}$ existieren, so daß

$$\phi(x) = a\,x + b \quad \text{für alle } x \in W(F).$$

Hierzu sei $x_1 \doteq \max W(F)$, $x_2 \doteq \min W(F)$. Man wähle $i, j \in \{1, ..., n\}$ derart, daß $x_1 = F(e^i)$ und $x_2 = F(e^j)$ und definiere:

$$a \doteq \frac{\phi(x_1) - \phi(x_2)}{x_1 - x_2}, \qquad b \doteq \phi(x_1) - a\,x_1.$$

Der auf diese Weise definierte Wert a ist positiv, da wegen desselben ordinalen Informationsgehalts der Nutzenfunktionen $F, G: L \longrightarrow \mathbb{R}$ aus

$$x_1 - x_2 = F(e^i) - F(e^j) > 0$$

folgt, daß

$$\phi(x_1) - \phi(x_2) = G(e^i) - G(e^j) > 0 .$$

Für $i \in \{1,2\}$ gilt offensichtlich: $\phi(x_i) = a\,x_i + b$. Es sei nun $x \in W(F)$ beliebig und $\alpha \in [0,\, 1]$ so gewählt, daß

$$x = \alpha\, x_1 + (1-\alpha)\, x_2 .$$

Für alle $p \in F^{-1}(x)$ gilt dann:

$$F(p) = \alpha\, F(e^i) + (1-\alpha)\, F(e^j) .$$

Wegen desselben kardinalen Informationsgehalts der Nutzenfunktionen $F, G:\ L \longrightarrow \mathbb{R}$ folgt hieraus:

$$G(p) = \alpha\, G(e^i) + (1-\alpha)\, G(e^j) .$$

Man erhält somit:

$$\begin{aligned} \phi(x) &= G(p) = \alpha\, G(e^i) + (1-\alpha)\, G(e^j) \\ &= \alpha\, \phi(x_1) + (1-\alpha)\, \phi(x_2) \\ &= \alpha\, (a\, x_1 + b) + (1-\alpha)\, (a\, x_2 + b) \\ &= a\, (\alpha\, x_1 + (1-\alpha)\, x_2) + b \\ &= a\, x + b . \end{aligned}$$

///

BEWEIS VON SATZ 3.1.2

„$\Longrightarrow$“: Es sei

$$M \doteq \{ (p_1, p_2) \in \mathbb{R}^2 \mid p_1, p_2 \geq 0 ,\ \ p_1 + p_2 \leq 1 \} ,$$

R eine Präferenzordnung auf der Menge L, die im Einklang mit der Erwartungsnutzentheorie steht, und $F:\ L \longrightarrow \mathbb{R}$ eine von-Neumann-Morgenstern-Nutzenfunktion, die R repräsentiert. Dann gilt für alle $p \in L$:

$$\begin{aligned} F(p) &= \sum_{i=1}^{3} p_i\, F(e^i) = p_1\, F(e^1) + p_2\, F(e^2) + (1-p_1-p_2)\, F(e^3) \\ &= F(e^3) + p_1\, (F(e^1) - F(e^3)) + p_2\, (F(e^2) - F(e^3)) . \end{aligned}$$

Für die auf einer Indifferenzkurve

$$I(c) \doteq \{ (p_1, p_2) \in M \mid F(p_1, p_2, 1-p_1-p_2) = c \} , \quad c \in \mathbb{R},$$

liegenden Punkte (p_1, p_2) folgt hieraus:

$$F(e^3) + p_1(F(e^1) - F(e^3)) + p_2(F(e^2) - F(e^3)) = c\,.$$

Die Elemente von $I(c)$ liegen also auf einer Geraden, sofern $F(e^1)$, $F(e^2)$ und $F(e^3)$ nicht identisch sind. Die den verschiedenen Indifferenzkurven entsprechenden Geraden schneiden sich nicht; sie sind also parallel.

„$\Longleftarrow$": Es sei R eine Präferenzordnung auf der Menge L, die sich durch gerade, parallele Indifferenzkurven auszeichnet (siehe Abschnitt 3.1.1, Abbildung 9). Ohne Beschränkung der Allgemeinheit gehe ich davon aus, daß a_2 gegenüber a_3 und a_3 gegenüber a_1 präferiert wird.
Die Indifferenzkurve, die durch den Punkt $x_3 = (0,\,0)$ führt, enthält dann genau einen Punkt $(\tilde{p}_1, \tilde{p}_2)$, $\tilde{p}_1 + \tilde{p}_2 = 1$, auf der Verbindungslinie zwischen x_1 und x_2. Außerdem läßt sich die Gerade durch die Punkte $(0,\,0)$ und $(\tilde{p}_1, \tilde{p}_2)$ mittels folgender Gleichung beschreiben:

$$p_2 = (\tilde{p}_2/\tilde{p}_1)\,p_1\,.$$

Die zu der Präferenzordnung R gehörigen Indifferenzkurven lauten wegen deren Parallelität also:

$$I(c) \doteq \{(p_1, p_2) \in M \mid p_2 = (\tilde{p}_2/\tilde{p}_1)\,p_1 + c\}, \quad c \in \mathbb{R}\,.$$

Die Punkte auf einer Indifferenzkurve $I(c_1)$ sind genau dann höher einzustufen als die Punkte auf einer Indifferenzkurve $I(c_2)$, wenn c_1 größer als c_2 ist. (Man kann sich dies an Abbildung 9 veranschaulichen, indem man die Punkte auf der Verbindungslinie zwischen dem ungünstigsten Punkt $x_1 \doteq (1,0)$ und dem günstigsten Punkt $x_2 \doteq (0,1)$ betrachtet!)
Für alle $p, q \in L$ gilt somit:

$$\begin{aligned}
p\mathrm{R}q &\Longleftrightarrow p_2 - (\tilde{p}_2/\tilde{p}_1)\,p_1 \ \geq\ q_2 - (\tilde{p}_2/\tilde{p}_1)\,q_1 \\
&\Longleftrightarrow \tilde{p}_1 p_2 - \tilde{p}_2 p_1 \ \geq\ \tilde{p}_1 q_2 - \tilde{p}_2 q_1 \\
&\Longleftrightarrow \tilde{p}_1 p_2 - \tilde{p}_2(1 - p_2 - p_3) \ \geq\ \tilde{p}_1 q_2 - \tilde{p}_2(1 - q_2 - q_3) \\
&\Longleftrightarrow (\tilde{p}_1 + \tilde{p}_2)\,p_2 + \tilde{p}_2 p_3 \ \geq\ (\tilde{p}_1 + \tilde{p}_2)\,q_2 + \tilde{p}_2 q_3 \\
&\Longleftrightarrow p_2 + \tilde{p}_2 p_3 \ \geq\ q_2 + \tilde{p}_2 q_3\,.
\end{aligned}$$

Die Präferenzordnung R läßt sich also repräsentieren durch die von-Neumann-Morgenstern-Nutzenfunktion

$$F: L \longrightarrow \mathbb{R}, \quad F(p_1, p_2, p_3) \doteq p_2 + p_3\,\tilde{p}_2\,.$$

Der Wert $\tilde{p}_2 \in (0,\, 1)$ sagt aus, wie hoch bei einer Lotterie zwischen der ungünstigsten Alternative a_1 und der günstigsten Alternative a_2 die Wahrscheinlichkeit für a_2 sein muß, damit eine Indifferenz zwischen dieser Lotterie und der Alternative a_3 besteht. ///

BEWEIS VON LEMMA 3.1.1

Es sei $\pi\colon\ [0,\, 1] \longrightarrow [0,\, 1]$ eine stetige Funktion mit den Eigenschaften

$$\pi(0) = 0\,, \qquad \pi(1) = 1 \qquad \text{und}$$
$$\pi\,(a+b) = \pi(a) + \pi(b) \qquad \text{für alle } a, b \in [0,\, 1] \text{ mit } a+b \le 1\,.$$

Für alle $m,\, n \in \mathbb{N}$ gilt dann:

- $\pi\left(\frac{1}{n}\right) = \frac{1}{n}$, denn:

$$\begin{aligned}
\pi(1) &= \pi\left(n \cdot \frac{1}{n}\right) = \pi\left(\frac{n-1}{n} + \frac{1}{n}\right) \\
&= \pi\left(\frac{n-1}{n}\right) + \pi\left(\frac{1}{n}\right) = \pi\left(\frac{n-2}{n} + \frac{1}{n}\right) + \pi\left(\frac{1}{n}\right) \\
&= \pi\left(\frac{n-2}{n}\right) + \pi\left(\frac{1}{n}\right) + \pi\left(\frac{1}{n}\right) = \ldots \\
&= n \cdot \pi\left(\frac{1}{n}\right).
\end{aligned}$$

- $\pi\left(\frac{m}{n}\right) = \frac{m}{n}$, denn:

$$\begin{aligned}
\pi\left(\frac{m}{n}\right) &= \pi\left(\frac{m-1}{n} + \frac{1}{n}\right) \\
&= \pi\left(\frac{m-1}{n}\right) + \pi\left(\frac{1}{n}\right) = \pi\left(\frac{m-2}{n} + \frac{1}{n}\right) + \pi\left(\frac{1}{n}\right) \\
&= \pi\left(\frac{m-2}{n}\right) + \pi\left(\frac{1}{n}\right) + \pi\left(\frac{1}{n}\right) = \ldots \\
&= m \cdot \pi\left(\frac{1}{n}\right) = \frac{m}{n}.
\end{aligned}$$

Es sei nun $a \in [0,\, 1]$ eine irrationale Zahl. Dann gibt es eine Folge von rationalen Zahlen a_n (d.h. von Brüchen $a_n = b_n/c_n$ mit $b_n,\, c_n \in \mathbb{N}$), so daß

$$a = \lim_{n \to \infty} a_n\,.$$

Wegen der Stetigkeit von π gilt:

$$\pi(a) = \pi(\lim_{n\to\infty} a_n) = \lim_{n\to\infty} \pi(a_n) = \lim_{n\to\infty} a_n = a .$$

///

BEWEIS VON SATZ 3.1.3

Um Satz 3.1.3 beweisen zu können, muß man exakt formulieren, wann die Präferenzordnung R gemäß Definition 3.1.6 als risikoavers gilt. Wie ich in Abschnitt 3.1.5.2 erwähnt habe, liegt bei einer Lotterie $q \in L$ genau dann eine erwartungswerterhaltende Dezentralisierung einer Lotterie $p \in L$ vor, wenn

$$p_1 - p_2 = q_1 - q_2 \quad \text{und} \quad p_2 \leq q_2 .$$

Dies ist äquivalent dazu, daß

$$q_1 - p_1 = q_2 - p_2 \geq 0 .$$

Die Präferenzordnung R ist also genau dann risikoavers im Sinne von Definition 3.1.6, wenn für alle $p, q \in L$ gilt:

$$q_1 - p_1 = q_2 - p_2 \geq 0 \implies p\mathrm{R}q .$$

Nach dieser Klärung des Begriffs der Risikoaversion komme ich nun zu dem Beweis des Satzes.

„$\Longrightarrow$“: Es sei R eine risikoaverse Präferenzordnung auf der Menge L, die im Einklang mit der Erwartungsnutzentheorie steht. Dies bedeutet, daß es eine Nutzenfunktion $f\colon \Omega \longrightarrow \mathbb{R}$ gibt, so daß für alle $p, q \in L$ gilt:

$$q_1 - p_1 = q_2 - p_2 \geq 0 \implies p\mathrm{R}q ;$$

$$p\mathrm{R}q \iff \sum_{i=1}^{3} p_i\, f(a_i) \geq \sum_{i=1}^{3} q_i\, f(a_i) .$$

Für diese Nutzenfunktion $f\colon \Omega \longrightarrow \mathbb{R}$, sowie alle $p, q \in L$ mit

$$q_1 - p_1 = q_2 - p_2 \geq 0$$

gilt:

$$p_1 f(a_1) + p_2 f(a_2) + p_3 f(a_3) \geq q_1 f(a_1) + q_2 f(a_2) + q_3 f(a_3) ,$$

und somit:

$$
\begin{aligned}
&(p_1-q_1)\, f(a_1) \;+\; (p_2-q_2)\, f(a_2) \;+\; (1-p_1-p_2)\, f(a_3) \\
&\quad -(1-q_1-q_2)\, f(a_3) \\
&= \;(p_1-q_1)\,(f(a_1)+f(a_2)) \;+\; (q_1+q_2-p_1-p_2)\, f(a_3) \\
&= \;-(q_1-p_1)\,(f(a_1)+f(a_2)) \;+\; 2\,(q_1-p_1)\, f(a_3) \;\geq\; 0\,.
\end{aligned}
$$

Dies ist äquivalent dazu, daß

$$f(a_3) \;\geq\; \frac{1}{2}\, f(a_1) + \frac{1}{2}\, f(a_2)\,.$$

„$\Longleftarrow$": Es sei R eine Präferenzordnung auf der Menge L, für die es eine Nutzenfunktion $f\colon \Omega \longrightarrow \mathbb{R}$ gibt, so daß

$$\frac{1}{2}\, f(a_1) + \frac{1}{2}\, f(a_2) \;\leq\; f(a_3) \qquad \text{und}$$

$$p\text{R}q \;\Longleftrightarrow\; \sum_{i=1}^{3} p_i\, f(a_i) \;\geq\; \sum_{i=1}^{3} q_i\, f(a_i)\,, \qquad p,q \in L\,.$$

Es seien nun $p, q \in L$ mit

$$q_1 - p_1 \;=\; q_2 - p_2 \;\geq 0\,.$$

Zu zeigen ist dann, daß $p\text{R}q$, d.h.:

$$\sum_{i=1}^{3} p_i\, f(a_i) \;\geq\; \sum_{i=1}^{3} q_i\, f(a_i)\,.$$

Wegen

$$q_1 - p_1 \;=\; q_2 - p_2 \;\geq 0 \qquad \text{und} \qquad \frac{1}{2}\, f(a_1) + \frac{1}{2}\, f(a_2) \;\leq\; f(a_3)$$

gilt:

$$
\begin{aligned}
&\sum_{i=1}^{3} p_i\, f(a_i) \;-\; \sum_{i=1}^{3} q_i\, f(a_i) \\
&= \;(p_1-q_1)\, f(a_1) \;+\; (p_2-q_2)\, f(a_2) \;+\; (1-p_1-p_2)\, f(a_3) \\
&\quad -(1-q_1-q_2)\, f(a_3) \\
&= \;-(q_1-p_1)\,(f(a_1)+f(a_2)) \;+\; 2\,(q_1+p_1)\, f(a_3) \\
&\geq \;-2\,(q_1-p_1)\, f(a_3) \;+\; 2\,(q_1-p_1)\, f(a_3) \;=0\,,
\end{aligned}
$$

und somit: pRq. ///

BEWEIS VON SATZ 3.1.7

a) Es seien $P, Q \in \mathcal{M}_1(\mathbb{B})$ und es existiere ein $t_0 \in \mathbb{R}$ mit $P(\{t_0\}) = 1$. Die zu dem „Wahrscheinlichkeitsmaß“ P gehörige Verteilungsfunktion lautet:

$$F_P\colon \mathbb{R} \longrightarrow [0, 1], \qquad F_P(t) \doteq \begin{cases} 0, & \text{falls } t < t_0, \\ 1, & \text{falls } t \geq t_0. \end{cases}$$

Angenommen, P ist riskanter als Q. Dann müßte es gemäß Definition 3.1.10 einen Nutzenwert $s \in \mathbb{R}$ geben, so daß

- $F_Q(t) \leq F_P(t)$ für alle $t < s$,
  $F_Q(t) \geq F_P(t)$ für alle $t \geq s$, und
- $t_1, t_2 \in \mathbb{R}$ existieren mit

$$t_1 < s < t_2, \qquad F_Q(t_1) < F_P(t_1) \quad \text{und} \quad F_Q(t_2) > F_P(t_2).$$

Da $F_P(t) = 0$ für alle $t < t_0$, kann die Ungleichung

$$F_Q(t_1) < F_P(t_1)$$

nur dann erfüllt werden, wenn t_1 mindestens so groß wie t_0 gewählt wird. Weil außerdem $F_P(t) = 1$ für alle $t \geq t_0$, kann die Ungleichung

$$F_Q(t_2) > F_P(t_2)$$

nur dann erfüllt werden, wenn t_2 kleiner als t_0 ist.
Man erhält somit: $t_2 < t_0 \leq t_1$.
Es gibt also kein $s \in \mathbb{R}$, für das die zweite der beiden oben genannten Bedingungen erfüllt ist.

b) „$\Longleftarrow$“: Es seien $P, Q \in \mathcal{M}_1(\mathbb{B})$ und es existiere ein $t_0 \in \mathbb{R}$, so daß

$$P(\{t_0\}) = 1, \qquad Q((-\infty, t_0)) > 0 \quad \text{und } Q((t_0, \infty)) > 0.$$

Weiterhin sei $t_2 \in (t_0, \infty)$ beliebig und $t_1 \in (-\infty, t_0)$ so gewählt, daß $Q((-\infty, t_1]) > 0$. Dann gilt:

- $F_P(t) = 0 \leq F_Q(t)$ für alle $t < t_0$,
  $F_P(t) = 1 \geq F_Q(t)$ für alle $t \geq t_0$, sowie

- $t_1 < t_0 < t_2$,
  $F_Q(t_1) \doteq Q((-\infty, t_1]) > 0 = F_P(t_1)$ und
  $F_Q(t_2) \doteq Q((-\infty, t_2]) = 1 - Q((t_2, \infty))$
  $\leq 1 - Q((t_0, \infty)) < 1 = F_P(t_2)$.

Die Nutzenverteilung Q ist also gemäß Definition 3.1.10 riskanter als die Nutzenverteilung P.

„$\Longrightarrow$“: Es seien $P, Q \in \mathcal{M}_1(\mathbb{B})$ und es existiere ein $t_0 \in \mathbb{R}$ mit $P(\{t_0\}) = 1$. Außerdem sei Q riskanter als P, d.h. es gebe einen Nutzenwert $s \in \mathbb{R}$, so daß

- $F_P(t) \leq F_Q(t)$ für alle $t < s$,
  $F_P(t) \geq F_Q(t)$ für alle $t \geq s$, und
- $t_1, t_2 \in \mathbb{R}$ existieren mit

$$t_1 < s < t_2, \qquad F_P(t_1) < F_Q(t_1) \quad \text{und} \quad F_P(t_2) > F_Q(t_2).$$

Da $F_P(t) = 0$ für alle $t < t_0$, muß t_2 mindestens so groß wie t_0 gewählt werden. Weiterhin muß t_1 kleiner als t_0 sein, weil $F_P(t) = 1$ für alle $t \geq t_0$. Für diese Werte $t_1, t_2 \in \mathbb{R}$ gilt nach Voraussetzung:

$$0 = F_P(t_1) < F_Q(t_1) \quad \text{und} \quad 1 = F_P(t_2) > F_Q(t_2).$$

Da die Verteilungsfunktion F_Q (wie jede Verteilungsfunktion) streng monoton wachsend und $t_0 \leq t_2$ ist, gilt außerdem:

$$F_Q(t_0) \leq F_Q(t_2).$$

Man erhält somit:

$$Q((-\infty, t_0)) \geq Q((-\infty, t_1]) = F_Q(t_1) > 0, \quad \text{sowie}$$
$$Q((t_0, \infty)) = 1 - Q((-\infty, t_0]) = 1 - F_Q(t_0) \geq 1 - F_Q(t_2) > 0.$$

///

BEWEIS VON SATZ 3.1.10

„$\Longrightarrow$“: Es sei $\succsim_1$ mindestens so risikofreudig wie $\succsim_2$ im Sinne von Definition 3.1.11. Dies bedeutet, daß für alle $Q, P \in \mathcal{M}_1(\mathbb{B})$ folgendes gilt:

Falls Q riskanter als P im Sinne von Definition 3.1.10 ist und

$$Q \succsim_2 P, \quad \text{d.h.:} \quad \mathcal{Q}_{\alpha_2}(Q) \geq \mathcal{Q}_{\alpha_2}(P),$$

dann gilt:

$$Q \succsim_1 P, \quad \text{d.h.:} \quad \mathcal{Q}_{\alpha_1}(Q) \geq \mathcal{Q}_{\alpha_1}(P).$$

Ich zeige nun, daß die Annahme $\alpha_1 < \alpha_2$ zu einem Widerspruch führt. Es sei also $\alpha_1 < \alpha_2$. Ein Widerspruch zu der Voraussetzung, daß $\succsim_1$ mindestens so risikofreudig wie $\succsim_2$ ist, liegt vor, wenn $P, Q \in \mathcal{M}_1(\mathbb{B})$ existieren, so daß

(1) Q riskanter als P im Sinne von Definition 3.1.10 ist,

(2) $\mathcal{Q}_{\alpha_2}(Q) \geq \mathcal{Q}_{\alpha_2}(P)$ und $\mathcal{Q}_{\alpha_1}(Q) < \mathcal{Q}_{\alpha_1}(P)$.

Es sei nun $P \in \mathcal{M}_1(\mathbb{B})$ ein beliebiges Einpunktmaß mit $P(\{t_0\}) = 1$ und $Q \in \mathcal{M}_1(\mathbb{B})$ derart, daß das α_1-Quantil von Q kleiner als t_0 und das α_2-Quantil von Q größer als t_0 ist, d.h.

$$\mathcal{Q}_{\alpha_1}(Q) < t_0 \quad \text{und} \quad \mathcal{Q}_{\alpha_2}(Q) > t_0 .$$

Dann besitzen P, Q die Eigenschaften (1) und (2).

Zu (1): Gemäß Satz 3.1.7 ist Q riskanter als P, falls

$$\mathcal{Q}((-\infty, t_0)) > 0 \quad \text{und} \quad \mathcal{Q}((-\infty, t_0]) < 1 .$$

Dies läßt sich folgendermaßen beweisen:

- $\mathcal{Q}_{\alpha_1}(Q) = \inf\{ t \in \mathbb{R} \mid F_Q(t) \geq \alpha_1 \} < t_0$
  $\Longrightarrow$ Es existiert ein $t < t_0$, so daß $F_Q(t) \geq \alpha_1$.
  $\Longrightarrow$ $Q((-\infty, t_0)) > \alpha_1 > 0$.
- $\mathcal{Q}_{\alpha_2}(Q) = \inf\{ t \in \mathbb{R} \mid F_Q(t) \geq \alpha_2 \} > t_0$
  $\Longrightarrow$ Für alle $t \leq t_0$ ist $F_Q(t) < \alpha_2$.
  $\Longrightarrow$ $Q((-\infty, t_0]) = F_Q(t_0) \leq \alpha_2 < 1$.

Zu (2): Es ist $\mathcal{Q}_{\alpha_2}(Q) > t_0 = \mathcal{Q}_{\alpha_2}(P)$ und $\mathcal{Q}_{\alpha_1}(Q) < t_0 = \mathcal{Q}_{\alpha_1}(P)$.

Damit ist gezeigt, daß die Annahme $\alpha_1 < \alpha_2$ zu einem Widerspruch führt.

„$\Longleftarrow$": Es sei $\alpha_1 \geq \alpha_2$ und $P, Q \in \mathcal{M}_1(\mathbb{B})$ derart, daß

- Q riskanter als P im Sinne von Definition 3.1.10 ist und
- $Q \succsim_2 P$, d.h.: $\mathcal{Q}_{\alpha_2}(Q) \geq \mathcal{Q}_{\alpha_2}(P)$.

Die Behauptung lautet dann:

$$Q \succsim_1 P \quad (:\Longleftrightarrow \; \mathcal{Q}_{\alpha_1}(Q) \geq \mathcal{Q}_{\alpha_1}(P)).$$

Da Q riskanter als P ist, gibt es ein $s \in \mathbb{R}$, so daß

(1) $F_P(t) \leq F_Q(t)$ für alle $t < s$,

(2) $F_P(t) \geq F_Q(t)$ für alle $t \geq s$.

Falls $\alpha \leq F_Q(s)$, dann ist

$$\mathcal{Q}_\alpha(Q) = \inf\{t \in \mathbb{R} \mid F_Q(t) \geq \alpha\} \leq s.$$

Wegen (1) folgt hieraus

$$F_P(t) \leq F_Q(t) < \alpha \quad \text{für alle } t < \mathcal{Q}_\alpha(Q) \text{ und alle } \alpha \leq F_Q(s),$$

und somit:

(3) $\mathcal{Q}_\alpha(P) \geq \mathcal{Q}_\alpha(Q)$ für alle $\alpha \leq F_Q(s)$.

Falls hingegen $\alpha > F_Q(s)$, dann ist

$$\mathcal{Q}_\alpha(Q) = \inf\{t \in \mathbb{R} \mid F_Q(t) \geq \alpha\} > s.$$

Wegen (2) folgt hieraus

$$F_P(t) \geq F_Q(t) \geq \alpha \quad \text{für alle } t \geq \mathcal{Q}_\alpha(Q) \text{ und alle } \alpha > F_Q(s),$$

und somit:

(4) $\mathcal{Q}_\alpha(P) \leq \mathcal{Q}_\alpha(Q)$ für alle $\alpha > F_Q(s)$.

Da nach Voraussetzung

$$\mathcal{Q}_{\alpha_2}(Q) \geq \mathcal{Q}_{\alpha_2}(P) \quad \text{und} \quad \alpha_1 \geq \alpha_2,$$

folgt aus (3) und (4) die Behauptung, d.h. $Q \succsim_1 P$. ///

BEWEIS VON SATZ 3.2.1 (nach Krantz et al., 1971, S.42, und Bossert/Stehling, 1990, S.56 f.)
„$\Longleftarrow$“: Es sei $\phi : \mathbb{R} \longrightarrow \mathbb{R}$ eine beliebige streng monoton wachsende Funktion. Dann gilt für alle $a, b \in \Omega$:

$$a\mathrm{R}b \iff f(a) \geq f(b) \iff \phi(f(a)) \geq \phi(f(b))$$

Die Nutzenfunktionen f und $g \doteq \phi \circ f$ (d.h.: $g(a) \doteq \phi(f(a))$, $a \in \Omega$) repräsentieren also dieselbe Präferenzordnung.

„$\Longrightarrow$“: Es seien $f, g : \Omega \longrightarrow \mathbb{R}$ zwei Nutzenfunktionen, die dieselbe Präferenzordnung R repräsentieren, d.h.

$$f(a) \geq f(b) \iff a\mathrm{R}b \iff g(a) \geq g(b) \quad \text{für alle } a, b \in \Omega .$$

Zu zeigen ist, daß dann eine streng monoton wachsende Funktion $\phi\colon W(f) \longrightarrow \mathbb{R}$ existiert mit $g = \phi \circ f$. Der Nachweis wird geführt durch explizite Angabe der Funktion ϕ. Für $x \in W(f)$ sei

$$f^{-1}(x) \doteq \{a \in \Omega \mid f(a) = x\}$$

und $\phi\colon W(f) \longrightarrow \mathbb{R}$ definiert durch

$$\phi(x) \doteq g(a) \quad \text{mit } a \in f^{-1}(x) .$$

Zu zeigen ist nun dreierlei:

(1) ϕ ist unabhängig von der Wahl der Repräsentanten $a \in f^{-1}(x)$.
(2) ϕ ist streng monoton wachsend.
(3) $g = \phi \circ f$, d.h.: $g(a) = \phi(f(a))$ für alle $a \in \Omega$.

Zu (1): Für jedes beliebige $x \in W(f)$ und alle $a, b \in f^{-1}(x)$ ist $f(a) = f(b) = x$ und somit auch $g(a) = g(b)$.
Zu (2): Es seien $x_1, x_2 \in W(f)$, $x_1 > x_2$; weiterhin sei $a_1 \in f^{-1}(x_1)$ und $a_2 \in f^{-1}(x_2)$.
Dann ist $f(a_1) = x_1 > x_2 = f(a_2)$ und somit wegen desselben ordinalen Informationsgehalts der Nutzenfunktionen $f, g\colon \Omega \longrightarrow \mathbb{R}$

$$\phi(x_1) = g(a_1) > g(a_2) = \phi(x_2)$$

Zu (3): Es sei $a \in \Omega$ und $x \doteq f(a)$. Dann ist $a \in f^{-1}(x)$ und nach Definition von ϕ somit $g(a) = \phi(x) = \phi(f(a))$. ///

BEWEIS VON SATZ 3.2.2 siehe nächste Seite.

BEWEIS VON SATZ 3.2.3

„$\Longleftarrow$“: Gegeben sei eine Nutzenfunktion $f : \Omega \longrightarrow \mathbb{R}$ und und eine Transformation

$$\phi\colon W(f) \longrightarrow \mathbb{R}, \quad \phi(x) \doteq a\,x + b \quad \text{mit } a, b \in \mathbb{R},\ a > 0\,.$$

Weiterhin seien $a_1, a_2, a_3 \in \Omega$; $\alpha \in [0,1]$; $x_i \doteq f(a_i)$, $i = 1,2,3$. Dann sind die folgenden vier Aussagen paarweise äquivalent:

$$\begin{aligned} \alpha\,(\phi\circ f)(a_1) + (1-\alpha)(\phi\circ f)(a_2) &\geq (\phi\circ f)(a_3) \\ \alpha\,(a\,x_1 + b) + (1-\alpha)(a\,x_2 + b) &\geq a\,x_3 + b \\ \alpha\,x_1 + (1-\alpha)\,x_2 &\geq x_3 \\ \alpha\,f(a_1) + (1-\alpha)\,f(a_2) &\geq f(a_3) \end{aligned}$$

Aus der Äquivalenz zwischen der ersten und der vierten Ungleichung folgt, daß die Nutzenfunktionen $\phi\circ f$ und f dieselbe kardinale Information besitzen.

„$\Longrightarrow$“: Dieser Beweis verläuft analog zum Beweis der Richtung „$\Longrightarrow$“ von Satz 3.2.1. Man geht jedoch von Nutzenfunktionen $f : \Omega \longrightarrow \mathbb{R}$ und $g : \Omega \longrightarrow \mathbb{R}$ aus, die nicht nur dieselbe ordinale, sondern auch dieselbe kardinale Information (im Sinne von Definition 3.2.1, Abschnitt 3.2.1) besitzen. Für die Funktion

$$\phi\colon W(f) \longrightarrow \mathbb{R}, \quad \phi(x) \doteq g(a) \quad \text{mit } a \in f^{-1}(x)\,,$$

ist dann nicht nur (1)-(3) (aus dem Beweis von Satz 3.2.1) zu zeigen, sondern zusätzlich noch

(4) $\phi(x) = a\,x + b$ für alle $x \in W(f)$, wobei $a, b \in \mathbb{R}$
($\Longrightarrow a > 0$, wegen (2)).

Beweis von (4): Es sei $x_1 \doteq \max W(f)$, $x_2 \doteq \min W(f)$,

$$a \doteq \frac{\phi(x_1) - \phi(x_2)}{x_1 - x_2}\,, \quad b \doteq \phi(x_1) - a\,x_1\,.$$

Dann ist $\phi(x_i) = ax_i + b$ für $i \in \{1,2\}$ und $x_1 \geq x_3 \geq x_2$ für alle $x_3 \in W(f)$. Für jedes $x_3 \in W(f)$ will ich nun zeigen, daß $\phi(x_3) = a\,x_3 + b$. Hierzu sei

$x_3 \in W(f)$ beliebig vorgegeben. Wegen $x_1 \geq x_3 \geq x_2$ gibt es ein $\alpha \in [0,1]$, so daß

$$\alpha\, x_1 + (1-\alpha)\, x_2 = x_3 .$$

Da f und g dieselbe kardinale Information besitzen und

$$x_i = f(a_i) \quad \text{mit} \quad a_i \in f^{-1}(x_i) \quad \text{für } i = 1,2,3 ,$$

folgt hieraus: $\alpha\, g(a_1) + (1-\alpha)\, g(a_2) = g(a_3)$. Aufgrund der Definition von ϕ gilt deshalb:

$$\alpha\, \phi(x_1) + (1-\alpha)\, \phi(x_2) = \phi(x_3) .$$

Man erhält somit:

$$\begin{aligned} \phi(x_3) &= \alpha\,(a\, x_1 + b) + (1-\alpha)\,(a\, x_2 + b) \\ &= a\,(\alpha\, x_1 + (1-\alpha)\, x_2) + b \;=\; a\, x_3 + b . \end{aligned}$$

///

BEWEIS VON SATZ 3.2.2

Die in Satz 3.2.2 beschriebene Eigenschaft der Nutzenfunktionen $f, g : \Omega \longrightarrow \mathbb{R}$ ist trivialerweise hinreichend, um zu garantieren, daß f und g dieselbe kardinale Information besitzen. Daher bleibt lediglich zu zeigen, daß es sich auch um eine notwendige Bedingung handelt. Hierzu lohnt es sich, einen Blick auf Satz 3.2.3 zu werfen. Nach Satz 3.2.3 besitzen f und g genau dann dieselbe kardinale Information, wenn eine positiv-affine Transformation $\phi \colon W(f) \longrightarrow \mathbb{R}$ existiert, so daß $g = \phi \circ f$.
Zu zeigen ist also noch folgendes:

Für jede Nutzenfunktion $f\colon \Omega \longrightarrow \mathbb{R}$, jede Funktion

$$\phi\colon W(f) \longrightarrow \mathbb{R}, \quad \phi(x) = a\, x + b \quad \text{mit } a, b \in \mathbb{R},\ b > 0 ,$$

und alle

$$(\alpha_i)_{1 \leq i \leq n},\ (\beta_i)_{1 \leq i \leq n} \quad \text{mit} \quad \sum_{i=1}^{n} \alpha_i = \sum_{i=1}^{n} \beta_i = 1$$

gilt:

$$\sum_{i=1}^{n} \alpha_i\, f(a_i) \geq \sum_{i=1}^{n} \beta_i\, f(a_i) \iff$$
$$\sum_{i=1}^{n} \alpha_i\, (\phi \circ f)\,(a_i) \geq \sum_{i=1}^{n} \beta_i\, (\phi \circ f)(a_i) .$$

Wählt man nun $x_i \doteq f(a_i)$, $i \in \{1, ..., n\}$, so erkennt man (analog zu der Beweisrichtung „$\Longleftarrow$" in dem Beweis von Satz 3.2.3), daß unter den genannten Voraussetzungen die folgenden vier Aussagen paarweise äquivalent sind:

$$\sum_{i=1}^{n} \alpha_i \, (\phi \circ f)\,(a_i) \quad \geq \quad \sum_{i=1}^{n} \beta_i \, (\phi \circ f)\,(a_i)$$

$$\sum_{i=1}^{n} \alpha_i \, (a\, x_i + b) \quad \geq \quad \sum_{i=1}^{n} \beta_i \, (a\, x_i + b)$$

$$\sum_{i=1}^{n} \alpha_i \, x_i \quad \geq \quad \sum_{i=1}^{n} \beta_i \, x_i$$

$$\sum_{i=1}^{n} \alpha_i \, f(a_i) \quad \geq \quad \sum_{i=1}^{n} \beta_i \, f(a_i)$$

Die Äquivalenz zwischen der ersten und der vierten Ungleichung stellt gerade die Behauptung dar. ///

BEWEIS VON SATZ 3.2.4

Es sei $m \geq 3$, $W(f) = \{x_1, ..., x_m\}$, $x_1 < x_2 < ... < x_m$ und $i, j \in \{1, ..., m-1\}$, $i \neq j$, derart, daß $x_{i+1} - x_i \neq x_{j+1} - x_j$. Für alle $k \in \{1, ..., m-1\}$ bezeichne $y_k \doteq x_{k+1} - x_k$ die Differenz zwischen dem k–kleinsten und dem $(k-1)$–kleinsten Nutzenwert. Die Menge

$$I \doteq \{ k \in \{1, ..., m-1\} \mid y_k = y_i \}$$

gebe an, welche Nutzendifferenzen y_k identisch mit der Nutzendifferenz $y_i = x_{i+1} - x_i$ sind. Man wähle nun eine Funktion

$$\varphi: \{\text{Menge der } y_k, \; k = 1, ..., m-1\} \longrightarrow \mathbb{R}$$

derart, daß gilt:

(1) $\varphi(y_k) = y_k$ für alle $k \in \{1, ..., m-1\} \setminus I$.
(2) $\varphi(y_i) > y_i$.
(3) Für kein $k \in \{1, ..., m-1\} \setminus I$ liegt y_k in dem Intervall $B \doteq [y_i, \varphi(y_i)]$, d.h. $\varphi(y_i)$ soll nicht zu groß gewählt werden.

Für die Funktion $\phi: \{x_1, ..., x_m\} \longrightarrow \mathbb{R}$, definiert durch

$$\phi(x_1) \doteq x_1, \quad \phi(x_{k+1}) \doteq \phi(x_k) + \varphi(x_{k+1} - x_k) \quad \text{für } k \in \{1, ..., m-1\},$$

ist dann einerseits

$$\begin{aligned}\phi \in \widehat{\mathcal{M}}_2 \;=\; \{\phi\colon W(f) &\longrightarrow \mathrm{I\!R} \mid \\ x-y \geq u-v &\iff \phi(x)-\phi(y) \geq \phi(u)-\phi(v) \\ &\text{für alle } x,y,u,v \in W(f)\}\,,\end{aligned}$$

weil

$$\begin{aligned}&x_{k+1}-x_k = y_k \geq y_l = x_{l+1}-x_l \iff \\ &\phi(x_{k+1})-\phi(x_k) = \varphi(y_k) \geq \varphi(y_l) = \phi(x_{l+1})-\phi(x_l) \\ &\text{für alle } k,l \in \{1,\ldots,m-1\}\,,\end{aligned}$$

und andererseits

$$\phi \notin \widetilde{\mathcal{M}}_2 \;=\; \{\phi\colon W(f) \longrightarrow \mathrm{I\!R} \mid \phi(x) = ax+b \quad \text{mit} \quad a \in \mathrm{I\!R}^+,\ b \in \mathrm{I\!R}\}\,,$$

denn:

> Angenommen, $\phi \in \widetilde{\mathcal{M}}_2$ (d.h. $\phi(x) = ax+b$). Aus $\phi(x_1) = x_1$ und $\phi(x_{j+1})-\phi(x_j) = x_{j+1}-x_j$ folgt dann, daß ϕ die Identität ist. Man erhält also einen Widerspruch zu
>
> $$\phi(x_{i+1})-\phi(x_i) = \varphi(y_i) > y_i = x_{i+1}-x_i\,.$$

///

BEWEIS VON SATZ 3.2.5

Satz 3.2.5 läßt sich aus den Sätzen 3.2.2 und 3.2.3 ableiten: Betrachtet man anstelle von Nutzenfunktionen $f,g\colon \Omega \longrightarrow \mathrm{I\!R}$ Funktionen

$$F,G\colon \Omega \times \{1,\ldots,m\} \longrightarrow \mathrm{I\!R} \qquad \text{mit} \quad F(a_i,j) \doteq f_j(a_i)\,,\quad G(a_i,j) \doteq g_j(a_i)\,,$$

und anstelle von Alternativen $a_i \in \Omega$ geordnete Paare

$$(a_i,j) \in M \doteq \Omega \times \{1,\ldots,m\}\,,$$

so folgt aus den Sätzen 3.2.2 und 3.2.3 die paarweise Äquivalenz der folgenden drei Aussagen:

1. Für jedes $\alpha \in [0,1]$, alle $a,b,c \in \Omega$ und alle $i,j,k \in \{1,\ldots,m\}$ gilt:

$$\begin{aligned}&\alpha F(a,i) + (1-\alpha)F(b,j) \geq F(c,k) \\ \iff\ &\alpha G(a,i) + (1-\alpha)G(b,j) \geq G(c,k)\,.\end{aligned}$$

2. Für alle (α_{ij}), (β_{ij}), mit

$$\sum_{j=1}^{m}\sum_{i=1}^{n}\alpha_{ij} = \sum_{j=1}^{m}\sum_{i=1}^{n}\beta_{ij} = 1$$

gilt:

$$\sum_{j=1}^{m}\sum_{i=1}^{n}\alpha_{ij}\,F(a_i,j) \geq \sum_{j=1}^{m}\sum_{i=1}^{n}\beta_{ij}\,F(a_i,j) \iff$$
$$\sum_{j=1}^{m}\sum_{i=1}^{n}\alpha_{ij}\,G(a_i,j) \geq \sum_{j=1}^{m}\sum_{i=1}^{n}\beta_{ij}\,G(a_i,j)\,.$$

3. Es existiert eine Funktion

$$\varphi\colon \mathbb{R} \longrightarrow \mathbb{R}, \quad \varphi(x) = a\,x + b, \quad \text{mit } a, b \in \mathbb{R},\ a > 0,$$

so daß $G = \varphi \circ F$.

Aufgrund der Definition von F und G folgt hieraus Satz 3.2.5. ///

BEWEIS VON SATZ 3.2.6 (vgl. hierzu Bossert/Stehling, 1992, Theorem 1)
Satz 3.2.6 folgt unmittelbar aus dem Satz 3.2.1: Ebenso wie beim Beweis von Satz 3.2.5 betrachtet man Funktionen

$$F, G\colon \Omega \times \{1, \ldots, m\} \longrightarrow \mathbb{R} \quad \text{mit} \quad F(a_i, j) \doteq f_j(a_i), \quad G(a_i, j) \doteq g_j(a_i)\,.$$

Gemäß Satz 3.2.1 repräsentieren die Funktionen F und G genau dann dieselbe Präferenzordnung auf der Menge $M \doteq \Omega \times \{1, \ldots, m\}$, wenn eine streng monoton wachsende Funktion $\varphi: \mathbb{R} \longrightarrow \mathbb{R}$ existiert, so daß $G = \varphi \circ F$. Aufgrund der Definition von F und G folgt hieraus die Behauptung. ///

BEWEIS VON SATZ 3.2.7

$\mathcal{M}_4 \subset \widetilde{\mathcal{M}}_4$: Es sei $\phi = (\phi_1, \ldots, \phi_m) \in \mathcal{M}_4$, d.h.:

$$\phi_1 = \ldots = \phi_m \doteq \varphi, \quad \varphi(x) = a\,x + b, \ x \in \mathbb{R}, \ \text{mit } a \in \mathbb{R}^+,\ b \in \mathbb{R}.$$

Für alle $x, y, u, v \in \mathbb{R}$ gilt dann

$$x - y \geq u - v \iff$$
$$\varphi(x) - \varphi(y) = (a\,x + b) - (a\,y + b) = a\,(x - y)$$
$$\geq a\,(u - v) = (a\,u + b) - (a\,v + b) = \varphi(u) - \varphi(v)\,.$$

Damit ist gezeigt:

$$\phi = (\phi_1, ..., \phi_m) = (\varphi, ..., \varphi) \in \widetilde{\mathcal{M}}_4 .$$

$\widetilde{\mathcal{M}}_4 \subset \mathcal{M}_4$: Es sei $\phi = (\phi_1, ..., \phi_m) \in \widetilde{\mathcal{M}}_4$. Dann gilt:

$$\phi_i(x) - \phi_i(y) = \phi_j(x) - \phi_i(y) \qquad \text{für alle } x, y \in \mathbb{R}, \ i, j \in \{1, ..., m\},$$

und somit

$$\phi_i(x) = \phi_j(x) \qquad \text{für alle } x \in \mathbb{R}, \ i, j \in \{1, ..., m\} .$$

Aus $\phi = (\phi_1, ..., \phi_m) \in \widetilde{\mathcal{M}}_4$ folgt also:

$$\phi_1 = \ldots = \phi_m \doteq \varphi .$$

Außerdem gilt aufgrund der Definition von $\widetilde{\mathcal{M}}_4$ für alle $x, y, u, v \in \mathbb{R}$:

$$x - y \geq u - v \iff \varphi(x) - \varphi(y) \geq \varphi(u) - \varphi(v) .$$

Nach Theorem 3.2.1 aus Abschnitt 3.2.1 folgt hieraus:

$$\varphi(x) = a\,x + b, \ x \in \mathbb{R}, \ \text{mit } a \in \mathbb{R}^+, \ b \in \mathbb{R} .$$

Damit ist gezeigt, daß $\phi \in \mathcal{M}_4$. ///

BEWEIS VON SATZ 3.2.8

$\mathcal{M}_5 \subset \widetilde{\mathcal{M}}_5$: Es sei $\phi = (\phi_1, ..., \phi_m) \in \mathcal{M}_5$, d.h. für alle $i \in \{1, ..., m\}$ ist

$$\phi_i(x) = a\,x + b_i, \ x \in \mathbb{R}, \ \text{mit } a \in \mathbb{R}^+, \ b_i \in \mathbb{R} .$$

Für alle $i, j \in \{1, ..., m\}$ und alle $x, y, u, v \in \mathbb{R}$ gilt dann:

$$\begin{aligned} & x - y \geq u - v \iff \\ & \phi_i(x) - \phi_i(y) = (a\,x + b_i) - (a\,y + b_i) = a\,(x - y) \\ & \geq a\,(u - v) = (a\,u + b_j) - (a\,v + b_j) = \phi_j(u) - \phi_j(v) . \end{aligned}$$

Damit ist gezeigt:

$$\phi = (\phi_1, ..., \phi_m) \in \widetilde{\mathcal{M}}_5 .$$

$\widetilde{\mathcal{M}}_5 \subset \mathcal{M}_5$: Es sei $\phi = (\phi_1, ..., \phi_m) \in \widetilde{\mathcal{M}}_5$; $i, j \in \{1, ..., m\}$. Dann gilt:

$$\phi_i(x) - \phi_i(y) = \phi_j(x) - \phi_j(y) \qquad \text{für alle } x, y \in \mathbb{R} .$$

Nun sei $y \in \mathbb{R}$ fest vorgegeben. Dann erhält man für alle $x \in \mathbb{R}$:

$$\phi_i(x) = \phi_j(x) + (\phi_i(y) - \phi_j(y)) .$$

Da der Term $\phi_i(y) - \phi_j(y)$ unabhängig von x ist, unterscheiden sich die Funktionen ϕ_i und ϕ_j lediglich durch eine Konstante, d.h. es gibt ein $k \in \mathbb{R}$, so daß $\phi_i(x) = \phi_j(x) + k$ für alle $x \in \mathbb{R}$.
Für alle $i \in \{1, ..., m\}$ existiert also eine Konstante k_i, so daß

$$\phi_i(x) = \phi_1(x) + k \qquad \text{für alle } x \in \mathbb{R} .$$

Aufgrund der Definition von $\widetilde{\mathcal{M}}_5$ gilt für alle $x, y, u, v \in \mathbb{R}$:

$$x - y \geq u - v \iff \phi_1(x) - \phi_1(y) \geq \phi_1(u) - \phi_1(v) .$$

Nach Theorem 3.2.1 aus Abschnitt 3.2.1 folgt hieraus:

$$\phi_1(x) = a\,x + b, \quad x \in \mathbb{R}, \quad \text{mit } a \in \mathbb{R}^+,\ b \in \mathbb{R} .$$

Setzt man $b_i \doteq b + k_i$, so erhält man:

$$\phi_i(x) = \phi_1(x) + k_i = a\,x + b + k_i = a\,x + b_i , \quad i \in \{1, ..., m\} .$$

Damit ist gezeigt, daß $\phi = (\phi_1, ..., \phi_m) \in \mathcal{M}_5$. ///

BEWEIS VON SATZ 3.4.1 (vgl. Ng, 1975, S.549 f.)
(i) $\underline{\mathrm{R}}$ ist transitiv:
Es gelte: $a\underline{\mathrm{R}}b \wedge b\underline{\mathrm{R}}c$. Zu zeigen ist: $a\underline{\mathrm{R}}c$.
Angenommen, es gilt: $\neg(a\underline{\mathrm{R}}c)$ ($\iff c\underline{\mathrm{P}}a$). Dann gibt es ein $x \in \Omega$, so daß $(c\mathrm{P}x \wedge x\mathrm{I}a) \vee (c\mathrm{I}x \wedge x\mathrm{P}a)$.
Wegen der Reflexivität und der Vollständigkeit von R gilt: $b\mathrm{P}x \vee b\mathrm{I}x \vee x\mathrm{P}b$. Alle diese drei Möglichkeiten führen zu einem Widerspruch zu der Voraussetzung $a\underline{\mathrm{R}}b \wedge b\underline{\mathrm{R}}c$ oder der Annahme $\neg(a\underline{\mathrm{R}}c)$:
Aus $b\mathrm{P}x$ folgt wegen $x\mathrm{I}a \vee x\mathrm{P}a$, daß $b\underline{\mathrm{P}}a$ und somit $\neg(a\underline{\mathrm{R}}b)$.
Aus $x\mathrm{P}b$ folgt wegen $c\mathrm{I}x \vee c\mathrm{P}x$, daß $c\underline{\mathrm{P}}b$ und somit $\neg(b\underline{\mathrm{R}}c)$.
Aus $b\mathrm{I}x$ folgt wegen $x\mathrm{P}a \vee c\mathrm{P}x$, daß $b\underline{\mathrm{P}}a \vee c\underline{\mathrm{P}}b$ und somit $\neg(a\underline{\mathrm{R}}b) \vee \neg(b\underline{\mathrm{R}}c)$.

(ii) $\underline{\mathrm{R}}$ ist reflexiv und vollständig, d.h.: $a\underline{\mathrm{R}}b \vee b\underline{\mathrm{R}}a$ für alle $a, b \in \Omega$:

Angenommen, es gilt: $\neg(a\underline{\mathrm{R}}b) \wedge \neg(b\underline{\mathrm{R}}a)$.
$\Longrightarrow b\underline{\mathrm{P}}a \wedge a\underline{\mathrm{P}}b$
$\Longrightarrow \exists c\colon (b\mathrm{P}c \wedge c\mathrm{I}a) \vee (b\mathrm{I}c \wedge c\mathrm{P}a)$ und $\exists d\colon (a\mathrm{P}d \wedge d\mathrm{I}b) \vee (a\mathrm{I}d \wedge d\mathrm{P}b)$
$\Longrightarrow \exists c, d\colon (b\mathrm{P}c \wedge c\mathrm{I}a \wedge a\mathrm{P}d \wedge d\mathrm{I}b) \vee (b\mathrm{P}c \wedge c\mathrm{I}a \wedge a\mathrm{I}d \wedge d\mathrm{P}b) \vee (b\mathrm{I}c \wedge c\mathrm{P}a \wedge a\mathrm{P}d \wedge d\mathrm{I}b) \vee (b\mathrm{I}c \wedge c\mathrm{P}a \wedge a\mathrm{I}d \wedge d\mathrm{P}b)$.
Alle diese vier Möglichkeiten stehen im Widerspruch zu der Voraussetzung der schwachen Transitivität von R:
1. Fall: $b\mathrm{P}c \wedge c\mathrm{I}a \wedge a\mathrm{P}d \wedge d\mathrm{I}b \Longrightarrow b\mathrm{P}d \wedge d\mathrm{I}b$, wegen schwacher Transitivität $\Longrightarrow \neg(d\mathrm{R}b) \wedge d\mathrm{R}b \Longrightarrow$ Widerspruch.
2. Fall: $b\mathrm{P}c \wedge c\mathrm{I}a \wedge a\mathrm{I}d \wedge d\mathrm{P}b \Longrightarrow a\mathrm{I}d \wedge d\mathrm{P}a$, wegen schwacher Transitivität $\Longrightarrow a\mathrm{R}d \wedge \neg(a\mathrm{R}d) \Longrightarrow$ Widerspruch.
3. Fall: $b\mathrm{I}c \wedge c\mathrm{P}a \wedge a\mathrm{P}d \wedge d\mathrm{I}b \Longrightarrow b\mathrm{I}c \wedge c\mathrm{P}b$, wegen schwacher Transitivität $\Longrightarrow b\mathrm{R}c \wedge \neg(b\mathrm{R}c) \Longrightarrow$ Widerspruch.
4. Fall: $b\mathrm{I}c \wedge c\mathrm{P}a \wedge a\mathrm{I}d \wedge d\mathrm{P}b \Longrightarrow b\mathrm{I}c \wedge c\mathrm{P}b$, wegen schwacher Transitivität $\Longrightarrow b\mathrm{R}c \wedge \neg(b\mathrm{R}c) \Longrightarrow$ Widerspruch. ///

BEWEIS VON SATZ 3.4.2 (vgl. Ng, 1975, Proposition 9, und Sichelstiel/Söllner, 1996, Proposition 1)

„$\Longrightarrow$":

$$a\mathrm{R}b \Longrightarrow f(b) - f(a) \leq \sup\{f(b) - f(a) \mid b \in \Omega,\ a\mathrm{R}b\} = \sup\{f(b) - f(a) \mid b \in \Omega,\ a\mathrm{I}b\} = \overline{\delta}_f(a).$$

„$\Longleftarrow$": Angenommen, $\neg(a\mathrm{R}b)$ ($\Longleftrightarrow b\mathrm{P}a \Longleftrightarrow f(b) > f(c)$ für alle $c \in I(a)$).
Wegen der Abgeschlossenheit von $M_f(a)$ gibt es ein $\epsilon > 0$, so daß für alle $c \in I(a)$ ($\Longleftrightarrow f(c) \in M_f(a)$) gilt: $f(b) - f(c) > \epsilon$.
Man erhält also: $f(b) - f(a) > \sup\{f(c) - f(a) \mid c \in \Omega,\ a\mathrm{I}c\} = \overline{\delta}_f(a)$.
///

Literaturverzeichnis

Allais, M. (1953): „Le comportement de l'homme rationnel devant le risque, critique des postulats et axiomes de l'ecole Americaine," *Econometrica* **21**: 503-46.

Allais, M. (1979): „The so-called Allais Paradox and rational decisions under uncertainty," in: Allais und Hagen (1979).

Allais, M., und Hagen, O., Hrsg. (1979): *The Expected Utility Hypothesis and the Allais Paradoxon*, Dordrecht: Reidel.

Armstrong, W.E. (1939): „The determinateness of the utility function," *Economic Journal* **49**: 453-67.

Armstrong, W.E. (1950): „A note on the theory of consumer's behavior," *Oxford Economic Papers* **2**: 119-22.

Armstrong, W.E. (1951): „Utility and the theory of welfare," *Oxford Economic Papers* **3**: 259-71.

Arrow, K.J. (1951): *Social Choice and Individual Values*, New Haven: Yale University Press.

Arrow, K.J. (1959): „Rational Choice Functions and Orderings," *Econometrica* **26**: 121-7.

Arrow, K.J. (1963): *Social Choice and Individual Values*, 2. Auflage, New Haven: Yale University Press.

Arrow, K.J. (1970): „The Theory of Risk Aversion," in: Arrow, K.J.: *Essays in the Theory of Risk-Bearing*, Amsterdam: North-Holland.

Arrow, K.J. (1977): „Extended sympathy and the possibility of social choice," *American Economic Review* **67**: 219-25.

Arrow, K.J., und Intriligator, M.D., Hrsg. (1986): *Handbook of Mathematical Economics: Volume III*, Amsterdam: Elsvier Science Publishers B.V.

Bahrdt, H.P. (1992): *Schlüsselbegriffe der Soziologie - Eine Einführung mit Lehrbeispielen*, 5. Auflage, München: Beck.

Basu, K. (1983): „Cardinal utility, utilitarianism, and a class of invariance axioms in welfare analysis," *Journal of Mathematical Economics* **12**: 193-206.

Bauer, H. (1978): *Wahrscheinlichkeitstheorie und Grundzüge der Maßtheorie*, 3., neu bearbeitete Auflage, Berlin: de Gruyter.

Bentham, J. (1789): *An Introduction to the Principles of Morals and Legislation*, hg. von J.H. Burns und H.L.A. Hart, London: Athlone Press 1970.

Bergson, A. (1938): „A reformulation of certain aspects of welfare economis," *Quaterly Journal of Economics* **52**: 310-34.

Bergson, A. (1948): „Socialist economics", in: H.S. Ellis, Hrsg.: *A Survey of Contemporary Economics*. Homewood: Irvin.

Bernasconi, M. (1994): „Nonlinear preferences and two-stage lotteries: theories and evidence," *The Economic Journal* **104**: 54-70.

Binmore, K. (1990): *Fun and Games*, Lexington: Heath.

Binmore, K. (1994): *Game Theory and the Social Contract - Volume I: Playing Fair*, Cambridge: MIT Press.

Binmore, K. (1996): *Game Theory and the Social Contract - Volume II: Just Playing*, wird demnächst in Cambridge veröffentlicht.

Black, D. (1948): „On the rationale of group decision making," *Journal of Political Economy* **56**: 23-34.

Black, D. (1958): *The Theory of Committees and Elections*, London: Cambridge University Press.

Blau, J.H., und Deb, R. (1977): „Social decision functions and the veto," *Econometrica* **45**: 871-79.

Bohnen, A. (1964): *Die utilitaristische Ethik als Grundlage der modernen Wohlfahrtsökonomik*, Göttingen: Otto Schwarz.

Borda, J.C. de (1781): „Mémoire sur des élections en scrutin," *Histoire de l'Académie Royale des Sciences.*

Bossert, W., und Stehling, F. (1990): *Theorie kollektiver Entscheidungen*, Berlin: Springer.

Bossert, W., und Stehling, F. (1992): „A remark on admissible transformations for interpersonally comparable utilities," *International Economic Review* **33**: 739-44.

Buchanan, J.M. (1954): „Social choice, democracy and free markets," *Journal of Political Economy* **62**: 114-23.

Camerer, C.F. (1989): „An experimental test of several generalized utility theories," *Journal of Risk and Uncertainty* **2**: 61-104.

Chew, S.H. (1983): „A generalization of the quasilinear mean with applications to the measurement of income inequality and decision theory resolving the Allais paradox," *Econometrica* **51**: 1065-92.

Chew, S.H. (1989): „Axiomatic utility theories with betweenness property," *Annals of Operations Research* **19**: 273-98.

Chew, S.H., Karni, E., und Safra, Z. (1987): „Risk aversion in the theory of expected utility with rank dependent probabilities," *Journal of Economic Theory* **42**: 370-81.

Condorcet, M. de (1785): *Essai sur l'Application de l'Analyse à la Probabilité des Decisions Rendues à la Pluralité des Voix*, Paris.

Conlisk, J. (1989): „Three variants on the Allais example," *American Economic Review* **79**: 392-407.

d'Aspremont, C. (1985): „Axioms for social welfare orderings," in: Hurwicz, Schmeidler und Sonnenschein (1985): 19-76.

d'Aspremont, C., und Gevers, L. (1977): „Equity and the informational basis of collective choice," *Review of Economic Studies* **44**: 199-209.

Davidson, D. (1989): „Judging interpersonal interests," in: Elster und Hylland (1989): 195-211.

Davidson, D., McKinsey, J.C.C., und Suppes, P. (1955): „Outlines of a formal theory of value I," *Philosphy of Science* **22**: 140-60.

de Finetti, B. (1931): „Sul significato sogettivo della probabilità," *Fundamenta Mathematicae* **17**: 298-329.

Deschamps, R., und Gevers, L. (1978): „Leximin and utilitarian rules: A joint characterisation," *Journal of Economic Theory* **17**: 143-63.

Diamond, P. (1967): „Cardinal welfare, individualistic ethics, and interpersonal comparisons of utility: comment," *Journal of Political Economy* **75**: 765-6.

Downs, A. (1957): *An Economic Theory of Democracy*, New York: Harper.

Ebert, U. (1987): „A note social welfare orderings," *European Economic Review* **31**: 1145-7.

Ebert, U. (1988): „Rawls and Bentham reconciled," *Theory and Decision* **24**: 215-23.

Eckensberger, L.H., und Gähde, U., Hrsg. (1993): *Ethische Norm und empirische Hypothese*, Frankfurt: Suhrkamp.

Edgeworth, F.Y. (1881): *Mathematical Physics*, London: Kegan Paul.

Elster, J. (1985): „Weakness of the will and the free-rider problem," *Economics and Philosophy* **1**: 231-65.

Elster, J., und Hylland, A., Hrsg. (1989): *Foundations of Social Choice Theory*, Cambridge: Cambridge University Press.

Elster, J., und Roemer, J.E., Hrsg. (1991): *Interpersonal Comparisons of Well-being*, Cambridge: Cambridge University Press.

Fishburn, P.C. (1970a): „Intransitive individual indifference and transitive majorities," *Econometrica* **38**: 482-9.

Fishburn, P.C. (1970b): „Conditions for simple majority decision functions with intransitive individual indifference," *Journal of Economic Theory* **2**: 354-67.

Fishburn, P.C., und Gehrlein, P. (1976): „Borda's rule, positional voting, and Condorcet's simple majority principle," *Public Choice* **28**: 79-88.

Fishburn, P.C. (1982): *The Foundations of Expected Utility*, Dordrecht: Reidel.

Fischer, G. (1986): *Lineare Algebra*, 9. Auflage, Braunschweig: Vieweg.

Forster, O. (1983): *Analysis* 2, 4. Auflage, Braunschweig: Vieweg.

Gähde, U. (1992): „Zum Wandel des Nutzenbegriffs im klassischen Utilitarismus," in: Gähde und Schrader (1992).

Gähde, U., und Schrader, H., Hrsg. (1992): *Der klassische Utilitarismus: Einflüsse - Entwicklungen - Folgen*, Berlin: Akademie-Verlag.

Gähde, U. (1993): „Empirische und normative Aspekte der klassischen utilitaristischen Ethik," in: Eckensberger und Gähde (1993): 63-91.

Gähde, U. (1994): „Zur Anwendung wissenschaftstheoretischer Methoden auf ethische Theorien: Überlegungen am Beispiel des klassischen Utilitarismus," in: Nutzinger, H.G., Hrsg.: *Wirtschaftsethische Perspektiven II*, Schriften des Vereins für Socialpolitik, Neue Folge, Band 228/II, Berlin.

Gärdenfors, P., und Sahlin, N.-E., Hrsg. (1988): *Decision, Probability and Utility - Selected Readings*, Cambridge: Cambridge University Press.

Gaertner, W. (1985): „Einige Theorien der Verteilungsgerechtigkeit im Vergleich," in: *Ethik und Wirtschaftswissenschaften*, Schriften des Vereins für Socialpolitik, Neue Folge, Band 147, Berlin.

Gaertner, W. (1996): „The theory of social choice since 1951," in: *Beiträge des Fachbereichs Wirtschaftswissenschaften der Universität Osnabrück*, Discussion Paper No. 9614.

Gevers, L. (1979): „On interpersonal comparability and social welfare orderings," *Econometrica* **47**: 75-89.

Goodman, L., und Markowitz, H. (1952): „Social welfare functions based on individual rankings," *The American Journal of Sociology* **58**: 257-62.

Graaff, J. de V. (1957): *Theoretical Welfare Economics*. Cambridge: Cambridge University Press.

Hammond, P.J. (1976): „Equity, Arrow's conditions and Rawls' difference principle," *Econometrica* **44**: 793-804.

Hammond, P.J. (1991a): „Interpersonal comparisons of utility: Why and how they are and should be made?," in: Elster und Roemer (1991): 200-54.

Hammond, P.J. (1991b): „Independence of irrelevant interpersonal comparisons," *Social Choice and Welfare* **8**: 1-19.

Hansson, B. (1988): „Risk aversion as a problem of conjoint measurement," in: Gärdenfors und Sahlin (1988): 136-58.

Hare, R.M. (1952): *The Language of Morals*, Oxford: Clarendon Press.

Harless, D.W. (1992): „Predictions about indifference curves inside the unit triangle. A test of variants of the expected utility theory," *Journal of Economic Behavior and Organization* **18**: 391-414.

Harsanyi, J.C. (1953): „Cardinal utility in welfare economics and in the theory of risk-taking," *Journal of Political Economy* **61**: 434-5.

Harsanyi, J.C. (1955): „Cardinal welfare, individualistic ethics, and interpersonal comparisons of utility," *Journal of Political Economy* **63**: 309-21.

Harsanyi, J.C. (1977): *Rational Behavior and Bargaining Equilibrium in Games and Social Situations*, New York: Cambridge University Press.

Harsanyi, J.C. (1979): „Bayesian decision theory, rule utilitarism, and Arrows impossibility theorem," *Theory and Decision* **11**: 289-317.

Harsanyi, J.C. (1982): „Morality and the theory of rational bargaining," in: Sen und Williams (1982): 39-62.

Heilig, K. (1978): „Carnap and de Finetti on bets and the probability of singular events: The dutch book argument reconsidered," *British Journal for the Philosophy of Science* **29**: 325-46.

Herstein, I.N., und Milnor, J. (1953): „An axiomatic approach to measurabe utility," *Econometrica* **21**: 291-7.

Hildenbrand, W., und Sonnenschein, H., Hrsg. (1991): *Handbook of Mathematical Economics: Volume IV*, Amsterdam: Elsvier Science Publishers B.V.

Höffe, O. (1975): *Einführung in die utilitaristische Ethik*, München: Beck.

Hurwicz, L., Schmeidler, D., und Sonnenschein, H., Hrsg. (1985): *Social Goods and Social Organization: Essays in Memory of Elisha Pazner*, Cambridge: Cambridge University Press.

Hylland, A. (1991): „Subjective interpersonal comparisons," in: Elster und Roemer (1991): 337-70.

Inada, K. (1964): „A note on the simple majority decision rule," *Econometrica* **32**: 525-31.

Inada, K. (1969): „On the simple majority decision rule," *Econometrica* **37**: 490-506.

Inada, K. (1970): „Majority rule and rationality," *Journal of Economic Theory* **2**: 27-40.

Jöhr, W.A. (1975): *Das Abstimmungsverhalten bei Initiativen*, St. Gallen: Hochschule St. Gallen.

Kahneman, D., und Tversky, A. (1979): „Prospect theory: An analysis of decision under risk," *Econometrica* **47**: 263-91.

Kaneko, M. (1984): „On interpersonal utility comparisons," *Social Choice and Welfare* **1**: 165-75.

Karni, E., und Schmeidler, D. (1991): „Utility theory with uncertainty," in: Hildenbrand und Sonnenschein (1991): 1763-831.

Kern, L., und Nida-Rümelin, J. (1994): *Logik kollektiver Entscheidungen*, München: Oldenbourg.

Kliemt, H. (1996): „Das Paradox des Liberalismus - eine Einführung," *Analyse und Kritik* **18**: 1-19.

Krantz, D., Luce, R.D., Suppes, P., und Tversky, A. (1971): *Foundations of Measurement, Vol.* 1, Academic Press: New York.

Little, I.M.D. (1952): „Social choice and individual values," *Journal of Political Economy* **60**: 422-33.

Luce, R.D. (1956): „Semiorders and a theory of utility discrimination," *Econometrica* **24**: 178-91.

Luce, R.D., und Edwards, W. (1958): „The derivation of subjective scales from just noticeable differences," *Psychological Review* **65**: 222-37.

Luce, R.D., und Raiffa, H. (1957): *Games and Decisions*, New York: John Wiley and Sons.

MacCrimmon, K.R., und Larsson, S., (1979): „Utility theory: axioms versus ‚Paradoxes',“ in: Allais und Hagen (1979).

Machina, M.J. (1982): „‚Expected Utility' analyis without the independence axiom,“ *Econometrica* **50**: 277-323.

Manski, C.F. (1988): „Ordinal utility models of decision making under uncertainty,“ *Theory and Decision* **25**: 79-104.

Marschak, J. (1950): „Rational behavior, uncertain prospects, and expected utility,“ *Econometrica* **18**: 111-41.

Mas-Colell, A., und Sonnenschein, H. (1972): „General possibility theorem for group decisions,“ *Review of Economic Studies* **39**: 185-92.

Maskin, E. (1978): „A theorem on utilitarianism,“ *Review of Economic Studies* **45**: 93-6.

May, K.O. (1952): „A set of independent necessary and sufficient conditions for simple majority decisions,“ *Econometrica* **20**: 680-4.

Meade, J.E. (1976): *The Just Economy*, London: George Allen and Unwin Ltd.

Möller, R. (1983): *Interpersonelle Nutzenvergleiche - Wirtschaftliche Möglichkeit und politische Bedeutung*, Göttingen: Vandenhoeck und Ruprecht.

Nash, J.F. (1950): „The bargaining problem,“ *Econometrica* **18**: 155-62.

Ng, Y.-K. (1975): „Bentham or Bergson? Finite sensibility, utility functions, and social welfare functions,“ *Review of Econonic Studies* **42**: 545-70.

Ng, Y.-K. (1978): „Economic growth and social welfare: The need for a complete study of happiness,“ *Kyklos* **31**: 575-87.

Ng, Y.-K. (1984): „Expected subjective utility: Is the Neumann-Morgenstern utility the same as the neoclassical's?,“ *Social Choice and Welfare* **1**: 177-86.

Niemi, R.G., und Weisberg, H. (1968): „A mathematical solution for the probability of the paradox of voting,“ *Behavioral Sciences* **13**: 317-23.

Nozick, R. (1973): „Distributive justice,“ *Philosophy and Public Affairs* **3**: 45-126.

Nozick, R. (1974): *Anarchy, State and Utopia*, Oxford: Blackwell.

Orth, B. (1974): *Einführung in die Theorie des Messens*, Stuttgart: Kohlhammer.

Ortuno-Ortin, I., und Roemer, J.E. (1991): „Deducing interpersonal comparisons from local expertise," in: Elster und Roemer (1991): 321-36.

Pattanaik, P.K. (1968): „A note on democratic decisions and the existence of choice sets," *Review of Economic Studies* **35**: 1-9.

Pattanaik, P.K. (1970a): „Sufficient conditions for the existence of a choice set under majority voting," *Econometrica* **38**: 165-70.

Pattanaik, P.K. (1970b): „On social choice with quasitransitive individual preferences," *Journal of Economic Theory*, **2**: 267-75.

Pratt, J.W. (1964): „Risk aversion in the small and in the large," *Econometrica* **32**: 122-36.

Prelec, D. (1990): „A ‚pseudo-endowment effect', and its implications for some recent nonexpected utility models," *Journal of Risk and Uncertainty* **3**: 247-59.

Quiggin, J. (1982): „A theory of anticipated utility," *Journal of Economic Behavior and Organization* **3**: 323-43.

Quiggin, J. (1991): „Comparative statics for rank-dependent expected utility theory," *Journal of Risk and Uncertainty* **4**: 339-50.

Quiggin, J. (1995): „Economic choice in generalized expected utility theory," *Theory and Decision* **38**: 153-71.

Rawls, J. (1957): „Justice as fairness," *Journal of Philosophy* **54**: 653-62.

Rawls, J. (1971): *A Theory of Justice*, Cambridge, Mass.: Harvard University Press.

Roberts, K.W.S. (1980a): „Possibility theorems with interpersonally comparable welfare levels," *Review of Economic Studies* **47**: 409-20.

Roberts, K.W.S. (1980b): „Interpersonal comparability and social choice theory," *Review of Economic Studies* **47**: 421-39.

Rothschild, M., und Stiglitz, J.E. (1970): „Increasing risk I: A definition," *Journal of Economic Theory* **2**: 225-43.

Saari, D.G. (1990): „The Borda dictionary," *Social Choice and Welfare* **7**: 279-317.

Samuelson, P.A. (1938): „A note on the pure theory of consumer's behaviour, and an addendum," *Economica* **5**: 61-71, 353-4.

Samuelson, P.A. (1947): *Foundations of Economic Analysis.* Cambridge: Harvard University Press.

Samuelson, P.A. (1948): „Consumption theory in the terms of revealed preference," *Economica* **15**: 243-53.

Samuelson, P.A. (1952): „Probability, utility, and the independence axiom," *Econometrica* **20**: 670-78.

Scanlon, T.M. (1991): „The moral basis of interpersonal comparisons," in: Elster und Roemer (1991): 17-44.

Schick, F. (1986): „Dutch bookies and money pumps," *Journal of Economic Theory* **2**: 225-43.

Schmeidler, D. (1989): „Subjective probability and expected utility without additivity," *Econometrica* **57**: 571-87.

Seabright, P. (1989): „Social choice and social theories," *Philosophy and Public Affairs* **18**: 365-87.

Segal, U. (1985): „Some remarks on Quiggin's anticipated utility," *Journal of Economic Behavior and Organization* **8**: 145-54.

Segal, U. (1987): „The Elsberg paradoxon and risk aversion: an anticipated utility approach," *International Economic Review* **28**: 175-202.

Segal, U. (1989): „Anticipated utility: a measure representation approach," *Annals of Operations Research* **19**: 359-73.

Segal, U. (1990): „Two-stage lotteries without the reduction axiom," *Econometrica* **58**: 349-78.

Sen, A.K. (1966): „A possibility theorem on majority decisions," *Econometrica* **34**: 491-9; erneut gedruckt in Sen (1982).

Sen, A.K. (1969): „Quasi-transitivity, rational choice and collective decisions," *Review of Economic Studies* **36**: 381-93; erneut gedruckt in Sen (1982).

Sen, A.K., und Pattanaik, P.K. (1969): „Necessary and sufficient conditions for rational choice under majority decision,“ *Journal of Economic Theory* **69**: 178-202; erneut gedruckt in Sen (1982).

Sen, A.K. (1970a): *Collective Choice and Social Welfare*, San Francisco: Holden-Day.

Sen, A.K. (1970b): „The impossibility of a paretian liberal,“ *Journal of Political Economy* **78**: 152-7; erneut gedruckt in Sen (1982).

Sen, A.K. (1971): „Choice functions and revealed preference,“ *Review of Economic Studies* **38**: 307-17; erneut gedruckt in Sen (1982).

Sen, A.K. (1973): „Behaviour and the concept of preference,“ *Economica* **40**: 241-59; erneut gedruckt in Sen (1982).

Sen, A.K. (1976a): „Poverty: An ordinal approach to measurement,“ *Econometrica* **44**: 219-31; erneut gedruckt in Sen (1982).

Sen, A.K. (1976b): „Liberty, uninamity and rights,“ *Economica* **43**: 217-45; erneut gedruckt in Sen (1982).

Sen, A.K. (1977a): „Social choice theory: A re-examination,“ *Econometrica* **45**: 53-89; erneut gedruckt in Sen (1982).

Sen, A.K. (1977b): „Rational fools: A critique of the behavioural foundations of economic theory,“ *Philosophy and Public Affairs* **6**: 317-44; erneut gedruckt in Sen (1982).

Sen, A.K. (1977c): „On weights and measures: Informational constraints in social welfare analysis,“ *Econometrica* **45**: 1539-72; erneut gedruckt in Sen (1982).

Sen, A.K. (1979): „Personal utilities and public judgements: or what's wrong with welfare economics?,“ *Economic Journal* **89**: 537-58; erneut gedruckt in Sen (1982).

Sen, A.K. (1982): *Choice, Welfare and Measurement*, Oxford: Basil Blackwell.

Sen, A.K., und Williams, B., Hrsg. (1982): *Utilitarianism and Beyond*, Cambridge: Cambridge University Press.

Sen, A.K. (1986): „Social choice theory,“ in: Arrow und Intriligator (1986): 1073-181.

Sen, A.K. (1992): „Minimal liberty," *Economica* **59**: 139-59.

Sen, A.K. (1995): „Rationality and social choice," *American Economic Review* **85**: 1-24.

Shiryayev, A.N. (1984): *Probability*, aus dem Russischen ins Englische übersetzt von Boas, R.P., New York: Springer.

Sichelstiel, G., und Söllner, F. (1996): „Finite sensibility and utility functions," *Social Choice and Welfare* **13**: 25-41.

Sidgwick, H. (1874): *The Methods of Ethics*, London: Macmillan.

Söllner, F. (1993): „Das Arrow-Unmöglichkeitstheorem," *Wirtschaftswissenschaftliches Studium* **22**: 29-33.

Sopher, B., und Gigliotti, G. (1993): „A test of generalized expected utility theory," *Theory and Decision* **35**: 75-106.

Spohn, W. (1993): „Wie kann eine Theorie der Rationalität normativ und empirisch zugleich sein?", in: Eckensberger und Gähde (1993): 151-96.

Sugden, R. (1985): „Liberty, preference, and choice," *Economics and Philosophy* **1**: 213-29.

Sugden, R. (1993): „Welfare, resources and capabilities: A review of *inequality reexamined* by Amartya Sen," *Journal of Economic Literature* **31**: 1947-62.

Suppes, P. (1966): „Some formal models of grading principles," *Synthese* **16**: 284-306.

Svensson, L.-G. (1985): „The utilitarian criterion, finite sensibility and the weak majority preference principle," *Social Choice and Welfare* **2**: 23-35.

Thießen, F. (1993): „Das Paradoxon von Maurice Allais. Zeigt es die Notwendigkeit einer zu erneuernden Verhaltenstheorie?", *Schmalenbachs Zeitschrift für betriebswirtschaftliche Forschung* **45**: 157-74.

Trost, R. (1991): *Entscheidungen unter Risiko: Bernoulliprinzip und duale Theorie*, Frankfurt: Lang.

Trost, R. (1994): „Schwache Risikoaversion und Dualität," *Arbeitspapiere zur Mathematischen Wirtschaftsforschung, Heft 115*, hrsg. vom Institut für Statistik und Mathematische Wirtschaftstheorie der Universität Augsburg.

Tullock, G. (1972): *Towards a Mathematics of Politics*, The University of Michigan Press.

Tversky, A. (1975): „A critique of expected utility theory: Descriptive and normative considerations," *Erkenntnis* **9**: 163-73.

Tversky, A., und Kahneman, D. (1992): „Advances in prospect theory: cumulative representation of uncertainty," *Journal of Risk and Uncertainty* **5**: 297-323.

von Neumann, J., und Morgenstern, O. (1944): *Theory of Games and Economic Behavior*, Princeton: Princeton University Press.

Wakker, P. (1994): „Separating marginal utility and probabilistic risk aversion," *Theory and Decision* **36**: 1-44.

Wakker, P., und Tversky, A. (1993): „An axiomatization of cumulative prospect theory," *Journal of Risk and Uncertainty* **7**: 147-76.

Waldner, I. (1974): „Bare preferences and interpersonal utility comparisons," *Theory and Decision* **5**: 313-28.

Weymark, J.A. (1991): „A reconsideration of the Harsanyi-Sen debate on utilitarianism," in: Elster und Roemer (1991): 255-320.

Wilson, R.B. (1972): „Social choice theory without the Pareto Principle," *Journal of Economic Theory* **5**: 478-86.

Yaari, M.E. (1987): „The dual theory of choice under risk," *Econometrica* **55**(1): 95-115.

Yaari, M.E., und Bar-Hillel, M. (1984): „On dividing justly," *Social Choice and Welfare* **1**: 1-24.

Young, H.P. (1974): „An axiomatization of Borda's rule," *Journal of Economic Theory* **9**: 43-52.

Young, H.P. (1975): „Social choice scoring functions," *SIAM Journal on Applied Mathematics* **28**: 824-38.

Index

1. Personenregister

2. Sachregister

Das Sachregister umfaßt wichtige Stelle, an denen das jeweilige Stichwort steht, und unmittelbare thematische Zusammenhänge. Besonders wichtige Stellen bzw. Zusammenhänge sind durch Kursivdruck hervorgehoben.

Kolibri 360 GmbH
Ferdinand-Jühlke-Straße 7
99095 Erfurt, Deutschland
produktsicherheit@kolibri360.de

Druck:
CPI Druckdienstleistungen GmbH
im Auftrag der
Kolibri 360 GmbH
Ferdinand-Jühlke-Str. 7
99095 Erfurt